KB039135

비교예방
경찰법

치안정책연구소

김형훈 오경석 최은석 이현주
김세미 박재일 김영수

박영사

머리말

경찰의 핵심임무는 위험방지와 범죄수사이다. 이러한 임무를 수행하기 위하여는 작용법적 근거가 필요하다. 위험방지, 즉 예방경찰 기능에 관하여는 경찰관직무집행법을 중심으로 한 경찰행정법이 그 작용근거가 되며, 범죄수사에 관하여는 형사소송법을 중심으로 한 경찰형사법이 그 작용근거를 형성한다.

이렇게 경찰작용법은 광의로는 경찰 형사작용법과 경찰 행정작용법을 모두 아우르는 영역이 될 것이며, 이러한 광의의 경찰작용법에 의하여 현장에서의 각종 경찰조치가 종합적으로 이루어질 것이다. 하지만 본고에서는 행정의 영역, 즉 위험방지의 영역에만 특화하여 경찰작용법을 비교법적으로 정리하고자 한다. 경찰 형사작용법에 관하여는 그간 상당부분 비교법적 연구가 이루어졌다고 판단하였기 때문이다.

경찰행정작용의 비교연구에 있어서는 이후의 5개의 조사대상 국가들과 비교할 수 있도록 먼저 같은 비교영역에서의 우리나라의 법제를 요약하여 소개하도록 한다. 각 국가별 연구내용의 전개시는, 국가 개황 및 경찰조직법에 따른 경찰조직 소개를 한 후 공통항목에 따라 경찰작용법의 내용을 기술한다.

비교영역 및 항목의 설정은 가능한 한 경찰의 위험방지 영역을 모두 포괄하고자 하였다.

첫째, 특정한 위험상황과 무관하게 경찰이 위험방지 활동을 하는데 필요한 권한을 담고 있는 일반 위험방지법을 살펴본다. 우리나라의 경찰관직무집행법에 해당하는 부분이다. 여기서는 일반 위험방지법 자체의 유무, 경찰권 행사의 주체, 일반적 수권조항의 유무 등이 다루어지고, 세부항목 중에서는 신원확인의 실효성 담보, 위험야기자에 대한 보호유치권, 무기사용권 등을 중점적으로 비교하고자 한다.

둘째, 행정법으로 분류되는 개별 법령으로서 경찰 소관인 위험방지법의 내용을 살펴본다. 여기에서는 집회, 도로교통, 민간경비, 총포화약류, 유실물 등의 관리규제를 중심으로 비교하고자 한다. 특히 인허가의 경우 경찰이 그러한 권한을 직접 행사하는지도 주목할 부분이다.

셋째, 행정법에 속하나 타 부처 소관 법령이며 경찰이 이에 협력하거나 개입권을 갖는 위험방지법의 내용을 살펴본다. 여기에서는 정신질환자, 감염병, 청소년보호, 위치정보의 수집 등과 관련된 경찰의 작용권한을 중심으로 비교하고자 한다. 특히 경찰이 타 부처 소관업무에서 얼마나 주도적으로 개입하도록 되어있는지가 주목할 부분이다.

마지막으로 형식적으로는 형사법 영역에 속하나 그 실질에서는 범죄의 재발방지라는 위험방지법의 기능을 하는 법제를 비교하도록 한다. 여기에는 가정폭력, 아동학대, 성폭력, 스토킹, 소년범 등이 관련된다. 모두 인권의 사각지대에 숨어있던 고질적 사회병리로서, 이를 들추어 예방하는 것은 입법자와 현장실무자 모두에게 쉽지 않은 노력을 요하는 작업이다. 이러한 영역에서 위험방지를 위해 충분하고 효율적인 경찰작용의 근거가 포함되고 있는지를 분석하는 것은 형사법이 아니라 예방경찰법의 시대적 소명이라고 할 수 있다.

이번 비교연구가 단순한 자료의 모음으로 그치지 않고, 예방경찰법의 영역을 총론부터 각론까지 개관하여 향후 관련 연구의 틀과 범위를 제시해보고자 하였음도 일러두고자 한다.

비록 이번 연구로 비교 예방경찰법의 첫 단추가 끼어지기는 하였으나 항목 간의 비교가 완전하지 않은 부분이 있고, 관련된 부연설명이 더 필요한 부분도 있다. 한정된 인력과 시간으로 인하여 이는 2판, 3판을 거듭하며 지속적으로 보완하여 가고자 한다.

2021년 11월 30일
저자 일동

차 례

제 1 장 우리나라

제 2 장 미 국

제 3 장 영 국

제 4 장 독 일

제 5 장 프랑스

제 6 장　일　본

제 7 장   조사대상 국가 간 비교분석

1절   일반 위험방지법(경찰관직무집행법)

일반 위험방지법이라 함은, 집회관리와 같은 특별한 행정목적이 병행 내지 부가되지 않고, 위험방지라는 일반적인 경찰목적을 겨냥하는 작용법을 말한다. 경찰관직무집행법(이하 약칭, 경직법)이 여기에 해당한다. 물론 위험방지를 넘어서 범죄의 수사라는 사법경찰작용까지도 포괄하는 점에서 경직법을 위험방지법으로만 국한하여 보아서는 안된다.

경직법은 해방 후 입법공백기를 거쳐 1953년 12월 14일 제정되었는데, 이는 1948년 제정된 일본의 경찰관직무집행법을 직역한 것이었다. 당시 일본의 경직법은 강력한 행정집행권을 부여하는 독일법의 영향을 가장 많이 받았고, 미국법의 영향으로 불심검문과 무기사용 규정을 참조하였다.[1]

1. 경찰권 행사의 주체

경직법상 경찰의 권한은 예외적인 경우[2]를 제외하면 조직법[3]상 소속 공무원과 기관에 대한 지휘감독권을 갖는 보통 행정관청에 수권되지 않고, 형사소송법상 사법경찰의 권한과

---

[1] 경찰대학, 경찰관직무집행법, 2020, 5-6면.
[2] 경직법 제5조 제2항의 대간첩 작전지역이나 국가중요시설에 대한 접근·통행의 제한·금지권은 경찰관서의 장에게 있다. 또 강제수단은 아니나 동법 제8조의 사실조회권도 경찰관서의 장에게 있다.
[3] 우리나라의 경우 경찰조직법이 자치경찰의 도입으로 구 "경찰법"에서, 2021.1.1일부터 법률명칭부터 전부 개정한 "국가경찰과 자치경찰의 조직 및 운영에 관한 법률"로 변경되었다.

2 제 1 장 우리나라

마찬가지로 직접 개별 경찰공무원을 단독관청[4]으로 하여 수권되고 있다. 이러한 수권 형태는 현장에서의 임기응변적이며 즉시적인 대응이 요구되기 때문이다.[5]

　이에 비해 권한행사가 사실행위보다 주로 법률행위의 형식을 취하는 개별 경찰행정작용법에서는, 단독관청인 경찰관이 아닌 경찰청장이나 경찰서장과 같은 보통 경찰관청에게 경찰권이 수권됨이 보통이다.

● 관 청 론

행정심판법 제2조 제2항에 따르면, 행정청이란 행정에 관한 의사를 결정하여 표시하는 국가 또는 지방자치단체의 기관, 그 밖에 법령 또는 자치법규에 따라 행정권한을 가지고 있거나 위탁을 받은 공공단체나 그 기관 또는 사인을 말한다. 이는 관청에 관한 정의를 내리고 있는 유일한 법률 규정이다. 조직법상 규정되는 행정기관의 장[6]이 포함됨은 물론, 작용법상 행정에 관한 의사를 결정하여 표시하는 기관들이 이에 해당한다. 정부조직법 제2조 제6항에 따르면, 통상 개개 공무원들은 행정기관의 장의 보조 또는 보좌기관이 된다. 그러나 개별 작용법에서 권한을 부여하는 경우 관청의 지위에 서게 된다. 소속 공무원을 가진 행정기관의 장을 보통 행정관청이라고 하고, 개개 공무원이 관청을 구성하는 경우 단독관청이라고 한다. 이는 의사결정자가 1인인지 복수인지에 따른 독임제 관청과 합의체 관청의 구분과는 다르다. 다만 단독관청의 경우 본질상 독임제 관청일 수밖에 없다. 동일한 경찰공무원이 보통 행정관청의 권한을 명에 의하여 집행하는 경우 경찰공무원으로 불리는데 그치지만, 자신의 권한을 직접 행사하는 경우 통상 경찰관으로 규정된다. 여기서 단독관청은 1인 관청이라는 뜻일 뿐이며 권한행사에서 독립된 독립관청은 아니므로, 내부의 지휘감독에 위반한 직권행사는 외부적으로는 적법하지만 내부적으로는 징계의 대상이 될 수 있다.[7]

　이렇게 특정 직권을 지닌 개별 공무원의 포괄적인 호칭을 '官'이라 하는데,[8] 경직법과 형사소송법에서는 이렇게 단독관청의 기능을 수행하는 경찰공무원을 '경찰관' 또는 '사법경찰관'이라 칭한다. 단독관청인 다른 공무원의 예로는 소방관, 검찰관(검사), 방역관 등을 볼 수 있다. 따라서 경찰관의 정의는, 단독관청으로서의 위험방지와 범죄수사권한을 일반적으로 행사하는 경찰공무원이라고 할 수 있다. 일반적이지 않은, 즉 경찰권 행사의 장소나 업무범위가 제한되는 청원경찰, 특별사법경찰관리, 위험방지에 관한 일부 권한을 가진 일반행

---

4) 일반관청은 합의제와 독임제가 모두 가능하다. 단독관청은 구성원이 1인이므로 독임제일 뿐이다.
5) 古谷 洋一, 주석 경찰관직무집행법, 2000, 25면(경찰대학, 경찰관직무집행법, 2020, 23면 재인용).
6) 지구대장과 파출소장은 국가경찰과 자치경찰의 조직 및 운영에 관한 법률(약칭, 경찰법) 제30조 제3항에 의한 경찰서장의 소속 기관일 뿐이므로 행정청은 아니다.
7) 同旨, 박상진, 사회과학연구 제15집, 2002, 78면.
8) 경찰대학, 경찰관직무집행법, 2020, 17면.

정청 소속 공무원 등은 경직법에서 정하는 경찰관이 아니며, 경직법에서 정하는 경찰권을 법적 준용없이 행사할 수 없다. 오히려 의무경찰의 경우 치안업무의 보조자이나 보조의 범위 내라면 일반적으로 경찰권을 행사하는 경찰관이며, 경직법상 무기사용의 권한까지 모두 행사할 수 있다.[9]

2. 경찰의 임무조항

경직법은 사법경찰작용까지 포괄하는 전반적인 경찰에 관한 작용법이나,[10] 위험방지 즉 경찰행정작용을 주된 내용으로 규정하고 있다.

경직법 제2조는 **경찰관**의 직무범위를 규정한 임무조항이다. 임무조항은 통상 수권조항과 달리 권리제한적 권한을 행사할 수는 없고 임의적 활동의 정당성만을 부여하는 근거가 된다.

경찰행정의 궁극적인 목적인 공공의 안녕과 질서를 기타 조항(동조 7호)으로 포괄규정하면서, 각호의 내용에서 생명·신체 및 재산의 보호(동조 1호), 범죄의 예방 및 진압(동조 2호), 교통위해방지(동조 5호) 등으로 경찰목적을 세부 예시하고 있다.

경찰활동의 정당성을 확보하기 위한 임무조항으로는 범죄피해자의 보호(동조 2호의2), 경비와 경호 및 대간첩·대테러 작전 수행(동조 3호), 치안정보의 수집, 국제협력 등이 열거되고 있다.

3. 일반적 수권조항

경찰작용의 특성상 입법기관이 미리 경찰권의 발동상황을 모두 상정하여 법률로써 규정하는 것이 불가능하므로, '공공의 안녕이나 질서에 대한 구체적 위험 방지를 위하여 경찰이 필요한 조치를 취할 수 있다'는 열린 법률요건과 법률효과로 경찰권 발동에 공백이 없도록 수권조항을 규정하는 경우, 이를 일반적 수권조항 혹은 개괄적 수권조항이라고 한다.[11]

이에 대해 일반적 수권조항 **긍정설**, **입법필요설**,[12] **부정설** 등이 분설되며,[13] 긍정설은 제2조 7호의 임무조항이나 제5조 제1항의 위험발생 방지조치권 등을 근거로 제시한다. 하

---

9) 경찰대학, 경찰관직무집행법, 2020, 18-25면.
10) 경직법 제2조 2호는 범죄의 수사를 경찰의 직무로 규정하고 있다. 따라서 임의수사는 경직법에 근거하여서도 가능하다.
11) 경찰대학, 경찰관직무집행법, 2020, 58면.
12) 현재 입법필요설이 다수적 견해이다: 김성태 외 5명, 경찰관직무집행법 개정권고안, 2020, 97면.
13) 경찰대학, 경찰관직무집행법, 2020, 57면.

지만 이러한 논의가 설득력을 얻으려면 일반적 수권조항이 없어서 현행법상 어떤 공백이 야기되는지의 사례제시가 먼저 이루어질 필요가 있다. 헌법재판소는 2011.6.30. 선고 2009 헌마406 결정에서 구 경찰법 제3조(국가경찰의 임무)와 경직법 제2조(직무의 범위)는 경찰의 임 무 또는 경찰관의 직무범위를 규정한 조직법적 조항들로 국민의 기본권을 구체적으로 제한 할 수 있는 실체법적 근거로 삼을 수는 없다고 하면서, 설령 이를 일반적 수권조항으로 보 더라도 명확성 원칙 위반이라는 위헌성을 피할 수 없다고 보았다.

경직법은 생명·신체·중대한 재산에 대해 제5조 제1항에서 위험방지권을, 동법 제6조 에서 범죄제지권을 수권하고 있다. 이 조항들로 일반적 수권조항을 구성하는 경우 공공의 질서가 보호법익으로 포함되어야 한다. 공공의 질서란 사회적 불문규율의 총체를 말한다.[14] 그런데 경찰이 성문법으로 포괄되지 않은 사회의 불문규율을 근거로 공공질서 위반[15]에 대 해 권한을 발동함이 바람직한지 의문이며, 독일에서도 공공질서의 개념이 불필요하게 되고 있다는 견해가 대두되고 있다.[16]

또 일반적 수권조항의 보호법익으로 포함되는 공공의 안녕에는 먼저 형벌로써 보호되 는 법익들이 포함되는데, 경직법 제6조의 제지대상은 생명·신체·중대한 재산을 침해하는 범죄의 위험이므로 기타 국가적 법익과 사회적 법익, 그리고 개인적 법익 중 명예, 신용, 비 밀, 중대하지 않는 재산 등에 대한 침해 위험은 제지의 대상이 되지 않는다. 그렇다면 이러 한 조항을 삭제하고 일반적 수권조항을 인정함으로써, 모욕이 있으려 하거나 지속되는 경 우까지 경찰이 이를 제지하거나 방지할 수 있다고 하는 것이 바람직한지도 의문이다.

한편 공공의 안녕은 모든 법질서가 평온한 상태를 의미하므로, 과태료 위반사안에서 지속되는 의무이행위반 상태의 회복을 위한 경찰권 발동도 일반적 수권조항에 의하여 가능 하다고 보는 견해도 있다.[17] 하지만 과태료나 행정형벌은 모두 행정제재로서 관련 법률에 서 별도의 행정강제를 규율하고 있지 않는 이상 행정개입의 한계를 입법자가 설정한 것이 라고 보아야[18] 하므로, 일반적 수권조항으로 경찰이 강제 개입할 대상은 아니라고 보아야 한다.

그럼에도 일반적 수권조항이 설득력있게 주장되어 온 것은 특히 私權보호를 위한 경찰권 발동의 근거가 필요한 경우이다. 그런데 이 경우도 소위 독일의 사권조항(Privatrechtsklausel)

---

14) 경찰대학, 경찰관직무집행법, 2020, 55면.
15) 예로 죽은 자의 억울함을 알리기 위해 벌거벗은 시신을 지하철역 광장에 전시하는 행위 등이다.
16) 경찰대학, 경찰관직무집행법, 2020, 60면.
17) 김성태 외, 경찰관직무집행법 개정권고안, 2020, 107-109면.
18) 관련 법률에서 행정질서벌인 과태료나 행정형벌과 같은 간접적 행정강제만을 규정하고 직접강제나 대 집행 등 직접적 행정강제를 규정하지 않는 경우는, "간접적 심리적 강제를 통해 국민의 임의이행을 기 대하는 것이 법치주의에 부합한다"고 본 것이다: 박정훈, 서울대학교 법학 제4권 4호, 2001, 280면.

과 같은 개별적 수권조항의 신설이 먼저 검토될 필요가 있다. 복잡한 사실관계를 전제로 하는 사권과 관련하여 어디까지 현장 경찰관이 확인하고 조치하여야 하는지 精緻한 입법이 요구된다.

4. 개별적 수권조항

입법자가 경찰권의 발동요건을 위험 일반이 아닌 개별 유형의 위험으로 상정하거나, 법률효과를 필요한 조치 일반이 아닌 개별적으로 제한된 내용으로 규정하는 경우, 이를 개별적 수권조항이라고 한다.

(1) 범죄와 관련된 불심검문(신원확인)

경직법 제3조에 의하면, **경찰관**은 범죄를 행하였거나 하려 하고 있다고 의심할 만한 상당한 이유가 있는 사람 및 그러한 사실을 안다고 인정되는 사람을 정지시켜 질문할 수 있고, 피질문자의 불편이나 교통소통을 위해 경찰관서로 동행요구를 할 수 있다. 질문의 경우 흉기조사를 할 수 있다.

(**해석론**) 우리나라의 불심검문은 법률효과가 필요한 조치 일반이 아닌 정지·질문·동행요구·흉기조사 등으로 제한될뿐더러, 법률요건으로도 범죄와 관련되지 않은 위험방지를 위한 신원확인의 수단으로는 활용될 수 없는 한계를 가지고 있다. 따라서 경직법 제5조에 의해 생명·신체·중대한 재산에 대한 구체적 위험을 방지하고자 하는 경우의 신원확인은 제3조가 아닌 제5조 제1항 3호에서 규정하는 필요한 조치로서 행해지면 된다.

'정지시켜'의 의미 내지 한계에 관하여는 임의설, 강제설, 제한적 허용설, 예외적 허용설, 설득행위설 등의 입장이 있다.[19] 정지시킨다는 것은 의사에 반하여 정지하게 만드는 것이나 동조 제7항에서 답변강요나 구금에 이르지 않아야 하는 한계를 준수하여야 하므로, 강제라기보다는 통행권을 제한하는 권리제한조치라고 볼 수 있다. 판례는 불심검문에 불응하는 자를 재차 막아서는 경찰관의 행위에 적법성을 인정하고 있다.[20]

불심검문시 동조 제4항에서 경찰관의 신분증 제시의무를 규정하나, 판례는 주민등록법 제26조에 의해 범죄수사와 관련된 주민등록증 제시요구시는 정복경찰관은 신분증 제시를 하지 않아도 적법하다고 인정하고 있다.[21] 하지만 국가인권위원회는 동 대법원 판례는 공무집행의 위법성을 인정할 수 없다는 것일 뿐이며, 명문으로 규정된 의무는 지켜져야 한다

19) 경찰대학, 경찰관직무집행법, 2020, 70-71면.
20) 대법원 2012.9.13. 선고 2010도6203 판결.
21) 대법원 2014.12.11. 선고 2014도7976 판결.

고 권고하고 있다.[22)]

    소지품검사의 경우 일정 요건을 전제로 강제성을 인정하는 미국의 frisk와 다르므로, 외표검사와 개봉행위시 범죄의 제지 등 별도의 요건을 갖추지 않는 한 어디까지나 의사에 기하여 임의적으로 행하여져야 한다.[23)] 나아가 소지품 검사의 대상이 '흉기'에 한정되어 있는 것에 대해 그 밖의 위험한 물건으로 확대하자는 등 여러 논의가 있으나, 압수와 달리 확인하기 전까지는 흉기인지 여부를 알 수 없으므로 논의의 실익은 없다고 보여진다.

    불심검문시의 임의동행과 관련하여서는 수사상 임의동행과의 구분이 문제될 수 있다. 양자를 동일시 하는 경우 형사소송법 제200조 제1항에 근거하는 임의수사의 유형으로서 임의동행을 시도하는 경우 경직법 제3조에서 정하는 절차를 지켜야 하느냐의 문제가 발생하기 때문이다. 구별설, 병유설 등의 입장이 있으나,[24)] 불심검문의 요건은 의심할 만한 상당한 이유 즉 범죄의 합리적 가능성이며, 형사소송법상 충분한 범죄혐의까지 요구되지 않는다.[25)] 따라서 어느 정도의 범죄혐의를 갖느냐에 따라 구분되면 족하다. 예로 현행범 등으로 체포가능한 범죄혐의자를 임의수사원칙에 따라 현장에서 신분을 확인한 후 임의동행하였다면 경직법 제3조상의 변호인 조력권 고지나 6시간 동행제한 등의 절차나 한계의 적용은 없다고 보아야 한다. 이 경우는 자유로운 퇴거를 알려주고 그러한 가능성이 인정되었다면 적법하다는 판례[26)]에 따르면 된다. 반대로 범죄혐의가 충분하지 않은 경우는 경직법 제3조상 임의동행의 절차와 한계가 적용되어야 한다.

    (**입법론**) 경찰에 의한 신원확인의 의의는 단순히 범죄혐의 내지 범죄기도자의 발견만이 아니라, 한 나라의 법질서를 유지하는 국가의 기본작용이라는 점에 있다. 즉 현장에서의 즉각적인 법적용이 어려운 모든 경우, 예를 들어 범죄수사와 관련되나 체포 대상이 아닌 경우나 민사상 다툼이 있으나 서로 신원을 알 수 없는 경우 등을 볼 수 있다. 폭행죄의 비현행범을 피해자가 발견하고 신고한 경우나, 범죄가 성립하는지 애매한 경우, 청소년에게 담배나 술을 판매한 자의 조사를 위해 청소년을 조사하여야 하는 경우, 형사미성년자인 것이 확실한 어린이에 의해 범죄행위가 발생한 경우, 행인이 과실손괴를 야기한 경우 등에서 공권력에 의해 관련자의 신원확인이 될 수 없다고 한다면 관련 법률에서의 국가의 권한이나 관련자의 권리의무는 무의미한 것이 될 것이다. 이러한 역할을 경찰이 수행할 수밖에 없다면 불심검문권은 엄격한 요건하에 강제적인 신원확인 내지 확인을 위한 유치권을 포함하여

---

22) 국가인권위원회, 2021.2.24, 20진정0615400 결정(경찰의 신분증 미제시 등 부당한 불심검문에 의한 인권침해 사건).

23) 경찰대학, 경찰관직무집행법, 2020, 78면.

24) 경찰대학, 경찰관직무집행법, 2020, 82면.

25) 경찰대학, 경찰관직무집행법, 2020, 67면.

26) 대법원 2011.6.30. 선고 2009도6717 판결.

야 한다.

(2) 요구조자에 대한 보호조치

경직법 제4조에 의하면, **경찰관**은 자살기도자, 자기 또는 타인의 생명·신체·재산에 위해를 끼칠 우려가 있는 정신착란자나 주취자, 그리고 구호에 동의하는 보호자가 없는 미아, 병자,[27] 부상자가 응급구호를 요하는 경우, 보건의료기관이나 공공구호기관에 긴급구호를 요청하거나 경찰관서에 24시간 이내로 보호하는 등 적절한 조치를 할 수 있고, 구호대상자가 휴대한 위험한 물건을 10일 이내로 임시영치할 수 있다.

(**해석론**) 동조의 법률효과는 필요한 조치 일반에 열려있으나, 법률요건은 열거된 상황에 한정되고 있어 개별적 수권조항의 형식을 갖추고 있다. 동의에 의한 보호조치는 비권력적 사실행위이나, 강제적 보호조치는 즉시강제의 성질을 갖는다. 타인에게 고성을 지르고 시비를 거는 주취자의 경우라도 본인 스스로에게 응급구호의 필요가 인정되지 않는다면, 범죄의 제지 차원의 경찰권 발동은 별론으로 보호조치의 대상은 되지 않는다.

(**입법론**) 구호를 위한 초동안전조치는 경찰관이 하되, 후속 복지행정은 행정기관의 책임으로 인수하여야 함을 명시함으로써 인계할 구호기관을 찾지 못하여 후속조치에 공백이 발생하지 않도록 할 필요가 있다. 또 길잃은 아이가 거절하는 경우 구호의 대상으로 삼지 않도록 한 것도 개정할 필요가 있다.

한편 보호조치의 유형으로 '위험발생의 방지 또는 범죄의 제지에 따른 보호유치'를 추가할 필요가 있다. 이러한 내용이 도입되면 구호를 요하지 않는 주취난동자에 대한 제지차원의 보호조치가 가능하게 된다. 이러한 용도로 사용될 '보호실'도 함께 규정되어야 한다. 특히 가정폭력이나 아동학대 또는 스토킹 행위의 경우 재범의 우려가 높은 행위자에 대한 출동경찰관의 보호유치 근거로도 활용할 수 있게 된다.

(3) 중요법익에 대한 위험방지

경직법 제5조에 의하면, (제1항) **경찰관**은 생명·신체·중대한 재산에 대한 위험한 사태가 있는 경우, 관계인에게 필요한 조치를 하게 하거나 직접 그 조치를 할 수 있다.[28] 또 (제2항) '경찰관서의 장'은 대간첩작전이나 소요진압을 위해 필요시 작전지역이나 국가중요시

---

27) 병자에는 정신질환자도 포함될 수 있다. 자타해의 위험이 전혀 없는 정신질환자가 보호자 없이 거리를 헤매는 경우, 연고자 확인시까지 단기보호시설 입소가 필요하나, 장애인등록증이나 병원진료기록 등을 요구하는 등 입소요건을 두거나 주간에만 운영하는 등의 제약이 있어 개선을 요한다.

28) 이 조항으로 직접 조치할 수 있으나 더 개별적인 상황에 대하여 경찰권을 부여한 예로, 소방기본법 제23조 제2항의 소방활동구역에서의 출입제한 조치를 볼 수 있다: "경찰공무원은 소방대가 […] 소방활동구역에 있지 아니하거나 소방대장의 요청이 있을 때에는 [출입제한] 조치를 할 수 있다."

설에 대한 접근·통행을 제한 또는 금지할 수 있다.

(해석론) 동조의 법률효과는 필요한 조치 일반에 열려있으나, 법률요건은 한정적으로 열거된 중대한 법익에 대한 위험으로 한정되고 있어 개별적 수권조항의 형식을 갖추고 있다.

⚪ 위험의 개념과 구분 및 기능

구체적 위험은 묘사된 특정상황에서 충분한 사실상의 근거에 의하여 개별적인 손해발생의 예측이 가능한 위험을 말한다.[29] 시간과 장소가 특정된 객관적 위험을 의미한다. 경찰개입시 이미 구체적 위험은 야기된 이후이므로 예방이 아닌 제거의 대상이 된다. 경찰권 발동시는 구체적으로 야기된 위험이 있는 지 개별 위험판단을 거쳐야만 한다.

추상적 위험은 정형화된 사실관계가 통상 손해발생의 충분한 개연성을 나타내는 경우이다.[30] 시간 혹은 장소가 불특정한 경우의 객관적 위험을 의미한다. (시간이 불특정한 추상적 위험의 경우) 구체적 위험과 달리 미래의 위험에 대한 현재의 예측이라는 이중예측(Doppelprognose)의 구조를 갖는다.[31] 시간 혹은 장소를 특정할 수 없으므로 논리필연적으로 추상적 위험은 제거의 대상이 아닌 사전배려[32]의 대상이 될 뿐이며, 사전배려 즉 입법적 대응은 객관적 위험의 징표를 겨냥한다(사전배려가 직접 객관적 위험 자체를 겨냥하면 이는 장래의 구체적 위험에 대한 수권조항이 된다). 따라서 추상적 위험의 사전배려를 위한 경찰명령의 발령에 구체적 위험방지권을 원용하여서는 안된다.[33] 보호법익에 대한 위험판단이 필요하지 않고, 별개의 사전배려를 위한 규제법적 요건만을 충족함으로써 경찰권 행사가 이루어지게 된다. 시공이 모두 불특정된 위험징표로서 과속이나 음주운전(금지로 대응), 장소가 특정된 위험(소위 지역적 위험)의 징표로 우범장소(CCTV로 대응), 시간이 특정된 위험(소위 계속적 위험)의 징표로 테러발생 직후의 일정 시간(온라인 검색 등으로 대응) 등이 사전배려적 경찰권 발동의 요건이 된다.

리스크는 일반적으로 부정적 확률 또는 주관적 위험을 말한다. 과학기술이 한계를 보이거나,[34] 통계나 경험가치로부터 계산되어지기도 어렵고 사후검증의 가능성마저 낮은 곳에서의 위험예측은 주관적이 된다.[35] 공법상 리스크의 성립은 손해발생의 충분한 개연성이 아닌 단순한 가능성만으로 족하게 된다.

---

29) *Gusy/Worms*, PolG NRW § 1 Aufgaben der Polizei, in: *Möstl/Kugelmann*, Polizei- und Ordnungsrecht Nordrhein-Westfalen, 16. Aufl., 2020, Rn. 147.

30) *Gusy/Worms*, PolG NRW § 1 Aufgaben der Polizei, in: *Möstl/Kugelmann*, Polizei- und Ordnungsrecht Nordrhein-Westfalen, 16. Aufl., 2020, Rn. 148; 이상학, 경북대 법학논고 제46집, 2014, 173면.

31) 김성태, 홍익대 법학연구 제5집, 2003, 78면.

32) 서정범, 경찰행정법, 2020, 135면.

33) BVerwG Urt. v. 03. 07. 2002 - 6 CN 8.01, = BVerwGE 116, 347 = NVwZ 2003, S. 95.

34) 김진현 외, 한국안전학회지 제28권 6호, 2013, 94면: 리스크의 개념은 과학적이라 주장되나 과학기술의 한계를 근거로 주관성의 개입이 완전히 배제될 수 없다.

35) *Möllers*, Wörterbuch der Polizei, 3. Aufl., 2018, Schlagwort = Risiko: 객관적 리스크(역: 상위의 위험 개념을 뜻하는 것으로 보인다)가 통계의 도움을 받아 경험가치로부터 계산되어지고 최소한 사후검증

공법상 리스크도 입법자에 의한 사전배려의 대상이 된다.36) 다만 리스크에 대해 경찰이 규제입법없이 사전배려하고자 한다면 기존의 위험방지법리에 기초한 고권적 행정으로 이루어지는 것이 아니라, 리스크를 감수하고자 하는 사인과의 협력(PPP/Police-private-partership)을 바탕으로 이루어지게 된다.37) 이론적으로는 구체적인 리스크와 추상적인 리스크로 구분될 수 있다. 하지만 리스크는 時空上 구체적으로 특정되어 나타나더라도 손해발생의 개연성이 경험칙이나 전문가적 지식으로 위험판단을 하기가 여전히 불확실하고 가능성에 그치는 것이므로, 개념상 위험판단과 제거를 전제로 하는 경찰권 발동의 수권조항을 제정하기 곤란하다. 오히려 리스크가 時空上 특정되지 않은 추상적 상태의 것이라면, 예외적으로 중요한 법익에 대하여 사전배려 입법을 통한 규제의 대상이 될 수 있다. 다만 리스크에 대한 사전배려 규제입법에는 과잉입법 내지 과잉금지위반의 문제가 발생할 수 있다.38) 손해발생의 가능성에 불과한 리스크는 기본적으로 일상생활에 속하며, 이를 감수하려는 것은 기본권적으로 보호되는 개인적 자유의 표현39)이기 때문이다. 규제되는 위험개념이 리스크를 통해 무제한 확장되는 것은 위헌의 소지가 있다는 지적도 가능하다.40) 따라서 리스크의 사전배려는 임박한 법익침해의 질과 양이 상당한 경우에만 명령될 수 있다.41) 즉 용인할 수 없는 혹은 회복할 수 없는 심각한 결과를 가져오는 리스크에만 규제입법이 적용되며,42) 관련 규제는 생명이나 신체불가침성과 같은 중요한 법익이 위태화된 경우로 제한되어야 한다.

한편 **잔존리스크**는 구분되어야 한다. 법적으로 요청된 안정수준을 충족하는 허용된 위험을 의미한다. 경찰은 통상의 교통사고위험을 이유로 자동차운행을 금지할 수 없고,43) 이러한 허용된 위험은 사전배려 차원의 추상적인 규제입법 대상도 되지 않는다.44)

(4) 중요법익에 대한 범죄의 제지

경직법 제6조에 의하면, **경찰관**은 생명·신체·중대한 재산에 대해 손해를 끼칠 우려가 있는 범죄행위를 제지할 수 있다.

가능한 반면, 주관적 리스크는 개인적인 가치관념에 근거한다. 리스크의 인지가 지식 기반에 덜 근거할수록 이는 주관적으로 이끌려진다.

36) 서정범, 경찰행정법, 2020, 109면.
37) 김현준, 행정법연구 22호, 2008, 146면.
38) 김현준, 행정법연구 22호, 2008, 146면: 국가의 기본권보호의무에 리스크의 완전배제까지 포함시키면 비례원칙에 반할 수 있으므로 실제로 배제되는 정도의 사전배려까지만 포함된다고 보아야 한다.
39) *Worms/Gusy*, PolG NRW § 8, in: *Möstl/Kugelmann*, Polizei- und Ordnungsrecht Nordrhein-Westfalen, 16. Aufl., 2020, Rn. 98.
40) 김대식, 경상대 법학연구 제25권 4호, 2017, 31면.
41) *Gärditz*, GG Art. 20a,, in: *Landmann/Rohrner*, Umweltrecht, 93. EL August 2020, Rn. 86.
42) 김은주, 행정법연구 20호, 2008, 76면.
43) *Ullrich*, NPOG § 2, in: *Möstl/Weiner*, Polizei- und Ordnungsrecht Niedersachsen, 18. Aufl., 2021, Rn. 109.1
44) 정영철, 공법연구 제43집 4호, 2015, 282면.

(**해석론**) 동조의 법률효과는 제지 일반에 열려있으나, 법률요건은 중대한 법익에 대한 위험으로 한정되고 있어 개별적 수권조항의 형식을 갖추고 있다. 범죄행위 자체에는 실정법으로 규정된 모든 범죄가 해당되나, 중대한 법익에 대한 위험을 야기하는 경우에만 제지의 대상이 된다.[45) 형사처벌이 목적이 아니므로 구성요건에 해당하고 위법한 행위이기만 하면 되고 유책성을 결한 행위도 제지의 대상이 된다. 또 대통령이나 외교관 등 불체포특권을 누리는 자에게도 체포에 이르지 않는 한 제지가 적용될 수 있다. 형사처벌을 위한 범죄체포와 중복되는 상황에서는 위험방지를 위한 범죄제지권이 우선될 수 있다.[46)

(5) 위험방지를 위한 출입

경직법 제7조에 의하면, (제1항) **경찰관**은 생명·신체·중대한 재산에 대한 위험을 방지하거나 피해자를 구조하기 위하여 필요한 한도 내에서 타인의 토지·건물·배 또는 차에 출입할 수 있다.[47) (제2항) 다중출입장소에서의 범죄나 생명·신체·재산에 대한 위험을 예방하기 위하여 공개된 시간에 관계인이나 관리자에게 출입을 요구할 수 있고, 상대방은 이를 거절할 수 없다. (제3항) 대간첩작전 수행시는 작전지역 내의 다중출입장소를 검색할 수 있다.

(**해석론**) 동조는 제3항은 별론으로 제1항과 제2항은 법률효과도 제한되며, 법률요건도 일부 법익에 대한 위험으로 한정되고 있어 개별적 수권조항의 형식을 갖추고 있다.

제1항은 강제적인 위험방지출입권(긴급출입)을 규정한 것이다. 피해자의 구조는 예시로서 위험방지의 한 유형으로 포함될 수 있다. 동항 자체에서는 재산상 위험을 중대한 재산상 위험으로 제한하고 있지 않으나, 앞의 위험방지권이나 범죄제지권의 발동요건으로서의 위험을 요건으로 원용하고 있어 결국 중대한 재산상 위험에 국한된다고 보아야 한다. 주거의 불가침은 헌법 제16조에서 보장하는 기본권으로서 위험과 직접적 관계가 있는 장소에 국한되어야 한다. 현실적인 필요성에도 불구하고 위험이 명확하지 않은 위험의심 단계의 경우 동항이 강제출입의 근거가 되기는 어려운데, 별도의 수권이 없는 한 위험방지는 위험확인 후에야 가능하기 때문이다.[48)

제2항은 위험방지가 아닌 위험예방출입권(예방출입)을 규정한 것이다. 방지는 이미 발생

---

45) 대법원 2018.12.13. 선고 2016도19417 판결에서 경범죄처벌법상 인근소란죄를 저지른 자에 대한 범죄의 제지(전원 단전조치)가 적법하다고 한 것은, 경찰조치가 경직법상 범죄의 제지 요건 자체를 충족하였다기보다는 형사소송법상 형사처벌 절차를 이행하기 위한 과정으로서 적법한 직무수행이라고 본 것으로 평가된다.

46) 경찰대학, 경찰관직무집행법, 2020, 149-151면.

47) 대법원 2009.3.26. 선고 2008다88238 판결이 경직법 제7조 제1항의 출입을 즉시강제로 본 것이라는 평가로, 김형규, 경찰학연구 제20권 1호, 2020, 16면.

48) 김성태, 홍익법학 제20권 4호, 2019, 420면.

한 구체적 위험을 막거나 대응하는 것이며, 예방은 아직 발생하지 않은 위험을 대비한다는 의미이다. 동항의 위험은 객관적인 위험 징표(음주나 과속 등)가 그 요건으로서 입법적으로 사전에 제시되는 추상적 위험도 아니다. 일상 생활상 다중출입장소에서는 위험이 발생할 수 있다는 정도의 주관적 위험, 즉 Risk를 의미한다.[49] 따라서 동항은 소위 리스크 사전배려 조항이라고 할 수 있다. 다만 출입요구의 상대방에게는 수인의무만 부과하고 수인의무 위반시의 강제권은 부여하지 않고 있다. 강제집행은 의무조항과 별도의 근거를 가져야 한다는 원론적 입장에서 보면, 경찰관의 출입을 실력으로 막는 경우 공무집행방해죄의 현행범으로 경고·제압·체포하고 출입하는 대응이 가장 바람직하다.

제3항은 위험방지나 위험예방과는 무관하게 작전수행의 효율성을 높이기 위한 권한이다.

(6) 정보수집

경직법 제8조의2[50]에 의하여, **경찰관**은 범죄·재난·공공갈등 등 공공안녕에 대한 위험의 예방과 대응을 위한 정보의 수집·작성·배포와 이에 수반되는 사실의 확인을 할 수 있다.

(**해석론**) 그간 정보경찰의 활동이 경직법 제2조 4호에서 임무로 규정하는 치안정보의 수집을 너무 넓게 해석하여 일반 국민에 대한 일반적인 정보수집을 해왔다는 지적에 따라, 동호의 내용을 공공안녕을 위한 정보수집으로 변경함과 아울러, 정보수집에 강제 내지 권리제한이 가능한 권한조항으로 신설되었다.

먼저 위험대응은 위험방지를 의미하므로, "위험의 대응을 위한"은 이미 발생된 '구체적 위험이 있는 때'라는 요건으로 해석될 수 있다. 동조는 정보수집에만 법률효과가 국한되는 점에서는 개별적 수권조항에 해당한다. 하지만 법률요건이 어떠한 위헌의 유형도 제시하지 않은 채 위험 일반으로 열려있으며, 법률효과도 정보수집에 관한 한은 특별한 유형없이 권한을 인정하고 있어 '정보에 관한' 한 일반적 수권조항이라 할 수 있다. 정보수집이라는 직무에 정당성을 부여함에 그치지 않고 권한으로까지 규정하되, 구체적 위험을 요건으로 권한행사를 제한하고 있다는 점은 경찰정보활동의 근거로서 적절한 입법이라고 평가된다. 현행 경직법상 '일반적 수권조항'의 존부가 확실치 않은 상황에서 정보수집에 관련된 일반적

---

49) 다중출입장소를 객관적 위험의 징표로 본다면 동 조항은 추상적 위험에 대한 사전대비로 볼 수 있고, 그러한 징표로 보기 어렵다면 일반적으로 존재하는 위험, 즉 리스크에 대한 사전대비로 보게 된다. 유사한 맥락의 견해로, 김성태, 홍익법학 제20권 4호, 2019, 428-430면.

50) 2021년 3월 23일 신설·시행되었다. 하위법령으로 대통령령인 '경찰관의 정보수집 및 처리 등에 관한 규정'이 같은 날 제정 및 시행되었다.

수권조항, 소위 '일반적 정보수권조항'이 먼저 도입되었다고 할 수 있다. 물론 정보의 특성상 이러한 권한을 현재의 정보국, 정보과와 같은 일반적이고 종합적인 정보기능에서 여전히 행사할 수 있도록 함이 오남용의 우려는 없는지, 범죄수사, 생활안전, 교통, 경비, 보안 등 개별적인 각 경찰기능에서 구체적 위험방지의 필요시 행사하면 충분한지는 별도의 논의가 뒤따를 수 있을 것이다.

한편 동 조항은 위험 발생을 전제로 이에 대응하기 위한 권한뿐만이 아니라, 위험발생 이전부터 위험을 사전예방하기 위한 정보수권까지 하고 있다. "위험의 예방을 위한" 수권은 구체적 위험이 아닌 時空이 불특정된 미래의 위험을 전제할 뿐만 아니라 객관적 위험을 예측하게 하는 특정한 징표(예로 음주나 과속운전 등)도 전제하지 않아 추상적 위험 사전대비 조항으로 보기도 어렵다. 따라서 사회가 있으면 발생할 수 있는 일상적 위험, 즉 주관적 위험(Risk) 단계까지 포섭하는 사전배려 입법이라고 보여진다. 그 결과 위험방지(대응)를 위한 정보수집과 달리 경찰권 발동의 제한요건으로서 위험의 현존이라는 적법성 검증수단이 주어지지 못하며, 달리 경찰의 정보수집권을 제한할 다른 법적 요건도 규정되고 있지 않다. 우선 새로운 입법으로 예방목적의 화상·영상정보 수집이나 경찰이 취급하는 정신질환자 관련 사건처리 정보의 축적·관리 등, 당장 시급한 위험예방 차원의 정보수집의 포괄적인 법적 근거를 보강할 수 있게 되었다. 하지만 리스크에 불과한 일상생활의 수준의 위험의 예방을 위해 보호법익의 중대성 제한도 없이 강제적 정보수집(온라인 포함)의 가능성까지 열어두는 것이라면 비례원칙 위반이 우려된다.

> ● **수권조항으로서의 법적 성격에 의문제기 입장**
> 동 조항의 형식이 수권조항이 아닌 임무조항에 불과한 것 아닌가 하는 지적도 제기된다. 경직법 제2조 4호와의 동어반복이 목적이 아닌 이상 입법자는 동법 제8조의2를 수권조항으로서 규정하려던 것으로 보이나, "~을 위한"은 어떠한 법률요건이 아니라 단순히 임무조항의 목적을 명시할 뿐이라는 것이다.[51)]

(**입법론**) 위험예방적 정보수집은 개정 전과 같이 권한조항이 아닌 임무조항에 의하여 정당화되고 임의적 수단으로 이루어지도록 하되, 수권이 필수적인 경우 개별 유형별로 수권조항의 형식을 갖추는 것이 바람직하다고 할 수 있다.

[집회현장의 화상·영상정보 수집] 구법하에서는 구체적 위험이 인정될 경우에만, 촬영에

---

51) 이현수, 정보경찰작용에 대한 행정법적 쟁점과 과제에 대한 토론문, 한국행정법학회 학술대회, 2021.4.2, 1-2면.

의한 심리적 압박이 '위험방지조치(경직법 제5조)'의 한 유형으로서 가능할 수 있었다. 특히 고도의 발생 개연성이 있는 범죄가 인명 또는 신체에 위해를 미치거나 재산에 중대한 손해를 끼칠 우려가 있는 것일 때는, 사법적 조치를 경고하는 '목전에 행하여지려고 하는 범죄행위에 대한 경고(경직법 제6조)'도 근거가 될 수 있었다.

예를 들어 미신고 집회와 같이 집회가 목전에서 불법으로 변질될 고도의 개연성을 갖는 경우,[52] 범죄행위를 경고하는 차원에서 의사에 반하는 사진이나 비디오촬영을 할 수 있고, 이는 유사시 사법적 조치를 하겠다는 의미의 필요한 경고에도 해당할 수 있다. 경고의 법적 성질을 따로 법률에서 제한하고 있지는 않기 때문이다.[53] 독일에서도 이러한 정보수집이 "집회와 관련된 공공의 안녕 혹은 질서에 대한 특별한 위험의 방지, 특히 경험칙상 집회와 관련하여 행해지는 범죄행위의 방지를 목적으로 한다"고 보고 있다.[54]

과거 논의에서는 원거리 조망촬영이 권리제한이 없는 임의적 활동이므로 구체적 위험이 없더라도 수권조항없이 가능하다는 입장도 있었으나, 현재는 확대분석 등 기술의 발달로 설득력이 약해졌다. 본조 신설로 집회현장 촬영의 법적 근거가 확대 및 명확화되었다.

[**경찰 바디캠에 의한 영상정보 수집**] 바디캠의 목적에는 통상 경찰적법성 확보, 위험방지, 범죄수사 등이 포함된다.[55] 범죄수사를 위해서는 범행 중 혹은 직후에 증거보전의 필요성 및 긴급성이 있으면 형사소송법에 의한 영장없는 촬영이 인정된다.[56] 경직법 제5조에 의하여도 생명·신체 및 중대한 재산상 구체적 위험이 있는 경우는 필요한 조치로서 바디캠 촬영이 가능하였다. 문제는 그러한 구체적 위험을 기다려서는 촬영이 실기가 될 우려가 있어 위험발생이 없는 이전 단계에서부터의 촬영이나 단순히 경찰적법성 확보를 위한 촬영이 필요한 경우가 있다는 것이다. 이 경우 구체적이든 추상적이든 객관적 위험은 존재하지 않는 것이므로 바디캠의 사용은 주관적 위험의 사전대비(Risikovorsorge)로 보아야 한다.[57] 이는 별도의 법적 근거없이 수행될 수 없는 것이나, 본조 신설로 법적 근거를 가지게 되었

---

52) 본조 신설 이전 헌법재판소도, 미신고 집회나 신고범위 일탈집회의 경우 참가자의 행위에 불법이 없더라도, 이후 적법한 경찰의 해산명령에 불응하게 되는 경우를 대비하여 경찰이 전후 사정에 관한 자료를 촬영을 통해 수집할 수 있다고 보았다. 반면 조망촬영이 기본권 제약이 덜하다는 견해에 대하여는 최근 기술의 발달로 근접촬영과 차이를 둘 수 없다고 보았다: 헌법재판소 2018.8.30. 선고 2014헌마843 결정.

53) 경찰대학, 경찰관직무집행법, 2020, 48-49면.

54) *Köhler/Dürig-Friedl*, Demonstrations- und Versammlungsrecht, 4. Aufl., 2001, S. 49(구형근, 법학논총, 2011, 224면에서 재인용).

55) 박원규, 입법과 정책 제10권 2호, 2018, 7면 이하.

56) 대법원 1999.9.3. 선고 99도2317 판결.

57) *Starnecker*, Videoüberwachung zur Risikovorsorge. Body-Cam zur Eigensicherung und Daschcam zur Beweissicherung – Eine verfassungs – und datenschutzrechtliche Analyse, 1. Aufl., 2017, S. 22-23(박원규, 입법과 정책 제10권 2호, 2018, 18면에서 재인용).

다.58)

　[**공공장소 CCTV를 통한 정보수집**] 경직법과는 별도로 개인정보보호법 제25조 제1항 2호, 4호, 5호에 의하면, (주체의 제한없이) 범죄예방, 수사, 교통단속, 교통정보수집을 위하여 필요한 경우 공개된 장소에 영상정보처리기기를 설치·운영할 수 있다. 다만 동조 제5항에 의하면, 녹음기능은 사용할 수 없다.

　(**해석론**) 동조 제1항에서 정보수집의 주체를 제한하지 않으므로 개인을 포함한 누구나 범죄예방을 위해 공개된 장소에 CCTV를 설치할 수 있다.59) 따라서 예를 들어 개인주택 대문 위에 거리를 향하여 CCTV를 설치할 수 있다. 다만 이렇게 설치하는 경우 동법 제25조와 제29조에서 정하는 제반 기준을 준수하여야 하며, 위법의 혐의가 있거나 민원이 접수되는 경우 동법 제63조에 의하여 개인정보보호위원회의 자료제출 요구 및 검사를 받아야 한다. 위반시 형사처벌이나 과태료부과대상이 된다.

5. 집행부수적 수권조항

　다른 위험방지적 수권조항에 근거한 경찰권 발동의 효과를 담보하기 위하여, 부수하여 주어지는 물리적 수단에 관한 권한조항이다. 사람에게 달려드는 (주인 없는) 야수를 사살하는 경우 강제 자체라고 할 수가 없고 인도로 돌진하는 고장난 버스의 타이어를 사격하는 경우 강제이지만 어떠한 의무이행을 경찰이 실현시킨다고 볼 수도 없는 등60) 독립적인 법적 성격의 규정이 곤란하다.

(1) 위해성 경찰장비 사용

　경직법 제10조에 의하면, **경찰관**은 직무수행을 위하여 경찰장구, 분사기, 무기와 기타 위해성 경찰장비를 사용할 수 있다. 부속 대통령령61) 제2조 4호에 의하여, 기타 위해성 경찰장비로는 가스차, 살수차, 특수진압차, 물포, 석궁, 다목적발사기 및 도주차량차단장비가 해당된다.

　부속 대통령령 제13조에 의하여, 기타 위해성 경찰장비 중 가스차와 살수차의 경우는 불법집회·시위 또는 소요사태시 자타의 생명·신체의 위해와 재산·공공시설의 위험을 억제

---

58) 동조 신설 이전에는 '웨어러블 폴리스캠 시스템 운영 규칙'(2015.10.19. 경찰청 훈령 제778호)만 마련되어 있었다.
59) 최민영, 고려법학 제73호, 2014, 205면.
60) 경찰대학, 경찰관직무집행법, 2020, 212면.
61) 위해성 경찰장비의 사용기준 등에 관한 규정.

하기 위하여, 특수진압차는 소요사태의 진압과 대간첩·대테러작전의 수행을 위하여, 물포는 불법해상시위나 정선명령 불응 도주 선박에 대하여 사용할 수 있다.

(2) 경찰장구 사용

경직법 제10조의2에 의하면, **경찰관**은 현행범이나 중범인[62]의 체포 또는 도주방지, 자타의 생명·신체 보호, 공무집행에 대한 항거의 제지를 위하여, 수갑, 포승, 경찰봉, 방패를 사용할 수 있다. 또 동법 제10조에 의한 경찰장구인 전자충격기를 직무수행 중 사용할 수 있다.

부속 대통령령 제8조에 의하면, 전자충격기와 전자방패는 임산부와 14세 미만자에 대하여는 사용할 수 없다.

(**해석론**) 법정 외의 장구도 법정 장구를 사용할 수 없는 긴급시는 형법 제20조에 의한 정당행위로서 사용될 여지가 있다.[63]

(**입법론**) 위해성 경찰장비를 포괄적으로 규정하는 경직법 제10조에 부속하는 대통령령 제4조에 의하면 영장집행시는 중범인에 제한하지 않고 범인 일반에 대해 수갑과 포승을 사용할 수 있도록 하고 있다. 하지만 경찰장구만을 규율대상으로 하는 경직법 제10조의2는 현행범과 중범인만을 장구사용의 대상으로 규정하여, 사용대상의 불일치가 발생한다. 하위 법령으로 법률의 문리적 해석을 제한할 수 있는지가 의문이나, 규율범위의 타당성은 동 대통령령 제4조에 있다고 보여지므로, 이하 경직법 제10조의3과 같이 "현행범이나 중범인의 체포 또는 도주방지"를 "범인의 체포·도주방지"로 개정함이 바람직하다.

(3) 분사기 등의 사용

경직법 제10조의3에 의하면, 경찰관은 범인의 체포·도주방지, 불법집회·시위에서의 자타의 생명·신체·재산 및 공공시설 안전에 대한 현저한 위해의 발생 억제를 위하여 분사기 또는 최루탄을 사용할 수 있다. 분사기는 총포법에 따른 분사기를 말한다.

(**입법론**) 불법집회·시위 이외의 경우에서는 위험방지를 위해 분사기 등을 사용할 수 없도록 하는 것이 합리적이지 않으므로, "불법집회·시위" 요건을 삭제함이 바람직하다.

또한 경직법 제10조의3에 의하면 분사기는 총포법에 규정에 의한다고 하고 있어 총포법상 분사기가 아닌 총에 해당하는 가스발사총은 경직법 제10조의3의 규율을 받지 않을 뿐더러, 경직법 제10조의4에 의하면 무기는 권총·소총·도검만이 해당되므로 가스발사총은

---

62) 사형·무기 또는 장기 3년 이상의 징역이나 금고에 해당하는 죄를 범한 범인.
63) 경찰대학, 경찰관직무집행법, 2020, 200-201면.

동조의 무기에도 해당하지 않는다. 하지만 위해성 경찰장비를 규정하는 경직법 제10조와 이에 부속하는 대통령령 제2조 3호에서는 가스발사총은 분사기라고 규정하면서, 부속 대통령령 제12조에서는 가스발사총의 사용요건으로 범인의 체포·도주방지, 자타의 생명·신체에 대한 방호, 공무집행에 대한 항거의 억제를 두고 있다. 즉, 동 대통령령에 의한 가스발사총 사용요건의 문언은 경직법 제10조의3이 아닌 경직법 제10조의4를 따르고 있다. 가스발사총의 경직법상 분류와 사용요건을 모순없게 정비하여야 한다.

(4) 무기사용

경직법 제10조의4에 의하면, **경찰관**은 범인의 체포·도주방지, 자타의 생명·신체에 대한 방호, 공무집행에 대한 항거의 억제를 위하여 무기를 사용할 수 있다. 무기사용으로 인해 위해의 수반이 허용되는 경우로는 정당방위, 긴급피난, 중범인의 항거·도주, 영장집행시 항거·도주, 중범인이나 영장집행대상자를 도주시키려는 제3자의 항거, 위험한 물건을 소지한 범인이나 소요야기자의 3회 이상 투기·투항명령 불응 항거, 대간첩작전시 무장간첩의 투항명령시 불응시이다. 동조상의 무기는 권총·소총·도검을 의미하나, 대간첩·대테러 작전수행시는 공용화기를 포함한다.

경직법 제10조와 부속 대통령령 제2조 2호에 의하면 경찰장비에 속한 무기에는 기관총, 산탄총, 유탄발사기, 박격포, 3인치포, 함포, 크레모아, 수류탄, 폭약류 등도 속한다. 공용화기로서 대간첩·대테러 작전수행을 매개로 경직법 제10조의4의 무기에도 포함된다.

부속 대통령령 제9조에 따라 부득이한 경우를 제외하고는 권총이나 소총 발사 전에 구두 또는 공포탄 사격으로 경고하여야 한다. 제10조에 따라 14세 미만자와 임산부에 대하여는 총기 또는 폭발물을 가지고 대항하는 경우를 제외하고는 권총 또는 소총을 발사할 수 없다.

무기의 사용과 별도로 경찰관의 무기휴대권은 경찰공무원법 제20조에 근거한다. 동법 동조는 의무경찰대 설치 및 운영에 관한 법률 제4조에서 준용하는 경찰공무원법 조항에 해당하여 의무경찰도 무기휴대권을 가진다.

(**입법론**) 긴급체포의 요건에 해당하는 중범인이면 항거나 도주시 위해를 수반한 무기사용이 가능하나, 중범인이라도 도주하는 비폭력범죄(예로 사기)의 용의자에게 검거를 위해 실탄을 사격함은 과도한 면이 있어, 중범인 요건에 '폭력적'을 추가함이 바람직하다.

6. 경찰비용법

현재 우리나라의 경우 유일한 경찰비용법 규정으로는, 대집행으로서 차량견인을 하는 경우 도로교통법이 견인비용의 징수 근거를 마련하고 있다. 도로교통법 제35조 제6항으로 주차위반 견인시의 비용상환만 규정해오다가, 2018.4.25.일부터 동법 제47조 제3항으로 음주운전차량의 견인비용 부과가 추가되었다.

(**입법론**) 경찰법이론에서 경찰상 책임원칙은 크게 2단계로 구분되어 나타나는바, 첫째는 경찰권 발동의 대상이 원칙적으로 경찰상 위험을 야기한 책임자여야 한다는 것이며, 두 번째는 경찰 개입에 따라 발생된 비용은 경찰상 책임자로부터 상환되어야 한다는 것이다. 후자의 법리가 바로 협의[64]의 경찰비용법에 해당한다.

경찰비용법이 마련되지 않은 상태에서는 경찰권 발동의 대상을 아무리 정밀하게 가려본들 경찰조치에 대상자가 따라야 할 이유가 없고,[65] 이것이 바로 현장 경찰관들로 하여금 경찰상 책임원칙을 교과서 밖에서는 인식할 수 없도록 만드는 원인이 되고 있다. 경찰책임자에 대한 비용상환 개념이 도입된다면 실무적으로는 "허위신고처리"와 "주취자 보호"[66]를 우선 대상으로 할 필요성이 높다. 특히 수많은 허위신고자[67]에 대해 현재 실무에서와 같이 추가적 인원 동원이 있는 경우만 가려서, 짧게는 6개월씩 걸리는 민사소송을 매번 제기하도록 하는 것은 법리적 타당성을 넘어 효과적인 대응이 될 수 없을 것이다.

---

64) 광의로는 위험야기자인 경찰상 책임자와 무관한 경찰행정서비스 신청자에 대한 수수료도 포함된다.

65) 경찰대학, 경찰관직무집행법, 2020, 281면: 예를 들어 교통사고 야기자에 대하여 출동경찰관이 견인차를 부르도록 요구하였으나 본인 과실이 아니라며 거부하는 경우, 경찰이 견인차를 불러 견인조치를 한 후 견인업체에게 손실보상을 할 수는 있으나, 경찰비용법이 없는 한 사고야기자에 대한 비용상환을 실행할 수 없어, 경찰관의 요구에 견인차를 자기비용으로 부르는 사고야기자와의 형평성이 문제될 수 있다.

66) 사회적·경제적 측면에서 주취자 보호비용의 상환을 주장하는 견해로는, 이효진, 한국의료법학회지 제21권 1호, 2013, 189면; 김창윤, 경찰책임자에 대한 경찰비용상환의 법적 근거 마련에 관한 연구(경찰청 연구용역과제), 경남대 산학협력단 범죄안전연구센터, 2014.12, 94면 이하; 독일 브레멘주 경찰은 만취하여 쓰러진 자를 경찰지구대로 데려와 6시간 25분 동안 보호조치한 사례에서 10일 후 144유로(한화 약 20만원)를 통지하였다(2014.9.23. 브레멘 상급행정법원에서, 당시 경찰이 구법원에 즉각적인 보호유치 허가를 받지 못한 불법을 이유로 비용통지가 취소된 사안. OVG Bremen, Urt. v. 23. 9. 2014, Az. 1 A 45/12).

67) 동아일보, 112 허위신고 … 출동 경찰은 2시간 헛수고, 2021.5.12: "[…] 112허위신고가 […] 5년 연속 4,000건을 넘어섰다. 허위신고자는 거의 대부분 꼬리를 잡히고 징역형까지 처해지는데고 개선되지 않고 있다. […] 허위신고자는 […] 99.9% 잡힌다. 초범이라도 끝까지 추적하며 형사처벌과 함께 손해배상을 청구하기도 한다."

2절   개별 위험방지법 Ⅰ(행정법내 위험방지법)

개별 위험방지법은 일반적인 경찰목적 이외에 특별한 행정목적이 병행 내지 부가되는 작용법을 말한다. 여기에는 경찰소관 법령도 있고, 타 부처 소관법령도 있다.

개별 경찰행정작용법에서 나타나는 수권은 이하의 3가지 형태 중 대개 [1]유형인 법률행위적 처분을 중심으로 이루어진다.

● 경찰작용법상 수권형태

경찰작용권은 크게 [1] 권리·의무의 변동을 가져오는 법률행위적 처분권과 [2] 이러한 법률행위적 처분 중 의무를 명하는 하명처분의 집행을 위한 사실행위적 집행권 및 [3] 의무를 명할 수 없거나 명할 시간이 없어 하명처분없는 사실행위적 집행권으로 나뉜다. [1]에 속하는 것으로 하명, 허가, 특허, 공증, 통지, 수리, 확인 등이 [2]에 속하는 것으로 대집행, 직접강제 등이 [3]에 속하는 것으로 즉시강제를 볼 수 있다.

2021년 3월 23일 행정기본법이 제정되면서 제30조~제33조에 의해 직접강제와 즉시강제가 강학상 용어에서 법률용어로 전환되었다. 직접강제에는 권한행사자의 증표제시의무와 계고, 통지 규정이 적용되었고, 즉시강제에는 권한행사자의 증표제시의무와 즉시강제의 이유 및 내용고지 규정이 적용되었다. 따라서 경찰권한이 직접강제나 즉시강제에 해당하는지의 구분이 이론적으로 그치지 않고 법률적인 의미를 가지게 되었다.

문제는 급박성을 이유로 하명처분이 없이 이루어지는 즉시강제에 증표제시, 이유 및 내용고지 등이 어울릴 수 있는지이고, 불법집회의 해산명령 이후에 바로 이어서 이루어지는 해산조치와 같은 직접강제에서 증표제시의 대상이 군중이거나 시간적 여유가 충분하지 않은 경우 증표제시, 계고, 통지 등이 이루어질 수 있는지이다. 원칙보다 예외가 많을 수밖에 없는 이러한 소위 '절차규정' 들에 대한 검토가 행정기본법의 개정 혹은 개별 경찰작용법들의 개정으로 이어져야 한다. 행정기본법 부칙 제1조에 의하면 동법 제30조~제33조의 시행일은 공포 후 2년 경과시이므로 이 기간 내에 개정입법이 필요하다.

---

1. 경찰소관 법령[68]

권한행사의 수단이 사실행위 위주로 구성되고 수권의 대상이 단독관청인 개개의 경찰관으로 되는 경직법과 달리, 주로 법률행위의 형식으로 권한행사가 이루어지는 개별 경찰행정작용법에서는, 경찰청장이나 경찰서장과 같은 조직법상 일반경찰관청에게 경찰권이 수

---

68) 이하에서 소개되는 법률 이외에 경찰청이 검찰청과 공동 소관하는 법률로, 디엔에이신원확인정보의 이용 및 보호에 관한 법률(약칭, 디엔에이법)이 있으나, 범죄예방보다는 범죄수사에 중점이 놓여있다.

권됨이 보통이다.

(1) 집회 및 시위에 관한 법률(이하 '집시법'으로 약칭)

헌법은 제21조에서 집회의 자유를 규정하면서, 집회에 대한 허가제를 금지하고 있다. 하지만 헌법도 집시법도 집회의 개념을 구체적으로 정의하고 있지 않다. 강학상으로는 "다수인이 내적 유대를 가지고 공동목적을 달성하기 위하여 일정한 장소에서 일시적으로 회합하는 것"을 의미한다.[69] 다수의 개념에 대하여는 판례는 2인이면 족하다고 본다.[70] 시위에 대하여는 집시법 제2조 제2호에서 법적으로 정의되는바, "다수인이 공동목적을 가지고 도로·광장·공원 등 공중이 자유로이 통행할 수 있는 장소를 진행하거나 위력 또는 기세를 보여 불특정 다수인의 의견에 영향을 주거나 제압을 가하는 행위"이다. 헌법재판소는 위력 또는 기세를 보이는 행위는 공중이 자유로이 통행할 수 있는 장소의 진행과 별도의 시위 개념으로 본다.[71] 따라서 철도, 교량 주탑, 고속도로 등 통행이나 출입이 금지된 장소라도 시위의 개념은 성립한다.

1) 집회신고[72]

집시법 제6조에 의하면, 옥외집회나 시위를 주최하려는 자는 신고서를 옥외집회나 시위를 시작하기 720시간 전부터 48시간 전까지 **관할 경찰서장**에게 제출하여야 한다.[73] 동법 제15조에 의하면, 학문, 예술, 체육, 종교, 의식, 친목, 오락, 관혼상제 및 국경행사에 관한 집회에는 신고의무가 적용되지 않는다.

(**해석론**) 학설상 공법상 신고는 법적 효과면에서 금지해제적 신고와 정보제공적 신고로 분류되는데, 집시법상 신고는 후자에 해당한다. 즉 신고를 통하여 금지된 행위를 허용하는 것이 아니라, 적법요건을 갖춘 집회는 신고하지 않고도 자유롭게 개최할 수 있는 것이다.[74] 다만 행정기관에 정보제공 차원에서 신고의무를 부과하는 성격의 것이다.[75]

따라서 미신고 집회 자체는 불법집회가 아니며[76] 신고의무가 있는 주최자만이 동법 제

---

69) 권영성, 헌법학원론, 2009, 531면.
70) 대법원 2012.5.24. 선고 2010도11381 판결.
71) 헌법재판소 1994.4.28. 선고 91헌바14 전원재판부 결정.
72) 경찰권한에 해당하지는 않으나, 상대방에게 의무를 부과한다는 점에서 작용법의 일환으로 보았다.
73) 경찰대학, 집회·시위와 경찰활동, 2018, 96면: 집회신고는 질서유지를 위한 협의 등이 필요하므로 민원사무처리에 관한 법률 제20조에 의한 행정자치부 고시로 방문접수만 인정하고 있다.
74) 박균성, 공법학연구 제20권 4호, 2019.11, 210면.
75) 헌법재판소 2009.5.28. 선고 2007헌바22 결정: "집회신고는 경찰관청 등 행정관청으로 하여금 집회의 순조로운 개최와 공공의 안전보호를 위하여 필요한 준비를 할 수 있는 시간적 여유를 주기 위한 것이다."
76) 대법원 2012.4.19. 선고 2010도6388 판결: "신고를 하지 아니하였다는 이유만으로 옥외집회 또는 시위

22조에 의하여 처벌될 뿐이다. 이러한 취지에서 미신고 집회에 대한 해산명령은 별다른 단서를 두지 않는 동법 제20조에도 불구하고, 공공안녕이나 공공질서에 대한 직접적인 위험의 방지나 장해의 제거를 위하여 필요한 경우에 한하여야 한다.[77] 같은 맥락에서 신고된 내용과 다르게 집회를 개최한다는 이유만으로는, 해산명령이나 해산명령에 위반한 형사처벌이 적용되어서도 안된다.[78] 또 주최자가 없는 우발적 집회에는 개념상 신고의무가 적용될 수 없다.

공법상 신고는 효력발생 시기와 관련하여 행정절차법 제40조에서는 단일한 자기완결적 신고만을 규정하고 있으나, 그간 학설은 다른 특별한 법적 근거없이 해석에 의하여 자기완결적 신고와 행정요건적 신고로 분류해왔다. 전자는 사인의 신고접수시 후자는 행정청의 신고수리시 신고효력이 발생한다고 보는 것인데, 통상 정보제공적 신고는 전자와 금지해제적 신고는 후자와 짝을 이루게 된다. 이렇게 학설이 신고의 유형을 구분하는 것은 모든 신고가 행정청의 심사없이 효력이 발생된다고 보게 되면, 사후 신고가 부적법하고 무효라고 밝혀지는 경우 미신고행위로서 사인이 처벌받게 되는 법적 불안정성에 근거한다.

하지만 허가제보다 완화된 규제 유형으로서 입법자의 의지에 의해 도입된 신고가 해석에 의해 행정청의 적법유효의 판단 이후에야 효력이 있다고 보는 것은 사인의 권리향유보다 법적 안정성만을 우선시함으로써 법적 혼란을 초래한다는 견해가 다수이다. 私見으로서는 신고제의 본래 취지에 따라 모든 신고는 자기완결적이며, 행정청의 사후 심사결과 부적법 무효 확인되면 미신고행위의 책임을 사인이 지는 것이 합당하다고 본다. 단 이에 대해 신고필증 게시의무, 신고행위와 시간적 간극을 둔 사전신고의무 부과 등 간접적 완충장치를 두는 것은 입법자의 몫이다.

문제는 2021.3.23 행정기본법이 제정되면서 일부 학설을 수용하여 동법 제34조에 수리를 요하는 행정요건적 신고가 명문화되었다는 것이다. 동조는 2년이 경과된 2023.3.24. 시행예정이므로, 신고에 대응하는 행정청의 행위는 수리처분이 아닌 확인처분이라는 점과, 신고에 따른 효력발생은 수리시가 아니라 적법 유효의 확인을 거치면 처음 신고시부터라는 점을 분명히 하는 시행일 전 재개정이 필요하다.

한번 적법한 신고라고 하더라도 인허가 의제조항이 없는 한 타 법률의 규제는 별도로 받아야 한다. 하지만 집회의 장소로 공공도로를 신고하는 경우는 도로법 제61조에서 특별히 예외사유로 하고 있지 않음에도, 도로관리청의 점용허가없이 집회 자체 및 집회용품에 의한 점용이 허용되고 있다.[79] 이는 장소사용이 집회의 본질에 속하기 때문이다.

를 헌법의 보호범위를 벗어나 개최가 허용되지 않는 집회 내지 시위라고 단정할 수 없다."

77) 박균성, 공법학연구 제20권 4호, 2019.11, 217면.
78) 대법원 2013.7.25. 선고 2010도14545 판결.

그러나 다른 점용허가가 먼저 발령되어 있거나 도로를 수선하여야 하는 등 도로관리상의 사정이 있다면 집회를 개최를 우선할 수 없게 된다. 특히 점용허가가 빈번하게 발생하는 공공광장에 대해서는 장소선점을 위하여 각 지방자치단체의 관련 조례[80][81])에 따른 사전 점용허가 신청이 사실상 필요로 된다. 이에 대해 관련 조례의 공공질서를 위한 조건이나 광장 조성목적 위배여부의 심사 등을 매개로 집회가 지자체에 의한 허가제로 운용될 소지가 있는 점은 지적되고 있다.[82])

(**판례**) 헌법재판소 2021.6.24. 선고 2018헌마663 결정: 옥외집회 사전신고의무 위반시 형사처벌은 합헌이다(4명 합헌, 5명 위헌이나 6명의 위헌정족수 미달로 합헌결정). 긴급집회의 예외를 두지 않아 위헌이라는 의견과, 신고의무 위반시 과태료로 충분하다는 위헌의견도 제시되었다.

2) 집회신고에 대한 보완통고와 반려

집시법 제7조[83])는 기재사항 미비에 대하여는 행정절차법 제40조의 내용과 동일하게 **관할 경찰관서장**에 의한 보완통고를 규정하였으나, 보완에 응하지 않는 경우는 반려처분이 아닌 동법 제8조의 금지대상으로 규정하고 있다.

(**해석론**) 정보제공적 신고인 집회신고는 여기서 자기완결적 신고에 해당한다.[84]) 따라서

---

79) 서울시(도시안전실), 주요보도 점용행사 및 집회관련 점용허가 업무메뉴얼, 2013.11: (집회 자체에 대한 점용허가 대상 여부의 언급은 없는 채로) 집회용품들은 점용허가 대상이 아니다. 미신고한 집회는 집회용품이라 하더라도 도로법의 불법적용에 해당하며, 전 점용공간에 대해 행정 및 사법조치 대상이다.

80) 서울특별시 광화문광장의 사용 및 관리에 관한 조례[시행 2017. 3. 23.] 제5조(사용허가 신청) ① 신청자는 […] 광화문광장 사용허가신청서를 사용하려는 날의 60일 전부터 7일 전까지 시장에게 제출하여야 한다. 제6조(사용허가 또는 사용제한) ① 시장은 제5조의 신청이 있는 경우에는 다음 각 호 사항을 검토하여 허가 여부를 결정하여야 하며, 공공질서를 확보하기 위하여 필요한 경우 조건을 붙일 수 있다. 1. 광장의 조성목적에 위배되는지 여부 […] ② 제1항에 따라 사용을 허가하는 경우에 사용일이 중복된 경우에는 신청순위에 따라 허가하되, […].

81) 인천애(愛)뜰의 사용 및 관리에 관한 조례[시행 2020. 3. 30.] 제6조(사용허가 신청) ① 인천애뜰을 사용하려는 자는 […] 사용허가 신청서를 사용하려는 날의 60일 전부터 10일 전까지 […] 시장에게 제출하여야 한다. ② 시장은 […] 바닥분수 광장 또는 음악분수 광장에서의 집회는 제1항에도 불구하고 사용허가 신청 기간의 제한을 두지 아니할 수 있다.

82) 인천투데이, 인천愛뜰 광장 사용허가제… 집회의 자유 침해 우려, 2019.8.9: "민변은 공적으로 조성된 광장은 공론장으로서의 기능을 수행하므로, 시는 조례안의 목적에 집회의 진행을 추가해야 한다. 사용허가를 사용신고로 바꾸고 예외적인 경우에만 운영심의위원회를 거쳐 신고수리를 거부할 수 있도록 규정해야 한다고 덧붙였다."

83) 관할경찰관서장은 집회신고서의 기재 사항에 미비한 점을 발견하면 접수증을 교부한 때부터 12시간 이내에 주최자에게 24시간을 기한으로 그 기재 사항을 보완할 것을 통고할 수 있다.

84) 다수 학설과 판례의 입장이나, 집회신고를 수리를 요하는 신고로 보는 견해도 있다. 이회훈, 토지공법 연구 제39집, 2008.2, 486면.

적법한 내용으로 신고한 이상 경찰행정청이 언제 수리를 하였는 지와 무관하게 신고의무를 이행한 것이 된다. 심사결과 적법요건을 갖추지 못하였음이 확인되는 경우, 경찰의 보완통고는 허가제가 아닌 이상 형식적 요건만을 대상으로 하여야 하며 집회의 실질적 내용에 관하여 신고보완을 요구할 수는 없다.[85]

행정절차법의 특별법인 집시법에 따르게 되면, 법체계의 부정합성이 드러나게 되는바, 처음부터 신고하지 않고 금지사유가 없는 집회를 개최하는 경우는 주최자가 처벌받는 외에 집회의 권리는 인정되나, 신고하려다 기재사항이 미비된 경우로 보완에 응하지 않으면 신고가 없었던 것으로 됨에 그치지 않고 기재사항 미비로 집회 자체가 금지대상이 되기 때문이다.[86]

한편 1인 집회와 같이 집회의 개념 자체를 충족하지 않는 경우나, 신고의무가 없는 오락행사, 또는 처음부터 집회의 의사가 없음이 명백한 소위 알박기 집회[87]를 신고하는 경우는 보완을 요구할 수도 없어 처음부터 반려의 대상이 된다고 보아야 한다. 집회신고를 계기로 집회가 갖는 장소사용의 특권을 오용할 여지가 있기 때문이다. 형식적 요건을 충족하였다고 생각하는 신고자는 경찰의 보완통고나 반려 등의 '무효확인처분'에 대하여는 취소소송을 할 수 있다.

3) 집회금지와 금지유보
① 집회금지

집시법 제8조 제1항에 의하면, **관할 경찰관서장**은 신고된 옥외집회 또는 시위가 다음에 해당하는 때에는 신고서를 접수한 때부터 48시간 이내에 금지를 통고할 수 있다. 다만, (여러 개의 신고를 통해 개최되는 여러 날에 걸친) 집회 또는 시위가 집단적인 폭행, 협박, 손괴, 방화 등으로 공공의 안녕·질서에 직접적인 위험을 초래한 경우에는 남은 기간의 해당 집회 또는 시위에 대하여 신고서를 접수한 때부터 48시간이 지난 경우에도 금지통고를 할 수 있다. 1. 헌재 결정으로 해산된 정당의 목적을 위한 집회 또는 시위와 공공의 안녕·질서에 직접적인 위협을 끼칠 것이 명백한 집회 또는 시위,[88] 24시부터 일출까지의 시위, 대통령 관

85) 서울고등법원 1998.12.29. 선고 98누11290 판결; 부산지방법원 2016.4.1. 선고 2015구합24643 판결.
86) 유사한 취지로 박균성, 공법학연구 제20권 4호, 2019.11, 210면, 220면.
87) 소위 대기업들이 회사 앞 항의집회를 막기 위해 유령집회(신고만 하고 개최하지 않는 집회) 대신, 알바를 고용한 가짜 집회를 매일 개최 1개월 전 시점에서 신고하고 집회장소를 선점하는 것을 말한다. 유령집회를 이유로 금지통고된 후순위 집회신고자의 금지취소가처분이 받아들여진 2012년 7월 서울행정법원의 결정을 기점으로 유령집회가 알박기 집회를 변화하였다. 2018.1.25. 서울중앙지법은 이러한 알박기 집회는 회사의 경비업무에 속할 뿐 집시법의 보호대상이 아니라고 판시하였다.
88) 헌법재판소 2010.4.29. 선고 2008헌바118 결정: 공공의 안녕질서에 직접적인 위협을 가할 것이 명백한 집회 또는 시위란 법과 제도, 개인의 생명·자유·재산 등 기본권 및 국가와 사회의 존속을 위해 필수

저, 국회의장 공관, 대법원장 공관, 헌법재판소장 공관 및 관련 기능이나 안녕을 해할 우려가 있는 국회의사당, 각급 법원과 헌법재판소, 총리공관, 외국의 외교기관[89]이나 외교사절[90]의 숙소[91]로부터 100미터 이내에서의 집회 또는 시위, 2. 신고서 기재사항을 보완하지 아니한 때, 3. 대통령령으로 정하는 주요도로에서 교통소통을 저해하는 집회 또는 시위 및 질서유지인이 없거나 심각한 교통불편의 우려가 있는 행진.

　　동법 제8조 제2항 및 제3항에 의하여, 관할 경찰관서장은 시간과 장소가 중복되는 2개 이상의 신고된 집회 또는 시위가 서로 상반되거나 방해가 된다고 인정되면, 시간을 나누거나 장소를 분할하여 개최하도록 권유하는 등 각 옥외집회 또는 시위가 서로 방해되지 아니하고 평화적으로 개최·진행될 수 있도록 노력하되, 권유가 받아들여지지 아니하면 뒤에 접수된 옥외집회 또는 시위에 대하여 금지를 통고할 수 있다.[92]

　　② 집회제한(조건부 금지유보)

　　집시법 제8조 제1항 3호와 연결되는 동법 제12조에 의하면, **관할 경찰관서장**은 대통령령으로 정하는 주요도로에서 교통질서 유지를 위한 조건을 붙여 집회 또는 시위를 (금지하지 않고) 제한할 수 있다.

　　동법 제20조 3호에 의하면, **관할 경찰서장**은 이러한 조건에 상대방이 위반하여 질서 유지에 직접적인 위험을 명백하게 초래한 경우 집회의 해산을 명할 수 있다.

　　(**해석론**) 여기에서의 제한을, 금지대상인 주요도로상 집회에 조건을 붙여 금지를 해제하는 즉 부관부 금지해제라고 본다면 조건부 허가처분의 구조를 갖게 된다. 하지만 허가에서의 금지는 처음부터 법률로 전제되는 것인데 반해, 주요도로에서의 집회금지는 신고접수

　　　적인 것으로 인정되는 가치와 규준 등에 대해 사회통념상 수인할 수 있는 혼란이나 불편을 넘는 위험을 직접 초래할 것이 명백한 집회 또는 시위를 말한다.

89) 경찰대학, 집회·시위와 경찰활동, 2018, 63~64면: 외교기관이란 외교관이 주재하는 공관인 대사관, 영사관 및 국제기구를 말한다. 외교관은 외교관계에 관한 비엔나 협약 제1조에서 정의하는 외교공관장과 외교직원(대사대리, 공사, 상무관, 노무관, 참사관, 각급 서기관, 무관, 공보관)으로서 접수국 정부가 발행하는 외교관 명부에 등재된 사람을 말한다. 외국 문화원은 문화원장이 외교관으로 등재되어 있더라도 외교기관으로 볼 수 없으나, 미/일/중 문화원은 당사국 간의 사전합의를 통해 외교기관으로 인정된다.

90) 종래에는 외교사절과 외교관이 같은 의미였으나, 1961년 외교관계에 관한 비엔나 협약 이후에는 외교직원도 외교관으로 포함되어 대사, 공사, 대리공사만을 의미하는 외교사절과 달라지게 되었다. 영사(총영사, 영사, 부영사, 영사대리)는 외교사절이나 외교관에 포함되지 않으며, "영사관계에 관한 비엔나 협약"을 적용받아 특권과 면제가 외교관보다 제한적이다.

91) 경찰대학, 집회·시위와 경찰활동, 2018, 64면: 외교사절이 묵는 호텔과 같은 공중숙박업소의 경우는 일반인이 자유롭게 접근 사용하는 장소이므로 집회금지 장소로 보기 어렵다.

92) 집시법 제6조 제3항에 의하면 신고된 집회를 개최하지 않는 경우 집회 일시 24시간 전에 철회신고서를 관할 경찰서장에게 제출하여야 하며(선언적 조항), 중복 집회신고된 경우로서 먼저 신고된 집회 주최자가 이를 위반하면 동법 제26조에 의하여 과태료가 부과된다.

후 경찰행정청의 처분에 의하여 비로소 이루어진다는 점에서 단지 금지를 발령하지 않겠다는 경찰행정청의 행위를 허가라고 할 수는 없다.

경찰 조치는 조건을 붙여 금지를 유보하는 것이므로, '조건부 금지유보'라고 보아야 한다. 금지유보는 원래 허용된 상태를 유지하는 '부작위 처분'이다. 이러한 금지유보를 집시법 시행규칙 제6조에서는 '허용'이라는 용어를 사용하고 있는바, 허가 내지 작위처분의 의미로 혼동되어서는 안된다. 부작위에 부관을 붙일 수 있는지 논란이 있을 수 있으나, 여기서의 금지유보는 통상의 부작위가 아닌 외부에 표시되고 효과를 발생시키는 행정청의 결정이라는 점에서 부작위 처분이라고 보아야 하고, 부관의 가능성도 명문의 규정있다면 더 이상 문제될 수 없다.[93] 헌재에 따르면 이러한 조건부 금지유보의 가능성을 모두 소진한 후에야 금지처분이 이루어져야 한다.[94]

조건의 강학상 의미인 '부관'은 원 처분에 종속된 처분으로 여러 유형이 논의된다. 집시법상의 조건이 질서유지인을 두는 것이면 '부담'에 해당할 것이며, 사용할 차선의 수를 줄이는 것이면 '법률효과의 일부배제'에 해당할 것이다.

동법 제20조 3호에 의하여 관할 경찰서장이 발하는 해산명령은 유보된 금지처분을 발령하는 것이다.

③ 집회금지 또는 집회제한(조건부 금지유보)

동법 제8조 제5항에 의하면, **관할 경찰관서장**은 신고장소가 다음 어느 하나에 해당하는 경우로서 그 거주자나 관리자가 시설이나 장소의 보호를 요청하는 경우에는 집회나 시위의 금지 또는 제한을 통고할 수 있다. 1. 다른 사람의 주거지역이나 이와 유사한 장소로서 집회나 시위로 재산 또는 시설에 심각한 피해가 발생하거나 사생활의 평온을 뚜렷하게 해칠 우려가 있는 경우, 2. 초·중등교육법에 따른 학교 주변 지역으로서 집회 또는 시위로 학습권을 뚜렷이 침해할 우려가 있는 경우, 3. 군사기지 및 군사시설 보호법에 따른 군사시설의 주변 지역으로서 집회 또는 시위로 시설이나 군 작전의 수행에 심각한 피해가 발생할 우려가 있는 경우.

동법 제20조 3호에 의하면, 관할 경찰서장은 이러한 제한에 상대방이 위반하여 질서유지에 직접적인 위험을 명백하게 초래한 경우 집회의 해산을 명할 수 있다.

(**해석론**) 동법 제8조 제5항에서는 제한을 '조건'이라고 규정하지는 않으나, 집시법 시행

---

93) 김남진·김연태, 행정법 Ⅰ, 제12판, 2008, 236~237면.
94) 헌법재판소 2003.10.30. 선고 2000헌바67 결정: "집회의 금지는 원칙적으로 공공의 안녕질서에 대한 직접적인 위험이 명백하게 존재하는 경우에 한하여 허용될 수 있고, 집회의 금지는 집회의 자유를 보다 적게 제한하는 수단, 즉 조건을 붙여 집회를 허용하는 가능성을 모두 소진한 후에 고려될 수 있는 최종적인 수단이다."

령 제6조에서 제한의 내용을 집회의 일시, 장소, 참가인원 및 집회방법에 대한 것이라고 열거하고 있어, 부관의 유형 중 법률효과의 일부배제를 의미하는 것으로 볼 수 있다.

동법 제20조 3호의 해산명령은 유보된 금지처분을 발령하는 것이다.

4) 집회관리

[**질서유지선의 설정**] 집시법 제13조에 의하면, **관할 경찰서장**은 집회신고를 받은 경우 집회 및 시위의 보호와 공공의 질서 유지를 위하여 필요하다고 인정하면 최소한의 범위[95]를 정하여 질서유지선을 설정할 수 있다.

[**경찰관 출입**] 집시법 제19조에 의하면, **경찰관**은 집회 또는 시위의 주최자에게 알리고 그 집회 또는 시위의 장소에 정복을 입고 출입할 수 있다. 다만, 옥내집회 장소에 출입하는 것은 직무 집행을 위하여 긴급한 경우에만 할 수 있다.

[**집회현장의 촬영과 녹음**] 이와 관련하여는 집시법에 규정을 두고 있지 않아, 신설된 경직법 제8조의2를 중심으로 논의의 전개가 필요하다. '앞쪽 정보수집 관련 부분 참조'.

[**집회소음의 규제**] 집시법 제14조 제2항에 의하면, **관할 경찰서장**은 집회 또는 시위의 주최자가 기준을 초과하는 소음을 발생시켜 타인에게 피해를 주는 경우에는 그 기준 이하의 소음 유지 또는 확성기 등의 사용 중지를 명하거나 확성기 등의 일시보관 등 필요한 조치를 할 수 있다.

5) 집회해산명령과 강제해산

집시법 제20조에 의하면, **관할 경찰관서장**은 다음 집회 또는 시위에 대하여는 상당한 시간 이내에 자진 해산할 것을 요청하고 이에 따르지 아니하면 해산을 명할 수 있다. 1. 헌법재판소 결정으로 해산된 정당의 목적을 위한 집회 또는 시위와 공공의 안녕·질서에 직접적인 위협을 끼칠 것이 명백한 집회 또는 시위, 24시부터 일출까지의 시위, 대통령 관저, 국회의장 공관, 대법원장 공관, 헌법재판소장 공관 및 관련 기능이나 안녕을 해할 우려가 있는 국회의사당, 각급 법원과 헌법재판소, 총리공관, 외국의 외교기관이나 외교사절의 숙소로부터 100미터 이내에서의 집회 또는 시위, 2. 미신고 집회 또는 시위, 금지통고된 집회 또는 시위, 대통령령으로 정하는 주요도로에서의 교통소통을 저해하는 집회 또는 시위 및 질

---

95) 집시법 제13조의 질서유지선을 침범하거나 효용을 해한 경우의 동법 제24조의 벌칙에 관하여, 헌법재판소 2016.11.24. 선고 2015헌바218 결정: 질서유지선의 설정 범위인 "최소한의 범위"란 […] 공공의 질서유지를 달성하기 위하여 필요한 한도에서 가능한 적은 범위로 충분히 해석할 수 있다. 법관의 보충적 해석을 필요로 하는 개념을 사용하였더라도 헌법상 요구되는 죄형법정주의의 명확성원칙에 위해된다고 볼 수 없다.

서유지인이 없거나 심각한 교통불편의 우려가 있는 행진, 3. 조건부 유보금지에 따른 제한
이나 조건을 위반하여 질서유지에 직접적인 위험을 명백하게 초래한 집회 또는 시위, 4. 주
최자가 질서유지를 할 수 없어 종결 선언을 한 집회 또는 시위, 5. 타인의 생명·신체에 해
를 끼칠 수 있는 기구를 휴대하거나 사용하는 행위 또는 타인에게 이를 휴대하게 하거나 사
용하게 하는 행위, 폭행·협박·손괴·방화 등으로 질서를 문란하게 하는 행위, 신고한 집회
범위를 뚜렷이 벗어나는 행위 등으로 질서를 유지할 수 없는 집회 또는 시위.

(**해석론**) 현행 집회 및 시위에 관한 법률은 경찰관서장의 해산명령권만 규정할 뿐 직접
강제에 해당하는 강제해산권은 규정하고 있지 않아,[96] 해산명령 불응의 불법집회는 생명·
신체·중대한 재산에 대한 손해가 우려되는 한도 내에서[97] 경직법상 개별 경찰관의 위험방
지권 내지 범죄의 제지권에 근거하여 해산된다고 보아야 한다.

(**판례**) 금지통고된 집회라도 공공의 안녕질서에 대한 직접적 위험이 명백하지 않은 경
우 해산명령의 대상이 아니라고 하였다.[98]

(2) 도로교통법

도로교통법 제2조 1호에 의하면, **도로**란 도로법, 유료도로법, 농어촌도로정비법에 따른
도로와 기타 현실적으로 불특정 다수인이나 차마가 통행할 수 있도록 공개된 장소를 말한다.

따라서 공유지는 물론 소유주나 관리자가 일반교통에 공용하도록 인정하는 사유지를
포함한다.[99] 차량출입이 통제되는 대학구내도로,[100] 대형건물의 주차장,[101] 나이트클럽 전
용주차장[102] 등은 도로로 인정되지 않는다. 아파트 단지 내 도로의 경우 경비원이 있고 출
입금지 표지가 있으며 거주자 차량스티커제, 외부차량의 주차단속 등이 이루어진다고 하더
라도, 외부차량에 대한 엄격한 출입통제가 없다면 여전히 도로로 인정된다.[103]

도로교통법 제2조 17호와 18호에 의하면, **차마**란 차와 우마이며, **차**에는 자동차, 건설

---

96) 법률의 위임없이 동법 시행령(제17조 3호)에서 비로소 강제해산권을 규정하고 있을 뿐이다.
97) 이러한 맥락에서 집회의 신고범위 일탈이 있다 하더라도, 공공의 안녕질서에 직접적인 위험을 초래하
지 않는 한 위험방지 차원의 집회해산 또는 저지를 하여서는 아니된다는 판례: 대법원 2001.10.9. 선고
98다20929 판결.
98) 대법원 2011.10.13. 선고 2009도13846 판결: "사전 금지[…]된 집회라도 실제 이루어진 집회가 당초 신
고 내용과 달리 평화롭게 개최되거나 집회규모를 축소하여 이루어지는 등 […] 공공의 안녕질서에 대
하여 직접적이고 명백한 위험을 초래하지 않은 경우에는 이에 대한 해산을 명하고 이에 불응하였다
하여 처벌할 수는 없다."
99) 대법원 1998.3.27. 선고 97누20755 판결: 민박집에서 사비로 개설한 민박집 앞 교통로도 도로이다.
100) 대법원 1996.10.25. 선고 96도1848 판결.
101) 대법원 1992.10.9. 선고 92도1662 판결.
102) 대법원 1992.4.14. 선고 92도448 판결.
103) 대법원 2001.7.13. 선고 2000두6909 판결.

기계, 원동기장치자전거, 자전거, 기타 동력으로 도로에서 운전되는 것으로서 철길이나 가설선을 이용하는 것과 유모차 및 보행보조용 의자차는 제외한다. **자동차**에는 승용, 승합, 화물, 특수, 이륜자동차가 포함된다. 동법 21호와 21의2호에 의하면, '자동차등'은 자동차와 원동기장치자전거를, '자전거등'은 자전거와 개인형 이동장치104)를 의미한다.

도로교통법 제2조 26호에 의하면, **운전**이란 (원칙적으로) 도로에서 차마 또는 노면전차를 그 본래의 사용방법에 따라 사용하는 것(조종을 포함한다)을 말한다. 판례에 의하면, **교통**이란 (사람이나 물건의 운송을 전제로) 차량을 운전하는 행위 및 그와 동일하게 평가할 수 있을 정도로 밀접하게 관련 행위를 모두 포함한다.105) 이와 비교되는 개념으로서 **운행**은 자동차손해배상보장법에서 정의되는바, 사람 또는 물건의 운송 여부에 관계없이 자동차를 당해 장치의 용법에 따라 사용하는 것이다.

1) 운전면허

[**면허**] 도로교통법 제80조에 의하면, 개인형 이동장치와 교통약자의 저속차를 제외한 자동차등을 운전하려는 자는 **시도경찰청장**으로부터 운전면허를 받아야 한다. 면허에는 제1종(대형, 보통, 소형, 특수)과 제2종(보통, 소형, 원동기장치자전거), 연습운전면허 등 3유형이 있다. 시도경찰청장은 운전면허를 받을 사람의 신체 상태 또는 운전 능력에 따라 운전할 수 있는 자동차등의 구조를 한정하는 등 운전면허에 필요한 조건을 붙일 수 있다.

(**해석론**) 운전면허는 일반적 금지를 개별적으로 해제하는 대인적 경찰허가이다.

[**면허의 취소·정지**] 도로교통법 제93조에 의하면, **시도경찰청장**은 도로교통법에서 정하는 사유에 해당하는 운전면허자에 대하여 기준에 따라 운전면허(운전자가 받은 모든 운전면허를 포함한다)를 취소하거나, 1년 이내의 범위에서 운전면허의 효력을 정지시킬 수 있다. 다만 일정 경우에는 의무적으로 운전면허를 취소하여야 한다. 다른 법률에 따라 관계 행정기관의 장이 운전면허의 취소처분 또는 정지처분을 요청한 경우에는 정당한 사유가 없으면 운전면허를 취소하거나 1년 이내의 범위에서 정지하여야 한다.

도로교통법 제147조 제3항에 의하면, 운전면허 정지처분과 취소를 위한 사전통지의 권한 및 일부 면허와 관련된 권한은 **경찰서장**에게 위임되어 있다.

[**벌점**] 도로교통법 제93조 제2항에 의하면, **시도경찰청장**은 제1항에 따라 교통법규를 위반하거나 교통사고를 일으킨 사람에 대하여는 위반 및 피해정도 등에 따라 벌점을 부과

---

104) 전동킥보드나 전동휠과 같은 개인형 이동장치도 원동기장치자전거로서 면허가 필요하나, 자전거와 함께 '자전거 등'으로 묶어 자전거도로 이용을 할 수 있도록 하고 있다. 독일의 개인형 이동장치 관련 입법례에 대해서는, 박원규, 한양대 법학논총 제36집 4호, 2019 참조.

105) 대법원 2017.5.31. 선고 2016도21034 판결.

할 수 있으며, 그 벌점이 일정기간 동안 일정점수를 초과하는 경우 운전면허를 취소 또는 정지할 수 있다.

2) 일반 교통관리

[신호·지시] 도로교통법 제5조에 의하면, **경찰공무원 등**(의경, 자치경찰관, 모범운전자, 헌병, 소방관 포함)은 보행자와 운전자에게 교통안전시설의 표시에 우선하여 신호 또는 지시를 할 수 있다. 동법 제7조에 의하면, **경찰공무원**은 교통혼잡을 해소하기 위하여 필요한 조치를 할 수 있다.

> 여기서의 경찰공무원은 경찰서장 등의 권한을 집행하는 것이 아닌, 단독으로 권한을 행사하는 주체이므로, 경찰관으로 표현함이 더 바람직하였을 것으로 보인다. 도로교통법은 경찰관에 해당하는 개념을 모두 경찰공무원이라고 규정하고 있다.

(**해석론**) 위 제5조와 제7조에 의하여 행해지는 신호와 지시는 불특정다수인에 대한 구체적 처분인 '일반처분'에 해당한다. 양 조항을 근거로 경찰의 교통통제조치 권한이 도출된다.[106]

[도로의 **통행금지 및 제한**] 도로교통법 제6조에 의하면, **시도경찰청장**과 **경찰서장**은 도로상 위험방지와 교통소통을 위하여 필요한 경우 알림판을 설치하거나 공고한 후 보행자나 차마의 통행을 금지하거나 제한할 수 있다. 시도경찰청장의 경우 사후 통지를 경찰서장의 경우 사전 협의를 하여야 한다.

[**도로관리청 등의 협의·통보의무**] 도로교통법 제69조에 의하면, 도로관리청 또는 공사시행자는 도로공사 3일 전까지 관할 **경찰서장**에게 신고하되, 긴급시는 안전조치 및 공사착수 후 지체없이 신고하여야 한다. 관할 경찰서장은 교통안전과 소통에 미치는 영향이 중대하다고 판단하면 해당 도로관리청과 사전 협의하여 공사시간의 제한 등 필요한 조치를 할 수 있다.

도로교통법 제70조에 의하면, 도로관리청이 도로법에 따른 점용허가, 통행금지나 제한, 차량운행제한 등의 조치를 하였을 때에는, 고속도로의 경우에는 경찰청장에게, 기타 도로의 경우에는 관할 경찰서장에게 그 내용을 즉시 통보하여야 한다. 경찰청장이나 관할 경찰서장은 필요한 경우 도로관리청에 필요한 조치를 요구할 수 있고, 도로관리청은 정당한 사유가 없으면 그 조치를 하여야 한다.

[**교통장해물 시정·제거명령**] 도로교통법 제71조에 의하면, **경찰서장**은 도로상에 인공구

---

106) 박원규, 법학논총 제36집 4호, 2019.12, 114면.

조물을 설치하거나 물건을 방치하거나, 교통방해가 될 만한 공사 등을 하는 사람에 대하여 위반행위를 시정하도록 하거나 그 위반행위로 인하여 생긴 교통장해를 제거할 것을 명할 수 있다.

[**음주단속을 위한 일제검문**] 도로교통법 제44조 제2항에 의하면, **경찰공무원**은 교통안전과 위험방지를 위하여 필요하다고 인정하거나 음주운전을 하였다고 인정할 만한 상당한 이유가 있는 경우에는 운전자가 술에 취하였는지를 호흡조사로 측정할 수 있다. 이 경우 운전자는 경찰공무원의 측정에 응하여야 한다. 측정 결과에 불복하는 운전자에 대하여는 그 운전자의 동의를 받아 혈액 채취 등의 방법으로 다시 측정할 수 있다. 금지되는 음주운전의 기준은 혈중알코올농도가 0.03퍼센트 이상인 경우로 한다.

(**해석론**) 이러한 음주단속은 음주운전을 인정할 만한 이유가 있는 경우 외에도 교통안전과 위험방지를 위하여 필요하면 할 수 있도록 되어 있어 소위 '무작위 일제단속'이 가능하다. 이 경우 단속권에는 검문을 위한 정지권도 포함된다고 볼 수 있다.

> 일제 음주단속의 전제로서 운전자 중에 음주운전자가 있을 수 있다는 것은 소위 '리스크'에 해당한다. 공법상 리스크란 아직까지 실험이나 학문적 지식으로 전혀 확인되지 못한 손해발생의 단순한 개연성에 그치는 위험이다.[107] 리스크는 현재의 위험이 아니므로 사전배려 입법으로 대응되나,[108] 과잉입법 내지 과잉금지위반의 문제가 발생할 수 있다. 객관적으로 검증되지 못하고 손해발생의 가능성에 불과한 리스크는 기본적으로 일상생활에 속하며, 이를 감수하려는 것은 기본권적으로 보호되는 개인적 자유의 표현[109]이기 때문이다. 따라서 용인할 수 없는 혹은 회복할 수 없는 심각한 결과를 가져오는 리스크에만 규제입법이 적용되며, 주로 생명이나 신체불가침성과 같은 중요한 법익이 위태화된 경우로 제한되어야 한다. 또 모든 리스크를 완전히 제거하는 수단의 도입은 비례의 원칙에 반하게 된다.[110]

이러한 일제 음주단속에 대하여 헌법재판소도 국민의 불이익보다 큰 공익에 근거하여 합헌 결정을 한 바 있다.[111] "검문을 당하는 국민의 불이익을 '약간의 시간적 손실, 주관적·정서적 불쾌감정도에 불과'하며 이에 반해 잠재적·추상적 음주운전의 위해방지의 공익은 대단히 중대하다"고 판시[112]함으로써 검문의 법익균형성 판단에서 과잉금지 원칙에

107) 서정범 외, 안암법학 제36호, 2011, 101면.
108) 김현준, 행정법연구 제22호, 2008, 146면: 국가의 기본권보호의무에 리스크의 완전배제까지 포함시키면 비례원칙에 반할 수 있으므로 실제로 배제되는 정도의 사전배려까지만 포함된다고 보아야 한다.
109) *Worms/Gusy*, PolG NRW § 8, in: *Möstl/Kugelmann*, Polizei- und Ordnungsrecht Nordrhein-Westfalen, 16. Aufl., 2020, Rn. 98.
110) 김은주, 행정법연구 20호, 2008, 76면, 82면.
111) 헌법재판소 2004.1.29. 선고 2002헌마293 결정.
112) 헌법재판소 2004.1.29. 선고 2002헌마293 결정, 판례집 제16권 제1집, 146.

위배되지 않는다고 보았다.

> ● **의무적 동행요구**
>
> 음주측정을 위해 수반되는 동행은 경직법 제3조의 임의동행이 아닌, 의무적 동행이다. 즉 동행 자체가 체포는 아니며 거절될 수도 있어서 임의동행이라고 불러도 문제없으나, 동행 거절시 바로 음주측정 거부죄가 성립하여 체포의 대상이 된다. 전체적으로 거절할 수 없는 동행이라면 의무적 동행이라고 칭하는 것이 타당하다. 다만 동행 자체가 강제되는 것이 아니므로 동행이 거절되면 바로 체포절차를 진행하여야 한다. 판례도 같은 맥락에서 동행된 후 음주측정을 위해 자유로운 퇴거가 제한될 수 있으며, 퇴거를 저지하는 과정에서의 폭력적 저항은 공무집행방해죄를 구성한다고 보았다.[113]

[**위험방지를 위한 조치**] 도로교통법 제47조에 의하면, **경찰공무원**은 운전자가 무면허, 음주, 과로, 질병, 약물운전을 하고 있다고 인정되는 경우에는 자동차등 또는 노면전차를 일시정지시키고 운전면허증 제시를 요구할 수 있다. 음주, 과로, 질병, 약물운전자에 대하여는 정상적으로 운전할 수 있는 상태가 될 때까지 운전의 금지를 명하고 차를 이동시키는 등 필요한 조치를 할 수 있다.

(**해석론**) 음주단속을 위한 일제검문의 경우와 달리 자동차 운행의 외관으로부터 구체적 위험이 판단되는 경우의 안전조치이다.

3) 통고처분

도로교통법 제162조 및 제163조에 의하면, **경찰서장**이나 제주특별자치도지사는 운전면허를 확인할 수 없는 자, 교통사고를 야기한 형사처벌 대상자, 성명이나 주거불명자, 도망우려자, 통고처분 거부자 등을 제외하고는, 도로교통법이 정하는 경미한 교통법규 위반자에 대하여 (형사처벌 대신) 범칙금을 통고할 수 있다.

(**해석론**) 통고처분은 과거 위반된 행위에 대한 제재금을 부과하는 절차이다. 하지만 경미한 위법에 대한 단속은 더 큰 위반이나 사고에 대한 예방이 된다는 점에서 위험방지법의 내용으로 기술하였다. 같은 맥락에서 도로교통법은 통고처분의 권한을 사법경찰관이 아닌 경찰행정청(경찰서장과 제주자치도지사)에게 부여하고 있다.

> 먼저 통고처분에 의하여 납부하여야 하는 '범칙금'의 법적 성질에 관하여는 '행정형벌적 성격'을 갖는다는 견해,[114] '행정질서벌적 성격'을 갖는다는 견해,[115] '행정상의 제3의 제재수단'[116]으로 보는 견해

---

113) 대법원 2020.8.20. 선고 2020도7193 판결; 대법원 2017.8.24. 선고 2016도10544 판결.
114) 배순기, 법학연구 제29집, 2009.12, 347면.
115) 박상기 외, 경범죄처벌법에 관한 연구, 형사정책연구원, 1996, 69면; 양동철, 경희법학 제47권 1호,

가 있다. 헌법재판소는 통고처분에 의하여 부과되는 범칙금은 재정적 손실을 초래한다는 점에서는 벌금과 유사한 면이 있지만 명예에 대한 중대한 훼손이 없는 등 형사처벌로서의 진지성의 면에서 벌금과는 다른 제재로 보고 있다.[117]

범칙금을 부과하는 통고처분 자체는, 대상자가 형사처벌 대상임을 '공적으로 확인'한다는 점에서 침익적 행정처분이라고 할 수 있다. 하지만 금전납부의무를 부과하는 급부하명은 아니다. 범칙금 미납시 적용되는 형사재판절차는 범칙금 납부의 실효성 확보수단이 아니라, 원래적인 절차로의 환원일 뿐이기 때문이다. 다른 한편 통고처분은 형사처벌되어야 할 자를 범칙금 대상으로 전환시켜준다는 점에서는 수익적이다. 범칙금 납부를 '정지조건'으로 '일사부재리(기판력)의 항변권'이 부여되며, 형사재판에 대한 '수인의무를 면할 수' 있게 된다. 요컨대 통고처분은 확인적 행정행위이자 동시에 형성적 행정행위라고 할 수 있다.

하지만 제3자가 다투는 것은 별론으로[118] 통고된 당사자가 행정소송으로 다투지는 못한다. 행정처분의 근거법률에서 행정소송 이외의 다른 절차에 의하여 불복할 것을 예정하고 있는 경우 그 특별절차가 우선되어 항고소송은 적용될 수 없기 때문이다. 따라서 범칙금통고처분은 즉결심판에 관한 절차법에 의하여 법원의 판단을 받아야 한다.[119] 이는 일관된 대법원의 입장이다.[120]

(3) 경비업법[121]

경비업법 제2조에 의하면, **경비업**이라 함은 다음 경비업무의 전부 또는 일부를 도급받아 행하는 영업을 말한다. 시설경비, 호송경비, 신변보호, 기계경비, 특수경비[122] 등이 해당된다. 경비원을 지도·감독 및 교육하는 **경비지도사**는 일반경비지도사와 기계경비지도사로 구분된다. 경비업의 허가를 받은 법인(경비업자)이 채용한 고용인인 **경비원**은 일반경비원과 특수경비원으로 나뉜다.

2012.3, 225면; 정광정, 법학연구 18호, 2005.6, 179면.

116) 원혜욱 외, 형사정책연구 제13권 1호, 2002, 134면; 황일호, 중앙법학 제12집 3호, 2010.9, 329면.

117) 헌법재판소 2003. 10. 30. 선고 2002헌마275 결정.

118) 김형훈, 행정법연구 36호, 2013 참조.

119) 서울고법 재판실무개선위원회, 행정소송실무편람 제2판, 2003, 87면.

120) 대법원 1995.6.29. 선고 95누4674 판결, 도로교통법 제118조에서 규정하는 경찰서장의 통고처분은 행정소송의 대상이 되는 행정처분이 아니므로 그 처분의 취소를 구하는 소송은 부적법하고, 도로교통법상의 통고처분을 받은 자가 그 처분에 대하여 이의가 있는 경우에는 통고처분에 따른 범칙금의 납부를 이행하지 아니함으로써 경찰서장의 즉결심판청구에 의하여 법원의 심판을 받을 수 있게 될 뿐이다. 同旨 대법원 1980.10.14. 선고 80누380 판결.

121) 경비업법과 유사하게 보이는 경찰청 소관 법률로 청원경찰법이 있다. 하지만 이는 인허가 법령의 성격보다는, 장소적 제한을 가진 경찰을 창설하는 조직법적 성격을 더 갖는다.

122) 특수경비는 국가정보원장이 지정하는 국가보안목표시설과 국방부장관이 지정하는 국가중요시설의 경비 및 도난·화재 그 밖의 위험발생을 방지하는 업무이다(동법 시행령 제2조).

민법 제664조 이하에서 규정되는 도급이란 결과채무를 부여하여 완성된 결과가 없으면 대가를 지급하지 않는 노무계약이다. 대신 업무수행에 독립성이 있으며 하도급이 가능하다. 민법 제655조 이하에서 규정되는 고용이란 결과가 아닌 수단채무를 부여하여 노무자체가 목적인 노무계약으로 재고용이 불가하다. 민법 제680조 이하에서 규정되는 위임이란 결과가 아닌 수단채무를 부여하되 사무처리가 목적인 노무계약으로 재위임이 불가하다.

아파트경비업체가 경비업법의 규제를 받는 지는 도급계약 여부에 달려있다. 입주자(대표회의)가 자치관리하는 경우는 도급이 아니며, 주택관리업체에게 아파트관리업무를 포괄하여 위탁한 경우는 위임에 해당한다.[123] 주택관리업체가 경비업무만 별도로 위탁받고 있는 경우는 도급으로 보아 동법이 적용된다.

[**경비업의 허가**] 경비업법 제3조와 제4조 제1항에 의하면, 경비업은 법인만이 영위하며 경비업을 영위하고자 하는 법인은 도급받아 행하고자 하는 경비업무를 특정하여 그 법인의 주사무소의 소재지를 관할하는 **시도경찰청장**의 허가를 받아야 한다. 도급받아 행하고자 하는 경비업무를 변경하는 경우에도 또한 같다.

(**해석론**) 철거업체는 경비업체와 다르다. 건축물의 철거는 건설업 중 구조물해체공사업으로서 건설산업기본법 제8조와 제9조 및 동법 시행령 제7조에 의해 국토교통부장관에게 등록하고 행하여진다. 경비업체가 철거현장에 투입되면 허가받은 경비업무 외의 업무에 경비원을 종사하게 한 행위로서 경비업법에 위반되는 불법행위로 행정처분의 대상이 된다. 다만, 철거가 아닌 시설·장비·신변 등을 보호하기 위한 소극적인 방어는 업무범위 안에 해당한다.

[**경비업자의 신고**] 동법 제4조 제3항에 의하면, 경비업의 허가를 받은 법인은 다음의 경우 **시도경찰청장**에게 신고하여야 한다. 폐휴업, 법인명이나 대표자·임원의 변경, 법인 주사무소나 출장소의 신설·이전·폐지, 기계경비업무 수행을 위한 관제시설의 신설·이전·폐지, 특수경비업무의 개시·종료시이다.

[**경비업자 권한의 한계**] 동법 제7조에 의하면, 경비업자는 경비대상시설의 소유자 또는 관리자(시설주)의 관리권의 범위 안에서 경비업무를 수행하여야 하며, 다른 사람의 자유와 권리를 침해하거나 그의 정당한 활동에 간섭하여서는 아니된다.

[**경비업무 도급인의 의무**] 동법 제7조의2에 의하면, 누구든지 허가를 받지 아니한 자에게 경비업무를 도급하여서는 아니되며, 집단민원현장에 경비인력을 20명 이상 배치하려고

---

123) 대법원 1997.11.28. 선고 96다22365: 아파트입주자대표회의와 아파트관리회사 사이의 법률관계는 민법상 위임이다.

할 때에는 그 경비인력을 직접 고용하여서는 아니 되고, 경비업자에게 경비업무를 도급하여야 한다. 다만 시설주 등이 집단민원현장 발생 3개월 전까지 직접 고용하여 경비업무를 수행하는 피고용인의 경우에는 그러하지 아니하다.

[**경비지도사 자격의 확인**] 동법 제11조에 의하면, 경비지도사는 **경찰청장**이 시행하는 경비지도사시험에 합격하고 행정안전부령으로 정하는 교육을 받은 자이며, 경찰청장은 교육을 받은 자에게 경비지도사자격증을 교부하여야 한다.

[**특수경비원 교육의 입회**] 동법 제13조에 의하면, 특수경비업자는 특수경비원으로 하여금 업무종사 전 신임교육과 정기 직무교육을 받게 하여야 한다. 특수경비원의 교육시 관할 경찰서[124] 소속 **경찰관**이 교육기관에 입회하여 지도·감독하여야 한다.

> 도로교통법의 경우와 반대의 경우이다. 관할 경찰서장의 명을 받아 지도, 감독하는 것이므로 경찰관이 아니라 경찰공무원으로 규정함이 타당하다.

[**특수경비업무의 감독**] 동법 제14조와 제15조에 의하면, 특수경비업자는 특수경비원으로 하여금 배치된 경비구역 안에서 **관할 경찰관서장**과 국가중요시설의 시설주의 감독을 받아 시설을 경비하고 도난·화재 그 밖의 위험의 발생을 방지하는 업무를 수행하게 하여야 한다.

[**경비원 복장의 제한 및 시정**] 동법 제16조에 의하면, 경비업자는 경찰관 또는 군인의 제복과 색상 및 디자인 등이 명확히 구별되는 소속 경비원의 복장을 정하고, 경비업무 수행시 경비업체를 표시한 이름표를 부착하도록 하여야 한다. 다만 집단민원현장이 아닌 곳에서 신변보호업무를 수행하는 경우 또는 부득이한 사유로 **관할 경찰관서장**이 허용하는 경우는 제외한다. **시도경찰청장**은 경비업자에게 복장 변경 등에 대한 시정명령을 할 수 있다.

[**출동차량 표식의 제한 및 시정**] 동법 제16조의3에 의하면, 경비업자는 출동차량 등의 도색 및 표지를 경찰차량 및 군차량과 명확히 구별될 수 있게 하여야 한다. **시도경찰청장**은 경비업자에게 도색 및 표지 변경 등에 대한 시정명령을 할 수 있다.

[**경비원 배치 및 배치폐지 허가·신고**] 동법 제18조 제2항에 의하면, 경비업자가 경비원을 배치하거나 배치를 폐지한 경우에는 **관할 경찰관서장**에게 신고하여야 한다. 다만, 시설경비업무 또는 신변보호업무 중 집단민원현장에 배치된 일반경비원, 집단민원현장이 아닌 곳에서 신변보호업무를 수행하는 일반경비원, 특수경비원의 경우에는 경비원을 배치하기 48시간 전까지 배치허가를 신청하고, 관할 경찰관서장의 배치허가를 받은 후에 경비원을

---

124) 한국경비협회 주관하는 특수경비원 사격교육시, 동 협회 소재지 관할 성동경찰서에서 입회한다.

배치하여야 한다. 집단민원현장이 아닌 곳에서 신변보호업무를 수행하는 일반경비원과 특수경비원의 경우에는 경비원을 배치하기 전까지 신고하여야 한다.

[**경비원 배치폐지 명령**] 동법 제18조 제8항에 의하면, **관할 경찰관서장**은 경비업자가 다음 에 해당하는 때에는 배치폐지를 명할 수 있다. 배치허가없는 배치 또는 신청내용을 거짓으로 한 허가에 따른 배치, 결격사유가 있는 일반경비원의 집단민원현장 배치, 신임교육 미이수자의 경비원 배치, 경비업자나 경비원이 위력이나 위험한 물건을 사용하여 집단적 폭력사태를 일으킨 때, 미신고 일반경비원 배치 등이다.

[**경비업 허가의 취소·영업정지**] 동법 제19조에 의하면, **허가관청**은 경비업자의 위반행위나 비정상적 영업상황에 대하여 그 허가를 취소하거나, 6개월 이내의 기간을 정하여 영업의 전부 또는 일부에 대하여 영업정지를 명할 수 있다.

[**경비지도자의 자격취소·정지**] 동법 제20조와 제27조에 의하면, **시도경찰청장**은 경비지도사의 위반행위에 대하여 자격을 취소하거나, 1년 범위 내에서 그 자격을 정지시킬 수 있다.

[**경비업자 및 경비지도사에 대한 감독·명령**] 동법 제24조에 의하면, **경찰청장** 또는 **시도경찰청장**은 경비업무의 적정한 수행을 위하여 경비업자 및 경비지도사를 지도·감독하며 필요한 명령을 할 수 있다. **시도경찰청장** 또는 **관할 경찰관서장**은 소속 경찰공무원으로 하여금 관할구역안에 있는 경비업자의 주사무소 및 출장소와 경비원배치장소에 출입하여 근무상황 및 교육훈련상황 등을 감독하며 필요한 명령을 하게 할 수 있다. **시도경찰청장** 또는 **관할 경찰관서장**은 경비업자 또는 배치된 경비원이 이 법이나 이 법에 따른 명령, 폭력행위 등 처벌에 관한 법률을 위반하는 행위를 하는 경우 그 위반행위의 중지를 명할 수 있다. **시도경찰청장** 또는 **관할 경찰관서장**은 경비업무 장소가 집단민원현장으로 판단되는 경우에는 그 때부터 48시간 이내에 경비업자에게 경비원 배치 허가를 받을 것을 고지하여야 한다.

[**위험예방을 위한 경비원 배치요청**] 동법 시행령 제30조에 의하면, **시도경찰청장**은 행사장 그 밖에 많은 사람이 모이는 시설 또는 장소에서 혼잡 등으로 인한 위험발생을 방지하기 위하여 경비원에 의한 경비가 필요하다고 인정되는 때에는 행사개최일 전에 당해 행사의 주최자에게 경비원에 의한 경비를 실시하거나 부득이한 사유로 그것을 실시할 수 없는 경우에는 행사개최 24시간 전까지 시도경찰청장에게 그 사실을 통지하여 줄 것을 요청할 수 있다.

(**해석론**) 이러한 배치요청은 법률의 위임이 없이 대통령령으로만 규정되고, 거부시의 강제나 제재가 별도로 규율되고 있지 않아, 요청이 정당하다는 근거가 될 뿐이다. 하지만 위험이 구체화되면 경직법에 의하여 행사를 중단시킬 수 있다는 사전경고가 될 수 있다.

(4) 총포·도검·화약류 등의 안전관리에 관한 법률(약칭, 총포화약법)

총포화약법 제2조에 의하면, 총포란 장약총포, 공기총(가스 이용 포함), 총포의 부품을 말한다. **총**에는 권총, 소총, 기관총,[125] 엽총,[126] 사격총,[127] 어획총,[128] 마취총, 도살총,[129] 산업용총,[130] 구난구명총,[131] 가스발사총,[132] 기타 뇌관의 원리를 이용한 장약총이 포함된다. **포**에는 소구경포·중구경포·대구경포·박격포·포경포가 해당된다. **총포의 부품**이란 총포신,[133] 기관부,[134] 포가,[135] 산탄탄알 및 연지탄,[136] 소음기, 조준경을 말한다. **도검**이란 칼날의 길이가 15센티미터 이상인 월도,[137] 장도, 단도, 검,[138] 창, 치도,[139] 비수,[140] 등으로서 성질상 흉기로 쓰이는 것과 칼날의 길이가 15센티미터 미만이라 할지라도 6cm 이상의 날이 있는 재크나이프와 흉기로 사용될 위험성이 뚜렷한 도검 및 5.5cm 이상의 날이 있고 45° 이상 자동으로 펴지는 비출나이프를 말한다. 화약류란 추진적 폭발에 사용되는 **화약**, 파괴적 폭발에 사용되는 **폭약** 및 화약 및 폭약을 써서 만든 공작물인 **화공품**[141]을 말한다.

---

125) 구경이 20밀리리터 미만인 점에서 포와 구분된다. 기관권총은 권총에 포함된다.

126) 엽총의 실질적인 의미는 동물을 잡는 모든 총을 뜻한다. 먼저 추진원에 따라 '장약총류'와 '공기총류 (가스총 포함)'로 구분한다. 또 강선의 유무에 따라, 평활하고 미끄러운 총신강을 이용해 다수의 산탄군을 발사하는 '산탄총'과 탄알을 정확히 조준점에 적중시키기 위해 총강 안에 나상의 홈을 판 '강선총'으로 구분되는데 강선총을 흔히 '라이플'이라 부른다. 결국 엽총의 종류는 산탄장약총, 강선장약총, 산탄공기총, 강선공기총이 있게 되나, 흔히 장약총류를 '엽총'으로 공기총류는 '공기총'이라 부르며, 이 중 강선장약총은 1960년대 후반부터 경찰서 무기고에 영치하고 있어 일상에서 엽총이라고 하면 산탄장약총을 의미하게 된다. 공기총 중 구경 5.5mm~6.4mm의 산탄공기총은 영치하지 않으나, 구경 4.5mm~5.5mm의 강선공기총 중 5.5mm의 경우는 그 위험성으로 노리쇠뭉치를 경찰관서에 보관한다.

127) 세부구분은 엽총과 같이 4가지이다.

128) 총구에 작살이 삽입되는 어획소총과, 조명탄이 발사되는 섬총으로 구분된다.

129) 해머형태의 로드가 돌출되며 타격을 준다.

130) 타정총, 청소총, 광쇄총, 쇠줄 발사총으로 나뉜다.

131) 구명줄발사총, 구명신호총으로 나뉜다.

132) 가스가 발사된다는 점에서 가스에 의해 추진되는 엽총인 가스총과 다르고, 장약에 의해 발사된다는 점에서 (가스)분사기와 다르다.

133) 총알이 나가는 방향을 정하여 주는 역할을 하는 약실에서부터 총구까지의 부분을 말한다.

134) 총의 본체로 실탄공급 및 탄피제거를 하는 노리쇠뭉치, 실탄이 장전되는 약실, 격발장치 등이다.

135) 포신을 올려놓는 받침틀.

136) 산탄은 산탄탄알과 구분되며 화약류로서 취급된다. 연지탄이란 위험성이 높은 (강선)공기총의 단탄을 말하나, 연지탄의 소지허가는 공기총 소지허가에 의해 면제된다.

137) 칼자루가 긴 외날의 도를 말한다.

138) 도는 한날을, 검은 양날을 가진 것이다. 광의로는 모두 '검'이라 부르게 된다.

139) 월도와 같이 칼자루가 긴 도이나 날의 폭이 좁이 좁은 협도를 의미한다. 일본식 용어이다.

140) 날의 길이가 짧은 양날의 검을 말한다.

141) 법 제2조 제3항 3호, 화공품: 각종 뇌관, 실탄(산탄 포함), 공포탄, 신관 및 화관, 도폭선, 미진동파쇄기, 도화선 및 전기도화선, 신호염관, 신호화전, 신호용화공품, 시동약, 꽃불 그 밖의 화약이나 폭약을 사용한 화공품, 부령이 정하는 장난감용 꽃불, 자동차 긴급신호용 불꽃신호기, 자동차에어백용 가스발생기.

화공품 중 일정 규격 내로 정의되는 장난감용 꽃불의 경우 규제가 완화된다. **분사기**란 사람의 활동을 일시적으로 곤란하게 하는 최루 또는 질식 등을 유발하는 작용제를 분사할 수 있는 기기이다. **전자충격기**란 사람의 활동을 일시적으로 곤란하게 하거나 인명에 위해를 주는 전류를 방류할 수 있는 기기이다. **석궁**이란 활과 총의 원리를 이용하여 화살 등의 물체를 발사하여 인명에 위해를 줄 수 있는 것이다. 동법 제3조에 의하면, 군수용으로 제조·판매·수출·수입 또는 관리되는 총포·도검·화약류·분사기·전자충격기·석궁에 대해서는 이 법을 적용하지 아니한다.142)

[**제조·판매의 허가**] 동법 제4조와 제68조에 의하면, 권총·소총·기관총을 제외한 총과 화공품의 제조업은 **시도경찰청장**의 허가를, 기타 총포·화약류의 제조업은 **경찰청장**의 허가를 요하며, 도검·분사기·전자충격기·석궁의 제조업은 관할 **시도경찰정장**의 허가를 받아야 한다. 동법 제6조에 의하여, 총포·도검·화약류·분사기·전자충격기·석궁의 판매업은 판매소마다 **시도경찰청장**의 허가를 받아야 한다.

[**수출입 허가·승인**] 동법 제9조와 제68조에 의하면, 권총·소총·기관총을 제외한 총과 화공품의 수출입은 **시도경찰청장**의, 기타 총포·화약류의 수출입은 **경찰청장**의 허가를 요하며, 도검·분사기·전자충격기·석궁의 수출입은 관할 **시도경찰청장**의 허가를 받아야 한다. 국가기관 또는 지방자치단체에서 사용하고자 수출입하는 경우 **경찰청장**의 승인을 요한다. 동법 제14조에 의하여, 국내 또는 국외에서 개최되는 국제사격대회·수렵대회 또는 무술대회에 참가하기 위하여 출국 또는 입국하는 사람은 그 대회에서 사용할 총포·도검·석궁의 일시 수출입 및 소지에 관하여 출입국항의 소재지를 관할하는 **시도경찰청장**의 허가를 받아야 한다. 국내에 입국하는 국빈, 장관급 이상의 관료 및 이에 준하는 외국 요인·외교관 등에 대한 경호를 목적으로 총포를 소지하고 입국하려는 사람은 총포의 일시 반출입 및 소지에 관하여 **경찰청장**의 허가를 받아야 한다.

[**소지 허가**] 동법 제12조에 의하면, 총포의 소지는 주소지 관할 **시도경찰청장**의 허가를, 화약류의 소지는 주소지 관할 **경찰서장**의 허가를 받아야 한다. 다만, 총포 중 엽총143)·가스발사총·공기총·마취총·도살총·산업용총·구난구명총 또는 그 부품을 소지하고자 하는 때에는 주소지 관할 **경찰서장**의 허가를 받아야 한다. 도검·분사기·전자충격기·석궁의 소지는 주소지 관할 **경찰서장**의 허가를 받아야 한다. 동법 제16조에 의하면, 총포 소지허가는 3년마다 갱신하여야 한다. 동법 제10조에 의하면, 법령에 따라 직무상 총포·도검·화약류·분사기·전자

---

142) 따라서 이 법에 의한 소위 민유총포가 발견되면 경찰이, 군용총포가 발견되면 방위사업법에 의하여 군이 처리한다.
143) 이 때의 엽총은 뒤에 공기총을 따로 구분하고 있는 것으로 보아, 협의의 엽총, 즉 산탄장약총을 의미한다고 보아야 하겠다.

충격기·석궁을 소지하는 경우는 소지허가를 요하지 아니한다.[144] 동법 제15조에 의하면, 총포의 소지허가를 받은 사람이 허가된 용도에 사용하기 위하여 소지하는 일정량 이하의 실탄·공포탄·총용뇌관, 신호용뇌관·신호용염관·신호용화전, 무제한의 신호용화공품 또는 시동약에 대하여는 화약류의 소지·사용·양도양수·저장소설치에 관한 허가 규정을 적용하지 아니한다.

(**해석론**) 총포화약법에서 말하는 '소지'란 같은 법 소정의 물건의 보관에 관하여 실력지배관계를 갖는 것을 말한다고 할 것이므로, 몸 또는 몸 가까이에 소지하는 것뿐만 아니라 자신의 실력지배관계가 미치는 장소에 보관하는 경우에도 같은 법 소정의 '소지'에 해당한다. 당국의 허가 없이 분사기를 피고인의 사무실에 보관한 경우, 이 법 소정의 '소지'에 해당한다.[145]

[**예술소품용 총포등의 임대업 및 소지허가**] 동법 제6조의2에 의하면, 영화·연극 등을 위한 예술소품용으로 사용되는 총포·도검·분사기·전자충격기·석궁의 임대업을 하려는 자는 임대업소마다 소재지를 관할하는 **시도경찰청장**의 허가를 받아야 한다. 동법 제12조 제3항에 의하면, 임대업자로부터 총포·도검·분사기·전자충격기·석궁을 빌려 연기자 등에게 일시 소지하도록 하려는 사람은 관리책임자 및 소지기간을 정하여 주소지를 관할하는 **시도경찰청장**의 소지허가를 받아야 한다. 이 경우 해당 영화 촬영이나 연극 상연 중에 임대한 총포·도검·분사기·전자충격기·석궁을 일시 소지하는 사람은 모두 소지허가를 받은 것으로 본다.

[**총포의 보관장소 지정 및 보관해제**] 동법 제14조의2에 의하면, 총포의 소지허가를 받은 자는 총포와 그 실탄 또는 공포탄을 허가관청이 지정하는 곳에 보관하여야 하며, 총포를 허가받은 용도에 사용하기 위한 경우 또는 정당한 사유가 있는 경우 허가관청에 보관해제를 신청하여야 한다. 이 경우 총포의 보관해제 기간 동안 총포 또는 총포소지자의 위치정보를 확인할 수 있도록 위치정보수집 동의서를 함께 제출하여야 한다.

[**화약류의 사용 및 저장소설치 허가**] 동법 제18조에 의하면, 화약류를 발파 또는 연소시키려는 사람은 그 사용지를 관할하는 **경찰서장**의 허가를 받아야 한다. 동법 제24조와 제25조에 의하면, 화약류저장소를 설치하고자 하는 자는 3급 저장소와 간이저장소는 그 설치하는 곳을 관할하는 **경찰서장**의 허가를, 그 밖의 1-2급·수중·실탄·꽃불류·장난감용 꽃불류·도화선저장소는 관할 **시도경찰청장**의 허가를 받아 설치한다.

---

144) 경찰공무원, 전투경찰순경, 경비교도대원, 국가정보원장의 명을 받은 소속 직원, 세관공무원, 출입국관리공무원, 청원경찰, 특수경비원 등이 해당된다. 검찰수사관 기타 검찰청법에 의해 사법경찰관리의 업무를 수행하는 검찰청 직원은 별도의 관련 법령이 없어, 무기휴대에 이 법의 소지허가를 요한다. 하지만 권총 등은 그 허가목적에 범인체포 등이 없고, 가스발사총은 법령상 무기휴대권을 가진 자만이 허가대상이므로, 가스분사기나 전자충격기 등을 허가받아 휴대할 수 있다.

145) 대법원 1999.8.20. 선고 98도1304 판결.

[**화약류의 운반·폐기신고**] 동법 제26조에 의하면, 화약류를 운반하고자 하는 자는 일정 수량 이하의 화약류를 운반하는 경우를 제외하고는 운반개시 1시간 전까지 발송지를 관할 하는 **경찰서장**에게 신고하여야 하고 교부받은 화약류운반신고증명서를 지니고 있어야 한 다. 동법 제20조에 의하면, 화약류를 폐기하고자 하는 경우 폐기하고자 하는 곳의 관할 경 찰서장에게 신고하여야 한다. 다만, 제조업자가 제조과정에서 생긴 화약류를 그 제조소안에 서 폐기하는 경우는 제외한다.

[**화약류 양도양수의 허가**] 동법 제21조에 의하면, 화약류를 양도 또는 양수하고자 하는 사람은 예외가 인정되는 경우를 제외하고 주소지 또는 화약류의 사용지를 관할하는 **경찰서 장**의 허가를 받아야 한다.

[**화약류제조·관리보안책임자의 면허 및 선임신고**] 동법 제28조에 의하면, 국가기술자격법 에 의한 화약류제조·관리기술계 기술자격취득자와 화약취급기능계 기술자격취득자는 **시도 경찰청장**의 화약류제조보안책임자면허 또는 화약류관리보안책임자면허를 받을 수 있다. 면 허취득자는 5년마다 면허를 갱신하여야 한다. 동법 제27조에 의하면, 제조업자는 제조보안 책임자 및 관리보안책임자를, 판매업자·저장소설치자 또는 일정량 또는 일정기간 이상의 화약류 사용자는 관리보안책임자를 면허자 중에서 선임하여야 한다. 이를 선임한 때와 해 임한 때는 허가관청에 신고하여야 한다

[**업무상 준수의무**] 동법 제35조에 의하면, 총포·도검·화약류·분사기·전자충격기·석궁 을 도난당하거나 잃어버린 때에는 소유자 또는 관리자는 지체없이 국가경찰관서에 신고하 여야 한다. 동법 제66조에 의하면, 총포·도검·화약류·분사기·전자충격기·석궁의 제조업 자·판매업자 또는 임대업자가 그 영업의 전부 또는 일부를 폐지하거나 1년 이내 기간 동안 휴업하고자 하는 경우, 화약류저장소설치자가 그 저장소의 용도를 폐지하는 경우에는 허가 관청에 신고하여야 한다.

[**발견습득 신고의무**] 동법 제23조에 의하면, 누구든지 유실·매몰 또는 정당하게 관리되 고 있지 아니하는 총포·도검·화약류·분사기·전차충격기·석궁이라고 인정되는 물건을 발 견하거나 습득한 경우에는 24시간 이내에 가까운 경찰관서에 신고하여야 하며 경찰공무원 의 지시없이 이를 만지거나 옮기거나 두들기거나 또는 해체하여서는 아니된다.

[**검사·출입**] 동법 제43조에 의하면, 총포·도검·화약류·분사기·전자충격기·석궁의 제 조업자·판매업자 또는 화약류저장소설치자는 허가를 받은 날로부터 1년 이내에 그 시설 또는 설비에 대하여 허가관청의 검사를 받아야 하며 그 검사에 합격한 후가 아니면 업무 를 개시하거나 시설 또는 설비를 사용할 수 없다. 또 동법 제41조에 의하면, 허가관청이 매년 실시하는 안전검사를 받아야 한다. 동법 제44조에 의하면, 허가관청은 재해의 예방

또는 공공의 안전유지를 위하여 필요하다고 인정되는 때에는 관계공무원으로 하여금 제조소·판매소·화약류저장소·화약류사용장소 그 밖의 필요한 장소를 출입하여 장부·서류 그 밖의 필요한 물건을 검사하게 하거나 관계자에 대하여 질문을 하도록 할 수 있다. 각 제조업자·판매업자·수출입허가자와 화약류를 제외한 각 소지허가자 및 화약류저장소설치자 또는 화약류사용자 등에 대하여 필요한 보고를 하게 할 수 있다.

[**영업·면허의 취소·정지**] 동법 제45조에 의하면, 허가관청은 각 제조·판매·임대업자와 화약류저장소설치자에 대한 허가취소 및 6월 내의 영업정지를 할 수 있다. 동법 제46조에 의하여 허가관청은 각 소지허가자 및 화약류사용자에 대하여 허가취소를 할 수 있다. 동법 제30조에 의하면, 면허관청은 보안책임자에 대한 면허취소 및 6월 내의 면허정지를 할 수 있다.

[**공공안전을 위한 조치·명령**] 동법 제47조에 의하면, 허가관청은 재해의 예방 또는 공공의 안전유지를 위하여 필요하다고 인정되는 때에는, 인허가 제한, 화약류의 폐기·보관장소의 변경·안전운반 등의 명령 및 총포 등에 대한 지정장소 보관명령 등을 할 수 있다.

(5) 사격 및 사격장 안전관리에 관한 법률(약칭, 사격장안전법)

사격장안전법 제2조에 의하면, 사격이란 총기 또는 석궁을 사용하여 실탄 또는 화살 등을 발사하는 모든 행위를 말한다. 동법 제3조에 의하면, 경찰, 군, 기타 구성원이 법령에 따라 무기를 휴대할 수 있는 국가기관이 설치하는 사격장 및 그 구성원이 공무상 목적으로 실시하는 사격에 대하여는 이 법을 적용하지 아니한다. 동법 제5조에 의하면, 사격장의 종류에는 클레이사격장,[146] 라이플사격장,[147] 권총사격장, 공기총사격장, 석궁사격장, 종합사격장[148]이 있다.

[**사격장 허가**] 동법 제6조에 의하면, 공기총사격장 및 석궁사격장을 설치하려는 자는 경찰서장의 허가를, 기타 사격장을 설치하려는 자는 **시도경찰청장**의 허가를 받아야 한다.

[**휴업·폐업신고**] 동법 제6조의2에 의하면, 사격장설치자가 사격장을 폐업하거나 15일 이상 1년 이내의 기간 동안 휴업하려면 사격장의 **설치 허가관청**에 신고하여야 한다.

[**완성검사**] 동법 제10조에 의하면, 사격장설치자는 사격장 설치허가 또는 변경허가를 받은 날부터 1년 이내에 그 시설이나 설비에 대하여 **허가관청**의 검사를 받아야 하고, 그 검사에 합격하기 전에는 업무를 시작하거나 시설·설비를 사용할 수 없다.

[**관리자 선임 및 신고**] 동법 제11조에 의하면, 사격장설치자는 사격장마다 관리자를 두어야 한다. 관리자를 선임하면 **허가관청**에 신고하여야 한다. 해임한 경우에도 또한 같다.

---

146) 산탄으로 클레이피존을 사격하는 사격장이다.
147) 외알탄으로 사격하는 사격장이다.
148) 2개 이상의 사격장 유형을 동일 장소에 설치한 사격장.

[**감독 및 정기점검**] 동법 제15조에 의하면, **허가관청**은 필요하다고 인정하면 소속 공무원으로 하여금 사격장의 시설, 장부, 서류, 그 밖의 물건을 검사하게 하거나 관계자에게 필요한 질문을 하게 할 수 있다. 동법 제16조에 의하면, **허가관청**은 위해를 방지하기 위하여 1년에 한 번 이상 정기적으로 사격장을 점검하여야 한다.

[**시정명령, 허가취소, 사격장사용제한·사격중지**] 동법 제17조에 의하면, **허가관청**은 위해를 방지하기 위하여 필요하다고 인정하면 사격장설치자에게 사격장 시설의 보완이나 변경 등 시정을 명령할 수 있다. 동법 제18조에 의하면, **허가관청**은 사격장설치자가 일정 사유에 해당하면 사격장 설치허가를 취소하여야 하거나 취소할 수 있다. 동법 제19조에 의하면, **허가관청**은 위해를 방지하거나 공공의 안전을 유지하기 위하여 필요하다고 인정하면 사격장 설치자에게 사격장 사용의 제한이나 사격의 중지를 명령할 수 있다.

(6) 유실물법

(**해석론**) 유실물법은 유실물에 대한 정의 규정을 두고 있지 않다. 타법과의 관계상 정의하자면, 유실물이란 타인에게 절취된 것이 아니면서 점유자의 의사에 의하지 않고 우연히 그 지배하에서 벗어난 물건을 말한다.[149] 따라서 버린 물건, 타인에게 준 물건, 도난당하거나 협박으로 빼앗긴 물건, 누군가가 사실상 지배하고 있는 물건은 유실물이 아니다. 또, 의사에 기초하지 않고 점유를 벗어난 부동산이란 있을 수 없으므로 부동산은 유실물로 될 수 없다.[150]

[**습득물의 반환 또는 공고**] 동법 제1조에 의하면, 타인이 유실한 물건을 습득한 자가 습득물을 경찰서에 제출한 경우에는 **경찰서장**이, 자치경찰단에 제출한 경우에는 제주특별자치도지사가 물건을 반환받을 자에게 반환하여야 한다. 이 경우에 반환을 받을 자의 성명이나 주거를 알 수 없을 때에는 공고하여야 한다. 동법 제16조와 동법 시행령 제3조에 의하면, 경찰청장은 경찰서장 및 자치경찰단장이 관리하고 있는 유실물에 관한 정보를 인터넷 홈페이지 등을 통하여 국민에게 제공함으로써 공고한다.

[**습득물반환시 보상금 협의**] 동법 제4조에 의하면, (습득신고에 의하여) 물건을 반환받는 자는 물건가액의 100분의 5 이상 100분의 20 이하의 범위에서 보상금을 습득자에게 지급하여야 한다. 다만, 국가·지방자치단체와 기타 공공기관은 보상금을 청구할 수 없다. 동법 시행령 제4조에 의하면, **경찰서장** 또는 제주특별자치도지사는 물건의 반환을 요구받았을 때에는 청구권자임이 틀림없다는 것을 확인한 후 기일을 지정하여 습득자와 보상금액을 협의

---

149) 서울경찰청, 유실물업무처리요령 및 법해설, 1998.9, 35면.
150) 대법원 1969.8.19. 선고 69다536 판결: 유실물법에서 말하는 유실물은 동산에 국한한다.

하도록 하여야 한다. **경찰서장** 또는 제주특별자치도지사는 당해 청구권자의 성명과 주거를 습득자에게 통지하여 청구권자와 보상금액에 관하여 협의하도록 하여야 한다. 다만, 습득에 관한 권리를 미리 포기하였거나 권리를 상실한 습득자에 대하여는 예외로 한다. 청구권자와 습득자 간에 보상금에 관한 협의가 이루어지고 그 이행이 종료되면 **경찰서장** 또는 제주특별자치도지사는 수령증을 받고 그 습득물을 청구권자에게 반환하여야 한다. 동법 제6조에 의하면, 보상금은 물건을 반환한 후 1개월이 지나면 청구할 수 없다.

(**해석론**) 법문으로만 보면 보상금 협의 및 이행 종료 후에야 습득물을 청구권자에게 반환하는 것으로 보인다. 하지만 이는 협의와 이행이 잘 이루어지는 경우의 절차규정이라고 보아야 한다. 협의가 이루어지지 않는 경우 경찰서장이 소유자가 확인된 습득물을 반환하지 않고 영치할 근거는 없기 때문이다. 보상에 다툼이 생겼을 때는 습득물을 청구권자에게 반환하고 습득자에게는 반환 후 1개월 내에 보상금청구소송을 하여야 함을 안내하면 된다.[151]

(**입법론**) 동법 시행령 제4조와 같이 보상금 협의를 위하여 습득자에게 청구권자의 성명과 주소를 동의와 무관하게 통지하도록 하는 것은 개인정보 보호차원에서 바람직하지 못하다. 청구권자의 동의하에 전화를 연결하거나 전화번호를 주도록 하는 것이 타당하며, 청구권자가 동의하지 않으면 습득자에게 청구권자 개인정보를 제외한 습득물 관리정보만을 제공하여 민사소송할 수 있도록 하는 것으로 개정되어야 한다.

[**습득자의 소유권 취득과 포기·상실**] 동법 제8조 제2항에 의하면, 물건을 반환받을 각 권리자가 그 권리를 포기한 경우에는 습득자가 그 물건의 소유권을 취득한다. 또 민법 제253조와 유실물법 제9조에 의하면, 유실물은 유실물법에 정한 바에 의하여 공고한 후 6개월 내에 그 소유자가 권리를 주장하지 아니하면 습득일로부터 7일 이내에 신고한 습득자가 그 소유권을 취득한다. 하지만 유실물법 제7조에 의하면, 습득자는 미리 신고하여 습득물에 관한 모든 권리를 포기할 수 있으며, 동법 제14조에 의하면, 청구권자의 권리포기나 6개월 내 청구권자의 권리주장이 없어 습득자가 소유권을 취득한 경우라도 그 취득한 날부터 3개월 이내에 물건을 경찰서 또는 자치경찰단으로부터 수령하지 아니할 때에는 그 소유권을 상실한다.

[**국고귀속**] 유실물법 제15조에 의하면, 이 법의 규정에 따라 경찰서 또는 자치경찰단이 보관한 물건으로서 교부받을 자가 없는 경우에는 그 소유권은 국고 또는 제주특별자치도의 금고에 귀속한다.

(**입법론**) 실무상은 습득자가 처음부터 권리를 포기하고, 물건의 유실자가 밝혀져 연락

---

151) 同旨: 경찰업무편람 7-18(유실물처리).

이 되고 찾으러 오기로 하였으나 공고일로부터 6개월이 지나도록 반환받으러 오지 않는 경우, 민법 제253조에 준하여 소유권이 상실되는 것으로 보고 국고에 귀속시키고 있다. 하지만 소유자가 권리주장을 하였으며 물건을 교부받을 자가 있는 경우이므로 소유권이 상실되지 않는다고 보아야 한다. 예를 들어 거액이나 고가품의 유실자가 연락이 되어 찾으러 오기로 하였으나, 개인사정으로 미국으로 갔다가 교통사고로 정신을 잃어 6개월 내에 재연락이나 방문을 하지 못한 경우를 볼 수 있다. 법원에 경찰서장 명의로 습득물을 공탁하는 등 별도 절차를 마련함이 요망된다.

[**선박, 차량, 건조물 등 내에서의 습득**] 동법 제10조에 의하면, 관리자가 있는 선박, 차량, 건축물, 그 밖에 일반인의 통행을 금지한 구내에서 타인의 물건을 습득한 자는 그 물건을 관리자에게 인계하여야 한다. 이 경우 선박, 차량, 건축물 등의 점유자를 습득자로 한다. 자기가 관리하는 장소에서 타인의 물건을 습득한 경우에도 또한 같다. 보상금은 점유자와 실제로 물건을 습득한 자가 반씩 나누어야 한다. 민법 제253조에 따른 습득자 소유권 취득하는 경우에도 점유자와 사실상의 습득자는 반씩 나누어 그 소유권을 취득한다. 이 경우 습득물은 점유자에게 인도한다.

(**해석론**) 동조의 점유자는 법률상 습득자로서, 사실상 습득자가 유실물을 바로 경찰서 등에 제출하는 것보다 점유자가 일정기간 보관하면서 유실자를 탐색하게 하는 것이 더 적합하다는 법정책적 고려가 있는 것으로 해석된다.[152]

(**입법론**) 민법 제253조에 의한 습득자의 소유권 취득과 관련하여, 사실상 습득자가 7일 이내에 점유자에게 습득물을 인계하였으나, 점유자가 습득일로부터 7일이 지나 경찰서에 습득신고하였다면, 점유자가 소유권을 취득할 수 없어 사실상 습득자도 절반의 소유권을 취득할 수 없게 된다.[153] 이러한 불합리함을 개선하기 위해 사실상 습득자와 법률상 습득자를 구분하여 요건을 적용하고 권리를 인정하여야 한다는 견해가 제시된다.[154]

[**유류품의 습득**] 동법 제11조에 의하면, 범죄자가 놓고 간 것으로 인정되는 물건이 습득되는 경우, 법률에서 정하는 바에 따라 몰수할 것을 제외하고는 이 법 및 민법 제253조를 준용한다. 다만, 공소권이 소멸되는 날부터 6개월간 환부받는 자가 없을 때에만 습득자가 그 소유권을 취득한다. **경찰서장**은 범죄수사상 필요할 때에는 공소권이 소멸되는 날까지 공고를 하지 아니할 수 있고, 제출된 습득물이 장물이 아니라고 판단되는 상당한 이유가 있고 재산적 가치가 없거나 타인이 버린 것이 분명하다고 인정될 때에는 이를 습득자에게 반환할 수 있다.

---

152) 김훈주, 재산법연구 제36권 4호, 2020, 49면.
153) 서울중앙지방법원 2019.2.19. 선고 2018가단5106060 판결.
154) 김훈주, 재산법연구 제36권 4호, 2020, 62면.

(해석론) 범인의 유류품에 대해 습득신고가 있는 경우도 유실물법이 배제될 수 없다. 유실물법에서는 수사의 대상이 되는 지와 상관없이 범죄자의 유류품에 대하여도 몰수 대상이 아닌 한 습득자의 보상금수령권이나 소유권 취득을 명문화하고 있다(대상물이 장물이라면 더더욱 몰수 대상이 아니다). 따라서 수사의 대상이 되는 물건을 형사소송법에 따라 압수하는 것은 당연하나 몰수 대상이 아닌 한 유실물법에 의한 절차가 병행되며, 압수 대상이라고 해서 유실물법상 보상금청구권 등 습득자의 권리가 배제된다고 보아서는 아니된다.

즉, 범인의 유류품에 대해서 습득자는 형사소송법 제218조에 의해 수사상 사법경찰관에게 임의제출하는 것이 아니고 유실물법 제11조에 의해 습득신고하는 것이며, 이러한 신고에 의해 물건의 보관자 지위에 서게 된 경찰서장이 수사를 개시하는 사법경찰관에게 형사소송법 제218조에 의해 임의제출하는 형식을 취하여 영장없는 압수를 행하게 되는 것이다. 수사상 압수되어 있는 기간중에 권리자가 나타나면 수사상 환부절차가 이행됨과 동시에 유실물법 제11조와 제4조에 의해 습득자에게 보상금청구권이 발생할 것이며, 수사상 압수를 계속할 필요가 없음에도 소유권자가 나타나지 않은 경우는 환부불능으로 형사소송법 제486조 절차에 의한 국고귀속을 해야 하는 것이 아니고, 사법경찰관은 검사의 지휘를 받아 임의제출자인 행정관청으로서 경찰서장에게 환부하여야 한다. 이에 따라 습득자는 전술한 유실물법의 기간을 기다려 소유권을 취득하게 된다. 피압수자는 습득자가 아니라 습득물의 보관자인 경찰서장이라는 점을 유의하여야 한다.[155]

[준유실물] 동법 제12조에 의하면, 착오로 점유한 물건, 타인이 놓고 간 물건이나 일실한 가축에 관하여는 이 법 및 민법 제253조를 준용한다. 다만, 착오로 점유한 물건에 대하여는 보상금을 청구할 수 없다.

[매장물] 동법 제13조에 의하면, 매장물에 관하여도 선박, 차량, 건조물 등 내에서의 습득조항 대신 민법 제254조[156]가 적용되는 외에는 이 법이 준용된다. 매장물이 민법 제255조의 문화재인 경우 국가는 매장물을 발견한 자와 매장물이 발견된 토지의 소유자에게 통지하여 그 가액에 상당한 금액을 반으로 나누어 국고에서 각자에게 지급하여야 한다. 다만, 매장물을 발견한 자와 매장물이 발견된 토지의 소유자가 같을 때에는 그 전액을 지급하여야 한다. 금액에 불복하는 자는 그 통지를 받은 날부터 6개월 이내에 민사소송을 제기할 수 있다. 문화재인 경우 매장문화재 보호 및 조사에 관한 법률(약칭, 매장문화재법)이 우선 적용된다.

---

155) 경찰대학, 생활안전외근론, 2008, 367-368면.
156) 민법 제254조: [⋯] 타인의 토지 기타 물건으로부터 발견한 매장물은 그 토지 기타 물건의 소유자와 발견자가 절반하여 취득한다.

(7) 실종아동등의 보호 및 지원에 관한 법률(약칭, 실종아동법)[157]

실종아동법 제2조에 의하면, **아동등**이란 실종 당시 18세 미만인 아동, 지적장애인, 자폐성장애인, 정신장애인, 치매환자를 말하며, **실종아동등**이란 보호자로부터 이탈된 아동등을 말한다.

[**지문 등 정보시스템 구축**] 실종아동법 제8조의2에 의하면, **경찰청장**은 실종아동등에 대한 신속한 신고 및 발견 체계를 갖추기 위한 정보시스템[158]을 구축·운영하여야 한다. 동법 제7조의2에 의하면, **경찰청장**은 실종아동등의 조속한 발견과 복귀를 위하여 아동등의 보호자가 신청하는 경우 아동등의 지문 및 얼굴 등에 관한 정보(지문등정보)를 정보시스템에 등록하고 아동등의 보호자에게 사전신고증을 발급할 수 있으며, 등록된 지문등정보를 데이터베이스로 구축·운영할 수 있다. 동법 제7조의3에 의하면, 경찰청장은 보호시설의 입소자 중 보호자가 확인되지 아니한 아동등으로부터 서면동의를 받아 아동등의 지문등정보를 등록·관리할 수 있다. 이 경우 해당 아동등이 미성년자·심신상실자 또는 심신미약자인 때에는 본인 외에 법정대리인의 동의를 받아야 한다. 다만, 심신상실·심신미약 또는 의사무능력 등의 사유로 본인의 동의를 얻을 수 없는 때에는 본인의 동의를 생략할 수 있다. 동법 제8조에 의하면, 보건복지부장관은 실종아동등을 신속하게 발견하기 위하여 실종아동등의 신상정보를 작성, 취득, 저장, 송신·수신하는 데 이용할 수 있는 전문기관·경찰청·지방자치단체·보호시설 등과의 협력체계 및 정보네트워크(정보연계시스템)를 구축·운영하여야 한다.[159]

[**유전자검사**] 동법 제11조에 의하면, **경찰청장**은 실종아동등의 발견을 위하여 보호시설 입소 아동등, 정신의료기관 입원 보호자 미확인 아동등, 실종아동등을 찾고자 하는 가족, 기타 보호시설 입소자였던 무연고아동으로부터 유전자검사 대상물을 채취할 수 있다. 경찰청장은 검사대상물을 채취하려면 미리 검사대상자의 서면동의를 받아야 한다. 이 경우 검사대상자가 미성년자, 심신상실자 또는 심신미약자일 때에는 본인 외에 법정대리인의 동의를 받아야 한다. 다만, 심신상실, 심신미약 또는 의사무능력 등의 사유로 본인의 동의를 받을 수 없을 때에는 본인의 동의를 생략할 수 있다.

[**위치정보, 인터넷주소, 통신사실확인자료 제공요청**] 동법 제9조에 의하면, **경찰관서의 장**은 실종아동등(범죄로 인한 경우를 제외)의 조속한 발견을 위하여 필요한 때에는 위치정보의

---

157) 보건복지부와 공동으로 소관하는 법률이다. 시행규칙은 보건복지부령으로 발하고 있다.
158) 실종아동등 및 가출인 업무처리 규칙 제6조 제2항: 실종아동등 프로파일링시스템은 경찰관서 내에서만 사용할 수 있도록 제한하고, 인터넷 안전드림은 누구든 사용할 수 있도록 공개하는 등 분리하여 운영한다. 다만, 자료의 전송 등을 위해 필요한 경우 상호 연계할 수 있다.
159) 동 규정을 근거로 보건복지부의 사회복지시설 관리망, 지적장애인 관리망 및 서울시보호아동·해외입양연대·무연고자 등 6개 유관기관 실종관련 정보망과 연계하고 있다.

보호 및 이용 등에 관한 법률에 따른 개인위치정보,[160) 인터넷주소자원에 관한 법률에 따른 인터넷주소 및 통신비밀보호법에 따른 통신사실확인자료(개인위치정보등)의 제공을 요청할 수 있다.

(**해석론**) 위치정보법상 실종아동의 위치정보 수집은 실종아동의 생명·신체의 보호를 목적으로 하나, 이 법은 실종아동의 조속한 발견을 목적으로 위치정보 수집이 가능하도록 한다. 또 위치정보법은 보호자의 긴급구조요청을 요건으로 하지만, 이 법은 경찰관서의 장이 보호자의 동의를 얻어 요청할 수 있도록 하고 있다.[161)

[**다중이용시설 코드아담**] 동법 제9조의3에 의하면, 대규모점포 등 일정 시설·장소의 소유자·점유자 또는 관리자(관리주체)는 실종아동등이 신고되는 경우 실종아동등 조기발견 지침에 따라 즉시 경보발령, 수색, 출입구 감시 등의 조치를 하여야 한다. 관리주체는 시설·장소의 종사자에게 실종아동등 조기발견 지침에 관한 교육·훈련을 연 1회 실시하고, 그 결과를 관할 **경찰관서의 장**에게 보고하여야 한다. 관할 경찰관서의 장은 실종아동등 조기발견 지침이 준수되도록 실종아동등 신고시 조치와 교육·훈련의 실시에 관한 사항을 지도·감독하여야 한다.

[**출입조사**] 동법 제10조에 의하면, **경찰청장**이나 **지방자치단체의 장**은 실종아동등의 발견을 위하여 필요하면 관계인에 대하여 보고 또는 자료제출을 명하거나 소속 공무원으로 하여금 관계 장소에 출입하여 관계인이나 아동등에 대하여 조사 또는 질문을 하게 할 수 있다.

● 가출인 수배

성인 가출인에 대한 조치는 실종아동법에 의한 업무는 아니며, 경찰 내부 사무처리에 해당한다. 경찰청 예규인 '실종아동등 및 가출인 업무처리 규칙' 제2조에 의하면 가출인이란 신고 당시 보호자로부터 이탈된 18세 이상의 자를 말한다. 동 규칙 제15조에 의하면, 경찰서장은 가출인에 대한 신고를 접수한 때에는 정보시스템의 자료 조회, 신고자의 진술을 청취하는 방법 등으로 가출인을 발견하기 위한 조치를 하여야 하며, 가출인을 발견하지 못한 경우에는 즉시 실종아동등 프로파일링시스템에 가출인에 대한 사항을 입력한다. 동 규칙 제16조에 의하면, 경찰서장은 가출인을 발견한 경우에는 가출신고가 되어 있음을 고지하고, 보호자에게 통보한다. 다만, 가출인이 거부하는 때에는 보호자에게 가출인의 소재를 알 수 있는 사항을 통보하여서는 아니 된다.

---

160) 현재는 휴대폰의 무선 기지국뿐만 아니라 GPS(Global Positioning System, 위성항법시스템) 및 와이파이(Wi-Fi, 무선랜 통신망) 정보까지도 확인이 가능하다.

161) 조용혁, 긴급구조를 위한 개인위치정보의 이용에 관한 법제개선방안, 법제분석지원 연구 14-21, 한국법제연구원, 2014, 52면.

(8) 사행행위 등 규제 및 처벌 특례법(약칭, 사행행위규제법)

사행행위규제법 제2조에 의하면, **사행행위**란 여러 사람으로부터 재물이나 재산상의 이익을 모아 우연적 방법으로 득실을 결정하여 재산상의 이익이나 손실을 주는 행위를 말한다. **사행행위영업**이란 복권발행업, 현상업, 회전판돌리기업, 추첨업, 경품업을 말한다. 투전기와 사행성 유기기구를 이용하여 영업하는 행위는 허가 대상이 아니며 처벌된다.

● 도박과 사행행위의 구분

사행행위규제법은 사행행위에 관한 정의규정을 두고 있지 않다. 이에 반하여 형법상 도박이라 함은 당사자 상호간에 재물을 걸고 『우연한 승패』에 의하여 그 재물의 득실을 결정하는 것이다. 하지만 법에서 정하는 규제내용의 차이에서 양자는 구분된다.

먼저 도박은 재물을 거는 2인 이상의 참가자가 있어야 하는 필요적 공범이며, 그 2인 이상이 대립적 관계에서 범죄를 성립시키는 대향범으로서, 같은 법정형으로 처벌받는다. 이에 반하여 사행행위는 필요적 공범이기는 하나 참가자는 1인으로도 족하며 영업자가 있어야 성립한다. 또 업자와는 재물의 득실을 다투는 것이 아니고 별도의 기구나 방법만을 이용하는 관계일 뿐이다. 도박과 달리 참가자에 대한 처벌규정을 두고 있지 않아, 영업자 일방만이 처벌되는 대향범이다.[162] 단, 무허가 복표발행업의 경우는 사행행위영업이나 그 참가자는 형법 규정에 의해 복표취득죄의 죄책을 지게 된다. 이 경우는 다른 법정형으로 처벌되는 대향범의 경우이다. 한편 카지노는 관광진흥법상 특정한 영업조건을 기준으로 하는 분류로서 도박과 사행행위가 혼재한다. 사업허가를 받은 카지노에서 도박을 한 자는 입법취지상 특별한 규정이 없더라도 형법상 도박죄가 적용되지 않게 된다. 또 한국마사회법, 경륜·경정법, 전통 소싸움에 관한 법률에 의한 경마·경륜·경정·소싸움에 참가한 자도 입법취지상 특별한 규정이 없더라도 형법상 도박죄가 적용되지 않는다.[163]

[**영업허가·승인**] 사행행위규제법 제4조에 의하면, 사행행위영업을 하려는 자는 **시도경찰청장**의 허가를 받아야 한다. 다만, 그 영업의 대상 범위가 둘 이상의 시도에 걸치는 경우에는 **경찰청장**의 허가를 받아야 한다. 국가기관이나 지방자치단체가 사행행위영업을 하려면 **경찰청장**의 승인을 받아야 한다.

(해석론) 현재까지 사행행위 영업을 허가한 예가 없어 규제보다는 처벌에 의미를 두는 법률로 운용되고 있다. 17개에 이르는 각 국가기관에 의한 복표발행은 각 개별근거법에서 사행행위규제법의 적용 제외를 규정하여, 경찰청장의 승인을 요하지 않도록 하고 있다.

---

162) 同旨, 이민호 외, 불법사행산업 근절 종합대책방안 마련 연구, 한국행정연구원, 2017, 13면.
163) 김형훈, 경찰학연구 제7권 1호, 2007, 187-195면.

(9) 풍속영업의 규제에 관한 법률(약칭, 풍속영업규제법)

풍속영업규제법 제2조에 의하면, 풍속영업이란 게임제공업 및 복합유통게임제공업(게임산업진흥에 관한 법률), 비디오물감상실(영화 및 비디오물의 진흥에 관한 법률), 노래연습장(음악산업진흥에 관한 법률), 숙박업, 목욕장업, 이용업(공중위생관리법), 유흥주점, 단란주점(식품위생법), 무도학원, 무도장(체육시설의 설치·이용에 관한 법률), 청소년 출입·고용금지업소 등이 해당한다.

[**영업자 준수사항**] 풍속영업규제법 제3조에 의하면, **풍속영업자**(인허가 유무와 무관) 및 명칭 여하를 불문하고 영업자를 대리하거나 지시를 받아 상시 또는 일시 영업행위를 하는 **종사자**는 풍속영업소에서 다음 행위를 하여서는 아니된다. 성매매알선등행위, 음란행위를 하게 하거나 이를 알선 또는 제공하는 행위, 음란 문서·도화·음반·비디오물·기타 음란물의 반포·판매·대여하거나 이를 하게 하는 행위 및 관람·열람하게 하는 행위, 그러한 목적의 진열·보관하는 행위, 도박이나 기타 사행행위를 하게 하는 행위 등이 해당한다. 위반시 형사처벌된다.

[**출입검사**] 동법 제9조에 의하면, **경찰서장**은 특별히 필요한 경우 **경찰공무원**에게 풍속영업소에 출입하여 풍속영업자와 종사자가 준수사항을 지키고 있는지를 검사하게 할 수 있다.

(**해석론**) 강제적 출입권이라기보다는 지시를 받은 경찰관의 출입에 정당성을 부여하는 규정이라고 볼 수 있다. 강제성이 없으므로 공개된 영업시간 내에 출입하거나, 위반행위나 범죄의 혐의가 있는 경우에야 비로소 형사법에 의한 강제처분을 적용하여야 한다.

2. 타 부처 소관 법령

(1) 정신건강증진 및 정신질환자 복지서비스 지원에 관한 법률(약칭, 정신건강복지법)

정신건강복지법에 의하면, 정신질환자의 입원 유형은 제41조 자의입원, 제42조 동의입원, 제43조 보호입원, 제44조 행정입원, 제50조 응급입원으로 나뉘며, 후의 3유형이 각각 보호자, 자치단체장, 경찰관에 의한 강제입원에 속한다.

[**응급입원 동의 및 의뢰**] 정신건강복지법 제50조에 의하면, 정신질환자로 추정되는 사람으로서 자신의 건강 또는 안전이나 다른 사람에게 해를 끼칠 위험이 큰 사람을 발견한 사람은 그 상황이 매우 급박하여 제41조부터 제44조까지의 규정에 따른 입원등을 시킬 시간적

여유가 없을 때에는 의사와 **경찰관**의 동의를 받아 정신의료기관에 그 사람에 대한 응급입원을 의뢰할 수 있다. 입원을 의뢰할 때에는 이에 동의한 경찰관 또는 구급대원은 정신의료기관까지 그 사람을 호송한다. 정신의료기관의 장은 제1항에 따라 응급입원이 의뢰된 사람을 3일(공휴일은 제외한다) 이내의 기간 동안 응급입원을 시킬 수 있다.

(**해석론**) 법문상으로는 경찰관은 동의만 하면 되고 응급입원의 의뢰는 최초 발견자가 하여야 하나, 사실상 신고자 누구도 응급입원을 의뢰하려 하지 않으므로 신고를 접수한 경찰관이 동의자 및 발견자로서 응급입원을 의뢰함이 통상이다.

(**입법론**) 정신건강 관련 전문가가 아닌 경찰관은 현장의 위험억제까지만 담당하고, 이후의 강제입원 여부의 판단과 입원절차의 진행은 보건행정체계가 대응함이 마땅하다. 현실적으로는 보건소에서 24시간 당직의사와 담당 보건공무원을 운영하여, 경찰관의 안전인계 이후에는 당직의사의 의뢰로 응급입원이 진행되도록 하여야 한다. 현재는 경찰관이 강제입원 필요성 판단과 입원절차를 모두 떠맡아 무리하게 보건행정까지 수행하고 있는 실정이다.

[**행정입원 신청의 요청**] 동법 44조에 의하면, 정신건강의학과전문의 또는 정신건강전문요원은 정신질환으로 자타해의 위험이 있다고 의심되는 사람을 발견하였을 때에는 자치단체장에게 진단과 보호를 신청할 수 있다. **경찰관**은 정신질환으로 자타해의 위험이 있다고 의심되는 사람을 발견한 경우 정신건강의학과전문의 또는 정신건강전문요원에게 진단과 보호의 신청을 요청할 수 있다. 신청을 받은 자치단체장은 즉시 대상자에 대한 진단을 정신건강의학과전문의에게 의뢰하여야 하고, 정신건강의학과전문의가 자타해 위험이 있어 그 증상의 정확한 진단이 필요하다고 인정한 경우 자치단체장은 지정정신의료기관에 2주의 범위에서 기간을 정하여 (우선) 입원하게 할 수 있다. 자치단체장은 정신질환자가 계속 입원할 필요가 있다는 2명 이상의 정신건강의학과전문의의 일치된 소견이 있는 경우에만 그 정신질환자에 대하여 지정정신의료기관에 치료를 위한 (후속) 입원을 의뢰할 수 있다. 자치단체장은 행정입원의 과정에서 자타해의 위험한 행동이 있는 경우 119구급대의 구급대원에게 호송을 위한 도움을 요청할 수 있다.

(**해석론**) 동법 제50조의 법문에 의하면 응급입원은 행정입원보다 후순위이다. 하지만 행정입원은 개별 공무원의 권한이 아닌 자치단체장의 권한으로 내부결재 절차가 필요하며, 관외 거주자에 대하여는 소극적일 수밖에 없고, 강제력을 행사할 여건을 갖추지 못하고 있다는 점에서 제한적이다. 다만 응급입원은 3일로 제한되므로 후속 입원을 할 수 있도록 응급입원과 동시에 행정입원 신청을 요청해두는 것이 바람직한 활용이다.

[**보호입원의 지원문제**] 동법 제43조에 의하면, 정신의료기관등의 장은 정신질환자의 **보**

호의무자 2명 이상(보호의무자가 1명만 있는 경우에는 1명으로 한다)이 신청한 경우로서 정신건강의학과전문의가 입원등이 필요하다고 진단한 경우에만 해당 정신질환자를 입원등을 시킬 수 있다. 이 경우 보호의무자임을 확인할 수 있는 서류를 받아야 한다.

(해석론) 보호자가 대상자를 강제입원하고자 하나 저항이 우려되어 경찰의 지원을 요청하는 경우, 위험방지 차원에서 지원출동이 이루어져야 한다. 다만 불법 강제입원을 경찰이 지원하는 결과가 되지 않도록 요건 구비 여부를 검토하여야 한다. 즉 보호입원은 응급입원이나 행정입원과 달리 자타해 위험을 필수요건으로 하지 않으므로 이에 대한 검토는 필수적이지 않으나, 법적 보호의무자164)인지 확인이 필요하다. 법적 보호의무자 여부가 서류에 의하여 확인되지 않으면 서류를 준비한 후 보호입원하도록 하되, 현재적인 자타해 위험이 발현 중이면 응급입원으로 전환하여 강제입원을 진행함이 바람직하다.

[신상정보의 확인] 동법 제51조에 의하면, 정신건강증진시설(정신의료기관, 정신요양시설 및 정신재활시설)의 장은 입원하거나 시설을 이용하는 사람의 성명, 주소, 보호의무자 등의 신상정보를 확인하여야 하며, 신상정보가 확인되지 아니하는 경우, 시도지사나 시군구청장 신상정보의 조회를 요청하여야 하고, 자치단체장이 신상정보를 확인하기 어려운 경우 관할 **경찰서장**에게 신상정보의 확인을 요청할 수 있다.

[무단퇴원자 탐색 및 보호] 동법 제65조에 의하면, 정신의료기관등의 장은 입원 정신질환자로서 자타해 위험이 있는 사람이 무단퇴원 등을 하여 그 행방을 알 수 없을 때에는 관할 **경찰서장** 또는 **제주특별자치도지사**에게 (신상정보를 통지하고) 탐색을 요청하여야 한다. **경찰관**이 탐색 요청을 받은 사람을 발견한 때에는 즉시 그 사실을 해당 정신의료기관등의 장에게 통지하여야 한다. 정신의료기관등의 장이 대상자를 즉시 인도받을 수 없는 부득이한 사정이 있는 경우 **경찰관**은 인도할 때까지 24시간의 범위에서 경찰관서·의료기관·사회복지시설 등에 보호할 수 있다.

(2) 노숙인 등의 복지 및 자립지원에 관한 법률(약칭, 노숙인복지법)

노숙인복지법 제2조에 의하면, '노숙인 등'이란 18세 이상의 자로서, 상당한 기간 동안 일정한 주거 없이 생활하는 사람, 노숙인시설을 이용하거나 상당한 기간 동안 노숙인시설에서 생활하는 사람, 상당한 기간 동안 주거로서의 적절성이 현저히 낮은 곳에서 생활하는 사람 등을 말한다.

[응급조치] 노숙인복지법 제14조에 의하면, **경찰관**은 중대한 질병, 열사병, 동사 등 노

---

164) 정신건강복지법 제39조(보호의무자) ① 「민법」에 따른 후견인 또는 부양의무자는 정신질환자의 보호의무자가 된다. […]. 민법 제974조(부양의무) 다음 각호의 친족은 서로 부양의 의무가 있다. 1. 직계혈족 및 그 배우자간, 2. 삭제, 3. 기타 친족간(생계를 같이하는 경우에 한한다).

숙인 등에 관한 응급상황을 신고받거나 발견한 때에는 지체없이 필요한 응급조치를 하여야 한다.

(해석론) 동법 제4조에서 노숙인 등은 응급상황 발생시 경찰관의 응급조치에 응하여야 한다고 규정하고 있다. 원칙적으로 노숙인의 입소는 자발적 의사나 동의가 있어야 하나, 중대한 질병이나 동사 우려가 있는 경우는 본인이 거부하더라도 경직법 제4조상 자살기도자에 준하여 강제조치 대상으로 보아야 한다.

[입소의뢰] 동법 제17조에 의하면, 시군구청장이나 **경찰관서의 장**(지구대·파출소 및 출장소를 포함)은 노숙인복지시설(노숙인종합지원센터, 노숙인입소시설, 노숙인일시보호시설)에 노숙인의 입소를 의뢰할 수 있고, 노숙인 스스로도 입소를 신청할 수 있다.

(해석론) 노숙인은 과거 무연고자로서 질병을 가진 자를 지칭하던 행려병자와는 다르므로, 연고자 유무에 관계없이 보호대상인 노숙인에 해당할 수 있다. 노숙인 입소 의뢰시 시설에 피구호자 인계서(동법 시행규칙 제11조 제2항, 경직법 시행령 별지 2호)를 전달하기 위해 대상자의 신원을 경찰이 확인하는 조치가 병행될 수는 있으나, 확인 결과 연고자가 있다고 하여 입소가 거부될 수는 없다.

(3) 감염병의 예방 및 관리에 관한 법률(약칭, 감염병예방법)

[감염병에 관한 강제처분] 감염병예방법 제42조 제6항에 의하면, 질병관리청장이나 자치단체장은 감염병 인정 장소[165]에 대한 조사·진찰, 제1급 감염병의심자와 조사거부자에 대한 조사·진찰·격리, 감염병환자에 대한 동행 치료·입원를 위하여 필요한 경우에는 관할 **경찰서장**에게 협조를 요청할 수 있다. 이 경우 요청을 받은 관할 경찰서장은 정당한 사유가 없으면 이에 따라야 한다.

(해석론) 이러한 협조요청은 행정절차법 제8조에서 규정하는 행정응원이라고 볼 수 있다.[166] 하지만 행정응원은 행정내부적 성질의 것이므로, 행정응원에 의해 경찰이 기본권을 제한하는 조치까지 취하려면 별도의 법적 근거가 필요하다. 이 법의 경찰서장의 권한행사는 결국 경직법 제5조(위험방지)에 의하여 실현되는 것이며, 동 규정은 이러한 권한행사에 정당성을 부여하는 구체화 조항이라고 볼 수 있다.

[방역관 업무협조] 동법 제60조에 의하면, 질병관리청장 및 시도지사가 임명한 방역관은 필요한 경우 통행제한, 주민대피, 감염병의 매개가 되는 음식물·물건 등의 폐기·소각, 의료인 등 감염병 관리인력에 대한 임무부여 및 방역물자의 배치 등 감염병 발생지역의 현

---

165) "주거시설, 선박·항공기·열차 등 운송수단 또는 그 밖의 장소"가 예시되고 있다.
166) 경찰기관 상호간의 행정응원인 경찰직무응원법에 의한 파견근무와는 다르다.

장에 대한 조치권한을 가진다. 감염병 발생지역을 관할하는 **경찰관서의 장** 등은 정당한 사유가 없으면 방역관의 조치에 협조하여야 한다.

[**역학조사관 업무협조**] 동법 제60조의2에 의하면, 질병관리청과 시도 소속으로 역학조사관을 두어야 한다. **경찰관서의 장** 등 관계 공무원은 정당한 사유가 없으면 역학조사관의 조치에 협조하여야 한다.

[**위치정보 수집 및 제공**] 동법 제76조의2에 의하면, 질병관리청장이나 자치단체장은 감염병 예방 및 감염 전파의 차단을 위하여 필요한 경우 감염병환자등 및 감염병의심자의 위치정보를 **경찰관서의 장**에게 요청할 수 있다. 경찰관서의 장은 위치정보법 제15조 및 통신비밀보호법 제3조에도 불구하고 위치정보법에 따른 개인위치정보사업자와 전기통신사업법에 따른 전기통신사업자에게 감염병환자등 및 감염병의심자의 위치정보를 요청할 수 있고, 요청을 받은 위치정보사업자와 전기통신사업자는 정당한 사유가 없으면 이에 따라야 한다. 거부 사업자는 형사처벌 대상이 된다.

(**해석론**) 이러한 위치정보의 수집은 특정 시점에 기지국 주변의 통행인 전체의 정보를 동의없이 망라하게 된다는 점에서, 수집목적을 벗어나는 정보처리시 개인정보보호법에 의한 규율이 보다 엄격하게 이루어져야 한다는 입장이 제시된다.[167]

(4) 위치정보의 보호 및 이용 등에 관한 법률(약칭, 위치정보법)

위치정보법 제2조에 의하면, **위치정보**라 함은 이동성이 있는 물건 또는 개인이 특정한 시간에 존재하거나 존재하였던 장소에 관한 정보로서 전기통신사업법에 따른 전기통신설비 및 전기통신회선설비를 이용하여 수집된 것을 말한다.[168]

[**위치정보 수집**] 위치정보법 제15조과 제29조 제2항에 의하면, **경찰관서**는 위치정보사업자에게 다음의 경우 개인위치정보의 제공을 요청할 수 있다. 1. 생명·신체를 위협하는 급박한 위험으로부터 구조를 요청한 경우 구조요청자의 개인위치정보. 다만 타인을 보호하기 위한 구조요청자(목격자)의 개인위치정보를 제공받으려면 목격자의 동의를 받아야 한다. 2. 요구조자가 타인에게 구조를 요청한 경우 요구조자의 개인위치정보. 요청받은 타인이 경찰관서에 구조를 요청한 경우 경찰관서는 요구조자의 의사를 확인하여야 한다.[169][170] 3. 실종

---

167) 김태호, 코로나 방역 대응과 법치주의의 시험대, 행정법이론실무학회 제261회 정기학술발표회 자료집, 2021.5.15, 107-108면.
168) 우대식, 경찰학연구 제18권 2호, 2018, 77면: (위치정보는 개인정보의 일종인데), 개인정보와 분리하여 개별법의 체계를 두는 것은 우리나라가 유일하며, 주요 선진국의 경우 개인정보보호 차원에서 규제되고 있다.
169) 동법 시행령 제28조의2에 의하면, 요구조자의 의사확인을 사후적으로 할 수 있는 단서를 두고 있다. ① 1. 구조받을 사람이 사전에 경찰관서나 위치정보사업자에게 긴급구조 상황 발생 시 자신을 대신하

아동법에 따른 실종아동등의 생명·신체를 보호하기 위하여 보호자가 긴급구조를 요청한
경우 실종아동등의 개인위치정보. 경찰관서는 제공받은 개인위치정보를 제3자에게 알려서
는 아니된다. 다만, 개인위치정보주체의 동의가 있거나, 긴급구조 활동을 위하여 불가피한
상황에서 긴급구조기관 및 경찰관서에 제공하는 경우는 예외이다. 동법 제30조에 의하면,
경찰관서가 위치정보사업자에게 개인위치정보를 요청할 경우 위치정보시스템을 통한 방식
으로 요청하여야 하며, 위치정보사업자는 경찰관서로부터 요청을 받아 개인위치정보를 제
공하는 경우 위치정보시스템을 통한 방식으로 제공하여야 한다.

사법경찰관이 범죄사건과 관련하여 전화기 사용자의 위치를 추적하는 것은 이 법이 아닌 통신비밀보호
법 제13조상 전기통신사업자에 대한 통신사실확인자료[171] 조회에 의하여야 한다. 이는 법원의 허가를
받아 사법경찰관의 명으로 조회하며, 긴급시는 사후 허가를 받아 사업자에게 송부하여야 한다. 이와는
별도로 전기통신사업법 제83조상 전기통신사업자에 대한 통신자료제공[172] 요청도 가능하다. 총경 이
상의 결재를 득하여 수사기관의 장의 명의로 요청한다. 먼저 통신자료제공 요청은 수사대상자의 전화
번호에 대한 정적인(static) 정보를 득하는데 활용된다. 수사대상자의 동적인(dynamic) 정보를 얻고
자 하는 경우 통신사실확인자료 조회를 하여야 한다. 이와 별도로 GPS 발신기를 부착하여 위치정보
를 수집하는 경우는 형소법의 압수·수색 규정에 의하여야 한다.[173]

(**입법론**) 추가범죄 예방을 위해 이동범죄의 수사를 위한 위치정보 제공요청권 마련이
요망된다. 위치정보는 시스템을 통해 요청하는 순간(클릭시) 바로 현출되므로, 내부결재 등

여 경찰관서에 신고할 수 있는 사람을 알리고, 자신의 개인위치정보의 제공에 대하여 동의한 경우에
는 그 사실을 확인하는 방법, 2. 구조받을 사람이 다른 사람에게 구조를 요청하는 음성 또는 문자 메
시지 등을 전송한 경우에는 그 사실을 확인하는 방법, 3. 제1호 및 제2호 외의 경우에는 경찰관서가
직접 구조받을 사람에게 연락하여 그 의사를 확인하는 방법, ② 제1항 각 호의 방법에 따른 의사확인
은 위치정보사업자에게 개인위치정보의 제공을 요청하기 전에 하여야 한다. 다만, 제1항 제3호의 방법
에 따른 **의사확인은 구조받을 사람의 생명·신체에 대한 뚜렷한 위험을 초래할 우려가 있는 경우 개인위**
치정보의 제공을 요청한 후에 할 수 있다.
170) 요구조자의 의사확인을 사후적으로 하여야 하는 경우가 대부분인 만큼 사후 통보를 원칙으로 하여야
한다는 견해로, 박광주 외, 시큐리티 연구 53호, 2017, 221면: 사전동의 규정을 없애고 사후에 통보를
하는 방식으로 바꿔야 본래 법 취지에 맞게 신속한 구조가 진행될 수 있다.
171) 동법 제2조 11호에 의하여 해당되는 것은, 가입자의 전기통신일시, 전기통신개시·종료시간, 발·착신
통신번호 등 상대방의 가입자번호, 사용도수, 컴퓨터통신 또는 인터넷의 사용자가 전기통신역무를 이
용한 사실에 관한 컴퓨터통신 또는 인터넷의 로그기록자료, 정보통신망에 접속된 정보통신기기의 위
치를 확인할 수 있는 발신기지국의 위치추적자료, 컴퓨터통신 또는 인터넷의 사용자가 정보통신망에
접속하기 위하여 사용하는 정보통신기기의 위치를 확인할 수 있는 접속지의 추적자료 등이다.
172) 동법 제83조 3항에 의하여 해당되는 것은, 이용자의 성명, 주민등록번호, 주소, 전화번호, 아이디(컴퓨
터시스템이나 통신망의 정당한 이용자임을 알아보기 위한 이용자 식별부호), 가입일 또는 해지일 등
이다.
173) 박혜림, NARS 현안분석 제146호, 2020, 5면.

의 절차를 거쳐 통상 1시간 정도 소요되는 통신비밀보호법에 의한 통신사실확인자료 조회와는 비교가 불가하다. 예를 들어 도주범[174]이나 교통사고야기도주범, 약취유인범 등에서 절실하다.[175] 특히 약취유인범죄는 그나마 피해자 긴급구조와 관련되기는 하나, 납치차량 소유자의 휴대폰을 실시간 위치정보 추적할 법적 근거가 부재하다.[176] 시대의 기술적 변화를 활용할 수 있도록 입법적 지원이 필요하다.

[**가족 및 후견인의 구조요청에 따른 긴급구조기관의 위치정보 수집**] 동법 제15조와 제29조 제1항에 의하면, **긴급구조기관(소방과 해양경찰)**은 급박한 위험으로부터 생명·신체를 보호하기 위하여 개인위치정보의 주체, 배우자, 2촌 이내의 친족, 미성년후견인의 긴급구조요청이 있는 경우 긴급구조 상황 여부를 판단하여 위치정보사업자에게 개인위치정보의 제공을 요청할 수 있다. 동법 제30조의2에 의하면, 긴급구조기관은 긴급구조요청을 받은 경우 긴급구조 요청자와 개인위치정보주체 간의 관계를 확인하기 위하여 가족관계의 등록 등에 관한 법률에 따른 등록전산정보자료의 제공을 법원행정처장에게 요청할 수 있다.

(**해석론**) 긴급구조기관에 제공되는 개인위치정보는 긴급구조활동에 활용에 할 뿐 구조요청자에게 위치정보를 제공하지는 않는다.

(5) 청소년 보호법

청소년 보호법 제2조에 의하면, 청소년이란 만 19세 미만자로서, 만 19세가 되는 해의 1월 1일을 맞이한 사람은 제외한다.

[**청소년 통행금지·제한구역에서의 청소년통행저지·강제퇴거**] 청소년 보호법 제31조에 의하면, **자치단체장**은 청소년 보호를 위하여 필요하다고 인정할 경우 청소년의 정신적·신체적 건강을 해칠 우려가 있는 구역을 청소년 통행금지구역 또는 청소년 통행제한구역으로 지정하여야 한다. 시군구청장은 청소년 범죄 또는 탈선의 예방 등 특별한 이유가 있으면 시간을 정하여 동 구역에서 청소년이 통행하는 것을 금지하거나 제한할 수 있다. 이 경우 관할 경찰관서 및 학교 등 해당 지역의 관계 기관과 지역 주민의 의견을 반영하여야 한다. **시군구청장** 및 **관할 경찰서장**은 청소년이 청소년 통행금지구역 또는 통행제한구역을 통행하려고 할 때에는 통행을 막을 수 있으며, 통행하고 있는 청소년은 해당 구역 밖으로 나가게 할 수 있다.

---

174) 2020.4.15. 도주 피의자를 검거하기 위하여 허위로 대상자를 자살의심으로 신고한 후 위치정보법에 의한 위치정보를 확인하여 2시간 만에 검거하였다. 담당 경찰관 2명은 7월 견책처분을 받았고, 이 중 자살의심신고를 한 경찰관에게는 과태료 300만원이 부과되었다.

175) 같은 취지로, 박광주 외, 시큐리티 연구 53호, 2017, 222면: 목전의 중요 현행범에 대한 위치정보 추적도 필요하다. 사후에 법원의 영장을 받도록 하는 제도적 통제를 마련하면 된다.

176) 같은 취지로, 박광주 외, 시큐리티 연구 53호, 2017, 218면.

[청소년 유해매체물 또는 유해약물의 수거·파기] 동법 제44조에 의하면, **여성가족부장관,** **시군구청장,** 또는 **관할 경찰서장**은 청소년이 소유하거나 소지하는 청소년유해약물등과 청소년유해매체물을 수거하여 폐기하거나 그 밖에 필요한 처분을 할 수 있다.

[선도·보호조치 대상 청소년의 통보] 동법 제50조에 의하면, **여성가족부장관, 시군구청장** 및 **관할 경찰서장**은 위반행위를 적극적으로 유발하게 하거나 나이를 속이는 등 그 위반행위의 원인을 제공한 청소년에 대하여는 친권자등에게 그 사실을 통보하여야 한다. 또 그 내용·정도 등을 고려하여 선도·보호조치가 필요하다고 인정되는 경우 소속 학교의 장(학생인 경우) 및 친권자등에게 그 사실을 통보하여야 한다.

3절　개별 위험방지법 Ⅱ(형사법내 위험방지법)

1. 가정폭력 관련법

(1) 가정폭력범죄의 처벌 등에 관한 특례법(약칭, 가정폭력처벌법)

가정폭력처벌법 제2조에 의하면, '가정폭력'이란 가정구성원 사이의 신체적, 정신적 또는 재산상 피해를 수반하는 행위를 말하며, '가정구성원'이란 배우자(사실상 혼인관계에 있는 사람을 포함), 배우자였던 사람, 자기 또는 배우자와 직계존비속관계(사실상의 양친자관계를 포함)에 있거나 있었던 사람, 계부모와 자녀의 관계 또는 적모와 서자의 관계에 있거나 있었던 사람, 동거하는 친족 등을 포함한다.[177] '가족폭력범죄'에는 상해, 폭행, 유기, 학대, 아동혹사, 체포·감금, 협박, 성폭력, 명예훼손·모욕, 주거침입, 강요, 공갈, 손괴, 사이버스토킹 등의 범죄유형이 해당한다. 각각에는 미수죄, 상습죄, 존비속이나 기타 특별관계에 기초한 범죄유형이 포함된다. '피해자'란 가정폭력범죄로 인하여 직접적으로 피해를 입은 사람을 말한다. 동법 제3조에 의하면, 아동학대범죄에 대하여는 아동학대범죄의 처벌 등에 관한 특례법을 우선 적용한다.

[초동조치(응급조치)] 가정폭력처벌법 제5조에 의하면, **사법경찰관리**는 진행 중인 가정폭력범죄에 대하여 '응급조치'를 할 수 있다. 제지, 행위자와 피해자의 분리, 범죄수사, (동의한 경우) 피해자의 상담소 또는 보호시설 인도, 피해자의 (긴급)임시조치 신청 안내, 가정법원에

---

177) 신옥주, 입법평가연구 제14호, 2018, 43면: 증가하는 데이트폭력에 주목하여 연인 간에도 확대적용함을 검토하여야 한다.

의한 피해자보호명령 또는 신변안전조치의 청구권 고지 등이 해당된다.

(**해석론**) 가정폭력범죄 유형이 모두 신체·생명에 위해를 끼치거나 중대한 재산상 손해를 끼칠 우려가 있는 것들이므로, 이에 대한 제지는 경직법 제6조상 범죄의 제지권에 의해서도 인정된다.

[**긴급임시조치**] 동법 제8조의2에 의하면, **사법경찰관**은 응급조치에도 불구하고 가정폭력범죄가 재발될 우려가 있고, 긴급을 요하여 법원의 임시조치 결정도 받을 수 없을 때에는 직권 또는 피해자나 그 법정대리인의 신청에 의하여 행위자에 대하여 '긴급임시조치'를 할 수 있다. 퇴거 등 격리, 주거·직장 등에서 100미터 이내의 접근금지, 전기통신을 이용한 접근금지 등이 해당된다. 동법 제8조의3에 의하면, 사법경찰관은 긴급임시조치시 지체없이 검사에게 신청하여[178] 48시간 내에 법원의 임시조치를 청구하도록 하여야 한다. 동법 제66조에 의하여 위반시 과태료 대상이 된다.

(**입법론**) 가정폭력 초동조치에서의 가장 큰 문제점은 재범의 우려가 농후한 가정폭력 행위자를 경찰이 현장에서 '보호유치'를 하지 못한다는 점이다. 사건 직후 확실한 경고 및 냉각기를 갖기 위해서나, 피해자로 하여금 현재지에서의 필요한 안전조치를 스스로 할 수 있도록 시간을 확보하기 위하여 가장 필요한 조치이다.[179] 하지만 현행법대로라면 일시적인 격리와 구두에 의한 접근금지에 그치고 있어 경찰조치에 의해 가해자가 더 흥분하는 경우 경찰 철수 이후 증폭된 사건발생의 우려가 상존한다. 결국 피해자가 경황없이 현재지를 떠나 보호장소로 이동하여야 하나, 이러한 상황 자체가 피해자에게 큰 부담을 주어 결정이 쉽지 않은 경우가 많다. 피해자의 안전확보를 위해서 경찰의 24시간내 보호유치권을 부여하고, 유치 후 지체없이 법관의 승인을 받도록 하는 제도가 절실하다.[180] 현행범체포를 원칙으로 하는 방안은 판례가 현행범 체포의 요건으로 체포필요성을 요구하고 있어 현실에 맞지 않고,[181] 위험방지를 위한 수단으로 형사절차적 수단을 활용하는 것 자체가 한계를 내포한다.

[**임시조치 청구의 신청**] 동법 제8조에 의하면, 검사는 가정폭력범죄가 재발될 우려가 있다고 인정하는 경우에는 직권으로 또는 피해자나 그 법정대리인, **사법경찰관**의 신청에 의하

178) 신옥주, 입법평가연구 제14호, 2018, 45면: 긴급임시조치는 예방경찰활동이므로, 동 조치시 검사의 통제를 받을 필요없이 바로 사법경찰관이 법원에 임시조치를 청구함이 바람직하다.
179) 김혁 외, 경찰학연구 제18권 1호, 2018, 21-22면: "너무 빨리 집에 가면 신고가 또 들어오는 경우가 정말 많거든요. […] 하루든 몇 시간이든 저희가 강제로 분리를 시켜놓을 수 있다면 […]. 임의동행으로 왔을 때는 조사 안받고 가겠다 하면 그만이고, […] 오늘은 댁에 들어가지 말라, 시간을 가지시라고 해도 가면 그만이에요. […] 피해자한테 임시숙소나 보호시설을 안내해도 안 간대요. 내가 왜 가냐. 애기가 있어서 못 간다. 결국은 또 들어가서 또 싸워요. 또 신고 들어오고"; "유치장에 좀 유치할 수 있으면 좋겠어요. 왜냐면 진정될 시간이 필요하잖아요."
180) 同旨, 이영돈, 숭실대 법학논총 44호, 2019, 16면.
181) 김혁 외, 경찰학연구 제18권 1호, 2018, 27면.

여 행위자에 대하여 퇴거 등 격리, 주거·직장 등에서 100미터 이내의 접근금지, 전기통신을 이용한 접근금지 등 법원의 '임시조치를 청구'할 수 있다. 또 행위자가 이러한 청구에 따른 임시조치를 위반하여 가정폭력범죄가 재발할 우려가 있는 경우는 직권으로 또는 **사법경찰관**의 신청에 의하여 행위자를 유치장 또는 구치소에의 유치하는 처분을 법원에 청구할 수 있다.

[**신변안전조치**] 동법 제55조의2 제5항에 의하면, 법원은 피해자 또는 그 법정대리인의 청구 또는 직권으로 검사로 하여금 피해자 신변안전조치를 하도록 요청할 수 있다. 검사는 다시 피해자의 주거지 또는 현재지를 관할하는 경찰서장에게 신변안전조치를 하도록 요청할 수 있으며, 해당 **경찰서장**은 특별한 사유가 없으면 이에 따라야 한다. 보호시설이나 치료시설 등으로 인도, 법원 출석·귀가 시 또는 면접교섭권 행사 시의 동행, 주거에 대한 주기적 순찰, 폐쇄회로 텔레비전의 설치 등이 신변안전조치에 해당된다.

[**민사상 피해보호명령 및 임시보호명령**] 가정폭력처벌법 제55조의2에 의하면, 판사는 피해자의 보호를 위하여 필요하다고 인정하는 때에는 피해자, 그 법정대리인 또는 검사의 청구에 따라 결정으로 가정폭력행위자에게 피해자보호명령을 할 수 있다. 퇴거 등 격리, 접근금지, 친권제한, 면접교섭권 제한 등이다. 동법 제55조의3에 의하면, 피해자보호명령의 기간은 1년 미만이나 청구에 따른 결정으로 총 3년 내에서 2개월 단위로 연장 가능하다. 동법 제55조의4에 의하면, 판사는 피해자보호명령의 결정시까지 같은 내용으로 임시보호명령을 할 수 있다.

(2) 가정폭력방지 및 피해자보호 등에 관한 법률(약칭, 가정폭력방지법)

[**강제출입·조사**] 가정폭력방지법 제9조의4 제2항[182]에 의하면, **사법경찰관리**는 피해자를 보호하기 위하여 신고된 현장 또는 사건 조사를 위한 관련 장소에 출입하여 관계인에 대하여 조사를 하거나 질문을 할 수 있다.

(**해석론**) 동항의 출입권에 강제성이 있는 것인지를 둘러싸고 여러 논의가 있으나, "출입할 수 있다"라고 규정한 이상 강제적 수권조항이라고 보아야 한다. 이는 위험예방을 위한 경직법 제7조 제2항의 "출입을 요구할 수 있다"와는 문언상 엄연히 구분된다. 중요한 것은 피해자보호라는 강제권 발동의 요건을 충족하였느냐의 판단이다. 즉 강제적 출입권이 발동되려면 피해자가 위험한 상황에 있다는 경찰관의 근거있는 판단이 전제되어야 한다.

이러한 요건은 경직법 제7조 제1항의 위험방지를 위한 강제출입권의 요건과 다르지 않다. 판례[183]가 가정폭력 신고를 받고 출동한 경찰관이 강제로 주거에 진입한 사건에서 적법

---

182) 동 조항은 2013년에 개정 신설되었다.

성을 부인한 것은, 경직법 제7조 제1항이나 가정폭력방지법 제9조의4 제2항이 강제성을 가지지 않는다고 본 것이 아니라, 피해자 보호가 필요한 구체적 위험 요건을 충족하지 못하였다고 본 것이다.

경찰청도 같은 입장이다. 경찰관의 가택출입이 적법하게 인정되려면 ① 범죄로 인한 인명, 신체 또는 재산에 대한 위해가 절박하다는 위험상황이 존재하고, ② 위해방지 또는 피해자 구조 등을 위해 부득이 한 경우, ③ 필요한 한도 내에서만 출입을 하여야 한다.[184]

(**입법론**) 강제출입의 주체를 사법경찰관리가 아닌 경찰관으로 변경하여야 한다. 피해자 보호라는 엄연한 위험방지 작용을 목적으로 하기 때문이다. 만일 사법경찰작용으로 해석한다면 영장없이 강제출입 및 수색을 한 것에 대해 별도의 근거가 필요하게 된다.[185]

2. 아동학대 관련법

(1) 아동학대범죄의 처벌 등에 관한 특례법(약칭, 아동학대처벌법)

아동학대처벌법 제2조에 의하면, **아동**은 18세 미만의 자이고, **아동학대**란 성인이 아동의 건강 또는 복지를 해치거나 정상적 발달을 저해할 수 있는 신체적·정신적·성적 폭력이나 가혹행위를 하는 것과 아동의 보호자가 아동을 유기하거나 방임하는 것을 말한다. **아동학대범죄**란 아동학대 중 상해, 폭행, 유기, 혹사, 체포·감금, 협박, 약취·유인, 인신매매, 성폭력, 명예훼손·모욕, 주거·신체수색, 강요, 공갈, 장애아동을 공중에 관람시키는 행위, 구걸시키거나 구걸에 이용하는 행위, 유해한 곡예를 시키거나 이를 위해 제3자에게 인도하는 행위, 치사, 살해 등이 해당한다.

[**강제출입조사**] 아동학대처벌법 제11조 제2항에 의하면, 사법경찰관리는 아동학대범죄가 행하여지고 있는 것으로 신고된 현장 또는 피해아동을 보호하기 위하여 필요한 장소에 출입하여 아동 또는 아동학대행위자 등 관계인에 대하여 조사를 하거나 질문을 할 수 있다.

[**초동조치**(응급조치)] 동법 제12조에 의하면, **사법경찰관리**는 현장에 출동하거나 아동학

---

183) 대법원 2019.7.4. 선고 2019도4821 판결: 가정폭력 의심 신고를 받고 출동한 경찰관이 거주자의 허락없이 가택에 진입한 사건에서 경찰관을 폭행한 피의자의 공무집행방해 혐의에 대하여 무죄를 선고. 출동당시 현장에 인기척이 없는 등 구체적 위험의 요건이 갖추어지지 않았다는 이유로 원심, 항소, 상고심 모두 피의자의 무죄를 선고.

184) 경찰청, "위급상황시 가택출입·확인 등 경찰활동 지침", 2012.

185) 헌법재판소 판례에 따르면 영장없이 즉시강제를 할 수 있도록 규정함은 급박한 상황에 대처하기 위한 불가피성과 정당성이 충분히 인정되는 경우 헌법상 영장주의에 위배되지 않는다고 본다: 헌법재판소 2002.10.31. 선고 2000헌가12 결정.

대범죄 현장을 발견한 경우 또는 학대현장 이외의 장소에서 학대피해가 확인되고 재학대의 위험이 급박·현저한 경우, 피해아동, 피해아동의 형제자매인 아동 및 피해아동과 동거하는 아동(이하 '피해아동등')의 보호를 위하여 '응급조치'를 하여야 한다. 행위자의 제지 및 격리, 피해아동등의 보호시설 인도, 긴급치료 필요시 의료기관 인도 등이 해당된다. 제지 외의 응급조치는 72시간을 한도로 하되 필요시 48시간 범위에서 연장이 가능하며, 동법 제15조 제1항에 의하여 지체없이 검사에게 법원에 대한 임시조치의 청구를 신청하여야 한다.

　[초동조치를 위한 강제출입] 동법 제12조 제8항에 의하면, **사법경찰관리**는 응급조치 중 제지와 격리를 위하여 다른 사람의 토지·건물·배 또는 차에 출입할 수 있다.

　[재발방지를 위한 긴급임시조치] 동법 제13조에 의하면, **사법경찰관**은 응급조치에도 불구하고 아동학대범죄가 재발될 우려가 있고, 긴급을 요하여 법원의 임시조치 결정을 받을 수 없을 때에는 직권이나 피해아동등, 그 법정대리인(아동학대행위자를 제외), 피해아동을 위해 선임된 변호사, 시도지사, 시군구청장 또는 아동보호전문기관의 장의 신청에 따라 '긴급임시조치'를 할 수 있다. 행위자의 피해아동등 또는 가정구성원의 주거로부터 퇴거 등 격리, 피해아동등 또는 가정구성원의 주거, 학교 또는 보호시설 등에서 100미터 이내의 접근 금지, 피해아동등 또는 가정구성원에 대한 전기통신을 이용한 접근 금지 등이 해당한다. 사법경찰관은 긴급임시조치시 그 내용을 시도지사 또는 시군구청장에게 지체없이 통지하여야 하며, 동법 제15조 제1항에 의하여 지체없이 검사에게 법원에 대한 임시조치의 청구를 신청하여야 한다. 위반시 동법 제63조에 의하여 과태료 부과대상으로 그친다.

　(**입법론**) 아동학대 초동조치에서의 가장 큰 문제점도 가정폭력과 마찬가지로 재범의 우려가 농후한 아동학대 행위자를 경찰이 현장에서 보호유치를 하지 못한다는 점이다. 사건 직후 확실한 경고 및 냉각기를 갖기 위해서나, 피해아동 및 행위자 아닌 다른 보호자로 하여금 현재지에서의 필요한 안전조치를 스스로 할 수 있도록 시간을 확보하기 위하여 가장 필요한 조치이다. 하지만 현행법대로라면 일시적인 격리와 구두에 의한 접근금지에 그치고 있어 경찰조치에 의해 가해자가 더 흥분하는 경우 경찰철수 이후 증폭된 사건발생의 우려가 상존한다. 결국 피해아동이 현재지를 떠나 보호장소로 이동하여야 하나, 친권문제를 포함하여 피해아동이 현재를 떠나기 어려운 경우 등이 많다. 피해아동의 안전확보와 안전 후속조치를 위해서 행위자에 대한 경찰의 24시간내 보호유치권을 부여하고, 유치 후 지체없이 법관의 승인을 받도록 하는 제도가 절실하다.

　[재발방지를 위한 임시조치 청구 신청] 동법 제14조에 의하면, 검사는 아동학대범죄가 재발될 우려가 있다고 인정하는 경우에는 직권으로 또는 **사법경찰관**이나 보호관찰관의 신청에 따라 법원에 임시조치를 청구할 수 있다. 행위자의 피해아동등 또는 가정구성원의 주거

로부터 퇴거 등 격리, 피해아동등 또는 가정구성원의 주거, 학교 또는 보호시설 등에서 100
미터 이내의 접근 금지, 피해아동등 또는 가정구성원에 대한 전기통신을 이용한 접근 금지,
친권 또는 후견인 권한 행사의 제한 또는 정지, 아동보호전문기관 등에의 상담 및 교육 위
탁, 의료기관이나 그 밖의 요양시설에의 위탁, 경찰관서의 유치장 또는 구치소에의 유치 등
이 해당한다. 아동복지법 제27조의2에 의하여 사법경찰관은 임시조치 청구의 신청시 그 내
용을 시도지사, 시군구청장 또는 보장원의 장에게 지체없이 통지하여야 한다.

[**민사상 피해아동보호명령 및 임시보호명령**] 동법 제47조에 의하면, 가정법원의 판사는
직권 또는 피해아동, 그 법정대리인, 변호사, 시도지사 또는 시군구청장의 청구에 따라 결정
으로 피해아동의 보호를 위하여 피해아동보호명령을 할 수 있다. 행위자에 대한 퇴거 등 격
리 및 접근제한, 친권제한 및 정지, 후견인권 제한 및 정지, 피해아동의 보호위탁, 치료위탁,
가정위탁 등이 해당한다. 동법 제52조에 의하여 피해아동보호명령의 결정시까지 판사는 임
시보호명령을 할 수 있다.

(2) 아동복지법

아동복지법 제3조에 의하면, **보호대상아동**이란 보호자가 없거나 보호자로부터 이탈된
아동 또는 보호자가 아동을 학대하는 경우 등 그 보호자가 아동을 양육하기에 적당하지 아
니하거나 양육할 능력이 없는 경우의 아동을 말한다. **피해아동**이란 아동학대로 인하여 피해
를 입은 아동을 말한다.

[**피해아동 시설인계**] 아동복지법 제27조의3에 의하면, **사법경찰관리**가 피해아동을 인도
하는 경우에는 아동학대 관련 보호시설이나 의료기관은 정당한 사유 없이 이를 거부하여서
는 아니된다.

[**정보요청**] 동법 제28조의2에 의하면, **경찰관서의 장**은 아동의 보호 및 아동학대 발생
방지를 위하여 필요한 경우 국가아동학대정보시스템상의 피해아동, 그 가족 및 아동학대행
위자에 관한 정보를 보건복지부장관에게 요청할 수 있다.

[**아동긴급보호소 운영**] 동법 제34조에 의하면, **경찰청장**은 유괴 등의 위험에 처한 아동
을 보호하기 위하여 아동긴급보호소를 지정·운영할 수 있다.

3. 성폭력 관련법

(1) 성폭력범죄의 처벌 등에 관한 특례법(약칭, 성폭력처벌법)

[피의자 신상공개] 성폭력처벌법 제25조에 의하면, **검사**와 **사법경찰관**은 성폭력 범죄의 피의자가 죄를 범하였다고 믿을 만한 충분한 증거가 있고, 국민의 알권리 보장, 피의자의 재범 방지 및 범죄예방 등 오로지 공공의 이익을 위하여 필요할 때에는, 청소년을 제외하고 얼굴·성명 및 나이 등 피의자의 신상에 관한 정보를 공개할 수 있다.

[유죄판결자 신상정보 등록] 동법 제43조에 의하면, 등록대상자는 기본신상정보를 판결이 확정된 날부터 30일 이내에, 변경사유 발생시 20일 이내에 자신의 주소지 **관할 경찰관서의 장**에게 제출하여야 한다. 또 매년 경찰관서에 출석하여 사진촬영하여야 한다. 관할경찰관서의 장은 제출받은 기본신상정보 및 변경정보와 전자기록으로 저장된 사진을 지체없이 법무부장관에게 송달하여야 한다. 동법 46조에 의하면, 법무부장관은 등록정보를 등록대상 성범죄와 관련한 범죄 예방 및 수사에 활용하게 하기 위하여, 검사 또는 **각급 경찰관서의 장**으로 하여금 법무부장관이 운영하는 정보통신망에 접속하여 등록정보를 조회하거나 출력하게 할 수 있다.

[유죄판결자 신상정보 공개] 동법 제47조에 의하면, **법무부장관**은 등록정보의 공개에 필요한 정보를 여성가족부장관에게 송부하여야 하고, **여성가족부장관**은 등록정보의 내용 중 일부를 일반 국민 또는 지역주민에게 공개한다.

(2) 성폭력방지 및 피해자보호 등에 관한 법률(약칭, 성폭력방지법)

[피해자 구조를 위한 동행] 성폭력방지법 제31조에 의하면, 상담소, 보호시설 또는 통합지원센터의 장은 피해자등을 긴급히 구조할 필요가 있을 때에는 경찰관서(지구대·파출소 및 출장소를 포함)의 장에게 그 소속 직원의 동행을 요청할 수 있으며, 요청을 받은 **경찰관서의 장**은 특별한 사유가 없으면 이에 따라야 한다.

[피해자 구조를 위한 강제출입조사] 동법 제31조의2에 의하면, **사법경찰관리**는 신고된 현장에 출입하여 관계인에 대하여 조사를 하거나 질문을 할 수 있다.

4. 스토킹범죄의 처벌 등에 관한 법률(약칭 스토킹처벌법, 21.4.20. 제정, 10.21. 시행)

이 법의 제정으로 2012년 3월 같은 내용으로 신설된 경범죄처벌법 제1조 42호[186]의 지속적 괴롭힘(소위 스토킹) 조항은 사문화되거나 폐지될 것으로 보인다.

스토킹처벌법에 의하면, '스토킹행위'와 '스토킹범죄'는 구분된다. 전자는 스토킹범죄를 구성하는 행위들로서 처벌대상이 아닌 예방조치의 대상이 되며, 이를 지속 또는 반복하는 행위가 비로소 처벌의 대상인 스토킹범죄가 된다.

동법 제2조 1호에서 정의하는 스토킹행위에 포함되는 것은, 접근, 추수, 진로방해, 주거 등(주거·직장·학교·기타 일상생활장소) 또는 그 부근에서의 대기나 관찰, 우편·전화·팩스·정보통신망을 이용하여 물건등(물건·글·말·부호·음향·그림·영상·화상)을 도달하게 하는 행위, 직접 또는 제3자를 통하여 물건등을 도달하게 하거나 주거 등 또는 그 부근에 물건등을 두는 행위, 주거등 또는 그 부근에 놓여져 있는 물건등을 훼손하는 행위 등이다.

동법 제2조 2호에 의하면 스토킹범죄는 지속적 또는 반복적으로 스토킹행위를 하는 것을 말한다.[187] 동법 제2조 3호와 4호에 의하면 스토킹범죄의 피해자는 스토킹범죄로 직접적인 피해를 입은 사람이면 스토킹행위의 상대방에만 국한되지는 않는다.

(용어의 혼란) 스토킹행위와 스토킹범죄는 통상적 용례에 의하면 동일한 의미로 받아들여진다. 양자의 용어를 억지로 구분하는 것은 일반 국민들에게는 개념에 혼란을 줄 수 있다. 결국 스토킹행위는 스토킹 자체는 아니며 장차 스토킹을 예측하게 하는 행위라는 점에서 스토킹 징후(혹은 전조)행위로 스토킹범죄를 스토킹 행위로 규정하는 것이 오히려 바람직하다고 보인다.

[**스토킹**(징후)**행위의 초동조치**(응급조치)] 스토킹처벌법 제3조에 의하면, **사법경찰관리**는 진행 중인 스토킹(징후)행위에 대하여 '응급조치'를 할 수 있다. 제지, 중단통보, 지속·반복 시 처벌경고, 행위자와 피해자 등의 분리 및 범죄수사, 피해자 등에 대한 긴급응급조치 및 잠정조치 요청절차의 안내, (동의시) 상담소 또는 보호시설로 피해자등 인도 등이 포함된다.

(**해석론**) 스토킹(징후)행위 자체는 통상 처벌대상이 아니거나 기껏해야 경범죄처벌법상 불안감조성에 해당하는 행위이므로 경직법상 경찰관의 제지권 발동 대상이 되지 않는다. 이 법에 의하여 별도의 제지권이 부여되는 것이라고 볼 수 있다. 한편 스토킹징후행위의 중단통보 불응과 무관하게 이를 지속·반복시 스토킹범죄로 처벌되므로 중단통보나 처벌경고를 금지명령으로 해석할 수는 없다.

---

186) 상대방의 명시적 의사에 반하여 지속적으로 접근을 시도하여 면회 또는 교제를 요구하거나 지켜보기, 따라다니기, 잠복하여 기다리기 등의 행위를 반복하여 하는 사람.

187) 동법 제18조에 의해 3년 이하의 징역 또는 3천만원 이하의 벌금에 처한다. 정보통신망법 제44조의7 제1항 3호와 제74조에 의하면 공포심이나 불안감을 유발하는 부호·문언·음향·화상 또는 영상을 반복적으로 상대방에게 도달하게 한 자는 1년 이하의 징역 또는 1천만원 이하의 벌금에 처한다. 스토킹처벌법이 우선 적용된다고 보아야 한다.

[**스토킹(징후)행위의 재발방지를 위한 조치(긴급응급조치)**] 동법 제4조에 의하면, **사법경찰관**은 스토킹(징후)행위가 지속·반복될 우려가 있고 이를 예방하기 위하여 긴급을 요하는 경우 직권 또는 신고자 등의 요청으로 1개월 내의 '긴급응급조치'를 할 수 있다. 스토킹(징후)행위의 상대방이나 그 주거등으로부터 100미터 이내 접근금지, 스토킹(징후)행위의 상대방에 대한 전기통신을 이용한 접근금지 등이 해당된다. 동법 제5조에 의하면, 긴급응급조치시 사법경찰관은 48시간내 지방법원 판사의 사후승인을 청구하여 줄 것을 검사에게 신청하여야 한다. 검사가 청구하지 않거나 판사가 승인하지 않는 경우 긴급응급조치를 취소하여야 한다. 접근금지 위반시 과태료 부과대상이 된다.[188]

(**용어의 혼란**) 응급조치와 긴급응급조치는 통상적인 용례에 의하면 응급조치를 하기 전 우선적 조치로서 긴급응급조치를 하는 것으로 받아들여진다. 하지만 법문의 의미는 반대로, 우선적 조치로서 응급조치와 후속조치로서 긴급응급조치를 규정하고 있어 혼란을 주고 있다. 초동조치와 응급조치 정도로 구분하면 적절할 것으로 보인다.

(**입법론**) 초동조치(응급조치)와 재발방지조치(긴급응급조치)의 권한은 전형적인 예방경찰작용임에도 사법경찰관리를 **주체**로 명시한 것은, 이 법이 법무부 소관 법률로서 경찰관의 권한을 규정하기 곤란한 것에 원인이 있다고 보인다. 스토킹방지라는 행정목적을 갖는 이상 처벌규정을 두더라도 스토킹 규제에 맞는 부처를 소관으로 입법이 되었어야 마땅하고, 권한의 주체도 사법경찰관리가 아닌 경찰관(혹은 일반 경찰행정관청)으로 규정함이 입법목적을 명확히 할 수 있다.[189] 소관부처는 여성가족부 혹은 경찰청이 타당하다.

(**입법론**) 같은 맥락에서 예방경찰작용의 통제를 수사기관인 검사를 경유하거나 통제받도록 하는 것은 **기관독립성**을 훼손하는 것이자, 절차의 복잡성으로 인해 예방조치의 **효율성**을 떨어뜨리는 일이다. 또 판사의 사후승인도 법리적 논거가 모호하다. 수많은 행정청의 작위 또는 부작위 하명 중 유독 이 법에서의 금지처분에 대하여, 행정의 효율성을 저해하며 판사의 허가 내지 승인을 득하여야 하는 입법적 정당성을 찾기 어렵다. 만일 이 법의 재발방지조치(긴급응급조치)의 유형으로 일시적 유치 등 인신구속에 해당하는 내용이 규정된다면 이는 헌법적 인권보호 차원에서 판사의 사후승인을 받도록 하는 것이 타당할 것이다. 나아가 이러한 금지처분의 발령자는 단독관청인 경찰관으로 하기보다는 일반 경찰행정관청인 경찰서장 등으로 하는 구조가 바람직하다.

---

188) 강제력을 수반할 수 없는 과태료 부과 절차로는 당장의 접근금지 위반을 제지할 수 없게 된다. 따라서 접근금지 위반이 스토킹범죄를 구성하였다는 것을 입증하면서 형사절차를 이행할 수밖에 없다.
189) 동지, 이성용 외, 경찰법연구 제13권 1호, 2015, 78면.

(**입법론**) 이 법의 초동조치(응급조치)와 응급조치(긴급응급조치)의 가장 큰 입법적 맹점은 조치를 하기 위한 **강제적 신원확보권이 부재**하다는 것이다. 중단통보와 경고 및 금지 등의 대응은 행위자의 신원을 확보할 수 있는 수단이 없다면 유명무실한 조치권이 될 수밖에 없다. 만일 처벌되는 행위라면 형사적 강제라도 동원할 수 있겠지만, 스토킹(징후)행위 자체는 처벌대상도 아니므로 결국 아무런 강제적 신원확보 수단이 주어지고 있지 않아, 이에 대한 별도 입법이 필요하다. 현재로서는 어떻게든 경범죄처벌법상 불안감조성을 적용하거나 여타 범죄여부를 확인하여 처벌과 병행된 신원확보를 할 수밖에 없어, 여전히 동법이 위험방지법이 아닌 사후 처벌에만 중점을 가진 법률이라는 비난이 가능하다.

[**스토킹범죄의 재발방지를 위한 잠정조치 청구의 신청**] 동법 제8조에 의하면, 검사는 스토킹범죄의 재발이 우려되는 경우 직권 또는 **사법경찰관**의 신청에 의하여 법원에 잠정조치를 청구할 수 있다. 스토킹범죄 중단의 서면경고, 피해자나 그 주거등으로부터 100미터 이내 2개월내(2개월 연장가능) 접근금지, 피해자에 대한 전기통신을 이용한 2개월내(2개월 연장가능) 접근금지, 유치장 또는 구치소에의 1개월내 유치 등이 해당된다. 피해자 또는 그 법정대리인은 검사 또는 사법경찰관에게 잠정조치의 청구 또는 신청을 요청하거나 의견을 진술할 수 있다. 접근금지 위반시 형사처벌 대상이 된다.

(**입법론**) 여기서의 검사의 잠정조치권도 엄연한 위험방지권한이므로 검사가 아닌 경찰서장의 권한으로 규정함이 기관독립과 책임성에 부합한다고 생각되며, 법원에 청구할 대상은 금지처분은 제외하고 유치처분으로 국한함이 헌법정신에 부합될 것이다.

[**민사상 접근금지 가처분**] 스토커의 신원을 알고 있는 경우 **피해자등**이 직접 민사상 손해배상청구권의 가처분으로서 접근금지를 법원에 청구하는 것도 효과적인 스토킹 억제수단이다.[190)191)]

5. 성매매 관련법

(1) 성매매알선 등 행위의 처벌에 관한 법률(약칭, 성매매처벌법)

성매매의 처벌과 관련하여 통상 4가지 유형의 분류가 이루어진다. 금지주의(전통주의)는 성매도자를 포함하여 모든 유형의 성매매를 금지·처벌한다. 미국 등의 경우이다. 폐지주의(사회주의, 비범죄화)는

---

190) 2002. 4. 26, 조선일보: 2002. 3. 16. 하남시 여대생 공기총 피살사건에서 피해자인 하씨의 가족은 경찰에서, "관련자인 중년부인이 '하씨와 자신의 사위가 불륜관계'라며 하씨에게 미행을 따라붙이기까지 해 '접근금지가처분' 신청을 내기도 했다"고 진술했다.

191) 민사상 가처분의 소개, 이성용, 스토킹 방지를 위한 선제적 행정경찰작용에 관한 연구, 치안정책연구소, 2012, 41-42면.

단순 성매매 행위는 쌍방을 처벌하지 않으나 합법화(직업화)하여 관리·통제하지도 않으며, 이를 조장·착취하는 행위와 노상성매매는 처벌한다. 영국, 프랑스, 일본 등의 경우이다. **규제주의**(자유주의, 합법화)는 성매매를 합법적으로 직업으로서 인정하고 세금을 징수하고 사회보장 혜택을 제공하나, 지역적 제한을 통해 성매매를 규제하는 입장이다. 독일 등의 경우이다. **일방 금지주의**(급진주의, 차별적 비범죄화)는 성구매자만을 처벌한다.[192] 현재 스웨덴, 노르웨이, 아이슬란드, 프랑스에 도입되어 있다.

성매매처벌법 제2조에 의하면, **성매매**란 불특정인을 상대로 금품 그 밖의 재산상의 이익을 수수·약속하고 성교행위 또는 구강·항문 등 신체의 일부 또는 도구를 이용한 유사성교행위에 해당하는 행위를 하거나 그 상대방이 되는 것을 말한다. **성매매피해자**란 성매매를 강요당한 사람, 보호 또는 감독하는 사람에 의하여 마약 등에 중독되어 성매매를 한 사람, 성매매를 하도록 알선·유인된 청소년과 심신미약자 및 중대한 장애인을 말한다.

(**해석론**) 성매매처벌법 제2조에 의하면 알선·유인되지 않고 자발적으로 성매매를 한 청소년은 성매매피해자가 되지 않아 14세 이상인 경우 성매매 범죄가 성립하고 처벌되어야 하지만, 아동·청소년의 성보호에 관한 법률(약칭 청소년성보호법) 제38조는 청소년의 보호를 위하여 처벌하지 않는다는 소위 처벌조각사유를 규정하고,[193] 보호조치의 대상으로 규정한다. 한편 성매매처벌법 제12조 이하의 가정법원의 보호사건 처리는 필요 판단에 의하여 성인 피의자인 성매도자 중 일부를 대상으로 하는 것이고, 청소년성보호법 제41조에 의한 보호처분은 성매매피해자인 청소년을 대상으로 일반 법원이 하는 것이며, 동법 제44조에 의한 보호처분은 가해자가 10세 이상 16세 미만의 청소년인 경우 이 가해자를 대상으로 소년부 판사가 하는 것으로서 구분된다.

[**피해자 보호조치**] 성매매처벌법 제6조에 의하면, **사법경찰관**은 수사과정에서 피의자 또는 참고인이 성매매피해자에 해당한다고 볼 만한 상당한 이유가 있을 때에는 지체 없이 법정대리인, 친족 또는 변호인에게 통지하고, 신변보호, 수사의 비공개, 친족 또는 지원시설·성매매피해상담소에의 인계 등 그 보호에 필요한 조치를 하여야 한다. 다만 사생활 보호 등 부득이한 사유가 있는 경우에는 통지하지 아니할 수 있다.

[**불법원인 채권무효의 확인 및 고지**] 동법 제10조에 의하면, 성매매 알선자등이 성을 파는 행위를 하였거나 할 사람에게 가지는 채권은 그 계약의 형식이나 명목에 관계없이 무효

---

192) 경찰대학, 풍속범죄론, 2018, 16-23면.
193) 이러한 자발적 성매매 청소년의 법적 지위를 피해자로 변경하여야 한다는 견해로는, 장명선, 이화젠더법학 제10권 3호, 2018.12, 143면; 윤덕경 외, 청소년 성매매 비범죄화와 보호처분에 관한 주요국 비교 연구, 한국여성정책연구원, 2017, 89면 이하; 여성신문, 성매매 이용된 10대 범죄자 취급, 2019. 4.8. 등.

이며, 그 채권을 양도하거나 그 채무를 인수한 경우에도 같다. **사법경찰관**은 불법원인과 관련된 것으로 의심되는 채무의 불이행을 이유로 고소·고발된 사건을 수사할 때에는 금품이나 그 밖의 재산상의 이익 제공이 성매매의 유인·강요 수단이나 성매매 업소로부터의 이탈방지 수단으로 이용되었는지를 확인하여 수사에 참작하여야 한다. **사법경찰관**은 성을 파는 행위를 한 사람이나 성매매피해자를 조사할 때에는 불법원인 채권이 무효라는 사실과 지원시설 등을 이용할 수 있음을 본인 또는 법정대리인 등에게 고지하여야 한다.

(2) 성매매방지 및 피해자보호 등에 관한 법률(약칭, 성매매피해자보호법)

[**피해자 구조를 위한 동행**] 성매매피해자보호법 제21조에 의하면, 상담소의 장은 성매매피해자등을 긴급히 구조할 필요가 있는 경우에는 관할 **국가경찰관서의 장**에게 그 소속 직원의 동행을 요청할 수 있으며, 요청을 받은 국가경찰관서의 장은 특별한 사유가 없으면 이에 따라야 한다.

(3) 아동·청소년의 성보호에 관한 법률(약칭, 청소년성보호법)

청소년성보호법 제2조에 의하면, 아동·청소년이란 19세 미만자로서, 19세에 도달하는 연도의 1월 1일을 맞이한 자는 제외한다.

[**피해아동의 시도지사 통지**] 청소년성보호법 제38조 제1항에 의하면, 성매매처벌법에 의해 범죄가 성립되는 자발적 성매매를 한 아동·청소년을 처벌조각 대상으로 규정한다. 동법 제38조 제2항에 의하면, **사법경찰관**은 성매매 피해아동·청소년을 발견한 경우 신속하게 사건을 수사한 후 지체 없이 여성가족부장관 및 성매매 피해아동·청소년 지원센터를 관할하는 시·도지사에게 통지하여야 한다. 동조 제3항에 의하면, 여성가족부장관은 보호시설이나 상담시설의 연계 또는 프로그램참여 조치 등을 취하여야 한다.

[**성범죄 경력자 점검, 해임요구 및 폐쇄요구**] 동법 제57조에 의하면, **경찰청장**은 경비업법에 따라 경비업을 행하는 법인에 대해 성범죄로 취업제한 명령을 선고받은 자가 아동·청소년 관련기관등을 운영하거나 아동·청소년 관련기관등에 취업 또는 사실상 노무를 제공하고 있는지를 직접 또는 관계 기관 조회 등의 방법으로 연 1회 이상 점검·확인하여야 한다. 동법 제58조에 의하면, 경찰청장은 취업제한 기간 중에 아동·청소년 관련기관등에 취업하거나 사실상 노무를 제공하는 자가 있으면 아동·청소년 관련기관등의 장에게 그의 해임을 요구할 수 있고, 취업제한 기간 중에 아동·청소년 관련기관등을 운영 중인 아동·청소년 관련기관등의 장에게 아동·청소년 관련기관등의 폐쇄를 요구할 수 있다. 동법 제60조에 의하면, 동 경찰청장의 권한은 그 일부를 **시도경찰청장**에게 위임할 수 있다.

6. 소년법

소년법 제2조에 의하면, 소년은 19세 미만의 자이다.

[소년부 보호사건 송치] 소년법 제4조 제1항, 제49조 및 제50조에 의하면, 형사성년자인 14세 이상의 범죄소년은 형사처벌 대상이나, 검찰 단계에서 형사사건이 아닌 보호사건으로 처리할 수도 있다. 소년법 제4조 제2항에 의하면, 범죄가 성립하지 않는 경우에도 형벌 법령 저촉행위를 한 10세 이상 14세 미만자(소위 촉법소년)과 집단으로 불안감 조성의 성벽을 보이거나 무단가출, 주취소란 등 유해환경을 접하는 성벽이 있는 10세 이상 19세 미만자로서 성격이나 환경에 비추어 앞으로 촉법행위를 할 우려가 있는 10세 이상인 소년(소위 우범소년)에 대하여, **경찰서장**은 직접 관할 소년부에 송치하여야 한다.

(해석론) 10세 미만자인 범법소년은 범죄소년도 촉법소년도 아니며 우범소년에도 해당하지 않으므로, 아무런 처벌이나 보호처분도 적용되지 않는다. 소년의 행위는 형법과의 관계에서 '행위시' 14세 이상이면 형사처벌의 대상이 된다. 보호처분의 대상이 되는 촉법·우범소년의 하한 연령인 10세와 범죄·우범소년의 상한연령인 19세의 적용 시기는 '처분시'이다. 즉, 소년법 제38조 제1항[194])에서는 처분 당시에 20세인지 여부에 따라 동법 제38조 제2항[195])에서는 처분 당시에 12세인지 여부에 따라 계속 중인 보호처분의 취소 여부를 결정하도록 되어 있다. 결국 비록 12세 미만일 때 심리를 개시했더라도 보호처분이 12세 이상이 된 다음에 부과되었다면 그 보호처분은 유효한 것으로 집행될 수 있는 것이고, 아무리 행위시 19세 미만의 소년이었더라도 심리중에 성인이 되어버리면 소년심판의 대상으로 할 수 없다.[196]) 따라서 소년심판절차에서 사건처리에 걸리는 기간의 장단이라는 우연적 사실에 따라 최종결과가 달라질 수 있다. 실무상 경찰서장으로서는 사실상 사건의 성격이나 내용이 아니라 예상되는 처리기간을 기준삼아 처리절차를 선택할 수밖에 없다.

(입법론) 일단 상한 연령에 대한 판단시점을 종국결정시가 아니라 행위시로 변경하는 방향이 있을 수 있으나 이 경우 범죄·우범행위시 소년이라고 해서 미래지향적 처우수단인 보호처분을 성인이 된 자에게도 부과하여야 함으로써 새로운 문제가 발생될 수 있다. 따라서 소년심판대상으로 심리가 개시될 때 소년이기만 하면 종국결정시 성인이 되더라도 보호

---

194) 제38조 (보호처분의 취소) ① 보호처분이 계속 중일 때에 사건 본인이 **처분 당시** 19세 이상인 것으로 밝혀진 경우에는 소년부 판사는 결정으로써 그 보호처분을 취소하고 […]. 1. […] 관할 지방법원에 대응하는 검찰청 검사에게 송치한다.

195) 제38조 (보호처분의 취소) ② […] 보호처분이 계속 중일 때에 사건 본인이 **처분 당시** 10세 미만으로 밝혀진 경우에는 소년부 판사는 결정으로써 그 보호처분을 취소하여야 한다.

196) 법무연수원, 2001 범죄백서, 2002. 6: 소년보호사건은 검사송치의 경우 약 3개월, 형사법원 판사송치의 경우 약 7개월이 소요되는 등 장기화 양상을 보이고 있다.

처분을 부과할 수 있는 방안이 제기된다.[197]

(**입법론**) 보호사건 처리시 사실규명을 위해 신병을 확보하거나 증거를 수집할 강제처분에 대하여는 법령 어느 곳에도 규정되고 있지 않아,[198] 대상 소년이나 보호자가 협조하지 않는 경우 규정이 유명무실해지거나 무리한 업무처리로 인한 인권침해 발생의 여지가 있다. 형사사건이 아닌 엄연한 예방경찰작용이므로[199] 행정강제를 수권하여야 한다. 범행도구나 장물의 압수나 사체의 부검 등의 필요조치는 형사소송법의 관련 규정을 준용하도록 할 필요가 있다.[200]

〈사례〉 2018.2.9. 08:00경 13세의 소년이 서울 00구 한 편의점 종원업에게 식칼을 들이밀려 현금을 요구하다 도주한 사건에서, 경찰이 주거지에서 대상자를 검거하면서 식칼 등도 압수하였다. 검거는 임의동행 형식을 취하였으나, 범행에 사용한 점퍼, 식칼 등의 압수는 법적 근거도 없고 처리절차도 없어 난감하였다.

특히 보호사건의 취지가 교정과 재발방지에 있는 만큼, 단순히 경찰 조사권 차원의 수권만이 아니라 전문가에 의한 강제적 정신·심리감정이 핵심절차로 포함되어야 한다. 촉법소년의 하한 연령도 굳이 10세 이상으로 제한할 이유가 없으므로,[201] 14세 미만의 전 연령으로 확대하여야 한다. 이러한 개정이 이루어지면 현재와 같이 형사성년자의 연령을 더 낮춰야 한다는 등의 형사법에 경도된 논의는 더 이상 불필요해질 것이다.

---

197) 최병각, 형사정책연구소식 60호, 2000, 24면.

198) 김혁, 서울법학 제24권 2호, 2016, 299면: 촉법소년 사건임에도 관련 사실을 명확히 하고 증거를 확보하기 위해 강제처분이 필요한 경우가 존재학, 법적 근거가 명확하지 않음에도 제한된 범위 내에서 강제처분이 이루어지기도 한다.

199) 同旨, 酒卷匡, "触法少年の事件についての警察の調査権限の整備", 刑事法ジャーナル 10号, 2008, 9면(김혁, 서울법학 제24권 2호, 2016, 305면에서 재인용). 이에 대해 이미 발생한 사안에 대하여 실체적 진실을 발견하기 위한 사법경찰작용으로 보아야 한다는 입장으로는 김혁, 같은 논문, 같은 면. 그러나 이러한 입장을 취하는 한 형사미성년자에 대한 수사와 형사상 강제를 할 근거가 없게 된다.

200) 이러한 조사들이 근거없이 이루어지고 있는 현실에 대하여는, 김혁, 서울법학 제24권 2호, 2016, 308-309면. 반면 보호사건을 송치받은 소년부의 판사는 진술거부권의 고지(소년법 제10조), 소환 및 동행영장(동법 제13조), 긴급동행영장(동법 제14조), 압수·수색·검증(동법 제27조 제2항) 등의 규정을 가진다.

201) 동지의 보충의견 판례로, 헌법재판소 2003.9.25. 선고 2002헌마533 결정 [형법 제9조(형사미성년)의 합헌을 확인하면서 재판관 전효숙의 보충의견]: 소년법상의 보호처분대상을 12세(현재 10세) 이상으로 한정하고 있는 현행 법체계와 결합하여 범죄행위자가 12세 미만인 경우에는 피해자가 국가로부터 어떠한 보호도 받지 못하는 결과를 초래하고 있다. […] 관련 형법 및 소년법규정을 재검토하고 이를 보완하는 입법적 시정조치가 있어야 한다.

1절 국가의 기본 개황

1. 인구, 면적 및 연혁

　　미국은 영국의 지배를 받던 13개의 자치지방이 독립한 것을 시작으로 형성된 국가로서, 정식명칭은 아메리카합중국(United States of America, USA)이다. 미국은 50개의 분방(state)과 1개의 수도구(Washington D.C.) 외에 해외 속령으로 푸에르토리코·사모아 제도·웨이크섬·괌섬으로 구성된 연방제 국가이다.

> ● **분방(分邦, state)**[1)]
> 행정에 입법과 사법권한까지 고도의 자치권을 가지고 연방국가를 분할하는 구성국가들을 지칭하며, 지방(支邦), 지국(支國), 분국(分國)이라고도 한다. 통상 '주'(州)로 표기되나, '주'는 연방에 속한 구성국가를 가리키기도 하지만 경우에 따라서는 국가에 이르지 못한 '자치지방'을 가리키는 등 다의적인 의미를 포괄하므로, 본고에서는 이하 분방이라는 용어를 통해 국가 차원의 지역단위라는 의미를 분명히 하고자 한다. 다만 각 분방의 명칭에 어미로서 결합되어 사용되는 경우는 이미 고유명사화하고 있어 통상 용례에 따라 '주'를 혼용한다(예: 캘리포니아주, 바이에른주).

---

1) 연방에 대한 개념으로 '분방'을 사용하고 있는 문헌의 예: 차선자, 장애의 개념에 대한 독일 법학의 논의, 인권법평론 1호, 전남대 공익인권법센터, 2007, 195면.

미국의 인구는 2019년 기준 3억 2,823만 명으로, 백인 60.1%, 히스패닉 18.5%, 아프리카계 미국인 13.4%, 아시아계 미국인 5.9%로 구성되어 있다. 국토 면적은 983만km²로 남한 면적의 98.2배에 달하며, 인구밀도는 1km²당 35명이다.[2]

2. 국가의 정체성

미국은 독립 직후인 1776년 연합규약 아래 13개 분방이 개별적 권리를 행사하는 국가연합(confederation)의 형태로 조직되었다. 이후, 1787년 연방헌법을 제정하고, 1789년부터 연방제 국가로 발전하였다. 연방헌법에 따라 행정·입법·사법부로 구성된 연방정부는 상호 견제와 균형을 원칙으로 운영된다. 행정부는 경제자문위원회, 대통령 비서실 등 11개 수행기관과 국토안전부, 재무부 등 15개 연방 부처 및 기타 독립기관, 정부 공사 등으로 구성되어 있다. 입법부는 상원과 하원, 양당제로 운영되고 있으며, 정부의 법안 발의는 가능하지 않고 오직 입법부만이 법안을 의회에 상정할 수 있다. 다만, 대통령은 거부권을 행사할 수 있고 환송된 법안은 의회 재심의를 거쳐 확정될 수 있다. 사법부는 미국 내 최고 사법심사기관으로 연방헌법 및 연방법에 대한 최종 해석과 법률심사권을 갖는다.[3]

3. 지방행정의 개황

연방은 50개의 분방, 3,301개의 카운티, 1만 9,519개의 시 등 9만 56개의 다양한 층위별 행정구역으로 구획되어 있다.[4]

(1) 연방의 권한

연방수정헌법의 '최고성(supremacy)' 원칙에 따라, 연방헌법은 모든 분방·지방정부의 법률 및 정책을 법률적으로 구속하며, 위반 시 사법 판단의 대상이 된다.[5] 다만, 이러한 연방헌법의 우선성은 연방수정헌법으로부터 부여받은 범위 내에서만 인정된다. 연방수정헌법 제1조 8절에 명시된 연방정부 권한은 외교, 국방, 공동방위와 일반복지를 위한 조세권, 외국과의 통상규제, 관세, 화폐·도량형 설정, 분방 간(interstate) 통상규제, 증권 및 화폐 위조 처벌권, 하급법원 설치, 전쟁 선언 등에 한정된다.[6]

---

2) https://www.census.gov/quickfacts/fact/table/US/PST045219 (2020.8.27. 방문).
3) 윤인숙, 주요 외국의 지방자치제도 연구 – 미국, 한국법제연구원, 2018, 39면.
4) 윤인숙, 주요 외국의 지방자치제도 연구 – 미국, 한국법제연구원, 2018, 37면.
5) U.S. Constitution Article VI, Clause 2.

(2) 분방행정

연방수정헌법에 따라 연방에 속하지 않았거나, 개별 분방에 금지하지 않은 권한은 각 분방과 국민이 보유한다.7) 이에 따라 연방정부는 분방정부뿐만 아니라, 지방정부(이하 지방 자치단체 집행부를 지칭한다)의 사무에 관여할 수 없다. 또한 연방대법원은 1990년대 일련의 판결을 통해 연방정부는 연방정부의 정책을 분방정부가 시행하도록 강제할 수 없다는 명령 금지 원칙을 확립하였다. 이후, 이러한 명령금지 원칙은 지방정부에도 확장 적용하여, 연방 정부의 무분별한 행정 간섭이나 명령을 제한하고자 하였다.8)

(3) 지방자치행정

연방제를 채택하고 있는 미국에서 지방자치는 분방에 대한 지방자치단체의 자치권을 의미한다. 연방헌법에는 지방자치나 지방정부에 관한 규정이 구체적으로 없으며 기타 연방 법에도 이와 관련한 규정은 없다.9) 지방정부의 명칭과 유형은 분방마다 상이하지만, 일반 적으로 카운티(county, 군), 시(municipality/city), 타운/타운십(town/township, 읍/면/동), 교육구 (school districts), 특별구(special districts)로 구분된다. 이 중, 교육구와 특별구는 특정한 기능 을 수행하는 특별지방자치단체이고, 나머지는 일반지방자치단체이다.

미국의 지방자치단체인 카운티(군), 시, 타운/타운십(읍/면/동)은 관할 규모에 따른 구분 이지, 보유하는 자치 권한의 범위 혹은 피감독 여부에 따른 구분은 아니다. 따라서 지방자 치는 단층제의 구조를 갖는다고 할 수 있다.10) 특히, 일부 분방에서는 시와 카운티를 통합 하여 통합시·군(consolidated city and county)을 운영하는데(예를 들어, 캘리포니아주의 샌프란시스 코 통합시), 이는 카운티와 시의 대등한 관계를 보여주는 예라고 할 수 있다.11)

카운티는 일반적으로 시, 타운/타운십, 특별구 등을 포괄하는 가장 큰 단위의 자치지역 으로서 우리나라의 군에 해당한다.12) 카운티는 원래 분방의 행정보조기관으로서 분방의 정 책을 실행하는 행정단위였으나, 산업화·도시화 등에서 발생하는 문제에 대응하기 위해 각 급 행정기관의 기능이 확대됨에 따라, 분방의 행정보조기관이 아닌 자치권을 행사하는 지

---

6) U.S. Constitution Article I, Section 8.
7) U.S. Constitution Article X.
8) 윤인숙, 주요 외국의 지방자치제도 연구－미국, 한국법제연구원, 2018, 40면.
9) 윤인숙, 주요 외국의 지방자치제도 연구－미국, 한국법제연구원, 2018, 42면.
10) 이에 대해 일반적으로는 2층제로 본다는 기술: 정재화 외, 신경향 지방자치행정론, 2017, 446면.
11) 윤인숙, 주요 외국의 지방자치제도 연구－미국, 한국법제연구원, 2018, 53－61면.
12) 카운티의 면적만으로 보면 우리나라의 도에 해당할 수 있으나, 기초자치단체에 해당한다고 보는 입장 에서 군이라고 번역하였다.

방정부로 변모하였다. 2개의 분방(코네티컷주, 로드아일랜드주)과 워싱턴 D.C.를 제외한 모든 분방이 카운티를 보유하고 있다.[13] 카운티의 크기와 수는 분방에 따라 상당히 다르며 인구 300만이 넘는 카운티부터 1만 명 미만의 카운티까지 다양하다. 하지만, 카운티는 시보다 행사할 수 있는 자치권의 범위가 넓지 않다.[14]

　　미국에서 지방자치가 가장 발전한 형태의 지방정부는 시이다. 시는 분방의 등록법인으로 과거에는 주민 청원에 의해 법인화가 이루어졌지만, 최근 무분별한 시의 설립을 방지하고자, 분방 헌법에 법인의 요건을 규정하고 있다. 시는 카운티가 분방정부의 행정보조기관으로 설립되었다가 지방자치단체화한 것과 달리, 처음부터 주민자치를 위한 목적에서 설립되었다. 일반적으로 시는 인구가 밀집한 지역을 중심으로 구성되며, 분방정부가 부여한 자치 헌장(home-rule charter)에 의해 운영된다.[15]

　　타운/타운십은 미국 직접민주주의의 기원으로서, 가장 오래된 지방정부의 형태이다. 우리나라의 읍/면/동 크기에 해당하나 엄연한 지방자치단체이다. 카운티는 분방정부에 의해 설립되어 중앙집권적 성격이 강하지만, 타운/타운십은 주민에 의해 자생적으로 설립된 자치공동체로서 시와 유사한 기능을 수행한다.[16]

美지방정부의 유형과 현황[19]

일반 목적의 지방자치단체	카운티		3,031
	하위정부	시	19,519
		타운/타운십	16,360
		소계	35,879
	합계		38,910
특별 목적의 지방자치단체	교육구[17]		12,880
	특별구[18]		38,226
	합계		51,106
총계			90,056

---

13) 윤인숙, 주요 외국의 지방자치제도 연구－미국, 한국법제연구원, 2018, 44면.

14) California State Association of Counties. There is a fundamental distinction between a county and a city. Counties lack broad powers of self-government that California cities have (e.g., cities have broad revenue generating authority and counties do not). In addition, legislative control over counties is more complete than it is over cities. https://www.counties.org/general-information/county-structure-0 (2020.4.6. 방문).

15) 윤인숙, 주요 외국의 지방자치제도 연구－미국, 한국법제연구원, 2018, 46면.

16) 윤인숙, 주요 외국의 지방자치제도 연구－미국, 한국법제연구원, 2018, 46면.

17) 교육구는 교육이라는 단일 목적을 가진 지방정부로, 넓은 의미의 특별구에 속하는 지방정부이다.

18) 윤인숙, 주요 외국의 지방자치제도 연구－미국, 한국법제연구원, 2018, 46면. 특별구는 한정된 기능을 수행하는 특별한 형태의 지방정부이다. 주로 일반 지방정부가 수행할 수 없거나 회피하는 행정기능을

2절 경찰의 기본 개황

1. 연혁

　　미국 경찰제도는 영국의 문화적 유산으로, 이주 영국인이 전수한 형사사법체계 중의 일부로서 발달하기 시작하였다. 미국의 현대 경찰제도는 1830년대 및 40년대에 성립되었는데, 이 시기는 도시화·산업화·이민자의 증가로 1830년대 미국에서 다수의 폭동을 발생시키는 계기가 되었으며, 이러한 무질서와 불안전에 대응하는 대책 수립에 대한 국민적 요구로 이어졌다. 새롭게 창설된 미국 경찰은 영국 경찰을 모방하였는데, 범죄예방의 임무, 고정된 순찰지역에 있어 가시적 활동 전략, 준군사적 조직구조의 유사성이 이를 반영한다.[20]

　　이러한 미국의 경찰은 20세기에 급격한 변화를 겪었다. 조직적인 경찰 전문화, 다양한 통신기술의 도입, 공정한 형사사법에 대한 시민운동 등이 나타났다. 전문성을 확보하기 위해 정치적 중립을 기초로 지역사회에 대한 봉사를 직업적 의무와 윤리로 준수하도록 하였다. 특히 구체적인 인사기준을 설정하고 채용과정에서 지원자의 지능, 건강, 도덕성에 대한 평가를 시행하였다. 한편, 기존의 순찰 및 수사기능 이외에도 교통, 청소년, 사행행위에 대한 업무를 맡는 전문부서를 신설하기 시작하였다.[21]

2. 근거법령

　　연방헌법과 법률은 지방정부의 권한과 임무에 대해서 아무런 직접적인 규정을 두고 있지 않지만,[22] 연방헌법에서는 연방이 침해할 수 없는 분방 고유의 권한을 규정하고 있다.[23] 이러한 분방 고유의 권한에 경찰권이 포함되는 것으로 해석되기 때문에, 연방헌법은 경찰권을 분방에 귀속하게 하는 법적 근거가 된다.[24]

　　수행한다. 예를 들어, 상수도, 소방, 쓰레기 수거와 같은 기능을 수행하는데, 특별구의 관할은 다른 일반 목적의 지방정부 관할과 중첩되는 경우가 많다.

19) 윤인숙, 주요 외국의 지방자치제도 연구-미국, 한국법제연구원, 2018, 43-44면.

20) 박경래, 주요국의 자치경찰제도와 한국의 자치경찰법안 연구, 한국형사정책연구원, 2005, 112면.

21) 박경래, 주요국의 자치경찰제도와 한국의 자치경찰법안 연구, 한국형사정책연구원, 2005, 115면.

22) 윤인숙, 주요 외국의 지방자치제도 연구-미국, 한국법제연구원, 2018, 42면.

23) 김기식 외, 제대로 된 자치경찰제 시행을 위한 제언, 더미래연구소, 2018, 20면.

24) 수정헌법 제10조는 연방정부에 속하지 않는 업무는 분방정부의 권한임을 명시하고 있다. 연방정부의 권한을 구체적으로 열거하는 헌법 제1, 2, 3조는 분방의 형사사법 업무에 대해서 직접적으로 규정하고 있지 않으므로, 수정헌법 제10조에 따라 형사사법 업무는 연방정부가 아닌, 분방정부의 고유 업무로

3. 조직

(1) 연방차원

미국은 여타의 국가와는 달리, 연방차원의 경찰기관을 보유하고 있지 않았으나, 연방정부는 분방경찰의 고유한 권한을 침해하지 않는 범위 내에서, 국가적 대응이 필요한 사안에 대처하기 위해 다양한 연방 법집행기관을 창설하기 시작하였다.[25]

연방 법집행기관은 연방법에 근거를 두고 각자의 관할에 따라 직무를 수행하나, 모든 연방 법집행기관의 공통적인 임무를 일률적으로 규정하는 법률은 존재하지 않는다. 다만, 통상 법집행기관으로서 범죄자의 체포, 범죄예방, 수사 등의 기능을 공통적으로 수행한다.

미국 최초의 연방 법집행기관인 연방보안관실(U.S. Marshal's Office)은 1789년 The Judiciary Act에 의해서 설립되었는데, 현재 설립된 대부분의 연방 법집행기관들은 법무부 혹은 국토안보부(Homeland Security)에 소속되어 있다. 법무부에 소속된 법집행기관에는 연방보안관실(USMS)을 비롯하여 연방수사국(FBI), 마약단속국(DEA), 주류·담배·화기단속국(ATF), 연방교도국(BOP) 등이 있다.

2002년 9/11 테러 이후 테러에 효율적으로 대응하기 위해, 산재해 있던 법집행기관들을 재구성하는 과정에서 국토안보부가 신설되었다. 국토안보부에 소속된 법집행기관에는 비밀경호국(USSS), 이민 및 세관집행국(ICE), 관세 및 국경보호국(CBP), 연방보호국(FPS), 해안수비대(USCG), 교통안보국(TSA) 등이 있다.

이러한 연방 법집행기관들은 복수의 관할에서 발생하거나 국가적 대응이 필요한 사안에 대해서 권한을 행사하며, 분방 및 자치경찰과는 상호 협력하는 관계를 유지하고 있다.

(2) 분방차원

각 분방은 개별 분방의 법률에 근거하여 경찰권을 행사하는 경찰조직을 독자적으로 운영하고 있다. 분방에 따라 교통업무를 주요 임무로 삼는 고속도로순찰대 형태로 조직되거나, 일반적 관할권을 행사하는 법집행기관으로 조직된다.[26] 고속도로순찰대 형태의 분방경찰은 주로 분방 교통국(Transportation Agency) 산하에 조직되며, 일반적 관할권을 행사하는 분방경찰은 주로 분방 공공안전국 산하에 조직된다.[27]

해석된다. 김면기, 경찰학연구 제17권 제2호, 2017, 142면.
25) 안영진, 공법학연구 제15권 1호, 2014, 366면.
26) 최길수, 대전광역시 자치경찰제 도입 및 시행 방안에 관한 연구, 대전세종연구원, 2019, 36-37면.
27) 일반적 관할권을 행사하는 형태의 분방경찰을 조직한 매사추세츠주의 경우, 공공안전과 보안국(Public

한편 몇몇 분방의 경우는 연방수사국(FBI)과 유사하게, 다수의 지방정부 관할에서 발생하는 범죄나 분방 차원의 대응이 필요한 사안에 대응하기 위해 경찰기관과는 별도의 법집행기관인 분방 수사국(state bureau of investigation)을 설치하여 운영하기도 한다.

(3) 지자체 차원

각 자치경찰을 직접 규율하는 법률은 자치경찰이 속한 지방자치단체의 헌장이나 조례이다. 분방의 헌법이나 법률은 지방자치단체가 제정하는 헌장의 세부 내용을 규정하는 것이 아니라, 각 지방자치단체의 헌장 제정의 법률적 근거로서만 작용할 뿐이다. 하지만, 홈룰(home rules)이 아닌 딜런룰(Dillon's rule)을 따르는 지방자치단체의 경우, 지방자치단체의 개별 헌장을 독립적으로 제정하는 것이 아니라 각 분방의 법률에 규정된 자치경찰에 관한 규정들을 준용한다.[28]

지방자치단체의 경찰기관 또한 해당 지방자치단체의 유형 및 특성에 따라 다양한 형태를 띠고 있다.[29] 지방자치단체인 카운티와 시는 각각 카운티 보안관청과 시 경찰을 두고 관할 행정 지역에서 독자적으로 경찰권을 행사하고 있다.[30] 카운티의 경우는 지방자치단체에 따라 카운티 보안관청과 경찰국, 두 가지 형태의 경찰조직 중 하나를 선택하여 운영하고 있는데, 카운티 보안관청장은 주민에 의하여 선출되며, 카운티 경찰국장은 시경찰의 경찰국장(작은 시의 경찰서장)과 유사하게 군수에 의해 임명된다는데 큰 차이가 있다. 시 경찰은 자치경찰 운영과 관련하여 미국 법집행기관의 중요한 부분을 차지하고 있다. 분방경찰과 마찬가지로, 시 경찰은 분방법에 따라 통제를 받기도 하나, 지방자치적 요소들이 다양하게 인정된다. 조직 및 운영 형태도 지역별로 다양하다.[31]

Safety and Security) 아래에 분방경찰부(Department of State Police)를 조직하고 있다.
https://budget.digital.mass.gov/bb/gaa/fy2019/app_19/ga_19/hcdefault.htm (2020.5.14. 방문).
28) 미국에서 분방정부와 지방정부의 권한 배분은 두가지 기준으로 달리 구분된다. 먼저 딜런룰(Dillon's rule)은 분방 헌법이 구체적으로 명시한 지방정부의 권한에 대해서만 지방정부가 입법적 결정을 할 수 있는 제한적 권한을 보유하는 자치유형을 의미한다. 딜런은 아이오와 대법원 판사로서 1868년 판결에서 이러한 내용의 법명제를 정립하였다. 반면 홈룰은 분방헌법이 구체적으로 명시하지 않은 지방정부의 권한에 대해, 지방정부가 헌장을 제정하여 입법적 결정을 할 수 있는 폭넓은 권한을 보유하는 자치유형을 의미한다. 딜런룰을 따르는 분방은 자치헌장을 제정하기보다는 분방정부의 법률을 준용하는 경우가 대다수이나, 대부분의 분방은 딜런룰과 홈룰을 혼합하여 활용한다. J. D. Russell & A. Bostrom, American City County Exchange, 2016, pp. 5-6.
29) 지방자치발전위원회, 외국 자치경찰제도 비교, 2016, 126-127면.
30) 최길수, 대전광역시 자치경찰제 도입 및 시행 방안에 관한 연구, 대전세종연구원, 2019, 38-41면.
31) 더 상세한 관련 내용은, 염윤호 외, 외국 자치경찰제도 연구, 치안정책연구소, 2020. 참조.

지자체 경찰조직의 유형

단위	경찰 명칭	임무	형태	선출방식	비고
카운티	카운티 보안관청	카운티의 질서유지, 법정명령수행 등 종합치안	보안관청장 필요 판단으로 수명의 보조자 임명	보안관청장은 주민직선	임기 2~4년
	카운티 경찰국	종합치안업무	비독립관청인 카운티의 국으로 운영	경찰국장은 군수가 임명	주로 카운티, 시 정부의 병합 지역에 설치
	검시관, 의학전문가 (medical examiner)	사인조사 규명	검시관 등이 필요 인원 고용	주민 선출	검시관은 자격이 필요 없으나 의학 전문가는 필요
시	시경찰, 타운경찰	종합치안업무	2~3인 경찰서에서 30,000명 이상까지 다양	주로 시장이 임명	가장 종류가 많고 복잡하며 다양
타운십	타운십 경찰	제한된 예방경찰	소수의 경찰관, 지역거주	타운십 정부가 임명	
	치안관 (constable)[32]	치안유지, 영장집행, 법원업무보조, 죄인호송, 세금징수	치안관이 보조자 수명 임명	주민 선출	동부, 남부, 서부의 20개 분방의 타운십에서 운영

4. 인력 및 계급

연방수사국(FBI)의 자료에 따르면, 미국 전역에서 운영 중인 법집행기관은 2018년 기준 총 1만 3,497개이며, 총 97만 5,305명의 경찰관과 일반직원이 근무하고 있는 것으로 확인된다. 경찰관 중 남성의 비율은 87.4%, 여성의 비율은 12.6%로, 남성의 비율이 높은 것으로 확인된다. 또한, 대부분의 경찰기관(10,420개)은 도시지역에 있는 것으로 확인되며, 인구가 높은 지역의 경찰기관의 수는 적으나 고용하고 있는 직원의 수는 상대적으로 많은 것이 확인된다.[33]

미국 경찰의 계급은 관할이나 지역 단위에 따라 상이한데, 보편적인 계급체계는 다음과

---

32) 캘리포니아를 비롯한 일부 분방은 치안관 제도를 폐지함. Charter of the County of Los Angeles. Section. 28. & 29. Repealed. http://bos.lacounty.gov/LinkClick. aspx?fileticket=BqCvz WSq8Zg%3D& portalid=1 (2020.4.7. 방문).

33) FBI Uniform Crime Report. https://ucr.fbi.gov/crime-in-the-u.s/2018/crime-in-the-u.s.-2018/t-ables/table-74 (2020.4.8. 방문).

3 절 일반 경찰행정작용법 **77**

같다. 경찰 수장인 경찰국장(commissioner) 아래, 치안정감(deputy commissioner), 치안감(deputy chief of police), 경무관(commander), 총경(lieutenant colonel), 경정(major), 경감(captain),[34] 경위(lieutenant), 경사(sergeant)[35] 및 수사경사(detective), 순경(police officer) 순으로 편성되어 있다.[36] 로스앤젤레스시 경찰의 경우를 예로 보면 경찰국장(chief of police) 아래, 부국장급(deputy chief II, I), 총경급(commander), 경감급(captain III, II, I), 경위급(lieutenant II, I), 경사 및 수사경사(sergeant II, I 및 detective III, II, I), 순경급(police officer III+1, III, II, I) 순으로 편성되어 있다.[37]

3절 일반 경찰행정작용법[38]

미국은 연방제 국가로서, 각 분방정부는 헌법 또는 법률과 조약을 부인하거나 위반하지 않는 한 입법, 사법, 행정에서 광범위한 자치가 가능하다. 따라서 경찰권 또한 헌법과 연방법의 테두리 안에서 분방이 자율적으로 행사하는 것이 원칙이다. 이같은 원칙은 1791년 제정된 미국 수정헌법 제10조[39]에 연방정부의 권한을 제한하는 내용으로 명문화되어 있다: "본 헌법에 의하여 합중국에 위임되지 아니하였거나, 각주(분방)에게 금지되지 아니한 권한들은 각주(분방)나 인민이 보유한다."

수정헌법 제10조에 따르면, 경찰권은 헌법에 의해 연방정부에 위임되어 있지 않으며 개인이 행사할 수 없기 때문에, 권한행사의 주체는 원칙적으로 분방정부가 된다. 따라서 분방정부는 헌법과 충돌하지 않는 범위 내에서 주민의 건강, 안전, 그리고 복지를 증진하기 위해 경찰관의 권한과 임무를 명시하는 입법행위는 물론 행정 및 사법행위를 할 수 있다.[40]

---

34) 미국의 경찰계급인 captain은 해석상 우리나라 경찰의 경감에 해당하나, 시경찰의 경찰서장급으로 보임되어 지역책임자가 된다. 윤호연, 자치경찰연구 제6권 4호, 2013, 103-104면.
35) 미국의 경찰계급인 sergeant는 해석상 우리나라 경찰의 경사에 해당하나, 형사대와 같은 최하위 경찰조직의 운용자로서의 책임을 갖는다. 윤호연, 자치경찰연구 제6권 4호, 2013, 103-104면.
36) https://en.wikipedia.org/wiki/Police_ranks_of_the_United_States 및 https://online.wvstateu.edu/news/criminal-justice/u-s-police-ranking-system/ (2020.4.7. 방문).
37) LAPD Manual, Volume 2. Organization and functions of the LAPD. http://www.lapdonline.org/lapd_manual/volume_2.htm#005. (2020.4.6. 방문).
38) 우리나라의 경우 경찰관직무집행법에 해당.
39) Tenth Amendment to the United States Constitution, The powers not delegated to the United States by the Constitution, nor prohibited by it to the States, are reserved to the States respectively, or to the people.
40) K. Hess, C. Orthmann, & H. Cho, Police Operations Theory and Pactice, 2011, p. 60.

수정헌법 제10조를 분방정부 경찰권의 헌법적 근거로 보는 데에는 이견이 없다.[41]

> "경찰권"이라는 용어는 1887년 대법원 판례에서 처음 언급되었다.[42] 이 판례에서 대법원은 "경찰권 (police power)이란 주민에 대한 건강, 도덕, 안전과 같은 공공의 복지를 증진하기 위한 권력행사"라 고 규정하고 있다.

수정헌법 제5조[43]와 제14조 제1절[44]에 따르면, 생명, 자유 또는 재산박탈이 일어나는 경우에는 적법절차(Due Process)가 보장되어야 하므로, 각 분방에서는 개인이나 집단의 권리 를 침해하는 경찰의 권한 및 임무에 대하여는 법률로써 규율해야만 한다: "어떠한 주(분방) 도 합중국 시민의 특권과 면책권을 박탈하는 법률을 제정하거나 시행할 수 없다. 어떠한 주 (분방)도 정당한 법의 절차에 의하지 아니하고는 어떠한 사람으로부터도 생명, 자유 또는 재 산을 박탈할 수 없으며, 그 관할권 내에 있는 어떠한 사람에 대하여도 법률에 의한 평등한 보호를 거부하지 못한다."

이러한 법체계 속에서 미국은 행정경찰의 조직과 임무를 정의하는 연방차원의 경찰법 이 존재하지 않을 뿐 아니라, 자치정부 단위의 규율 또한 일관성 있게 정비되어 있지 않 다.[45] 1960년대부터 경찰학 및 법학자들로부터 경찰행정법의 부재로 인한 문제점이 꾸준히 지적되었고, Davis(1969)는 행정절차법(Administrative Procedure Act)에 기초한 경찰작용의 행 정법적 근거가 마련되어야 한다고 구체적으로 주장한 바 있다. 그럼에도 현재까지도 불문 법과 관습에 근거한 경찰활동이 지속되어오고 있다.

이하에서는 경찰에게 일반적인 위험방지 권한을 부여하고 제한하는 헌법 및 주요 대법 원(Supreme Court) 판례를 먼저 다룬 후, 분방에서 규정하고 있는 성문법 또는 불문법에서의 개별적 및 부수적 수권조항에 대해 살펴보고, 필요한 경우 지방자치단체의 조례 또는 자치 헌장에 대해서도 살펴보도록 한다. 미국 50개 분방의 모든 경찰 관련규정 및 규칙을 나열할 수 없으므로, 뉴욕주와 캘리포니아주의 내용을 위주로 소개한다.

---

41) K. Hess, C. Orthmann, & H. Cho, Police Operations Theory and Pactice, 2011, p. 60.

42) Mugler v. Kansas, 123 U.S. 623 (1887).

43) Fifth Amendment to the United States Constitution, "···nor be deprived of life, liberty, or property, without due process of law···"

44) Fourteenth Amendment to the United States Constitution, No State shall make or enforce any law which shall abridge the privileges or immunities of citizens of the United States; nor shall any State deprive any person of life, liberty, or property, without due process of law; nor deny to any person within its jurisdiction the equal protection of the laws.

45) M. Ponomarenko, Rethinking police rulemaking, Nw UL Rev 114, 2018, p. 2.

1. 경찰관의 정의

미국의 헌법 및 연방법에서는 경찰조직이나 권한행사와 관련된 경찰법이 부재하므로 경찰관에 대한 정의 또한 명확하지 않다. 따라서 연방 법률들에서도 개별 경찰을 지칭하는 단어로 Police Officer,[46] Law Enforcement Officers,[47] 또는 Peace Officer[48] 등이 혼용되고 있다.

먼저 Police Officer는 신분법상 **경찰공무원**을 의미한다. 하지만 이하에서 소개될 불심검문권과 같이 개별 작용법에서 직접 개별 경찰공무원에게 단독관청으로서 권한을 부여하는 경우 같은 용어가 **경찰관**을 의미하게 된다. 경찰관과 별도로 경찰국장이나 경찰서장 등은 조직법상 경찰권을 행사하도록 지위가 부여된 경찰관청이다.

이와는 별도로 경찰공무원을 포함하여 작용법상 개별 집행공무원에게 단독관청의 지위를 부여하는 용어로는 Law Enforcement Officers 또는 Peace Officer를 볼 수 있다. 이들은 **법집행관** 또는 **치안유지관**을 의미하므로 신분법상 경찰공무원 외에도 다른 부서 소속의 공무원도 포함하게 된다.

(1) 법집행관(Law Enforcement Officers)으로 포함되는 경찰공무원

2004년 제정된 연방법률인 법집행관 안전법(The Law Enforcement Officers Safety Act, LEOSA) 제926B조 C항[49]에 의하면, **법집행관**이란 위법행위를 예방, 감지, 수사, 기소하거나 체포·구금할 권한을 법으로부터 부여받은 자와 이를 감독하는 정부기관 근무자를 말한다.

(**해석론**) 동법은 법집행관의 총기사용 요건을 강화하기 위한 목적으로 입법된 만큼, 총기사용자의 적격 여부에 초점을 맞추고 있다.[50]

---

46) Police Officer는 치안유지관(Peace Officer)의 하위개념으로, 공공질서와 범죄 예방 및 수사를 담당하는 공무원을 말한다. H. C. Black, Black's Law Dictionary: Definitions of the Terms and Phrases of American, 1990.

47) Law Enforcement Officer는 보안관(Sheriff), 치안유지관(Peace Officer)과 같이 법을 집행하고 치안을 유지하는 임무를 행하는 자를 말한다. H. C. Black, Black's Law Dictionary: Definitions of the Terms and Phrases of American, 1990.

48) Peace Officer는 보안관 (Sheriff), 경찰관 (Police officer) 등을 포괄하는 의미로 공공의 안녕과 질서를 유지하게 위해 임명된 공무원을 말한다. H. C. Black, Black's Law Dictionary: Definitions of the Terms and Phrases of American, 1990.

49) 18 U.S. Code § 926B, 926C 조를 법집행관 안전법 "The Law Enforcement Officers Safety Act (LEOSA)" 또는 HR218로 칭하기도 한다.

50) 118. STAT. 865. Public Law 108-277, 2004.
https://www.congress.gov/108/plaws/publ277/PLAW-108publ277.pdf (2021.7.23. 방문).

〈18 U.S. Code §926B. (c)〉 법집행관이란 1. 법으로부터 권한을 부여받아 위법행위를 예방, 감지, 수사, 기소하거나 행위자를 구금하는 행위를 하는자, 그리고 감독하는 자로 정부 기관에서 근무하는 자, 2. 성문법적 체포 권한을 갖는 자, 3. 기관으로부터 총기의 소지를 허가받은 자, 4. 기관으로부터 징계를 받지 않는 자, 5. 기관에서 마련한 표준에 의거한 정기 총기사용 검정을 통과한 자, 6. 알코올, 약물 또는 환각물질에 영향을 받지 않은 자, 7. 연방법에 의거 총기의 소지가 금지되지 않은 자, 8. 경찰관임을 입증할 수 있는 신분증을 소지하고 있는 자이다.

(2) 치안유지관(Peace Officer)으로 포함되는 경찰공무원

예로, 분방법률인 캘리포니아주 형법(Penal Code) 제4.5장(Chapter) 제830조에 의하면, 치안유지관(Peace officer)은 이하 제830조의 하위조항에서 정한 명칭과 임무와 권한을 수행하는 자만을 의미한다.

[**보안관 및 경찰공무원 중 일부**] 캘리포니아주 형법 제830.1조 제a항에 의하면, 카운티 보안관청의 **보안관**(Sheriff), **부보안관**(Undersheriff), **보안관 대리**(Deputy Sheriff) 등과 카운티 경찰국의 **경찰국장**, 경찰기능을 수행하는 연합지방자치단체 소속 공공안전청의 최고위직 공무원, 경찰국장이나 최고위직 공공안전청 공무원에 의하여 고용된 **경찰공무원**(Police officer), 상급 법원 또는 카운티의 사법보안관(Marshall) 또는 사법보안관 대리(Marshall), 항만 경찰공무원, 검찰의 조사관(Inspector)과 수사관(Investigator)은 치안유지관(Peace Officer)이다. 동항에 의하여, 이들의 권한은 다음의 경우 캘리포니아주 내의 모든 장소에 미친다: (ⅰ) 치안유지관을 고용하거나 그들이 근무하는 조직의 관할 내에서 발생한 범죄(Public Offense) 또는 그러한 범죄가 이미 발생했다고 믿을 수 있는 상당한 근거(Probable Cause)가 있는 상황과 관련하여 (ⅱ) 치안유지관이 경찰서장이나 보안관으로부터 사전에 경찰권 행사를 승인받은 도시 또는 카운티 내 지역에서 (ⅲ) 치안유지관의 면전에서(In the peace officer's presence) 발생한 범죄 또는 그러한 범죄가 이미 발생했다고 믿을 수 있는 상당한 근거가 있으며 개인의 신체나 재산에 즉각적인 위험이 있는 경우 또는 범죄를 행한 자가 도주하는 상황과 관련하여.

[**법무부 공무원 중 일부**] 캘리포니아주 형법 제830.1조 제b항에 의하면, 법무부(Department of Justice)의 법무장관(Attorney General), 특임요원(Special Agents), 조사관(Investigator)은 치안유지관이다. 또한 법무장관으로부터 치안유지관으로 임명받은 관리직의 공무원들로 치안유지관이다. 이들의 권한은 발생된 범죄 또는 그러한 범죄가 이미 발생했다고 믿을 수 있는 상당한 근거가 있는 상황에서 캘리포니아주 내 모든 지역에 미친다.

[**구금기관 공무원 중 일부**] 캘리포니아주 형법 제830.1조 제c항에 의하면, 구금, 구금자

관리, 감독, 보안, 이동, 재소자의 호송업무와 같이 카운티의 구금기관의 운영을 책임지는 업무를 하도록 고용된 카운티의 보안관 대리(Deputy Sheriff)는 치안유지관이다. 이들의 권한은 고유의 업무를 수행하는 경우, 구금기관 업무의 주요 목적을 달성하기 위한 경우, 위기상황에 고용기관으로부터 지시받은 법집행(Law Enforcement) 업무와 관련하여, 캘리포니아주 내 모든 지역에 미친다.

[**고속도로 순찰대 공무원 중 집행근무자**] 캘리포니아주 형법 제830.2조 제a항에 의하면, 캘리포니아주 **고속도로 순찰대에 소속**된 자로 고속도로에서의 차량운행 및 사용에 관한 법을 집행하거나, 차량법(Vehicle Code) 및 정부법(Government Code)에서 규정하는 분방정부의 재물 및 재물의 점유자 또는 분방정부의 공무원을 보호하기 위한 경찰근무규정(provision of police services)을 집행하는 등의 임무를 수행하는 자는 치안유지관이다. 그의 권한은 캘리포니아주 내 모든 지역에 미친다.

[**대학경찰 공무원 중 집행근무자**] 캘리포니아주 형법 제830.2조 제b항 및 제c항에 의하면, **캘리포니아대학 경찰서 및 캘리포니아 주립대학 경찰서에 소속**된 자로 교육법(Education Code)에서 지정한 학내 구역에서 법집행을 주요임무로 수행하는 자는 치안유지관이며, 그의 권한은 캘리포니아주 내 모든 지역에 미친다.

[**교정시설 공무원 중 일부**] 캘리포니아주 형법 제830.2조 제d항에 의하면, 교정 및 교화국의 교정안전부서에 소속되어 재소자, 수용실, 보호관찰 대상자, 보호관찰 위반자, 탈옥자의 체포 및 조사 또는 호송하는 자, 업무중에 인지한 형법 위반행위에 대해 조사하며 기타 사법기관과의 협업을 조율하는 자와 교정 및 교화국의 감찰부서에 근무하는 자로서 교정 및 교화국 근무자를 조사하는 업무를 담당하고 기타 사법기관과의 협업을 조율하는 자는 치안유지관에 해당하나, 치안유지관 채용기준 및 훈련위원회(Commission on Peace Officer Standards and Training)의 수사관 자격증을 소지하거나 동법 제6126.1조에서 규정한 훈련을 이수해야 한다.

[**기타 특수사법경찰 중 집행근무자**] 캘리포니아주 형법 제830.2조 제e항-제j항에 의하면, 낚시 오락부서(Department of Fish and Game)의 기관장이 임명한 자로서 낚시 오락법 (Fish and Game Code)의 법규위반을 집행하는 자, 공원 오락부서(Department of Park and Recreation)의 기관장이 임명한 자로서 공공재화법(Public Resources Code)의 법규위반을 집행하는 자, 임업 및 화재 보호 부서(Forestry and Fire Protection) 기관장이 임명한 자로서 공공재화법(Public Resources Code)의 법규위반을 집행하는 자, 주류 관리 부서(Department of Alcoholic Beverage Control)에서 근무하는 자 중 상업 및 직업법(Business and Professions Code)의 제9조 위반사항을 집행하도록 기관장으로부터 임명받은 자, 캘리포니아 박람회 및 행사 기관장

위원회(Board of Directors of the California Exposition and State Fair)로부터 식품 농업법(Food and Agricultural Code)의 법규위반을 집행하도록 지명받은 보안관 또는 경찰공무원, 소비자보호부서(Consumer of Affairs) 기관장으로부터 임명받은 자로서 대마초 관리국(Bureau of Cannabis Control)에서 상업 및 직업법의 제10조 위반사항을 집행하는 임무를 하는 자 등도 치안유지관이다.

2. 경찰의 임무조항 및 일반적 수권조항

미국은 우리나라와 달리 임무(Duty)조항과 권한(Power)조항을 분리하지 않기 때문에, 분방법률이나 지방자치단체의 헌장(Charter) 등에서 양자를 동시에 규정하고 있다. 미국 경찰권 행사의 주체는 각 분방에게 명시적 또는 묵시적으로 위임되어 있으므로, 각 분방은 상위법인 헌법과 연방법(판례법 포함)에 위배되지 않는 한도 내에서 경찰권의 범위 및 수단에 대해 포괄적으로 규정할 수 있다.[51]

각 분방 또는 지방자치단체에서는 수정헌법 제5조와 제14조의 원칙을 위배하지 않는 범위 내에서 경찰작용의 임무 및 권한조항을 입법할 수 있다. 하지만 모든 분방과 지방자치단체에서 이를 성문화하지는 않고 있으며 일관된 원칙 또한 부재한 상황이다.[52]

그럼에도 불구하고 경찰관의 지나친 물리력 사용 또는 권한남용과 같은 문제가 끊이지 않자, 연방대법원은 수차례 다음의 수정헌법 제4조[53]를 해석한 판결을 내놓으며 연방차원에서 경찰권을 제한하기에 이르렀다: "합리적이지 않은 압수 및 수색으로 사람, 주거, 서류, 물건을 확보하면서 개인의 권리를 침해하여서는 아니된다. 또한 선서나 확약에 의하여 상당한 근거(Probable Cause)가 인정되는 경우가 아니고는 영장이 발부되어서는 아니되며, 이 때에도 수색의 대상이 되는 장소, 사람 그리고 압수되어야 할 물건이 특정되어야만 한다."

수정헌법 제4조를 비롯한 미국의 권리장전[54]에서는 세 가지 대원칙을 정립하고 있다. 첫째는 누구든지 법률이 정하는 적법절차에 의하지 아니하고는 생명, 자유 또는 재산을 박탈당하지 아니한다는 내용의 적법절차(Due Process)원칙이다. 둘째는 개인의 권리를 침해하

---

51) 송시강, 홍익법학 제14권 1호, 2013, 679면.
52) 김성태, 홍익법학 제13권 1호, 2012, 577면.
53) The fourth Amendment of Constitution, The right of the people to be secure in their persons, houses, papers, and effects, against unreasonable searches and seizures, shall not be violated, and no Warrants shall issue, but upon probable cause, supported by Oath or affirmation, and particularly describing the place to be searched, and the persons or things to be seized.
54) 수정헌법 제1조부터 제10조까지를 통상 권리장전(Bill of Rights)이라고 부르며, 이는 경찰작용 전반에 영향을 미칠 수 있는 권한남용을 제한하는 내용을 담고 있다.

3절 일반 경찰행정작용법 83

는 권한 행사시 객관적 합리성(Objective Reasonability)을 토대로 판단해야 한다는 원칙이다. 셋째는 경찰권 발동의 요건으로 상당한 근거(Probable Cause)가 있어야 한다는 원칙이다.

[미국 경찰교과서] 미국의 경찰작용에 관한 교과서에 의하면,[55] 경찰임무는 크게 네가지로 구분된다[56]: (i) 범죄의 진압, 체포 및 수사, (ii) 범죄예방 및 위험방지, (iii) 응급구호 및 보호조치, (iv) 교통사고 조사, 범칙금 부과, 교통지도 등 교통법규의 집행.

[뉴욕주 법률] 뉴욕주 통합법(Consolidated Laws) 제223절 제1조 및 제2조에 의하면, 분방경찰(State Police)의 감독자 및 구성원은 범죄자를 체포하고 범죄를 예방하며 수사해야 할 의무가 있다. 이들은 주지사의 명령에 복종해야 할 의무가 있으며, 지방정부 당국 또는 분방정부의 타 부서와 협력할 권한이 있다. 분방경찰의 감독자 및 구성원은 테러위협 및 테러행위의 수사 및 예방과 관련된 정보를 수집하고 분석해야만 한다. 분방경찰의 감독자 및 구성원은 범죄행위 또는 범죄행위의 시도, 또는 위험발생 또는 기타 법률위반을 목격한 경우 영장 없이 관련자를 체포할 권한을 갖는다. 또한 적법하게 발부된 체포 또는 수색영장을 집행할 권리가 있으며, 뉴욕주경찰공무원에게 주어지는 모든 기타 권한을 행사할 수 있다.

(해석론) 뉴욕주 통합법은 분방경찰에 한하여 그 구속력을 미치기 때문에 연방수사국이나 시 단위의 자치경찰 조직에는 영향을 미치지 않는다. 동법에 의하면 뉴욕주 분방경찰의 임무는 크게 세 가지로 구분된다. 첫째는 범죄를 예방하고 범죄자를 수사 및 체포하는 법집행기능이다. 둘째는 테러의 위협 및 테러행위의 수사에 필요한 정보를 수집하고 분석하는 정보수집 기능이다. 셋째는 법률의 위반 및 기타 행위로 인한 위험의 발생(평화의 침해)을 목격한 경우 이를 제지하는 질서유지이다.[57]

[뉴욕시 자치헌장] 뉴욕시 자치헌장(Charter) 제435조에 의하면, 경찰국과 경찰력은 다음과 같은 의무를 갖고 권한을 행사해야 한다: (i) 공공의 안녕, 범죄의 예방, 범죄의 수사 및 체포, 폭동 진압, 봉기와 반란, 도로, 인도, 공원 등지에서의 정상적 통행을 방해하는 불법적 또는 위험한 군중의 해산. (ii) 개인의 신체와 재산, 공중보건을 보호하고 투표의 질서를 보장하며 모든 공공영역에서의 모임과 집회 질서 유지. (iii) 법률과 규정 및 규칙에 따라 차량과 도보 통행자의 교통 흐름을 통제하고 관리하여 공공의 편의와 개인의 생명과 건강을 보호. (iv) 공공도로, 공원 및 기타 공간에서의 민폐행위를 제거하고 거리의 구걸행위자 체포 및 화재 발생시 현장 임장. (v) 모든 공공 오락시설 및 영리를 목적으로 하는 사업장을 관찰 및 조사. (vi) 모든 법과 조례위반을 예방하고 집행하며 범죄와 공격행위의 처벌 및 억제를 위한 법규 위반자 체포.

---

55) L. K. Gaines, & V. E. Kappeler, Policing in America, 2011, p. 323.
56) 송시강, 홍익법학 제14권 1호, 2013, 674면.
57) 김원중, 토지공법연구 44호, 2009, 361면.

(**부연**) 뉴욕시 자치헌장에서는 뉴욕주 통합법에서보다 위험방지와 관련한 경찰의 임무를 구체적으로 규정하고 있다. 이에 더하여 시의 조례를 집행하여 영리사업장을 조사하는 권한까지 부여받고 있다.

3. 개별적 수권조항

이하에서는 경찰의 개별적 권한을 살펴보면서, 적법절차를 준수하도록 구속하는 내용의 연방대법원 판례 또는 성문법을 살펴보도록 한다.

(1) 불심검문

미국의 불심검문은 통상 강제수색까지 포함하는 '정지 및 신체탐문(Stop and Frisk)'을 의미하며, 연방대법원의 해석을 토대로 적법한 것으로 인정되고 있다. 불심검문은 개인의 신원을 확인하여 범죄혐의를 받고 도주 중인 용의자를 검거하거나, 불법으로 위험한 물건을 소지하였는지 확인하여 범죄를 예방하는 기초적인 경찰활동 중 하나이다.

[**판례법**] 연방대법원은 Terry v. Ohio (1968) 판결에서, 경찰의 불심검문을 수정헌법 제4조의 불합리한 신체수색 금지에 위반하지 않는 권한으로 인정함에 아울러, 권한을 통제할 원칙들을 제시하였다: "수정헌법 제4조에 의거, **경찰관**(police officer)은 체포를 위한 상당한 근거(Probable Cause)가 없더라도 거리에서 용의자를 정지시키고 신체를 수색할 수 있다. 다만 이 경우 경찰관은 대상자가 범죄에 해당하는 행위를 완료하였거나, 진행 중이거나 또는 행위 직전이라고 합리적으로 의심(Reasonable Suspicion)할 만해야 하며 대상자가 무장을 하였거나 현재 위험한 상태라고 믿을 만한 합리적 근거가 있어야 한다."

(**해석론**) 미국에서는 불심검문권의 근거가 된 Terry v. Ohio 판례의 이름을 따서 Stop and Frisk 대신 Terry Stop이라는 용어를 사용하기도 한다. 판례는 수정헌법 제4조에서 정한 "상당한 근거(Probable Cause)"보다 낮은 수준에 해당하는 "합리적 의심(Reasonable Suspicion)"만으로도 불심검문을 할 수 있음을 인정하였다.[58]

---

58) 연방대법원에 의하면, 경찰관은 예외적으로 위급한 상황(Exigent Circumstance)일 경우에 한해, 영장없이도 기본권을 제한하는 경찰권(현행범 체포 및 수색 등)을 발동할 수 있으나, 이 때에도 범죄 연관성을 입증할 수 있는 상당한 근거(Probable Cause)가 존재해야 한다. 하지만 (정지 및 신체탐문시에 요구되는) 합리적 의심(Reasonable Suspicion)은 범죄와의 연관성이 있다는 직감(hunch)을 넘어서는 수준이면, 경찰관의 경험과 현장에서의 사실들을 토대로 보았을 때 합리적으로 그렇다고 판단할 만한 근거가 있으면 충분하다고 판시하고 있다(Terry v. Ohio 392). 코넬대학교 법률정보연구소 (Legal Information Institute) 참조: https://www.law.cornell.edu/wex/reasonable_suspicion (2021.7.14. 방문).

치안유지관이 불심검문시 행사하는 유형력의 범위는 체포를 위한 정지에서 허용되는 범위보다 좁다. 연방 항소심 판례에서는 범죄행위가 종료된 지 얼마 지나지 않은 시점에서 용의차량을 정지시키고 신분을 확인하는 도중 운전자에게 무기를 보여주는 수준의 유형력 행사는 정당하다고 판시하였으나,[59] 범죄행위로부터 상당한 시간이 지난 사건의 용의자로 의심되는 자의 차량을 정지하고 신분을 확인하는 과정에서 총기를 꺼내어 겨눈 것은 과도한 조치였다고 판시한 바 있다.[60]

[**분방법률**] 현재 미국의 많은 분방에서는 신체수색(Stop and Frisk)을 동반한 불심검문 대신, 신체수색(Frisk)을 제외하고 신원을 확인하기 위한 정지(Stop)만을 경찰관의 권한으로 부여하는 신원확인법(Stop and Identify Statutes)을 입법하는 추세이다.[61]

뉴욕주 통합법(Unconsolidated Laws) 형사절차편(New York Criminal Procedure Law) 제140.50조에 의하면, **경찰관**(police officer)은 자신이 근무하는 지리적 관할구역 내에서 개인이 중범죄 또는 형법에서 규정한 경범죄(Misdemeanor)에 해당하는 범행을 저지르는 중이거나 범행을 저질렀다고 합리적으로 의심할 수 있는 경우 그를 정지시킬 수 있다. 또한 개인의 이름, 주소, 및 행위에 대한 변명을 요구할 수 있다.

경찰관의 적법한 공무집행을 방해하는 것을 범죄로 규정하고 있는 분방에서는 이 같은 신원확인 요구를 고의적으로 지체시키고 방해하는 행위를 처벌할 수 있도록 하고 있다. 네바다주의 경우 치안유지관은 동조에 해당하는 (보호관찰 위반 또는 현행범, 범행직전, 범행 직후라고 합리적으로 의심할 만한 자) 자의 신원을 확인하고, 그가 의심스러운 현장에서 이탈하는 것을 방지하기 위한 목적에 한하여 개인을 일시적으로 억류할 수 있다. 이렇게 억류된 개인은 자신의 신원을 밝혀야 할 의무가 있으나 치안유지관의 기타 질문에 대한 대답을 강요받지는 않는다.[62] 누구나 공무원의 적법한 공무를 행하는 것을 고의적으로 제지, 지연, 또는 방해하는 경우 처벌한다.[63]

로드아일랜드주의 경우 불심검문 과정에서 신분을 밝히지 못하거나 치안유지관의 질문에 대답하지 못하는 경우 최장 2시간까지 억류된 상태로 조사를 할 수 있도록 규정하고 있어 개인에게 신분확인요구 이행 의무를 부과하고 있다.[64]

59) United States v. Bullock, 71 F. 3d 171(5th Cir, 1995).
60) United States v. Melendez- Garcia, 29 F. 3d 1046, 1053(10th Cir, 1994)
61) 2018년 기준으로 18개의 주를 제외한 모든 주에서 신원확인법을 입법한 것으로 확인됨. https://www.ilrc.org/sites/default/files/resources/stop_identify_statutes_in_us-lg-20180201v3.pdf (2021.9.27. 방문).
62) Nevada Revised Statutes: NRS 제171.123조 제3호.
63) Nevada Revised Statutes: NRS 제199.280조.
64) RI Gen L § 12-7-1 (2012) "치안유지관은 범죄를 행하고 있거나 행하였거나, 실행의 착수 직전에 있다고 의심되는 자를 억류하고 대상자에게 이름, 주소, 이동의 목적, 그리고 목적지에 대해 질문할 수 있다; 만약 자신의 신분을 밝히는데 실패하거나 치안유지관을 납득할 만한 대답을 할 수 없는 경우 최장

(해석론) 분방이 개별 입법으로 경찰관 또는 치안유지관에게 신분확인을 위한 정지 및 억류의 권한을 부여하는 것에 관하여, 연방대법원은 Hibel(2004) 판결을 통해 이와 같은 입법이 수정헌법 제4조를 위배하지 않는다고 판시하였다.[65] 단, 분방법에서 치안유지관 또는 경찰관의 신분확인을 위한 정지권한을 규정하였다고 하더라도 대상자가 범죄행위와 연관되어 있다고 판단할 만한 "합리적 의심(Reasonable suspision)"을 제시할 수 없는 경우에는 신분확인을 위한 정지가 위법하다고 판시하고 있다.[66]

(2) 보호조치

보호조치(Protective Custody)는, 체포 및 구속에 관한 권한의 요건에 미치지는 않으나 시민의 생명과 신체를 보호하고 공공의 안녕을 유지할 목적으로 경찰관이 일시적으로 감호하거나 후송하는 것을 의미한다.

[**연방표본법**] 연방표본법[67]인 주류 및 약물복용 관리 통합법(Uniform Alcoholism and Intoxication Treatment Act) 제12절에 의하면, 알코올에 의해 무능력한 상태인 것으로 보이는 자는 경찰 또는 구급대원에 의해 보호조치가 이루어져야 하며 곧바로 응급치료를 위한 치료감호시설에 후송되어야 한다. 경찰(police) 및 구급대원은 개인을 유치하고 치료감호시설에 후송하는 동안 대상자의 건강과 안전을 보호하기 위해 모든 합리적 노력을 다해야만 한다. 보호조치 과정에서 유치시설의 근무자는 대상자의 안전을 위한 합리적인 절차를 거칠수 있다. 보호조치는 체포가 아니며 대상자가 체포되었거나 범죄혐의를 받았다는 어떠한 기록도 남아서는 아니된다.

(**해석론**) 1971년 미국 국가통합법위원회(National Conference of Commissioners on Uniform State Laws, NCCUSL)에서는, 주취자의 건강과 안전을 형법상의 문제가 아닌 공공의 복지 영역에서 관리하고자 주류 및 약물복용 관리 통합법을 만들었고, 상원에서는 이와 같은 표본법(Model Act)을 토대로 각 분방에서 입법을 할 수 있도록 권고하였다. 이에 따라 현재 10개 분방[68]에서 경찰의 보호조치 권한이 포함된 주류 및 약물복용 관련 입법을 하고 있다.

2시간까지 억류되어 조사를 받을 수 있다."

65) Hibel v. Sixth Judicial Dist. of Nevada, Humboldt County et al., 542 U.S. 177 (2004).

66) Commonwealth v. Ickes. 873 A.2D 698, 582 PA. 561, 2005.

67) 표본법이란 원칙 면에서는 차이를 보일 수 있으나 입법목적이 통일될 가능성이 있어 각 사법관할에서 제정되는 법률의 통일성을 높이고 다양성을 줄이는 목적으로 제정하는 법률안(Draft)이다. 그러나 모든 관할에서 완전한 통일을 이루지 않을 수 있으며 모든 주에서 이를 받아들여 입법하지 않을 수도 있다. 통합법 위원회 https://www.uniformlaws.org/acts/overview/modelacts (2021.7.12. 방문).

68) 통합법 위원회의 조사에 따르면 2021년 현재 몬타나, 알래스카, 아이오와, 사우스 다코타, 위스콘신, 콜로라도, 뉴 멕시코, 캔자스, 로드 아일랜드, 워싱턴 주가 주류 및 약물복용 관리 통합법에 따른 법을 제정하여 통과시킨 것으로 나타났다. http://my.uniformlaws.org/committees/community-home?Commu

[**분방법률**] 워싱턴주 보건안전법(Revised code of Washington Title 70) 제96A조 제120항에 의하면, 알코올 또는 기타 약물로 인하여 심신미약에 이른 것으로 보이는 자가 공공장소에 위치해 있거나 타인 또는 자신에게 신체적 위해를 가하거나 가할 위험이 있어 보이는 자는 **치안유지관**(peace officer) 또는 카운티에서 임명된 자에 의해 보호조치되어야만 한다. 이때 유치된 자는 그 즉시 또는 8시간 안에 치료프로그램 제공을 승인받은 기관 또는 응급의료 기관에 후송되어야만 한다.

뉴욕주 가정법원법(Family Court Act) 제1024조에 의하면, **치안유지관**(peace officer), **경찰 관**(police officer), **법집행관**(law enforcement official), 또는 시와 카운티 **소속 복지부서 공무원** 등은 모든 가능한 수단을 활용하여 아동의 생명과 신체를 보호해야 하며 여기에는 아동의 보호조치도 포함된다.

(**해석론**) 각 분방에서는 정신질환자 또는 아동학대 등 위험에 노출된 아동 및 노인에 대해서도 경찰관의 판단 하에 보호조치를 할 수 있도록 권한을 부여하고 있다. 경찰관이 보 호자의 동의 없이 또는 그들의 의사에 반하여 아동을 강제적으로 보호조치하는 때에는 아 동이 즉각적 위험(Imminent danger)에 처했다는 합리적인 의심(Reasonable Suspicion)이 있어야 하며 뉴욕 가정법원에 임시조치를 사전 요청할 수 없을만큼 급박한 경우여야만 한다.[69]

(3) 범죄의 예방과 제지

캘리포니아주 형법 제697조(범죄의 예방)에 의하면, **형사사법 공무원**(Officers of justice)은 다음과 같은 개입으로 범죄를 예방할 수 있다: (ⅰ) 평온을 유지하도록 안전을 요구함으로써 (ⅱ) 도시와 마을에 경찰(police)을 조직하고 공공장소에 배치하도록 요구함으로써 (ⅲ) 폭동 을 진압함으로써.

(**해석론**) 동법에서는 경찰관을 직접 지칭하지 않고 **형사사법 공무원**(Officers of Justice) 이라는 폭넓은 개념으로 권한주체를 설정하고 있으나, 경찰의 범죄예방을 위한 개입근거가 된다. 형사사법공무원은 안전요구, 경찰조직의 구성 및 배치, 그리고 폭동 진압 등 세 가지 의 권한을 보장받으며 범죄를 예방하는 임무를 수행한다.[70]

(4) 위험방지를 위한 출입

수정헌법 제4조는 개인의 주거지와 사생활을 보호받을 권리를 적극적으로 보장하며, 이러한 권리를 제한하기 위해서는 영장을 요구하고 있다. 따라서 즉각적인 위험을 방지하

---

nityKey=af688858-dcd8-4760-bede-17393b648974 (2021.7.12. 방문).

69) New York Consolidated Laws, Family Court Act § 1024, (a), (ⅱ).

70) California Code, Penal Code - PEN §697. 1부터 3.

기 위한 경찰의 영장 없는 강제출입은 위법의 문제로 끊임없이 논의가 이루어지고 있다.

[과거의 판례법] 과거 형사사건과 관련하여 대다수 판례에서는 긴급성이 인정된다고 하더라도 영장없는 수색 및 압수(Search and Seizure)는 금지되며, 그로 인해 획득한 증거는 배제의 법칙(Exclusionary rule)에 의거하여 증거능력이 상실된다고 판시하였다.[71] 범죄와 관련된 상당한 근거(Probable cause)가 있는 경우라 하더라도, 경찰의 영장없는 가택출입은 위법으로 간주되어 왔다.[72] 나아가 영장에 의한 체포과정에서 위험한 무기를 제거하거나 증거인멸을 막기 위한 목적으로 경찰관이 피체포자의 주거지에 진입하는 경우까지도 위법하다고 판결한 바 있다.[73]

[판례법의 변화] 그러나 즉각적 상황(Exigent circumstance)에 대응하기 위한 경찰의 영장없는 출입을 인정하기 시작했다. 즉각적 상황이란 합리적인 사람이라면 누구나 믿을 수 있는 정도로 그 출입이나 조치가, 경찰관이나 타인의 신체에 해를 끼치게 되거나 관련된 증거가 인멸되거나 용의자가 도주하거나 또는 적법한 법집행을 불가능하게 만드는 일을 방지하기 위해, 필수적인 상황을 의미한다.[74] 용의자가 목전에서 도주하는 이른바 긴급추격(Hot Pursuit),[75] 경찰관 목전에서 이루어지는 증거인멸의 시도,[76] 화재의 진압,[77] 물리적 충돌 또는 는 범죄현장에서의 개입, 그리고 긴급구호의 제공[78]의 경우 등에서, 판례는 영장없는 경찰의 강제출입을 인정하였다.

(해석론) 따라서 미국에서 위험방지를 위한 경찰의 영장없는 출입은 즉각적 상황에서의 위험을 방지하는 경우에만 인정이 되며, 이 때에도 합리적인 경찰관의 판단 기준에서 경찰관이나 타인의 안전과 증거인멸 또는 도주에 대한 위험이 존재해야만 한다.

(5) 정보수집

경찰 정보수집은 그 목적에 따라 수사와 위험방지 활동으로 구분하여 볼 수 있다.

---

71) Mapp v. Ohio, 367 U.S. 643 (1961).

72) Ford Kimble v. United States, 122 U.S. App.D.C. 259, 352 F.2d 927 (1965); Agnello v. United States, 269 U.S. 20, 46 S.Ct. 4, 70 L.Ed. 145 (1925); District of Columbia v. Little, 85 U.S.App. D.C. 242, 178 F.2d 13 (1949), aff'd on other grounds, 339 U.S. 1, 70 S.Ct. 468, 94 L.Ed. 599 (1950).

73) Chimel v. California U.S. 752 (1969).

74) United States v. McConney 728 F. 2d 1195 (1984).

75) United States v. Santana (1976) 427 U.S. 38, 42-43.

76) Kentucky v. King U.S. 563 (2011).

77) Michigan v. Tyler U.S. 436 (1978).

78) Brigham City, supra, 547 U.S. at pp. 406-407; Michigan v. Fisher (2009) 558 U.S. 45, 48-49.

1) 수사상 정보수집

사법경찰의 기소와 기소유지 목적의 증거수집 및 범죄수사를 위한 정보수집은 수정헌법 제4조 및 제14조에 의거, 적법절차와 영장에 의하여 그 권한을 인정받고 있다. 이와 같은 정보수집은 유형적 자산 및 개인의 안전을 침해하지 않는 한도 내에서 인정된다.[79] 1920년대 연방대법원에서는 경찰의 범죄수사를 위한 도청활동까지도 수정헌법 제4조에서 보호하는 유형적 자산 및 안전을 침해하지 않는다고 판시한 바 있었지만,[80] 이후 연방통신법(Federal Communications Act)이 제정되면서 통신감청을 통한 정보수집이 제한되고 그 절차가 마련되게 되었다.

2) 위험방지를 위한 정보수집

범죄예방 및 공공질서유지를 위한 정보수집의 경우 명문화된 수권조항은 찾아볼 수 없다. 반면 경찰의 정보활동은 수정헌법 제1조[81]와 연방법원의 판례에 기초하여 만들어진 Handschu 명령(Decree)에 근거하여 제한되어 왔다.

[Handschu 명령(Decree)에 의한 제한] 1971년 백화점 등의 폭파예비음모죄로 기소된 Barbara Handschu가 뉴욕시경찰을 제소한 사건[82]의 재판과정에서, 법원이 직권으로 원고와 피고 사이의 협정문(Agreement)을 작성하도록 하였는데, 이렇게 1985년 만들어진 법원명령(Court mandated order)[83]이 법령과 같은 구속력을 갖게 되었다.[84]

동 명령은 범죄예방 및 공공질서유지 목적의 경찰 정보활동에 대한 기준을 제공하고 있다. 이 명령에서는 경찰의 정치적 또는 종교적 집단에 대한 조사활동이 원칙적으로 금지되며, 해당 집단이 범죄를 행하기 직전 또는 범죄를 저질렀다고 의심할 만한 "구체적 정보"

---

79) D. L. Carter, Law enforcement intelligence operations: An overview of concepts, issues and terms, School of Criminal Justice, Michigan State University, pp. 9-11.
80) Olmstead v. U.S. 277 U.S. 438 (1928).
81) "의회는 종교를 구성하거나, 자유로운 종교활동을 금지하거나, 발언의 자유를 침해하거나, 출판의 자유, 평화로운 집회 및 정부에 탄원할 권리를 제한하는 어떤 법률도 만들어서는 아니된다."
82) Handschu v. Special Services Division, 605 F.Supp. 1384.
83) 하태헌, 민사집행법연구 9호, 2013.2, 358면: "미국법에서는 법원의 명령을 위반하는 행위에 대하여 법원이 특별한 수권 없이도 법원에 내재된 제재 권한에 의하여 채무자에게 강력하고 다양한 제재를 가할 수 있도록 보장하고 있다."
84) Consent Decree 는 형사재판 또는 민사재판에서의 분쟁을 해결하기 위해 상호 합의를 바탕으로 작성한 협정문으로 당사자간 합의된 협정문을 법원이 승인하는 경우 법적 구속력이 생긴다. https://www.law.cornell.edu/wex/consent_decree (2021.7.13. 방문)
연방법으로 경찰기관의 중앙감독이 불가능한 현실 때문에 미 법무부 (Department of Justice)에서는 각 경찰서를 대상으로 법무부와 경찰서 사이의 Consent Decree를 체결하여 법적 통제를 강화하고 있다. https://www.nytimes.com/2021/04/16/us/politics/justice-department-consent-decrees.html (2021.7.13. 방문).

가 있는 경우에 한해 정보수집 활동이 가능하도록 규정하고 있다. 위법행위가 발생했다는 명확한 정황이 발견되지 않은 집회시위 현장에서의 경찰의 동영상 및 사진 채증은 동 명령에 의해 금지된다. 더불어 채증된 자료 또는 수집된 정보들은 기타 정보기관 및 법집행기관과 공유될 수 없으며, 수집된 정보의 목록은 매년 공개되어야 한다.

[뉴욕주 통합법에 의한 대테러 정보수집] 2001년 911테러 이후 미국을 대상으로 한 테러의 위협이 높아짐에 따라 국토안보부(Homeland Security)가 창설되고, 테러예방을 위한 정보수집을 주도하고 있다. 그러나 모든 정보수집을 국토안보부에서 전담하는 데에는 한계가 있으며, 분방에서도 경찰에 의한 테러예방 목적의 정보수집의 필요성이 높아졌다. 특히 911 무역센터 건물 테러사건을 경험한 뉴욕주는 대테러 목적의 경찰 정보활동을 경찰의 적법한 임무로 규정하고 있다.

뉴욕주 통합법 제223조에 의하면, **분방경찰 관리자**(the superintendent of state police) 및 **분방경찰의 구성원들**(members of the state police)은 분방 내 테러위협 감지 및 테러활동 예방과 관련된 정보를 수집하고 분석해야만 한다. 또한 이러한 정보들은 국토안보부, 응급서비스, 지방자치단체·분방·연방의 법집행기관들과 공유해야 하며, 이 같은 협업을 통해 테러위협과 테러활동을 사전에 감지해야 한다.

(**부연**) 대테러 목적의 정보활동에 대한 권한이 강화되면서 기존의 Handschu 명령에 근거한 정보활동의 제한이 다소 완화하고 있으며, 이 같은 변화를 반영하여 2003년 연방법원에서는 "범죄활동의 가능성을 암시하는 정보"를 수집하여 수사개시가 가능하도록 판단기준을 변경하고 있다.[85]

[뉴욕시경찰 가이드라인에 의한 대테러정보수집] 뉴욕시경찰은 뉴욕주 통합법상 완화된 규정을 토대로 가이드라인을 수립하고, 정보수집과 연동된 수사활동을 4단계로 구분하여 단계별 수사개시 요건에 대해 규정하고 있다.[86]

뉴욕시경찰 정치활동 관련 수사에 관한 제복경찰 가이드라인에 의하면, (1단계 수사는) 기초정보 검열(Checking of leads) 단계로, 육안으로 즉각 확인하는 수준에서 범죄혐의와 관

---

85) Consent Decree는 통상 약 5년의 법적 효력이 있으나, 사회적 변수 또는 당사자간의 이해관계가 변경될 경우 합의문의 변경을 법원에게 요청할 수 있다. Handchu Decree 가 승인된 지 약 17년 후인 2002년, NYPD는 본 협정문의 제한으로 인해 대테러 수사활동에 어려움이 있음을 호소하며 법원에 합의문 변경을 요청하였다. 2003년 2월 11일 연방법원 판사 Charles S. Haight Jr.는 NYPD의 주장을 일부 받아들여 "범죄활동의 가능성을 암시하는 정보"가 있는 경우 사전청취 등의 정보활동을 개시할 수 있도록 Decree를 수정하였다. https://www.nyclu.org/en/publications/testimony-police-surveillance-political-activity-history-and-current-state-handschu (2021.7.14. 방문).

86) "Guidelines for uniformed members of the service conducting investigations involving political activities." M. G. Peters, & P. K. Eure, An Investigation of NYPD's Compliance with Rules Governing Investigations of Political Activity, *New York City Department of Investigation*, 2016, p. Appendix B.

련된 정보를 수집하여 검토(Screening)한다. (2단계 수사는) 사전 청취(Preliminary Inquiry)를 통한 정보수집 단계로, 범죄혐의에 대한 합리적 암시(Reasonable Indication)에는 이르지 않았으나 범죄에 대한 가능성(Possibility)이 있는 수준일 때 적용한다. 사전청취는 일반적으로 정보원이나 잠입한 정보경찰의 목격 또는 증언을 대상으로 한다. 2단계 수사부터는 우편물 열람 및 동의받지 않은 전자기기적 감시(Electronic Surveillance)를 제외한 광범위한 수사기법이 활용될 수 있다. (3단계는) 정식 수사단계로, "이미 범죄가 행해졌거나 범행을 할 것이라는 합리적이고 구체적인 사실과 정황"이 있어야 한다. 그러나 형법에서 말하는 "합당한 근거(Probable Cause)"에 이르는 수준까지의 구체적 사실을 요하지는 않는 것으로 본다. 이 단계에서는 2단계에서 허용되지 않는 증거수집까지 모두 허용된다. (4단계 수사는) 테러조직의 수사단계로, 3단계 정식수사와 마찬가지이나 개인에 국한되지 않고 조직 전체를 수사대상으로 삼는 경우를 지칭한다.

뉴욕시경찰의 정보활동은 매달 Handschu 위원회에 서면으로 보고되며, 2단계 이상의 수사로 발전시키기 위해서는 위원회의 승인을 거쳐야 한다.[87]

[**최근의 정보활동의 확대**] 최근 뉴욕시경찰은 테러의 위협뿐 아니라 범죄집단 및 갱단의 범죄활동을 예방하기 위하여 첩보주도적 경찰활동(Intelligence-led policing)을 강조하고 있다.[88] 또 기존에 허용되지 않던 집회시위 현장에서의 경찰의 채증활동 또한 질서위반 혐의가 있는 경우에도 허용되기 시작했다.[89] 이뿐만 아니라 CCTV 등을 통합한 통합관제센터 Domain Awareness System(DAS)이 만들어지면서 범죄예방을 목적으로 뉴욕시 전역의 비디오 채증이 가능해졌으며 안면인식 기술, 총성 인식 기술, 자동차 번호판 인식 기술, 인공지능 기술 등이 대거 탑재된 최첨단 감시시스템을 구축하기에 이르렀다.[90]

---

87) https://www1.nyc.gov/site/nypd/bureaus/investigative/intelligence.page (2021.7.14. 방문).

88) https://www1.nyc.gov/site/nypd/bureaus/investigative/intelligence.page (2021.7.14. 방문).

89) https://web.archive.org/web/20100424110259/http://www.firstamendmentcenter.org/news.aspx?id=18674 (2021.7.14. 방문).

90) New York Police Department, Domain Awareness System: Impact and use Policy, New York Police Department, 2021, p. 5.
https://www1.nyc.gov/assets/nypd/downloads/pdf/public_information/post-final/domain-awareness-system-das-nypd-impact-and-use-policy_4.9.21_final.pdf (2021.7.14. 방문).

4. 부수적 수권조항

(1) 물리력 사용

과도한 물리력의 사용으로 인한 사회적 문제가 잦은 국가임에도 불구, 연방차원에서 경찰관의 물리력 사용을 구체적으로 정의하거나 규율하는 통일된 규정은 존재하지 않는 다.[91) 全美경찰장협회(International Association of Chiefs of Police: IACP)에서 경찰의 물리력 사용에 대해 "반항하는 대상을 강제로 순응하도록 하기 위한 경찰관의 노력"이라고 정의하는 정도이며, 통상적으로는 경찰관 자신의 방어, 시민 또는 집단의 방어를 위해 필요한 특별한 상황에 한하여 권한을 사용하는 것으로 보게 된다.[92)

경찰의 물리력 사용에 관한 수권조항은 각 분방의 헌법 또는 형법에서 찾아볼 수 있으나, 그 권한의 발동요건 및 제한규정은 각 기관의 조례 또는 규칙의 형태로 제한하도록 다시 권고된다. 따라서 모든 경찰관서에서 공통적으로 사용하는 가이드라인은 존재하지 않으나, 국립사법연구소(National Institute of Justice: NIJ)에서 제안하고 있는 모델 가이드라인에서 크게 벗어나지 않는 범위에서 자체 규정을 마련하고 있다.

[**물리력 행사의 기준**] 국립사법연구소 모델 가이드라인에 의하면, 경찰관의 물리력 사용은 입회, 구두경고, 맨손제압, 비살상 무기, 살상무기 순서로 보충성 원칙을 따르게 되어 있다[93]: (ⅰ) 경찰관 입회(강제력 비사용): 가장 이상적인 문제 해결 방법으로, 경찰관의 존재만으로도 범죄가 제압되거나 상황이 원만히 해결될 수 있다. 이때 경찰관은 프로페셔널하고 위협적이지 않은 자세 유지해야 한다. (ⅱ) 구두 경고(물리적인 강제력 비사용): 경찰관은 평온한 자세를 유지하며 비위협적인 어투로 명령하여 제합할 수 있다. 이때 "신분증을 보여주시겠습니까" 또는 큰 목소리로 "그만, 정지"와 같은 명령을 함으로써 상대방을 제압할 수 있다. (ⅲ) 맨손 제압(신체의 물리력을 사용): 관절을 꺾거나 강하게 잡는 방식의 Soft technique, 주먹이나 발차기를 사용하는 방식의 Hard technique을 사용할 수 있다. (ⅳ) 비살상 무기의 사용(전투태세에 돌입한 상대방을 제압하기 위해 비살상 무기 사용): 무딘 충격의 무기(경찰봉 또는 고무탄 등 발사체), 화학 무기(화학 분사기 또는 화학무기 발사체), 테이저건(고압의 저암페어가 충전된 테이저건(conducted energy device) 등. (ⅴ) 살상무기: 대상자가 경찰관이나 제3자에게 심각한 해를 가하는 자세를 취한 경우에 한하여 대상자의 행동을 정지시키기 위한 목적으로 살

---

91) International Association of the Chiefs of Police, Police Use of Force in America, 2001.

92) https://nij.ojp.gov/topics/articles/overview-police-use-force (2021.7.14. 방문).

93) National Institute of Justice, "The Use-of-Force Continuum," August 3, 2009.
   https://nij.ojp.gov/topics/articles/use-force-continuum (2021.7.14. 방문).

상무기를 사용할 수 있다.

(부연) 아래에서 설명하는 캘리포니아주 형법에서도 볼 수 있듯, 경찰활동의 특성상 총기에 의한 제압이 즉각적으로 필요한 경우 선행단계를 건너뛰고 살상무기를 사용할 수도 있다.

[물리력 사용의 한계] 캘리포니아주 형법 제835a조 제1항에 의하면, 물리력 사용권한을 부여받은 **치안유지관**(Peace officer)은 인간의 존엄성, 기본권, 그리고 생명에 대한 존중을 염두에 하고 적법하게 그 권한을 행사해야 하는 엄중한 책임이 있다. 모든 사람은 위법한 법집행으로 인한 과잉진압으로부터 자유로울 권리가 있다. 동조 제2항에 의하면, **치안유지관**은 생명 방어의 목적으로만 살상무기를 사용할 수 있다. 살상무기의 필요성에 대한 판단을 할 때에는 개별 상황의 특수성을 모두 반영하여야 하며, 객관적이며 합리적인 공무원의 입장에서 사용할 수 있는 다른 안전한 수단이 있는 경우 그 안전한 방식을 선택해야만 한다. 동조 제3항에 의하면, **치안유지관**의 물리력 사용에 대한 결정은 권한이 갖는 무게감 및 물리력 사용으로 인한 결과를 모두 고려하여 신중하고 포괄적으로 이루어져야 하며, 법령과 소속 기관의 정책을 철저히 준수해야 한다. 동조 제4항에 의하면, **치안유지관**의 이와 같은 판단은 합리적인 공무원의 시각에서 이루어져야 한다. 즉 같은 상황에 놓인 어떤 공무원이라도 현장의 종합적 정황을 토대로 판단할 때 뒤늦은 깨달음과 같은 실수에 놓이지 않을 수 있는 수준이어야 하되, 상황의 급박함으로 인해 빠른 판단을 해야 함을 고려한다. **치안유지관**은 대상자가 위법행위를 했다는 합리적 근거(Reasonable cause)가 있는 경우, 대상자의 체포, 도주방지, 항거억제를 위해 객관적이고 합리적인 수준의 물리력을 사용할 수 있다.

(해석론) 캘리포니아주 형법 제835a조 제4항 후단은 치안유지관의 물리력 행사의 요건을 규정하는 것이다. 이에 따르면 용의자가 위법행위를 했다고 볼 수 있는 "합리적 근거(Reasonable cause)"가 있어야 하는데, 이는 "합리적 의심(Reasonable suspicion)"보다는 높은 수준의 근거를 의미하며 "상당한 근거(Probable cause)"와 같은 수준의 근거를 의미한다. 다시 말해, 치안 유지관이 물리력을 행사하기 위해서는 "사실관계와 상황을 비추어 보았을 때 범행이 진행중이거나 범행 직후라는 합리적인 믿음을 가질 수 있어야만" 한다.[94]

캘리포니아주 형법 제835a조의 나머지 규정은 물리력 행사의 한계를 설정하고 있는데, 합리성, 비례성, 보충성의 원칙을 내세우고 있음을 알 수 있다: (ⅰ) 합리성: "합리적이고 객관적인 공무원의 입장"에서 "종합적 정황(Totality of circumstance)"을 토대로 물리력 사용여부를 판단하여야 한다. 이때 "당시에는 판단할 수 없었다(Hindsight)"는 식의 변명을 용납하

---

94) Reasonable Cause는 New York 주의 재판 및 성문법에서 종종 발견되며, 그 의미가 Probable cause와 같다고 판시하고 있다. People v Johnson, 66 N.Y.2d 398, 402, n 2.

지 않는다고 명시되고 있다. 다만 "종합적 정황"을 판단하는 데 있어서 일정한 시간을 갖거나 단계별 사고를 진행해야 하는 것은 아니며 급박한 상황과 같은 현장의 특수성을 인정하고 있어 상황의 긴박함에 따른 합리적 사고의 한계성을 인정하고 있다고 볼 수 있다. (ⅱ) 비례성: 경찰관이 물리력 사용수준을 판단할 때에는 그 결과가 미치는 영향에 대해 고려해야 한다. 다만 여기에서의 비례성은 목적의 적합성, 수단의 필요성, 침해의 최소성, 법익의 균형성을 모두 고려하는 정도는 아니며, 이중 수단의 필요성과 법익 균형성에 입각하는 것으로 보는 것이 타당하다. (ⅲ) 보충성: 특히 살상무기의 사용은 같은 상황에서 충분히 다른 안전한 수단으로 생명을 보호할 수 있는 경우 살상무기의 사용의 적법성을 인정받기 어렵다. 따라서 살상무기에 한하여는 보충성 원칙에 입각하여 최후의 수단으로 사용하여야 한다.[95]

연방대법원은 Graham v. Connor (1989) 판례를 통해 경찰관이 현장에서 판단하는 "합리성"에 대해 구체적으로 판시하였다: "수정헌법 4조의 문맥상 경찰관의 중한 물리력 사용의 요건이라 할 수 있는 "합리성"은 객관성에 근거해야 한다. 즉 경찰관이 처한 사실과 그 상황에 비추어 객관적 합리성을 충족시켜야 하며 이는 경찰관의 의도나 동기를 배제한 객관성을 의미한다."

(2) 무기 사용

[살상무기의 범위] 연방법 또는 분방법에서는 총기(Firearm)뿐 아니라 도검류 및 폭발물 등을 포함하여 인체에게 심각한 해를 가할 수 있는 무기를 살상무기(Deadly force)로 규정하고 있다.[96]

[헌법적 사용근거] 미국 수정헌법 제2조[97]는, "자유로운 분방의 안전 보장을 위해 잘 규율된 민병대는 필수적이므로, 시민이 무기를 소지하고 휴대할 권리가 침해되어서는 아니된다"고 규정한다. 여기서 "잘 규율된 민병대"를 자치경찰의 초기 형태로 본다면, 경찰관의 무기사용의 궁극적인 법적 근거를 수정헌법 제2조라고 볼 수 있다.[98]

---

95) California Penal Code § 835a.
96) 10 CFR § 1047.7 - Use of deadly force. 및 DoDD 5210.56 - Executive Services Directorate "Arming and The Use of Force" 참조.
97) Second Amendment to the Constitution of the United States. "A well regulated Militia, being necessary to the security of a free State, the right of the people to keep and bear Arms shall not be infringed."
98) 역사학자 Robert Reinders 는 민병대 (Militia)가 19세기 미국에서 대체 경찰력 (Auxiliary Police Force)으로 역할을 하였으며, 도시의 직업경찰이 생겨난 이후에도 경찰로서의 역할을 지속해 왔다고 설명하고 있다. R. Reinders, Militia and public order in nineteenth-century America. Journal of American Studies 11 (1), 1977, pp. 81-101.

[**판례법적 사용요건**] 연방대법원은 Tennessee v. Garner (1985)[99] 판례에서 경찰공무원 (Police Officer)의 무기사용 요건을 제한하고 있다: "살상무기는 도주를 방지하거나 용의자가 경찰관 또는 타인의 신체에 심각한 위해나 죽음에 이를 만큼의 위협을 가할 것이라는 상당한 근거 (Probable Cause)가 있지 않은 경우를 제외하고는 사용될 수 없다."

[**연방법무부의 살상무기 사용요건**] 경찰관의 과잉대응으로 인한 총기사고가 잦아지자 1995년 법무부장관 Janet Reno는, 법무부 산하 **연방수사국**(Federal Bureau of Investigation) **요원**(FBI agents)에게 적용될 이하의 연방 살상무기 사용정책(Federal Deadly Force Policy)을 통해 2가지 주요 총기사용요건(i , ii)을 발표하였다.[100]

다음의 일반원칙들은 살상무기 사용을 통제하기 위함이다. 이 정책은 요원에게 비합리적인 수준의 위험을 요구하는 것으로 해석되어서는 안된다. 살상무기 사용의 필요성을 평가하는데 있어서 최우선 고려사항은 요원과 공중의 안전이다. 이 정책에서 규정하는 대로 요원이 살상무기 사용을 결정할 때에는 합리성을 유지해야 하며 이러한 합리성은 요원이 촌각을 다투는 현장에서 긴장과 불확실성을 동반한 상태에서 판단함을 고려해야만 한다. 단 이때 "시간이 지난 후에야 모든 상황이 명확히 보일 수 있다(Hindsight is 20/20)"는 식의 사고를 하지 않아야 한다: (i) 생명의 방어: 요원들은 다음과 같이 필요에 의한 경우에 한해 살상무기를 사용할 수 있다ー용의자가 경찰관 및 타인의 목숨 또는 신체에 중한 해를 입힐 **즉각적인 위험**을 줄 수 있는 자세를 취했다고 합리적으로 믿을 만한 경우. (ii) 중범죄자 도주 및 위해방지: 살상무기는 대상자가 다음과 같은 상황에서 도주한다고 믿을 만한 상당한 근거가 있는 경우 사용될 수 있다. a) 대상자가 타인의 신체 또는 생명에 심각한 해를 가하는 중범죄에 해당하는 행위를 하였으며, b) 대상자의 도주로 인해 요원이나 타인의 신체 또는 생명에 즉각적인 해가 될 가능성이 있는 경우. (iii) 구두 경고: 가능하다면, 그리고 경찰관 또는 타인에 대한 위험이 증가하지 않는 경우, 살상무기의 사용 전에 요원의 명령에 복종하도록 구두로 경고해야 한다. (iv) 위협 사격: 본 사격 전 위협 사격이 반드시 선행되어야 할 필요는 없다. (v) 자동차: 무기는 움직이는 자동차를 정지시키는 목적 외에도 사용할 수 있다. 무기는 자동차의 운전자 또는 탑승자를 향해 발포될 수 있으며 단 대상자가 요원이나 타인의 신체 또는 생명에 해를 가할 즉각적 위험이 있다고 판단할 상당한 근거가 있어야 한다. 또한, 살상무기의 사용으로 인한 공중의 위해가 총기 사용으로 보호하고자 하는 가치보다 크지 않아야 한다.

---

99) Tennessee v. Garner "…deadly force…may not be used unless necessary to prevent the escape, and the officer has probable cause to believe that the suspect poses a significant threat of death or serious bodily harm to the officer or others."

100) J. C. Hall, FBI Law Enforcement Bulletin, 65(4), 1996, pp. 25-32.

(해석론) 연방 살상무기 사용정책에서 제시하는 두 가지 기조는 공중 및 요원의 보호와 다급한 현장상황에서의 객관적인 합리성에 대한 판단의 유연성이다. 이와 동시에 살상무기의 사용에 필요한 요건으로 "즉각적인 위험(Imminent Danger)" 기준을 정립하고 있다. 즉각적인 위험은 대치 대상자가 요원을 향해 무기를 겨누고 있는 상황은 아닐지라도, 다음과 같이 판단할 만한 상당한 근거(Probable Cause)가 있는 경우 존재한다고 간주된다: (ⅰ) 대상자가 요원 또는 타인을 해칠 목적으로 무기를 소지하거나 무기를 소지하려고 시도하는 경우, (ⅱ) 대상자가 무장한 채로 자신을 보호하기 위해 전략적으로 도주하는 경우, (ⅲ) 대상자가 살상무기를 소지하지 않은 상태이더라도 요원을 무력화하거나 타인을 죽음에 이르게 할 만한 능력이 있는 때, 그와 같은 의도로 행동한 경우, (ⅳ) 대상자가 타인의 신체나 생명에 중한 위해를 가하거나 가하려고 시도한 후 현장에서 도주하려고 시도한 경우.[101)]

[**분방법에 의한 경찰관의 총기소지**] 캘리포니아주 형법 제830.3조에 의하면, 치안유지관 (Peace Officer)은 규정된 주요 임무를 수행할 때, 개인의 신체나 재산에 즉각적 위험을 야기한 현행범을 체포할 때, 이와 같은 범죄자가 도주할 때, 또는 정부법(Governmental Code) 8597 및 8598에 해당할 때, 소속기관에서 정한 기준(Terms and Conditions)에 따라 승인받은 경우에 한하여 총기를 소지할 수 있다. 동법 제830.3.(t)조 제1항에 의하면, 고용기관에서 무기사용에 관한 기준을 제정하고 이를 경찰관에게 교육하는 경우에만 경찰관은 무기를 소지할 수 있다. 동조 제2항에 의하면, 경찰관은 매 6개월마다 고용기관으로부터 무기사용의 승인을 갱신해야 한다.

(**부연**) 동조에 의한 총기소지 요건은 이하에서 소개될 총기사용 요건과는 구분되어야 한다. 또 캘리포니아주에서는 총기 소지가 허용된 경찰관이라 하더라도 매 6개월마다 분방 경찰공무원 채용기준 및 훈련위원회(POST, Peace Officer Standards and Training)에서 정한 기준에 따른 교육훈련을 이수하고 고용기관으로부터 무기사용의 승인을 갱신해야만 한다.[102)]

[**분방법에 의한 경찰관의 총기사용**] 캘리포니아주 형법 제835a.(c)조 제1항에 의하면, 치안유지관(Peace Officer)의 타인을 상대로 한 살상무기 사용은, 경찰관이 현장상황을 종합적으로(Totality of the circumstances) 살펴본 결과 다음과 같은 상황에 해당하여 살상무기의 사용이 필요하다고 합리적으로 판단되었을 경우에 한하여 정당성이 인정된다: (ⅰ) 경찰관이나 타인의 신체나 생명에 중대한 위해를 가할 만한 급박한 위협이 있을 때, (ⅱ) 타인의 신체나 생명에 중대한 위해를 가하는 중범죄를 행하고 도주하는 용의자를 체포할 때. 단 용의자가 즉각 체포되지 아니할 경우 또다시 타인의 신체나 생명에 중대한 위해를 끼칠만 하다

---

101) J. C. Hall, FBI Law Enforcement Bulletin, 65(4), 1996, pp. 25-32.
102) 11 CCR § 1081. Minimum Standards for Legislatively Mandated Courses.

고 합리적인 믿음을 가질 경우에 한한다. 가능한 한, 경찰관은 물리력을 사용하기 전에 자신이 경찰관임을 고지하고 살상무기가 사용될 수 있음을 용의자에게 고지해야만 한다. 단 객관적으로 합리적인 근거에 의해 용의자가 이와 같은 사실을 인지할 수 있는 경우에는 제외한다. 동조 제2항에 의하면, 경찰관이 객관적인 합리적 사고로 판단하였을 때 용의자가 스스로를 향해 위해를 가하고자 할 경우에는 살상무기를 사용하여서는 아니된다.

(**해석론**) 캘리포니아 주 형법의 살상무기 사용 요건은 연방에서 정의한 그 요건과 대부분 일치하고 있으나, 현장에서의 합리적 판단을 추가로 명시한다는 점에서 차별된다. 즉 경찰관이 현장에서 알 수 있는 모든 사실들, 예를 들어 대상자가 살상무기를 사용하려 하는지 등에 대한 종합적인 사고가 현장에서 이루어져야 한다고 규정하고 있다. 현장의 종합적 정황에 대한 판단은 경찰권 발동의 상당한 근거(Probable Cause)가 존재하는지를 검토함에 있어 매우 중요하다. 이와 관련하여 법원에서는 현장 경찰관에게 기술적이고 객관적인 엄격한 잣대를 적용하기보다 일반 경찰관이라면 누구나 확인할 수 있는 현장의 종합적 정황을 토대로 경찰권 발동의 근거가 있는지를 판단하도록 하였다.[103]

5. 경찰비용법

미국에서는 연방보통법(Federal Common Law)상 공역무무상원칙(Free public services doctrine: FPSD)에 의하여, 국가적 의무의 수행에 관한 비용은 원칙적으로 징수되지 않는다.[104] 이는 the Moorman doctrine, the municipal cost recovery rule 또는 the economic loss doctrine이라고 불리기도 한다.[105] 그러나 명백한 법률적 규율을 두는 경우 공역무무상원칙은 비용상환을 막지 않는다.[106]

(1) 경찰상 책임자에 대한 비용부담(장해자수수료)

미국에서는 보통법상 영국의 Public Nuisance 개념을 계승하고, 이에 대한 방지비용을 개별 법률이나 조례에 근거하여 징수한다. Public Nuisance가 의미하는 것은 공중의 권리를 침해하는 위험야기이다.[107] 즉 공익에 대한 급박한 위험을 말한다.[108]

---

103) California Penal Code. 835a (e) 이하.
104) Handler/Erway Ⅲ, Defense Counsel Journal, Oct. 2002, p. 484.
105) City of Chicago v. Beretta U.S.A Corp., 213 Ⅲ.2d 351, 821 N.E.2d 1099(Ⅲ, 2004).
106) Koch v. Consol. Edison Co., 468 N.E.2d 1, 8 (N.Y., 1984).
107) Camden County Bd. of Chosen Freeholders v. Beretta U.S.A. Corp., 123 F.Supp.2d 245(D. N.J., 2000).
108) Ypsilanti Charter Tp. v. Kircher, 281 Mich.App. 251, 761 N.W.2d 761 (Mich. App., 2008).

경찰비용과 같은 공역무비용을 민사상 손해배상으로 회수하는 것에 대하여는, 보통법상 손해배상의 3 가지 보편적 요건인 의무위반, 직접적 손해, 인과관계 등을 전제하므로 타당하지 않다고 보게 된다.109) 즉 국가는 비상사태를 위하여 존재하므로 국가적 의무적 과업수행비용은 손해가 될 수 없다.110)

[사적 행사에서의 위험방지비용] 많은 지방자치단체들의 조례111)에 의하면, 5명 이상이 모인 행사가 사유지에서 개최되고 공공안전에 관한 위협이 존속한다면 경찰의 2번째 개입 시 경찰비용을 부과한다.

[사유지에서의 만성적 위험방지비용] 많은 지방자치단체들의 조례112)에 의하면, 경찰상 위험이 계속해서 발생하는 건물의 임대인에 대하여 이를 방지하거나 예방할 의무를 부과하고, 이후의 위험발생에 대해 경찰비용을 부과한다.

[견인비용] 지방자치단체는 조례를 통하여 불법주차 차량의 견인비용을 수수료로 부과할 수 있다.113) 차량운행과 관련된 범죄로 압류된 차량의 소유자에 대하여도 견인과 압류비용을 부과할 수 있다.114)

[교통범죄로 인한 긴급조치비용] 캘리포니아주 통합법전 제53150조에 의하면, 알코올이나 약물의 영향 하에서 교통수단을 조종하거나 사고를 야기하여 경찰적 구조투입을 발생시킨 사람들에 대하여 비용을 상환한다.115) 버지니아주법에서도 유사한 규율을 두고 있다.116)]

(2) 위험원 형성자에 대한 사전대비 비용부담(위험원수수료)

거의 모든 지방자치단체들의 조례117)에 의하면, 사적 대규모 행사들에 있어서 행사의

109) Krauss, 44 San Diego L. Rev. 1, Feb./Mar. 2007, p. 6.
110) In: Oil Spill by the Amoco Cadiz off the coast of France, 1992 AMC 913, 954 F.2d 1313-1314 (7th Cir., 1992).
111) 예로 San Diego Municipal Code (Ordinance 6-2000), Chapter 5 Public Safety, Morals and Welfare, Article 1: Public Emergency Procedures, Division 10 Recovery of Costs For Use of Police Services At Large Events On Private Property. § 51.1002 San Diego Municipal Code.
112) Ch. 5.07 Beaverton Municipal Code (Ordinance 1998); Ch. 761 Cincinnati Municipal Code (Ordinance 2006); Ch. 6.08 Clackamas Municipal Code (Ordinance 2002); Ch. 659 Freeport Municipal Code (Ordinance 2005).
113) 예로 § 4.1. (a) San Francisco Transportation Code (Municipal Code, Ordinance 225-2011).
114) 예로 쥬노시 조례, § 72.23.100 Ordinance of Juneau.
115) § 53150 Cal. Gov't Code, Costs of Emergency Response.
116) § 15.2-1716 A.,Va. Code Ann., Reimbursement of expenses incurred in responding to DUIincidents and other traffic incidents (Supp. 2005).
117) § 2-10 New York Municipal Code (Special Event Concessions); Chapter 11.15 Tacoma Municipal Code.

신청자로부터 경찰, 소방 또는 응급의료와 관련된 위험대비비용을 상환받을 수 있다. 대상 행사가 오로지 사유지에서만 개최되거나, 위험이나 교통방해를 사전대비할 필요가 없는 경우가 아닌 한, 행진, 모임, 경기, 전시회, 공동체 행사 및 집회까지 포함한다. 총 비용의 평가는 행사시작 전에 통지되며, 완전한 지불이 행사시작 전에 이루어져야 한다. 행사 종료 후 사전평가와 실제적 비용 간의 차이를 정산한다.[118]

(3) 행정이용수수료

경찰이 위험야기와 관계없는 행정서비스를 제공하는 경우, 수수료의 부과는 행정청의 재량에 놓인다.

[**오경보**] 미국의 거의 모든 지방자치단체의 조례[119]에 의하면, 오경보에 대한 수수료를 부과한다. 대부분 3번째 오경보부터 수수료를 부과한다.

(**해석론**) 미국은 매 5가구마다 그리고 매 7개의 영업장마다 경보시스템을 갖추고 있다. 이러한 시스템으로부터의 오경보는 경찰력에 심각한 부담을 준다. 이에 따라 오경보 감소를 위한 최선의 해결책으로 수수료 부과가 제시되며, 나아가 이 비용에는 다른 국가적 과업을 수행할 수 있었던 기회비용까지 포함되어야 한다고 주장되기도 한다.[120]

---

118) Pittsburgh Municipal Code (Ordinance 39-2009), Title 4 Public Places and Property, Article XI Parks and Playgrounds, Chapter 470 Permitting of Special Events. § 470.02 - § 470.06.

119) § 8.52.050 Vancouver Municipal Code (Notice of administrative sanction); § 3-9.08. Walnut Creek Municipal Code (Administrative Fines); § 5.02.075 Palm Springs Municipal Code (False alarm response fees); Chapter 9.40 Mason County Municipal Code (Alarm Systems).

120) Sampson, False Burglar Alarms, 2. ed, U.S. Department of Justice Office of Community Oriented Policing Services, 2007, p. 3.

4절 개별 경찰행정작용법 Ⅰ(행정법내 위험방지법)[121]

1. 경찰소관법령

(1) 집회 관련

[**연방법**] 연방 수정헌법 제1조[122]상 표현의 자유에 근거하여 평온한 집회의 권리가 보장되나, 집회시위에 관한 통일적 연방법률이나 연방의 권한은 없다.[123]

[**분방법**] 각 분방에서는 대체로 분방형법에 불법집회(unlawful assembly) 및 해산명령불응(failure to disperse)에 대한 정의와 처벌 규정을 두는 한편,[124] 예방적 차원에서는 공공의 안녕질서에 대한 직접적인 위험이 있는 경우 사전제한을 인정한다.[125]

특히 우리나라의 경우 헌법 제21조에서 집회·결사에 대한 허가제를 금지하고 집시법에서 옥외집회시위에 사전신고제를 택하고 있는 것과는 달리, 각 분방법률에서는 옥외집회시위에 대한 사전허가제를 운용하고 있다.[126]

[**판례**] 연방대법원은 1941년 집회시위에 대한 사전허가제가 합헌임을 판시하였다[127]: "헌법상 보장된 자유라도 공공질서와의 조화를 위해 그 남용이 방지될 필요가 있다. 지방자치단체의 규제권은 그러한 시민의 질서를 보장하는 수단이 되어야 한다. 사전허가제는 경찰로 하여금 시위에 대한 준비를 할 수 있게 하고, 두 개의 시위가 같은 장소에서 동시에 일어나는 것을 방지하여 주며, 출퇴근 시간에 교통이 막히는 것을 방지해 줄 수 있으므로 위헌이 아니다."[128]

판례의 주요 입장은 국가기관이 광범위한 재량을 갖는 허가제가 아니라, 공공의 안녕질서에 직접적인 위험이 있는 경우에만 사전제한을 인정하는 것으로 보아야 한다.[129]

---

121) 이하에서 소개되는 뉴욕주 관련 법령은 https://www.nysenate.gov/ (뉴욕주 의회)에서 확인한 현행 내용이다.
122) "의회는 종교를 구성하거나, 자유로운 종교활동을 금지하거나, 발언의 자유를 침해하거나, 출판의 자유, 평화로운 집회 및 정부에 탄원할 권리를 제한하는 어떤 법률도 만들어서는 아니된다."
123) 장승수, 자치경찰연구 제5권 제1호, 2012, 118면.
124) 뉴욕주 형법(Penal Law) 제240.12조에 의하면, 4명 이상이 소요나 폭력적 행위를 목적으로 모이거나 모임을 준비할 때, 또는 이미 그러한 목적이 형성된 집단에 참여하거나, 그 목적을 실현할 의도로 집단에 머무를 때 불법집회가 된다.
125) 이병규, 동아법학 제51호, 2011, 49면.
126) 이병규, 동아법학 제51호, 2011, 29면.
127) The Supreme Court of the United States, Cox v. New Hampshire, 312 U.S. 569 (1941)
128) 장승수, 자치경찰연구 제5권 제1호, 2012, 118면.

4 절 개별 경찰행정작용법 Ⅰ(행정법내 위험방지법) **101**

[**제도의 평가**] 실무상으로는 과거 불법시위경력이 있거나 경찰의 질서유지를 위한 협력에 응하지 않는 등, 일부 예외를 제외하고는 사실상 모든 경우의 집회시위가 허가되고 있어 집회신고제를 운용하는 우리나라의 경우와 크게 다를 바 없는 허가제라고 평가되고 있다.[130]

1) 집회허가

[**허가제**] 뉴욕주 정부령(New York Codes, Rules and Regulations) 제300-3.2조 (c)에 의하면, 분방의 재산을 이용하여 공적집회를 개최하려는 사람은 **경찰국장**(Commissioner)의 허가가 발령된 경우에 가능하다. 또한 동령의 Title 10. Department of Health(보건부서)에 규정되어 있는 Chapter 1. State Sanitary Code 제18.3조에 의하면 5,000명 이상의 참가자가 예상되는 경우에는 **보건부서**에서도 허가를 받아야 한다. 이는 운집 인원에 따라 필수로 요구되는 보건 장비나 응급상황 관리에 관한 허가로, 환자 이송 장비, 환기 설비, 구급차 등의 요건을 충족하여야 한다.

(**해석론**) 집회시위가 분방의 재산인 도로나 공원 등을 이용하는 경우, 뉴욕주 정부령상 시설이용[131]이 '금지되거나 통제되는 행위(prohibited and controlled activities)'가 될 수 있어 집회에 관한 사전허가제가 운용된다.

[**허가신청**] 뉴욕주 정부령 제301.6조(Procedures for application to use State property for public assembly)에 의하면, 뉴욕주 도로나 공원을 이용하여 집회 또는 시위를 개최하고자 하는 사람은 신청자 이름, 개최 일시 및 장소, 예상 참가자 수 등을 내용으로 하는 양식을 작성, 사용요청일로부터 늦어도 30일 전에는 신청하여야 한다. 신청을 접수한 부서에서는 적어도 사용요청일 5일 전에는 답변을 주어야 한다. 경찰국장은 적절한 사유가 있을 때에는 집회시위 허가를 발하기 위한 시간제한을 완화할 수 있다.

(**부연**) 옥외집회시위가 잦은 뉴욕시에서는 시경찰 웹사이트에서 온라인 양식을 작성하여 신청하도록 되어 있다.[132] 온라인 신청서가 아닌 우편이나 인편으로 신청하기를 원하는 경우 관할 경찰서로 제출하도록 한다. 행진이나 행사가 광장이나 공원을 거치는 경우, 음향

---

129) 이병규, 동아법학 제51호, 2011, 50면.
130) 장승수, 자치경찰연구 제5권 제1호, 2012, 118면.
131) 뉴욕주 정부령에서 시설이용 중 금지행위 조항의 위치는 다음과 같다. New York Codes, Rules and Regulations, Title 9 – Executive Department, Subtitle G – Office of General Services, Chapter Ⅳ – Facilities Planning and Operation, Subchapter A – Division of Building Administration, Part 300 – Facility Use, Subpart 300-3 – Prohibited and Controlled Activities, 300-3.2 – Regulated uses. (c) public assembly
132) https://www1.nyc.gov/site/nypd/services/law–enforcement/permits–licenses–permits.page (2021.3.30. 방문).

장치를 사용하는 경우는 별도로 추가 양식을 작성하여 허가를 받아야 한다.

2) 집회허가 신청의 미비

뉴욕주 정부령에는 보완통고에 대한 별도의 규정을 찾을 수 없다. 뉴욕시 온라인 집회 허가신청시스템에서도 관련 안내는 마련되어 있지 않다.

[**허가거부**] 뉴욕주 정부령 제301.7조 (b)에 의하면, '집회를 위한 시설사용신청'시 기재 사항 미비는 불허 사유 중 하나이다.

(**해석론**) 허가신청의 기재사항 미비에 대해 보완통고 절차가 별도로 마련되어 있지는 않으나, 이로 인해 불허가 된 경우 재결정신청을 통해 허가여부를 다시 결정할 수 있다.

[**수정허가**] 뉴욕주 정부령 제301.6조 (f)에 의하면, **경찰국장**이 허가신청을 심사할 때 신 청내용을 대체할 수 있는 시간, 날짜, 장소나 방식에 대하여 고려할 수 있다.

(**해석론**) 이는 최초의 신청 내용과 다르게 수정허가 하거나 수정부담을 발령할 수 있음 을 의미한다. 수정허가 내지 수정부담은 신청자가 동의함으로써 효력이 발생한다.[133]

3) 집회허가거부

[**일반적 불허사유**] 뉴욕주 정부령 제301.7조(Right to decline an application)에 의하면, **경 찰국장**은 일반적으로 집회를 위한 분방 시설의 사용이 그 시설의 상태에 해롭거나 악영향 을 끼칠 우려가 있을 때, 정상적 운용을 저해할 때, 또는 사람이나 자산에 위험요소가 있을 때 그 신청을 불허할 권리를 갖는다.

[**개별적 불허사유**] 뉴욕주 정부령 제301.7조에 의하면, 다음의 경우 **경찰국장**은 신청을 불허할 수 있으며, 허가가 난 뒤라도 언제든지 허가를 철회할 수 있다: a) 같은 시간 및 장 소에 이미 사용 허가 신청이 있는 경우, 또는 복수의 행사를 허가함이 적절하지 않은 경우, b) 신청서 기재사항이나 첨부서류가 미비한 경우, 또는 제출이 완성되지 않은 경우, c) 보험 가입을 하지 않았거나 보험면제를 받지 않은 경우, d) 신청서에 허위내용이 기재된 경우, e) 신청자가 계약무능력자이거나 책임무능력자인 경우, f) 신청자나 신청대리인이 분방 재산에 손해를 가한 전력이 있거나 분방에 미지불 채무가 있는 경우, g) 최근 4년 동안, 신청자가 사용허가에 대한 조건이나 분방재산 사용에 대한 법률, 조례, 규정 등을 위반한 경우, h) 신 청자가 예정하는 행위가 허가자(국장)가 지원하는 프로그램 또는 같은 시간·장소에서 개최 될 프로그램과 상충하는 경우, i) 신청자가 의도하는 행위가 그 장소의 본래의 사용목적과 불일치할 때, j) 그 장소의 본래 이용 취지상 신청자가 의도하는 활동이 적합하지 않은 경

---

133) 김남진·김연태, 행정법 I, 12판, 2008, 217면, 236면.

우, k) 신청자가 의도하는 활동이 그 장소를 이용하는 타인의 활동에 방해가 되는 경우, l) 그 집회에 참여 예정인 사람의 수가 그 장소의 수용능력을 초과하는 경우, m) 신청자가 의 도하는 활동이 이 규정이나 타 법률에서 금지하는 행위인 경우.

[**재신청**] 뉴욕주 정부령 제301.6조 (e)에 의하면, 집회를 위한 분방 시설 사용요청이 불 허될 때, 신청인은 불허의 이유와 함께 불허가 결정을 내린 **경찰국장**에 재결정을 요청할 수 있음을 통지받는다. 이때 재결정 요청은 불허 통지를 수령한 때로부터 15일 이내에 하여야 한다. 요청을 받은 기관은 불허가한 본래 결정을 뒤집거나, 그대로 유지하거나, 수정할 수 있다. 기관은 재결정에 대한 통지서를 집회시위 예정시간으로부터 24시간 이전에 제공하여 야 한다.

4) 집회관리

집회신청를 받은 경찰서는 서장 책임하에 집회 규모에 따라 인원, 폴리스라인 설치, 교 통통제 계획 등을 수립하여 대비한다. 일반적으로 집회대비 경력은 우선적으로 시경 산하 Task Force Team을 활용하고 필요시 경찰서 직원 등을 추가 동원한다. 시위진압 대응 경력 은 전원 경찰관이며, 경찰관들은 근무복장에 자신의 이름을 새긴 명찰과 고유번호가 있는 경찰 배지를 부착하고 있다. 대응 수준은 예상되는 집회시위의 규모 및 비상사태 발생 정도 를 고려하여 Mobilization Level 1~4까지 설정되어 있으며, 각 Level별로 출동인원 및 장비 의 유형 등을 미리 규정해 놓고 있다.[134] 폴리스라인은 집회시위의 군중통제를 위해 경찰에 서 설치하는 차단 또는 봉쇄 장치로서, 법적근거는 없는 실무적인 집행수단이며 경찰 매뉴 얼에서 규정하고 있다.[135]

[**소음관리**] 뉴욕주 정부령 제300-3.2조 (d)에 의하면, 분방의 재산인 장소에서 확성기나 마이크를 사용하려면 **경찰국장**의 허가를 받아야 한다. 소음의 기준은 실내 90dB 실외 95dB 이다. 듣는 사람에게 불편을 야기할 정도의 소음이 발생하면 음향장치 사용허가는 취소될 수 있다.

뉴욕시의 경우 소음은 아래와 같이 행정조례(New York City Administrative Code) 제 10-108조에 의거 관리하며,[136] 허가권자인 **경찰국장은** 이 조례에서 특별히 규제하고 있는 요건 외에는 허가를 거부해서는 안된다고 명시하고 있다.

---

134) 장승수, 자치경찰연구 제5권 제1호, 2012, 121면.
135) 장승수, 자치경찰연구 제5권 제1호, 2012, 120면.
136) 황규진, 경찰학논총 제10권 제1호, 2015, 424면.

뉴욕시 행정조례 제10-108조 상의 특별규제요건: 경찰국장은 다음과 같은 경우 확성기 또는 음향장치의 사용을 허가해서는 안된다.

1. 수업중인 학교, 예배중인 교회, 재판중인 법원 또는 병원이나 유사한 기관의 500피트 이내
2. 확성기의 사용이 차량운전자나 보행자의 안전에 위협이 되는 상태인지 경찰국장이 조사하여 결정해야 할 장소
3. 확성기의 사용이 공중 도로, 공원 또는 도로·공원을 위한 장소, 또는 다른 공중 목적의 안전하고 편리하며 평화로운 즐거움을 위한 권리를 공중으로부터 빼앗거나, 보행자 또는 차량 운전자의 안전에 위협이 되는 다중혼잡, 또는 도로보수 또는 다른 물리적 상태에 대해 경찰청장이 조사하여 결정해야 할 장소
4. 이동 중인 차량 및 장치
5. 주중 밤 10부터 아침 9시 사이
6. 주말과 휴일 밤 8시 또는 일몰과 아침 10시 사이, 거주 용도를 위해 합법적으로 사용되는 건물의 50피트 이내의 장소에서는 주중 밤 8시 또는 일몰과 아침 9시 사이, 50피트의 거리는 확성기 사용 허가를 구하는 장소에서 가장 가까운 빌딩의 외벽의 한 지점으로부터 직선거리로 측정되어야 한다.

뉴욕시 행정조례 제10-108조에 의하면, 음향장치의 사용허가는 1회 집회에 한정되며 연일 집회를 개최할 경우 최대 5일까지 같은 장소에서만 가능하다. 이 기간을 초과하게 되면 다시 신청서를 제출하여 허가를 받아야 한다. **경찰국장**은 이 조에 명시된 규정들을 수행하기 위하여 필요한 규칙(rules)을 정할 권한이 있고 경찰부서(police department)와 환경보호부서(department of environmental protection)는 이 규정들을 집행할 권한이 있다.

[1인 집회시위] 뉴욕시의 경우 1인 집회시위에 관해 사전허가제와 같은 절차를 두고 있지 않으나, 1인 시위자들은 통상 관할 경찰서에 자신의 1인 시위계획을 통보한다.

1인 시위에 적용되는 특별한 제한은 없으나, 일반적인 집회시위의 준수사항을 지킬 것을 요구되며, 1인 시위라 하더라도 마이크 시설 등의 사용으로 소음이 발생할 경우 별도의 음향기구허가(sound device permit)를 받아야 한다.[137]

[해산명령] 뉴욕시 행정조례 제10-179조에 의하면, 대중에게 불편을 야기하거나 소음을 유발하거나 위험을 초래하는 무분별한 행위(disorderly behavior)에 경찰의 합법적인 해산명령을 거부하는 행위가 포함된다. 뉴욕시경찰의 무질서 통제 가이드라인(NYPD Disorder Control Guidelines)에 의하면 불법집회로 판단되는 경우 **현장지휘관**(Incident Commander)이 해산명령을 내릴 수 있다.[138]

---

137) 장승수, 자치경찰연구 제5권 제1호, 2012, 120-122면.
138) https://archive.org/stream/368333-nypd-disorder-control-guidelines/368333-nypd-disorder-con

미국의 경우 일반적으로 **적법한** 집회나 시위와 관련하여 경찰이 개입되는 경우를 시위대 관리(crowd management) 또는 행사관리(event management)라고 하며 **불법적인** 집회나 시위에 경찰이 개입되는 경우를 시위대 통제(crowd control)라고 표현하고 있다. 이에 관한 구체적인 내부방침으로 샌프란시스코는 일반명령(General Order)과 시위대 통제 관리지침(Crowd Control Manual)을 두고 있으며, 오크랜드 경찰도 시위대 관리정책규정(OPD Crowd Management/Crowd Control Policy)을 두고 있다. 세부내용으로 시위의 불법성판단 여부, 관리책임자의 권한 및 책임, 강제해산의 방법 및 절차 등에 관한 규정을 두고 있다.139)

(**부연**) 허가받지 않거나 불허된 집회 등 불법집회에 대하여 현장지휘관은 주최 측에 대한 사전 경고와 함께 필요시 집회현장 주변에 바리케이드를 설치하거나 경력을 동원하여 그 장소를 선점하기도 하고, 시위의 규모, 움직임, 동기, 시위참여 그룹의 책임자 및 가담자, 시위지역, 시위의 지속성과 강도를 확인 평가하여 대책을 마련한다. 불법시위자를 현장체포하기 어려운 경우 비디오 카메라 촬영 등으로 채증 후 사후 검거하고 있다.140)

불법시위 참여자에 대한 처벌은 시위가담 정도에 따라 다르다. 뉴욕주 형법 제24.010조에 의하면 불법집회는 B급 경죄에 해당하여 15일 이상 1년 미만의 징역에 처해진다. 단순 시위가담자(disorderly conduct)의 경우 위반행위(violation)에 해당하며 벌금 또는 15일 미만의 구금 형에 처할 수 있다.

[**강제해산 등**] 뉴욕시경 순찰지침(Patrol Guide)에 의하면, 순찰국(Patrol Bureau) 내 기마경찰대(Mounted Unit)와 전략대응그룹(Strategic Response Group)이 군중통제(crowd control)임무를 맡고 있어 **현장지휘자가** 필요에 따라 이들의 배치를 결정한다. 현장지휘자가 기마경찰대를 이용하여 해산시킬 때는 해산하는 사람들의 퇴로를 충분히 확보해주어야 하며 해산할 기회가 합리적으로 보장되어야 한다.141)

(2) 도로교통 관련

미국은 교통과 관련하여 다양한 연방기관들과 연방법률이 존재하고, 분방별로도 법체계가 다르다.

미국 연방정부에는 헌법상 분방간 통상조항(commerce clause)142)을 근거로 미국교통국

trol-guidelines_djvu.txt (2021.7.21. 방문).
139) 박경래 외, 집회·시위에 대한 경찰대응 기준과 개선방안, 한국형사정책연구원, 2009, 58면.
140) 장승수, 자치경찰연구 제5권 1호, 2012, 122면.
141) New York City Police Department, *Patrol Guide*, 2021, p. 697.

(The U.S. Department of Transportation)이 설치된다. 또 도로교통과 관련해서는 도로교통안전 청(National Highway Traffic Safety Administration), 연방도로청(Federal Highway Administration), 연방화물·수송차량안전청(Federal Motor Carrier Safety Administration)을 두고 있다.

특히 도로교통안전청은 미국연방법전(United States Code) 제23장 제402조의 규정에 따라 고속도로 안전을 도모하기 위해 법 제정 가이드라인을 분방에 제공한다.[143] 주기적 차량 점검, 차량등록, 주취약물상태의 운전(impaired driving), 운전자 교육 등을 포함하여 21개의 가이드라인이 제공되고 있다. 도로교통안전청에 의해 집행되는 연방차원의 주요 법률로는 차량안전법(Motor Vehicle Safety Act)과 도로안전법(Highway Safety Act)이 있다.[144]

1) 운전면허

[**면허**] 뉴욕주 차량과 교통법(Vechicle and Traffic Law) 제501조에 의하면, 운전면허의 발급기관은 **자동차관리국장**(Commissioner of Department of Motor Vehicles)이다. 자동차관리국장은 차량의 유형별로 허가하여야 하며 면허는 그 유형의 차량을 운행할 때에만 유효하다.

(**해석론**) 미국은 상업용 운전면허는 연방에서 관리하고, 일반 운전면허는 각 분방정부에서 관리한다.[145]

[**면허의 취소·정지**] 뉴욕주 차량과 교통법 제510조에 의하면, 운전면허 정지 또는 취소 권자는 치안판사, 재판관 또는 판사, 대법관, 군법원의 판사, 지방법원 판사, **분방 경찰청장**(Superintendent of State Police) 및 자동차관리국장 또는 그 대리인이다.

2) 일반 교통관리

[**신호·지시**] 뉴욕주 차량과 교통법 제1102조(Obedience to and Effect of Traffic Laws)에 의하면, 누구나 **경찰관**(police officer) 또는 수신호 권한이 있는 자의 합법적 지시를 따라야 한다.

(**해석론**) 일반적인 교통 관련 신호 및 지시권한은 뉴욕주 교통관리부서(State Department of Transportation)에 속한다.

[**도로의 통행금지 및 제한**] 뉴욕주 차량과 교통법 제1602조 (a)에 의하면, **경찰관**(police officer)은 화재나 사고, 기타 긴급상황에서 도로의 전부 또는 일부의 통행금지, 도로폐쇄, 우

---

142) 통상조항(通商條項)은 미국 연방헌법 제1조 제8절에 의하여 연방이 갖는 권한을 말한다: "외국간, 각 분방 상호간 및 인디언 부족과의 통상을 규율하는 권한을 가진다."
143) National Highway Traffic Safety Administration 웹사이트 내 가이드라인 자료실 https://one.nhtsa.gov/ nhtsa/whatsup/tea21/tea21programs/index.htm (2021.7.21. 방문).
144) 김종갑, 법학연구 62호, 2020, 155면.
145) 김원중, 미국헌법연구 제24권 2호, 2013, 80면.

회로 지정, 또는 보행자 통행의 우회나 중단을 할 수 있다.

동법 제1602조 (b)에 의하면, **경찰관**(police officer)은 화재나 응급상황, 교통소통 촉진, 보행자 보호를 위해 여타 교통관련법 규정에도 불구하고 교통지시를 할 수 있고, **분방경찰** (members of the state police)은 시나 마을의 외부에서도 교통지시를 할 수 있다.

동법 제1602조 (c)에 의하면, 폭설 시 **경찰부서의 장**(the head of any police force or police department or the chief executive officer of a city, town or village)이 제설을 위한 신호나 예고통지를 발할 수 있으며, 도로의 전부 또는 일부의 폐쇄, 차량의 주차·정지 등을 명령할 수 있다.

동법 제1602조 (d)에 의하면, **분방경찰청장**(Superintendent of the New York state police) 또는 **경찰부서장**(head of any police force or police department)은 스피드 대회나 영화 및 상업광고 촬영이 진행되는 동안 이 일시적인 도로폐쇄, 우회, 보행자 흐름의 우회나 중지를 명할 수 있다. 또 동법 제1182조에 의하면, 스피드 대회나 영화 및 광고촬영 행사와 관련하여 **분방경찰**(state police)이 필요하다고 판단할 때는 언제든지 공공의 안전과 편의를 위해 고속도로에 대하여도 전부나 일부의 사용을 제한하거나 금지할 수 있다

[**도로관리청 등의 협의·통보의무**] 뉴욕주 차량과 교통법 제1220조에 의하면, 건설, 재건축, 유지보수 또는 기능향상과 관련된 공사를 제외하고 분방 고속도로에서 공사를 하기 위해서는 **분방 교통관리국장**에게 허가를 받아야 한다. 또 각 지역에서 이루어지는 도로 관련 공사들도 그 지역의 교통관리부서에서 허가를 얻어야 한다.[146]

(**해석론**) 우리나라 도로교통법에 의하면 도로에서 이루어지는 공사의 경우 경찰서장에게 신고를 하도록 규정하고 있지만, 미국에서 이는 경찰의 소관이 아니다.

[**불법주정차 차량의 제거·보관**] 뉴욕주 차량과 교통법 제1204조에 의하면, **경찰관**(police officer)을 포함한 교량이나 공원 담당자 등 관련 행정기관은 불법적으로 세워져 있는 차량에 대해 제거를 명하거나 직접 제거할 권한이 있다. 또한 사람이 타고 있지 않은 상태로 정차가 금지된 곳에 정차하고 있는 차량이나 교통소통을 막고 있는 차량의 경우 **경찰관**(police officer)과 관련 행정기관이 직접 제거하여 안전한 곳에 보관할 수 있다.

[**음주단속을 위한 일제검문**] 미국 대부분의 분방은 공공도로에서 차량을 운행하는 모든 운전자가 음주측정을 위한 화학적 검사(chemical test)에 묵시적으로 동의(implied consent)한다고 간주하고 일제음주단속을 시행하고 있다.[147] 원칙적으로 경찰은 음주혐의없는 차량을 멈출 수 없으나, 도로교통안전청은 **음주검문소**(sobriety checkpoint)에서 **법집행관**(law enforcement)이 차별없이 차량을 정지시키고(stop vehicles on a nondiscriminatory basis) 음주운전

---

146) http://streetworksmanual.nyc/chapter-three/permits-and-approvals (2021.5.14. 방문).
147) 김종구, 미국헌법연구 제30권 3호, 2019, 53면.

여부를 검사하는 권한을 부여하도록 분방법 제정 가이드라인을 제시하고 있다.[148]

미국 연방 수정헌법 제14조에 의하면 국민은 범죄혐의에 관한 합리적인 의심이나 최소한 범죄를 저질렀다는 개연성이 인정되는 경우에 한해서만 신체수색이나 자동차검문이 허용되기에, 이러한 묵시적 동의법이 수정헌법을 위반한 것이 아닌지 논란이 되어 왔다.[149] 그러나 연방대법원은 1990년 음주운전의 개연성이 없더라도 경찰의 음주검문소에서의 검문은 수정헌법 제14조의 합리적인 수색과 압수의 원칙에 위반되지 않는다고 판시하였다.[150]

> ● **음주측정과 체포**
>
> 뉴욕주 차량과 교통법 제1194조에 의하면, 경찰은 호흡측정 결과 음주여부가 확인되면 해당 운전자에게 혈액, 소변, 타액을 통한 화학적 측정을 요구할 수 있다. 경찰의 체포는 술이나 약물 복용 후의 운전행위가 사고를 동반했을 때 가능하다.

3) 통고처분

뉴욕주 차량과 교통법 제155조에 의하면, 교통범칙행위(Traffic infraction)란 교통과 관계되는 법률, 조례, 명령, 규칙, 규정에 대한 위반으로 형사처벌 대상이 아닌 행위를 말한다. 과속, 신호위반 등의 경미한 교통위반에 대한 티켓 발부 등이 이에 해당한다.[151] 동조는 차량과 교통법상의 범칙금이 민사벌금(civil penalty)임을 명시하고 있으며, 형법 제55.10조에서도 경범죄(misdemeanor)나 위법행위(violations)에 교통범칙행위(traffic infraction)는 제외한다.

그러나 뉴욕주 차량과 교통법 제155조에서는 '형사절차법 제140조에 따른 **경찰관**(police officer)의 영장없는 체포의 경우 교통범칙행위는 범죄(offense)로 간주한다'고 규정하여, 경찰관이 교통범칙행위에 대해 형사절차법에 근거하여 통고처분을 할 수 있도록 하고 있다.

(**부연**) 뉴욕시에서의 통고처분은 자동차관리국의 교통단속실(Traffic Violations Bureau)에서 담당하며, 뉴욕시 이외의 지역에서 발생한 통고처분은 형사법원(criminal court)이나 교통법원(traffic court)에서 처리한다.[152] 대부분의 분방에서는 첫 번째 혹은 두 번째까지의 음주(약물) 운전에 대해서도 사상사고가 아니라면 범칙행위로 처리하고 있다. 범칙행위에 해당되는 경우, 위반 운전자는 분방의 규정 또는 위반 정도에 따라 우편이나 온라인으로 범칙금을 납부하거나 법원에 출석하여 위반사실을 인정하고 납부하게 된다.[153]

---

148) National Highway Traffic Safety Administration 웹사이트 내 가이드라인, Guideline No.8 Impaired Driving https://one.nhtsa.gov/nhtsa/whatsup/tea21/tea21programs/index.htm (2021.7.21. 방문).

149) 이상경, 법학연구 제21권 4호, 2011, 251면.

150) Michigan Dept. of State Police v. Sitz, 496 U.S. 444.

151) 김종갑, 법학연구 62호, 2020, 157면.

152) https://dmv.ny.gov/tickets/find-tvb-office-locations (2021.7.22. 방문).

(3) 민간경비 관련

미국의 민간경비는 영리성을 추구하는 동시에 치안에 있어 경찰과 같은 공익적 업무를 분담하고 있다. 미국의 민간경비업은 세계 최고의 역사와 규모를 가지고 있으며 미국 민간경비원의 수는 경찰 수보다 더 많은 실정이다. 이렇게 미국의 민간경비 수요가 증가한 것은 일반 시민들이 경찰 치안서비스에 의존하였던 것을 민간경비로 이전한 것이 주된 이유다. 미국에서도 경비업의 공적 기능이 인식되기까지는 상당한 시간이 필요하였으나 현재는 민간경비업이 지역경찰과 대등하게 치안서비스를 제공하는 주체로 평가받고 있다.[154]

우리 경비업법은 민간경비업을 시설경비, 호송경비, 신변보호, 기계경비, 특수경비로 제한하여 업종을 열거하고, 그 업무의 전부 또는 일부를 도급받아 행하는 영업을 경비업으로 정의하고 있는 것과는 달리, 미국의 경우 이러한 업종 제한이 없어 새로운 경비수요가 발생할 때 탄력적으로 대처가 가능하다는 특징이 있다. 현재 미국의 민간경비는 CCTV로 현장을 관찰하고 현금수송이나 죄수호송, 증인의 진술 녹취, 증거수집 등 많은 치안관련 업무를 담당한다.[155] 또 민간경비원은 신병을 구속, 조사, 체포, 취조하는 권한은 갖지 않지만, 민간경비업자가 지자체, 또는 각 분방의 기관 요청에 의하여 특별공무원으로 임명되는 경우, 한정된 시간과 장소에서 경찰로서의 권한 및 지위가 공식적으로 부여되기도 한다.[156]

뉴욕주는 가장 오래전부터 경비업 규제를 하고 있는 분방 중의 하나이다. 경비업 관련 법률로는 상법(General Business Law) 제7절(Article) 민간탐정 및 보석금 시행대리인, 감시, 경비 및 패트롤 사업면허법(Private Investigators, Bail Enforcement Agents and Watch, Guard or Patrol Agencies License Law, 이하 경비 및 패트롤사업면허법), 상법 제7-A절인 경비업법(Security Guard Act), 뉴욕주 정부령 9편(NYCRR Title 19) 경비원의 교육·훈련에 관한 규정 등이 있다.[157] 경비업 소관 관청은 뉴욕주 내무부(Department of State)와 형사사법국(Division of Criminal Justice Service)으로, 내부무는 경비업자·경비원의 자격 제도를, 형사사법국은 경비원에게 의무가 부여된 교육·훈련제도를 담당하고 있다.[158]

[**경비업 허가**] 뉴욕주 상법 제70조에 의하면, 뉴욕주에서 경비업에 종사하기 위해서는 **내무부**로부터 경비업 허가(license)를 받아야 한다.

동법 제72조에 의하면, 경비업 자격 취득 요건으로 경험, 연령, 시민권, 범죄력, 신뢰할

---

153) 김종갑, 법학연구 62호, 2020, 157면.
154) 강성복, 한국민간경비학회보 제19권 2호, 2020, 6-11면.
155) 강성복, 한국민간경비학회보 제19권 2호, 2020, 7-8면.
156) 안황권, 융합보안논문지 제17권 4호, 2017, 81면.
157) 안황권, 융합보안논문지 제17권 4호, 2017, 80면.
158) 안황권, 융합보안논문지 제17권 4호, 2017, 80면.

수 있는 주민 5인 이상의 승인, 보증증권, 상해보험 여부 등의 제시 기준을 충족할 것이 요구된다. 허가신청자가 법인일 때, 연령, 시민권, 범죄경력, 인격에 대한 규정은 사장, 사무국장, 경리담당직원, 뉴욕주 내에서 활동하는 직원, 중역 모두가 충족해야 한다. 내무부장관은 허가신청을 거절할 수 있고, 법인에 대한 허가라면 회사 주식의 10퍼센트 이상을 허가 자격이 없는 사람이 가지고 있을 때 언제든지 허가를 정지하거나 취소할 수 있다.

동법 제74조에 따르면, 경비업 허가의 유효기간은 2년이며 갱신하여야 한다.

동법 제71조에 의하면, 일반회사가 자사의 소유물만을 위해 경비원을 사원으로 고용할 경우 이는 경비회사로 보지 않으며 경비업의 허가를 취득할 필요가 없다.

[**경비원 등록**] 뉴욕주 상법 제89-h조에 의하면, 경비원의 임무를 수행하고자 하는 사람은 18세 이상의 미국 시민권자로 중범죄 전과기록, 비도덕적인 범죄나 분방 법의 자격증 관련 범죄행위 기록이 없어야 하며 최소 8시간 이상의 임무시작 전 훈련을 받을 것 등의 자격조건을 충족시켜야 한다.

뉴욕주 상법 제89-k조에 의하면, 등록카드 발급신청은 **내무부**로 하여야 하며[159] 내무부는 자격조건을 충족 시키지 못하는 지원자의 등록카드 발급을 거절하여야 한다. 동법 제89-m조에 따르면, 등록은 2년간 유효하며 만료일 90일부터 60일 사이에 갱신이 가능하다.

뉴욕주 상법 제89-g조에 의하면, 경비업자는 유효하게 등록된 경비원만을 고용할 수 있고 고용 경비원의 정보는 내무부에 보고된다. 동법 제89-j조에 의하면, 내무부가 등록정보들을 컴퓨터 데이터베이스로 관리하여야 한다고 규정한다.

(**부연**) 경비원의 자격과 인증 관련해서는 미국산업보안협회(American Society Industrial Security)[160]에서 공신력있는 국제표준과 가이드라인을 확립하고 있다.

[**경비원교관의 인가**] 뉴욕주 집행법 제841-c조에 의하면 경비원의 교육·훈련제도는 **형사사법국**(Division of Criminal Justice Service) 소관으로 훈련기관, 프로그램, 경비원교관(Instructor)을 각각 인가를 하는 방식을 취하고 있다. 훈련기관의 인가에 관한 규정은 뉴욕주 정부령 제6027조(Approved Security Guard Training Schools)를 따른다.

(**부연**) 미국 경비원교관에 대한 민간자격증으로는 미국산업보안협회에서 주관하는 경비전문가(Certified Protection Professional)가 있다. 전문성이 강조된 자격증으로 시험에 합격하여야 하며, 3년마다 갱신하여야 한다. 학위가 없는 경우에는 9년간의 안전분야 경력이 필요

---

159) 뉴욕주 내무부의 경비원 등록카드 온라인신청 웹사이트 https://dos.ny.gov/security-guard (2021.7.22. 방문).

160) https://www.asisonline.org/ (2021.5.11. 방문). 미국산업보안협회(ASIS)는 산업보안 전문가들을 위한 단체로 1955년에 설립되어 관련 교육, 세미나 및 출판을 주요 사업으로 한다. 1977년부터 ASIS 공인자 격시험을 시행중이며, 전 세계 산업보안업계의 현황을 살펴볼 수 있는 프로그램과 자료 등을 개발·제공하여 리더쉽과 전문성을 키워나가는 것을 주 목적으로 한다.

하며, 이 중 2년간은 안전 업무 책임자로서의 업무에 종사하였을 것을 요한다. 우리나라 경비지도사의 경우 유관 경력이 없이도 경비지도사 자격제도에 접근 할 수 있는 반면, 미국 CPP의 경우는 관련업무의 경력을 필수적으로 요하여 전문성을 확보하고 있다.161)

[**경비원의 교육·훈련**] 뉴욕주 상법 제89-m조에 의하면, 경비원은 임무시작 전에 8시간의 훈련을 받아야 하며, 기존에 동 교육을 받은 적이 있는 경우 지원시에 그 증명서를 제출해야 한다.162) 임무 시작 후 90일 이내에 추가적으로 16시간의 훈련을 받아야 하며 훈련 내용은 직무 역할과 고용인 개인의 필요에 따라 달라진다. 무장요원은 앞의 두 가지 훈련에 더하여 47시간의 무기류 훈련을 받아야 한다. 이 훈련은 앞선 두 훈련을 마친 뒤에 가능하며 권총허가증이 필수적으로 요구된다. 동조에 의하면, 매년 연차연수로 비무장요원은 연간 8시간, 무장요원은 연간 16시간(8시간의 무기훈련 포함)의 훈련을 받아야 한다.

(**부연**) 훈련에 대한 국제표준 및 가이드라인을 제공하는 미국산업보안협회는 고용 이후 100일 이내에 적어도 48시간의 훈련을 하도록 권장하고 있다. 과목은 개인보안역할(Private security role), 법적 측면(Legal aspects), 군중통제(Crowd control), 심폐소생술(CPR), 접근통제(Access control), 무력(지속)사용(Use of force/continuum of force), 근무지 폭력(Workplace violence), 절도예방(Theft prevention), 받아적기(Note taking), 증언(Testimony) 등이 있으며 이 외에 다른 과목을 선택할 수 있다. 무장경비원의 경우는 무기 등 별도의 자격과 훈련이 필요하다.163)

미국산업보안협회는 직접 경비원 교육과정을 제공하기도 한다. 무장, 비무장, 그리고 훈련수준에 따라 비위임 경비원과정, 위임 경비원 과정, 신변보호 경비원과정의 3단계 교육이 있다. 이 과정을 거쳐 협회의 자격증을 얻게 되면 정부, 시설, 민간보안업체에서 근무할 수 있다. 우선 정부와 계약한 경비원은 대체로 무장 경비원으로서 우리나라의 청원경찰과 특수경비원에 해당하는 공익적 업무를 맡게 된다. 시설경비원은 보안이 필요한 시설에 직접 고용된 전문보안요원으로 은행, 병원, 호텔, 정보시설 등에서 근무하게 된다. 민간보안업체에서 근무하는 경우는 법인인 경비업체에 고용되는 경우이다.164)

[**경비원의 권한**] 뉴욕주 상법 제89-f조에 의하면, 경비원은 개인 자산 보호, 불법적인 행위의 예방을 위한 억제, 관찰, 발견, 및 보고, 도로순찰, 강도나 절도등을 예방하기 위해 설치된 경보시스템 작동시 대응 등을 할 수 있다.

---

161) 박규종, 민간경비제도 정립을 위한 경비업법 현장적용 개선방안, 용인대학교 체육과학대학원 석사논문, 2012, 73면.
162) https://dos.ny.gov/security-guard (2021.5.10. 방문).
163) 강성복, 한국민간경비학회보 제19권 2호, 2020, 10면.
164) 강성복, 한국민간경비학회보 제19권 2호, 2020, 12-14면.

[치안유지관으로 지정되는 경비원] 뉴욕주 형사절차법(Criminal Procedure Law) 제2절 (Article2. Peace Officers) 제2.10조(Persons designated as peace officers)에는 **치안유지관**(peace officer)로 지정되는 사람들이 규정되어 있는데 동조에 열거된 경비원들은 치안유지관으로서의 지위를 갖는다.[165] 예를 들어 동조의 제40항에서는 뉴욕시나 뉴욕시 병원 등은 순찰, 조사, 평온 유지 등을 수행하는 special officers를 고용해야 하며 이들이 치안유지관으로 지정됨을 명시하고 있다. 동조 제48항의 뉴욕주 공군기지 경비원(air base security guards)을 포함하여 뉴욕주 내 특정 지역 법원 등의 경비원으로 고용된 사람들도 치안유지관의 지위를 갖는다.

(해석론) 치안유지관은 지방자치체나 관공서 등이 임명하는 것으로 형사절차법에 그 종류와 임무가 규정되어 있다.[166] 동법 제2.20조(Powers of peace officer)에 의하면, 치안유지관은 위험예방과 관련하여 동법 제140.25조(Arrest without a warrant; by peace officer)의 요건을 갖추는 경우 영장없는 체포가 가능하고, 특정임무와 관련 헌법상 허용하는 범위에서 영장없는 수색이 가능하며, 총기를 소지하거나 총기류를 영치할 수 있다.

[경찰과 민간경비업의 협력] 뉴욕시에서는 경찰과 민간경비업 간 협력프로그램이 활발하게 운영되고 있다. '지역민경협력프로그램(the Area Police/Private Security Liaison program)'은 네 명의 전직 경찰서장이 1986년에 설립한 협력체제로 정부기관과 민간의 범죄 관련 정보공유, 상호존중과 교차훈련 등이 진행된다.[167] 초기 맨해튼 미드타운 지구 30개의 멤버에서 뉴욕시 전체로 확대되어 2017년에는 1,300개의 가맹업체가 참가하고 있는 것으로 확인된다.[168] CCTV에 촬영된 절도범의 사진을 교환하는 등의 민감한 정보가 교환되므로 가입을 위해서는 경비업자가 신청해야 하며 경찰의 심사과정을 거쳐야 한다.[169]

(4) 총포화약 관련

1) 총기류

미국은 국가의 건국시기부터 서부 개척시기에 이르기까지 영토의 모든 지역에 정부의 행정력과 경찰권이 행사되는 것이 현실적으로 어려운 실정이었다. 이 때문에 미국에서의

---

165) 형사절차법 제2절은 제2.10조 치안유지관으로 지정되는 사람, 제2.15조 치안유지관으로서의 연방법집행관(Federal law enforcement officers)의 권한, 제2.16조 치안유지관으로서의 유역보호집행관(Watershed protection and enforcement officers)의 권한과 의무 및 체포 관할, 제2.20조 치안유지관의 권한, 제2.30조 치안유지관의 훈련 요건으로 구성되어 있다.
166) 안황권, 융합보안논문지 제17권 4호, 2017, 84면.
167) 강성복, 한국민간경비학회보 제19권 2호, 2020, 16면.
168) 안황권, 융합보안논문지 제17권 4호, 2017, 84면.
169) 안황권, 융합보안논문지 제17권 4호, 2017, 84면.

4 절 개별 경찰행정작용법 I (행정법내 위험방지법) **113**

총기 소유는 전통적으로 자신과 가족의 생명과 재산을 지키기 위한 필수 불가결한 권리라고 여겨져 왔다.[170] 법적인 근거로는 수정헌법 제2조[171]가 누구나 총기를 합법적으로 소지할 수 있음을 명시하고 있다. 일부에서는 수정헌법 제2조에서 보호하고 있는 권리에 대해 개인의 총기 소유 권리가 아닌 주의 민병대 보유 권리라고 해석하기도 한다. 그러나 다수설 및 연방대법원의 해석에 따르면 이는 개인의 총기 소지 및 휴대의 권리라고 봄이 타당하다. 한편 각 분방별로 총기의 구입 및 소지에 대한 제한규정이 존재하며, 잦은 총기사고와 대량 총기살상(Mass shooting) 사고가 끊이지 않으면서, 최근 총기 규제 강화의 필요성이 지속적으로 대두되고 있다.

총기 소유와 사용은 허가의 대상이며 관리·감독은 여러 가지 연방법률과 다양한 분방 정부의 법률 형태로 나타난다.[172]

연방법으로는 1934년 국가무기법(National Firearms), 1938년 연방총기법(Federal Firearm Act), 1968년 총기관리법(Gun Control Act), 1990년 학교지역총기휴대금지법(Gun-Free School Zones Act), 1994년 폭력범죄규제 및 법집행에 관한 법률(Violent Crime and Law Enforcement Act), 1994년 공격형 무기금지법(Federal Assault Weapons Ban), 1997년 가정폭력전과자 총기 금지법(Domestic Violence Offender Gun Ban) 등이 있다.[173]

각 분방에서는 기본적으로 연방의 기준을 따르지만 규제의 강도는 매우 다르다. 이러한 차이는 각 지역에서 법규를 정할 때 주민들의 투표를 거쳤기 때문이다.[174] 규제 강도가 가장 강력한 분방은 캘리포니아로 나타난다.[175] 이하에서 살펴볼 뉴욕주는 캘리포니아만큼은 아니지만 보통 이상의 규제강도를 가진 것으로 나타났다.[176]

[소지면허] 뉴욕주 형법 제400.00조 (1)(a)에 의하면, 21세 이상이면 권총(handgun) 소지면허를 받을 수 있다. 동법 제265.05조는 16세 미만은 어떤 종류의 총기류도 소지할 수 없다고 명시하고 있다. 개인 소지의 총기면허관은 동법 제265.00조 (9)에 따라 뉴욕시 및 일부 카운티에서는 **경찰국장**(police commissioner), 서포크(Suffolk) 카운티에서는 **보안관**(sheriff), 그 외 지역은 **판사**(judge)이다.

---

170) 이기홍, 공종식, 마음만 먹으면 무장… 美의 끔찍한 현실, Donga.com, https://www.donga.com/news/article/all/20070418/8431637/1 (2021.7.12. 방문).
171) "자유로운 분방의 안전 보장을 위해 잘 규율된 민병대는 필수적이므로, 시민이 무기를 소지하고 휴대할 권리가 침해되어서는 아니 된다."
172) 이재삼, 법학연구 제60호, 2015, 10면.
173) 장인호, 미국헌법연구 제26권 1호, 2015, 386면.
174) 오사라, 토지공법연구 제73권 1호, 2016, 615면.
175) 오사라, 토지공법연구 제73권 1호, 2016, 615면.
176) 오사라, 토지공법연구 제73권 1호, 2016, 615면.

연방 총기관리법 제478.99조 (b)에 의하면 엽총(shotguns)과 소총(rifles) 및 이 두 가지 총기의 탄약(ammunition for shotguns or rifles)은 18세 이상의 경우에만 구매할 수 있고 이외의 총기류는 21세 이상만 구매 가능하다.

뉴욕주 형법 제400.00조 (9)에 의하면, 권총(pistol)이나 연발권총(revolver) 소지면허를 받은 사람이 동일한 총기류에 대해 새로 소지면허를 추가하거나 불필요한 면허를 삭제하려면 총기면허관에게 허가내용을 수정해줄 것을 요청할 수 있다. 총기면허관과 **분방경찰**(state police)은 새로운 무기와 관련된 수정사항을 각 기관에 기록으로 남겨야 한다.

　[**영업자 허가**] 뉴욕주 형법 제400.00조 (2)에 의하면, 무기제조(gunsmith)나 무기판매 (dealers in firearms)를 하려는 사람은 총기허가관(licencing officer)의 허가를 받아야 한다. 동법 제265.00조 (9)에 따르면 총기허가관은 지역마다 다른데, 뉴욕시 및 일부 카운티에서는 **경찰국장**(police commissioner), 서포크(Suffolk) 카운티에서는 **보안관**(sheriff), 그 외 지역은 **판사** (judge)이다.

연방 총기관리법 제923조에 의하면 무기와 탄약의 제조, 분방을 걸친 무기판매나 분방 내의 무기판매를 하려는 사람은 법무장관(Attorney General)의 허가를 받아야 한다

　[**공격형 무기**(Assault Weapon)**의 등록**] 뉴욕주 형법 제265.00조 (22)(g)에 의하면, 공격형 무기를 소유한 자는 이름, 생년월일, 성별, 인종, 사회보장번호 및 등록하는 총기에 대한 정보등을 작성하여 **분방경찰청장**(Superintendent of State Police)에게 등록하여야 한다. 등록한 자는 매 5년마다 분방 경찰부서에 등록을 갱신하여야 하며, 갱신하지 않을 경우 등록이 취소된다.

　[**불법무기경고**] 형법 제400조 (16-a)(c)에 의하면, **분방경찰청장**은 반자동 소총, 반자동 엽총, 반자동 권총 등의 무기가 불법임을 교육하는 웹사이트를 만들어 관리해야 한다.

　[**구매자 신원조회**(background check)] 연방 총기관리법 제478.102조에 의하면, 연방허가를 받은 **무기상들**(a licensed importer, licensed manufacturer, or licensed dealer)은 판매 전 구매자의 신원조회를 하여야 한다. 동조는 국가신원조회시스템(National Instant Criminal Background Check System: NICS)을 통해 신원조회를 하는 절차를 규정하고 있다.

　(**부연**) 뉴욕주는 분방정부에서 NICS 시스템을 사용하도록 되어 있지 않기 때문에 신원조회를 하기 위해서는 무기상이 직접 FBI에 요청해야 한다.[177] 뉴욕주는 분방 전체의 허가

관련 데이터와 무기류 관련 기록을 관리하는 데이터베이스를 **분방경찰**이 만들어 운영하고 있으며, 이 데이터와 유효한 면허를 가진 사람에 대한 정보가 일치하는지 정기적으로 확인하는 작업은 Division of Criminal Justice Services에서 담당한다. 뉴욕주 형법 제400.02조에서는 분방의 모든 관련 기관들(agencies)이 이러한 확인 작업이 가능하도록 각자의 기록을 유지하는데 협력해야 함을 규정하고 있다.

[**제조와 조립의 안전기준과 검사**] 뉴욕주 형법 제400.00조 (12-a)에 의하면, **분방경찰청장**은 권총(handguns), 단신엽총(short-barreled shotguns), 소총(rifles) 및 공격형 무기류(assault weapons)들의 안전하지 않은 제조 및 조립을 방지하기 위해 필요한 안전기준을 법령과 규칙으로 발할 수 있다. 이에 따라 분방경찰청장은 정부령(New York Codes, Rules, and Regulations) 제482조(Licensed Gunsmiths Engaged in the Business of Assembling or Manufacturing Firearms)에서 재료, 부품의 요건 및 안전테스트 등의 안전관리기준을 자세히 규율하고 있다. 동령 제482.4조에 의하면, **분방경찰**은 영업시간 내에 무기류 제조와 조립에 관한 제조업자의 기록에 대하여 조사할 수 있다.

[**총기제한명령**] 뉴욕주는 2019년 **경찰관**(police officer), 가족구성원, 교직원들에게 위기를 겪는 중의 사람에게서 총기류를 제거할 것을 법원에 진정할 수 있도록 분방 차원의 극단적 위험방지명령(Extreme Risk Protection Order)을 입법하였다. 민사법(Civil Practice Law and Rules) 제6343조 (3)(c)에 의하면, 법원의 총기제한명령은 최대 1년까지 가능하다. 법원의 결정이 있으면 피진정인은 총기를 **법집행관**(law enforcement officer)에게 양도해야 하며, 명령이 유효하게 지속되는 동안 총기류를 소지하지 못한다. 법원의 명령에는 **법집행관**으로 하여금 피진정인이 총기를 소지하고 있는지 수색할 수 있는 권한을 포함할 수 있다. 동법 제6344조에 의하면, **법집행관**이 총기류를 양도받거나 제거할 때에는 증서를 남기거나 우편으로 전달하여야 하며, 명령에 의해 양도받거나 제거한 총기류가 피진정인에게 합법적으로 인계되는 경우가 아니라면 최소 2년간 보관하여야 한다.

연방차원에서는 2018년 자기 또는 타인을 위험하게 할 가능성이 있는 개인에게 총기류 사용을 제한하는 것을 골자로, 법원에 의한 극단적 위험방지명령제도를 처음 도입하였다.[178]

[**가정폭력 관련 총기류 임시영치**] 최근 개정되어 발효된 뉴욕주 형사소송법 제140.10조

---

177) https://giffords.org/lawcenter/state-laws/background-check-procedures-in-new-york/ (2021.5.20. 방문).

178) https://en.wikipedia.org/wiki/Extreme_Risk_Protection_Order_Act (2021.5.20. 방문).

(6)에 의하면, 가정폭력에 대응하는 **경찰관**(police officer)에게 '확연히 보이는 곳에 있는 총기류'나 '합법적인 수색에 의하여 발견한 총기류' 또는 '총기류의 이동·소지·수리·폐기와 관련된 면허증'을 임시영치할 수 있는 권한을 부여하고 있다.[179] 동조에 의하면, 위험방지명령이나 극단적 위험방지명령이 있을 때 또는 무기류 소지 금지로 기소중이거나 유죄판결을 받은 경우를 제외하고, 경찰의 임시영치는 48시간까지 가능하다.

[**교내 총기소지 금지**] 뉴욕주 형법 제265.01조 (3)에 의하면, 면허를 받은 사람을 포함한 누구라도 교육목적으로 사용되는 건물이나 운동장, 모든 학교, 대학 내에서(주립대학이 소유하여 유지하는 삼림지역 제외) 또는 스쿨버스 내에서 그 기관의 서면승인없이 고의로 총기류를 소지해서는 안된다.

(**부연**) 뉴욕주 교육법 제2801-b조는 분방지사(Govenor)로 하여금 **분방경찰**을 포함한 4개 기관[180]의 대표자들로 학교안전개선팀(School Safety Improvement Teams)을 구성하도록 하고 있다. 이 팀은 일정 인구수 이상의 교육학군에서 자발적으로 제출하는 학교 안전 계획들을 검토하고 평가하여 의견을 제시한다.

[**기관총 소지금지**] 뉴욕주 형법 제265.10조에 의하면, 기관총(machine guns)이나 기관총의 기능을 갖고 있는 총기류의 소지는 처벌된다. 기관총의 제조, 수송, 운반, 폐기도 마찬가지로 처벌된다.

[**정신질환자 무기소지 금지**] 연방 총기관리법 제922조 (g)(4)에 의하면, 법원이나 위원회 등 합법적 권한이 있는 기관으로부터 정신적인 문제로 인해 자기 또는 타인을 위험에 처하게 할 가능성이 있거나 스스로 통제할 능력이 부족하다고 판단받은 사람들의 무기나 탄약류 소지를 금지하고 있다. 동조에 의하면, 법원이나 합법적인 기관의 조치에 의해 강제입원되거나 정신질환으로 입원의뢰되거나 약물중독치료기관에 입소하는 사람들의 무기류 소지 역시 금지된다.

뉴욕주 정신보건법(Mental Hygiene Law) 제7.09조 (j)에 의하면, 정신건강국장(Commissioner of the Office of Mental Health)은 정신건강에 대한 기록을 수집 보유 수정하고 이 기록들을 뉴욕주 형사국 또는 FBI가 운영하는 범죄정보시스템(Criminal Justice Information Service)으로 전송해야 한다. 형법 제400.00조에 의하면, **지방정부 법집행관**(Local law enforcement)은 정신건강부(Department of Mental Health)의 기록에 접속하여 권총 구입이나 소지 면허를 요청한 사람이 과거 또는 현재의 정신질환을 사유로 면허를 금지할 대상이 아닌지 확인할 수 있다.

---

179) 안전한 가정을 위한 법률(Safe Homes and Families Act)로 2020년 11월 1일자로 발효되었다.
180) the Division of Homeland Security and Emergency Services, the Division of State Police, the Division of Criminal Justice Services, and the Department of Education.

[**분실 또는 도난신고**] 뉴욕주 형법 제400.10조에 의하면, 총기나 탄약의 합법적 소유자 또는 소지자가 그 총기나 탄약을 분실 또는 도난당했을 때에는 그 사실을 알게 된 때로부터 24시간 이내에 **경찰부서**(police department)나 **보안관사무실**(sheriff's office)로 신고해야 한다. 무기거래상이나 탄약판매상 역시 도난 또는 분실을 당한 때에는 24시간 내 신고해야 한다. 동조에 의하면, 이 신고의무의 위반은 경범죄를 구성한다.

2) 화약류

미국에서는 연방차원의 화약류관리가 별도의 단일법령으로 규율되고 있다.[181] 미국은 2001년 911 테러가 발생한 이후 테러리스트와 범죄자들의 폭발물 획득을 방지하는 것을 목적으로 2002년부터 폭발물안전법(Safe Explosive Act)을 시행해 오고 있다. 이 법은 2002년 제정된 국토안보법에 포함된 법규로서, 1970년 제정된 집단범죄규제법(Organized Crime Control Act)의 한 장을 구성하던 내용을 수정하여 단일법으로 만든 것이다.[182] 이 법은 폭발물과 화약류의 제조, 테스트, 습득, 소유, 판매, 보관, 수송, 수입과 수출 등 전반을 규정하고 있다.[183] 이 법령의 주관기구는 주류담배화기관리국(Bureau of Alcohol, Tobacco, Firearms and Explosives)으로 허가발급, 신원조회, 보관 및 안전 등에 대한 조사권한을 갖는다.

각 분방 단위에서의 화약류 관리 입법 형태는 차이가 있다. 뉴저지주는 폭발물을 전담법규(Explosive Act)로 규제하지만, 뉴욕주는 폭발물관리에 대한 규율이 노동법(Labor Law)내에 한 절(Article)을 구성한다. 뉴욕주에서는 노동국(Department of Labor)의 장(Commissioner)이 안전관리에 관한 세부 규정을 정할 권한이 있고 관련 허가(license)를 취급하는 등 노동국이 폭발물 안전에 관한 주무기관이다.

다음은 뉴욕주의 노동법과 행정규칙 내 화약류 관련 위험예방과 관련된 경찰활동이다.

[**사용목록의 작성과 안전조사**] 뉴욕주 정부령 제39.6조 (d)에 의하면, 화약류를 개봉하거나 사용한 경우에는 각각 그 날이 종료되는 시점에 재고목록이 작성되어야 한다. 노동국장의 조사를 위해 개봉되는 경우를 제외하고 화약류의 분실 등으로 재고목록에 차이가 날 때 영업주는 **분방경찰**(New York State Police)에 즉시 알려야 하며, 산업국장(Industrial Commissioner)에게는 24시간 이내에 서면통보해야 한다.

동조에 의하면, 산업국장(The Industrial Commissioner of the State of New York)은 화약류 보관소에 대하여 최대 3일 간격으로 안전에 대한 조사를 하여야 하는데 이 과정에서 허가받지 않은 화약류의 유입이나 유출이 발견될 때에도 **분방경찰**(New York State Police)에 즉시

---

181) 김정규, 한국경찰학회보 제15권 2호, 2013, 66면.

182) https://www.hsdl.org/?abstract&did=455008 미국 국토안보국 전자도서관 (2021.5.19. 방문).

183) https://laws-lois.justice.gc.ca/eng/acts/e-17/FullText.html (2021.5.24. 방문).

신고하여야 하며 산업국장에게 24시간 내 서면통보하여야 한다.

[**무연화약의 특별취급**] 뉴욕주 정부령 제39.6조 (m)에 의하면, 민간 기업에서 밀봉한 무연화약(Smokeless Powder)의 경우는 즉시 제거가 가능한 장소에 두어야 한다. 이 특정장소의 위치는 **경찰**(police authority)과 소방의 파일에 보관되어야 한다.

[**화약류 안전수송**] 뉴욕주 정부령 제39.11조 (h)에 의하면, 화약류의 수송 중에는 항상 수송담당자가 참여해야 한다. 수송거리가 차량연료량을 초과하는 거리일 경우 차량이 폭동이나 무질서가 일어나고 있는 지역에 정차는 할 수 있되, 운전자가 그러한 지역에 있음을 인지하는 즉시 벗어나야 하며 가장 가까운 **경찰기관**(police agency)에 연락하여 도움이나 에스코트를 요청해야 한다.

(5) 사격장 관련

미국은 연방 차원의 사격장 안전 관리법이 없고, 분방 차원의 입법은 다양한 형태로 존재한다. 미국 전미소총연합(National Rifle Association of America)[184]에서 2013년 발행한 사격장 안전관리 입법모음집을 보면 각 분방별로 규정 유무와 입법 형태를 확인할 수 있다.[185] 하와이는 관련 법이 아예 없으며, 미시시피와 텍사스주는 다른 분방들보다 세세한 규정을 두고 있다.

뉴욕주는 상법(General Business Law) 제150조에서 야외사격장(outdoor range)의 소음관리를 위주로 규율하고 있다. 사격장 안전에 관련된 경찰예방활동이 있는 지역은 각 시의 행정규칙에 규정을 두고 있으나, 각 시별로도 입법 형태에 차이가 존재한다. 알바니시[186]와 뉴욕시[187]의 경우 사격장 안전에 대한 별도의 장(Chapter)이나 조항들을 두고 있지 않으나, 킹스턴시는 행정규칙에 별도의 장을 두고 경찰예방활동들을 규정하고 있다.

다음은 뉴욕주 킹스턴시 행정규칙(Administrative Code) 내 사격장 안전 관련 위험예방과 관련된 경찰활동이다.

[**사격장 허가**] 킹스턴시 행정규칙 제224-2조에 의하면, 사격장을 운영하려는 사람이나 기업은 킹스턴시 **경찰서장**(Chief of Police)으로부터 허가(license)를 받아야 한다. 동 규칙 제224-2조에 의하면, 영업허가 취소와 정지도 **경찰서장**에 의한다.

(**해석론**) 킹스턴시는 야외사격장 운영을 금지하고 실내사격장만을 그 규율 대상으로

---

184) 1871년 뉴욕에서 설립된 미국 내 영향력있는 총기사용 옹호그룹 https://home.nra.org/ (2021.5.24. 방문).

185) https://rangeservices.nra.org/media/4075/gun-range-protection-statutes.pdf (2021.5.25. 방문).

186) 알바니시 행정규칙 웹사이트 https://ecode360.com/7682498 (2021.5.25. 방문).

187) 뉴욕시 행정규칙 웹사이트 https://nycadmincode.readthedocs.io/t25/index.html (2021.5.25. 방문).

한다.

[**사격장 설치제한과 안전점검**] 킹스턴시 행정규칙 제224-11조에 의하면, 사격장은 학교, 교회, 병원, 레크리에이션 시설 및 **경찰서장**이 인근 주민에게 소음을 유발할 수 있다고 판단하는 위치로부터 1,000 피트[188) 이내에 설치되어서는 안된다.

동 규칙 제224-11조 (g)에 의하면, 모든 총기류는 한달에 두 번씩 정확도와 안전에 관한 테스트를 받아야 한다. 이 테스트 확인서는 3년간 유지되어야 하고 **킹스턴 경찰**(any member of the Kingston Police Department)은 이를 조사를 위해 사용할 수 있다.

[**기록작성 및 보관**] 킹스턴시 행정규칙 제224-19조에 의하면, 모든 사격장은 이용자들의 이름, 나이, 주소, 총기의 종류 등을 적은 기록을 유지해야 하며 **킹스턴 경찰**은 누구라도 영업시간 내라면 조사를 위해 이 기록들을 열람할 수 있다.

[**경찰서장의 규칙제정권**] 킹스턴시 행정규칙 제224-23조에 의하면, **경찰서장**은 동 행정규칙에 정해진 것과 상응하는 범위에서 사격장 관련 절차나 규정을 만들어 공포할 수 있다. 이 규정들은 시의회와 협의를 거쳐 시청에 기록되어야 하고 대중에 공개되어야 한다.

(6) 유실물 관련

[**관습법**] 미국 관습법에 따르면, 유실물(Lost property)은 그 소유자가 의도함없이 비자발적으로 그 지배를 벗어나게 된 개인의 물건으로 정의된다. 유실물을 습득한 사람은 원소유자가 나타날 때까지 그 물건을 갖고 있을 수 있다. 이는 공공의 장소에서 유실물을 발견하거나 사유지에서 발견하거나를 가리지 않고 동일하게 적용된다. 그러나 이 관습법은 현대적 해석을 통해 수정되어 입법화되고 있는 추세이다.[189)

[**분방법**] 뉴욕주 사유재산법(Personal Property Law) 제252조에 의하면, 누구든지 20달러 이상의 가치가 있는 물건을 습득하였거나 소지하게 된 사람은 습득한 날로부터 10일 이내에 원소유자에게 돌려주거나 **경찰서**(police station)나 **시경찰국**(police headquarters of the city)에 신고하고 그 물건을 맡겨야 한다. 10달러 이상의 가치를 가진 수표, 어음, 선하증권, 채권 등의 증서를 습득하였을 때도 마찬가지다.

[**경찰의 보관**] 뉴욕주 사유재산법 제253조에 의하면, 유실물을 신고받은 **경찰**(police)은 그 유실물이나 유실증서를 보관하거나, 매각 가능한 경우 그 대가를 보관하여야 하며 보관을 맡긴 사람에게 물건과 보관 내용을 식별할 수 있도록 영수증을 발급해주어야 한다. 유실물이 발견된 장소가 공공장소나 고속도로가 아닌 경우 그 장소의 점유자에게도 통지해야

---

188) 1,000피트는 305미터 정도의 거리이다.
189) 코넬 로스쿨 법률정보기관 웹사이트 https://www.law.cornell.edu/wex/lost_property (2021.5.24. 방문).

한다. 보관에 별도 취급이 필요한 물건은 경찰이 그 보존 가치가 있다고 인정하는 경우 공공 또는 민간 시설에 보존할 수 있다. 부패할 가능성이 있는 유실물의 경우 경찰은 즉시 매각해야 한다.

뉴욕주 사유재산법 제253조에 의하면, 소유자에게 반환되지 않은 유실물의 경찰 보존 기간은 그 가액에 따라 다르다. 100달러 미만의 유실물과 그 매각대금은 3개월, 100달러 이상 500달러 미만의 유실물과 매각 대금은 6개월, 500달러 이상 5,000달러 미만의 유실물과 매각 대금은 1년 동안 보관해야 한다. 이 보관종료일이 도래하기 3개월 전에 **경찰**(police)은 원소유자, 유실물에 이해관계가 있는 사람, 습득자, 그 물건을 청구한 적이 있는 모든 사람들 및 습득자가 자신의 권리를 행사하도록 지정한 자 등 가능한 모든 사람에게 통지해야 한다. 통지는 서면으로 작성하여 인편이나 등기우편으로 발송해야 한다.

[**습득자의 소유권 취득**] 뉴욕주 사유재산법 제253조에 의하면, 발송일로부터 3개월 내에 자신의 물건임을 주장하는 소유자가 나타나지 않으면 그 물건은 습득자나 습득자가 자신의 권리를 행사하도록 지정한 자에게 주어진다.

[**공매 및 국고귀속**] 뉴욕주 사유재산법 제254조에 의하면, 발송일 이후 보관종료일이 3개월하고도 열흘이 지난 경우 원소유자가 나타나지 않고 습득자도 자신의 권리를 요구하지 않을 경우 그 물건은 공매에 부쳐진다. **분방경찰**이 보관하고 있는 유실물이 매각대금이라면 분방의 유실물 기금(Abandoned property fund)에 편입시켜 보관한다.

[**반환 및 비용상환**] 뉴욕주 사유재산법 제254조에 의하면, **경찰**(police)은 유실물이나 매각대금을 보관하는데 들어간 비용이 있을 때 그 비용을 제한 나머지 금액만을 청구자로부터 반환받아야 한다. 보관 종료기간이 도래하기 전에 아무도 청구하는 사람이 없거나 혹은 보관 종료기간이 지난 후 습득자도 청구하지 않는 경우 보관 비용을 제하고 원소유자에게 반환해야 한다. 보관종료 시점에 소유자의 청구가 없는 때에는 보관비용을 제하고 습득자에게 반환해야 한다. 보관기간을 종료하고도 열흘이 지난 시점에서 원소유자 및 습득자 모두 청구가 없는 때에는 유실물이 금전인 경우 보관비용이 지불되어야 하고, 물건인 경우 공매로 매각한 뒤 보관비용이 지불되도록 하여야 한다. **분방경찰**에 보관된 자산의 매각은 분방의 감사원장(Comptroller)이 정한 규칙에 상응하는 방식으로 매각하여야 한다.

[**증서반환**] 뉴욕주 사유재산법 제255조에 의하면, 유실증서를 반환받을 권리가 있는 자는 그 증서를 보관하는데 들어간 모든 비용을 지불한 뒤 반환받을 수 있다. 유실증서는 폐기하거나 매각하여서는 안되며, 습득자나 경찰에 보관시킨 자, 발견장소의 점유자에게 반환하여서는 안된다.

[**습득자 권리의 제한**] 뉴욕주 사유재산법 제256조 (1)에 의하면, 습득자가 범죄행위로 인

해 유실물을 소지하게 되었다면 그 유실물이 발견된 장소의 점유자가 습득자가 된다.

동법 제256조 (2)에 의하면, 습득자가 임무수행 중의 공무원이거나 공기업 직원일 때 습득자는 분방 또는 공기업이 된다.

동법 제256조 (6)에 의하면, 유실물의 권리를 결정하기 위한 절차가 개시된 때에는 **경찰**(police)은 법원의 명령에 의한 경우를 제외하고 유실물이나 유실증서를 반환할 수 없다.

(7) 실종아동 관련

미국의 실종사건 대응체계는 분방별로 상이하지만, FBI가 분방에서 발생하는 사건에 개입할 수 있는 근거법률이 존재하고 민간단체인 실종 및 착취아동센터(National Center for Missing and Exploited Children)가 미 전역에 걸쳐 경찰의 실종사건 업무를 지원하고 있어 신속하고 집중적인 대응이 가능하다는 평가를 받는다.[190]

연방 법무부는 1932년의 연방납치법(Federal Kidnapping Act)에 근거하여 미국의 각 분방에서 발생한 납치사건의 수사에 개입할 수 있다. 이후 1982년에는 미아법(Missing Children Act)이 제정되어 법집행기관들이 모든 실종아동사건을 치밀하게 수사하고 관련 정보를 FBI 국가정보센터에 입력하게 되었다. 1984년에는 실종아동지원법(Missing Children's Assistance Act)을 마련하여 연방정부가 실종아동 찾기를 제도적으로 지원해 주도록 규정하고 있다. 동법을 근거로 미국 법무부 산하에 비영리법인인 국가실종 및 착취아동센터가 설립됨으로써 실종아동찾기에 대한 전국 단일망 체계가 구축되었다.[191] 이 단체는 24시간 수신자 부담 전화를 이용하여 실종 아동 관련 정보를 제공하고, 실종 아동의 가족을 지원하며, 경찰 등의 수사기관에 정보를 제공하는 활동을 하고 있다. 1994년에는 전국아동찾기지원법(National Child Search Assistance Act)의 제정으로 FBI가 운영하는 국립범죄정보센터(National Crime Information Center)에서 실종아동 발견을 위한 수배제도들을 신설하였다.[192]

실종아동의 신속한 발견을 위한 절차로 국내에도 잘 알려진 앰버경보(Amber Alert)와 코드아담(Code Adam)은 2003년 아동착취 근절을 위한 형사구제 및 기타 구제법(Prosecutorial Remedies and Other Tools to End The Exploitation of Children Today Act)에서 확립되었다. **앰버경보**는 경찰이 어린이가 유괴되어 위험상황에 있다고 판단하는 경우 라디오, 텔레비전, 교통상황 안내판, 무선 SMS 메시지 등 다양한 매체를 통해 긴급메시지를 송출하여 대중들에게 즉시 그 사실을 노출시키는 시스템을 말한다.[193] 동법 302조는 법무장관(Attorney General)이

---

190) 박종철 외, 한국경찰연구 제17권 3호, 2018, 48면.
191) 김학신 외, 경찰학논총 제6권 2호, 2011, 320면.
192) 김학신 외, 경찰학논총 제6권 2호, 2011, 320면.
193) https://amberalert.ojp.gov/ 미국 앰버경보 정부 웹사이트 (2021.5.26. 방문).

국가앰버경보 코디네이터를 지정하여야 하며 코디네이터는 **분방 및 자치 법집행기관**(State and local law enforcement agencies)과 협력하여 앰버경보 단행과 전파에 대한 최소 기준을 설정하여야 한다고 규정하고 있다. **코드아담**은 아동이나 치매노인 등이 다중이용시설에서 실종되었을 때 시설 운영자가 일차적으로 수색하도록 하는 절차이며, 연방정부가 소유하는 공공건물에서는 강제적으로, 민간시설에서는 자발적으로 적용된다. 시설의 관리자는 연간 1회 교육 및 훈련을 진행하여야 하고 **경찰**에 결과를 보고하여야 한다.

실제 경찰의 대응은 분방마다 차이는 있으나 대체적으로 미국경찰은 실종사건을 긴급한 것과 긴급하지 않은 것으로 구분한다. 비긴급의 경우는 실종자가 18세에서 60세 사이로 사안에 따라 가출 또는 실종 관련 사건으로 처리한다. 긴급한 경우는 18세 미만의 아동, 60세 이상의 고령자, 정신지체 장애인이 실종된 경우다. 특히, 18세 미만 아동이 실종되었을 때는 '잠재적인 유괴범죄'로 간주하여 경찰과 FBI가 즉시 수사에 가담하며 **법집행관**(law enforcement)은 국가 앰버경보 담당관에게 앰버경보를 요청하고, 담당관은 국가실종 및 착취 아동센터에 앰버경보를 요청하여 적극적으로 수사한다.[194]

앞서 소개한 법률 외에 실종사건에서 경찰의 초기 위험성 판단을 돕기 위해 가이드라인 형태로 제안된 모델 법안(Model State Missing Persons Statute)이 있다.[195] 이 법안을 분방 내 실종 사건에 적용할지 여부는 각 분방의 재량사항이다.

뉴욕주에서 실종사건과 관련된 경찰의 위험예방 규정은 다음과 같다.

[실종아동 정보등록] 뉴욕주 집행법(Executive Law) 제837-e조(Statewide central register for missing children)에 의하면, 실종아동의 지문, 치아정보, 사진, 혈액형을 포함, 신원확인이 가능한 모든 데이터는 등록대상이다. 뉴욕주 시스템에 등록된 정보는 관리주체인 형사서비스부(Division of Criminal Justice Services)에 의해 실종 및 신원미상자 등록시스템(National Missing and Unidentified Persons System)[196]으로 전송되며 이 자료는 실종아동사건을 다루는 모든 경찰기관이 사용가능하다. 신속한 발견을 위해 실종아동의 정보가 대중에게 공개되어야 할 때는 실종아동의 부모나 후견인이 조사중인 경찰부서에 서면으로 정보공개를 승인하는 경우 가능하다(정보의 공개로 인해 아동이 위험에 빠질 수 있는 경우를 제외한다). 동조 (6)에 의하면 실종아동이 살아서 발견되고 실종사실이 범죄와 관련이 없을 때에는 **분방경찰청장**(Superintendent of State Police), **보안관**(sheriff), **경찰서장**(Chief of Police), **검시관**(coroner), **기타**

---

194) 경찰청, 「실종 수사 업무 개선 계획」, 2017.

195) 미국 Department of Justice 웹사이트 내 모델 법안 https://www.ojp.gov/pdffiles1/nij/210740v2.pdf (2021.5.27. 방문).

196) https://www.namus.gov/미국 전역에서 발생하는 실종자 데이터를 입력하고 관리하는 시스템이며 Office of Justice Program's National Institute of Justice가 관리주체이다. (2021.5.27. 방문).

형사법기관(other criminal justice agency)들은 그 실종아동과 관련된 모든 기록들을 지우고 관련 자료들을 파기해야 한다.

> 동법 제838조에 따르면, 누군가 **법집행관**(law enforcement authority)에 실종자를 신고한 경우, **법집행관은**(the authority) 실종자의 가족이나 가까운 친척에게 실종자의 치아기록을 형사서비스부에 보내도록 요청해야 한다. 실종자가 신고 30일 이후에도 발견되지 않는 경우 **법집행관**은 치과의사에게 실종자 치아관련 자료를 10일 이내 형사서비스부에 보내도록 요청해야 한다. 만약 실종자가 30일 이내에 발견되지 않고 가족이나 친척도 없는 경우 **법집행관**은 실종자를 찾는 조사가 진행되고 있음을 서면으로 기록해 둘 수 있다.

[**변사자 신원확인**] 뉴욕주 집행법 제838조(Identification of unknown dead and missing persons)에 의하면, 카운티의 검시관이 변사자 지문, 발견 일시장소 및 사인불명 등의 기록을 형사서비스부와 실종 및 신원미상자 등록시스템에 제공하면 이 자료는 형사서비스부에 의해 뉴욕주 내 모든 **법집행기관**(all law enforcement agencies)에서 사용가능하며, 타 분방의 경찰기관도 요청에 의해 사용가능하다. 이 자료를 통한 신원대조 작업은 형사서비스부에서 담당하며, 등록되어 있는 실종자 데이터와 변사자의 신원이 잠정적으로 일치하는 경우 그 비교결과를 실종사건을 보고한 **법집행관**에 제출해야 한다.

[**성인 실종 대응절차**] 동법 제837-f-2조에 의하면, 성인이 평소 거주지로부터 사라진 때, 평소 그 사람의 소재를 알고 있는 다른 성인이 그 사람의 소재를 모를 때, 장애를 가진 사람일 때, 신체적인 위험이 있는 사람인 때, 곤란한 상황을 겪은 뒤 사라진 때, 자발적으로 사라진 것이 아닌 때, 안전이 우려되는 합리적인 사유가 있는 때 실종 신고를 받은 **경찰기관**(the police agency)은 이와 같은 실종 성인에 대해 국립범죄정보센터에 등록할 자료를 수집하여 전자보고서로 제출해야 한다. 만약 이 실종자가 30일 이내 발견되지 않으면 등록된 정보는 형사서비스부에 의해 실종 및 신원미상자 등록시스템으로 전송된다.

(8) 사행행위 관련

미국에서 사행행위는 연방, 분방, 원주민정부, 그리고 지방정부의 각 차원에서 규율된다.

연방정부의 역할은 분방정부의 법집행을 지원하는 수준이지만 온라인 도박, 여러 분방에 걸치는 도박행위, 스포츠베팅은 연방법의 엄격한 제한을 받는다.

> ● **관련 연방법**
> The Wire Acts(1961)는 특정 유형의 도박 사업(betting business)을 금지한다. The Professional and Amateur Sports Protection Act(1992)는 스포츠도박을 규제한다. 오레곤, 델라웨어, 몬타나, 네바다 등에서만 스포츠도박이 합법이고 다른 분방에서는 불법이다. The Illegal Gambling Business Act(1970)는 Organized Crime Control Act의 일부로서 조직적인 불법도박을 규정한다. The Travel Act(1961)는 특정 불법행위(unlawful activity)를 목적으로 미국우편을 사용하거나 분방 간 여행, 해외여행 등을 하는 경우를 불법으로 규정한다. 이 특정 불법행위의 유형에 '도박 관련 사업(any business enterprise involving gambling)'이 포함되어 있다. Wagering Paraphernalia Act and Johnson Act(1961)는 경마, 스포츠베팅, 기타 도박을 위한 용품, 기구 등의 분방 간이나 해외 무역 수송을 금지한다. Anti-Lottery Laws(1988)는 복권 및 관련 용품의 분방 간이나 해외 수송을 금지한다. Indian Gaming Regulatory Act(1988)는 원주민정부로 하여금 연방법으로 금지되지 않은 행위인 한 관할 내 자체적으로 사행행위를 규율할 재량을 부여한다. Interstate Horseracing Act(1988)는 둘 이상의 분방에 걸치는 경마사업과 장외도박을 규제한다. The Unlawful Internet Gambling Enforcement Act(2006)는 '인터넷을 사용하여 여러 사람들이 참여한 내기나 도박을 위해 지불하는 돈을 고의로 받는' 형태를 온라인 도박사업으로 규정하고 이를 금지한다.

연방정부는 1988년 제정된 Indian Gaming Regulatory Act에 근거하여 분방정부와 원주민정부 사이에 합의가 있다면 원주민에게 신탁된 지역(Native American Trust Land)에서 사행행위가 가능하도록 재량을 부여하고 있다.

각 분방정부는 사행행위에 대한 주요 규제기관으로 허가가 가능한 행위와 불법적 행위의 범위를 설정하고, 범죄에 해당하는 도박을 금지하며, 도박장 운영허가를 발급한다.[197] 분방에서 운영하는 복권사업을 사행행위에 포함시키면 미국 내 모든 분방이 일정한 유형의 사행행위를 허가한다고 볼 수 있다. 그러나 카지노 형태의 도박을 허가한 곳은 범위가 좁은 편이다. 카지노 형태의 도박이 분방 내에서 광범위하게 합법적인 곳은 네바다주와 루이지애나주뿐이고 이 두 개 분방의 정부는 영업허가와 지역 범위를 규제하고 있다. 이외 다른 분방들은 카지노 도박이 가능한 지역의 범위가 좁다.

[사행행위의 예외적 허용] 뉴욕주 헌법 제1절(Article 1. Bill of Rights) 제9조에 의하면, 사행행위는 원칙적으로 금지되나 몇 가지의 예외가 허용된다: 1) 분방에서 운영하는 복권사업, 2) 허가된 카지노(7개소까지 합법)에서의 도박행위, 3) 경마도박 중 이긴 말에 돈을 건 사람들에게 수수료와 세금 따위를 공제하고 건 돈 전부를 분배하는 식의 내기, 4) 자선·종

---

197) 미국 법률 정보제공 웹사이트 내 '미국 사행행위법의 역사'에 대한 기사 https://www.hg.org/legal-articles/a-history-of-american-gaming-laws-31222 (2021.5.28. 방문).

교·비영리단체에서 모금을 위해 진행하는 빙고나 복권게임.

　기타 뉴욕주의 사행행위 관련 법률로는 분방에서 운영하는 복권사업을 규율하는 뉴욕세법(New York Tax Law), 자선 빙고 게임을 규율하는 집행법(Executive Law)과 운에 좌우되는 자선게임을 규율하는 일반자치법(General Municiple Law), 경마 및 경주 등을 규율하는 경마, 경주법(Racing, Pari-Mutuel Wagering and Breeding Law)이 있다.

> ● **도박범죄(Gambling Offenses)**
> 뉴욕주 형법 제255절(Article)에 의하면, 단순히 도박을 하는 사람들은 범죄자가 아니며, 도박과 관련 범죄는 다음과 같다: 복권을 운영하는 등의 도박 조장행위, 도박 기록의 소지행위, 슬롯머신 등의 도박 용품의 소유, 사기도박, 조작되거나 불법적인 게임도구의 사용, 불법적인 게임용품의 사용이나 소지, 게임결과의 조작, 사행행위법에 위반되는 기구의 생산, 판매 및 변경.

　[**사행영업의 허가**] 뉴욕주 정부령 제9장(Title 9. Executive Department) 내 뉴욕주게임위원회(Subtitle-T. New York State Gaming Commission) 규정과 경마, 경주법(Racing, Pari-Mutuel Wagering and Breeding Law) 제1405조에 의하면, 뉴욕주에서 사행행위 영업의 허가는 뉴욕주게임위원회(New York Gaming Commission)에서 담당한다.

　(**부연**) 뉴욕주 헌법에서 보장한 7개의 카지노 중 현재까지 4군데의 카지노가 합법적 허가로 개장하였다. 뉴욕주 내에 원주민 지역은 원주민지역게임위원회(Tribal Gaming Commission)에서 담당한다.

　[**특별경찰관**] 뉴욕주 경마·경주법 제312조에 의하면, 동법 제222조부터 제705조에서 규정하고 있는 경마, 경주 관련 기업이나 연합의 책임자(director) 또는 직원(officers)은 질서유지와 범죄예방을 위해 필요에 따라 **특별경찰관**(special police officer)을 임명하고 해고할 수 있는 권한을 갖는다. 특별경찰관은 경마 및 경주 트랙이나 운동장 및 주변의 질서유지와 자산의 보호를 위해 형사절차법 제2.2조에서 규정하고 있는 치안유지관(peace officer)과 동일한 권한이 있다. 불법한 행위를 하는 사람을 쫓아내거나 체포할 수 있고, 체포사유서를 작성하거나 체포한 사람을 법원으로 이송할 수 있다. 특별경찰관의 임명은 게임위원회의 승인(approval)이 있어야 한다. 게임위원회는 특별경찰관의 임명과 해고, 근무 조건이나 규칙 등을 설정할 재량을 갖는다.

　동법 제425조에 의하면, 단거리 경마를 운영하는 기업의 책임자 또는 직원은 질서유지와 범죄예방을 위해 필요에 따라 **특별경찰관**을 임명하고 해고할 수 있는 권한을 갖는다. 특별경찰관의 권한은 치안유지관의 권한과 동일하다.

동법 제504조에 의하면, 뉴욕시를 제외한 지역에서 장외경마(off-track betting)를 운영하는 기업의 책임자 또는 직원은 그 사무실 및 주변의 질서유지와 범죄예방을 위해 **특별경찰관**을 임명하고 해고할 수 있는 권한을 갖는다. 특별경찰관의 권한은 치안유지관의 권한과 동일하다.

동법 제605조에 의하면, 뉴욕시에서 장외경마(off-track betting)를 운영하는 기업은 질서유지를 위해 자신의 비용으로 **특별순찰관**(special patrol officer)이나 제504조에서 규정하는 **특별경찰관**을 고용하여야 한다. 특별순찰관이나 특별경찰관은 시경찰(regular members of the police force of the city)과 동일한 권한과 의무를 갖는다.

[**불법행위의 금지**] 뉴욕주 농업과 시장법(New York Agriculture and Markets Law) 제288조에 의하면, **분방경찰**(state police)은 농업지역에서 농축산물 박람회 등을 개최할 때 외설적인 쇼나 도박기구를 사용한 내기 등이 진행되지 않도록 금지할 수 있다.

(9) 풍속영업 관련

미국은 우리나라 풍속영업의 규제에 관한 법률처럼 풍속영업의 유형을 규정하여 공통적 준수사항을 두고 있지는 않다. 분방법에 각 업종을 관장하는 법률이 있고 그 개별 법률에서 위반사항을 규제한다.

예를 들어 뉴욕주에서 청소년 출입제한이 있는 유흥업소는 주류관리법(Alcoholic Beverage Control Law)에 의해, 숙박업은 상법(General Business Law)에 의해, 성매매와 관련된 업종들은 공중보건법(Public Health Law)에 의해 규제된다.

2. 타부처 소관법령

(1) 정신질환자 관련

미국의 선행연구에 따르면 경찰관 중 약 90%가 매달 6건 정도의 정신질환자 관련 신고를 받는다고 한다.[198] 더불어 미국 구치소 수감자의 44%가 정신질환을 앓는 사람들이며, 이 중의 26%가 심각한 정신질환을 앓고 있다.[199] 형사법체계 내에 정신질환을 가진 인구의 비율이 높고, 심각한 정신질환을 가진 사람들이 경찰에 체포될 확률이 매우 높다는 연구결과[200]를 볼 때 정신질환자 관련 사건에서 경찰은 문지기(Gatekeeper)로서 신속하게 개입 여

---

198) 안재경 외, 경찰학연구 제12권 2호, 2019, 121면.
199) J. Bronson, & M. Berzofsky, *Indicators of mental health problems reported by prisoners and jail inmates, 2011-2012*, Washington, DC: U.S. Department of Justice, Bureau of Justice Statistics, 2017.

부를 판단해야 하는 중요한 위치에 있다.

1) 정신질환자에 대한 총기제한명령

정신건강과 관련된 미국의 연방법은 정신질환자의 총기소지를 금지하는 총기관리법(Gun Control Act), 정신질환 사례 협력을 위한 부처합동위원회(Interdepartmental Serious Mental Illness Coordinating Committee)의 근거가 되는 치료법(Cures Act), 정신질환 치료의 보험과 관련된 부담적정보험법(Affordable Care Act)과 정신건강위기가족지원법(Helping Families in Mental Health Crisis) 등이 있다. 총기관리법 외의 연방법들은 경찰의 위험예방조치와는 관련이 없다.

[**정신질환자 무기소지 금지**] 앞서 총포화약법에서 논의한 바와 같이 연방 총기관리법 제922조 (g)(4)에 따르면 법원이나 위원회 등 합법적 권한이 있는 기관으로부터 정신적인 문제로 인해 자기 또는 타인을 위험에 처하게 할 가능성이 있거나 스스로 통제할 능력이 부족하다고 판단되는 사람들의 무기나 탄약류 소지를 금지하고 있다. 동조에 의하면, 법원이나 합법적인 기관의 조치에 의해 강제입원되거나 정신질환으로 입원의뢰되거나 약물중독치료기관에 입소하는 사람들의 무기류 소지 역시 금지한다.

이러한 연방의 극단적 위험방지명령(Extreme Risk Protection Order) 제도에 따라 뉴욕주는 2019년 **경찰관**(police officer), 가족구성원, 교직원들에게 위기를 겪는 중의 사람에게서 총기류를 제거할 것을 법원에 진정할 수 있도록 분방 차원의 극단적 위험방지명령을 입법하였다. 민사법(Civil Practice Law and Rules) 제6343조 (3)(c)에 의하면, 법원의 총기제한명령은 최대 1년까지 가능하다. 법원의 결정이 있으면 피진정인은 총기를 **법집행관**(law enforcement officer)에게 양도해야 하며, 명령이 유효하게 지속되는 동안 총기류를 소지하지 못한다. 법원의 명령에는 **법집행관**으로 하여금 피진정인이 총기를 소지하고 있는지 수색할 수 있는 권한을 포함할 수 있다. 동법 제6344조에 의하면, **법집행관**이 총기류를 양도받거나 제거할 때에는 증서를 남기거나 우편으로 전달하여야 하며, 명령에 의해 양도받거나 제거한 총기류가 피진정인에게 합법적으로 인계되는 경우가 아니라면 최소 2년간 보관하여야 한다.

[**총기면허 금지대상의 확인**] 뉴욕주 정신보건법(Mental Hygiene Law) 제7.09조 (j)에 의하면, 정신건강국장(Commissioner of the Office of Mental Health)은 정신건강에 대한 기록을 수집·보유·수정하고 이 기록들을 뉴욕주 형사국 또는 FBI가 운영하는 범죄정보시스템(Criminal Justice Information Service)으로 전송해야 한다. 형법 제400.00조에 의하면, **지방정부 법집행관**(Local

---

200) L. A. Teplin, Criminalizing mental disorder: The comparative arrest rate of the mentally ill. *American Psychologist*, 39, 1984, p. 795.

law enforcement)은 정신건강부(Department of Mental Health)의 기록에 접속하여 권총 구입이나 소지 면허를 요청한 사람이 과거 또는 현재의 정신질환을 사유로 허가를 금지할 대상이 아닌지 확인할 수 있다.

2) 정신질환자에 대한 경찰 위험예방조치

정신질환자가 관련된 위기상황에서 경찰이 정신질환자에 취할 수 있는 조치들은 크게 두 가지로 나뉜다. 첫 번째는 환자의 협조로 스스로 치료받을 수 있게 하는 방법이다.[201] 본인 협조에 의한 방법은 경찰, 정신건강 전문가 또는 가족들의 설득에 의해 치료를 받도록 하는 것으로 강제성이 없다. 미국 경찰은 핫라인, 기동위기서비스(mobile crisis intervention) 등 다양한 위기개입제도 및 경찰 위기개입팀(Crisis Intervention Team)을 운영하여 서비스를 제공한다. 두 번째는 응급상황에서 경찰의 판단이나 법원의 명령으로 정신질환으로 인해 자신이나 타인에게 심각한 위해를 가할 것으로 판단되는 사람을 강제로 보호조치하거나 병원으로 이송하는 것이다.[202]

뉴욕주 정신보건법 하에 강제성이 수반되는 경찰조치들로 보호조치 및 응급입원, 보호입원 및 행정입원의 지원, 법원의 강제진료명령 지원 등 세 가지가 있다.

[**보호조치 및 응급입원**] 뉴욕주 정신보건법 제9.41조(Emergency admissions for immediate observation, care, and treatment; powers of certain peace officers and police officers)에 의하면, **치안유지관**(peace officer, when acting pursuant to his special duties)이나 **분방경찰관**(police officer who is a member of the state police), **권한있는 경찰부서의 경찰관**(police officer of an authorized police department or force), **보안관사무실의 경찰관**(police officer of a sheriff's department)은 정신질환으로 인해 자신이나 타인에게 심각한 위해를 가할 것으로 판단되는 사람을 보호조치할 권한이 있다. '심각한 위해를 가할 가능성'은 자살이나 자해 또는 스스로를 위험하게 할 수 있는 행동이나 살인이나 폭력적인 행동으로 타인들을 공포스럽게 하는 행위들로 판단한다.

동조에 권한이 있는 자로 열거된 치안유지관이나 경찰관 등은 직접 이러한 사람들을 다른 곳으로 옮길 수 있고 병원으로 이송할 수 있으며, 응급상황이거나 입원이 지연되는 경우 안전한 장소에 일시적으로 보호조치할 수 있다. 이 경우 보호조치를 집행한 **경찰관**은 커뮤니티 서비스의 장에게 즉시 통지해야 하며, 그와 같은 기관이 없는 지역의 경우는 시나 카운티의 보건공무원(health officer)에게 통지해야 한다.

---

201) 박인환 외, 대한의료법학회 제19권 1호, 2018, 54면.
202) 박인환 외, 대한의료법학회 제19권 1호, 2018, 54면.

[**보호입원 및 행정입원의 지원**] 뉴욕주 정신보건법 제9.27조(Involuntary admission on medical certification)에 의하면, 환자의 가족들이나 환자의 치료와 관련된 기관의 직원들이 신청하는 경우 두 명의 의사 진단서에 의해 비자발적 치료(Involuntary admission on medical certification)가 가능한데, 이 경우 의사들은 진찰을 위해 **치안유지관**이나 **권한있는 경찰부서의 경찰관, 보안관사무실의 경찰관**으로 하여금 그 환자를 구금하여 병원으로 데려오도록 요구할 수 있다.

[**법원 강제진료명령의 지원**] 뉴욕주 정신보건법 제9.6조에 의하면, 비자발적 외래치료지원제도(Assisted Outpatient Treatment: AOT)의 경우에도 경찰은 신청권자가 아니지만 AOT 절차 내에서 두 가지 역할을 수행한다. 하나는 AOT 신청대상자(정신질환자)가 심문에 필요한 진찰을 거부한 뒤, 법원이 의사를 지정하여 진찰을 받도록 동의을 요청할 때에도 거부하면 법원은 AOT신청에 합당한 이유가 있다고 판단될 때 **치안유지관**이나 **권한있는 경찰부서의 경찰관, 보안관사무실의 경찰관**으로 하여금 환자를 구금하고 병원으로 이송하도록 명령하여 진찰을 받게 할 수 있다.

또한 환자가 법원명령에 의한 치료를 거부하거나 피검사, 소변검사, 약물검사 등을 거부할 때 의사들은 이 환자에게 입원이 필요한지를 고려할 수 있는데 이 때 의사들은 **치안유지관**이나 **권한있는 경찰부서의 경찰관, 보안관사무실의 경찰관**으로 하여금 그 환자를 구금하여 입원이 가능한 병원으로 이송하게 할 수 있다.

강제진료명령(비자발적외래치료지원제도: AOT)이란 정신질환을 앓고 있는 18세 이상의 환자들이 안전하지 않은 상태이거나 치료를 거부할 때 법원이 당사자의 동의 없이 외래치료를 명령하는 민사제도이다. 1972년 첫 AOT 사례가 기록된 뒤 실제 AOT제도의 확대에 기여한 것은 뉴욕주의 켄드라법(Kentra's Law)이다.[203] 이 법은 1999년 처방된 약을 복용하지 않은 정신질환자가 뉴욕 지하철역에서 켄드라 웹데일(Kentra Webdale)이라는 여성을 떠밀어 사망하게 한 사건을 계기로 뉴욕주가 정신보건법(Mental Hygiene Law)을 개정하며 도입되었다.[204] AOT의 신청권자는 신청대상자와 함께 살고 있는 18세 이상의 사람이나 부모, 성년의 자녀와 형제자매, 입원하고 있는 정신병원의 장, 정신보건서비스 제공하는 비영리 또는 공공기관 또는 그룹홈의 장, 치료 또는 감독의 면허를 가진 정신과 의사, 임상심리사, 사회복지사, 그 사람이 살고있는 지역 또는 사회서비스기관의 장이다. 이는 우리나라 정신보건법 하에 자치단체장이 행하는 행정입원과 유사하지만, 경찰에게는 신청권이 없고 판사가 외래치료를 명한다는 점에서 구별된다.

---

203) 박인환 외, 대한의료법학회 제19권 1호, 2018, 27면.
204) 안성훈 외, 정신질환자 범죄의 예방 및 감소를 위한 지역사회 내 관리방안, 형사정책연구원 연구총서, 2018, 173면.

(2) 노숙인 관련

노숙인 복지를 위한 대표적인 미국의 연방법은 1987년 발효된 맥키니법(McKinney-Vento Homeless Assistance Act)이 있다. 이 법은 노숙인 케어 및 쉼터 프로그램에 연방자금을 제공하는 것을 골자로 한다. 맥키니법에서는 노숙인을 다음과 같이 정의한다: 1) 밤을 보낼 적절한 고정적이고 정규적인 주거가 없는 사람, 2) 밤을 보내는 주요 주거지로 일시적인 주거의 제공을 목적으로 하는 공공 혹은 사설의 임시 보호시설이나 수용을 목적으로 개인들에게 임시적 주거를 제공하는 시설을 활용하는 사람, 3) 사람이 자는 것을 목적으로 고안되지 않은 공공, 사설의 시설 등을 밤을 보내는 장소로 이용하는 사람.

노숙 청소년을 위한 연방법으로는 '가출 및 노숙 청소년법(Runaway and Homeless Youuth Act)'이 있다.[205] 이 법은 가출 및 노숙 청소년들의 가정복귀를 목적으로 제정되었다. 이 법에서는 노숙 청소년을 '안전한 환경에서 가족과 함께 거주하지 못하는 청소년'으로 규정하고 있다. 이외 노숙인 관련 법안은 노숙인에 대한 주거 및 자금지원을 위주로 규정하며 노숙인을 위한 비영리기관인 '노숙문제해결을 위한 전국연합(National Alliance to End Homelessness)' 웹사이트에서 찾아볼 수 있다.[206]

분방 단위에서의 법률을 보면 뉴욕주는 성인 노숙자에 대한 경찰의 위험예방활동을 개별법으로 규정하고 있지 않다. 뉴욕주에서 노숙인을 언급하는 법률은 다양하나 그 내용은 주거지원이나 임시거처 마련, 노숙가족 어린이의 교육 지원 등으로 경찰의 위험예방 작용과는 관련이 없다.[207] 노숙인에 대한 경찰의 대응은 주로 노숙인의 범죄화(criminalization)와 관련하여 문제가 된다. 시민들은 정신질환이나 약물중독과 같은 문제를 흔히 가지고 있는 노숙인들에 대해 경찰이 강력하게 형사법(Criminal Laws)을 집행할 것을 요구한다.[208] 그러나 2018년 경찰행정연구포럼(Police Executive Research Forum)에서 발간한 보고서에 따르면 경찰은 노숙인을 범죄자로 만드는 것이 교정의 효과가 없으며, 한번 체포되었던 노숙인이 다시 경찰에 체포될 확률이 높다는 것을 인식하고, 변화를 위한 실무적 방안을 모색하고 있다.[209]

한편 뉴욕주에서 노숙 청소년의 경우는 경찰의 위험예방활동을 규정한 조항이 있다.

---

205) 김원경 외, 연세법학 20호, 2012, 54면.
206) https://endhomelessness.org/ending-homelessness/policy/relevant-legislation/ (2021.6.3. 방문).
207) 다음과 같은 뉴욕주 법률에 노숙인 관련 조항이 있다: Social Service Law, Private Housing Finance Law, Education Law Education of homeless children, Tax Law, Executive Law, Public Health Law, Family Court Act, Mental Hygiene Law, Public Housing Law 등.
208) Police Executive Research Forum, *The Police Response to Homelessness*, 2018, p. 29.
209) Police Executive Research Forum, *The Police Response to Homelessness*, 2018, p. 6.

[**노숙청소년의 보호조치(유치)**] 뉴욕주 가정법원법(Family Court Act) 제724조는 18세 이하의 청소년이 학교를 가지 않거나, 습관성 반항으로 통제가 되지 않거나, 불법적 마리화나 소지 또는 성매매와 관련된 범죄를 저지르거나, 성적으로 학대당하여 감독이 필요하다고 판단되는 청소년을 **치안유지관**(peace officer)이나 **경찰관**(police officer)이 구금하거나 인계받은 경우에 대해 규정하고 있는데 여기서의 청소년에는 노숙 청소년이 포함된다.

동조에 의하면, **치안유지관**이나 **경찰관**은 부모, 또는 법적으로 그 청소년의 보호 의무가 있는 사람, 또는 함께 거주하는 사람에게 즉시 통보해야 하고, 통보한 이후 청소년의 보호자가 서면으로 청소년의 안전을 약속한다면 청소년을 풀어주어야 하며, 풀어주지 않을 경우 법원이 지정한 심문장소로 그 청소년을 신속하게 보낼 수 있고, 심문이 필요치 않은 청소년이라면 경찰서 이외 지정된 관련 기관으로 보내거나, 성인 범죄자를 구금하는 시설이 아닌 위기개입 혹은 가출노숙 청소년을 위해 마련된 시설 등의 적절한 시설에 구금하거나, 가정법원으로 보내야 한다.

(3) 감염병예방 관련

1) 연방의 권한

미국 연방정부는 헌법 제8조 분방 간의 통상조항(Commerce Clause)을 근거로 격리(isolation)와 검역(quarantine)의 권한을 갖는다.[210] 미국연방법전(United States Code) Title 42, Chapter 6A(Public Health Service) 제264조(공중보건법 제361조)는 보건인적서비스부 장관(U.S. Secretary of Health and Human Services)에게 전염병의 미국 내 유입과 분방 간 확산에 대한 예방조치 권한이 있음을 명시하고 있다. 미국연방법전 제243조(공중보건법 제311조)는 보건인적서비스부 장관이 검역 수행에 있어 분방과 자치정부의 조력을 받을 권한과 분방과 그 산하 부서들의 전염병 통제를 도울 권한을 규정하고 있다. 또한 미국연방법전 제265조(공중보건법 제365조)에 의하면 미국 세관 및 국경수비대(U.S. Customs and Border Protection)와 미국 해안경비대(U.S. Coast Guard Officer)는 연방 검역명령을 원조할 의무가 있다.

> ● **질병관리센터의 역할**
> 공중보건법 제361조에 규정된 보건인적서비스부 장관의 권한(전염병의 미국 내 유입과 분방 간 확산 방지)은 그 일상적 수행을 위해 보건인적서비스부 산하 기관인 질병관리센터(Centers for Disease Control and Prevention: CDC)에 위임되어 있다.[211] 따라서 질병관리센터는 공중보건법 제311조

---

210) New York State Bar Association, *New York State public health legal manual – A guide for judges, attorneys, and public health professionals*, 2011, p. 6.
211) Congressional Research Service, *Scope of CDC Authority Under Section 361 of the Public Health*

및 제361조에 의거, 연방명령을 수행하기 위해 분방 또는 지방정부의 자발적 지원을 받을 수 있으며, 연방, 분방, 자치단체 및 부족 단위의 보건당국은 공중보건을 위한 행정명령을 수행하기 위해 경찰 및 기타 다른 법집행기관들의 지원을 요청할 수 있다.

더불어 질병관리센터는 연방정부령(Code of Federal Regulations) Title 42(Public Health)의 Part 70(제70.1~70.18조) 분방 간 검역(Interstate Quarantine) 및 Part 71(제71.1~71.63조) 해외입국 검역(Foreign Quarantine) 규정에 의거, 미국에 입국하는 또는 분방 간 이동하는 사람들의 억류와 해제 등의 조치를 취한다.

질병관리센터는 2017년 해외입국자와 분방 이동자를 대상으로 감염병 통제를 위한 규칙(Final Rule for Control of Communicable Diseases: Interstate and Foreign)을 제정하였다. 이 규칙은 코로나19 발생으로 인해 2020년 2월 7일 해외검역 규정을 강화하도록 Interim Final Rule로 개정되었다.[212] 2021년 1월 21일에는 코로나19에 대한 대통령령(Executive Order on Promoting COVID-19 Safety in Domestic and International Travel)이 발효되어 미국 내와 해외여행자 관련 사안별로 관리주체가 되는 기관과 질병관리센터의 역할을 규정하고 있다.[213]

2) 분방의 권한

헌법 제8조 통상조항으로부터 연방의 분방간(interstate) 감염병 격리와 검역의 권한이 도출되었다면 나머지 각 분방(individual state) 내에서의 격리와 검역에 대한 분방의 권한 역시 헌법 제8조에 유보되어 있다.[214]

뉴욕주는 공중보건법(Public Health Law) 제21절(Article 21: Control of Acute Communicable Diseases)과 뉴욕주 정부령 제10장(Title 10: Department of Health)에 감염병 관련 규정을 두고 있으며 보건국(Department of Health)이 주무부서다.

[광견병에 걸린 동물의 처리] 뉴욕주 공중보건법 제2143조에 의하면, **경찰관**(police offocer), **치안유지관**(peace officer), 동물 통제 오피서, 보건 오피서 등은 그 지역을 배회하는 개나 고양이 사육페럿의 경우 포획할 수 있고, 광견병의 징후를 보이면서 사람에게 신체적 손상을 입힐 심각한 위험이 있는 개, 고양이, 또는 사육페럿의 포획이 어려울 경우 죽일 수 있다. 위와 같은 예방행위를 한 오피서들은 카운티나 지역 보건당국에 즉시 서면으로 알려야 한다.

Service Act (PHSA), 2021, p. 11.

212) 연방법률등록 웹사이트 https://www.federalregister.gov/documents/2020/02/12/2020-02731/control-of-communicable-diseases-foreign-quarantine (2021.7.27. 방문).

213) 미국 백악관 웹사이트 https://www.whitehouse.gov/briefing-room/presidential-actions/2021/01/21/executive-order-promoting-covid-19-safety-in-domestic-and-international-travel/ (2021.7.27. 방문).

214) New York State Bar Association, *New York State public health legal manual – A guide for judges, attorneys, and public health professionals*, 2011, p. 6.

[통치권에 근거한 경찰의 감염병 예방활동] 감염병의 1차적인 대응은 보건당국의 소관이지만 미국 경찰 역시 감염병 대응을 위해 행정명령 수행, 검역과 격리, 여행제한, 시설안전, 군중통제, 백신보관 및 수송 보호 등의 위험예방 활동을 수행한다.

1996년 뉴욕주 대법원 Mendez v. Dinkins 판결에 의하면, 공중보건 위기 상황 속에서 격리와 검역을 위한 경찰 강제력은 보건공무원(Health Officer)의 역학조사 권한을 규정한 공중보건법 제2120조뿐만 아니라 관습법에 의거한 통치자의 경찰력에 근거한다.[215] 예를 들면 최근 코로나19 바이러스에 대응하기 위한 경찰의 예방활동들도 개별법이 아닌 통치권에 근거하는 것이다.

뉴욕주에서의 여행제한, 차량이동제한, 및 행정명령 위반의 제재 등을 수행한 경찰의 집행력은 뉴욕주지사의 행정명령(Executive Order) 202번(Declaring disaester emergency in the State of New York)에 따른 것이다.[216] 이 202번 행정명령은 2021년 6월 25일자로 210번 행정명령(Expiration of Executive Orders 202 and 205)에 의해 폐지되었다.[217]

> ● **행정명령 폐지 관련**
>
> 뉴욕 주지사는 202번 행정명령을 폐지하기로 결정함에 있어, 하루 최대 11,000명 이상의 확진자 발생이 300명 이하로 줄어드는 등 코로나19 감소세가 뚜렷하며, 뉴욕주 성인인구의 71% 이상이 적어도 1회 이상의 코로나19 백신을 맞는 등 일상으로 돌아갈 준비가 되었다는 것을 이유로 들었다. 더불어 공공대비 및 비상대책법(Public Readiness and Emergency Preparedness Act) 하에 보건인적서비스부 장관이 선포한 코로나19 선언이 유효하며,[218] 질병관리센터가 예방 접종을 받지 않은 사람은 마스크를 착용하도록 하고, 대중교통 이용자 및 기타 민감한 환경 내 사람들을 대상으로 마스크 착용 지침을 계속 유지하고 있다는 것도 202번 행정명령 폐지의 이유가 된다고 하였다.

(4) 위치정보수집 관련

미국의 개인정보보호는 연방의회 및 분방의회에서 특정 분야만을 규율하는 개별법을 제정하는 방식으로 이루어져 있다.[219] 공공분야에서는 1974년 프라이버시법(Privacy Act)이

---

215) New York State Bar Association, *New York State public health legal manual - A guide for judges, attorneys, and public health professionals*, 2011, p. 22.
216) 뉴욕주 202번 행정명령 https://www.governor.ny.gov/executiveorders (2021.8.10. 방문).
217) 뉴욕주 210번 행정명령 https://www.governor.ny.gov/news/no-210-expiration-executive-orders-202-and-205 (2021.8.10. 방문).
218) 공공대비 및 비상대책법은 백신을 투여하거나 코로나19 검사를 수행할 수 있는 전문가들의 범위를 확대하는 등 진행 중인 코로나19 비상 대응과 관련된 직업 및 활동을 승인하거나 법적 책임을 면제하는 근거가 된다.

있고, 민간 분야에서는 1970년 공정신용기록법(Fair Credit Reporting Act)을 필두로 개별 입법이 이루어지고 있으며, 위치정보와 관련되는 법률로는 1996년 전자통신법(Telecommunication Act)이 제정되어 통신서비스 분야에서의 개인정보를 보호한다.[220]

경찰이 요구조자의 긴급구조활동을 위해 위치정보를 수집하는 경우는 요구조자의 동의없이 요구조자 개인의 정보를 수집하는 것으로서 개인정보보호의 예외사유가 된다. 우선 통신서비스 이용자의 개인정보보호와 관련된 전자통신법(Telecommunication Act)은 전기통신사업자의 고객정보 사용에 대한 기준을 제시한다.[221]

> **● 전자통신법의 관련 내용**
> 우선 통신서비스 이용자의 개인정보보호와 관련된 전자통신법(Telecommunication Act)은 전기통신사업자의 고객정보 사용에 대한 기준을 제시한다.[222] 전자통신법 제222조에 의하면 원칙적으로 전기통신사업자는 통신서비스 제공에 의하여 취득한 고객의 네트워크정보(Customer Proprietary Network Information: CPNI)를 해당 통신서비스 자체 내지 통신서비스에 필요한 부수서비스에서만 사용해야 한다. 여기서 CPNI는 고객의 위치정보를 포함한다.[223] 통신사업자가 고객의 위치정보를 통신서비스 제공을 위한 목적이 아닌 다른 목적으로 사용하기 위해서는 법률 또는 고객의 승인(approval)이 있어야 하는데 여기서 고객의 승인이 사전동의가 있는 opt-in만을 의미하는지 아니면 고객의 승인이 있음을 추정하는 opt-out도 포함하는지가 문제된다.[224] 연방통신위원회(Federal Communications Commission)는 CPNI를 제3자에게 제공하는 경우에는 opt-in 방식의 승인이 필요하나, 제휴회사 간 정보공유에 대해서는 opt-out 승인을 받고, opt-out 방식의 승인을 받는 경우에는 고지(notification)가 충분히 이루어져 이용자가 인지한 상태에서 승인을 받아야 한다는 입장을 취하고 있다.[225] 이러한 연방통신위원회의 입장에 따르면, 통신사업자가 경찰에 위치정보를 제공하는 것은 제3자에게 제공하는 것으로 opt-in 방식의 승인이 필요하다고 해석할 수 있다. 따라서 전자통신법(Telecommunication Act)은 위험예방을 위해 경찰이 위치정보를 수집하는 근거가 될 수 없다.

[**경찰 위치정보수집의 법적 근거**] 미국 경찰이 위험예방을 위해 위치정보를 수집할 수

---

219) 전응준, 정보법학 제18권 1호, 2014, 225면.
220) 전응준, 정보법학 제18권 1호, 2014, 225면.
221) 우대식, 경찰학연구 제18권 2호, 2018, 77면.
222) 우대식, 경찰학연구 제18권 2호, 2018, 77면.
223) 1999년 공공안전법률(Wireless Communication and Public Safety Act)에 의하여 CPNI의 정의에 위치(location)가 추가되었다.
224) 우대식, 경찰학연구 제18권 2호, 2018, 77면.
225) Federal Communications Commission, *Before the Federal Communications Commission*, 2017, pp. 5445-5446.

있는 직접적인 근거로는 1999년 제정된 무선통신과 공공안전법률(Wireless Communication and Public Safety Act)이 있다.[226]

무선통신과 공공안전법률 제5조에 의하면, 통신사업자가 서비스 이용자의 위치정보를 제공할 수 있는 때로 ① 이용자의 응급서비스 요청에 응하기 위해 공공안전접수대(Public Safety Answering Point: PSAP)[227]의 직원, 응급의료 서비스 제공자, 소방서 또는 법집행 공무원 등에게 제공하는 경우, ② 사망이나 심각한 신체 손상의 위험을 포함한 긴급한 상황에서 사용자의 법정대리인 또는 직계 가족에게 알리는 경우, ③ 긴급상황에 대처하기 위한 응급서비스 제공을 지원하기 위한 목적으로 정보 또는 데이터베이스를 응급서비스 제공자에게 제공하는 경우가 있다. 특히 긴급구조 업무의 실효성을 확보하기 위해 무선 통신서비스 사업자로 하여금 PSAP에 911 발신자의 전화번호와 기지국 위치, 발신자의 위도와 경도를 제공할 것을 명시하고 있다.[228]

(5) 청소년보호 관련

미국 연방차원의 청소년 정책은 복지적 지원활동 위주이다. 분방정부에 이르면 사법적 개입이 주로 이루어진다.[229] 청소년 보호를 위한 대표적 연방법으로는 노숙인복지법에서 언급한 바 있는 '가출 및 노숙 청소년법(Runaway and Homeless Youuth Act)'이 있다. 이 법은 청소년이 가정 밖으로 나오게 된 원인에 따라 지원대상이 되는 청소년을 가출청소년(run-away youth), 노숙청소년(homeless youth), 거리청소년(street youth)으로 구분하고, 청소년들에게 임시거처와 같은 긴급서비스와 교육 및 취업 관련 프로그램을 제공하여 이들이 사회에 적응할 수 있는 여건을 만드는 것을 목표로 한다.

뉴욕주는 집행법 제19-H절(Article 19-H: Runaway and Homeless Youuth Act)에서 규정한다.

[보호처분 위반 청소년의 보호] 미국 법무부 산하 지역경찰활동지원국(Office of Community Oriented Policing Services)은 보호시설에서 이탈한 청소년의 경우 신속한 복귀가 가능하도록 경찰 업무처리지침(Juvenile Runaways: Problem-Oriented Guides for Police Problem-Specific Guides)을 마련하고 있다.[230] 이 지침에 의하면 **경찰**(police)은 보호시설을 떠나게 된 이유를

---

226) 우대식, 경찰학연구 제18권 2호, 2018, 77면.
227) Wireless Communication and Public Safety Act 제6조의 정의에 의하면 PSAP란 911로 걸려오는 전화를 응대하는 콜센터로 이 곳에서 전화를 받는 직원들은 요청 내용과 상황에 따라 경찰, 소방, 응급의료서비스제공자들을 급파하거나 그들에게 콜을 전달하는 역할을 한다.
228) 우대식, 경찰학연구 제18권 제2호, 2018, 77면.
229) 김지연 외, 경찰의 가정 밖 청소년 보호조치 개선방안: 외국의 사례와 시사점을 중심으로, 한국청소년 정책연구원 연구보고서, 2018, 44면.

파악하여 보호시설로 돌려보내거나 비자발적 납치 등의 경우 형사사건으로 전환할 수 있다.[231] 또한 청소년이 시설에서 이탈하여 타 분방에서 발견되는 경우를 대비하여 미국의 모든 분방이 청소년을 위한 분방간 협약을 체결, 이를 분방법으로 입법하여 청소년이 타 분방에서 발견될 경우 원활한 인수인계를 도모하고 있다.

뉴욕주의 경우는 집행법(Executive Law) 제501-e조(The Interstate Compact For Juveniles)에서 같은 내용을 규정한다.

[지위비행] 가출(runaway), 학교결석(truancy), 음주 등의 비행은 성인에게는 제재 대상이 아닌 비범죄행위이나 청소년들은 그들의 연령이라는 지위(status)에 의해 이러한 행위가 지위비행(status offense)으로 규정되어 주요 제재 대상이 된다.[232] 각 분방의 청소년 보호 기본 정책들은 상이하여 영장없는 구금이 폭넓게 허용되는 주도 있고, 지위비행을 '통제할 수 없는(undisciplined)' 등의 용어로 정의하여 비범죄적 비행행위에 폭넓게 접근하는 주도 있다.[233]

뉴욕주 가정법원법(Family Court Act) 제712조에 의하면, 청소년의 지위비행은 '감독이 필요한 사람(person in need of supervision) - 18세 미만의 학교를 다니지 않는 자 또는 다루기 힘들고(incorrigible) 통제불능이거나(ungovernable) 습관적으로 반항하는 자(habitually disobedient), 부모 또는 법적으로 책임있는 사람의 합법적 통제 밖에 있는 사람, 형법 제221.05조 마리화나 소지 또는 제230조 성매매 관련 조항을 위반한 자, 사회복지법 제447조에 성적학대를 받은 어린이'의 정의에 내포된 행위들이다. 마지막 성적학대를 받은 어린이는 지위비행을 저지른 청소년이라 할 수 없으나 청원(petition)에 동의한 어린이만을 대상으로 하여 감독이 필요한 청소년의 범주에 포함시키고 있다.

[인신매매 피해자 보호] 미국은 만 18세 미만의 아동을 성매매로부터 보호하기 위해 2000년 인신매매 피해자보호법(Trafficking Victims Protection Act)을 제정하였다.[234] 이 법은 18세 미만 성매매 아동을 성착취의 피해자로 보고 연방과 주가 이들에게 상담, 의료, 주거지원 등을 제공하도록 한다. 2008년에는 윌리엄 윌버포스 인신매매 피해자 보호 재인가법(William Wilberforce Trafficking Victims Protection Reauthorization Act)이 제정되어 피해 아동에

---

230) 김지연 외, 경찰의 가정 밖 청소년 보호조치 개선방안: 외국의 사례와 시사점을 중심으로, 한국청소년정책연구원 연구보고서, 2018, 55면.
231) K. Dedel, Juvenile Runaways. Problem-Oriented Guides for Police Problem-Specific Guides Series 37, 2006, p. 31.
232) 김지연 외, 경찰의 가정 밖 청소년 보호조치 개선방안: 외국의 사례와 시사점을 중심으로, 한국청소년정책연구원 연구보고서, 2018, 43면.
233) 김지연 외, 경찰의 가정 밖 청소년 보호조치 개선방안: 외국의 사례와 시사점을 중심으로, 한국청소년정책연구원 연구보고서, 2018, 49면.
234) 장명선, 이화젠더법학 제10권 3호, 2018, 130면.

대한 즉각적인 지원이 이루어질 것을 목표로 하고 있다.[235]

뉴욕주는 Trafficking Victims Protection and Justice Act를 입법하여 동법 제43조에 의해 집행법 제214조 (d)를 추가하였다. 동조에 의하면, **분방경찰청장**(Superintendent of State Police)은 장애지원부(Office of temporary and disability assistance) 및 형사지원서비스부(Division of criminal justice services)와의 협의를 거쳐 인신매매 피해자 관련 정책, 절차, 교육 자료들을 개발하여 모든 주경찰(all members of the state police)에게 보급하여야 한다. 정책과 절차들은 서면화하여 주경찰(state police)이 인신매매 피해자로 여겨지는 사람을 만났을 때 실행하도록 해야 한다.

[**일시적 보호조치**] 뉴욕주 가정법원법 제724조에 의하면, **치안유지관**(peace officer)이나 **경찰관**(police officer)은 위 '감독이 필요한 사람'으로 정의된 청소년(지위비행을 저지른 청소년)을 일시적으로 보호조치할 수 있다. 동조에 의하면, 이러한 청소년을 보호조치하거나 인계받았을 때에 **치안유지관**(peace officer)이나 **경찰관**(police officer)은 부모, 또는 법적으로 그 청소년의 보호 의무가 있는 사람, 또는 함께 거주하는 사람에게 즉시 통보해야 한다. 통보를 한 이후 청소년의 보호자가 서면으로 청소년의 안전을 약속한다면 청소년을 풀어주어야 하며, 풀어주지 않을 경우 법원이 지정한 심문장소로 그 청소년을 신속하게 보낼 수 있고, 심문이 필요치 않은 청소년이라면 경찰서 이외 지정된 관련 기관으로 보내거나, 성인 범죄자를 구금하는 시설이 아닌 위기개입 혹은 가출노숙 청소년을 위해 마련된 시설 등의 적절한 시설에 보호조치하거나, 가정법원으로 보내야 한다.

[**가출청소년의 귀가**] 뉴욕주 가정법원법 제718조에 의하면, **치안유지관**(peace officer)이나 **경찰관**(police officer)은 합당한 이유없이 가출한 18세 미만의 청소년을 발견한 때, 그 부모나 혹은 다른 법적으로 청소년을 보호할 책임이 있는 사람에게 돌려보낼 수 있다. 위와 같은 활동을 함에 있어서 경찰은 청소년이 이름과 부모의 주소를 말하기를 거부하거나 말하였더라도 의심할 만한 이유가 있는 등을 합리적으로 고려하여 결정해야 한다. 만약 경찰이 해당 청소년을 집으로 돌려보낼 수 없거나 돌려보내는 것이 오히려 안전하지 않다고 판단할 때에는 아동가족서비스부(Office of children and family services)가 청소년 보호의 목적으로 인가한 보호시설로 보낼 수 있다. 이러한 시설이 청소년을 인계받은 경우, 시설은 부모나 법적으로 청소년을 보살필 책임이 있는 사람에게 통지하여야 한다. 보호기관에 구금되어 있던 청소년이 달아난 때 **치안유지관**이나 **경찰관**은 그 청소년을 체포하고 억류하여 이탈한 기관으로 다시 돌려보낼 수 있다. 청소년을 구금한 사회복지국장이나 타 기관의 요청이 있을 때

---

235) 윤덕경 외, 청소년 성범죄 비범죄화와 보호처분에 관한 주요국 비교연구, 한국여성정책연구원, 2017, 65면.

치안유지관이나 **경찰관**은 의무적으로 지원해야 한다.

이외 뉴욕주 경찰의 청소년 보호를 위한 위험예방활동으로는 가정법원법상의 규정된 범죄소년 또는 비행청소년에 대한 활동과 타법에 규정된 실종아동, 정신질환을 가진 아동과 관련된 활동 등이 있다. 실종아동 관련 법률과 정신질환 관련 법률은 각각 1.(7) 실종아동 관련법과 2.(1) 정신질환자 관련법에 기술된 내용과 동일하다.[236] 소년들의 범죄에 관한 경찰의 권한은 5절 개별 경찰행정작용법 Ⅱ 6. 소년범 관련법에서 후술한다.

5절 개별 경찰행정작용법 Ⅱ(형사법내 위험방지법)

1. 가정폭력 관련

(1) 연방법

가정폭력(domestic violence)은 미국연방법전(United State Code) 제12291조 (a)(8)에 의하면, 현재나 과거의 배우자, 친밀한 관계를 맺은 자(intimate partner), 자녀를 함께 양육하는 사람, 동거인, 배우자나 친밀한 관계를 맺은 자로 동거했던 사람으로부터의 폭력이다. 가족 외의 동거인 및 친밀한 관계를 맺은 사람도 가정폭력 가해자의 범주에 포함시켜 경찰이 가정폭력으로 대응하여야 할 사건의 범위가 넓다. 현재 미국에서는 가정폭력사건에 전문적으로 대응하는 전담경찰과 전담법원을 구성하여 사법기관에 의한 종합적이고도 효율적인 대응을 도모하고 있다.[237]

가정폭력과 관련된 연방법으로는 피해자권리 및 회복법, 폭력범죄통제와 법집행법 및 여성을 위한 가정보호법, 여성폭력방지법, 피해자권리분류법 등이 있다.[238] 이 중 미연방정부의 가정폭력 대응에 큰 변화를 가져온 법률은 1994년의 여성폭력방지법(Violence Against Women Act)이다.[239] 이 법은 가정폭력, 성폭력, 스토킹, 성매매 피해자의 안전 확대와 행위자의 재범률 감소를 핵심목표로 두고 사법기관의 역할을 강화한 법률이다. 이전에는 분방마다 다른 정책으로 가정폭력 대응에 통일성이 없었으나 이 법률을 통해 통일적인 대응이

---

236) 단, 정신건강복지법의 경우 앞에서 소개된 강제적 치료 또는 입원의 세 가지 유형(응급입원, 비자발적 치료 또는 입원, 외래치료지원제도) 중 외래치료지원제도(Assisted Outpatient Treatment)는 그 대상자가 18세 이상일 것을 요하므로 청소년의 경우 적용되지 않는다.
237) 박희수, 이화젠더법학 제10권 3호, 2018, 88면.
238) 김병화 외, 한국공안행정학회보, 61호, 2015, 49면.
239) 송현건, 치안정책연구 제34권 3호, 2020, 173면.

가능해졌다는 평가를 받는다.240) 더불어 이전의 경찰은 부부의 프라이버시를 침해한다는 입장에서 가정폭력에 대응하기를 꺼려 하였으나 동법의 시행 이후 가정폭력 가해자 체포율이 급격하게 증가하였다.241) 이러한 변화는 미 전역에 확산되어 각 분방에서는 의무체포제도를 입법하였으며 오늘날 도시 경찰서의 99%가 가정폭력사건 처리에 관한 규칙을 갖게 되었다.242)

[**의무체포제도**] 의무체포제도란 가정폭력의 경우 경찰의 체포재량을 제한하는 것이다.243) 재량제한의 정도는 분방마다 다르지만 재량이 없는 형태로 이 제도가 도입된 곳은 경찰이 영장여부를 불문, 가해자를 체포하여야 한다. 이 제도는 1980년대 재범을 감소시키는 방안으로 체포가 실효성이 있는지를 테스트했던 미네아폴리스 가정폭력실험을 통해 도입되었다.244) 당시 경찰은 가정폭력 피해자가 처벌을 원치 않거나 처벌의사를 번복하게 되면 경찰이 돌아간 후 가해자의 폭력이 재발될 가능성이 많다는 문제를 인식하고 있었다. 이에 미네아폴리스 경찰들이 6개월 동안 330건의 가정폭력사건을 처리하면서 체포가능성이 있는 가해자들을 대상으로 체포(arrest), 경고(advise), 격리(send suspect away)의 세 가지 유형을 무작위로 1/3씩 고르게 처리한 후 각 사건의 피해자들을 인터뷰하고 경찰 재신고 기록을 검토하여 가정폭력 반복 여부를 모니터링하였다. 결과는 경찰서 신고기록 기준으로 경고(19%)나 격리(24%)보다 체포(10%)되었을 때 재범률이 약 50% 이상 낮았으며, 피해자 인터뷰를 기준으로 보았을 때도 경고(37%)나 격리(33%)보다 체포(19%)되었을 때 재범률이 약 50% 이상 낮게 나타났다. 이러한 실험결과를 바탕으로 경찰의 가정폭력 대응에 있어 체포가 재범 억제 효과가 우수하다는 결론을 내리게 되었고 미국의 많은 경찰관서들이 이 실험 이후 의무체포제도를 도입하게 되었다.245)

의무체포제도는 다시 의무적 형태(mandatory), 우선적 형태(preferred), 재량적 형태 (discretionary)의 세 유형으로 나뉜다.246) 이 중 의무적 체포(mandatory arrest)는 가정폭력에 대응하는 경찰에게 체포 재량권을 부여하지 않고 가해자를 의무적으로 체포하도록 규정하는 형태이다. 우선적 체포(preferred arrest)는 체포가 의무에 이르지는 않으나 경찰이 취할 수 있는 조치 중 체포를 우선시하도록 규정하며, 재량적 체포(discretionary arrest)는 체포 여부에 대해 경찰에게 재량권을 부여하여 법령에 '체포할 수 있다'고 규정하는 형태이다. 미국 대부

---

240) 김잔디, 일감법학 23호, 2012, 196면.
241) 송현건, 치안정책연구 제34권 3호, 2020, 174면.
242) 김병화 외, 한국공안행정학회보, 61호, 2015, 50면.
243) 이영돈, 법학논총 제44호, 2019, 273면.
244) 송현건, 치안정책연구 제34권 3호, 2020, 172면.
245) 송현건, 치안정책연구 제34권 3호, 2020, 172면.
246) 송현건, 치안정책연구 제34권 3호, 2020, 172면.

분의 분방에서 위 세 유형 중 하나를 법률로 규정하여 실행하고 있으며 중범죄는 의무적 체포, 경범죄는 재량적 체포로 규정하는 등 사안에 따라서 세 가지 체포유형을 혼용하는 경우도 있다. 의무적 체포는 23개 분방, 우선적 체포는 6개 분방, 재량적 체포는 22개 분방에서 채택한 것으로 나타났다.[247]

　　[**긴급출입**] 경찰 긴급출입 관련 우리 경직법의 긴급출입에 해당하는 법조항은 없으나 범죄행위 예방현장에서 경찰의 영장없는 강제적 긴급출입이 일정한 요건하에 허용된다는 것을 판시한 사례가 있다.[248] 미국 연방대법원은 2006년 Brigham City v. Stuart 사건에서 생명·신체에 대한 급박한 위험이 있는 경우에는 수정헌법 제4조(영장주의)에도 불구하고 영장없는 긴급출입이 인정될 수 있음을 판시하였다.[249] 외부에서 들을 수 있는 싸움소리 등 주변의 구체적 정황으로 집 안에 뭔가 급박한 위험상황이 있다는 것을 알 수 있을 때 미국 **경찰**도 영장없이 긴급(강제) 출입을 할 수 있다는 것이다.[250]

　　[**보호명령**] 가정폭력 피해자의 보호를 위해서는 미국은 보호명령제도(Civil Protection Order)를 채택하고 있다. 이는 **피해자**의 신청에 따라 **법원**이 가해자에 대한 퇴거 혹은 접근금지 등의 보호명령을 내리는 제도로 우리나라의 경찰이 행하는 '응급조치', '긴급임시조치'나 '임시조치신청'에 상응하는 제도는 아니다. 그러나 모든 분방에서 보호명령제도를 위반하는 행위에 대하여 형법상 처벌을 규정하고 있고 대부분의 분방에 의무적체포제도가 도입되어 있으므로 경찰은 보호명령을 위반한 자를 체포할 수 있다.[251]

(2) 분방법

　　[**가정폭력 대응정책**] 뉴욕주에서 가정폭력 대응 관련 경찰의 정책 마련을 규정한 법률로는 집행법(Executive Law)이 있다. 동법 제214-b조(Family offense intervention)는 **분방경찰청장**(Superintendent of State Police)으로 하여금 모든 분방경찰(all members of the state police)이 가정폭력을 포함한 가족간의 범죄를 조사·개입함에 있어 제도와 지침을 갖추도록 규정한다.

　　[**의무체포제도**] 뉴욕주의 의무체포제도는 형사절차법 제140.10조에 규정되어 있다. 동조 4-(a)에서는 일부 절도죄를 제외하고 제 530.11조에 정의된 가족간의 중죄는 영장없이 체포해야 한다고 규정한다. 더불어 제530.12조의 보호명령의 경우에도 의무적 체포를 하도

---

247) 송현건, 치안정책연구 제34권 3호, 2020, 172면.
248) 박병욱, 경찰법연구 제16권 1호, 2018, 112면
249) 박병욱, 경찰법연구 제16권 1호, 2018, 112면.
250) 박병욱, 경찰법연구 제16권 1호, 2018, 112면.
251) 민사상 보호명령제도와 경찰의 역할 https://www.aclu.org/other/domestic-vilence-protective-orders-and-role-police-enforcement (2021.6.15. 방문).

록 명시하고 있다.

[**피해자 보호**] 뉴욕주에서 가정폭력 피해자에 대한 경찰의 역할은 형사절차법(Criminal Procedure Law) 제530.11조와 가정법원법(Family Court Law) 제812조에 규정되어 있다.

형사절차법 제530.11조 2(Information to petitioner or complainant)에 의하면, 법원 행정장은 가족 간의 범죄 피해자에게 관련 절차 및 서비스에 대한 정보를 알려주도록 **경찰관** (police officers), **보안관**(sheriffs) 등의 적절한 법집행기관을 지정하여야 한다고 규정하고 있다. 동법 제530.11조 6(Notice)에 의하면, 가족 간의 범죄를 조사하는 모든 **경찰관**(police officers), **치안유지관**(peace officer) 및 검사는 피해자에게 이용가능한 쉼터 및 기타 지역서비스에 대한 정보를 주어야 하며, 또한 법적 권리와 처리방안을 적은 서면을 제공하여 읽어주어야 한다.

가정법원법 제812조 (Procedures for family offense proceedings)에도 앞서 형사절차법에 있는 내용과 동일한 내용이 규정되어 있다.

[**보호명령**] 뉴욕주에서 가정폭력에 대응하는 보호명령제도는 형사절차법과 가정법원법에 규정되어 있으며 피해자는 형사법원과 가정법원 중에서 선택하여 신청할 수 있다.[252]

형사절차법 제530.12조(Protection for victims of family offenses)와 가정법원법 제842조 (Order of protection)에 의하면, 보호명령의 유형은 집·학교·직장 등 접근 금지, 추가적 가정폭력 금지, 가족의 생명이나 건강에 불합리한 위험을 초래하는 작위 또는 부작위의 금지, 피해자의 반려동물에 대한 고의적 상해나 살해 금지 등이다.

동조에 의하면, 법원의 보호명령장 사본은 보호명령을 신청한 사람이 거주하는 도시의 경찰부서(police department)나 보안관사무실(sheriff's office)에 보관하여야 하며 법원에 의해 명령이 변경되거나 취소될 때도 같은 방식으로 접수·보관해야 한다. 보호명령장 사본을 가진 **경찰관**(police officers)이나 **치안유지관**(peace officer)은 보호명령을 위반한 사람을 체포할 수 있고, 법원에 그 위반자를 데려갈 권한이 있고, 그 명령장 내 보호조치들이 보장될 수 있도록 행위 할 권한이 있다.

[**총기류 제한**] 가정법원법 제842조에 따라 **법원**이 보호명령을 내릴 때는 제842-a조에 의거 총기류 면허의 중지나 취소, 부적격, 포기를 명할 수 있다. 이 때 법원은 이 업무와 관련된 지역을 관할하는 **경찰당국**(the duly constituted police authorities of the locality of such action)에 알려야 하며, 지체없이 총기류 면허를 담당하는 **분방경찰부서**(division of state police)에 서면으로 통지해야 한다. 총기류 면허에 관련된 명령에 변경이 있거나 취소될 때에도 마

---

252) 보호명령의 형사적 절차와 민사적 절차의 차이를 설명하는 뉴욕주 법원 웹사이트. https://www.nycourts.gov/courthelp/Safety/differences.shtml (2021.6.15. 방문).

찬가지로 그 지역을 관할 하는 경찰에 알려야 하며, 지체없이 총기류 면허를 담당하는 분방
경찰부서에 서면으로 통지해야 한다.

　　[**총기류 임시영치**] 최근 개정되어 발효된 뉴욕주 형사소송법 제140.10조 (6)에 의하면,
가정폭력에 대응하는 **경찰관**(police officer)에게 '확연히 보이는 곳에 있는 총기류'나 '합법적
인 수색에 의하여 발견한 총기류' 또는 '총기류의 이동·소지·수리·폐기와 관련된 허가증'
을 임시영치할 수 있는 권한을 부여하고 있다.253) 동조에 의하면, 위험방지명령이나 극단적
위험방지명령이 있을 때 무기류 소지 금지로 기소중이거나 유죄판결을 받은 경우를 제외하
고, 경찰의 임시영치는 48시간까지 가능하다.

2. 아동학대 관련

(1) 연방법

　　1974년에는 아동 학대·방치에 대한 최초의 연방법으로 '아동학대 예방 및 치료에 관한
법률(Child Abuse Prevention and Treatment Act)'이 제정되었다. 이 법은 아동학대에 있어 연방
과 분방정부의 역할, 정책수립 등의 법적근거를 마련하고 아동학대의 조사 및 절차에 관한
규정을 두었다.254)

　　1980년에는 '입양 촉진 및 아동복지법(Adoption Assistance and Child Welfare Act)'이 연방
법률로 제정되었다. 이 법은 '아동의 건강과 안전'을 최우선으로 할 것을 목표로 학대로 인
해 가족과 떨어진 아동이 가정 밖에서 떠돌지 않도록 지속적이고 장기적인 계획으로 접근
할 것을 골자로 한다.255) 1997년에는 이 법을 개정하여 '입양 및 안전한 가족에 관한 법
(Adoption and Safe Families Act)'이 발효되었고 2003년에는 아동학대에 대한 연구·조사·훈련
을 위한 재정지원과 아동학대 예방을 위한 지역사회 기반 프로그램을 규정에 추가하며 다
시 '아동 및 가족의 안전에 관한 법(Keeping Children and Families Safe Act)'으로 명칭을 변경
하게 된다.256)

　　연방정부는 정책 및 모범 프로그램을 개발·조정하고 분방정부를 지원하기 위해 보건
인적서비스부(Department of Health and Human Services)의 아동국(Children's Bureau) 내에 국립
아동학대 및 방임센터(National Center on Child Abuse and Neglect)를 운영한다.257) 아동국에서

---

253) 안전한 가정을 위한 법률(Safe Homes and Families Act)로 2020년 11월 1일 자로 발효되었다.
254) 박은희, 아동학대 피해자 보호에 관한 법적 연구, 동아대학교 대학원 박사논문, 2020, 102면.
255) 박은희, 아동학대 피해자 보호에 관한 법적 연구, 동아대학교 대학원 박사논문, 2020, 103면.
256) 박은희, 아동학대 피해자 보호에 관한 법적 연구, 동아대학교 대학원 박사논문, 2020, 103면.

는 아동학대와 방임에 대한 정책수립, 분방정부 재정지원, 분방정부의 정책 실천 현황 조사, 전국적인 현황보고서 출간 등을 시행하고 있다.[258] 보건인적서비스부의 또 다른 기관인 아동 및 가족을 위한 행정부(Administration for Children and Families)는 학대받거나 유기된 아동, 입양이 필요한 아동, 가출 아동, 장애 아동, 이민 아동, 원주민 아동, 빈곤 가정의 아동 및 그 가족을 대상으로 재정적 자립을 지원하고 아동학대 예방과 개입, 조사지원, 치료서비스 등을 담당한다.[259]

미국 모든 분방에는 아동학대 및 방임사건등을 처리하는 '아동보호기관(Child Protective Services)'이 설치되어 있어 이 기관을 중심으로 아동학대 사례관리가 진행된다. 주요 업무는 아동안전평가, 위험요인으로부터 아동을 보호하기 위한 개입, 아동보호를 위한 가족역량 강화, 아동을 위한 안전한 대안가정 제공, 공식적·비공식적 지역사회 협력을 통한 아동보호 및 위기가정 지원 등이다.[260]

경찰기관에는 **아동학대 전담 경찰**이 있으며, 공공기관이나 아동보호 전문기관의 상담원이 경찰서에 상주하여 아동학대에 즉각적이고 효과적으로 대응하는 시스템이 구축되어 있다.[261] 부모나 보호자의 학대가 범죄를 구성하는 경우 경찰이나 검찰은 아동보호를 위해 형사절차와 민사절차를 동시에 진행할 수 있다.[262]

(2) 분방법

미국의 각 분방은 법률과 절차가 다르지만 연방법에 따라 법률을 입법하고 프로그램을 작성하여만 연방 기금을 받을 수 있으므로 아동학대에 대한 분방의 정책은 결국 연방법의 기조를 따르게 된다.[263] 뉴욕주의 경우도 학대받은 아동이 가정 밖으로 떠돌지 않도록 가정 내에서의 보호를 최우선으로 하며, 부모와 분리하는 조치는 최후의 수단으로 사용한다. 뉴욕주에서 아동학대와 관련한 주요 법률로는 집행법(Executive Law), 사회복지법(Social Service Law)과 가정법원법(Family Court Act)이 있다.[264] 특히 사회복지법 제6절(Article 6: Children)은

257) U.S. Department of Justice - Office of Justice Program 웹사이트의 가상도서관 내 '국립 아동학대 및 방임센터(National Center on Child Abuse and Neglect)' 소개. https://www.ojp.gov/ncjrs/virtual-library/abstracts/overview-national-center-child-abuse -and-neglect-perspectives-child (2021.6.16. 방문).
258) 박은희, 아동학대 피해자 보호에 관한 법적 연구, 동아대학교 대학원 박사논문, 2020, 95면.
259) Administration for Children and Families 웹사이트 내 기관 소개 https://www.acf.hhs.gov/about/what-we-do (2021.6.16. 방문).
260) 박은희, 아동학대 피해자 보호에 관한 법적 연구, 동아대학교 대학원 박사논문, 2020, 95면.
261) 박은희, 아동학대 피해자 보호에 관한 법적 연구, 동아대학교 대학원 박사논문, 2020, 95면.
262) 박은희, 아동학대 피해자 보호에 관한 법적 연구, 동아대학교 대학원 박사논문, 2020, 97면.
263) 박은희, 아동학대 피해자 보호에 관한 법적 연구, 동아대학교 대학원 박사논문, 2020, 91면.
264) New York State Assembly, *A guide to new york's child protective service system*, 2014, p. 2.

국가가 아동학대에 개입하기 위해 1973년에 제정한 것으로 아동보호서비스법(Child Protective Services Act)이라고 한다.[265]

[**아동학대 예방정책**] 뉴욕주 집행법(Executive Law) 제214-a조에 의하면, **분방경찰청장** (Superintendent of State Police)은 모든 분방 경찰을 위해 아동학대 의무신고 및 보호유치 등과 관련된 정책 및 절차를 개발·보급하여야 하고 훈련 프로그램을 확립하여 실행하여야 한다.

[**아동학대 신고의무**] 뉴욕주 사회복지법(Social Service Law) 제413조에 의하면, 아동학대로 의심되는 사례 인지시 의사, 교직원, 사회복지사 등과 더불어 **경찰관**(police officer), **치안유지관**(peace officer), 검사는 의무적 신고자이다. 의무신고된 사안들은 동법에 의거 뉴욕주 중앙 아동학대 사례 관리센터(Statewide Central Register of Child Abuse and Maltreatment)에 등록되어 관리된다.[266]

[**동의에 의한 분리조치**(Temporary removal with consent)] 가정법원법 제1021조에 의하면, **경찰관**(police officer), **치안유지관**(peace officer) 또는 권한이 있는 기관은 아동이 학대받거나 유기되었다고 의심되는 경우 함께 거주하고 있는 보호자 등의 서면동의를 받아 임시로 아동을 그 부모 등으로부터 분리조치할 수 있다. 이때 가정법원에 아동의 복귀를 신청할 권리를 서면으로 통지하여야 한다. 아동이 빠른 시일 내 가정으로 복귀되지 않을 때는 분리된 때로부터 3일 내로 가정법원에 사건이 진정되어야 하며 이 경우 심문은 늦어도 진정한 다음 날까지 진행되어야 한다.

[**긴급보호조치**(Emergency removal without court order)] 동법 제1024(a)조에 의하면, 아동이 부모나 기타 보호책임이 있는 자와 함께 있는 것이 아동의 생명과 건강에 긴박한 위험이 있고 가정법원의 명령을 받을 충분한 시간이 없는 때, 부모 등의 동의없이 아동을 부모 등으로부터 분리하여 보호 가능하다. 동조에서는 **경찰관**(police officer) 및 **치안유지관**(peace officer)를 포함하여 법집행기관, 시 또는 카운티의 사회복지부서 내 지정 공무원, 의사를 긴급 보호조치권자로 규정하고 있다. 이들은 아동이 의사의 치료를 받고 있거나 병원에 있는 경우가 아니면 즉시 아동을 지역 사회복지부서에서 보호조치를 목적으로 승인해둔 장소로 데리고 가야 한다. 이 때 보호조치를 하는 사람은 아동을 부모 등에게서 분리함과 동시에 그 부모 등에게 가정법원에 아동의 복귀를 신청할 수 있는 권리와 아동학대나 유기사건의 절차에서 변호인의 대리를 받을 권리 등을 서면으로 통지해야 한다. 이 통지서에는 조치하는 자의 이름, 직급, 기관, 기관의 주소와 전화번호, 아동을 보호하는 기관의 이름과 가능하다면 아이를 방문할 때 연락할 수 있는 사람의 전화번호를 포함해야 한다. 또한 부모 등에게

---

265) New York State Office of Children and Family Services, *Child protective service manual*, 2020, p. L-1.
266) 의무신고자와 신고유형별 전화번호, 서면신고양식 등을 소개한 New York State Office of Children and Family Services 웹사이트 https://ocfs.ny.gov/programs/cps/ (2021.6.29. 방문).

임시보호명령을 신청할 기관을 알려주어야 하며, 통지서에 신청이 이루어질 날짜와 시간, 법원의 주소, 명령신청 및 명령과 관련한 심문시 부모등이 출석할 권리와 변호인의 대리를 받을 수 있음을 포함해야 한다. 더불어 가정법원에 대한 정보와 아동보호서비스법에 규정된 보고의무에 따라 사안이 보고됨을 알려야 한다.

3. 성폭력 관련

미국의 성폭력 예방과 관련된 법률들은 기존에 성폭력 범죄를 저지른 사람들을 주요 대상으로 한다. 전자발찌 착용, 치료감호, 거주제한 등 성범죄자의 재범의 위험성을 감소시키려는 정책들은 주로 교정기관에서 전담한다. 그러나 '성범죄자 신상등록과 공개제도'로 번역되는 Sex Offender Registration and Notification Act(SORNA)는 지역 사회에 살고 있는 성범죄자들을 **경찰**과 주민이 함께 인지하고 모니터링할 수 있도록 수립된 정책이다.[267]

성범죄자 등록제도는 1989년 워싱턴주에서 발생한 남자아동납치사건과 1990년 미네소타에서 발생한 Jacob Wetterling 사건을 계기로 처음 등장하게 되었다. 1994년에 성범죄자들의 신상정보등록을 규정한 제이콥 웨터링법(Jacob Wetterling Act)은 이 두 번째 사건의 피해 아동 이름을 붙여 제정되었다.[268] 그리고 1994년에는 Megan Kanka라는 7세 소녀가 범죄자였던 이웃주민에게 강간살해당하는 사건이 발생하였는데 이 사건을 계기로 1996년 지역사회에 성범죄자들의 정보를 공개하도록 하는 메간법(Megan's Law)이 제정되었다.[269]

이후 2006년에는 이 두 가지 법을 통합하여 '아담월쉬 아동보호 및 안전법(Adam Walsh Child Protection and Safety Act)'을 만들고 이 법의 제1장에 성범죄자 신상등록과 공개제도를 규정하기에 이르렀다.[270] 이 연방법은 앞선 두 법률을 무효화하며 모든 분방이 이 법에 표준화된 규정을 따를 것을 목표로 한다.[271] 연방정부에서는 정기적으로 각 분방의 이행 정도를 검토하며, 이행이 미흡한 분방은 그 분방의 연방 지원금을 삭감하는 방식을 취한다. 2020년까지 모든 분방이 부분적으로는 성범죄자 신상등록과 공개제도를 도입하였으나 아직 32개 분방에서 주요사항들이 충분히 도입되지 않은 것으로 나타났다.[272]

267) E. J. Letourneau, & M. F. Caldwell, Expensive, harmful policies that don't work or how juvenile sex offending is addressed in the U.S. *International Journal of Behavioral Consultation and Therapy* 8(3-4), 2013, p. 24.
268) 조윤오, 교정담론 제9권 1호, 2015, 104면.
269) 조윤오, 교정담론 제9권 1호, 2015, 104면.
270) 임희 외, 디지털정책연구 제11권 6호, 2013, 24면.
271) E. J. Letourneau, & M. F. Caldwell, Expensive, harmful policies that don't work or how juvenile sex offending is addressed in the U.S. *International Journal of Behavioral Consultation and Therapy* 8(3-4), 2013, p. 24.

이 법은 성범죄자들의 범죄의 유형를 기준으로 등록대상자들을 세 부류로 나눈다. 첫
번째 유형(Tier 1)은 1년 이하의 징역에 해당하는 경죄를 저지른 자, 두 번째 유형(Tier 2)은
중죄 또는 미성년자에 대한 성착취를 저지른 자, 세 번째 유형(Tier 3)는 가중폭행, 13세 미
만의 어린이와 성적접촉, 미성년자 납치를 통해 성범죄를 저지른 자이다. 이들은 현재의 이
름과 거주지 주소, 사회보장번호 등을 그 지역 경찰에 등록하여야 한다. Tier 1에 해당하는
범죄자들은 15년간 등록되어 연 1회 대면 갱신, Tier 2 범죄자들은 25년간 등록되며 6개월
에 1회 대면 갱신, Tier 3 범죄자들은 종신토록 등록되어 3개월에 1회 대면 갱신할 것이 요
구된다.[273]

연방지원금의 삭감이라는 불이익에도 모든 분방이 이 연방법을 그대로 도입한 것은 아
니며 분방마다 분류기준과 등록기간에 편차가 있다. 뉴욕주는 교정법(Correction Law) 6-C절
에서 Sex Offender Registration Act(SORA)를 규정하고 있으나 연방법과는 다른 분류기준을
제시한다. 뉴욕주에서는 성범죄자들의 재범의 위험성을 평가하여 저위험군(Level 1), 중위험
군(Level 2), 고위험군(Level 3) 중 하나의 위험성 단계를 부여하고, 추가로 정신이상이나 인
격장애에 의해 성적으로 약탈적인 범죄자(sexual predator), 성적으로 폭력적인 범죄자
(sexually violent offender), 성범죄 전과가 있는 성범죄자(predicate sex offender)에 해당하는 성
범죄자들은 그 유형으로 지정하여 등록대상과 기간을 정하고 있다.[274]

[**성범죄자의 등록**] 뉴욕주 교정법 제168-a조 (1)에 의하면, 등록대상인 성범죄자들은
SORA가 발효된 1996년 1월 21일을 기준으로 성범죄를 저질러 가석방, 보호관찰, 수감중인
모든 범죄자 및 이후 성범죄를 저질러 유죄판결을 받고 보호관찰 또는 수감되었다가 풀려
나게 되는 모든 성범죄자이다. 이 중 정보공개 대상자는 Level 2와 Level 3이다.

동법 제168-a조 (4)에 의하면, 관할 법집행기관(law enforcement agency having juris-
diction)이란 범죄자가 풀려난 후 거주예정인 **빌리지·타운·시티의 법집행기관장**을 의미한다.
이러한 지위의 기관장이 없다면 **카운티의 법집행기관장**이 된다. 만약 앞 두 가지의 지위를
가진 기관장이 모두 없다면 **분방경찰부서**(division of state police)가 된다.

동법 제168-f조에 의하면, 등록 대상인 모든 성범죄자들은 적어도 석방되기 10일 전까
지는 형사서비스부(Division of Criminal Justice Services)에 신상정보를 등록하여야 한다. 고위

272) Federal Research Division Library of Congress, *Sex Offender Registration and Notification Policies:
Summary and assessment of publications on implementation challenges for states*, 2020, p. 2.

273) U.S. Department of Justice. *The national guidelines for sex offender registration and notification:
Final guidelines*, 2008, pp. 15-20.

274) 뉴욕주 형사서비스부(Division of Criminal Justice Service) 웹사이트 내 뉴욕주 성범죄자 등록(New
York State's Sex Offender Registry)에 대한 소개 https://www.criminaljustice.ny.gov/nsor/faq.htm
(2021.6.30. 방문).

험군에 해당하는 등록대상자들은 첫 등록 후 1년이 되는 날로부터 20일 내로 관할 법집행기관(law enforcement agency having jurisdiction)에 직접 출석하여 현재의 본인 사진을 제공하며 등록을 갱신하여야 한다. 관할 법집행기관은 출석한 성범죄자의 사진을 찍어 그 사본을 형사서비스부로 보내야 한다. 고위험군으로 등록된 성범죄자들은 정해진 등록기간 동안 매년 이 절차를 반복해야 한다. 저위험과 중위험군인 등록대상자들은 첫 등록 후 3년이 되는 날로부터 20일 내에 관할 법집행기관에 직접 출석하여 현재의 본인 사진을 제공하며 등록을 갱신하여야 한다. 마찬가지로 관할 법집행기관은 출석한 성범죄자의 사진을 찍어 그 사본을 형사서비스부로 보내야 하며 등록된 성범죄자들은 정해진 등록기간 동안 매 3년마다 이 절차를 반복해야 한다. 등록 성범죄자의 주소가 바뀌는 경우 형사서비스부는 주소변경을 통지받은 날로부터 영업일 기준 2일 내로 그 성범죄자의 마지막 주소지와 새로운 주소지를 관할하는 법집행기관에 그 사실을 통보해야 한다.

4. 스토킹 관련

미국의 스토킹 대응 법률은 1970년대 콜럼비아 특별구가 가정폭력범죄를 예방하기 위해 최초로 가족범죄법을 제정하여 민사적 보호명령제도를 운영한 것이 그 시초이다.[275] 이 제도가 1980년대까지 미국 대부분의 분방으로 확대되며 가정폭력 보호명령, 스토킹 보호명령, 성폭력 피해자 보호명령으로 세분화되었다.[276]

본격적인 스토킹에 대한 법적규제는 각 분방에서 개별법으로 시작되었다. 1989년 헐리우드 배우인 레베카 쉐퍼(Rebecca Schaeffer)가 자신의 아파트에서 스토커에 의해 살해된 사건을 계기로 1990년 최초의 스토킹 규제법률이 캘리포니아에서 제정되었다.[277] 이후 각 분방에서는 캘리포니아와 유사한 규제방식을 취하는 특별법을 마련하기 시작하여 1993년까지 미국 51개 분방 모두 스토킹방지법을 갖게 되었다.[278]

1993년 연방의회는 법무장관(Attorney General) 및 산하 연방형사정책연구원(National Institute of Justice)으로 하여금 각 분방이 입법에 참조할 수 있는 스토킹방지법 모델안을 제정하도록 함으로써 모델스토킹법안(Model Anti-Stalking Code)을 제정하였다.[279] 또한 1996년 연방의회는 여성폭력방지법(Violence Against Women Act)의 일부로 스토킹방지법(Anti-Stalking

---

275) 박우현 외, 치안정책연구 제31권 1호, 2017, 212면.
276) 박우현 외, 치안정책연구 제31권 1호, 2017, 212면.
277) 이성용 외, 경찰법연구 제13권 1호, 2015, 65면.
278) 김현아, 이화젠더법학 제7권 1호, 2015, 114면.
279) 이성기, 중앙대 법학논문집 제42집 1호, 2018, 281면.

Laws)을 제정하여 스토킹을 정의하고 처벌하는 규정과 분방의 경계를 넘어 스토킹하는 행위를 처벌하는 규정을 두었다.[280]

뉴욕주의 스토킹 관련 법률은 형법(Penal Law), 형사절차법(Criminal Procedure Law), 가정법원법(Family Court Act) 및 집행법(Executive Law)에 규정되어 있다. 스토킹에 대한 정의와 처벌은 형법에, 스토킹 피해자에 대한 형사보상은 집행법에 규정되어 있다. 스토킹에 대응하는 보호명령제도는 형사절차법과 가정법원법에 규정되어 있으며 가해자와 혈연관계에 있거나 혼인관계이거나 혼인관계였던 피해자는 형사법원과 가정법원 중에 선택하여 보호명령과 도움을 청할 수 있다.[281] 가해자와 이러한 관계가 없는 피해자들은 형사법원에 보호를 요청해야 한다.

[**보호명령**] 스토킹 **피해자**가 신청할 수 있는 보호명령은 앞서 가정폭력 관련법에 소개한 것과 동일하다. 형사절차법 제530.12조와 가정법원법 제842조에 명시된 피해자의 집·학교·직장 등 접근 금지, 추가적 폭력 금지, 피해자의 생명이나 건강에 불합리한 위험을 초래하는 작위 또는 부작위의 금지, 피해자의 반려동물에 대한 고의적 상해나 살해 금지 등이다.

형사절차법 제530.12조(Protection for victims of family offenses) 및 제530.13조(Protection of victims of crimes, other than family offenses)와 가정법원법 제842조(Order of protection)에 의하면, **법원**의 보호명령장 사본은 보호명령을 신청한 사람이 거주하는 도시의 경찰부서(police department)나 보안관사무실(sheriff's office)에 보관하여야 하며 법원에 의해 명령이 변경되거나 취소될 때도 같은 방식으로 접수·보관해야 한다. 보호명령장 사본을 가진 **경찰관**(police officer)이나 **치안유지관**(peace officer)은 보호명령을 위반한 사람을 체포할 수 있고, 법원에 그 위반자를 데려갈 권한이 있고, 그 명령장 내 보호조치들이 보장될 수 있도록 행위할 권한이 있다.

[**총기류 제한**] 가정법원법 제842조에 의하면, **법원**이 보호명령을 내릴 때는 제842-a조에 의거 총기류 면허의 중지나 취소, 부적격, 포기를 명할 수 있다. 이 때 법원은 이 업무와 관련된 지역을 관할하는 **경찰당국**(the duly constituted police authorities of the locality of such action)에 알려야 하며, 지체없이 총기류 면허를 담당하는 **분방경찰부서**(division of state police)에 서면으로 통지해야 한다. 총기류 면허에 관련된 명령에 변경이 있거나 취소될 때에도 마찬가지로 그 지역을 관할하는 경찰에 알려야 하며, 지체없이 총기류 면허를 담당하는 분방경찰부서에 서면으로 통지해야 한다.

---

280) 미국연방법전 제2261조.
281) 보호명령의 형사적 절차와 민사적 절차의 차이를 설명하는 뉴욕주 법원 웹사이트. https://www.nycourts.gov/courthelp/Safety/differences.shtml (2021.6.15. 방문).

5. 성매매 관련

미국은 20세기 초에 들어서기 전에는 국가에 의한 성매매 개입이 거의 없다가 1910년 백인노예이송법(The White Slave Traffic Act)이 성매매 등의 비도덕적 목적으로 여성을 분방 경계를 넘어 수송하는 행위를 연방범죄로 분류하면서 20세기 중반에는 거의 모든 분방이 성매매를 불법으로 규정하게 되었다.[282]

미국도 우리나라와 마찬가지로 성판매자와 성구매자를 모두 처벌하는 금지주의 국가 이지만, 최근 유럽에서 성판매자 전부 혹은 일부에 대해 면책규정을 도입하기 시작하며 미 국도 부분적으로 성판매자에 대한 비범죄화를 단행하고 있다.[283] 이러한 흐름은 '성매매 (prostitution)'를 '성적 인신매매(sex trafficking)'와 구별하고자 하는 입법 방향과 일맥상통한 다.[284] 성판매를 강요당하거나 성판매자가 미성년자인 경우, 이들을 처벌 대상이 아닌 범죄 피해자로 보아 면책하거나 성매매 전과기록을 삭제하려는 것이 최근의 입법추세다.[285] 경 찰의 대응 역시 성매매에 연루된 모든 사람이 아닌, 성매매를 강요하는 범죄자와 성매매를 강요받은 피해자에 집중된다.[286]

미국은 만 18세 미만의 아동 성매매 행위를 근절하기 위해 2000년 인신매매 피해자보 호법(Trafficking Victims Protection Act)을 제정하였다.[287] 이 법은 18세 미만 성매매 아동을 성 착취의 피해자로 보고 연방과 분방이 이들에게 상담, 의료, 주거지원 등을 제공하도록 한다. 2008년에는 윌리엄 윌버포스 인신매매 피해자 보호 재인가법(William Wilberforce Trafficking Victims Protection Reauthorization Act)이 제정되어 피해 아동에 대한 즉각적인 지원이 이루어 질 수 있도록 현장 공무원에게 의무적 통보를 규정하고 있다.[288] 2013년에는 통일주법위원 회(Uniform Law Commission, ULC)에서 각 분방의 입법에 대한 기초를 제공하기 위해 인신매 매의 예방 및 피해자구제에 대한 통일 법안(Uniform Action Prevention of and Remedies for Human Trafficking)을 발표했으며, 22개 분방이 성착취된 아동을 면책하는 세이프하버(Safe

---

282) A. Farrell & S. Cronin, Policing prostitution in an era of human trafficking enforcement, *Crime Law & Social Change* 64(2), 2015, p. 212.

283) 윤덕경 외, 이화젠더법학 제9권 3호, 2017, 226면.

284) A. Farrell & S. Cronin, Policing prostitution in an era of human trafficking enforcement, *Crime Law & Social Change* 64(2), 2015, p. 212.

285) 윤덕경 외, 이화젠더법학 제9권 3호, 2017, 226면.

286) A. Farrell & S. Cronin, Policing prostitution in an era of human trafficking enforcement, *Crime Law & Social Change* 64(2), 2015, p. 214.

287) 장명선, 이화젠더법학 제10권 3호, 2018, 130면.

288) 윤덕경 외, 청소년 성범죄 비범죄화와 보호처분에 관한 주요국 비교연구, 한국여성정책연구원, 2017, 65면.

Harbor)법을 마련하였다.289)

　뉴욕주에서의 성매매 대응 정책변화는 최근 맨해튼 검찰의 성매매 기소 중단선언에 잘 나타난다. 2021년 4월 맨해튼 검찰은 '그동안 성매매에 있어 유죄판결을 목표로 하기보다 성매매로 체포된 사람들을 지원하는 방향으로 업무를 추진해 왔으며, 이제는 성매매로 체포된 사람들을 더 이상 기소하지 않을 것'임을 밝혔다.290) 맨해튼 검찰이 언급한 대로 뉴욕주는 일찍이 통일주법위원회의 통일 법안이 제정되기 이전부터 사회복지법(Social Service Law) 제6절(Article 6: Children)에 착취아동을 위한 면책법(Safe Harbor for Exploited Children Act)을 마련하였다. 2008년 제정된 이 법은 성매매 아동·청소년이 성착취와 학대로부터의 트라우마를 극복하고 사회로 복귀할 수 있도록 지원할 것을 목적으로 한다.

　[**피해자지원**] 사회복지법 제447-b-3조에 의하면, 위기개입 프로그램을 제공할 때 **자치단체 법집행기관**(local law enforcement)을 비롯하여 검사, 가출 및 노숙청소년 지역서비스 코디네이터 등의 관련 기관이 협의하여 결정한다. 또한 제447-b-6조에 의하면, 자치단체 사회복지 서비스국장(Local Social Services Commissioner)에게 아동 성착취를 다루는 공무원들의 훈련 제공을 규정하여 아동성착취 담당 공무원들의 인식변화와 대응 전략의 향상을 도모한다.

　좀 더 직접적인 경찰 관련 규정은 뉴욕주 집행법(Executive law)에 있다. 동법 제214-d조는 **분방경찰청장**(Superintendent of State Police)에게 인신매매에 대한 인식 제고 및 피해자 지원을 위한 정책과 절차, 교육자료 등을 개발하여 전파할 것과 모든 분방경찰(all members of the state police)이 인신매매의 피해자로 여겨지는 사람을 만났을 때 타 기관과 연계하거나 정보를 제공할 수 있도록 지원 절차를 확립하고 실행할 것을 규정하고 있다.

　[**태스크포스 협업**] 이외 뉴욕주에서 인신매매에 대응하는 경찰 역할은 2007년 제정된 인신매매법(Human Trafficking Law)에 근거하여 마련된 관계부처 합동 태스크포스(Interagency Task Force on Human Trafficking)와 연관된다. 이 법은 성과 노동을 착취하는 인신매매의 방식을 특정하여 범죄로 규정하고, 처벌의 수위를 높이기 위해 뉴욕주 형법을 수정하였다. 또한 피해자를 위한 서비스를 제공할 것을 목적으로 사회복지법(Social Service Law) 제10-D절에 인신매매 피해자에 대한 서비스(Services for Victims of Human Trafficking) 규정들을 마련하였다.

---

289) A. Farrell & S. Cronin, Policing prostitution in an era of human trafficking enforcement, *Crime Law & Social Change* 64(2), 2015, p. 214.
290) NBC NewYork (2021.4.21) "Manhattan DA Will No Longer Prosecute Prostitution Arrests"https://www.nbcnewyork.com/news/local/crime-and-courts/manhattan-da-will-no-longer-prose-cute-prostitution-arrests/3011704/ (2021.7.6. 방문).

동법 제483-ee조에 의하면, 형사서비스부(Division of Criminal Justice Services)와 임시및 장애지원부(Office of Temporary and Disability Assistance)의 국장들을 공동위원장으로 **분방경찰**(state police)을 포함한 10개의 관련 기관이 태스크포스를 이루어 협업하여야 한다.291)

관계부처 합동 태스크포스가 2008년 작성한 보고서에 따르면, 분방경찰의 역할은 다음과 같다. **분방경찰**은 인신매매법의 개요와 경찰의 의무를 기술하여 모든 분방경찰들이 볼 수 있도록 게시하여야 하고, 형사서비스부와 훈련을 위한 협의를 해야 한다. 경찰특별대응팀(Trooper: Uniform Force of the New York State Police) 중에 인신매매 사례에 대응하는 기관 간 연계자로서 범죄피해자 전문가(Crime Victim Specialist)로 지정된 사람은 경찰특별대응팀 조사부서 내 상급 조사자들을 위한 훈련프로그램을 진행해야 하며, 이 상급 조사자들 역시 인신매매 기관 간 연계자로서의 역할을 수행해야 한다. 또한 분방경찰은 피해자를 타 기관에 연계할 때 사용하는 '인신매매 피해자 위탁 서식'을 인트라넷에 게시해야 한다.

관계부처 합동 태스크포스가 2019년 출간한 보고서에 따르면, 분방경찰은 특별조사부(Special Investigation Unit), 뉴욕주 정보센터(New York State Intelligence Center), 경찰특별대응팀과 컴퓨터범죄부(Computers Crimes Unit)를 주축으로 성매매와 마사지숍 불법행위 등에 대한 위장수사를 전개하여 인신매매범과 피해자들을 발견해내었다.292) 이러한 활동은 사법경찰작용으로 위험예방 활동으로 볼 수 없으나, 위험방지작용과 형사소추작용을 별도로 구별하지 않는 미국에서는 추가적 범행을 방지한다는 측면에서 의미가 있다고 할 수 있다.

6. 소년범 관련

(1) 소년범의 분류

미국의 소년범의 분류와 사건의 절차는 연방과 분방이 다르며 각 분방별로도 차이가 있지만, 성인과 다른 절차를 진행한다는 점은 공통적이다.

[**단순 범법소년**] 형사처분도 보호처분도 받지 않는 단순 범법소년은, 개념상 **범죄무능력**(incapable of committing a crime)이면서 **소년법원 송치 최소연령**(minimum age of prosecution in juvenile court) **미만**자들이다. 이 기준 연령은 분방별로 다르나 대체로 6-12세 미만자로 규정되고 있다.

연방법은 단순 범법소년을 구분하지 않아, 0세부터 모두 범죄소년에 포함된다. 국립청

---

291) New York State Interagency Task Force, *A report by the Interagency Task Force implementation of the 2007 law*, 2008, p. 13.

292) New York State Interagency Task Force on Human Trafficking, *2019 Annual Report*, 2020, pp. 4-5.

소년변호센터(National Juvenile Defender Center)에서 2020년 기준으로 조사한 분방별 소년법원 송치 최소연령 자료에 따르면, 22개의 분방들만이 단순 범법소년을 구분하는 연령을 설정하고 있고,[293] 이외의 분방에서는 이러한 구분이 없어 연방법과 같이 0세 이상 어린 나이의 소년들이라도 소년법원에 송치할 수 있다. 노스캐롤라이나주는 가장 낮은 단순 범법소년 연령기준으로 6세 미만을, 캘리포니아주와 메사추세츠주는 가장 높은 연령으로 12세 미만을 규정한다.

[범죄소년의 보호처분 원칙] 범죄소년은 **범죄능력**은 있으나 **형사책임연령**(age of criminal responsibility) **미만**자로서, 원칙적으로 소년법원에 송치되고 보호처분의 대상이 된다. 우리의 촉법소년이 단순 범법소년의 연령을 초과하는 소년범 중 범죄소년 연령에 미달한 14세 미만자인데 비하여, 미국은 범죄소년 전체가 원칙적으로 촉법소년처럼 취급된다. 성인범과 소년범을 구분하는 범죄소년의 상한 연령은 분방별로 다르나 대체로 16-18세이다.

미국법률협회(American Law Institute)에서 발간한 모범형법전(Model Penal Code)에서는 미성숙(immaturity)을 사유로 형사책임능력을 갖는 성인의 최소연령을 16세로 두고 있으나 모범형법전은 입법 가이드라인을 제시할 뿐, 각 분방이 이 기준을 따라야 할 의무는 없으므로 다양한 연령 기준이 존재한다.

분방별 형사책임능력의 최소연령은 '청소년을 위한 분방간 위원회(Interstate Commission for Juveniles)' 웹사이트에서 확인할 수 있다.[294] 대체로 16-18세 미만을 형사미성년자로 규정하나, Kansas와 North Dakota는 형사미성년자가 10세 미만으로 10세부터 형사성년이 되며, West Virginia는 형사미성년 기준연령이 없다.

[범죄소년의 형사절차 전환] 미국의 범죄소년은 **형사절차 전환 최소연령**(transfer minimum) **이상**의 **특정 중죄**를 저지른 경우 예외적으로 성인의 형사절차로 전환하여 형사이송제도의 대상으로 삼는다. 법에 규정된 범죄유형에 따라 강제로 전환하는 경우도 있고 재량적으로 전환할 수 있는 경우도 있다.[295] 법에 의한 강제전환을 입법상 포기(legislative waiver), 소년법원과 검사에 의한 재량적 전환을 각각 소년법원의 심리포기(judicial waiver), 검사의 포기(prosecutorial waiver)라고 하기도 한다.[296]

---

293) 2020년 기준 소년법원 기소 최소연령을 설정한 22개 분방: California, Massachusetts, Nebraska, American Samoa, Arkansas, Arizona, Colorado, Kansas, Louisiana, Minnesota, Mississippi, Nevada, North Dakota, Pennsylvania, South Dakota, Texas, Vermont, Wisconsin, Washington, Connecticut, New York, https://njdc.info/practice-policy-resources/state-profiles/multi-jurisdiction-data/minimum-age-for-delinquency-adjudication-multi-jurisdiction-survey/ (2021.8.12. 방문).
294) https://www.juvenilecompact.org/age-matrix (2021.8.18. 방문).
295) 미국 법무부 청소년비행예방사무국(Office of Juvenile Justice and Delinquency Prevention) 웹사이트 https://www.ojjdp.gov/ojstatbb/structure_process/qa04105.asp (2021.8.18. 방문).
296) 박민영, 비교법연구 제11권 2호, 2011, 15-22면.

2018년 기준 형사절차 전환 최소연령이 있는 분방은 28개이다.[297]

[**연방법**] 연방청소년비행법(Federal Juvenile Delinquency Act)이라 불리는 미국연방법전 (United States Code) 제403장 제5031-42조는 연방법을 위반한 소년범을 규율한다. 동법 제 5031조에 의하면, 소년(juvenile)이란 18세에 이르기 전에 연방법을 위반하고 사건정보가 기록되는 시점에서는 21세 미만인 자를 말한다.

(**해석론**) 연방법은 단순 범법소년을 구분하지 않고 성인범과 구분되는 범죄소년만을 구분한다. 따라서 범행 당시 연령이 18세 미만이면 아무리 어린 나이라도 소년비행절차의 적용이 가능하다. 요컨대 연방당국은 연방법을 위반한 미성년자에 대해 다음 세 가지의 절차 중 한 가지를 적용한다: 1) 소년사건의 분방 이관, 2) 촉법소년에 대한 연방소년비행절차 (federal delinquency proceedings) 적용, 3) 범죄소년에 대한 성인 형사절차로의 전환.[298]

미국연방법전 제5032조에 의하면, 법무장관(Attorney General)은 16세나 17세인 연방 소년범이 최고 사형, 종신형, 10년 이상의 징역형에 해당하는 범죄를 저지른 경우 성인과 같은 형사절차를 밟도록 연방소년법원에 전환을 신청할 수 있다.

[**최근 논의**] 소년범의 형사책임능력과 관련하여, 미국에서는 형사성년 최소연령을 상향하자는 움직임이 있다.[299] 성인과 같은 형사절차와 처벌을 거친 소년들은 학대와 자살 사례가 더 높으며, 장기간 독방에 수감되는 사례들이 더 많다는 연구결과들이 이를 뒷받침한다.[300]

형사성년의 최소연령이 높아진 예로 뉴욕주를 들 수 있다. 뉴욕주는 2017년 16세이던 형사성년의 최소연령을 18세로 높였다.[301] 요컨대 뉴욕주 가정법원법 제301.2조에 의하면, 7세 미만 소년들을 단순 범법소년으로 아무런 처분도 하지 않으며, 7세 이상 18세 미만의 소년들은 (원칙적으로 촉법소년으로서) 가정법원에 송치한다. 아울러 개정한 형사절차법 (Criminal Procedure Law) 제722.21조에 의하면, 16-17세의 중죄(felony)에 해당하는 범죄를 저지른 자를 범죄소년(Adolescent Offender)이라 칭하고 이들의 사건은 형사법원에 소년부 (Youth Part of Criminal Court)를 별도로 두어 다룬다.

---

297) 미국 법무부 청소년비행예방사무국(Office of Juvenile Justice and Delinquency Prevention) 웹사이트 https://www.ojjdp.gov/ojstatbb/structure_process/qa04105.asp (2021.8.18. 방문).

298) Federal Research Division Library of Congress, *Juvenile delinquents and federal criminal law: The federal juvenile delinquency act and related matters*, 2020, p. 6.

299) Thomas, J., Aswad, J., Rankin, K., & Roberts, H., Raising the floor: Increasing the minimum age of prosecution as an adult, Campaign for Youth Justice, 2019, pp. 1-14.

300) Arya, N., *Getting to zero: A 50-State study of strategies to remove youth from adult jails*, Los Angeles, CA: UCLA School of Law, 2018, pp. 22-37.

301) 형사책임능력자 최소연령 상향을 홍보하는 뉴욕주 법원 웹사이트 https://ww2.nycourts.gov/ip/oji/raisetheage.shtml (2021.8.12. 방문).

(2) 소년범에 대한 강제처분

[**영장없는 구금**] 뉴욕주 가정법원법 제305.2조에 의하면, **치안유지관**(peace officer)이나 **경찰관**(police officer)은 아동의 행위가 성인이 저지르면 영장없이 체포가능한 범죄를 구성하게 되는 경우, 영장없이 현행범으로 체포하여 구금할 수 있다. 이 경우 및 동법 제305.1조에 의해 사인에 의해 현행범으로 체포된 아동을 인계받았을 때는 그 부모나 법적으로 아동을 돌볼 책임이 있는 사람에게 즉시 통보하여야 한다.

[**비행**(의심) **청소년의 지문채취와 보관, 파기**] 가정법원법 제306.1조에 의하면, 비행(의심) 청소년에 대하여 **체포한 경찰관이나 다른 적절한 경찰관**(the arresting officer or other appro-priate police officer or agency)은 그 청소년이 11세 이상이고 관련된 범죄가 중범죄(felony)이면 해당 청소년의 지문을 채취하여야 한다. 또한 지문이 채취되는 청소년이 체포된 경우에 한하여 사진과 손도장을 찍어 수집하여야 한다. 수집된 지문은 지체없이 형사서비스부(Division of Criminal Justice Services)로 보내야 하며 사본을 남겨서는 안된다. 사진과 손도장의 경우는 수집한 법집행기관(law enforcement agency)의 배타적인 소유가 되며 보안으로 취급하여 성인의 기록과 분리하여 보관하여야 한다.

동법 제354.1조에서는 청소년의 지문, 사진, 손도장이 위와 같이 수집된 후 그 청소년의 사건이 형사절차법 제725조(Removal of Proceeding Against Juvenile Offender to Family Court)에 규정된 사유로 가정법원에서 다루어지지 않게 되면 형사서비스부에 보관된 모든 지문, 사진, 손도장들은 바로 파기할 것을 규정한다. 법원서기는 위와 같은 신원기록을 가지고 있는 형사서비스부의 국장(commissioner)과 **모든 경찰부서 및 법집행기관 장**(heads of all police departments and law enforcement agencies)에 통보하여 지체없이 이러한 자료들이 파기되도록 해야 한다.

제3장

영 국[1]

1절 국가의 기본 개황

1. 인구, 면적 및 연혁

영국의 수도는 런던(London)[2]이고 국토면적은 약 24만 3,610㎢이며 전체 인구는 2020년 기준 약 6,564만 명[3]이다.[4]

영국은 유럽 북서해안에 위치한 섬나라로, 잉글랜드(England), 웨일즈(Wales), 스코틀랜드(Scotland), 북아일랜드(northern Ireland) 등 4개의 지방으로 구성된 통합 왕국(Unitary State)이다. 정식국호는 "The United Kingdom of Great Britain and Northern Ireland(UK)"이며, 북아일랜드를 제외한 3개 지방을 합쳐서 그레이트 브리튼(Great Britain)이라 한다.[5]

2. 정체성

영국은 국가 직할 지방인 잉글랜드와 3개의 자치지방인 웨일즈, 스코틀랜드, 북아일랜

---

1) 이하에서 소개되는 영국 관련 법령은 https://www.legislation.gov.uk/에서 확인한 현행 내용이다.
2) 스코틀랜드의 수도는 에딘버러(Edinburgh), 웨일즈의 수도는 카디프(Cardiff), 북아일랜드의 수도는 벨파스트(Belfast)이다. http://projectbritain.com/britain/uk.htm, (2020.3.31. 방문).
3) 잉글랜드: 5,527만 명(84.84%), 스코틀랜드: 540만 명(8.28%), 웨일즈: 311만 명(4.7%), 북아일랜드: 186만 명(2.8%).
4) 장은혜, 주요 외국의 지방자치제도 연구, 한국법제연구원, 2018, 22면.
5) 장은혜, 주요 외국의 지방자치제도 연구, 한국법제연구원, 2018, 21-22면.

드 등 총 네 개의 지방으로 이루어진 준연방국가로 불린다.[6] 영국의 3개 지방에 대한 자치권 이양은 헌법과 법률로 자치권을 보장하는 연방국가와 달리, 영국의회(Westminster)가 지역정부에 대한 헌법적 주권(Constitutional Sovereignty)을 그대로 보유하고 있어, 자치권 이양의 근거가 된 법률 자체를 일방적으로 폐지하거나 수정할 수 있다.[7] 영국 정부의 공식적 입장 및 스코틀랜드를 제외한 영국인들의 통상적 인식으로도 영국은 (준연방) 단일국가이다.[8]

잉글랜드는 독자적인 자치지방정부를 구성하지 못하고, 통합 영국정부와 통합 영국의회에서 직할한다.[9] 반면 스코틀랜드, 북아일랜드, 웨일즈는 각각 별도의 의회를 설치하고 있다. 지역별로 스코틀랜드와 북아일랜드는 입법권과 집행권을, 웨일즈는 부수적 입법권과 집행권을 갖고 있다.[10]

> ● **자치지방(自治地方, autonomous region)**
> 통상의 '지방'과 달라서 단순한 국토의 공간적 하위계층에 그치지 않고, 국가 내부적으로 제한적인 자치권을 가진 실체적 개념과 관련을 갖는 지역을 말한다. 본고에서는 통치권이 국가에 의해 언제든 회수될 수 있어 연방국가를 이루는 분방의 독립성까지는 못미치나, 국가 내에서 행정은 물론 법률제정의 입법자치권까지 가지는 지역단위를 일컫을 때 사용하기로 한다(예: 영국의 스코틀랜드지방, 스페인의 카탈루냐지방, 이탈리아 시실리아지방). 흔히 자치주, 자치성이라고 하기도 하며, 캐나다의 경우 주에 준한다는 의미로 '준주'라고 하기도 한다. 통상 자치지방의 집행부를 '자치정부'라고 한다.

국왕이 존재하는 입헌군주제 국가이며, 국왕은 의회소집, 해산 선포 및 법률의 재가, 내각과 심사위원의 임면, 조약의 체결, 군대의 통솔 등에 관한 형식적 권한을 가지고 있다. 의회는 상원(House of Lords)과 하원(House of Commons)의 이원제로 구성되어 있다. 의원내각제를 채택함에 따라 총리는 국정에 관하여 의회에 책임을 지는 한편 의회해산권을 가지며, 의회는 내각 불신임권이 있어서 총리에 대한 신임을 철회할 수 있다. 총리는 일반적으로 하원 다수당의 당수가, 장관은 총리의 추천을 받은 자가 국왕에 의해 임명된다.[11]

---

6) 김건우, 영국 총선 분석 및 전망, 2017.6.17. https://sgeurope.tistory.com/9 (2020.3.23. 방문).
7) 외교부, 영국 개황, 2013, 44-46면.
8) https://namu.wiki/w/%EC%97%B0%EB%B0%A9#fn-6 (2020.2.25. 방문).
9) Wikipedia, England. https://en.wikipedia.org/wiki/England (2020.5.6. 방문).
10) 주장환 외, 주요 선진국 지방자치제도 및 지방의회 운영제도 사례 수집: 영국, 전국 시도의회의장협의회, 2014, 13면.
11) UK Parliament, Her Majesty's Government: The Cabinet. https://members.parliament.uk/Government/Cabinet (2020.3.31. 방문).

3. 영국의 행정체계와 지방자치

현재 영국(UK) 내에는 도합 408개[12]의 광역 및 기초자치단체가 존재하는데,[13] 잉글랜드 지방에 343개, 여타 3개 지방에 총 65개(모두 자치시, Unitary)[14]가 설치되어 있으며, 각각의 지역에서 단층제(Single Tier)와 다계층제(Multi Tier)의 혼성체제로 구성되어 있다.

잉글랜드[15] 지방을 보면, 런던광역시(Greater London)의 경우 '런던광역시 ─ 독자적 자치를 누리는 런던시티(City of London)를 포함한 33개의 자치구(버로우, Boroughs)'로, 런던 이외의 비도시지역은 '26개의 도(County) ─ 192개의 자치구역(District)'의 2계층 구조로 되어 있다. 런던 이외의 비도시지역에서 패리쉬, 타운, 커뮤니티 등을 포함할 경우 3계층 구조로 보는 것도 가능하다. 런던 이외의 91개 도시지역에는 기초자치단체만 설치되어 있는데, 36개 광역시가 자치구역(Metropolitan District)으로서 운영되며 기타 55개시가 자치시(Unitary)로서 운영된다.[16]

지방정부(Local government, 영미에서 지방자치단체의 통칭)는 관할구역 안에서 주민들의 생활과 직·간접적으로 관련이 있는 다양한 업무들을 담당하지만, 다수의 공공서비스는 지방정부에 소속되지 않은 국가기관이 담당하며, 정부가 재정부문이나 특정한 기능을 담당한 국가 기관을 설립했으면 이들 기관은 지방정부에 소속되지 않는다. 지방정부의 서비스는 통상 필수서비스(need service), 보호서비스(protective service), 편의서비스(amenity service), 시설서비스(facility service) 등 4가지의 범주로 구분된다. 경찰업무는 이 중 보호서비스에 속한다.[17]

---

12) 잉글랜드 343개, 웨일즈 22개, 스코틀랜드 32개, 북아일랜드 11개 등이 있다

13) 2019년 몇 개의 지방정부를 재구조화하여, 기존 433개에서 2018년 418개, 2019년 408개로 조정됨. Local government facts and figures: England. https://lgiu.org/local-government-facts-and-figures-england/ (2020.4.23. 방문); Local government structure and elections. https://www.gov.uk/guidance/local-government-structure-and-elections (2020.4.23. 방문).

14) 웨일즈 22개 자치시(unitary authority), 스코틀랜드 32개 자치시, 북아일랜드 11개 자치시 등이 있다. 3개 지방에는 자치시인 단층제로만 이루어져 있다. LGiU, https://lgiu.org/local-government-facts-and-figures-england/ (2020.6.5. 방문).

15) 잉글랜드의 최상위 지방구분 단위는 1994년 처음 설정된 9개 "지역(Region)"이다. 하지만 이는 지방자치단체로서의 역할을 하지는 않으며, 각종 통계나 유럽 의회 선거와 같은 행정상의 목적으로는 남아 있다. 따라서 통계지역단위명명법에 의한 최상위 단계의 지방 단위이기도 하다.

16) 장은혜, 주요 외국의 지방자치제도 연구, 한국법제연구원, 2018, 49면; How government works, Local government, https://www.gov.uk/government/how-government-works (2020.5.19. 방문).

17) 장은혜, 주요 외국의 지방자치제도 연구, 한국법제연구원, 2018, 서두 요약문; How government works, Local government, https://www.gov.uk/government/how-government-works (2020.5.19. 방문).

2절 경찰의 기본 개황

1. 연혁

영국은 앵글로 색슨 잉글랜드(Anglo-Saxon England)[18] 시대의 10호반 제도(tithing system)를 통해 불법을 신고토록 함으로써 공동체 치안이 시작되었다.[19] 그리고 1285년에는 윈체스터 법(Statue of Winchester)에 의해 도시(town)에 감시꾼(watchman) 제도가 도입되었으며, 1600년경이 되어서야 오늘날과 같은 순찰경찰인 경찰관(constable)이 탄생하였다.[20]

그러다 근대산업혁명 이후 사회 통제에 대한 요구가 증폭되자, 1829년 당시 내무부장관이던 로버트 필경(Sir Robert Peel)이 산업화와 도시화로 인해 극도로 혼란을 겪던 런던의 치안상황을 개선하기 위하여 런던에 경찰을 만드는 법안(Metropolitan Police Act of 1829)을 의회에 제출하였고, 수도경찰청 창설 법안이 통과되면서 근대경찰이 태동하였다.[21]

한편, 지방자치단체에서는 '1835년 지방자치단체법(Municipal Corporation Act of 1835)'이 제정되면서 인구 2만 명 이상의 도시(city)와 자치구(borough)에 경찰기구를 창설할 수 있는 법적 근거를 마련하게 되었다.[22] 이어서 '1839년 지방경찰청법(Rural Constabulary Act 1839)'을 제정하여 도시 이외의 농촌지역에서도 수도경찰청과 같은 경찰기구를 만들 수 있게 되었다.[23]

그러나, 수도경찰청을 모델로 각 지역 여건에 따라 지방경찰조직이 다소 무질서하게 형성되자, '1964년 경찰법(Police Act of 1964)'을 제정하여 대대적인 지방경찰 통·폐합에 이르게 된다. 마침내 1964년 경찰법으로 인해 잉글랜드와 웨일즈에는 지금의 수도경찰청(Metropolitan Police Service)·런던시티경찰청(City of London Police)과 41개(잉글랜드 37개청, 웨일즈 4개청)의 지방경찰청(Constabulary) 체제가 구축되었다.[24]

18) 5세기부터 1066년 노르만인의 잉글랜드 정복(Norman conquest of England) 전까지의 시대를 말한다
19) Kurian, World encyclopedia of police forces and correctional systems, 2006, 937면; 여개명, 치안정책연구 제33권 제2호, 2018, 266면.
20) Kurian, World encyclopedia of police forces and correctional systems, 2006, p. 938.
21) Harry R. Dammer et al., Comparative Criminal Justice Systems, 5th ed., Cengage Learning, 2013, p. 103,
22) Municipal Corporation Act 1835. Terms of the Act, Councils were required to form a police force. http://www.historyhome.co.uk/peel/politics/municip.htm (2020.5.25. 방문).
23) David Taylor, Crime, Policing and Punishment in England 1750-1914(The Origins and Impact of the New Police), 1998, pp. 71-72; The National Archives, https://www.nationalarchives.gov.uk/education/candp/prevention/g08/g08cs3.htm (2020.5.25. 방문).
24) 표창원, 한국경찰연구, 제1권 1호, 2002, 82면.

1964년 경찰법에 따라 지방경찰청장은 도(County)의회 산하 경찰위원회의 관리대상이 되었다.[25] 이로써 영국 경찰조직은 내무부장관(Home Secretary), 경찰위원회(Police Authority), 지방경찰청장(Chief Constable)이라는 3원체제를 구축하였다.

그러나 '1994년 경찰과 치안법원에 관한 법(Police and Magistrates' Court Act 1994)'과 '2002년 경찰개혁법(Police Reform Act 2002)'의 제정으로 경찰위원회 및 지방경찰청장에 대한 내무부장관의 권한이 대폭 강화되어, 지역주민의 책임성 약화에 대한 비판이 일자, 정부는 '2011년 경찰개혁 및 사회책임법(Police Reform and Social Responsibility Act 2011)'[26]을 제정하여 경찰위원회를 폐지하고 주민이 직접 선출하는 경찰감(Police and Crime Commissioner: PCC)[27]을 신설하여 치안문제를 전담하도록 하였다. 더불어 지역치안평의회(Police and Crime Panel, PCP)를 신설하여 견제와 균형의 원리에 따라 경찰감에 대한 감시·감독기능을 수행하게 하였다.[28] 현재는 동법에 의하여 내무부장관, 지방경찰청장, 경찰감, 지역치안평의회라는 4원체제가 운영되고 있다.

2. 조직

먼저 잉글랜드와 웨일즈 지방의 경우는 지방자치단체경찰로 운용되고 있다.[29] 잉글랜드와 웨일즈의 '1972년 지방정부법(Local Government Act 1972)'은 지방자치단체들의 사무를 규정하고 있는데, 동법 제196조에서 '경찰'을 자치사무의 하나로 규정하고 있다.[30][31]

'2011년 경찰개혁 및 사회책임법(Police Reform and Social Responsibility Act 2011)' 제1조는

---

25) 임채호 역, 영국의 지방정부, 2008, 165-167면(원서: Wilson, David/Game, Chris, Local Government in the United Kingdom, 4th Ed., 2006).

26) 제1조에서는 1996년 경찰법에서 규정한 경찰위원회(Police Authority)를 폐지하고(제1조 9항), 런던 이외의 각 지방경찰청에 경찰감(Police and Crime Commissioner)을 설립한다고 규정하며, 경찰감의 기능 및 임무에 관해서 규정하고 있다. 제6조에는 경찰감의 임명 및 해임에 관해, 제28조에는 지역치안평의회(Police and Crime Panel)의 설립을 비롯해 경찰감을 감독하는 기능에 관해 설명하고 있다.

27) 그간 국내에는 지역치안위원장으로 통상 번역되어 왔다. 그러나 위원회 조직이 없는 1인 단독 관청이고, 과거 3원 체제 하의 경찰위원회와 혼동될 염려가 있으며, 우리나라에서의 교육감과 같은 기능자치단체장이라는 점에서 경찰감으로 번역함이 적절하다고 보았다.

28) 임승빈 외, 자치경찰제 도입 방안 연구, 한국지방자치학회, 2014, 104면.

29) 영국 자치경찰 관련 상세한 내용은, 이현주 외, 외국 자치경찰제도 연구, 치안연구소, 2020, 참조.

30) 다만 조항의 제목으로만 'Police'를 지방정부사무로 규정하고 있을 뿐이다.

31) 문헌의 보고에 의하면 자치계층이 2계층인 비도시지역의 경우, 경찰사무는 자치구역(District)이 아닌 도(County)의 사무이다; 주장환 외, 주요 선진국 지방자치제도 및 지방의회 운영제도 사례 수집: 영국, 전국 시도의회의장협의회, 2014, 42면(원출처: S. H. Bailey/Colin Crawford/Charles Albert Cross, Cross on principles of local government law, 3rd. Ed., London: Sweet & Maxwell, 2004, p. 746: Allocation of principal functions).

각 경찰구역별로 경찰감을 두되, 1인 단독법인(a corporation sole)이라고 규정하고 있다. '1972년 지방정부법(Local Government Act 1972)'은 제101조 제13항에서 특별지방자치단체 (Single purpose authority)에 해당하는 사무조합(지방자치단체조합)인 Joint authority, Joint board, combined authority 등을 규정하면서, 복수의 지방자치단체를 대표하는 지방당국 (local authority)이 될 수 있음을 명시하고 있다. 또 동법 제233조 제11항 및 제234조 제4항에 서는 이러한 지방당국에 Joint authority 및 combined authority와 병렬로 경찰감과 경찰감을 대신하는 시장(Mayor)을 추가하여 규정하고 있다.

    위의 양 법('2011년 경찰개혁 및 사회책임법'과 '1972년 지방정부법')을 종합하면 '1972년 지방 정부법'에서 규정하는 지방자치단체조합의 한 유형으로서, '2011년 경찰개혁 및 사회책임법' 이 1인 단독 공법인인 경찰감을 지방경찰청 단위별로 설립하도록 강제하고 있다고 볼 수 있다.[32)33)] 문헌에서도 영국의 경찰서비스는 사무조합으로 운영되는 전형적인 예라고 보고 되고 있다.[34)35)] 이에 따라 1개 지방경찰청이 많게는 10개의 지방자치단체에 해당하는 지역 을 관할한다. 하지만 1개의 지방자치단체(도, County)에 대응하는 1개의 지방경찰청의 경우 (잉글랜드와 웨일즈 9개 경찰청)는 경찰감이 지방자치단체조합이 아닌 별도의 경찰책임자라고 보아야 한다.

    잉글랜드와 웨일즈 지방에는 총 43개의 지방경찰청이 있는데, 런던에 2개청[36)]과 잉글 랜드에 37개 지방경찰청 및 웨일즈에 4개청이 설치되어 있다. 각 지방경찰청장은 경찰감 (PCC)이 임명과 해임권을 행사한다. 다만 수도경찰청장과 런던시티경찰청장은 수도로서 그 리고 국제적 도시로서 런던의 위상을 고려하여 경찰감을 내무부장관이 추천하고 국왕이 임

---

32) 이상수, 지방정부연구 제7권 1호, 2003, 140면, 143-145면: 지방자치단체 간 사무의 공동처리에는 사무 위탁, 행정협의회 및 지방자치단체조합이 있는데, 후자의 차이는 법인으로 구성되느냐에 있다. 지방자 치단체조합은 공법상 사단법인으로 권리의무의 주체로서 관계 지방자치단체와 독립된 자치권을 갖고 자기책임 하에 업무를 처리하며 이는 기속력을 갖는다. 우리나라 지방자치법 제149조 이하에서 이를 규정하고 있다. 지방자치단체조합은 임의설립과 강제설립으로 나뉜다.

33) 홍정선, 신지방자치법 제4판, 2018, 125면: 주민을 구성요소로 하지 않는 지방자치단체조합이 특별지방 자치단체로서 지방자치단체에 해당하느냐는 논란이 있으나, 보통지방자치단체가 아닌 한 반드시 주민 을 구성요소로 할 필요는 없으므로 지방자치단체에 해당한다고 보아야 한다.

34) 주장환 외, 주요 선진국 지방자치제도 및 지방의회 운영제도 사례 수집: 영국, 전국 시도의회의장협의회, 2014, 41면.

35) S. H. Bailey et al., Cross on Principles of local government law, 3rd. Ed., 2004, p. 747: 경찰사무는 지방 정부의 사무조합 사무에 해당한다(subject to amalgamation schemes).

36) 먼저 수도경찰청은 620평방마일(1,605㎢) 면적에 8백만여 명의 인구를 관할하며 런던광역시의 33개 자 치구 중 런던시티 자치구 1개를 제외한 32개 자치구를 관할하는 영국에서 가장 큰 경찰청이다. 또 런 던시티경찰청은 런던광역시의 중심에 위치하며 수도경찰청보다도 먼저 자치경찰 조직으로 출범하고 있었 는데, 1829년 내무부장관인 로버트 필 경이 수도경찰청과 합병하려 했으나 런던시티의회가 이를 거부하 였다. 관할구역이 1.12평방마일(2.9㎢)이며 영국은행, 증권거래소 등 런던의 경제중심지로서, 상주인구 는 10,000여 명 정도이나 통근자는 30만 명 정도이고 관광객은 연간 4백만 명 정도로 상당하다.

명한다.

하지만 이들은 모두 자치경찰이면서도 또한 영국 내무부장관의 관리 하에 있다.

잉글랜드 및 웨일즈 경찰조직도[37)]

지역마다 차이가 있을 수 있으나 일반적으로 각 지방경찰청에는 청장(Chief Constable)과 부청장(Deputy Chief Constable)이 있고 그 직속으로 지역담당국, 특수업무국, 기획국, 인사교육국이 있다. 지역담당국 직속으로 교통과, 경비과, 방범과가 있고 산하에는 경찰서가 설치되어 있다. 경찰서 직속으로 순찰계와 형사계가 있고 산하에는 지구대/파출소(Local Policing Unit: LPU)가 운영되고 있다.[38)]

한편, 스코틀랜드 지방과 북아일랜드 지방의 경찰은 지방자치단체경찰이 아닌 각각의 자치지방에 직속하는 자치지방경찰이다. 영국 내각의 스코틀랜드부 장관과 북아일랜드부 장관이 담당하되, 각각 해당 자치지방의회 경찰위원회의 감독을 받는다.[39)40)] 북아일랜드와 스코틀랜드 지방에서는 자치의회의 경찰위원회가 지방경찰청장을 임명한다. 이 2개의 자치지방경찰을 더하면 영국 전역에는 총 45개의 지방경찰청이 있게 된다.

---

37) Terrill, World Criminal Justice Systems: A Comparative Survey, 2016, p. 33.

38) 신현기, 한국유럽행정학회보, 제7권 1호, 2010, 11면.

39) Police Scotland, How the Authority is run. https://www.scotland.police.uk/about-us/police-scotland/how-the-authority-is-run/ (2020.5.27. 방문).

40) Police Service of Northern Ireland, A History of Policing in Ireland. https://www.psni.police.uk/inside-psni/our-history/a-history-of-policing-in-ireland/ (2020.6.5. 방문).

3. 인력 및 계급

2019년 기준 영국 전역의 지방경찰청에 소속된 정규 경찰관의 수는 약 14만 9천 명 (148,963명)이다. 잉글랜드와 웨일즈 지방 정규경찰관은 약 12만 5천 명이며,[41] 스코틀랜드 의 경우 17,259명의 정규경찰관이,[42] 북아일랜드의 경우는 6,920명의 정규경찰관이 근무한 다.[43]

내무부에 따르면 2010년과 2019년 사이에 긴축정책으로 인한 경찰예산 삭감으로 잉글 랜드와 웨일즈의 지방경찰청에서 20,564명의 경찰관이 감소하였다. 이에 주민들의 범죄감 소와 주민보호에 대한 요구로, 2019년 9월 보리스 총리는 향후 3년간 잉글랜드와 웨일즈의 지방경찰청에 20,000명의 신규 경찰관을 채용하겠다고 밝혔다. 이는 수십년간 최대규모의 신규채용[44]으로, 첫해에 최대 6,000명까지 채용하고, 나머지 2년 동안 14,000명을 채용할 예 정이다.[45]

영국경찰의 계급은 수도경찰청과 런던시티경찰청을 제외하고는 전국 공통으로 9개 명칭 의 계급을 사용하고 있다.[46] 경찰청장(Chief Constable), 경찰청 부청장(Deputy Chief Constable), 경찰청 국장(Assistant Chief Constable), 총경(Chief Superintendent), 경정(Superintendent), 경 감(Chief Inspector), 경위(Inspector), 경사(Sergeant) 및 순경(Constable)이다.

수도경찰청과 런던시티경찰청은 경찰청장을 Commissioner, 부청장을 Deputy com-missioner, 경찰청 국장을 Assistant Commissioner라고 부르며, 수도경찰청에는 경찰청 부국 장(Deputy Assistant Commissioner)을, 다시 수도경찰청과 런던시티경찰청의 총경 위로는 경무 관(Commander)을 별도로 두고 있다.[47]

---

41) Home Office, Police Workforce, as at 30 September 2019. https://assets.publishing.service.gov.uk/gover nment/uploads/system/uploads/attachment_data/file/861800/police-workforce-sep19-hosb0220.pdf (2020. 3.31. 방문).

42) Police Scotland(Police Scotland Officer Numbers-Quarter 4-31st December 2019(PDF), https://www.sc otland.police.uk/assets/pdf/138327/212520/police-scotland-officer-numbers-quarter-4-31st-december-2019?view=Standard (2020.3.27. 방문).

43) Police Service of Northern Ireland, Strength of Police Service Statistics, https://www.psni.police.uk/insid e-psni/Statistics/strength-of-police-service-statistics/ (2020.5.29. 방문).

44) 지난 40년간 3번의 대규모 신규채용이 있었다. 1978-1983년에 12,700명, 1985-1991에 6,800명, 2000-2005년에 17,100 등의 채용이 이루어졌다.

45) GOV.UK, National campaign to recruit 20,000 police officers launches today, https://www.gov.uk/government/ne ws/national-campaign-to-recruit-20000-police-officers-launches-today (2020.6.1 방문).

46) 경정(Superintendent) 이하의 계급은 같지만, 총경급 이상의 계급은 단계와 명칭이 달라서, 수도경찰청 은 11개 계급, 그 외의 경찰청에서는 9개 계급을 사용하고 있다.

47) 박경래, 주요국의 자치경찰제도와 한국의 자치경찰법안 연구, 한국형사정책연구원, 2005, 87면; 김중겸,

3절 일반 위험방지법

영국의 경찰 관련 법률로는 경찰과 형사증거법(Police and Criminal evidence Act 1984: PACE), 경찰법(Police Act 1997), 경찰과 사법법(Police and Justice Act 2006), 경찰과 범죄법 (Police and Crime Act 2009) 등이 있다. 여기에 2005년 심각하고 조직화된 범죄 및 경찰법 (Serious Organised Crime and Police Act 2002) 및 2000, 2006 및 2011년 테러법(Terrorism Act 2000, 2006 and 2011)을 통해 경찰 권한이 더욱 확장되었다.[48] 이 중 일반 경찰작용법적 지위를 갖는 법률은 경찰과 형사증거법(PACE)이라 할 수 있다.[49]

PACE법은 범죄에 대응하고 경찰권 행사를 위한 실무규정을 제시하기 위하여 제정된 것으로 서문(Introductory Text)에서 동법이 경찰의 권한과 의무(the powers and duties of the police) 등에 관한 것임을 밝히고 있다.[50] 형사절차와 관련된 내용도 다수이나[51] 불심검문 등 행정경찰작용에 관한 경찰법적 요소도 통합적으로 규정하고 있고,[52] 특별히 예방경찰과 진압경찰(사법경찰)의 구별이 없는 영국의 법제를 고려하면 PACE법을 경찰작용에 관한 일반 법이라 평가할 수 있다.[53]

'1984년 경찰과 형사증거법(PACE)'의 제정 취지는 1981년 형사 절차에 관한 왕립위원회(The Royal Commission on Criminal Procedure Report, RCCP)[54]의 보고서 제안에 따라,[55] 경찰

치안정책연구 14호, 2000, 297-325면.

48) Alex Carroll, Constitutional and Administrative Law(9th ed), Pearson, 2017, p. 546.
49) 김성태, 경찰학연구 제20권 3호, 2020, 122면.
50) Police and Criminal Evidence Act 1984, Introductory Text, https://www.legislation.gov.uk/ukpga/1984/60/introduction
51) PACE는 경찰의 권한과 임무, 경찰유치상태에 있는 사람, 형사증거, 경찰관 징계와 경찰에 대한 민원신고 규정을 담고 있으며, 치안에 대한 지역공동체 의견을 수렴하기 위한 인력배치와 부서장급에 대하여 규율하고 있다. PACE는 총 11부로 구성되어 있다. 제1부(제1조-제7조) '정지 및 수색에 관한 권한', 제2부(제8조-제23조) '가옥진입, 수색 및 압수에 관한 권한', 제3부(제24조-제33조) '체포', 제4부(제34조-제52조) '구금', 제5부(제53조-제65조) '피의자 심문 및 처우'에 대해 규정하고 있으며, 제6부는 위의 각 내용들에 대한 실무규정(Codes of Practice), 제7부는 '형사 절차에서의 서류증거', 제8부는 '형사절차상 증거-일반론', 제9부는 '경찰의 민원(이의제기)과 징계, 제10부는 '경찰-일반규정', 그리고 제11부는 '기타 및 부칙'에 대해서 규정하고 있다.(출처: Police and Criminal Evidence Act 1984, https://www.legislation.gov.uk/ukpga/1984/60/contents; 김성태, 경찰의 정보활동 임무-외국 경찰법제와 경찰관 직무집행법에서의 고찰, 경찰학연구 제20권 제3호, 2020, 122면 주석 81번). PACE에 관한 상세한 설명은 안동인, 영국법상 경찰권행사의 근거와 한계, 공법학연구 제17권 제4호(2016. 11), 327면 이하; 김현숙, 영국 PACE법 연구, 치안정책연구소, 2012 참조.
52) 김학경, 형사정책연구 제29권 1호, 2018, 54면 각주 23번.
53) 김성태, 경찰학연구 제20권 3호, 2020, 122-123면; 김학경, 형사정책연구 제29권 제1호, 2018, 48면.

의 직무와 관련된 내용을 세밀히 규정함으로써 종래 성문법 없이 판례(legal precedents)와 법관규칙(judges' rule)에 의해 이루어지는 관행을 개선하고,[56] 경찰권 강화를 위함이었다. PACE는 형사절차의 전(全)단계를 규율하는 전국적 차원의 최초 단일 입법이며, "전문가적 경찰상(police professionalism)을 위한 기본 틀"이다. 그리고 PACE법 실무규정(Code of Practice)은 그 자체로는 법률은 아니지만, "경찰서 내에서 경찰관의 행위를 위한 성경"으로 간주되고 있다.[57]

1. 경찰권 행사의 주체

보통법(common law)상 모든 경찰공무원은 계급에 상관없이 '경찰관청(Office of Constable)'[58]이 된다. 이는 우리나라의 '경찰관'에 해당한다. 따라서 각 경찰관은 범죄와 무질서 탐지·예방·수사 등 다양한 권한을 갖고, 궁극적으로 의사결정을 할 재량권이 있으며, 자신의 결정에 대해 책임을 진다.[59]

이러한 개별 경찰공무원인 '경찰관청'은 보통법상 개념으로 이를 정의하는 단일 법률은 없으나, 2002년 경찰개혁법 제83조[60] '경찰선서'에서 "나는 나의 경찰관청(Office of Constable)의 직을 여왕과 모든 시민을 위해 공정하고 청렴하게 […] 수행할 것이다. […] 그리고 시민과 시민의 재산 보호를 위해 모든 범죄를 예방할 것이며 […], 경찰관청으로 있는 동안 법에 따라 모든 직무를 성실하게 수행할 것을 선언한다. […]."라고 규정하여 성문의 법률에서도 사용되고 있다.

경찰공무원은 아니나 정규경찰관과 동일한 권한을 갖는 '특별경찰관'[61]도 경찰관청이

---

54) 김현숙, 영국 PACE법 연구, 치안정책연구소, 2012, 8면: 왕립위원회 보고서가 담고 있는 주된 관심사는 질서를 유지하고 범죄를 예방하며 범죄가 발생한 경우 범인을 검거하기 위한 경찰의 적절한 권한 행사와, 전통적인 시민의 자유와 권리 사이의 균형을 도모하는 것이었다.

55) Ian Loveland, Constitutional Law, Administrative Law, and Human Rights(8th ed), Oxford University Press, 2018, p. 594.

56) 치안정책연구소, 비교수사절차론, 2018, 13-14면.

57) 조국, 형사정책 10호, 1998, 341-342면.

58) Richard Card & Jack English, Police Law, Oxford, 15th, 2017, p. 288: In law every member of a police force holds the office of constable, whatever his rank.

59) Jennifer Brown, Policing in the UK, Briefing paper, House of Commons Library, 2021, pp. 3-4; Police Federation, The Office of Constable-The bedrock of modern day British Policing, pp. 2-6.

60) Robin Bryant & Sarah Bryant, Blackstone's Handbook for Policing Students 2021, Oxford, p. 73: 1996년 경찰법 부칙 4의 제29조를 개정하였다.

61) 1996년 경찰법 제27조. 특별경찰관(Special constables) (1) 지방경찰청장은 동법 제51조에 따라 해당관할 구역에 특별경찰관을 임명할 수 있다. (2) 동법 제23(4), 24(3), 51조에 따라, 임명된 모든 특별경찰관은 지방경찰청장의 지휘·통제·해고의 대상이 된다. 참고로, 특별경찰관은 자원봉사자로서 23일간의 경찰관 기초소양 교육을 이수한 후, 관할경찰서에서 연 200시간 내외 근무하며 정규경찰과 동일한 권한을 가진다.

된다. 하지만 2002년 경찰개혁법(Police Reform Act 2002, PRA 2002) 제38조에 의하여 지방경찰청장이 민간인(civilians)을 고용해 동법 부칙 4에서 규정하는 제한된 경찰권한을 수여하는 치안보조관(police community support officer: PCSO)[62]의 경우, 교통범칙금 발행, 지역사회 보호명령 발행(community protection notices), 성명과 주소 요구, 구금, 개인 수색 및 물건 압수·보관 등의 권한만을 갖는다.[63]

한편 조직법상의 경찰관청인 영국의 각 지방경찰청장(chief constable)은 경찰직무와 관련된 운영상의 모든 문제에 대해 독립적으로 책임을 지며, 경찰관도 지방경찰청장의 "지휘와 통제"하에 있다. 이러한 운영 독립성(Operational Independence)의 원칙은 영국 치안 모델의 기본이지만, 합의되거나 법적 정의는 없다. '2011년 치안유지 프로토콜 명령(Policing Protocol Order 2011)' 부칙 제35항(paragraph 35)도, 운영 독립성이 "법령에 정의되어 있지 않으며 […] 그 성격상 유동적이고 상황에 따라 결정된다"라고 규정하고 있다.[64]

2. 경찰의 임무조항

보통법상 확립된 영국경찰의 핵심 임무는 범죄수사와 위험방지를 통해 대중을 보호하는 것이다. 경찰작용의 기본법인 PACE법은 경찰 임무에 관한 규정을 따로 두고 있지 않다. 경찰은 공공질서 유지와 반사회적 행위를 예방하기 위해 이러한 보통법과 각 제정법에 기초하여 경찰작용을 행한다.[65]

근대 영국경찰의 임무가 제시된 것은 1822년 내무부장관이었던 로버트 필경(Sir Robert Peel)과 1829년 첫 수도경찰청장[66]에 의해서였다. 일명 로버트 필의 9가지 경찰원칙(Sir Robert Peel's 9 Principles of Policing)에 따르면, "경찰의 주된 임무는 '범죄예방'과 '공공안전' 유지에 있으며, 범죄가 발생한 경우는 범죄수사와 범인의 처벌이다." 범죄자의 처벌은 훼손된 질서로 유발된 긴장을 전제로 한다고 봄으로써, 영국 경찰의 임무는 범죄예방과 제지에 더 큰 비중이 두어지고 있음을 알 수 있다.[67]

---

62) PCSO는 6주의 교육을 이수한 후, 주로 순찰업무에 종사하는 유급 경찰관이며 보수가 낮다. 정규경찰관과 복장을 달리하는데, PCSO의 견장과 복장에 PCSO라고 쓰여있다. 2002년 경찰개혁법에는 Community Support Officers(CSO)로 되어 있으나, 본고에서는 내무부나 경찰서에서 일반적으로 사용하는 명칭인 Police Community Support Officers(PCSO)로 칭한다.

63) Richard Card & Jack English, Police Law, Oxford, 15th, 2017, p. 279.

64) Jennifer Brown, Policing in the UK, Briefing paper, House of Commons Library, 2021, pp. 4-5.

65) House of Commons Library, Police powers: an introduction, 2020, p. 3.

66) 수도경찰청 설립 당시 경찰청장은 리처드 메인(Richard Mayne)과 찰스 로완(Charles Rowan and Richard Mayne) 2명이었다(출처: https://cheltjules.wordpress.com/2011/06/29/a-brief-history-of-the-british-police/2021.1.15. 방문).

다수의 공법 기본서도 경찰임무를 '공공질서 유지(preservation of public order)' 및 '범죄 예방과 탐지·기소(prevention and detection of crime)'로 정리하고 있다.[68]

3. 일반적 수권조항

영국 보통법에 의하여, 경찰은 치안 교란을 방지할 권한과 의무가 있다. 치안의 교란은 사람이나 그의 자산에 실제로 해악이 발생했거나 발생할 가능성이 높을 때 또는 사람이 폭행, 소란, 폭동, 불법 집회 또는 기타소요로 인해 그러한 해를 입게 될 것에 대한 두려움을 갖게 될 때 발생한다.[69]

모든 경찰관은 체포 또는 체포에는 이르지 않는 기타 조치를 취함으로써 그의 면전에서 발생중이거나, 아니면 (이미 발생하였으나) 반복될 소지가 있거나, 또는 막 발생하려고 하는 치안 교란 행위를 막을 권한과 의무가 있으며, 이러한 권한은 임박한 위험에 비례하여 개인의 권리가 최소한도로 침해되는 한에서 행사되어야만 한다.[70]

4. 개별적 수권조항

(1) 불심검문(신원확인)

[**일반검문**] PACE법 제1조에 의하여, **경찰관**(constable)은 도품, 금제품 또는 도검류가 발견될 것이라고 의심할 합리적인 이유[71]가 있는 경우, 다음 장소에서 사람이나 차량을 억류

---

67) Benjamin Bowling et al., The Politics of the Police, Oxford University Press, 5th, 2019, pp. 103-104; CIVITAS CRIME, The Police in England and Wales, https://www.civitas.org.uk/content/files/factsheet-police.pdf (2021.1.15. 방문); https://thecrimepreventionwebsite.com/police-crime-prevention-service--a-short-history/744/the-peelian-principles/ (2020.1.15. 방문); L. H. Leigh, Police Powers in England and Wales(2nd ed.), Butterworths, 1985, p. 1.

68) Bradley/Ewing/Knight의 단행본에서는 '공공질서 유지 및 범죄예방과 탐지(preservation of law and order and the prevention and detection of crime)'라고 설명하며, Barnett 단행본에서는 '범죄탐지와 기소, 그리고 공공질서 유지(detection and prosecution of crime and the preservation of public order)', Carroll 단행본에서는 '범죄예방과 공공질서 유지(prevention of crime and the preservation of public order)'라고 되어 있다; A. W. Bradley et al., Constitutional and Administrative Law(17th ed), Pearson, 2018, p. 398; Hilaire Barnett, Constitutional & Administrative Law(13th ed), Routledge, 2020, p. 495; Alex Carroll, Constitutional and Administrative Law(9th ed), Pearson, 2017, p. 545.

69) 전현욱 외, 집회 및 시위의 권리 보장과 공공질서의 조화를 위한 형사정책 연구, 형사정책연구원, 2016, 166면.

70) R (Laporte) v Chief Constable of Gloucestershire [2006] UKHL 55.

71) 여기의 '합리적인 의심'은 PACE법 실무규정 Code A에서 그 판단기준이 상세히 정해져 있다. 소지가 의

하고 사람의 신체나 차량 또는 차량 내나 차량 위에 소재하는 모든 물건에 대해 도품, 금제품 또는 도검류의 수색을 행할 수 있다: (a) 경찰관의 권한 행사 시점에서 대중 또는 그 일부가 요금을 지불하거나 기타 방법으로, 권리로서나 명시 혹은 묵시의 허가에 의해 출입할 수 있는 장소, (b) 그 외 경찰관이 그 권한을 행사하려고 하는 시점에서 사람들이 용이하게 출입할 수 있는 모든 장소(주거를 제외한다).

동법 제2조에 의하면, **경찰관**은 제1조 규정에 의한 수색을 행하고자 하는 경우 제복을 착용하고 있지 않은 때는 경찰관인 것을 증명하는 문서를 제시하고, 다음 사항을 고지하여야 한다: (a) 해당 경찰관의 성명 및 소속, (b) 수색 대상, (c) 수색을 행하려는 이유, (d) 동법 제3조에서 규정하는 수색기록 교부신청권.

동법 제117조에 의하면, **경찰관**은 제1조의 권한을 행사함에 있어서 합리적인 물리력(reasonable force)을 사용할 수 있다.

● 제복 경찰관

판례 Taylor v Baldwin[1976] RTR 265에 따르면, 경찰관(특별 경찰관(special constables) 포함)이 제복을 입었는지 여부는 법원이 판단해야 할 문제이다. '제복(uniform)'으로 간주되는 것은 명확하지 않은데, 경찰관의 복장에서 경찰관을 쉽게 식별할 수 있다면 제복에 대한 요구사항을 충족하는 것이 될 수 있다. 특히 경찰제복 위에 '일상적인(ordinary)' 우비를 입는 것은 경찰이 여전히 제복을 입고 있다는 사실에 영향을 주지 않았다. 판사는 각 지방경찰청이 어떻게 운영되는지를 판단하여,[72] 반대 증거가 없는 경우 주변상황에 따라 경찰관이 제복을 입고 있다고 추론하거나 가정할 권리가 있다 (Gang v Jones[1983] RTR 508).[73]

(**해석론**) PACE법 제1조는 '정지 및 수색 권한(Powers to Stop and Search)'으로, 동 법은 주로 '수색'에 관해서 규정하고 있고, 별도로 '정지'에 대한 명시적인 규정은 없다. 이는 정지가 수색을 위한 사전단계로서의 의미를 지니고 있기 때문이라 할 수 있다. PACE법은 '수색에 관한 기록의무'를 상세히 규정하고 있다. 이는 경찰작용에서 유발될 수 있는 인권침해에 대한 통제장치로서 기능할 수 있다.[74]

심되는 도품의 성질, 시간, 장소, 대상자의 거동을 고려할 필요가 있고, 사전에 입수하고 있던 지식이나 정보를 고려할 수 있다. 단, 대상의 개인적인 특징, 예를 들어 피부색, 연령, 머리모양, 복장이나 그 자에게 전과가 있다는 요소만에 의해 판단되어서는 안된다.

72) 고속도로 경찰관 관련 판례 *Cooper v Rowlands*[1971] RTR 291, 특별경찰관 관련 판례 *Richards v West*[1980] RTR 215.

73) John Watson, BLACKSTONE'S POLICE MANUAL 2021, Volume 3 Road Policing, College of Policing, 2020, p. 15.

74) 안동인, 공법학연구 제14권 4호, 2016, 328면, 340면.

[지역 일제검문] 1994년 형사사법 및 공공질서법(Criminal Justice and Public Order Act 1994) 제60조에 의하여, **경위 이상의 경찰관**(police officer of or above the rank of inspector)은 심각한 폭력과 관련된 사건이 발생할 수 있거나, 사람들이 정당한 이유 없이 위험한 도구나 공격 무기를 휴대하고 있다고 합리적으로 믿는 경우, 지역 내 모든 사람과 차량 수색을 승인할 수 있다. 정지 및 수색 권한은 24시간을 초과하지 않는 지정된 기간 동안 행사할 수 있다. 선임경찰관의 승인을 받은 경찰관은 지정된 지역 내에서 개인이나 차량을 수색하기 위해 합리적인 의심을 가질 필요가 없다.[75]

[대테러 검문] 2000년 테러법(Terrorism Act 2000) 제43조에 의하면, **경찰관**(Constable)은 테러리스트라는 합리적인 의심이 있는 자를 정지시켜 수색할 수 있고, 테러리스트라는 증거를 그의 소유물에서 찾기 위해 대상자를 체포할 수 있으며, 발견한 증거를 압수하여 영치할 수 있다. 또 대상자가 테러리스트라는 증거를 찾기 위해 차량 및 기타 물건을 수색할 수 있다.

동법 제43A조에 의하면, **경찰관**(Constable)은 테러에 이용된 차량이라는 합리적인 의심이 있는 경우 차량, 차량운전자, 차량의 동승자, 차량에 실린 기타 물건 등을 수색할 수 있으며, 발견한 증거를 압수하여 영치할 수 있다.

동법 제47A조에 의하면, 고위 경찰공무원(Senior police officer)은 특정한 지역에서 테러가 발생한다는 합리적인 근거가 있고 이를 방지하는데 필수적이라고 판단하는 경우, 제복 경찰관으로 하여금 특정한 지역에서 차량, 차량운전자, 차량동승자, 차량에 실린 기타 물건 등을 수색하도록 위임할 수 있다. 경찰관은 발견한 증거를 압수하여 영치할 수 있다.

동법 제47AA조-제47AE조에 의하면, 동법 제43조, 제43A조, 제47A조의 실행을 위한 실무규정(Code of practice relating to sections 43, 43A, 47A)을 내무부장관이 별도로 발령하여야 한다.

동법 제33조-제36조 및 제48조-제51조에 의하면, 테러리스트 조사를 목적으로 경찰 경계선을 설치하고 주차를 제한하거나 금지하는 권한이 부여된다.[76]

[예방적 검문] 2002년 경찰개혁법(Police Reform Act 2002) 제50조 제1항과 제2항에 의하면, **제복 경찰관**(constable in uniform)은 반사회적 행동을 하는 사람이라고 믿을 만한 이유가

75) Her Majesty's Chief Inspectorate of Constabulary, Adapting to protest-nurturing the british model of policing, 2009, pp. 123-126: 동법 제60조(10A)항에 따르면, 본조에 따라 수색을 당한 사람은 수색당한 날로부터 12개월이 경과하지 아니하고 수색기록(written statement)을 신청하였을 때에는, 본조에서 부여한 권한에 따라 수색기록을 받을 수 있다. 동법 제60조에 따르면, 운전자가 경찰관에 의해 차량이 정지당한 경우, 차량이 정지당한 날로부터 12개월이 경과하지 아니하고 수색기록을 신청하였을 때에는, 본조에서 부여한 권한에 따라 수색기록을 받을 수 있다.
76) Richard Card & Jack English, Police Law, Oxford, 15th, 2017, p. 55.

있는 경우, 이름과 주소를 물을 수 있다. 이 경우 대상자가 답변을 거부하거나 거짓의 성명, 주소를 답한 경우는 1,000파운드 이하의 벌금형에 처한다.

동조 제1A항에 의하면, 반사회적 행위(anti-social behaviour)란 '2014년 반사회적 행동, 범죄 및 경찰활동법(Anti-social Behaviour, Crime and Policing Act 2014)' 제2조 제1항에서 규정하는 '타인에게 괴롭힘, 경각심, 고통을 유발했거나 유발할 가능성이 있는 행위, 타인의 업무 또는 주거지와 관련하여 방해나 불편(nuisance or annoyance)을 초래할 수 있는 행위, 타인에게 주택과 관련된 방해나 불편을 초래할 수 있는 행위' 등을 의미한다.

(**해석론**) '반사회적 행동'의 개념은 타인·이웃이나 공동체의 '삶의 질'에 큰 영향을 끼치는 일상생활의 소란행위, 난동·무질서 행위나 (경한) 범죄행위를 통칭하는 것으로 길거리 문제행동(약물복용·매매, 노상음주, 공격적 구걸, 매춘 및 호객행위, 집단배회 등), 이웃에게 폐를 끼치는 행위(싸움, 만취 등 난동·소란이나 난폭행위, 과도한 소음유발, 위협하거나 괴롭히는 행위 등), 환경적 피해(공중전화, 공원시설물 등 공공시설물 훼손, 낙서, 폐차투기, 쓰레기 무단투기 등) 등으로 세분되기도 한다.[77]

[**긴급수배 일제차량검문**(Road Checks)] PACE법 제4조에 의하면, **경찰공무원**(police officers)은 최소 경정 계급의 경찰공무원(police officer of the rank of superintendent or above)의 승인 하에 범죄추적과 관련하여 특정 지역에서 도로교통법 제163조의 권한을 행사하여 7일을 넘지 않는 명시된 기간 내에 모든 차량 혹은 특정 기준에 해당하는 차량을 검문할 수 있다. 동법 제4조 제12항에 의하면, 경정 이상의 경찰공무원이 도로검문을 계속 '해야만 한다 (ought to)'고 판단하면 총 7일까지 여러 번 서면으로 연장할 수 있다. 이러한 도로검문을 수행할 수 있는 권한은 2002년 경찰개혁법(Police Reform Act 2002) 부칙 4에 따라 PCSO에게도 부여될 수 있다.[78]

(**해석론**) 도로검문 연장 결정은 '합리성(reasonableness)'이나 특정 근거가 있어야 한다는 요건 등이 없으며, 전적으로 경정직급자의 주관적인 판단으로 결정한다.[79]

(2) 보호조치

[**주취자의 보호조치**] 주취자의 보호조치에는 유치시설을 구비한 주취자 운반용 밴차량

---

77) Home office, Defining and measuring anti-social behaviour, 2004, pp. 2-6; 박경규, 형사정책 제31권 3호, 2019, 7-8면; 강경래, 소년보호연구 24호, 2014, 12-17면; 김순양, 한국행정연구 제18권 3호, 2009, 187-191면.

78) John Watson, BLACKSTONE'S POLICE MANUAL 2021, Volume 3 Road Policing, College of Policing, 2020, pp. 15-16.

79) John Watson, BLACKSTONE'S POLICE MANUAL 2021, Volume 3 Road Policing, College of Policing, 2020, p. 17.

(Police Van)이 사용된다. 주취자용 탱크(Drunk tank) 또는 주취해소버스(booze bus)라고도 불린다. 버스는 2층으로 되어 있으며, 보통 15명의 직원이 탑승하여 술에 취해 길을 잃었거나 경미한 부상을 당하거나, 돈을 도난당한 경우 등에 대해 응급치료와 집에 귀가하기 전까지 안전한 장소 제공 등의 역할을 한다. 이를 통해 반사회적 행동 및 길거리 음주, 구급차 호출 등이 급격한 감소를 보이고 있다.80) 보호조치된 주취자의 70% 이상에게 유치장 구금담당관이 경찰공의(Force Medical Examiner or Forensic Medical Examiner, healthcare professional)의 방문을 요청하고 있으며, PACE법 실무규범 C의 제9.13조에 의하면 경찰공의 방문시 위험성이나 문제점, 조사가능시점, 보호장구의 필요성 등을 물어야 한다.

영미법계 국가의 대부분과 같이 영국에서도 주취행위 자체가 죄악시되며, 17C 이후 형사법81)에 의거 주취자 및 주취 소란자, 음주금지 장소에서의 음주자 등을 처벌하여 왔다. 금지장소에서의 경찰의 음주제지권한82) 및 압수권한도 부여되어 있다. 만취자에 대해 주류를 판매하거나 술집에서 주취소란행위를 방임한 주류 판매업자도 처벌한다.83)

1972년 형사사법법(Criminal Justice Act 1972) 제34조 제1항에 의하면, **경찰관**(constable)은 적절하다고 생각하는 경우 주취자84)를 PACE법 제24조의 권한에 따라 체포할 때, 내무부장관85)이 승인한 치료센터로 데려갈 수 있다. 치료센터로 이송하는 동안 해당자는 합법적인

---

80) Independent, Mobile booze buses to treat drunken revellers could be rolled out nationwide, March 20 15, https://www.independent.co.uk/news/uk/home-news/mobile-booze-buses-treat-drunken-revell ers-could-be-rolled-out-nationwide-10147367.html (2021.5.31. 방문); the fix, "Booze Buses" could soon sweep the UK, March 2015, https://www.thefix.com/content/booze-buses-could-soon-sweep-uk (2021.5.31. 방문).

81) 1872년 면허법(Licensing Act 1872) 제12조(술에 취한 사람에 대한 처벌) 건물, 공공도로 또는 공공장소에서 술에 취한 채 발견된 모든 사람은 level 1(200 파운드) 이하의 벌금형에 처한다. 공공도로 또는 공공장소에서 마차, 말, 소, 또는 증기기관차 등을 탄 채 술에 취한 모든 사람 또는 술에 취한 채 장전된 화기를 소지한 사람은 40실링 이하의 벌금형이나, 1개월 이하의 징역형에 처한다; 1967년 형사사법(Criminal Justice Act 1967) 제91조(공공장소에서 음주): 공공장소에서 술에 취한 상태에서 무질서한 행동(disorderly behaviour)을 하는 사람은 level 3(1,000파운드) 이하의 벌금형인 약식기소에 처한다.

82) 2003년 면허법(Licensing Act 2003) 제143조: 경찰관이나 주류판매업자 등의 영업장소 출입제한명령에 위반한 만취자 또는 주취소란자는 level 1(200파운드 이하)의 약식기소 대상으로 한다; Dr Mark Hartley, Blackstone's Police Operational Handbook 2020 Law, Oxford University Press, 2019, p. 586.

83) 2003년 면허법(Licensing Act 2003) 제140조-제141조에서 level 3(1,000파운드) 이하의 약식기소 대상으로 규정하고 있다.

84) 여기에서 주취자는 1972년 형사사법법(Criminal Justice Act 1972) 제34조 제1항 a호와 b호에 명시되어 있다. a호에 따르면, 주취자는 Licensing Act 1872 제12조의 '공공도로 또는 공공장소 등에서의 주취자'를 의미하며, b호에 따르면 Criminal Justice Act 1967 제91조 제1항의 '공공장소에서 주취자 또는 무질서행위자'를 의미한다.

85) 법률에는 Secretary of State(장관)로 명기되어 있다. 1978년 해석법(Interpretation Act 1978) Schedule 1

보호조치(lawful custody) 상태에 있는 것으로 간주된다. 동조 제2항에 따라, 해당자를 치료센터에 구금하는 것은 허용되지 않으며, 위반과 관련하여 해당자의 기소가 배제되지는 않는다.

[신원확인, 위험방지와 범죄제지를 위한 보호유치] PACE법 제24조 제1항에 의하면, **경찰관**(constable)은 범죄를 저지르려고 하거나, 범행 중인 자, 또한 범죄를 저지르려고 하거나 저지르고 있다고 의심할 만한 합리적인 이유가 있는 자를 영장없이 체포할 수 있다.

동조 제5항에 의하면 이 때 합리적인 이유란, (a) 대상자의 이름을 확인하기 위해(대상자의 이름을 경찰관이 알 수 없거나, 대상자의 이름을 쉽게 확인할 수 없는 경우 또는 대상자의 이름이 꾸며졌다고 의심할 합리적 이유가 있는 경우), (b) 대상자의 주소를 확인하기 위해(대상자의 주소를 경찰관이 알 수 없거나, 대상자의 주소를 쉽게 확인할 수 없는 경우 또는 대상자의 주소가 꾸며졌다고 의심할 합리적 이유가 있는 경우), (c) 대상자의 아래의 행위를 막기 위해 (i) 자신이나 타인에게 신체적 위해를 유발하거나, (ii) 신체적 부상을 겪고 있거나, (iii) 재산의 파괴 또는 손실을 유발하거나, (iv) 공공의 평온을 저해하는 죄를 범하거나, (v) 도로를 불법적으로 막는 행위, (d) 대상자로부터 아동 또는 기타 취약한 성인을 보호하기 위해, (e) 대상자의 범죄 또는 행위를 신속하고 효과적으로 수사하기 위해, (f) 대상자의 없음으로 인해 범죄 기소가 방해받지 않도록 하기 위해.

동법 제41조에 의하면, 경찰구금은 24시간을 초과할 수 없으며, 구금계속의 허가가 있는 경우에도 36시간을 초과할 수 없다.[86)]

> 범죄자에 대한 경찰의 영장없는 체포는 PACE법 제24조 제2항에서 규정한다. 경찰관은 범죄가 저질러졌다고 의심할 만한 이유가 있는 경우, 영장없이 체포할 수 있다.

(3) 위험방지와 범죄의 제지

개인이 타인 또는 그의 재산에 위해(harm)를 일으키거나 또는 그럴 가능성이 있는 것으로 보이거나, 또는 폭행, 난동, 불법집회 또는 그 밖의 소란을 통해 그러한 해를 끼칠 우려(fear)가 있는 경우를 치안방해(Breach of the Peace) 상태라고 한다. 보통법에 의하여 **경찰관**

에 의하면, "Secretary of State"는 "one of Her Majesty's Principal Secretaries of State(여왕의 장관 중 한 명)"를 의미한다.

86) PACE법 제41조 제2항 c호에 의하여, 구금시간의 기산시점인 기준시(the relevant time)는 체포피의자가 경찰서에 도착한 시간이다. 한편, PACE법 제42조 제1항(구금계속의 허가)에 의하여 최대 36시간까지 경찰구금이 허가될 수 있다.

은 치안방해 상태에서 현재 일어나고 있거나 예상되는 평화침해를 막기 위해, 체포 등 합리적인 조치를 취할 수 있다. 치안방해의 재발이 예상되는 경우에도 같다.[87] 구체적인 대응조치들로는 다음과 같다.

1) 법원의 금지명령(Injunction)

[신청권자] 2014년 반사회적 행동, 범죄 및 경찰활동법(Anti-social Behaviour, Crime and Policing Act 2014) 제5조 제1항 c호에 의하면, **경찰관서장**(the chief officer of police for a police area) 및 기타 기관(지방정부, 주택공급기관, 교통경찰청장 등)의 신청에 의하여 법원의 금지명령이 발령될 수 있다.

[**금지명령의 요건**] 동법 제1조 제1항과 제2항에 의하면, **법원**은 다음의 경우 신청에 의해 10세 이상의 사람에게 금지명령을 내릴 수 있다: (ⅰ) 반사회적 행동에 관여했거나 관여하겠다고 위협하는 경우, (ⅱ) 대상자가 반사회적 행동에 관여하지 못하도록 금지명령을 내리는 것이 정당하다고 판단되는 경우.

(**해석론**) 금지명령 신청은 주택관련 및 주택과 관련되지 않은 상황 모두에서 피해자나 지역주민에게 심각한 위해를 일으킬 수 있는 다양한 범위의 반사회적 행위를 다루는데 사용된다. 예를 들어, 공공기물 파손, 공공장소 음주, 공격적 구걸, 무책임한 개소유(irresponsible dog ownership), 이웃에게 소음, 약자괴롭히기(bullying) 등의 학대 행위 또는 괴롭히는 행위 등이 포함된다.[88]

[**금지명령의 내용**] 동법 제1조 제4항에 의하면, 금지명령은 명령에 명시된 대상자의 모든 행위를 금지할 수 있으며, 대상자가 금지명령에 명시된 모든 조치를 취하도록 요구할 수 있다.

---

87) College of Policing, Public order, Core principles and legislation, Last modified: 12 September 2018, https://www.app.college.police.uk/app-content/public-order/core-principles-and-legislation/ (2021.4.23. 방문).

88) 2021년 1월 내무부가 개정·발행한 '2014년 반사회적 행위, 범죄 및 경찰활동법: 반사회적 행위 권한 - 일선경찰을 위한 법적 지침(Anti-social Behaviour, Crime and Policing Act 2014: Anti-social behaviour powers-Statutory guidance for frontline professionals)' p. 28에 따르면, 반사회적 행위에 대한 정의가 비주거관련(non-housing related)과 주거관련(housing-related)으로 나뉘어 법에서보다 자세히 설명되어 있다. 비주택관련 상황에서 반사회적 행동은 해당행위가 누군가에게 괴롭힘, 경고 또는 고통을 유발했거나 유발할 가능성이 있는 것이다. 예로는, 도심의 쇼핑몰, 공원 등 공공장소에서 반사회적 행위가 발생하는 것을 의미한다. 주거관련 환경에서의 반사회적 행동은 주거건물 점유와 관련하여 개인에게 성가심 또는 소란행위를 유발할 수 있는 행위 또는 주택관련 소란행위 또는 성가신 행위를 누군가에게 유발하는 행위를 말한다. 금지명령은 해당자(perpetrator)가 반사회적 행동에 자신이 적극적으로 참여하는 것이 아니라 다른 사람이 반사회적 행동을 하도록 허용한 상황에서도 사용될 수 있다. 예를 들어, 방문자 또는 하숙인(lodger)과 같은 다른 사람이 반사회적으로 행동했거나 하고 있는 경우 해당 금지명령은 문제가 있는 방문자, 하숙인 또는 가능한 경우 주인(owner)에게도 사용될 수 있다.

(**해석론**) 예를 들어, 금지사항(prohibitions)에는 공공장소에 스프레이 페인트 소유 금지, 특정 지역 진입금지, 공공장소에서 술 취하는 것 금지 등이 해당할 수 있다. 요구사항(requirements)은 개인의 반사회적 행위의 기저 원인 해결을 위한 것으로 알코올이나 마약 남용 프로그램 참석 또는 무책임한 개소유자에게 개훈련 프로그램 참여 등이 해당한다.[89]

[**건물에서의 퇴거**(출입금지)**명령**] 동법 제13조 제1항[90]에 의하면, 금지명령은 18세 이상의 가해자를 금지명령에 명시된 건물(premises) 또는 지역(area)에서 퇴거시킬 수 있다. 여기에는 가택(home)이 포함되며 다음과 같다: (ⅰ) 법원이 판단하기에 반사회적 행위가 타인에 대한 폭력 또는 폭력의 위협을 포함하거나, (ⅱ) 상당한 위해의 위험이 있다고 판단하는 경우.

(**해석론**) 위해(harm)는 동법 제20조에서의 괴롭힘이나 인종학대와 같은 감정적 또는 심리적 위해를 포함하는 "신체적이든 아니든 심각한 학대(serious ill-treatment or abuse, whether physical or not)"를 의미한다.[91]

[**금지명령의 기간**] 동법 제1조 제6항에 의하면, 성인에 대한 금지명령에는 최소 또는 최대 기간이 없고, 법원이 특정기간 또는 무기한 등으로 결정할 수 있다. 그러나, 18세 미만인 경우 최대가 12개월이다.

[**경찰 체포권의 부착**] 동법 제4조 제1항에 의하면, **법원**은 다음의 경우 금지명령에 영장 없는 경찰 체포권(power of arrest)을 부착한다: (ⅰ) 대상자가 관여했거나 관여하겠다고 위협하는 반사회적 행동이, 다른 사람을 향한 폭력이나 폭력을 사용하겠다는 협박으로 구성되어 있는 경우, (ⅱ) 대상자가 다른사람에게 상당한 위해를 끼칠 위험이 있는 경우. 동법 제9조 제1항에 의하여, **경찰관**(constable)은 체포권한이 부착된 금지명령을 대상자가 위반했다고 의심할 합당한 이유가 있는 경우, 영장없이 체포할 수 있다. 동조 제2항에 의하여, 대상자를 체포한 경찰관은 금지명령 신청자에게 이를 알려야 한다.

동법 제10조에 의하면, 금지명령 신청자는 체포권이 부착되지 않은 금지명령의 위반이 있다고 판단하는 경우는 법원에 체포영장 발령을 신청할 수 있다.

[**신청전 절차**] 동법 제14조 제1항에 의하면, 대상자가 18세 미만인 경우 경찰 및 기타 기관은 금지명령을 신청하기 전에 **소년범죄대응팀**(Youth Offending Team: YOT)과 협의해야 한다. 동조 제2항에 의하면, 경찰 및 기타 기관은 금지명령을 신청하기 전에 관련된 다른

89) Glenn Hutton, Elliot Gold & Paul Connor, Blackstone's Police Manual 2021-Volume 4(General Police Duties), Oxford University Press, 2020, p. 142.

90) 동법 제13조 제1항 b호: 금지명령은 지역의회, 경찰관서장(chief officer of police for the police area) 또는 (해당 건물이 주택공급업자(housing provider)가 소유 또는 관리하는 경우) 해당 주택공급업자 등이 신청하여 승인되는 경우가 해당한다.

91) Home Office, Anti-social Behaviour, Crime and Policing Act 2014: Anti-social behaviour powers Statutory guidance for frontline professionals, revised in January 2021, p. 31.

기관92) 또는 개인에게 알려야 한다.

[**임시금지명령**] 동법 제6조와 7조에 의하면, 예외적이거나 긴급한 상황인 경우 대상자 통지없는 심리(a without notice hearing)를 신청할 수 있다. 이 경우 금지명령 신청자는 왜 필요한지에 대한 증거를 법원에 제시하여야 한다. 법원은 대상자에게 통지하는 완전한 심리 (full hearing)가 있을 때까지 임시금지명령(interim injunction)을 내릴 수 있다.

[**위반시 제재**] 법정모독죄법(Contempt of Court Act 1981) 제14조에 의하면, 금지명령 위반 시 성인의 경우 법정모독죄로 2년 이하의 징역형 또는 무제한 벌금형에 처한다. 동법 제12 조와 부칙 2에 의하여, 18세 미만인 경우 소년법원에서 감독(supervision), 통행금지(curfew) 또는 활동(activity) 요구사항이 있는 감독명령(supervision order)이 내려질 수 있다. 부칙 2 Part 1 제1조 제6항에 의하여 금지명령 조건 위반, 요구사항 위반 등의 심각한 위반인 경우 법원은 청소년(young person)에게 구금명령을 부과할 수 있다. 부칙 2 Part 1 제1조 제5항에 의하여, 18세 미만 중 14세-17세 사이의 사람만 금지명령 위반에 대해 구금할 수 있으며 3 개월 이상 구금할 수 없다.

2) 경찰의 퇴거명령(dispersal powers)

[**명령권자**] 2014년 반사회적 행동, 범죄 및 경찰활동법(Anti-social Behaviour, Crime and Policing Act 2014) 제34조 제1항에 의하면, **경위 이상의 경찰관**(a police officer of at least the rank of inspector) 및 **치안보조관**(PCSO)은 반사회적 행동을 일으켰거나 일으킬 가능성이 있는 사람에게 특정 지역을 떠나서 명시된 기간 동안(최대 48시간) 돌아오지 말 것을 명령할 수 있다. 동법 제40조에 의하면, 경찰관은 모든 권한을 갖지만, 치안보조관은 지방경찰청장의 재량에 따라 권한의 전부 또는 일부만을 행사할 수 있다.

(**해석론**) 퇴거명령 승인은 경위 이상의 경찰관이 자신의 관할구역에서 반사회적 행동이 발생하는 것을 막거나 발생 가능성을 줄이기 위해 합리적으로 판단하여 필요한 경우 행사될 수 있다. 예로 주말 동안 특정 주택단지에서 반사회적 행위가 있을 가능성이 있다는 첩보를 입수하면, 48시간 동안 퇴거명령이 승인될 수 있다. 승인되지 않은 지역에서 해산명령을 사용할 필요가 있는 경우, 경찰관(police officer)은 경위에게 구두보고93)로 상황을 설명

---

92) 예를 들어 (세입자 중 한 명에게 다른 기관이 금지명령을 신청하는 경우에) 사회적임대기관(social landlord) 또는 정신건강팀(mental health team)이 포함될 수 있다; 홍인옥 외, 서울도시연구 제4권 3호, 2003, 3면 각주 3번: 사회적임대기관은 지방정부를 대신하여 공공임대주택의 공급과 관리를 맡게 된 주택협회의 범주를 확대한 것으로, 주택협회(Housing Association)가 대표적이며, 뉴타운 개발공사 (New Town Development Corporation), 주택공사(Housing Corporation) 등도 해당된다.

93) 원문에는 "the officer can contact an inspector for an authorisation and descibe the circumstance to him or her"로 나와 있어서, 영국의 치안학교(College of Policing) 담당자에게 이메일 문의 결과 "전화

한 후 승인을 받을 수 있다.[94)]

　[**퇴거명령의 요건**] 동법 제34조 제2항과 제3항에 의하면, 대상자의 행위가 반사회적 행동, 범죄, 무질서 등에 기여하고 있거나 기여할 가능성이 있는 경우로서, 해당 명령이 합리적인 근거에 의하여 그와 같은 행위를 예방하기 위해 필요한 경우 퇴거명령이 발령될 수 있다.

　(**해석론**) 권한이 있는 경찰관(authorising police officer)은 특정지역에서의 퇴거명령을 승인하거나 발령하기 전에 표현의 자유 및 집회의 자유에 대한 권리를 특히 고려해야 한다.[95)] 퇴거명령은 1992년 노동조합 및 노동관계법(Trade Union and Labor Relations (Consolidation) Act 1992) 제220조에 의하여 합법적인 평화 피케팅 시위에 참가한 사람에게 발령될 수 없다. 1986년 공공질서법 제11조에 정의된 행진(public procession)에 참가하는 사람들에게도 내릴 수 없다. 또한 퇴거명령은 거주지, 근무지 또는 근무계약장소, 법원, 교육 또는 훈련을 받기로 한 장소, 의료적 치료를 받으러 가는 것 등을 제한할 수 없다.[96)]

　[**퇴거명령의 특정**] 동법 제35조 제5항 b호와 c호에 의하면, 대상자가 퇴거하여야 할 지역이 명령서에 의하여 명시되어야 하며, 언제 어떤 경로로 해당지역을 떠나야 하는지도 지정할 수 있다. 동법 제35조 제5항 a호에 의하면, 명령서의 실행이 합리적으로 가능하지 않으면 구두로 할 수 있으며, 동법 제38조에 의하여, 서면기록을 해야 한다.

　[**퇴거의 지원**] 동법 제35조 제7항에 의하면, **경찰관**(constable)은 대상자가 16세 미만인 경우, 대상자를 그가 살고있는 장소나 안전한 장소로 데려다 줄 수 있다.

　(**판례**) 2003년 반사회적 행동법(Anti-social Behaviour Act 2003) Part 4와 관련한 판례[97)]에 의하면, 16세 미만인 청소년을 거주지로 이동시킬 때 필요한 경우 합리적인 물리력을 사용할 권한이 있다고 판시했다.[98)]

　[**물건의 임시영치**] 동법 제37조에 의하면, **경찰관**(constable)은 퇴거명령시 대상자에게 술, 폭죽 또는 스프레이 페인트와 같은 반사회적 행동을 일으키거나 일으킬 가능성이 있는 물건들을 넘겨달라고 요구할 수 있다. 동법 제37조 제3항에 의하여, 경찰관은 대상자에게

　　　를 통한 구두 승인으로 확인해 줌 (2021.7.23 이메일 수신).

94) Glenn Hutton, Elliot Gold, and Paul Connor, Blackstone's Police Manual 2021-Volume 4(General Police Duties), Oxford University Press, 2020, pp. 145-146.

95) Glenn Hutton, Elliot Gold, and Paul Connor, Blackstone's Police Manual 2021-Volume 4(General Police Duties), Oxford University Press, 2020, p. 146.

96) Home Office, Anti-social Behaviour, Crime and Policing Act 2014: Anti-social behaviour powers Statutory guidance for frontline professionals, revised in January 2021, p. 46.

97) R (on the application of W) (Respondent) v (1) Commissioner of Police for the Metropolis, (2) Richmond-upon-Thames London Borough Council (Appellants) and the Secretary of State for the Home Department (Interested Party) [2006] EWCA Civ 458

98) Home Office, Anti-social Behaviour, Crime and Policing Act 2014: Anti-social behaviour powers Statutory guidance for frontline professionals, revised in January 2021, p. 45.

서면으로 언제 어떻게 물건을 회수할지에 대한 정보를 주어야 하며, 퇴거명령 기간이 끝나기 전에 돌려줘서는 안된다. 동법 제37조 제6항에 의하여 대상자가 16세 미만인 경우, 경찰은 물건을 회수하러 올 때 어른을 동행해야 한다고 요구할 수 있다. 동법 제37조 제7항에 의하여, 28일 이내에 물건을 회수하지 않으면 파기 또는 폐기할 수 있다.

[**명령의 변경·철회**] 동법 제35조 제8항과 제9항에 의하면, 모든 **경찰관**(constable)은 명령서를 변경·철회할 수 있으며, 합리적으로 실행 불가능하지 않다면 원래 명령서를 발부받은 사람에게 서면으로 해야 한다.

[**위반시 제재**] 동법 제39조 제1항과 제2항에 의하여, 명령을 준수하지 않는 것은 약식범죄로 치안판사 법원 또는 소년법원(18세 미만인 경우)에서 처리한다. 기소되는 경우 최대 level 4(£2,500)의 벌금형 그리고/또는 3개월의 징역형에 처한다. 동법 제39조 제3항과 제4항에 의하여, 물건압수에 응하지 않는 경우 최대 level 2(£500) 벌금형에 처한다.

3) 기초질서 준수명령(질서명령, Community Protection Notice: CPN)

[**명령권자**] 2014년 반사회적 행동, 범죄 및 경찰활동법(Anti-social Behaviour, Crime and Policing Act 2014) 제53조 제1항에 의하면, 질서명령은 **경찰관**(constable), 관련 지방정부, 관련 지방정부에 의하여 위임받은 자에 의하여 발령된다. 동법 제53조 제5항에 의하면, 경찰청장이 지정하는 경우 치안보조관도 발령가능하다. 동법 제43조 제1항에 의하면, 경찰관(constable), 지역의회 담당자(council officers) 및 사회적임대기관(social landlord)은 불합리하고 지속적인 문제 또는 소란행위를 처리하기 위해 지역사회 주민들의 삶의 질에 부정적인 영향을 끼치는 16세 이상의 자(사업체 또는 기관 포함)에게 질서명령(CPN)을 발부한다. 동법 제43조 제6항에 의하면, 질서명령을 발령하기 전 중복을 피하기 위해 질서명령권한자(authorised person)는 관련 기관에 통보해야 한다.

[**명령의 내용**] 동법 제43조 제3항에 의하면, 질서명령자는 대상자(개인, 사업체, 기관)에게 해당 문제 유발을 중단하고, 재발하지 않도록 합리적 조치를 취하라고 요구할 수 있다. 예를 들어, 낙서, 소음방해, 사유지에 쓰레기 투척 등이 해당된다.[99]

[**사전경고**] 동법 제43조 제5항에 의하면, 경찰 또는 지방정부는 질서명령 발령 전 대상자에게 미리 서면경고(written warning)를 하여, 해당 문제를 처리할 적절한 시간을 주어야 한다.

(**해석론**) 이것은 대상자가 자신들의 행동을 인지하여 상황을 바로잡을 시간을 주도록

---

99) Home Office, Anti-social Behaviour, Crime and Policing Act 2014: Anti-social behaviour powers Statutory guidance for frontline professionals, revised in January 2021, pp. 48-49.

하기 위함이며, 또한 서면경고를 하는 경찰 또는 지방정부에게도 통지서 발행 전 적정 기간을 결정할 수 있도록 하기 위함이다. 예를 들어, 개주인이 담장을 고칠 필요가 있는 경우, 대상자가 해당 문제를 처리하는데 며칠 또는 몇 주가 걸릴 수 있다. 그러나, 누군가가 공원에서 계속해서 커다랗게 음악을 틀고 있는 경우는 몇 분 또는 몇 시간 안에 해당 문제가 해결될 수 있다.100)

[**통지방법**] 동법 제55조 제1항에 의하면, 가능한 한 통지서는 직접 주어야 한다. 그러나 가능하지 않은 경우, 적절한 주소지 건물에 게시하거나 남길 수 있다.

[**위반시 제재**] 동법 제52조 제1항에 의하면, 질서명령 위반시 경찰관에 의하여 범칙금(fixed penalty notices, FPN)이 발부된다. 동조 제7항에 의하여 범칙금은 £100(한화 약 16만원)를 넘지 않아야 한다. 동법 제56조 제6항에 의하면, 지정된 치안보조관도 질서명령 위반범죄에 대한 범칙금(FPN) 통지가 가능하다.

(**해석론**) 질서명령 발행여부를 결정하는 것은 해당 행위가 집요하게 끈질기고(persistent), 지속적이고(continuing), 비합리적(unreasonable)인지가 주요 판단 요소이다.101)

4) 건물폐쇄명령(Closure notices and Orders)

[**임시폐쇄명령 권한자 및 요건**] 2014년 반사회적 행동, 범죄 및 경찰활동법(Anti-social Behaviour, Crime and Policing Act 2014) 제76조 제1항에 의하면, **경위 이상의 경찰공무원**(police officer of at least the rank of inspector) 또는 지방정부(local authority)는 다음과 같은 합리적 근거가 충족이 되면 임시폐쇄명령(closure notice)을 발령할 수 있다: (ⅰ) 특정 시설의 사용이 대중들에게 소란행위를 일으켰거나 (만일 임시폐쇄명령이 발행되지 않는다면) 곧 일으킬 가능성이 있는 경우, (ⅱ) 해당 시설의 사용과 관련하여 해당 시설 근처에 무질서가 있었거나 (만일 임시폐쇄명령이 발행되지 않는다면) 무질서가 곧 발생할 것 같은 경우로서, 임시폐쇄명령이 소란행위나 무질서가 계속되고 재발하는 것을 막기 위해 필요한 경우.

[**임시폐쇄명령의 기간**] 동법 제76조 제2항에 의하면, 임시폐쇄명령은 명시된 기간 동안 해당 건물(premises)에의 접근을 막는 것이다. 동법 제77조 제1항에 의하여, 임시폐쇄명령서에 명시될 수 있는 최대 기간은 24시간이다. 동법 제77조 제2항에 의하면, **경정**(super-intendent) **이상의 경찰공무원**(police officer)이 발령하거나 지방정부의 장(Chief Executive

---

100) Glenn Hutton, Elliot Gold & Paul Connor, Blackstone's Police Manual 2021-Volume 4(General Police Duties), Oxford University Press, 2020, p. 147; Home Office, Anti-social Behaviour, Crime and Policing Act 2014: Anti-social behaviour powers Statutory guidance for frontline professionals, revised in January 2021, p. 51.

101) Home Office, Anti-social Behaviour, Crime and Policing Act 2014: Anti-social behaviour powers Statutory guidance for frontline professionals, revised in January 2021, pp. 50, 52.

Officer)[102] 또는 지방정부의 장이 지정한 사람이 승인하는 경우 최대 48시간이다. 동법 제77조 제2항이 적용되지 않는 경우, 동법 제77조 제4항에 의하여, 통지서 발행은 24시간까지 연장가능하다. 단, 경찰의 경우 최소 경정 이상의 경찰공무원이 발행하거나, 지방정부의 장 또는 그가 지정한 사람이 승인하는 경우이다.

[**임시폐쇄명령의 절차**] 동법 제76조 제6항과 제7항에 의하면, **경찰공무원**(police officer) 또는 지방정부(local authority)[103]는 임시폐쇄명령 발행 전 적절한 사람이나 기관과 협의해야 하며, 집주인, 임대주, 인가를 받은 사람, 그리고 해당 건물에 거주하는 것으로 보이는 사람에게 통보하기 위한 합리적 노력을 해야만 한다. 또한 해당 건물 내에 있는 아동이나 취약한 성인으로 인해 발생하는 모든 특별한 고려사항을 염두에 두어야 한다.

[**임시폐쇄명령의 내용**] 동법 제76조 제3항에 의하면, 임시폐쇄명령서에 명시된 사람을 제외한 모든 사람의 접근을 금지한다. 동법 제76조 제4항에 의하면 해당 건물에 일상적으로 거주하는 사람 또는 건물 소유주의 접근은 금지하지 않을 수 있다.

[**임시폐쇄명령의 통지와 취소통지**] 동법 제79조 제2항에 의하면, **경찰관**(constable) 또는 지방정부는 가능한 경우 관련자에게 통지서를 전달해야 한다. 동법 제79조 제4항에 의하면, 경찰관 또는 지방정부는 통지서 전달을 위해 필요한 경우 합리적 물리력을 사용하여 해당 건물에 진입할 권한이 있다.

[**법원의 폐쇄명령**] 동법 제80조 제1항과 제2항에 의하면, **경찰관**(constable) 또는 지방정부는 임시폐쇄명령(closure notice)을 발령한 경우 폐쇄명령(closure orders)을 **치안판사법원**(magistrates' court)에 신청해야 한다. 동법 제80조 제3항에 의하면, 치안판사 법원은 임시폐쇄명령이 있은 후 48시간 내 폐쇄명령 신청서를 심리해야 한다.

동법 제80조 제5항에 의하면, 법원은 다음의 경우 폐쇄명령을 결정할 수 있다: (i) 특정 사람이 해당 건물에서 무질서, 반사회적 또는 범죄행위에 관련된 경우(또는 명령서가 발행되지 않으면 그러할 행위 가능성이 있는 경우), (ii) 해당 건물의 사용이 지역사회 시민에게 무질서 또는 심각한 소란행위를 일으킬 관련이 있는 경우(또는 명령서가 발행되지 않으면 그러할 행위 가능성이 있는 경우)로서, 명령이 그러한 무질서 또는 행위의 지속 또는 발생 또는 재발을 막기 위해 필요한 경우.

동법 제80조 제6항에 의하면, 법원은 최대 3개월간 폐쇄명령을 내릴 수 있다. 동법 제

---

102) 동법 제77조 제6항에서, "chief executive officer"란 1989년 지방정부 및 주택법(Local Government and Housing Act 1989) 제4조에 따라 해당기관의 최고의 장(head of the paid service of the authority)을 의미한다.

103) 2021년 발행 내무부가 경찰을 위해 발행한 지침에는 local council로 명시되어 있다. 즉 local authority 와 local council이 혼용되어 사용되고 있다.

80조 제7항에 의하면, 임시폐쇄명령과 달리 폐쇄명령은 집주인, 소유자, 일상적 거주자 (habitual residents) 등 누구나의 접근을 금지할 수 있다.[104]

[**위반시 제재**] 동법 제86조 제1항과 제2항에 의하면, 합리적 이유없이 임시폐쇄명령 또는 폐쇄명령에 반하여 시설에 남아있거나 진입하는 것은 위법이다. 동조 제3항에 의하면, (i) 합리적 이유없이 임시폐쇄명령, 연장통지, 취소통지 또는 변경통지를 발행하는 경찰관 또는 지방정부 담당자, (ii) 폐쇄명령이 시행중인 시설에 진입하고, 진입방해에 맞서 시설물 을 확보하기 위해 필요한 조치를 하는 경찰관 또는 지방정부 담당자의 행위를 방해하는 것 은 위법행위이다. 동조 제4항에 의하면, 임시폐쇄명령 또는 위의 (i)과 (ii)를 방해하는 것은 약식기소에 해당되어 3개월 이하의 징역형 또는 벌금 또는 병과된다. 동조 제5항에 의하면, 폐쇄명령을 위반하는 자는 51주 이하의 징역형 또는 벌금 또는 병과된다.

5) 공공장소 보호명령(Public Spaces Protection Order): 음주 금지

[**발행기관**] 2014년 반사회적 행동, 범죄 및 경찰활동법 제59조에 의하면, 지방정부(local authority)는 공공장소에서의 특정 활동이 지역사회 주민의 삶의 질에 악영향을 미친다는 합 리적 근거가 있는 경우 '공공장소 보호명령'을 발행할 수 있다. 보호명령은 지정된 공공장소 에서 음주 금지뿐만 아니라 기타 특정 소란행위 또는 문제행동을 금지하도록 한다.

[**위반시 제재**] 동법 제63조 제1항과 제2항에 의하여, 경찰관(constable)[105] 또는 지방정 부(local authority officer) 담당자는 (i) 공공장소 보호명령의 금지를 위반하여 알코올을 섭취 했거나 섭취한 적이 있거나, (ii) 명령서 금지 위반의 상황에서 술을 섭취할 의도가 있다고 합리적으로 믿는 경우 해당자에게 술을 섭취하지 말라고 요구하거나 술을 양도하라고 요구 할 수 있다. 동조 제6항에 의하여 합리적 이유없이 경찰관이나 권한있는 사람의 요구에 응 하지 않는 자는 level 2(£500) 이하의 벌금형에 처한다.

동법 제67조 제1항에 의하면, 합리적 이유없이 명령서의 금지사항 또는 요구사항을 준 수하지 않는 것은 위법에 해당하며, 동조 제2항에 의하여 level 3(£1000) 이하의 벌금형에 처한다. 동법 제68조 제1항과 제2항에 의하면, 경찰관 또는 권한있는 사람은 공공장소 보호 명령과 관련하여 제63조(술 섭취 금지명령 위반자) 또는 제67조(명령서 미준수 범죄)에 따라 범죄 를 저질렀다고 믿을 만한 사유가 있는 모든 사람에게 범칙금을 통지할 수 있다. 동법 제63 조 제5항에 의하면, 경찰관 또는 권한있는 사람은 적절하다고 생각하는 방식으로 양도받은

---

104) Glenn Hutton, Elliot Gold & Paul Connor, Blackstone's Police Manual 2021-Volume 4(General Police Duties), Oxford University Press, 2020, p. 147.

105) 치안보조관(PCSO)도 포함된다(출처: Glenn Hutton, Elliot Gold & Paul Connor, Blackstone's Police Manual 2021-Volume 4(General Police Duties), Oxford University Press, 2020, p. 223).

물건을 처리할 수 있다.

(4) 위험방지를 위한 출입 및 수색(Power of entry and search)

[**강제출입**] PACE법 제17조 제1항 e호에 의하면, 경찰관(constable)은 생명·신체의 구조나 중대한 재산상 손해를 방지하기 위하여, 모든 건물(premises)에 출입하여 수색할 수 있다. 동조 제2항 a호에 의하면, 경찰관은 그가 찾고 있는 사람이 해당 건물에 있다고 믿을 만한 합리적인 근거가 있는 경우에도 출입하여 수색할 수 있다.

보통법에 의하여도, 경찰은 치안방해(breach of the peace) 예방 또는 대응을 위해 강제출입의 권한이 있다. 보통법상 치안방해는 사람이나 재산에 해악을 끼쳤거나, 해악을 끼칠 것으로 예상되는 경우, 또는 그 자연적 경과에 비추어 다른 사람의 폭력을 유발할 만한 행동을 한 경우에 인정되는 개념이다. 이러한 치안방해를 초래하거나 초래할 것이 합리적으로 예견되는 경우, 보통법상 하에서 체포 및 강제적 출입이 가능하다.106) 치안방해에 대응하기 위한 강제출입은 PACE법 제1항과 제5항107)의 제정에도 불구하고, 동법 제17조 제6항108)에 의하여 보존된다.109) 하지만 성문법인 PACE법이 제정된 현재에는 위험방지를 위한 강제출입시 주로 PACE법에 근거한다.110)

(**해석론**) 영국 판례는 안위에 대한 걱정(concern for welfare alone)만으로는 PACE법 제17조에 의한 강제출입은 허용되지 않는다고 하였다. 사람에게 중대한 손상을 미치는 무엇인가가 발생했거나 발생했을 수도 있다는 두려움(fear)이 있는 정도일 때 위 목적의 정당성이 인정된다고 보고 있다.111)

(5) 정보수집

최근 영국의 경찰활동은 기존의 전통적인 단속 중심에서 정보수집을 통한 예방적 접근으로 변화한 것으로 평가되고 있다.112) 지방경찰청 체제를 근간으로 하는 경찰기관들이113)

---

106) 전현욱 외, 피해자 보호를 위한 경찰개입의 한계요인과 법제도적 개선방안에 관한 연구, 한국형사정책연구원, 2017, 78면.

107) PACE법 제17조 제5항: 경찰관이 영장없이 진입할 수 있는 권한을 갖는 보통법의 모든 규칙은 이로써 폐지된다.

108) PACE법 제17조 제6항: 위의 5항의 어떤 내용도 치안방해를 처리하거나 방지하기 위한 강제진입 권한에 영향을 미치지 않는다.

109) College of Policing, Major investigation and public protection-Police response to concern for a child, https://www.app.college.police.uk/app-content/major-investigation-and-public-protection/child-abuse/concern-for-a-child/ (2021.5.16. 방문).

110) 김학경, 형사정책연구 제29권 1호, 2018, 54면 각주 28번.

111) 전현욱 외, 피해자 보호를 위한 경찰개입의 한계요인과 법제도적 개선방안에 관한 연구, 한국형사정책연구원, 2017, 76-77면.

국가범죄수사청(National Crime Agency, NCA) 및 다른 정보활동 기관과 함께 정보활동을 행하는 국가정보모델(National Intelligence Model: NIM)로 운용되고 있다.[114]

잉글랜드와 웨일즈 43개 지방경찰청에는 일반적으로 '경찰 정보국(force intelligence bureau, FIB)'이라 불리는 정보부서(intelligence units)가 있다.[115] FIB는 보통 경찰관 및 연구원, 분석관, 정보경찰과 같은 다양한 역할을 수행하는 일반 직원으로 구성되어 있다. 지방경찰청의 크기 및 역량에 따라, 감시(surveillance) 또는 기타 비밀 경찰기능(covert policing functions)이 추가되며, 크기가 작고 역량 및 자원이 적은 지방경찰청은 큰 경찰청과 협약을 맺어 자신들에게 부족한 자원에 접근한다.[116] 1996년 경찰법 제22A조에 따르면, 2개 이상의 지방경찰청(NCA 포함)은 협력관계를 맺어 비밀 감시활동(covert surveillance)을 더욱 효과적으로 이행할 수 있도록 규정하고 있다.[117]

경찰의 정보수집은 예방적 범죄투쟁 차원에서 범죄정보 중심으로 이루어지며, 그 법적 근거는 크게 '2000년 수사권한 규제법(Regulation of Investigatory Powers Act 2000, RIPA)'[118] Part 2 및 부속명령[119]과 '1997년 경찰법' Part 3로 볼 수 있는데, ECHR의 제1조와 제8조[120]

---

112) 이주락, 영미연구 42호, 2018, 263, 265면; 영국경찰의 정보주도형 경찰활동에 대해서는 또한 장광호 외, 한국경호경비학회 54호, 2018, 106면 및 110면 이하 참조.

113) 영국 경찰의 조직과 지방분권에 대한 개관은 안동인, 공법학연구 제14권 4호, 2016, 317면 이하 참조.

114) 영국 경찰의 국가정보모델 및 국가 정보 체계에 대해서는 이주락, 영미연구 42호, 2018, 267면 이하 참조.

115) UK in a changing Europe, 26 Feb 2021, https://ukandeu.ac.uk/intelligence-law-enforcement-and-brexit/ (2021.6.7. 방문).

116) Adrian James, Understanding police intelligence work, Policy Press, 2016, pp. 52-53.

117) Home Office, Covert Surveillance and Property Interference-Revised Code of Practice, August 2018, p. 14.

118) 김성태, 경찰학연구 제20권 3호, 2020, 124면: '2000년 수사권한 규제법(RIPA)'은 제1부 '통신'(Communications), 제2부 '감시활동과 비밀정보기관요원'(Surveillance and covert human intelligence sources), 제3부 '암호화 등으로 보호된 전자정보 조사'(Investigation of electronic data protected by encryption etc.), 제4부 '수사권한 및 정보부의 기능에 대한 조사 등'(Scrutiny etc. of investigatory powers and of the functions of the intelligence services), 제5부 '기타 및 부칙'(Miscellaneous and supplemental)으로 구성되어 있다; Robin Bryant and Sarah Bryant, Blackstone's Handbook for Policing Students 2021, Oxford University Press, 2020, pp. 551-552: '2000년 수사권한 규제법'은 '2016년 수사권한법(Investigatory Powers Act 2016)'으로 개정되었는데, IPA는 통신데이터(Communication data, CD)의 사용과 입수 방법, 특정 영장에 대한 독립적인 감독, 수사권한위원(Investigatory Powers Commissioners Office, IPCO) 신설, 인터넷 기록 보유 규정에 대해 명시하고 있다; Joanna Dawson, Jennifer Brown, Undercover policing in England and Wales, Briefing paper, House of Commons Library, November 2020, p. 3: 특히 '수사권한위원'은 IPA Part 8에 명시되어 있는데 비밀경찰활동에 대한 개혁의 일환으로 모든 수사권한을 감독하는 기구로 정기적으로 비밀경찰활동을 조사·감시한다.

119) 김성태, 경찰학연구 제20권 3호, 2020, 124면: 이 법률의 집행과 관련하여 '수사권한 규제명령'(Regulation of Investigatory Powers(Covert Surveillance and Property Interference: Code of Practice) Order 2014)이 제정되어 있다.

120) 공공기관이 비밀감시활동을 통해 특정인의 사적 정보를 입수하는 것은 ECHR 제8조 위배와 가장 관련이 있다. 반면, 재산침해활동은 First Protocol의 제1조 위배와 관련이 있다.

에 위배되지 않아야 한다.[121]

[**공공장소에서의 정보수집 허가**] '2000년 수사권한 규제법' 제28조 제3항에 의하여, **경찰관서장**은[122] (a) 국가안보, (b) 범죄 예방·탐지[123] 또는 무질서 예방, (c) 국가경제적 안녕, (d) 공공안전, (e) 공중보건,[124] (f) 세금, 관세, 부과금 등을 평가하거나 징수, (g) 내무부장관이 발령한 명령에 명시된 기타 목적 등을 위하여 필요하다고 판단하는 경우 공공장소에서의 감시활동(정보수집)을 **허가**할 수 있다. 동법 제43조 제3항 c호에 의하면, 허가유효기간은 3개월이며, 경찰관서장은 지시에 따른 감시활동(directed surveillance)이 더 이상 허가된 기준을 충족하지 않는 경우 언제든 취소할 수 있다.

동법 제43조 제3항 a호에 의하면, 긴급한 상황의 경우 허가는 구두로 발령되며 72시간 동안 유효하다. 단, 서면 승인이 72시간 내에 제공되어야 한다. '경찰교육생을 위한 블랙스톤 핸드북' 교재에 따르면, 승인권자는 경정(superintendent) 이상의 계급이다.[125]

2000년 수사권한 규제법 제48조 제2항에 의하면, '감시(surveillance)'란 특정인의 움직임, 대화, 또는 기타 활동 및 의사소통 감시, 관찰 또는 귀기울여 듣는 것을 의미한다. 이때 감시기구를 사용할 수도 있으며 입수한 정보의 녹음도 가능하다. 동법 제26조 제9항 a호에 의하면, 감시는 감시받는 자가 그 사실을 인지하지 못하는 경우에만 '비밀 감시(Covert surveillance)'이다.[126] '비밀감시'는 동법에 따라 승인되어야 한다.[127]

---

121) Robin Bryant & Sarah Bryant, Blackstone's Handbook for Policing Students 2021, Oxford University Press, 2020, p. 541; Home Office, Covert Surveillance and Property Interference-Revised Code of Practice, August 2018, pp. 10-11.

122) '2000년 수사권한 규제법' 부칙 1의 Part Ⅰ에 승인 요청할 수 있는 공공기관에 잉글랜드와 웨일즈의 모든 지방경찰청(any police force)이 명시되어 있다. 또한, 내무부가 2018년에 발행한 '비밀감시 및 재산침해-개정된 실무규칙' p. 92에도 '지시에 따른 감시활동 및 재산침해적 감시활동'에 대한 각 법집행기관 및 정보기관의 승인권자가 명시되어 있다.

123) 2000년 수사권한 규제법 제81조 제5항에서 범죄 탐지를 정의하고 있다.

124) 전염병, 오염된 제품 또는 의약품 불법판매 등에 대한 조사가 해당될 수 있다.

125) Home Office, Covert Surveillance and Property Interference-Revised Code of Practice, August 2018, p. 45; Robin Bryant and Sarah Bryant, Blackstone's Handbook for Policing Students 2021, Oxford University Press, 2020, p. 551.

126) Home Office, Covert Surveillance and Property Interference-Revised Code of Practice, August 2018, p. 10: '지시에 따른 감시활동'과 '권리침해적 감시활동'과 관련한 상세한 설명, 용어 정의, 예시 및 예외사항 등은 2018년 내무부 발행 '비밀 감시 및 재산 침해에 관한 개정 실무규칙(Covert Surveillance and Property Interference-Revised Code of Practice)' Chapter 3(pp. 15-29)에 자세히 설명되어 있다; Blackstone's police manual 2021(volume 4, general police duties), p. 241, 243도 참조.

127) Home Office, Covert Surveillance and Property Interference-Revised Code of Practice, August 2018, pp. 10, 15.

(**해석론**) 공공장소에서 특정한 조사나 작전을 위한 활동이며, 비밀리에 행해지는 것을 포함한다. 특정인의 이동 및 움직임을 감시하거나, 대화의 도청, 사진 또는 영상촬영, 추적 장치 또는 사람 등을 이용한 자동차의 위치 추적 등을 예로 들 수 있다.[128) 국민 일반에 대해 사전통제없이 행해지는 일상적 정보수집과는 거리가 멀다.

(**해석론**) Kennedy v United Kingdom (2011) 52 EHRR 4 판례에 따르면, 감시활동은 필연적으로 사생활의 간섭이 수반되지만, 국가안보 및 경제적 안녕을 보호하기 위한 합법적인 활동임을 판시하고 있다.[129)

한편 비밀감시활동이 우범지역 사복순찰과 같이 특정인의 사적정보 입수로 귀결되지 않는다면, ECHR 제8조에 위배되지 않으므로 '2000년 수사권한 규제법'에 따른 승인 신청이 필요하지 않다.[130) 또한 '2000년 수사권한 규제법' 제26조 제2항 c호에 의하면, 사건이나 상황에 대한 즉각적인 대응으로서 감시활동이 이루어지는 경우, 허가가 필요하지 않다. 즉, 이러한 소위 일반적인 관찰(general observation)은 허가가 필요하지 않은 합법적인 권한이다.[131)

[**사적 공간에서의 정보수집 허가**] '2000년 수사권한 규제법' 제32조에 의하여, **경찰관서장**[132)은 (a) 국가 안보, (b) 심각한 범죄 예방·탐지, (c) 국가경제적 안녕을 위하여 사적 공간에서의 '권리제한적 감시 수행'(intrusive surveillance)을 **허가**할 수 있다.

동법 제34조에 의하면, 최고 승인권자 부재시 부청장이 허가할 수 있으며, 긴급사건인 경우 구두로도 승인이 가능하다. '경찰교육생을 위한 블랙스톤 핸드북'에 따르면, 권리제한적 감시는 심각한 범죄 관련의 경우에만 승인되므로 승인권자는 국장(assistant chief constable) 이상의 계급이며, '수사권한위원'의 승인도 받아야 한다.[133)

동법 제35조에 의하면, 권리제한적 감시는 공공장소에서의 감시와 달리 승인권자가 가

---

128) Home Office, Covert Surveillance and Property Interference-Revised Code of Practice, August 2018, pp. 10-15; 송유경, 최신 외국법제정보, 2010, p. 57.

129) College of Policing, Blackstone's police manual 2021-Volume 4 General Police Duties, Oxford University Press, 2020, p. 235.

130) Home Office, Covert Surveillance and Property Interference-Revised Code of Practice, August 2018, pp. 24-25.

131) Home Office, Covert Surveillance and Property Interference-Revised Code of Practice, August 2018, pp. 24-25.

132) '2000년 수사권한 규제법' 제32조 제6항에서 최고 승인권자(senior authorising officer)란 잉글랜드와 웨일즈(런던 이외)의 모든 지방경찰청장(chief constable)을 의미하며, 수도경찰청은 경찰청장(commissioner)과 부청장(assistant commissioner)을, 그리고 런던시티경찰청은 경찰청장(commissioner)을 의미한다.

133) Robin Bryant & Sarah Bryant, Blackstone's Handbook for Policing Students 2021, Oxford University Press, 2020, p. 551.

능한 한 빨리 서면으로 '수사권한위원(Judicial Commissioner)'134)에게 통지해야 한다.135) 경찰
관서장의 서면 승인은 3개월간 유효하며, 구두 승인은 72시간 유효하다. 권리제한적 감시활
동을 취소하고자 하는 경우, 경찰관서장은 취소 후 '수사권한위원'에게 통지해야 한다.

(**해석론**) 권리제한적 감시활동(정보수집)이란 사인 소유의 집이나 차량 등과 같은 사적
공간에서 비밀리에 행해지는 조사활동을 말한다.136)

[**재산 및 무선전신의 간섭에 의한 정보수집 허가**] 1997년 경찰법 제93조 제2항과 제5항에
의하면, **경찰관서장**137)은 (a) 심각한 범죄 예방·탐지를 위하여 필요한 경우, (b) 취하고자
하는 조치가 달성하고자 하는 목표에 비례하는 경우 등의 확신이 있는 때에 '재산 및 무선
전신에의 간섭'(Interference with property and wireless telegraphy)을 **허가**할 수 있다. 경찰관서
장은 이를 '수사권한위원'에게 서면으로 통보해야 한다. 경찰관서장의 감시활동 승인은 '수
사권한위원'의 승인 전까지는 효력이 없다. 경찰관서장의 승인 유효기간은 3개월이며, 구두
승인은 72시간이다. 감시활동 취소시 '수사권한위원'에게 통보해야 한다.

(**해석론**) '재산 침해(property interference)'와 같은 활동은 개인 가택 내 도청 장치 부착과
같은 매우 침해적인 형태의 정보 취득이므로 '2000년 수사권한 규제법'이 아니라, 1997년 경
찰법 Part Ⅲ에서 규정하고 있다.138)

[**경찰 바디캠에 의한 영상정보수집**] 영국 경찰의 바디캠 사용에 대한 특정한 법률이나
규정은 없다. 그러나 보통법(판례 R (on the application of Wood) v. Commissioner of Police for
the Metropolis [2009] EWCA Civ 414 at [98]와 Murray v. the UK [1995] 19 EHRR 193)에 의해 범죄
예방과 탐지를 위해 경찰은 합법적인 직무 수행시 바디캠을 재량에 의해 사용할 수 있
다.139)

---

134) Home Office, Covert Surveillance and Property Interference–Revised Code of Practice, August 2018, p.
   89: 2016년 Investigatory Powers Act(IPA) 제227조 제13항 b호에 의하여, '수사권한위원'을 Investiga–
   tory Powers Commissioner라고도 부른다. 동법 제227조 제1항 a호에 의하여 임명된다. '수사권한위원'
   은 고위 법관 중에서 임명되며, 정부나 수사권 권한이 있는 공공기관으로부터 완전히 독립적인 기구
   이다.
135) 통지에 포함되어야 하는 내용은 Regulation of Investigatory Powers (Notification of Authorisations etc.)
   Order 2000에 있다.
136) Home Office, Covert Surveillance and Property Interference–Revised Code of Practice, August 2018, p.
   10; 송유경, 최신 외국법제정보, 2010, 57면.
137) 1997년 경찰법 제93조 제5항에서 최고 승인권자(senior authorising officer)란 잉글랜드와 웨일즈(런던
   이외)의 지방경찰청장(chief constable)이며, 수도경찰청은 경찰청장(commissioner) 또는 부청장
   (assistant commissioner), 그리고 런던시티경찰청은 경찰청장(commissioner)이다.
138) College of Policing, Blackstone's police manual 2021–Volume 4 General Police Duties, Oxford
   University Press, 2020, p. 236.
139) College of Policing, Body–Worn Video, 2014, p. 9. 동 지침은 Home Office(2007) Guidance for the
   Police Use of Body–Worn Video Devices를 업데이트한 것이다.

노스요크셔 경찰청(North Yorkshire Police, NYP)의 바디캠 사용 지침에 따르면, 바디캠 사용은 공개적으로(overt) **제복 경찰관 및 PCSO**에 의해 사용되며, 허가받아야 할 감시활동 (direct surveillance) 목적이 아닌 한, 수사권한규제(RIPA)에 따른 승인이 필요하지 않다. 바디캠 사용의 경우는 모든 사건에서 가능하지만 특히, (a) 경찰권한 행사시, (b) 경찰수첩 사용시 및 기타 문서에 정보 기록시, (c) 물리력 사용 시 또는 물리력 사용이 예상되는 경우 등이 해당한다.[140]

경찰은 바디캠 작동 시작 시, 시간, 날짜, 장소, 바디캠 사용 이유에 대한 간단한 설명과 함께 구두로 바디캠이 작동되었음을 알려야 한다. 경찰이 사건현장에 도착하기 전에 바디캠 작동이 시작된 경우 가능한 한 빨리 사건현장에 있는 사람들에게 녹화가 이루어지고 있고, 그들의 행동과 소리가 녹화되고 있음을 쉬운 언어로 알려야 한다. 예를 들어, "당신을 오디오 및 비디오 녹화중이다", "이 사건을 오디오 및 비디오 녹화중이다", "당신이 말하고 행동하는 모든 것이 녹화되고 있다" 등이다. 녹화 종료 전 녹화중단 또한 구두로 말해야 한다. 경찰은 피촬영자가 바디캠 작동 중지를 요청하면, 그 요청이 비례적이고 필요한지 판단해 바디캠 중지여부를 결정한다.[141]

개인 주거지의 경우, 정상적인 상황이라면 경찰은 바디캠을 사용해서는 안된다. 그러나 경찰관이 사건으로 인해 개인주택에 있고, 치안유지를 위한 목적이라면 다른 사건을 기록하는 것과 마찬가지로 바디캠을 사용할 권한이 있다. 거주자가 녹화를 반대하더라도 사건이 발생하고 있고 범죄가 의심되는 경우, 경찰은 녹화를 계속하되 그 이유를 설명해야 한다.[142]

(**부연**) 캠브리지대학 범죄연구소의 연구에 따르면, 바디캠 착용은 경찰관에 대한 허위 주장의 감소로 이어지고, 경찰관에 대한 시민들의 불만사항이 93% 감소한 것과도 관련이 있다고 보았다. 행동이 카메라에 찍힐 것이므로 경찰관을 폭행하려는 사람들에게 유용한 억제 장치로서의 역할도 인정된다.[143]

[**공공장소에서의 CCTV 영상정보 수집**] '2012년 자유의 보호에 관한 법률(Protection of

---

140) WhatDoTheyKnow, 정보공개법 요청인 "Use of Body Worn Video"에 대해 노스요크셔 경찰청의 2017년 답변, https://www.whatdotheyknow.com/request/667883/response/1613092/attach/html/5/Body%20Worn%20Video.pdf.html (2021.6.17. 방문).
141) College of Policing, Body-Worn Video, 2014, pp. 17, 19, 24.
142) College of Policing, Body-Worn Video, 2014, p. 18. 참고로 치안학교가 발행한 바디캠 지침(p. 18, Use in private dwellings-audio)에는 개인 주거지의 경우 바디캠 사용을 'audio'라고 설명하여, 치안학교에 이메일(2021.6.22. 답변 수신)로 문의한 결과 오디오와 비디오가 다 되는 녹화를 의미하는 것으로 확인해 주었다.
143) Police Federation, Body-worn video, https://www.polfed.org/our-work/operational-policing/body-worn-video/ (2021.6.17. 방문).

Freedoms Act 2012)'의 제정으로, 영국은 공공장소 CCTV를 규율하는 법률을 갖게 되었다.[144]
감시카메라는 동법 제33조 제5항에서 정의한 **공공기관**[145]에 의해 잉글랜드와 웨일즈의 공
공장소에서 감시활동을 위해 운용된다.[146]

경찰의 공개적인(overt) CCTV 운용과, 교통흐름을 모니터링하거나 자동차 위반 행위를
탐지하는 '자동차번호 자동인식(Automatic Number Plate Recognition, ANPR) 시스템'의 공개적
인 운용도 2000년 수사권한 규제법상 허가가 필요하지 않다.[147] 그러나 CCTV, ANPR 등이
특정 수사 또는 작전의 일환으로 비밀스럽고 미리 계획된 방식으로 사용되어 특정인이나
단체를 감시하는 경우에는, 일반적인 범죄의 예방·탐지 및 대중 보호를 위한 의도된 사용
을 넘어서는 것이므로 허가를 고려해야 한다.[148]

'2012년 자유의 보호에 관한 법률' 제29조 제1항에 의하여, 내무부장관은 '감시카메라
실무규칙(Surveillance Camera Code of Practice)'을 마련해야 한다. 동법 제34조에 의하면, 내무
부장관이 임명한 감시카메라 감독관(surveillance camera Commissioner)이 동 실무규칙을 운영
한다.

5. 집행부수적 수권조항(무기 사용권[149])

영국은 경찰권한이 시민의 동의로부터 나오는 것으로 보고, '동의에 의한 경찰활동
(policing by consent)'을 원칙으로 하며, 일반적으로 무기를 소지하지 않는다. 총기 사용은 시
민이나 경찰의 안전에 심각한 위험이 있는 경우 최후의 수단으로 사용된다.[150]

[**규칙에 의한 경찰무기의 유형**] 영국 경찰의 무기와 총기, 각종 물리력 사용에 대한 기본
원칙을 제시하고 있는 치안학교 발행 '2020년 총기 및 덜 치명적인 경찰무기 사용에 관한
시행규칙(Code of Practice on Police Use of Firearms and Less Lethal Weapons 2020)'에 의하면, 동
시행규칙을 적용할 때 각 경찰관서장은 치안학교가 발행한 '무기사용 경찰활동에 대한 공인

---

144) 최민영, 고려법학 73호, 2014, 199면.
145) '2012년 자유의 보호에 관한 법률' 제33조 제5항 g호에 경찰감(police and crime commissioner), j호에
경찰관서장(chief officer of a police force)이 명시되어 있다.
146) Home Office, Covert Surveillance and Property Interference-Revised Code of Practice, August 2018, p.
27.
147) Home Office, Surveillance Camera Code of Practice, 2013, p. 4; Home Office, Covert Surveillance and
Property Interference-Revised Code of Practice, August 2018, p. 27.
148) Home Office, Covert Surveillance and Property Interference-Revised Code of Practice, August 2018,
pp. 27-28.
149) 한인섭, 경찰관 무기사용의 법적 요건과 한계에 관한 연구(초안), 치안연구소, 1997, 45-51면.
150) College of Policing, Code of Practice on Armed Policing and Police use of Less Lethal Weapons, 2020,
p. 8.

된 전문업무(Authorised Professional Practice for Armed Policing, APP-AP)' 규정을 함께 고려해야
한다. 본 시행규칙은 스코틀랜드와 북아일랜드에도 적용된다.[151]

　동 규칙이 규정하는 무기(weapons)와 화기(munitions)는 APP-AP에 따라, 각 경찰청 내
배치할 수 있는 모든 총기(firearms), 전문가용 화기(specialist munitions), 덜 치명적인 무기
(less lethal weapons) 등을 말한다. '전문가용 특수무기(specialist munitions)'는 법집행기관이 전
략적 이익을 얻을 목적으로 사용하는 도구 또는 화기(munition)로서 예를 들어, 주의분산 도
구(distraction device) 또는 건물진입용 문잠금장치 파괴 장비(breaching rounds) 등이 포함된
다. 특정 전문가용 무기는 사람에게 직접 발사되지 않을지라도 사람에게 직접적인 물리적
영향을 통해 의도된 목적을 달성할 수 있다. '덜 치명적인 무기(less lethal option)'는 법집행
기관이 영구적 또는 심각한 부상이나 죽음에 대한 상당한 위험 없이 위협을 완화시켜 물리
적 효과를 달성하기 위해 개인 또는 집단에게 직접 사용하는 무기로 정의된다. 이는 1968년
총기법(Firearms Act 1968)의 법령상 총기 정의에 포함되지 않을 수 있다. 동 시행규칙은 순찰
경찰이 방어용으로 사용하는 경찰봉(baton), 가스 분사기(sensory irritant spray), 포박용 장비
(restraint equipment) 등에는 적용되지 않는다.[152]

　경찰관의 물리력 사용 투명성 보장을 위해 2017년 4월부터 각 지방경찰청은 물리력이
사용될 때마다 다양한 데이터를 기록·발간한다. 이러한 자료는 내무부가 요구하는 연간 데
이터 필수요건으로 매년 내무부에 제공되어 발행된다.[153]

　[총기사용 경찰관의 제한] 통상적인 순찰활동을 하는 일반경찰관의 경우 총기 휴대 자체
가 원칙적으로 허용되지 않는다. 예외적으로 총기를 지급하는 경우에도 불가피한 경우 개
별적으로만 총기가 지급되며, 상급 경찰관에 의한 허가 등 엄격한 절차적 통제를 받는다.
대신 특수하게 훈련받은 '총기사용 경찰관(Authorised Firearms Officers: AFO)'만이 총기사용
이 필요한 경우 사건현장에 투입된다. 또한 '총기사용 전문경찰관(Specialist Firearms Officer:
SFO)'도 있는데, 이들은 AFO보다 훈련강도가 높으며, 테러와 인질 등의 사건현장에 투입된
다.[154]

151) College of Policing, Code of Practice on Armed Policing and Police use of Less Lethal Weapons, 2020, p. 12.
152) College of Policing, Code of Practice on Armed Policing and Police use of Less Lethal Weapons, 2020, pp. 11-12.
153) College of Policing, Code of Practice on Armed Policing and Police use of Less Lethal Weapons, 2020, p. 10.
154) Library of Congress, Police Weapons: United Kingdom, Last Updated 12/30/2020, https://www.loc.gov/law/help/police-weapons/uk.php (2021.5.26. 방문); Wikipedia, List of police firearms in the United Kingdom, https://en.wikipedia.org/wiki/List_of_police_firearms_in_the_United_Kingdom (2021.5.26. 방문).

[무기사용의 근거법령] 전통적으로 총기사용에 관한 규율은 보통법에 의하여 이루어져 왔는데, 이에 의한 총기사용의 요건은 '명백한 필요성(apparent necessity)'이었다. 하지만 1967년 형법에서 물리력 사용 요건을 규정하면서 총기사용도 포괄적으로 성문법의 규율을 받게 되었다. 물리력 사용에 관하여는 PACE법, 1998년 인권법에서도 규정하고 있으며, 총기에 관한 세부적인 규율은 여러 내부지침들에 의해 이루어지고 있다. 치안학교 발행 '2020년 총기 및 덜 치명적인 경찰무기 사용에 관한 시행규칙'과 2003년 경찰지휘관협회(ACPO) 발행 '경찰의 총기 사용 지침 매뉴얼(Manual of Guidance on Police Use of Firearms)' 등에서 규정하고 있다. 지방경찰청마다 사용되는 총기의 종류가 다양하며, 어떤 무기를 도입할지는 경찰관서장에게 달려있다.[155]

요약하면 영국에서는 물리력 행사에 총기사용이 포함되며, 경찰관의 합법적인 물리력 (총기포함) 사용에 대한 법적 근거는 다음과 같다: (i) 보통법, (ii) 1967년 형법 제3조 제1항, (iii) PACE법 제117조, (iv) 2008년 형사사법 및 이민법(Criminal justice and Immigration Act 2008) 제76조 제1항, 제2항 및 제9항.

● 물리력 행사에 포괄되는 총기사용

예로, 햄프셔 경찰청의 '경찰 개인 안전 내부규정'에 따르면, 물리력은 다음과 같이 규정된다.[156]: 신체를 구속하는 모든 것(단순 호위 제외), 수갑, 가스 분사기(incapacitant spray), 경찰견, 방패, 침 뱉는 것에 대한 보호구 등의 사용 및 고무탄 포함 총기를 꺼내거나 발사, 다리의 억제(Fast wrap leg restraints), 기타 명시되지 않은 물리력.

[보통법상 물리력 행사의 요건] 보통법에 의하면, 생명에 대한 임박한 위험의 실제적 위험성이 있는 경우 생명을 구하기 위한 합리적 물리력은 정당화될 수 있다. 즉, 정당방위 (self-defense)는 필요한 경우 누구든지 자신 또는 다른 사람을 보호하기 위해 합리적인 물리력을 사용할 근거로서 인정된다.[157] 판례(R v Williams 78 Cr App Rep 276 and Palmer v The Queen [1971] AC 814)에 따라, 개인은 자신을 방어하기 위해 합리적인 물리력(reasonable force)을 사용할 권한이 있다. 또 판례 Beckford v The Queen [1988] AC 130에 따라, 경찰관을 포함하여 공격받기 직전인 사람은 가해자가 첫 번째 타격을 하거나 첫 발사를 할 때까지

---

155) Wikipedia, Police use of firearms in the United Kingdom, https://en.wikipedia.org/wiki/Police_use_of_firearms_in_the_United_Kingdom (2021.5.27. 방문).

156) Hampshire Constabulary, 09801 Procedure-Personal Safety, 2018, https://www.hampshire.police.uk/SysSiteAssets/foi-media/hampshire-constabulary/policies/09801_procedure_-_personal_safety.pdf

157) College of Policing, Armed Policing-Legal Framework, 2018, https://www.app.college.police.uk/app-content/armed-policing/legal-framework/ (2020.2.19. 방문).

기다릴 필요가 없으며, 상황에 따라 선제공격을 정당화할 수 있다. 만약 경찰관이 위해로부터 다른 사람을 보호할 적절하고 비례적인 조치를 취하지 않는 경우, 관련자들의 인권을 침해하는 것일 수 있다. 경찰관은 자신의 재량권을 행사하여 개인의 권리를 존중하는 것이 중요하다.[158] 판례 Dewar v DPP[2010] EWHC 1050(Admin)에 따라, 정당방위가 성립하기 위한 조건으로 (i) 개인은 자신이 정당방위를 하고 있다고 믿어야 하며, (ii) 사용된 물리력이 해당 상황에서 합리적이어야 한다.

[**형법상 물리력 행사의 요건**] 형법(Criminal Law Act 1967) 제3조 제1항에 의하면, **누구든지** (a person) 범죄 예방을 위하여, 범죄자 또는 범죄혐의자 또는 도주 중인 자의 합법적 체포를 효과적으로 하기 위하여 또는 지원하기 위하여 구체적인 상황에 비추어 합리적이라고 인정되는 경우 물리력을 행사할 수 있다.

[**PACE법상 물리력 행사의 요건**] PACE법 제117조에 의하면, 동법의 규정이 **경찰관** (constable)에게 권한을 부여하고, 해당 경찰관 이외 다른 사람의 동의하에서만 권한이 행사될 수 있다고 규정하지 않는 한, 경찰관은 필요한 경우 합리적 물리력을 사용할 수 있다.[159]

[**2008년 형사사법 및 이민법상 물리력 행사의 요건**] 동법 제76조 제1항, 제2항 및 제9항에 의하면, 자기방어에 대한 합리적 물리력은 보통법의 자기방어에 대한 정당방위, 보통법의 재산방어에 대한 정당방위, 1967년 형법 제3조 제1항의 정당방위 등에 대해 적용된다. 동법 제76조는 사용된 물리력의 합리성은 사실과 상황에 따라 개인이 진정으로 믿는 주관성에 의해 평가되며, 상황에 대한 그의 믿음이 실수로 인한 것이며 비합리적이라도 적용된다.[160]

[**지침상 총기사용 요건**] 2003년 경찰지휘관협회(ACPO) 발행 '경찰의 총기사용 지침 매뉴얼'에 의하면, 경고사격(warning shots)의 의도하지 않은 죽음 또는 부상 초래 가능성 때문에 경찰은 보통 경고사격을 하지 않는다. 단, 생명의 손실이나 심각한 부상과 같은 가장 심각하고 예외적인 상황에서만 경고사격이 정당화된다.

총기사용 단계와 요건은 다음과 같다. (i) 구두경고(Oral Warning): 총기사용경찰관(AFO)은 총기 사용 시 사망이나 심각한 위해의 위험 또는 사건상황에서 명백히 부적절하거나 무의미할 수 있는 경우를 제외하고는, 충분한 시간을 두고 자신의 총기사용 의도에 대해 명백한 경고를 해야 한다. (ii) 총기발사 승인(Authority to Fire): 골드 또는 실버 지휘관(Gold or Silver Commander)이 총기발사를 승인할 수(MAY) 있지만, 그러한 승인이 개인의 책임을 면제

---

158) College of Policing, Armed Policing-Legal Framework, 2018, https://www.app.college.police.uk/app-content/armed-policing/legal-framework/ (2020.2.19. 방문).

159) College of Policing, Armed Policing-Legal Framework, 2018, https://www.app.college.police.uk/app-content/armed-policing/legal-framework/ (2020.2.19. 방문).

160) Hamphshire Constabulary, 09801 Procedure-Personal Safety, 2018, https://www.hampshire.police.uk/SysSiteAssets/foi-media/hampshire-constabulary/policies/09801_procedure_-_personal_safety.pdf

하지는 않는다. 일반적인 규칙은 없으며 개별 상황에 따라 많이 달라진다. (iii) 총기발사 (Opening Fire): 긴박한 생명의 위협을 멈추게 하기 위해 대상자에게 총기발사가 필요하다고 판단되는 경우, 경찰관은 전통적인 탄약(conventional ammunition)을 사용하여 총기를 발사할 필요가 있다. 모든 위협의 임박성은 인명 손실 가능성과 관련하여 필요성, 합리성, 비례성에 입각하여 판단되어야 한다.

[**행동규정에 의한 물리력 행사의 제한**] 2020년 경찰행동규정(Police (Conduct) Regulations 2020)[161] 부칙2(Standard of Professional Behaviour)에 따르면, '경찰관은 모든 상황에서 필요하고, 비례적이며, 합리적인 범위 내에서만 물리력을 사용할 수 있다.'[162]

[**내무부장관의 권한과 책임**] 1996년 경찰법 제53조-53A조[163]에 따라, 내무부장관은 각 지방경찰청의 특정 장비(specified equipment) 사용에 대한 허가 및 금지 권한을 갖는다. 내무부장관의 승인을 받은 위해성 무기만이 경찰업무에 사용될 수 있다.[164]

[**경찰관서장의 책임**] 총기 및 탄약을 선정하고 도입하는 책임은 경찰관서장에게 있다. 지방경찰청 간 경찰무기의 표준화를 위해 경찰관서장은 국장(assistant chief constable) 또는 그에 상응하는 직급의 경찰관을 지명하여 무기를 사용하는 경찰관 교육 및 작전상 무기 배치 등에 관해 책임지도록 한다.[165]

6. 경찰비용법

영국에서 경찰비용은 추가적 비용과 기회비용 2가지 유형으로 나뉜다. 전자는 초과근무나 특별한 장비의 투입 등에 의한 것이며, 후자는 통상적 과업을 수행하지 못함에 따른 것을 말한다.[166] 하지만 영국에서는 보통법상 *Viscount Cave's Prinzip*에 따라 국가적 의무의 수행에 관한 비용은 원칙적으로 징수되지 않는다.[167] 의무적 과업의 수행에 관한 비용이 징

---

161) Police Regulations Relevant to the Use of Force and Firearms[Police (Conduct) Regulations 2012]가 Police (Conduct) Regulations 2020으로 개정되었다.

162) Home Office, Home Office Guidance, Conduct, Efficiency and Effectiveness: Statutory Guidance on Professional Standards, Performance and Integrity in Policing, 2020, p. 13; College of Policing, Armed Policing-Legal Framework, 2018, https://www.app.college.police.uk/app–content/armed–policing/legal-framework/ (2020.2.19. 방문).

163) 2002년 경찰개혁법(Police Reform Act 2002) 제6조와 제7조에 의해 삽입되었다.

164) College of Policing, Code of Practice on Armed Policing and Police use of Less Lethal Weapons, 2020, pp. 10, 18.

165) College of Policing, Code of Practice on Armed Policing and Police use of Less Lethal Weapons, 2020, pp. 13, 16.

166) HMIC, Adapting to Protest/Nurturing the British Model of Policing, 2008, p. 52.

167) Glamorgan County Council v. Glasbrook Brothers [1924] 1 K.B. p. 879, 887.

수되려면 특별한 법률적 수권이 필요하다.[168] 비의무적 과업의 수행에 있어서는 원칙적으로 비용상환을 법률로 규정할 수 있으며,[169] 1996년 경찰법 제25조에 따른 특별한 경찰서비스의 수행이 이에 해당한다.

(1) 경찰상 책임자에 대한 비용부담(장해자수수료)

영국에서도 공공안녕이나 질서에 대한 위험 내지 장해에 상응하는 Public Nuisance라는 개념이 있다. 이러한 개념을 계승한 미국에서는 Public Nuisance의 방지비용을 징수하나, 영국에서는 특별한 논의가 없고 Public Nuisance의 방지가 국가의 의무적 과업이라는 점에서 예외적이고 제한적으로만 비용상환을 규정한다.

[**견인비용의 징수**] 장해자수수료의 대표적인 예가 우리나라와 같이 차량견인의 경우이다. 1984년 도로교통법(Road Traffic Regulation Act 1984) 제99조 제1항에 의하면, 위법하게 세워진 차량 내지 장해나 위험이 나오는 차량을 내무부장관 부령을 통하여 견인할 수 있다. 동법 제102조 제1항에 의하면 이 경우 **집행행정청**은 견인비용을 책임자로부터 징수할 수 있다.

(2) 위험원 형성자에 대한 사전대비 비용부담(위험원수수료)

영국에서 경찰비용상환의 대부분은 위험원형성자에 대한 것이다. 독일에서는 위험원에 대한 사전대비가 위험원 형성자의 민법적 의무라는 점에서 비용상환을 규정하면서도, 국가의 사전대비 의무도 병행된다고 보고 있다.[170] 하지만 영국에서는 이는 국가의 의무적 과업이 아니며, 국가가 개입하는 경우 위험원 형성자의 신청에 의한 과업수행으로 보아 마치 행정이용수수료와 같이 비용을 징수한다. 사적 대규모 행사, 가스공급설비와 같은 곳에서의 경찰에 의한 위험사전대비 활동은, 1996년 경찰법 제25조에 따른 특별한 경찰서비스수행으로 보게 된다.

[**축구경기장 안전비용의 징수**] 1996년 경찰법 제25조는 특히 축구경기에 관한 경찰비용을 둘러싼 잦은 법적 분쟁을 해결하기 위하여 도입된 것이다. 하지만 이 규정은 직접 비용상환의 근거가 되는 것이 아니라, 단지 사법적 계약에 기한 청구권을 인정할 뿐이다. 즉 경찰은 민사소송을 통해 비용상환을 관철하여야 한다.[171] 여기서 계약이 있으려면 축구경기

---

168) *Chan*, 30 H.K.L.J. 184 (2000), p. 191.
169) ACPO, Guidance on Charging for Police Services, 7 July 2010, p. 54; *Weatheril*, P.L. 106 (1988), pp. 108, 110.
170) *Soiné*, DÖV 2000, S. 173; BVerfGE 49, 89 (139, 142).
171) *Weatheril*, P.L. 106 (1988), p. 108.

와 같은 위험원형성자의 신청이 있어야 하는데, 1975년 스포츠법(Safety of Sports Grounds Act 1975) 제10조의 규정에 따르면 행사주최자가 안전의 결여에도 불구하고 경찰을 요청하지 않는다면 경찰은 행사를 중지시킬 수 있다. 따라서 경찰이 투입되는 경우 주최자에게는 경찰투입 신청이 강제된다고 간주된다.172)

(3) 행정이용수수료

경찰이 안전활동과 관계없는 행정서비스를 제공하는 경우, 과도한 서비스제공에 의하여 경찰력이 약화되어서는 안된다. 따라서 이러한 서비스수행은 시장가격으로 조달되어진다. 예로 제반 증명서 발급이나 사고보고서의 복사본 발급 등이다.173) 이러한 비용징수의 근거는 2003년 지방정부법(Local Government Act 2003) 제93조이다.

4절 개별 위험방지법 Ⅰ(행정법내 위험방지법)

1. 경찰소관 법령

(1) 집회 관련

잉글랜드와 웨일즈의 경우 1986년 공공질서법(Public Order Act 1986)이 집회시위와 관련하여 경찰이 개입할 수 있는 권한과 조건을 규정하고 있으며, 의무 또한 부여하고 있다.174)

1986년 공공질서법은 집회를 '행진(public procession)'과 '옥외집회(public assembly)' 두 종류로 구분한다. 동법 제11조 제1항과 제16조에 의하면, 행진(public procession)이란 공공장소에서 특정 견해에 대한 지지 또는 반대를 표명하거나 캠페인을 홍보하거나 행사를 기념하기 위해 이동하는 집회이다.175) 특정 지역에서 '일반적이거나 관례적인' 행진은 제외된다. 동법 제16조에 의하면 '옥외집회(public assembly)'란 완전히 또는 부분적으로 개방된 공공장

---

172) *Vickery*, 13(2) Cov. L.J. 15 (2008), pp. 16-17.
173) ACPO, Guidance on Charging for Police Services, 7ten Juni 2010, pp. 3-6.
174) 전현욱 외, 집회 및 시위의 권리 보장과 공공질서의 조화를 위한 형사정책 연구, 형사정책연구원, 2016, 169면: 스코틀랜드에서는 Public Order Act 1986과 더불어 스코틀랜드 시 정부법 Civic Government (Scotland) Act 1982에 의해 규율되며, 이에 상응하는 북아일랜드 법은 1998년 북아일랜드 행진집회법 Public Processions (Northern Ireland) Act 1998과 1987년 북아일랜드 공공질서령 Public Order (Northern Ireland) Order 1987이다.
175) 1986년 공공질서법 제11조 제1항. protest march(행진하는 시위)라고도 부르며 이동하면서 행진하는 것을 말한다.

소에서 2명 이상의 사람들의 모임(본질적으로 외부에서의 모임)을 말한다.[176] 행진과 옥외집회와 관련된 경찰 권한은 비슷하지만, 행진에 대한 경찰 규제가 더 강하다.[177]

경찰의 2009년 G20 시위대 진압에 대한 비판 이후 영국 정부는 경찰권을 강화하는 새로운 법안을 도입하였다. "2021년 경찰, 범죄, 양형 및 법원에 관한 법률안(Police, Crime, Sentencing and Courts Bill, PSCS Bill)"으로, 동 법안 제3부(Part 3)는 잉글랜드와 웨일즈에서 시위를 진압하는 방식에 중대한 변화를 가져올 예정이다.[178] 특히, 시위에 더 엄격한 조건을 부과하기 위해 1986년 공공질서법의 경찰 권한을 크게 개정하고자 한다.[179][180]

---

176) 1986년 공공질서법 제16조는 2003년 반사회 행동법(Anti-social Behaviour Act 2003) 제57조에 의해 20명에서 2명으로 개정. static protest(정적 시위)라고도 부르며 이동과 움직임이 없는 집회를 말한다; Jennifer Brown and David Mead, Police powers: protests, House of Commons Library, 19 May 2021, p. 5.

177) 전현욱 외, 집회 및 시위의 권리 보장과 공공질서의 조화를 위한 형사정책 연구, 형사정책연구원, 2016, 169면.

178) Jennifer Brown & David Mead, Police powers: protests, House of Commons Library, 19 May 2021, pp. 3-4.

179) UK Parliamentary Bills, Police, Crime, Sentencing and Courts Bill, Last updated: 22 September 2021, https://bills.parliament.uk/bills/2839#timeline (2021.9.23. 방문): 동 법안은 2021년 9월 22일 기준, 상원에서 심의 중으로 상원 심의 완료 후 국왕 승인이 되면 법안은 최종 통과하게 된다. 참고로, 영국의 법률안 최종 통과 과정에 대한 설명은 김학경 외, 형사정책연구 제32권 2호, 2021, 119면 각주 8번에서 자세히 설명.

180) 2021년 5월 하원도서관 발행 "시위에 대한 경찰 권한(Police Powers: Protest)"에 의하면, 새로운 법안인 "2021년 경찰, 범죄, 양형 및 법원에 관한 법률안(PSCS Bill)은 1986년 공공질서법을 다음과 같이 개정·예고한다: (i) 경찰이 시위에 대한 조건을 발행하기 위해 충족해야 하는 법적 테스트를 대폭 낮춤. 법안에 의하면 경찰은 시위가 기관(단체)에 심각한 혼란(disruption)을 주거나 행인(bystanders)에게 '중대한 피해(significant impact)'를 줄 만큼 소음을 유발한다(noisy)고 합리적으로 믿을 때, 시위에 조건을 발행할 수 있다. 법안에서 '중대한 피해'란 '위협(intimidate)'이나 '괴롭힘(harass)' 또는 '심각한 불안, 경고 또는 고통(serious unease, alarm or distress)'을 유발할 수 있는 '소음(noise)'으로 정의된다. (ii) 행진에 대한 경찰권한과 상응하도록 옥외집회에도 경찰이 부과할 수 있는 조건의 유형을 확대. 법안에 의하면 경찰은 심각한 무질서(serious disorder), 심각한 피해(serious damage), 심각한 혼란(serious disruption), 중대한 피해(significant impact) 또는 중대한 위협(significant intimidation)을 방지하기 위해 옥외집회(정적시위)에 필요하다고 생각하는 모든 조건을 발행한다. (iii) 경찰이 시위에 발행하는 조건 위반 시 처벌 확대. 현재 시위대는 '고의로(knowingly)' 조건을 위반해야 한다. 그러나 개정되는 법안은 시위대가 조건을 알았음에도 조건을 준수하지 못했거나 또는 '알았어야 하는(ought to have known)'데도 알지 못하여 조건을 위반했을 때도 범죄행위가 구성된다. (iv) 1인 시위에 대한 조건 발행 가능. 현재 1986년 공공질서법에 의하면 시위는 최소한 2명이 참여해야 한다. 즉 새로운 법안은 1인 시위에 대한 소음규제 신설로 1인 시위가 소음을 유발하거나 유발할 가능성이 있는 경우에 조건을 부과할 수 있다. 단, 심각한 공공 무질서, 재산상 심각한 피해 또는 지역사회 주민 삶에 심각한 방해를 줄 가능성이 있는 경우에는 적용되지 않는다(출처: Jennifer Brown & David Mead, Police powers: protests, House of Commons Library, 19 May 2021, p. 26). 참고로, '2021년 경찰, 범죄, 양형 및 법원에 관한 법률안'에 관해서는 김학경 외, 형사정책연구 제32권 2호, 2021에서 자세히 설명.

1) 집회신고

[**행진의 신고**] 1986년 공공질서법 제11조 제1항, 제2항 및 제6항에 의하면, 행진을 주최하는 사람들은 경찰서(police station)에 신고해야 한다. 신고사항은 행진 날짜, 시간, 경로 및 행진을 주최하는 사람들의 세부사항이다. '합리적으로 가능하지 않은' 경우를 제외하고 사전신고는 행진 6일 전에 '서면'으로 이루어져야 한다. 옥외집회의 경우 경찰에게 사전 신고할 의무는 없다.

동조 제7항과 제10항에 의하면, 경찰에게 신고하지 않고 행진을 주최하는 것은 위법행위이다. 또한 행진의 주최자가 경찰에게 사전신고를 한 후 시위, 경로, 날짜, 시간을 변경하는 것 또한 위법행위이다. 이러한 위법행위는 벌금형에 처해질수 있다.

2) 집회금지

[**행진의 금지**] 1986년 공공질서법 제13조 제1항에 의하면, **경찰관서장**(chief officer of a police force)은 관련 지방정부(local authority)에 최대 3개월까지 계획된 행진을 금지하도록 하는 명령을 요청할 수 있다. 경찰의 행진 금지는 다른 조치로는 막을 수 없는 실제적이며 심각한 공공무질서의 위협이 있는 극단적인 상황에서만 정당화된다.[181]

동법 제13조 제2항에 의하면, 지방정부는 행진을 금지하기 전에 내무부장관의 동의를 구해야 한다. 동조 제4항에 의하면, 런던의 경우는 지역적 특성상 수도경찰청(Metropolitan Police)과 런던시티경찰청(City of London Police)이 (지방정부를 거치지 않고) 직접 내무부장관의 행진 금지명령을 요청할 수 있다. 동조 제7항-제9항에 의하면, 이러한 명령에 의해 금지된 행진이라는 것을 알면서도 행진을 주최하거나, 행진에 참여하거나, 타인을 참여하도록 독려한 자에게는 공공질서법 위반 범죄가 성립된다.

영국 내무부는 2005-2012년 사이 12개의 행진 금지명령을 내렸다.[182] 이 중 10개는 극우 정치단체(영국 국방연맹 및 국가 전선)와 관련한 것이었으며, 2개는 반자본주의 및 반세계화 단체와 관련한 것이었다. 유명한 사례로는 2011년 테레사 메이(Theresa May) 당시 내무부 장관이 햄릿타워(Tower Hamlets)에서 계획된 영국 국방연맹 행진을 금지하는데 동의한 것이었다.[183]

---

181) College of Policing, Public order-Core principles and legislation, https://www.app.college.police.uk/app-content/public-order/core-principles-and-legislation/ (2020.3.4. 방문).

182) Home Office, FOI release: Applications for a banning order under section 12 of the Public Order Act 1986, 6 June 2014.

183) Jennifer Brown, Police powers: protests, House of Commons Library, 2021, p. 6; Home Office, Home Secretary agrees march ban, 21 August 2011.

[**옥외집회의 금지**] 행진과 달리 옥외집회의 경우, 공공질서에 대한 일반적인 우려를 이유로 금지할 수 없다. 1986년 공공질서법 제14A조에 의하면, **경찰관서장**(Chief Officer of Police)은 심각한 공공질서 우려가 있고 토지 소유자 허가 없이, 사유지에서 옥외집회가 개최될 가능성이 있다고 판단하는 경우에만, 정해진 기간 동안 특정 지역에서 불법침입적 집회(trepassory assembly) 개최를 금지하는 명령을 발부해줄 것을 해당 지방의회에 신청할 수 있다. 동법 제14C조 제1항에 의하면, 제복입은 **경찰**(Constable in Uniform)은 동법 제14A조 명령에 의해 금지된 옥외집회에 참가하려는 것으로 믿을 만한 합리적인 근거가 있는 경우, 그 사람을 중지시키고 불법침입적 집회쪽으로 더 이상 접근할 수 없도록 차단할 수 있다. 동조 제3항과 제5항에 의하면, 이러한 경찰의 조치에 알면서도 따르지 않는 자는 동법 위반으로 벌금형에 처해질 수 있다.

[**공공장소 보호 명령**(Public Space Protection Orders)] 2014년 반사회적 행동, 범죄 및 경찰활동법(Anti-Social Behaviour, Crime and Policing Act 2014) 제60조에 의하면, **지방정부는** '공공장소 보호명령(Public Space Protection Orders, PSPOs)'을 내릴 수 있고, 동 보호명령(PSPOs)이 발하여지면 지정된 장소에서 반사회적 행동과 관련된 모든 활동이 금지된다. 동 명령의 위반은 범죄에 해당하며, 경찰은 정액 범칙금 통지서(Fixed Penalty Notice)를 발행할 수 있다. 공공장소 보호 명령은 최대 3년 동안 유효하며, 지방정부가 필요하다고 판단하는 횟수만큼 한번에 3년씩 연장할 수 있다. 집회를 금지하기 위하여 공공장소 보호명령을 사용하는 것은 논란의 여지가 있으나, 2018년 고등법원은 집회가 지역주민들의 삶에 "해로운 영향"을 끼칠 수 있으므로 합헌이라고 판시했다.[184)]

3) 집회의 제한(조건부 금지유보)

1986년 공공질서법 제12조 제1항과 제14조 제1항에 의하면, **현장의 고위 경찰관**(senior police officer)은 행진이나 옥외집회에 참여하는 기관 또는 참석자에게, 무질서, 피해, 방해 또는 위협을 예방하는 데 필요한 조치를 취하도록 요구할 수 있다.

동법 제12조 제10항과 제14조 제10항에 의하면, 경찰의 제한명령에 따르지 않는 것은 범죄이며, 이러한 범법행위로 시위대를 체포하기 전에 경찰은 그들이 경찰의 조치를 위반하고 있음을 알리고, 이를 따를 기회를 주어야 한다.

[**행진의 제한**] 1986년 공공질서법 제12조 제1항에 의하면, 행진에 부과될 수 있는 조건은 다음과 같다: a) 행진경로 제한, b) 특정 지역 진입금지

[**옥외집회의 제한**] 동법 제14조 제1항에 따르면, 옥외집회에는 a) 집회가 열리는 장

---

184) Jennifer Brown, Police powers: protests, House of Commons Library, 2021, p. 11.

소,[185] b) 집회 최대 지속 기간, c) 집회에 참여할 수 있는 최대 인원 수 등에 대해 조건을 부과할 수 있다.

(**입법론**) 1986년 공공질서법 제14조는 너무 낡아 현재의 시위 양상에 대해 경찰의 대응이 어렵다는 주장이 제기되어 공공질서법이 개정중에 있다.[186]

4) 집회관리

[**거주자 등의 보호**] 2001년 형사사법 및 경찰법(Criminal Justice and Police Act 2001) 제42조 제1항에 의하면, **현장 경찰관**(a constable who is at the scene)은 개인 주거지의 외부나 근처에 있는 자가, 거주자 등에게 자신의 존재를 표시하거나, 권리나 의무있는 일을 해서는 안된다고 하거나, 의무없는 일을 해야 한다고 설득하려고 하는 경우, 이러한 괴롭힘을 중단하라는 명령을 할 수 있다. 동법 제42조 제4항에 따라 부과될 수 있는 경찰의 지시는 다음과 같다: a) 문제가 되는 건물 주변을 떠나야 한다. b) 경찰관이 지정한 기간(3개월 이하) 내에 해당지역을 떠나고 그곳으로 돌아오지 않아야 한다. (두 경우 모두) 주변을 떠나야 하는 요건은 즉시 또는 지정된 시간 이후가 해당된다. 2005년 중한 조직범죄 및 경찰법(Serious Organised Crime and Police Act 2005, SOCAP) 제126조에 따르면, 거주자를 집 밖에서 괴롭히는 행위는 범죄에 해당한다.

> ● **민사 금지명령(Civil injunctions)**[187]
> 1997년 괴롭힘 방지법(Protection from Harassment Act 1997, PHA) 제3조에 의하면, 私人 스스로도 민사법원에 "괴롭힘 금지"를 신청하거나 자신을 괴롭히는 사람에 대한 손해배상을 청구할 수 있도록 허용하고 있다. 이는 자신을 향한 집회 참가자에 대하여도 적용된다. 법원의 금지명령을 위반하는 경우 동조 제3항–제6항에 의하여 형사처벌된다.[188]

---

185) BBC News, First Extinction Rebellion protesters appear in court, 12 July, https://www.bbc.com/news/uk-48968947 (2020.3.2. 방문); Policy Exchange, Protest, Parliament and the rule of law, 2019: 수도경찰청은 2019년 4월 런던 중심에서 개최된 정부의 기후변화 대처를 촉구하는 "멸종 저항(Extinction Rebellion, XR)" 집회에 제한을 가하였다. 집회는 폭력적이지 않았지만, 교통 장애를 일으켰다. 수도경찰청은 1986년 공공질서법 제14조에 따라, 런던 여러 곳에서 동시에 개최되는 집회를 런던의 마블 아치(Marble Arch) 한 곳으로 제한하는 명령을 발동하였다. 이를 위반한 집회에서 경찰은 천명 이상을 체포했으며, 체포된 사람 중 대다수가 이후 기소되었다.

186) Jennifer Brown, Police powers: protests, House of Commons Library, 2021, p. 26.

187) 김학경, 형사정책연구 제29권 1호, 2018, 56면 각주 30: Injunction(금지명령)은 특정한 행위를 하지 말도록 하는 법원의 명령을 통칭한다.

188) Jennifer Brown, Police powers: protests, House of Commons Library, 2021, p. 9.

[**도로교통의 보호**] 1980년 공공도로법(Highway Act 1980) 제137조 제1항에 따르면, '합법적인 권한이나 이유'없이 '공공도로의 자유로운 통행을 고의로 방해'(Obstructing a highway)하는 행위는 도로방해죄에 해당한다.

(**해석론**) 판례에 의하면 집회참가자들이 공공도로의 일부를 합법적으로 방해할 수 있도록 허용하지만, 교통의 흐름이 계속될 때만 가능하다. 평화적 집회라도 공공도로를 방해하는 경우 '합법적 시위'로 간주될 수 없다.189)

[**집회현장의 촬영과 녹음**] 집회현장의 촬영은 먼저 근접촬영과 조망촬영으로 나누어진다. 개인식별이 없는 제복 경찰관에 의한 조망촬영은 그 자료의 보관 및 사용까지 보통법에 의하여 허용된다.190) 하지만 개인식별이 이루어지는 근접촬영은 다시 범죄를 저지르거나 범죄를 저지를 개연성이 인정되는 경우에만 보통법에 의하여 허용된다.

후자의 보통법은 'Wood v Commissioner of Police of the Metropolis [2009] EWCA Civ 414' 판례(이하 'Wood 판례')로 확립되었는데, 원심인 고등법원(The High Court)의 왕좌재판부(Queen's Bench Division)가 경찰의 식별가능성이 있는 근접촬영의 정당성을 인정했으며, 촬영된 사진이 공개되지 않는 한 사생활의 자유가 침해되지 않는다고 판시하였으나, 항소법원(Court Appeal) 민사부(Civil Division)는 유럽인권협약(European Court of Human Right: ECHR) 제10조(표현의 자유), 제11조(평화로운 집회 및 회합의 자유), 제14조(차별금지)의 권리가 침해되지는 않으나, 유럽인권협약 제8조(사생활 및 가족생활을 존중받을 권리)에 위반된다고 보았다.191)

> **● 과거의 보통법**
> 그간 영국에서 경찰의 집회사진의 촬영은 근접촬영을 포함하여 보통법상 정당한 경찰권의 행사라고 인정되어 왔었다. 명문의 법적 근거 없이 집회관리를 위해 운영되어 오던 전방 첩보수집팀(이하 별도 소개)은 2008년 앤드류 우드(Andrew Wood)라는 무기 거래 반대 운동가가 집회에 대한 경찰의 직접적 감시 관행을 제소함으로써 사법적 심사를 받게 된다.192) 고등행정법원이 경찰권 행사의 정당성을 인정한데 이어,193) 항소법원(Court of Appeal) 역시 범죄의 탐지 및 예방을 통한 집회의 질서유지라는 측면에서 사진 채증 자체가 위법은 아니라고 선언하였다. 다만 항소법원은 범죄행위를 하지 않았으

189) 1999 WL 477607 and [2018] EWHC 1773 (Admin); Jennifer Brown, Police powers: protests, House of Commons Library, 2021, p. 9.
190) College of Policing, "Public order - Command", From: https://www.app.college.police.uk/app-content/public-order/command/#considerations-and-principles (2020.4.9. 방문).
191) 김학경, 경찰학연구 제20권 4호, 2020, 55면; 영국경찰의 집회시위정책에 대한 법적·제도적 문제점 및 개선점을 도출하고 있는 'Adapting to Protest - Nurturing The British Model of Policing' 보고서에서도 집회현장에서 경찰채증 문제를 언급하면서, 위 Wood 판례를 핵심 판례로 소개·분석하고 있다.
192) 김연식, 최신외국법제정보 7호, 2010, 17면.
193) Wood v The Commissioner of Police for the Metropolis, [2008] EWHC 1105 Admin.

며, 범죄행위를 했다는 용의가 없음에도 불구하고 촬영된 사람의 사진을 유지·보관하는 행위는 심각한 인권침해를 유발할 수 있다고 경고했다.[194]

● 집회관리를 위한 전방첩보수집팀과 증거수집팀

런던 수도경찰청(MPS: Metropolitan Police Service)을 비롯한 영국 경찰(Constabulary)은 집회관리의 차원에서 전방첩보수집팀(Forward Intelligence Team: FIT)과 증거수집팀(Evidence Gathering Team: EGT)을 운영하고 있다.[195] 지역의 사정에 따라서, 전방첩보수집팀과 증거수집팀을 혼용하여 사용하는 지방경찰청도 있다.[196]

특히 FIT는 1990년대 초반부터 축구경기장 훌리건에 의한 폭동이나 무질서를 예방하기 위한 목적에서 운용되기 시작하였고, 1996년 이후부터는 정치적 집회로 그 활동 범위를 서서히 넓혀가기 시작하였다.[197] FIT는 2-3명의 정복경찰로 된 여러 개의 반(Unit)으로 구성되어 있으며, 원래의 역할과 임무는 집회 분위기나 군중들의 집회 의도 등과 같은 현장 정보 및 첩보를 상부에 전달함으로써 경찰지휘부의 대응작전과 관련된 의사결정에 도움을 주는데 있었다.[198] 이러한 FIT의 역할이 조금씩 변질되어 집회 장소에서 개인 보호장비를 착용하고 사진 기사를 동반하여 촬영케 하거나, 또는 FIT 요원들이 직접 촬영업무를 수행하기도 하였다.[199] 2010년까지 FIT에 의한 (개인식별이 가능한) 광범위한 촬영활동이 이루어졌고, 그 목적은 불법행위의 개연성이 있는 집회시위자들을 찾고 그들에 대한 계속적인 근접촬영을 통하여 향후 있을지도 모르는 불법행위를 사전에 차단하고자 하는데 있었다.[200] 또한, 이렇게 촬영된 사진이 명확한 법적·제도적 제한이나 기준 없이, '범죄인정보데이터베이스(Crimint Database)'에 광범위하게 저장되었으며, 이러한 사진정보는 향후 집회시위에 참가하는 불특정 다수인의 신원을 확인하기 위한 이른바 '식별카드(Spotter Card)' 자료로 사용되기도 하였다.[201] 경찰지휘관협회(ACPO[202])에서 발간된 집회시위 훈련매뉴얼에서는 FIT의 역할과 목적 중 하나를 "정보수집 및 촬영팀을 활용하여 집회시위 참가자들의 신원확인(To identify demonstrators by using

---

194) Wood v The Commissioner of Police for the Metropolis, [2008] EWHC 1105 Admin; 김연식, 최신외국법제정보 7호, 2010, 17-20면.

195) Her Majesty's Chief Inspectorate of Constabulary, Adapting to protest-nurturing the british model of policing, 2009, p. 126.

196) 김연식, 최신외국법제정보 7호, 2010, 14면; HMIC, Adapting to Protest-Nurturing The British Model of Policing, London: HMIC, 2009, p. 127.

197) 김연식, 강원법학 37호, 2012, 130면; 김구열 외, 공익과 인권 통권 제15호, 2015, 137면.

198) 김학경, 경찰학연구 제20권 4호, 2020, 51면.

199) 전현욱 외, 집회 및 시위의 권리 보장과 공공질서의 조화를 위한 형사정책 연구, 한국형사정책연구원, 2016, 182면.

200) HMIC, Adapting to Protest-Nurturing The British Model of Policing, London, 2009, p. 127.

201) 김연식, 최신외국법제정보 7호, 2010, 16면.

202) Association of Chief Police Officers의 약자이다. 현재는 'The National Council of Police Chiefs'(https://www.npcc.police.uk/)로 명칭이 변경되었다. 잉글랜드 및 웨일즈 지역 43개의 지역경찰에 대하여 통일적으로 적용될 수 있는 전국적인 지침이나 매뉴얼 등을 개발·배포한다.

intelligence gathering and photographic teams)"으로 규정하였다.203) 이러한 사실로부터 당시 영국 경찰의 촬영 관행이 평화적인 집회시위를 억압하고 위축시킬 수 있다는 시민사회의 비판이 제기되었다.204) 현재 FIT 요원들은 카메라 소지가 금지되어 있으며, 이들에 의한 근접촬영은 이루어지지 않는 것이 확인된다.205)

5) 집회해산

[**퇴거와 입장금지 명령**] 2014년 반사회적 행동, 범죄 및 경찰활동법(Anti-social Behaviour, Crime and Policing Act 2014) 제35조 제1항에 의하면, **제복 경찰관**(Constable in uniform)은 특정한 공공장소에 있는 사람에게 다음의 요건에 해당되는 경우 퇴거와 48시간을 넘지 않는 범위에서 지정된 시간 내의 입장금지를 명령할 수 있다: 대상자에 의하여 a) 지역 내 시민들이 괴롭힘, 자극 또는 고통을 받거나, b) 해당 지역의 범죄 또는 무질서의 발생이 야기된다고 볼 만한 합리적인 이유가 있는 경우. 동법 제34조 제1항에 의하면, 이러한 권한을 행사할 수 있는 경찰공무원(Police officer)은 최소한 경위 이상(at least rank of Inspector)이다. 동법 제39조에 의하여, 동 명령을 어긴 자는 형사처벌 대상이 된다.

(**해석론**) 동법 제34조 제2항에 의하면, 폭력집회 등에 대한 경찰의 동 권한의 사용은, 지역내 시민들의 괴로움이나 해당 지역의 범죄 또는 무질서 발생을 억제 또는 줄일 수 있다는 합리적인 이유가 만족되는 경우에만 해당된다.206)

6) 소음관리

영국은 의회 주변에서만 소음규제를 행하며, 이는 집회나 시위에도 동일하게 적용된다.

[**앰프(확성기·메가폰) 사용 금지**] 2011년 경찰개혁 및 사회책임법(Police Reform and Social Responsibility Act 2011) 제143조 제1항에 의하면, **경찰관**(constable) 또는 수권자(authorised officer)207)는 '금지활동(prohibited activity)'을 하고 있거나, 하려는 사람에 대해 합리적 근거가

---

203) ACPO, Public Order Standards, Tactics and Training Manual, Hampshire: Centrex, 2004, p. 34. 위 매뉴얼은 https://www.indymedia.org.uk/media/2011/10/486401.pdf에서 내려 받을 수 있다.

204) 김연식, 최신외국법제정보 7호, 2010, 16면; 김연식, 강원법학 37호, 2012, 131면; 전현욱 외, 집회 및 시위의 권리 보장과 공공질서의 조화를 위한 형사정책 연구, 한국형사정책연구원, 2016, 182면; The Guardian, Police tactics seek to 'intimidate people and prevent lawful dissent', https://www.theguardian.com/commentisfree/2009/mar/13/police-surveillance-protesters-activism (2020.4.8. 방문).

205) "Forward intelligence team: consideration - should not carry camera"라고 명확히 규정하고 있다(College of Policing, "Public Order - Tactical Option", From: https://www.app.college.police.uk/app-content/public-order/planning-and-deployment/tactical-options/#forward-intelligence-team (2020.4.7. 방문).

206) Jamie Grace, A balance of rights and protections in public order policing: A case study on Rotherham, European Journal of Current Legal Issues, 24(1), 2018.

207) 동법 제148조 제2항에 의하면, 수권자(authorised officer)란 의회광장 또는 웨스트민스터 궁전 관련 당

있다고 믿는 경우 해당 활동을 중단하거나 시작하지 못하도록 지시할 수 있다. 동조 제2항 a호에 의하면, '금지활동'에는 의회광장 통제지역 또는 웨스트민스터 궁전 통제지역에서 앰프소음장비(amplified noise equipment)[208] 사용이 포함된다. 동조 제8항에 의하면, 합리적 이유없이 경찰관의 지시를 따르지 않는 경우 약식 기소되어 벌금 level 5(£5,000)에 처한다.

[**금지명령의 기간, 기준, 철회·변경**] 동법 제144조 제2항–제3항에 의하면, **경찰관** 또는 수권자는 금지활동에 대한 중지를 지시할 때 지시명령의 효력 종료시점을 90일 한도 내에서 지정할 수 있다. 또는 기간을 지정하지 않는 경우 종료시점은 지시가 내려진 날로부터 90일 동안 유효하다. 동조 제5항에 의하면, 확성기 등의 앰프 사용에 대한 금지명령은 의회광장 및 웨스트민스터 궁전 통제지역 또는 그 주변지역에 있는 앰프를 작동하고 있거나 작동시키려고 할 때에만 발동될 수 있다. 동조 제6항에 의하면, 지시는 구두에 의하여 개인 또는 집단에게 내려질 수 있으며, 경찰관 또는 수권자는 지시를 철회 또는 변경할 수 있다.

[**확성기·메가폰 압수·보관**] 동법 제145조 제1항–제4항에 의하면, **경찰관** 또는 수권자는 의회광장 통제지역 또는 웨스트민스터 궁전 통제지역에서 금지물품(prohibited item)[209]이 사용되고 있거나 사용된 것으로 보이는 경우 필요한 한도 내에서 합리적 물리력을 사용하여 해당 금지물품을 압수·보관할 수 있다. 동조 제5항 a호에 의하면, 압수물품은 최대 28일간 보관하며, 이후 압수당사자에게 돌려줘야 한다.

[**앰프**(확성기·메가폰) **사용의 허가·철회·변경**] 동법 제147조 제1항–제2항에 의하면, 확성기 등 앰프를 사용하고자 하는 사람은 직접 또는 대리인을 통하여 통제지역 관할 책임기관(responsible authority)[210]에게 신청해야 하며, 책임기관은 의회광장 또는 웨스트민스터 궁전 통제지역에서 확성기 등 앰프사용을 허가할 수 있다. 동조 제4항에 의하면, 허가신청이 정식으로 이루어지면 책임기관은 신청받은 날로부터 21일 이내에 허가 여부를 신청인에게 서면으로 통보해야 한다. 동조 제5항에 의하면, 허가서에는 다음이 명시되어야 한다: (i) 허가받은 자의 인적 사항, (ii) 허가한 앰프의 종류, (iii) 앰프 사용기간, (iv) 기타 허가조건과 관련된 부관. 동조 제6항에 의하면, 책임기관은 언제든 허가를 철회하거나, 허가서 조건을 변경할 수 있다. 동조 제7항에 의하면, 허가서 변경사항은 다음과 같다: (i) 새로운 조건 부과, (ii) 기존 조건 삭제, (iii) 허가 기간 변경.

국의 담당자 및 권한을 부여받은 지정인을 의미한다.

208) 동제 제4항에 의하면, 앰프소음장비(amplified noise equipment)란 확성기(loud speakers) 및 메가폰(loudhailers)을 의미한다.

209) 동조 제3항에 의하면, 금지물품(prohibited item)이란 동법 제143조 제2항 a호에 따른 '확성기·메가폰 등 앰프'를 의미한다.

210) 동법 제148조 제3항–제4항에 의하면, 책임기관(responsible authority)이란 런던광역시의회(Greater London Authority), 웨스터민스터 시의회(Westminster City Council), 관련정부부처 등을 의미한다.

(**해석론**) 영국은 옥외집회에 대해서는 사전신고제도는 물론, 이를 사전에 (장소적·시간적으로) 전면적으로 금지하는 규정도 존재하지 않으며, 소음에 대한 규제도 없는 등 집회시위에 대한 규제가 최소한으로 이루어지고 있다. 특히 '멸종저항 시위운동(Extinction Rebellion)' 및 '인종차별 반대시위(Black Lives Matter)' 등 새로운 양상의 집회 및 시위의 등장으로 현행법이 새로운 양상의 과격 집회 및 시위211)에 적절하게 대응할 수 있는 경찰권의 실효성이 부족하다는 한계점이 지적되어 2019년 5월경 수도경찰청장인 'Cressida Dick'이 경찰권 규제권한의 실효성 확보차원에서, 1986년 공공질서법 개정을 요구하게 된다.212) 새로운 법률안은 위에서 설명한 2021년 경찰, 범죄, 양형 및 법원에 관한 법률안(Police, Crime, Sentencing and Courts Bill 2021)이다.

(2) 도로교통 관련

도로교통법(Road Traffic Act 1988) 제192조 제1항에 의하면, **도로**(road)란 도로가 있는 다리 포함, 모든 공공도로와 일반인이 접근할 수 있는 기타 도로 등을 말한다.

차량(vehicle)은 도로교통법에 정의되어 있지 않다. 옥스퍼드 영어사전의 탈것에 대한 정의에 따르면, 육상에서 사용되는 모든 종류의 운송 수단을 말하는 것으로, 이동식 닭장, 트랙터가 끄는 사무실로 사용되는 오두막, 유모차, 스쿠터, 자전거 등이 해당한다. **기계추진차량**(mechanically propelled vehicle) 역시 도로교통법에 정의되어 있지 않으며, 법원에서 해석하는 사실(fact)과 정도(degree)에 따라 결정된다. 그러나, 기본적인 의미로 기계적 수단으로 추진되는 운송 수단을 의미하며, 전기차량이 포함될 수 있다. 다만 치안학교가 발행한 도로경찰활동(road policing) 교재에는 '자동차(motor vehicle)', '기계추진차량(mechanically propelled vehicle)'에 대한 정의가 있다.213)

1988년 도로교통법 제185조 제1항 c호와 1984년 도로교통규제법(Road Traffic Regulation Act 1984) 제136조 제1항에 의하면, **자동차**(motor vehicle)란 도로에서 사용하도록 의도되거나 개조된 기계추진차량을 말한다. 법적 정의이긴 하나 차량(vehicle)과 같은 의미인지는 사실(fact)과 정도(degree)에 따라 법원에서 결정한다.214)

1988년 도로교통법은 '**운전**(drive)'을 정의하고 있지 않으며, 다만 동법 제192조 제1항

---

211) Richard Walton, Parliament and the rule of law, Policy Exchange, Protest, 2019, pp. 1-11: 여러 장소에서 동시다발적으로 일어나는 집회 및 시위.

212) 김학경 외, 형사정책연구 제32권 2호, 2021, 118면, 120-121면.

213) John Watson, BLACKSTONE'S POLICE MANUAL 2021, Volume 3 Road Policing, College of Policing, 2020, p. 1.

214) John Watson, BLACKSTONE'S POLICE MANUAL 2021, Volume 3 Road Policing, College of Policing, 2020, p. 2.

의 '운전자(driver)' 정의에 따라 '운전'의 개념도 해석된다.[215] 동항에 따른 '운전자'란 차량(vehicle)을 움직일 목적으로 차량을 통제하는 사람을 말한다. 이러한 개념은 법원의 결정으로 확장되며, 사람이 차량을 '운전(driving)한다고 말할 수 있는 여러 상황이 존재한다.[216]

1) 운전면허

[**면허와 취소**] 1988년 도로교통법 제98조에 의하여, 운전면허는 교통부장관[217]이 발급한다. 동법 제93조에 의하여, 교통부장관은 특정 조건하에서 운전면허를 취소할 수 있다.

2) 일반 교통관리

① 신호 · 지시

[**차량 신호 · 지시**] 1988년 도로교통법 제35조 제1항에 의하면, **경찰관**(constable)이나 교통단속관(traffic officer)[218]의 차량 정지, 진행, 특정 차로 유지 등의 지시를 무시하거나 거절하는 운전자는 범죄로 처벌된다.[219]

(**해석론**) 동법 제35조 제1항의 권한은 도로교통의 규제나, 도로나 도로주변에서 수행되는 도로교통 조사 목적으로 행사된다.[220]

[**보행자 신호 · 지시**] 1988년 도로교통법 제37조에 의하면, **제복 경찰관**(constable in uniform)이 도로에서 교통정리 중 보행자에게 정지신호를 함에도 불구하고 도로를 횡단하거나

---

215) 1988 도로교통법 제192조 제1항. driver, where a separate person acts as a steersman of a motor vehicle, includes that person as well as any other person engaged in the driving of the vehicle, and 'drive' is to be interpreted accordingly.

216) John Watson, BLACKSTONE'S POLICE MANUAL 2021, Volume 3 Road Policing, College of Policing, 2020, p. 4.

217) 1988년 도로교통법상에는 장관(Secretary of State)으로 명시되어 있으나, 영국 치안학교(21.10.8. 수신)와 교통부(21.11.11. 수신)에 이메일 문의 결과 '교통부장관(Secretary of State for Transport)'으로 확인해 주었다. 참고로, 1978년 해석법(Interpretation Act 1978) Schedule 1에 의하면, "Secretary of State"는 "one of Her Majesty's Principal Secretaries of State(여왕의 장관 중 한 명)"를 의미한다.

218) Simon Cooper & Michael Orme, Road Traffic Law, Oxford Press University, 2nd edition, 2009, p. 120: 교통업무를 담당하지만 경찰(police officer)이 아니며, 2004년 교통관리법(Traffic Management Act 2004)에 따라 교통당국(traffic authority)이 임명한 사람들이다. 교통 정지 · 지시 등의 업무와 같은 제한적 권한을 가진다.

219) GOV.UK, The Highway Code, Other stopping procedures(rules 107 to 112), https://www.gov.uk/guidance/the-highway-code/general-rules-techniques-and-advice-for-all-drivers-and-riders-103-to-158#rule107 (2021.5.10. 방문); Department for Transport, The Highway Code, 2015, p. 49.

220) John Watson, BLACKSTONE'S POLICE MANUAL 2021, Volume 3 Road Policing, College of Policing, 2020, p. 15.

차도를 따라 진행하는 자는 범죄로 처벌된다.

② 도로관리청 등의 협의·통보의무

1988년 도로교통법 제39조에 따르면, 교통부장관은 재무부의 동의를 얻어 도로사용에 관한 정보 또는 조언을 교육시킴으로써 도로안전 증진을 규정할 수 있다. 또한, 각 **지방정부**는 기타 다른 기관이나 단체가 수행한 도로안전 증진 조치에 대한 비용을 부담할 수 있으며, 사고를 예방하기 위해 도로 건설, 도로 개선, 유지·보수, 도로교통 통제, 보호, 또는 지원을 위한 기타 조치 등을 취해야 한다.

③ 차량검문

[**무작위 정지·검문**] 1988년 도로교통법 제163조에 의하면, **제복경찰관**(constable in uniform)이나 **교통단속관**(traffic officer)은 도로에서 기계추진차량이나 자전거를 운전하는 자에 대하여 차량의 정지를 지시할 수 있다. 동법 제164-165조는 운전자의 운전면허증 및 세부사항 요구, 제165A조-제165B조는 차량 압수 및 영치, 제172조는 운전자 신원정보 제공 의무를 규정하고 있다.

(**해석론**) 이러한 정지·검문권의 행사는 도로교통 상황에만 국한되지 않으며, 제복경찰관으로 하여금 차량을 무작위로 정지시키도록 하는 권한을 부여한다. 그렇다 하더라도, 경찰이 사용할 수 있는 모든 권한과 마찬가지로 이러한 용도는 정당하게 행사되어야 한다. 즉, 판례 Stewart V Crowe 1999 SLT 899에 따르면, 동법 제163조 권한은 범죄예방을 위해 필요하고 비례적인 대응을 의미하는 것으로, 해당 권한은 즉흥적으로(whimsically) 또는 억압적으로(oppressively) 사용되어서는 안된다.[221]

판례 *Lodwick v Saunders*[1985] 1 WLR 382에 따르면, '정지(stop)'란 차량을 정지시키는 것으로, 경찰관이 적절한 추가 권한을 행사할 수 있을 만큼 충분히 오랫동안 정지상태를 유지하는 것을 의미한다.[222] 정지하지 않으면 약식범죄(triable summarily) 및 벌금으로 처벌된다.

● **음주·약물단속을 위한 무작위검문**
판례 Miller v Bell 2004 SCCR 534에 따르면, **제복 경찰관**은 운전자의 음주 여부를 조사하기 위해 차량을 무작위로 정지시킬 권한이 (1988년 도로교통법 제163조에 의하여) 있다. 예로 크리스마스나 연초에 제복 경찰관은 검문소를 통과하는 모든 차량을 무작위로 정지시켜 음주 여부를 물을 수 있다. 하지만 판례 Chief Constable of Gwent v Dash[1986] RTR 41에 따르면, (정지 이후에) 음

221) John Watson, BLACKSTONE'S POLICE MANUAL 2021, Volume 3 Road Policing, College of Policing, 2020, p. 14.
222) John Watson, BLACKSTONE'S POLICE MANUAL 2021, Volume 3 Road Policing, College of Policing, 2020, p. 14.

주 등의 확인을 위한 1988년 도로교통법 제6조의 호흡검사(preliminary test)는 무작위로 허용되지 않고, 운전자의 반응 및 경찰관의 관찰 결과 해당 운전자 체내에 알코올이 있다고 의심하는 경우에만 요구할 수 있다.[223]

(해석론) 경찰은 음주측정기 검사, 음주나 마약 등으로 운전 부적합 여부 측정 검사, 체내 약물 유무 탐지 검사 등 3가지 호흡검사를 할 권한이 있다. 도로교통법 제6조는 '하나 이상의 호흡검사'를 언급하는데, 이들 검사는 상호 배타적이지 않으며 경찰은 술 또는 마약과 관련된 의심을 없애기 위해 차례로 각 검사를 요구할 수도 있다. 호흡검사를 요구하는 경찰은 제복을 입을 필요는 없지만, 동조 제7항에 의하여 호흡검사를 시행하는 경찰관은 반드시 제복을 입어야 한다.[224] 동조 제6항에 의하면, 경찰관의 호흡검사에 협조하지 않거나 거절하는 것은 범죄에 해당한다.

3) 통고처분

1988년 도로교통 위반자법(Road Traffic Offenders Act 1988) 제54조 제1항 및 제2항에 의하면, **제복경찰관**(constable in uniform)은 (운전자가 있는 경우로서) 교통법규 위반이 이루어지고 있거나 이루어졌다고 믿을 만한 이유가 있는 경우, 범칙금(fixed penalty notice)을 통고할 수 있다. (정지해 있는 차량으로 운전자가 없는 경우) 동법 제62조 제1항에 의하여, 제복경찰관이 범칙금을 통고할 수 있다.

(해석론) 범칙금 통고는 자동감지기기를 제외하고 오직 제복경찰관만이 할 수 있다. 동법에서 '할 수 있다(may)'라고 규정하는 것은, 범칙금 발행이 해당 경찰관의 결정에 달려있기 때문이다. 법원이 양형을 이유로 범칙금 미발행 이유 제공을 요청할 수는 있지만, 범칙금 발행을 요구할 권한은 없다.[225] 도로교통법 위반이 아닌 일반 경미범죄에 대한 통고처분은 별도로 이루어진다.[226]

(3) 민간경비 관련

영국에서 2004년 이전에는 범죄경력 또는 교육 여부와 상관없이 누구나 민간경비업에 종사할 수 있었다.[227] 그러다, '2001년 민간경비업법(Private Security Industry Act 2001)'[228]의

---

223) John Watson, BLACKSTONE'S POLICE MANUAL 2021, Volume 3 Road Policing, College of Policing, 2020, pp. 14-15.

224) John Watson, BLACKSTONE'S POLICE MANUAL 2021, Volume 3 Road Policing, College of Policing, 2020, p. 48.

225) Simon Cooper & Michael Orme, Road Traffic Law, Oxford Press University, 2009, p. 157.

226) police foundation, The Growth of Police Powers, 2008, p. 7.

227) Security Industry Authority, The Security Industry Authority, 2009; GOU.UK, Security Industry Authority, About us, https://www.gov.uk/government/organisations/security-industry-authority/about (2021.9.7. 방문): 동 영국정부 홈페이지에 의하면, 민간경비산업위원회는 2003년 설립되었으며, 2004년부터 경비

4 절 개별 위험방지법 I (행정법내 위험방지법)

제정에 따라, 독립 법인(a body corporate)인[229] '민간경비산업위원회(Security Industry Authority: SIA)'가 민간경비산업을 규제·관리·감독하고 있다.[230]

1) 경비업체의 규제

[**경비업의 허가**] 2001년 민간경비업법 제1조 제2항에 의하면, **민간경비산업위원회**는 민간경비업의 허가(licensing)와 인증(approval), 경비업 종사자의 서비스 제공 검토, 경비업 종사자의 행동, 교육훈련 및 감독 수준 설정 또는 승인 등을 수행해야 한다. 동법 제2조 제2항에 의하면, 민간경비산업위원회는 직무수행에 있어 **내무부장관**의 일반적인 또는 특정 지휘에 따라야 한다.

동법 제3조 제6항에 의하면, 허가 없이 경비업을 하는 경우 6개월 이하의 징역형 또는 level 5(£5, 000) 이하의 벌금이 병과된다.

[**경비업체의 인증 및 공개**] 동법 제14조 제1항에 의하면, **민간경비산업위원회**는 경비업체를 인증하고 인증된 업체(approved contractors)를 관리할 의무가 있다. 동조 제3항에 의하면, 경비업체의 명칭, 주소, 인증된 서비스 유형, 인증 유효기간, 인증 조건 등이 등재되어야한다. 동조 제4항에 의하면, 민간경비산업위원회는 인증된 경비업체의 등재현황을 시민에게 공개하고, 인증취소나 변경사항 등에 대해서도 의무적으로 고지해야 한다.

동법 제16조 제2항에 의하면, 인증되지 않았음에도 인증된 경비업체임을 주장하거나, 인증된 것과 다른 내용을 주장하는 것은 위법이다. 이는 동조 제3항에 따라, 약식기소 시 level 5(£5,000) 이하의 벌금형 또는 기소 시 벌금형에 처한다.

(**부연**) 민간경비산업위원회가 2018년 발행한 지침[231]에 따르면, 경비업체 인증제(Approved Contractor Scheme: ACS)는 경비업체가 자발적으로 참여해 87개의 수행지표를 충족하여 인증받도록 하는 품질보증제도로, 인증받은 업체가 매년 평가를 받고, 필요 기준에 지속적으로 도달하도록 유도하는 제도이다.

2) 경비요원의 규제

[**경비요원의 면허**] 민간경비업법 제3조 제1항-제3항에 의하면, 동법에서 명시한 경비업

업 종사자들의 허가를, 2006년부터는 경비업체 인증을 시작하였다.

228) 잉글랜드와 웨일즈 및 북아일랜드, 스코틀랜드에도 적용된다.

229) 민간경비업법 제1조 제1항에 의한다.

230) Adam White, The impact of the Private Security Industry Act 2001, Security Journal Vol. 28. 4, 2015, 428면; GOV.UK, Security Industry Authority, About us, https://www.gov.uk/government/organisations/security-industry-authority/about (2021.8.4. 방문).

231) Security Industry Authority, Security at Events Guidance, June 2018, pp. 3, 13.

과 관련한 활동을 하려고 하는 사람 또는 경비업체의 이사 또는 파트너 등이 면허 없이 경비요원(a security operative)의 활동을 하는 것은 위법이다.

동법 제13조 제1항에 의하면, **내무부장관**은 명령에 의하여 지방정부가 민간경비산업위원회의 군중통제 및 출입감시 면허(door supervisors)의 일부 또는 전부를 수행하도록 규정할 수 있다.

동법 제5조 제1항과 제4항에 의하면, 면허 없는 사람이 경비업 활동을 하는 것은 6개월 이하의 징역 또는 법정 최고 벌금형(level 5인 £5,000) 또는 병과되며, 기소되는 경우 5년 이내의 징역 또는 벌금 또는 병과된다.

(해석론) 경비요원 면허는 고객과 서비스를 계약하는 경우에만 필요하며, 자체고용 경비원에게는 필요하지 않다. 다만, 군중통제 및 출입감시(door supervisors)와 차량견인(vehicle immobiliser)은 증가하는 위험성으로 인해 회사에서 직접 고용한 자체경비원일지라도 면허가 필요하다.[232]

[면허 기준] 동법 제7조 제1항에 의하면, **민간경비산업위원회**는 면허를 발급하기 전 기준을 마련하여야 한다. 민간경비산업위원회가 '2021년 발행한 면허 기준'[233]에 의하면, 현장요원 자격 기준은 18세 이상으로 신원조회, 범죄경력조회, 민간경비산업위원회 인증 자격요건 여부, UK에서 일할 권리가 있는지 여부 등의 확인절차를 거친다. 비현장요원의 경우, 18세 이상으로 신원조회, 범죄경력조회 등을 확인한다.

(부연) 민간경비산업위원회는 모든 경비요원 신청자가 신청 전 5년간 정신장애 측면의 강제구금(compulsory detention) 또는 기타 강제 조치가 있었는지도 고려한다.

[면허의 유효기간] 동법 제8조 제8항에 의하면 내무부장관이 명령으로 면허기간을 규정한 경우를 제외하고, 면허의 유효기간은 3년이다.[234]

[면허의 유형] 동법 제3조 제5항과 부칙 2(Schedule 2)에 의하면, 경비요원 면허의 유형은 다음과 같다: 유인경비(Manned guarding), 차량견인(Immobilisation of vehicles),[235] 차량통제 및 견인(Restriction and removal of vehicles),[236] 민간조사(Private investigation), 재판전조사(taking precognitions), 보안컨설턴트(security consultants), 보안잠금(key holders), (술집, 클럽 등에

---

232) Security Industry Authority, Security at Events Guidance, June 2018, p. 7.
233) Security Industry Authority, Get Licensed(SIA licensing criteria), April 2021, pp. 6-7.
234) 2006년 민간경비업법 (면허 기간) 명령(Private Security Industry Act 2001 (Duration of Licence) Order 2006) 제3조에 의하면, 2001년 민간경비업법 Schedule 2의 현장요원면허인 paragraph 3의 차량견인(immobilisation of vehicles)과 3A의 차량통제 및 견인(restriction and removal of vehicles)의 자격 유효기간은 1년이다. para 3과 3A는 북아일랜드에만 적용된다.
235) 북아일랜드에만 적용.
236) 북아일랜드에만 적용.

서의) 군중통제 및 출입감시(door supervisors).

2018년 내무부가 발행한 2016/17 민간경비산업위원회 리뷰[237])에 의하면, 민간조사[238]), 재판전조사, 보안컨설턴트 등은 법으로 면허대상임을 규정하고 있지만, 아직까지(2017년 기준) 면허를 발부하고 있지 않아,[239]) 민간조사 활동은 현재로는 불법이다.[240]) 다만, 일부 민간조사협회[241]) 등이 자체적인 규정을 가지고 있어 교육과정이나 자격요건 등을 마련하고 있다.

민간경비산업위원회가 2018년 발행한 지침[242])에 따르면, 면허는 다시 현장요원(front line)과 비현장요원 면허(non-front line)로 구분된다. 현장요원 면허[243])는 보안잠금(key holding) 이외의 경비활동에 요구되며, 현장요원 면허로 비현장요원 활동도 할 수 있다. 현장요원 면허는 신용카드 크기의 플라스틱 카드 형태로 허가 조건에 따라 항상 지녀야 한다. 비현장요원 면허는 관리직으로 경비업을 관리·감독하고, 경비요원을 채용하며 현장요원 활동을 하지 않는다. 경비회사의 이사(directors)[244])나 협력업체(partners) 등도 동 면허를 취득해야 한다. 비현장요원도 보안잠금(key holding) 활동은 가능하다.

동 지침에 의하면, 유인경비(manned guarding) 면허는 다시 다음의 5개 유형으로 세분화된다: (i) 일반경비(security guarding), (ii) 군중통제 및 출입감시(door supervision), (iii) 신변경호(close protection), (iv) 현금·귀중품 호송(cash and valuables in transit), (v) 공공감시(public

---

237) Home Office, Security Industry Authority Review 2016/17, 2018, pp. 24, 57.
238) 동법 제3조 제5항 para 4(1)에 의하면, 민간조사의 업무내용은 (i) 특정인의 정보, 특정인의 활동 또는 행방에 대한 정보 입수, (ii) 재산상 손실, 피해입은 상황에 대한 정보 또는 그 수단에 대한 정보 입수 등의 목적에 해당하는 모든 감시(surveillance), 조회(inquiries), 조사(investigation) 등을 말한다.
239) Private Investigators in the UK, The Security Industry Authority(UK), http://www.uk-private-investi gators.com/security-industry-authority/ (2021.8.24. 방문).
240) PDL(Private Detective London), Are Private Investigators Regulated in the UK, Published on February, 4, 2019, https://www.privatedetective.london/are-private-investigators-regulated-in-the-uk/ (2021. 8.24. 방문).
241) Association of British investigator(ABI)와 Institute of Professional Investigators(IPI) 등이다.
242) Security Industry Authority, Security at Events Guidance, June 2018, pp. 4, 6: 비현장요원 면허를 갖고 있는 경우, 또 다른 비현장요원 면허를 갖을 필요가 없다. 예를 들어, 수행경호를 공급하는 회사의 이사지만, 경비도 제공하는 경우, 두 개의 면허를 갖을 필요가 없다. 참조로, 현장요원 및 비현장요원 면허 중 직무역할에 따라 어떤 면허가 필요한지에 대해서는 위의 '2018년 지침' pp. 28-30에 설명되어 있다.
243) Security Industry Authority, Get Licensed(SIA licensing criteria), April 2021, p. 10: 현장요원 면허는 현금·귀중품 호송, 신변경호, 군중통제 및 출입감시, 공공감시, 일반경비, 차량견인(북아일랜드에서만) 등이다.
244) 동법 제25조 제1항에 의하면, "directors" means executive and non-executive directors, shadow directors, parent company directors and corporate entities holding a directorship.

space surveillance(CCTV)).

　　동 지침에 의하면,[245] 한 개의 직무에 필요한 교육훈련이 또 다른 직무수행에도 가능한 경우, 한 개의 면허로 여러 개 직무가 가능하다. 예를 들어, 현장요원 면허인 '군중통제 및 출입감시 면허(front line door supervisor licence)'는 군중통제 및 출입감시, 일반경비, 공공감시, 보안잠금, 그리고 모든 비현장요원 활동이 가능하다.

　　[면허의 취소·정지] 동법 제10조 제1항에 의하면, 민간경비산업위원회는 경비요원의 면허를 취소·정지할 수 있다.

　　[경비요원 면허자의 등재 및 공개] 동법 제12조 제1항에 의하면, 민간경비산업위원회는 경비요원 면허자를 등재하고 관리하여야 한다. 동조 제4항에 의하면, 민간경비산업위원회는 모든 시민이 경비요원 면허자를 알 수 있도록 공개하여야 하며, 면허의 취소나 정지의 경우에도 시민이 알 수 있도록 해야 한다.

3) 민간경비의 관리·감독

　　[강제출입조사] 동법 제19조 제1항에 의하면, 민간경비산업위원회(SIA)의 수임자(민간경비산업위원회 조사관: SIA Officer[246])는 규제대상자(regulated persons)[247]로 보이는 사람이 소유하거나 점유한 모든 건물(주거용 건물 제외)에 들어갈 수 있다. 동조 제2항에 의하면, 민간경비산업위원회의 수임자는 규제대상자로 보이는 사람에게 해당자가 가졌거나 관여한 경비업 행위, 규정, 해당자에게 부과된 조건 등에 관련된 모든 문서 또는 기타 정보를 제공하도록 요구할 수 있다.

　　동조 제5항에 의하면, 동조 제1항과 제2항에 따르지 않는 자 등은 처벌하며, 동조 제7항에 의하면 6개월 이하의 징역형 또는 Level 5(£5,000) 이하의 벌금 또는 병과된다.

　　[면허요건인 교육훈련] 2021년 민간경비산업위원회가 발행한 면허 기준[248]에 의하면, 모든 현장요원 지원자는 민간경비산업위원회가 인가한 기관의 교육을 받고 평가에 합격해야 한다. 즉, 민간경비산업위원회가 직접 교육과정을 운영하지 않고, 수여 기관(awarding or-ganisations)을 인증하여 해당기관[249]이 자격요건 개발, 교육제공자 인증, 평가기준 감독, 자

---

245) Security Industry Authority, Security at Events Guidance, June 2018, pp. 7, 31. 특히, p. 31에 그 밖의 다른 예시가 자세히 설명되어 있다.

246) Security Industry Authority, ENFORCEMENT What to expect from the SIA, August 2018, p. 13.

247) 동조 제8항에 의하면, 규제대상자(regulated person)란 면허 소지자, 면허 없이 경비업을 하는 사람 등을 의미한다.

248) Security Industry Authority, Get Licensed(SIA licensing criteria), April 2021, pp. 6, 10, 11. 각 면허에 대한 자세한 교육과정은 pp. 13-15에 기술되어 있다.

249) 잉글랜드, 웨일즈, 북아일랜드에서의 민간경비산업위원회의 교육인가 수여기관은 'Office of the Quali-fications and Examinations Regulator(Ofqual)'이며, 스코틀랜드는 'Scottish Qualifications Authority(SQA)'

격을 수여하도록 한다. 비현장요원은 민간경비산업위원회가 인가한 기관의 교육훈련이 필요하지 않다.

(**부연**) 민간경비산업위원회가 2021년 발행한 면허 기준[250])에 의하면, 2021년 4월 1일부터 경비요원 면허 최초 신청자는 다음의 교육을 이수해야 한다.[251]

면허	공통과목 (common unit)	전문가 과목 (specialist unit(s))	갈등관리 (conflict management unit)	물리적 개입기술 (physical intervention skills unit)
현금·귀중품 호송	없음	· 현금호송 원칙 · 현금호송 경비요원으로서 근무 원칙	없음	없음
신변경호[252]	없음	· 신변경호원으로서 근무 · 신변경호 운영의 계획·준비·지원	갈등관리	없음
군중통제 및 출입감시	민간경비산업에서의 근무원칙	군중통제 및 출입감시 경비요원으로서 근무원칙	갈등관리의 적용	물리적 개입기술의 적용
공공감시	민간경비산업에서의 근무원칙	CCTV 요원으로서 직무 원칙과 실무	없음	없음
일반경비	민간경비산업에서의 근무원칙	일반경비요원으로서 직무 원칙	갈등관리의 적용	없음
차량견인(북아일랜드에서만)	민간경비산업에서의 근무원칙	차량견인 요원으로서 직무 원칙	갈등관리의 적용	없음

(4) 총포화약 관련

1968년 총기법(Firearms Act 1968)은 잉글랜드, 웨일즈, 스코틀랜드에 적용되는 총기 통

이다.

250) 동 기준 pp. 13-24에 각 면허별 교육단위가 설명되어 있으며, 구체적 자격기준 및 교육수여기관도 기술되어 있다.

251) Security Industry Authority, Get Licensed(SIA licensing criteria), April 2021, pp. 10, 23, 24: 참고로, 2021년 10월 1일부터, 기존의 군중통제 및 출입감시 면허와 일반경비 면허 보유자가 면허를 갱신하기 위해서는 보충교육훈련(top up training)이 필요하다. 예를 들어, 공통으로 '테러위협에 대한 의식고취 원칙' 과정이 있으며, 스페셜리스트 단위로 각각 '장비사용원칙'과 '일반경비요원의 개인적 위험성 감소원칙'이 있다. 물리적 간섭기술 단위로 군중통제 및 출입감시는 '물리적간섭 기술 적용'이 있으며, 일반경비는 해당과정이 없다.

252) Security Industry Authority, Get Licensed(SIA licensing criteria), April 2021, p. 14: 신변경호 자격요건은 기존과 변함이 없는데, 동 기준 지침에 의하면 새로운 교육과정이 2021년 8월에 소개될 예정이다.

제에 대한 주요 법률이며, 2017년 경찰활동 및 범죄법(Policing and Crime Act 2017) Part 6에 의해 총기 관련 내용이 추가되었다.

1968년 총기법 제57조 제1항에 의하면, 총기(firearm)란 치명적인 무기(lethal barrelled weapon), 금지된 무기(a prohibited weapon), 치명적인 무기 또는 금지된 무기와 관련된 관련 구성부품이나 부속물 등을 의미한다.253) 동법 제1조 제3항 a호에 의하면, 엽총(shotgun)이란 무강선 총기(smooth-bore gun)(공기총이 아님)로 (i) 배럴(총구) 길이가 적어도 24인치이고, 배럴 직경이 2인치를 초과하지 않으며, (ii) 탄창이 없거나 2개 이상의 탄약통을 담을 수 없는 분리할 수 없는 탄창이 있으며, (iii) 권총(revolver)이 아닌 것을 의미한다.

[**개인면허**] 동법 제1조와 2조에 의하면, **경찰관서장**(chief officer of police for the area)이 발행한 면허증(certificate) 없이 총기 또는 엽총을 소지(possess),254) 구매(purchase) 또는 취득 (acquire)255)하는 것이 금지된다.256)

총기면허(firearm certificate) 신청자는 동법 제26A조 제1항에 의하여, 그리고 엽총면허 (shotgun certificate) 신청자는 동법 제26B조에 의하여, 주소지 관할 **경찰관서장**에게 면허를 신청해야 한다.

총기 면허는 14세 미만에게 발급되지 않으며, 14-18세는 총기면허발급이 가능하지만 18세가 될 때까지 총기 또는 탄약 구매가 불가하다. 엽총의 경우 18세 미만은 엽총 면허가 불가하다.257)

동법 제28A조 제1항에 의하면, 총기 및 엽총 면허는 발급일 또는 갱신된 날로부터 5년 간 유효하며, 주거지 **경찰관서장**은 추가로 5년 더 연장하여 갱신할 수 있다.

[**면허요건**] 동법 제27조 제1항에 의하면, **경찰관서장**은 (a) 총기 신청자가 동법 제1조가 적용되는 총기를 소지하기에 적합하며, (b) 총기 또는 탄약을 소지하거나 구매 또는 취득하는데 합당한 이유가 있으며, (c) 모든 상황에서 총기 신청자가 공공안전이나 평화에 대한 위험 없이 총기 또는 탄약을 소지하도록 허용될 수 있다는 것이 만족되면 총기 소지를 승인해

---

253) 동법 제57A조 제1항에 의하면 공기총(airsoft gun)은 총기에 해당하지 않으며, 제2항에 정의가 나와 있다.

254) Home Office, Guide on Firearms Licensing Law, April 2016, p. 29: 판례에 의하면, 소지(possession)란 절대적인 범죄(absolute offence)로, 피고가 소지하고 있는 가방에 총기가 있었다는 것을 알지 못하거 나(판례 R v Steele 1993), 골동품으로 추정되는 총기(antique firearms)가 인증대상이라는 것을 알지 못하는 것(판례 R v Howells 1997)은 유효하지 않다고 판시했다.

255) 동법 제57조에 의하면, 취득(acquire)이란 임대(hire), 선물로 수락(accept) 또는 차용(borrow)을 의미 하며, 취득(acquisition)은 그에 따라 해석된다.

256) Home Office, Firearms provisions Circular, 2017, https://assets.publishing.service.gov.uk/govern-ment/uploads/system/uploads/attachment_data/file/610380/2017_04_19_-_PCA2017_fire-arms_provisions_-_HO_Circular_-_final.pdf

257) Norfolk Constabulary, Firearms and Young People, https://www.norfolk.police.uk/services/fire-arms/firearms-and-young-people (2021.8.10. 방문).

야 한다.

(**해석론**) 동법 제27조 제1항 b호(총기면허만 해당)에서의 합당한 이유란, 토지에서 사격 허가 또는 사격클럽의 회원 또는 사슴사냥 예약 또는 초대 등이 해당한다. 이것은 총기 면 허의 승인, 갱신, 또는 변경에 모두 적용된다.[258] 또한 제27조 제1항 c호와 제28조 제1항의, '공공안전 또는 평화에 대한 위험이 없이' 요건을 충족하기 위해 신청자는 자신의 의학정보 (신체 또는 정신건강 상태)를 제출해야 한다.[259]

동법 제26A조 제2항과 동법 제53조에 따른 **내무부장관** 규칙(rules)에 의하면, 총기 면허 신청에는 2명의 신원보증인이 필요할 수 있다. 동법 제26B조 제2항과 동법 제53 조에 따른 **내무부장관** 규칙에 의하면, 엽총면허 신청에는 1명의 신원보증인이 필요할 수 있다.[260]

(**부연**) 신원보증인은 직계가족이나 등록된 총기 딜러, 경찰관 등이 아닌 신청자를 최소 2년 동안 개인적으로 아는 사람이며 영국(Great Britain)에 거주해야 한다.[261] 총기 면허 신청 요건은 지방청마다 다르지만 일반적으로 경찰기록 조사, 가택 조사, 두 명의 신원보증인, 건 강기록정보 등을 제출해야 한다.[262] 수도경찰청 홈페이지에 의하면, 신청자의 가택에 대한 총기보안성도 조사한다.[263]

[**면허 변경·철회**] 동법 제29조 제1항에 의하면, **경찰관서장**은 서면통보를 통해 언제든 지 총기 면허를 변경할 수 있다. 동법 제30A조 제1항에 의하면, **경찰관서장**은 언제든지 면 허를 철회할 수 있다.

[**면허제한**] 동법 제21조 제1항과 제2항에 의하면, 범죄경력이 있는 사람에게 총기 및

258) Metropolitan Police, Firearms application guidance notes, https://www.met.police.uk/ar/applyr-egister/fao/af/apply-firearm-shotgun-explosives-certificate/firearms-application-guidance-notes/ (2021.8.9. 방문).

259) Metropolitan Police, Firearms application guidance notes, https://www.met.police.uk/ar/applyr-egister/fao/af/apply-firearm-shotgun-explosives-certificate/firearms-application-guidance-notes/ (2021.8.9. 방문). 동 수도경찰청 홈페이지에 제출해야 하는 의학적 상태가 자세히 설명되어 있다.

260) Home Office, Guide on Firearms Licensing Law, April 2016, p. 3: 잉글랜드와 웨일즈에서 낮은 화력의 공기총(low powered air weapons)은 허가대상이 아니다.

261) Metropolitan Police, Firearms application guidance notes, https://www.met.police.uk/ar/applyr-egister/fao/af/apply-firearm-shotgun-explosives-certificate/firearms-application-guidance-notes/ (2021.8.9. 방문).

262) UK Parliament, House of Commons Library, Firearms Licensing, 13 December, 2019, https://commonslibrary.parliament.uk/firearms-licensing/ (2021.8.9. 방문); Home Office, Guide on Firearms Licensing Law, April 2016, p. 69.

263) Metropolitan Police, Firearms application guidance notes, https://www.met.police.uk/ar/applyr-egister/fao/af/apply-firearm-shotgun-explosives-certificate/firearms-application-guidance-notes/ (2021.8.9. 방문).

탄약 소지를 금하고 있다. 동조 제1항에 의하면, 무기징역 또는 예방적 구금(preventive de-tention), 3년 이상의 징역형 또는 교정훈련(corrective training), 또는 3년 이상 소년원에 유치 또는 구금된 자 등은 총기나 탄약을 소지할 수 없다.

(해석론) 범죄경력이란, 과속위반 포함 자동차 운행관련 위반행위, 범죄로 기소된 자에 대한 재판출석명령(bindover), 정식서면경고(formal written cautions), 영국 내 및 밖에서의 기소, 조건부 석방(conditional discharge) 또는 무조건 석방(absolute discharge)도 기소에 포함된다. 3개월 이상의 징역형은 출소 이후 5년 동안 총기, 엽총, 골동품 총기(antique firearm)264), 공기총 또는 탄약 등의 소지가 금지된다. 집행유예(suspended sentence)의 경우 소지 금지는 선고 이틀 후부터 적용된다. 선고형이 3년 이상인 경우 형사법원(Crown Court)에서 해제하지 않는 한 평생동안 적용된다.265)

[판매업 등록] 동법 제3조에 의하면, 경찰관서장에게 총기딜러(firearms dealer)로 등록하지 않고 무역이나 사업을 통해 총기, 총기 구성부품, 탄약, 또는 공기총(air weapons)과 관련된 특정 활동에 참여하는 것을 범죄로 규정한다.

[권총소지허가] 동법 제5조에 의하면, 내무부장관 또는 스코틀랜드 장관266)의 허가없이 특정 유형의 무기, 그 구성부품 및 탄약 소지를 금한다.

(부연) 위의 동법 제5조에 의한 특정유형의 무기란 권총(handguns)을 말하며 내무부장관을 대신해 내무부(Home Office)가 승인한다.267)

[면허면제] 구매 또는 취득이 아닌 소지에 대하여는 제한된 상황에서 총기나 탄약을 면허없이 "소지(possession)"가 가능하다.

동법 제7조에 의하면, 경찰관서장으로부터 임시허가증(a permit)268)을 발급받은 사람, 제9조 제1항에 의한 경매업자, 수송업자(carrier) 또는 창고관리인, 제10조 제1항에 의한 면허가 있는 도축업자, 제11조 제1항에 의한 스포츠, 운동, 기타 승인된 활동을 하는 사람, 제11A조 제1항에 의한 사냥을 위해 다른 사람으로부터 총기를 임대하는 사람, 제12조 제1항에 의한 연극, TV, 영화 등에 종사하는 사람 등이 해당한다.

264) 1968년 총기법 제58조 제2A항 또는 2017년 경찰활동 및 범죄법(Policing and Crime Act 2017) 제126조 제2항에 정의되어 있다.
265) Metropolitan Police, Firearms application guidance notes, https://www.met.police.uk/ar/applyr-egister/fao/af/apply-firearm-shotgun-explosives-certificate/firearms-application-guidance-notes/ (2021.8.9. 방문).
266) Secretary of State or Scottish Ministers. 동조 제3항에 명시됨.
267) Home Office, Guide on Firearms Licensing Law, April 2016, p. 3.
268) 경찰임시허가증은 행정상의 지연으로 면허 재발급 갱신이 늦어지는 경우 등이 해당한다. 임시허가증을 발행하는 경우는 '내무부 발행 총기면허법 지침(Home Office, Guide on Firearms Licensing Law, April 2016)' p. 39에 자세히 설명되어 있다.

동법 제11조 제4항에 의하면, 내무부장관에 의해 위험한 것으로 인정되지 않은 승인된 '소형소총 사격장(miniature rifle range or shooting gallery)'을 운영하는 사람도 총기면허증 없이 소형소총 및 탄약을 소지, 구매 또는 취득이 가능하다. 또한 해당 사격장을 이용하는 누구나 개인 총기 면허없이 해당 사격장에서 이러한 총기 및 탄약을 사용할 수 있다.[269]

1988년 총기(개정)법(Firearms (Amendment) Act 1988) 제19조에 의하면, 박물관 총기면허(museum firearms licence)가 있는 경우도 1968년 총기법상 면허의 면제대상이다.

(5) 사격장 관련

1988년 총기(개정)법(Firearms (Amendment) Act 1988)에 의해 스포츠 활동을 위한 사격장이 규율된다.

[사격장 허가] 동법 제15조 제5항 a호에 의하면, 잉글랜드와 웨일즈의 **내무부장관**과 스**코틀랜드 장관**(Scottish Ministers in Scotland)이 사격장을 허가한다. 동조 동항 b호 및 c호에 의하면, **내무부장관**은 언제든지 허가를 변경 또는 철회할 수 있으며, 허가가 철회되지 않는 경우 허가된 날 또는 갱신된 날로부터 허가는 6년 동안 유효하다.

(부연) 사격장이 자체 총기를 보유하고 있거나 보유할 계획인 경우, 사격장 허가는 해당 총기가 보관될 지역 관할 경찰허가부서(local policing licensing department)에 신청한다. 사격장에 보관시설이 없는 경우 신청서는 사격장이 운영되는 지역의 경찰총기부서(police firearms department)에 제출해야 한다.

모든 소총(any rifle), 소형 소총(miniature rifle) 또는 전장식 소총 사격장(muzzle-loading pistol club)은 허가 신청을 하여야 한다. 동법 제15조 제1항[270]에 의하면 사격장 허가가 이루어지면, 사격장 회원은 스포츠 사격(target shooting)과 관련하여서는 개인의 총기면허 없이도 사격장에서 총기와 탄약을 소지할 수 있다. 판례[271]에 의하면, 총기 및 탄약 소지는 사격장 활동에 국한되어야 한다.[272]

[사격장 출입조사] 동법 제15조 제7항과 제8항에 의하면, **경찰관**(constable) 또는 수임된 **치안보조관**(civilian officer)[273]은 허가된 소총사격장 시설이 규정을 준수하는지 확인하기 위

---

269) GOV.UK, Approval of rifle and muzzle-loading pistol clubs, Updated 11 November 2020, https://www.gov.uk/government/publications/approval-of-rifle-and-muzzle-loading-pistol-clubs/approval-of-rifle-and-muzzle-loading-pistol-clubs-accessible (2021.8.6. 방문); Home Office, Guide on Firearms Licensing Law, April 2016, p. 36.
270) Firearms (Amendment) Act 1997 제45조에 의해 개정됨.
271) R V Wilson (1989).
272) Home Office, Guide on Firearms Licensing Law, April 2016, p. 161.
273) 법률에는 civilian officer로 명시하고 있지만, 치안보조관(PCSO)을 의미한다.

해 진입하여 컴퓨터에 있는 모든 정보, 장부, 서류 등 클럽 사격장 시설에 있는 모든 것을 조사할 수 있다. 동조 제9항에 의하면, 경찰관 또는 치안보조관의 권한행사를 의도적으로 방해하는 것은 level 3(£1,000) 이하의 벌금형에 처한다.

[사격장 운영자 의무] 사격장의 안전한 구성 및 유지보수 책임은 사격장 주인과 운영자에게 있다. 이러한 의무를 다하지 않는 경우 '점유자 책임법(Occupiers' Liability Act 1984)'[274] 및 '산업안전보건법(Health & Safety at Work etc Act 1974)'과 같은 법률에 따라 제재에 처한다.[275]

(부연) 허가된 사격장은 정기적으로 사용이 되어야 한다. 내무부 지침에 의하면, 1년에 최소 6번은 사용되어야 한다.[276]

(6) 유실물 관련

잉글랜드와 웨일즈에서는 일반적인 유실물 취급 업무를 규정하는 법이 없음에도, 시민이 유실물 관리를 경찰 업무로 기대해 왔으므로 경찰은 유실물 신고/기록 대리인으로서의 역할을 관례적으로 수락해 왔다. 따라서 각 지방경찰청마다 운용을 위한 지침만 존재한다.[277]

하지만 2018년 영국 정부는 소셜미디어의 발달과 유실물로 인한 경찰의 업무(행정력 및 보관 비용) 가중 감소를 위해 29개 지방경찰청과 유실물처리업무에 대한 검토 및 협의를 한후, 2019년 2월 1일부터 UK의 43개 지방경찰청에서 경찰의 유실물 처리를 중단하기로 결정했다.[278] 다만 일부 특정 유실물, 예를 들어 총기, 탄약, 범죄에 연루되었다고 의심되는 물건, 현금, 개인정보가 들어 있는 지갑, 개인 서류 등에 대해서는 여전히 경찰이 처리한다. 경찰이 처리하지 않는 유실물은 지방경찰청마다 다소 차이가 있으나 보통 자전거, 옷, 열쇠, 보석, 소유자 식별 불가 물건 등은 처리하지 않는다.[279]

---

274) 스코틀랜드는 Occupiers' Liability (Scotland) Act 1960이다.

275) Home Office, Guide on Firearms Licensing Law, April 2016, p. 163.

276) Home Office, Guide on Firearms Licensing Law, April 2016, p. 163.

277) NPCC(National Police Chiefs' Council), National Review of Lost Property-Police Front Counters Forum PFCF, https://www.npcc.police.uk/FreedomofInformation/localpolicing/2018.aspx (2021.7.27. 방문); West Yorkshire Police, Lost and Found Property, p. 2, https://www.westyorkshire.police.uk/sites/default/files/lost_and_found_property.pdf (2021.7.27. 방문).

278) Cambridgeshire Constabulary, Lost and found-traditional police role changes, https://www.cambs.police.uk/news-and-appeals/lost-found-change (2021.7.27. 방문): 경찰이 특정 유실물 이외 일반적인 유실물을 더 이상 처리하지 않으므로 분실자는 온라인을 통해 신고할 수 있다. 캠브리지셔 경찰청(Cambridgeshire Constabulary)에 온라인 주소가 명시되어 있다.

279) NPCC(National Police Chiefs' Council), National Review of Lost Property-Police Front Counters Forum PFCF, https://www.npcc.police.uk/FreedomofInformation/localpolicing/2018.aspx (2021.7.27. 방문); West

[**습득자의 반환의무와 한계**] 노스 요크셔 경찰청(North Yorkshire Police)과 웨스트 요크셔 경찰청(West Yorkshire Police)의 유실물 관련 지침280)에 의하면, 유실물 습득자는 법적으로 해당 물품을 경찰에게 신고하거나 제출할 필요가 없다. 그러나 (i) 습득장소의 관리자 또는 대중교통 회사(transport provider)에 제출하거나, (ii) 공공장소에서 획득한 경우(경찰에게 신고할 필요가 없는 유실물인 경우) 절도를 피하기 위해서 분실자에게 돌려주기 위한 합리적인 시도를 해야 한다. 여기서 합리적 시도란 소셜미디어 게시, 신문 게시 및 지역의 가게 창문이나 정원문(garden gate)에 유실물 고지를 붙여놓는 것이다. 위의 모든 절차를 따랐다면, 습득자는 유실물을 보유할 수 있다. 단, 분실자는 법적 지위나 이익권(interest)을 잃은 것이 아니므로 여전히 소유권을 갖고 있으며 민사적 조치로 되돌려 받을 수 있다.

웨스트 요크셔 경찰청 지침281)에 의하면, (i) 습득자가 17세 미만으로 부모나 후견인이 없는 경우, (ii) 습득자가 관할지역의 주민이 아니거나 주소지가 없는 경우, (iii) 습득물이 소유자 식별가능하거나 귀중해 보이고, 범죄수익금일 경우, 그리고 핸드폰, 마약, 사적인 서류 또는 기밀 서류, 소유하는 것이 범죄가 되는 경우, 총기, 탄약 등은 습득자가 보유하지 않고 경찰에 제출해야 한다.

[**경찰의 습득물 처리**] 웨스트 요크셔 경찰청 지침에 의하면, 귀중하지 않고 소유자 식별 불가한 습득물 보관은 최소 1일이며(경찰청 전산에 기록하지 않음), 기타 통상적 유실물은 28일로 전산에 기록한다.

2019년 노스 요크셔 경찰청에 의하면, 28일 이후 분실자가 소유권을 주장하지 않고, 발견자가 14일 이내 소유권을 주장하지 않으며, 또한 발견자에게 돌려주는 게 적절하지 않은 유실물인 경우, 가급적이면 빠른 시간에 경매를 통해 처분한다.

Yorkshire Police, Lost and Found Property, 2면, https://www.westyorkshire.police.uk/sites/default/files/lost_and_found_property.pdf (2021.7.27. 방문); notlost, The definitive guide to lost property laws in the UK, https://notlost.com/the-definitive-guide-to-lost-property-laws-in-the-uk/ (2021.7.27. 방문); Police Professional, Forces change lost property policy to reduce demand, https://www.policeprofessional.com/news/forces-change-lost-property-policy-to-reduce-demand/ (2021.7.27. 방문).

280) North Yorkshire Police, Lost and found property, https://notlost.com/the-definitive-guide-to-lost-property-laws-in-the-uk/ (2021.7.27. 방문); West Yorkshire Police, Lost and Found Property, 6면, https://www.westyorkshire.police.uk/sites/default/files/lost_and_found_property.pdf (2021.7.27. 방문). 경찰이 수락하는 유실물 리스트에 대해 웨스트 요크셔 경찰청 2019년 '유실물 지침서(Lost and found property)' p. 5에 자세히 명시되어 있다.

281) West Yorkshire Police, Lost and Found Property, p. 7, https://www.westyorkshire.police.uk/sites/default/files/lost_and_found_property.pdf (2021.7.27. 방문).

(7) 실종아동 관련

1) 중앙정부 차원

영국에서 실종아동에 관한 경찰의 역할은 별도의 법률로 규정하고 있지 않다. 다만 여러 경찰지침을 통해 관련 내용을 확인할 수 있다.

영국 치안학교 발령 지침인 '실종아동의 법에 따른 경찰의 역할'[282]에 의하면, 유럽인권협약(ECHR) 또는 1998년 영국 인권법(Human Rights Act 1998)에 따라 경찰은 위험에 처한 개인의 권리보호를 위해 권한 내에서 합리적 조치를 취할 적극적 의무(positive obligation)가 있고, 1984년 PACE법 제17조 제1항 e호에 의하여 경찰은 '생명이나 신체를 구하기 위해' 건물에 들어가 조사할 권한이 있다.

2016년 경찰감사관실(HMIC)[283] 발령 지침(statutory guidance)인 '실종아동에 대한 경찰 대응'[284]에 따르면, 경찰의 권한과 책무는 (i) 학대 및 방임위험에 처한 아동 확인, (ii) 아동범죄 조사, (iii) 아동보호를 위한 기간관 협력 및 정보제공, (iv) 아동보호를 위한 긴급 권한 등이다.

[강제출입조사] 실종자 수색은 해당 시설의 소유자 또는 점유자의 동의하에 이루어져야 하므로, 개인주택의 경우 경찰진입을 거부할 수 있다. 하지만 2018년 영국 정부 발행 '아동보호·복지증진을 위한 기관 간 협력 지침'[285]에 따르면, 경찰진입이 거부당하는 경우 생명 또는 신체를 구하기 위해 또는 재산상의 심각한 피해예방을 위해 건물에 들어가 수색할 수 있으며, 이때 PACE법 제17조 제1항 e호가 적절한 권한이라고 명시하고 있다.[286]

---

282) 2021.8.27. '실종아동 관련 영국 경찰 권한에 대한 법적 규정' 문의에 대해 영국 치안학교로부터 송신한 이메일을 요약한 것이다. 해당 자료는 치안학교(College of Policing) 홈페이지의 Policing Guidance 탭의 Authorised Professional Practice(APP)-Missing persons에 있으나, 현재 홈페이지상 문제로 APP 탭(실종자)의 접근이 불가하다.

283) HMIC(Her Majesty' Inspectorate of Constabulary)는 경찰감사관실로 2017년 HMICFRS(Her Majesty's Inspectorate of Constabulary and Fire and Rescure Services)로 명칭이 변경되었다.

284) HMIC, Missing children: who cares?-The police response to missing and absent children, March 2016, pp. 16-18.

285) HM Government, Working Together to Safeguard Children-A guide to inter-agency working to safeguard and promote the welfare of children, July 2018, p. 66 fn. 55; 같은 내용을 포함한 지방경찰청의 예로는 서섹스 경찰청 실종아동 정책(Sussex Police, Missing Persons Policy(558/2020), 2020)을 볼 수 있다.

286) 이외에도 정부지침에 의한 경찰의 진입권한 근거는 다음과 같다. (i) PACE법 제17조 제1항 b호에 의하여, 기소범죄의 경우 체포를 위해 경찰은 모든 건물에 진입하여 수색할 수 있다. (ii) 보통법에 의하여, 경찰은 치안방해의 예방 및 처리를 위해 건물에 진입할 권한이 있다(PACE법 제17조 제6항에서 유지되고 있음). (iii) 1989년 아동법 제48조에 의하여, 긴급보호가 필요한 아동의 수색을 위해 영장이 청구될 수 있다.

2) 지방정부 차원

[**아동과 실종아동**] 서포크 지방정부 아동보호위원회(Suffolk Safeguarding Children Board)[287]의 실종아동 보호 지침에 의하면, **아동**은 18세 생일이 지나지 않은 자를 의미하고, **실종아동**이란 소재가 파악되지 않고, 상황을 알 수 없거나 범죄의 대상이 되거나 자신 또는 타인에게 해를 끼칠 수 있는 아동을 의미한다.

[**신고접수 및 위험도 분류**] 2019년 더비셔 지방정부 아동보호위원회 프로토콜(규칙)의 실종아동에 대한 '경찰 대응'에 따라 살펴본다.[288]

먼저 신고가 접수되면 **경찰**은 아동을 우선 '실종(missing)'으로 분류하며, 세부사항을 컴퓨터 시스템에 등록하고, 내부적으로 실종자에 대한 첩보나 최근 이력이 있는지 등을 확인한다. 그리고 지방정부에 세부사항을 보안 전자메일로 전송한다.

아동이 '실종 – **명백한 위험 없음**(Missing, No Apparent Risk)'으로 분류되면, 경찰은 세부사항을 기록하고, 아동의 가족, 시설 보호자(carer) 또는 책임있는 지방정부에서 진행 중인 모든 조치에 동의한다. 다만, 해당사건은 새로운 정보와 상황의 변화에 따라 지속적인 검토의 대상이 되며, 어떤 아동도 (발견없이) 24시간 이상 '실종 – 명백한 위험 없음'으로 방치되지 않는다.

아동이 '실종 – **중/고위험**(Missing, Medium/High)'으로 분류되면, 경찰은 아동의 안전한 귀환과 수색에 대한 주도적인 기관(lead agency)이 된다. 협력기관은 경찰을 지원하며 내부적인 모든 업무 요구사항을 충족해야 한다. 경찰은 실종아동의 모든 사건을 수사하며 치안학교의 '실종자 정책'[289]에 따라 대응한다. 경찰은 취해야 할 조치를 결정하며, 해당 사건의 격상 시점을 결정한다.

[**수색**] 2019년 더비셔 지방정부 아동보호위원회 프로토콜(규칙)에 의하여 살펴본다.[290]

아동이 '실종 – **명백한 위험 없음**'으로 분류되면, 실종아동이나 시민에게 위해의 명백한 위험성이 없는 것으로, 실종아동을 찾고 정보를 수집하는 조치는 정보원의 동의하에 이루어지며 위험을 최신으로 재평가한다.

실종아동이 '**중위험**'으로 분류되면, 실종자를 추적하고 신고자를 지원하기 위해 경찰 및 기타 기관은 적극적이며 신중한 대응을 한다. 이때 적극적인 조사와 상황에 따른 수색이

---

287) Suffolk Safeguarding Children Board, Safeguarding Children Who Run Away or Go Missing from Home or Care(Policy, Procedures and Practice Guidance), 2018, p. 5.
288) Derbyshire Safeguarding Children Board, Runaway and Missing from Home or Care(RMFHC) Protocol, May 2019, p. 10.
289) 21년 8월 현재 영국 치안학교의 웹사이트상 문제로 '실종아동 정책'에 접속이 불가하다.
290) Derbyshire Safeguarding Children Board, Runaway and Missing from Home or Care(RMFHC) Protocol, May 2019, p. 10.

필요하다.

실종아동이 **'고위험'**으로 분류되면 경찰자원의 즉각적인 투입이 필요하다. 수사경찰관(investigating officer)이 배치되며, 가능한 경우 고위급 수사관(senior investigating officer) 및 경찰 수색 고문관(Police Search Advisor, PolSA)을 임명한다. 미디어전략도 있어야 하며, 다른 기관과 긴밀한 접촉을 한다. 영국 실종자관리국(UK Missing Persons Bureau)에 사건을 즉시 통보하고, 관련 지방정부의 아동서비스 기관에도 통보한다.

(8) 사행행위 규제법

[**정의**] 영국의 2005년 사행행위규제법(Gambling Act 2005)은 우리와 달리 '도박'과 '사행행위'를 별도 구분하지 않고 'Gambling'이라는 통합된 용어로 포괄하고 있다.[291]

동법 제1조에 의하면 사행행위(gambling)에 대한 면허 목적은 (i) 사행행위가 범죄나 무질서의 원천이 되는 것을 막고, (ii) 사행행위가 공정하고 공개된 방식으로 수행되도록 하며, (iii) 아동 및 사회취약계층이 사행행위에 의해 피해를 입거나 착취당하지 않도록 보호한다라고 명시하고 있다.

동법 제3조에 의하여, 허가의 대상이 되는 사행행위는 세 가지 종류로 구분되는데 게임(gaming), 내기(betting), 복표(lottery)가 해당한다. 동법 제6조에 의하면, 게임이란 상품을 걸고 우연에 의하여 승패를 결정하는 것이다. 동법 제9조에 의하면, '내기'는 경주나 경기 또는 행사 등의 결과 등에 판돈을 걸거나 판돈을 받는 행위이다. 동법 제14조에 의하면, '복표'는 재물을 걸고 참가하여 우연의 승패에 의하여 그 참가한 집단의 일부에게 재물의 일부가 돌아가는 체계이다. 동법 제4조 제1항에 의하면, 온라인 커뮤니케이션(remote communication)을 이용한 온라인 사행행위(remote gambling)도 합법사행산업으로 편입되고 있다. 동조 제2항에 의하면, 온라인 커뮤니케이션이란 다시 인터넷·전화·텔레비전·라디오 또는 이와 유사한 전자 또는 기술장치를 이용하는 것이다.

(**해석론**) 게임(gaming)의 대표적인 예가 카지노업이고, 내기(betting)의 대표적인 예가 경마, 그리고 복표(lottery)의 대표적인 예가 로또이다.[292]

[**영업허가**] 동법 제65조 제1항에 의하면, 사행행위규제위원회(gambling commission)에게 영업허가(operating license) 권한이 있다.

[**시설허가**] 사행사업을 운영하기 위해서는 영업허가(operating license) 이외에 시설허가(premise license)도 받아야 한다. 영업허가는 사행행위규제위원회에서 관리하지만, 시설허가

291) 김학경, 경찰법연구 제11권 2호, 2013, 224면.
292) 김학경, 경찰법연구 제11권 2호, 2013, 224면.

는 허가기관(licensing authority)에서 담당한다.[293]

　동법 제2조에 의하면, 기초자치단체의 지방의회(district council)가 시설허가의 권한을 갖는다. 동법 제154조 및 제155조에 의하면, 이러한 시설허가권은 지방의회 내 허가위원회(licensing committee)에 위임되고 있다.

　책임기관과 이해당사자 모두 신청된 시설허가의 승인여부에 대하여 의견을 개진할 수 있으며 이들의 의견은 허가를 결정함에 있어서 적극 고려되어야 한다. 동법 제157조에 의하면, 책임기관(responsible authorities)에는 허가위원회·사행행위규제위원회·**경찰관서장**(chief officer of police for police area)·지역소방청장·국세관세청의 위원 등이 포함된다. 동법 제158조에 의하면, 이해당사자(interested party)는 지역사회에 들어서는 사행산업으로 인하여 영향을 받게 되는 자, 즉 지역주민 등이 해당한다.

　[**관리감독**] 동법 제117조에 의하면, 사행행위규제위원회는 대다수 불법행위들에 대하여 행정적 규제를 행한다. 동법 제28조(investigation and prosecution of offences)에 의하면, 사행행위규제위원회는 수사권 및 기소권도 행사한다.

　(**해석론**) 사행행위규제위원회는 우리나라와 대조적으로 영국 내 사행산업 관련 인허가 업무를 담당하고 있으며, 합법사행산업에 대한 행정적 관리감독뿐만 아니라 불법사행산업에 대한 행정적·형사법적 권한도 행사하는 등 통합적 규제자(unified regulator)로서의 역할을 수행하고 있다.[294] 사행행위위원회 집행관(enforcement officer)은 불법행위 여부 또는 법령규정, 허가조건 또는 실무지침 준수 여부 등을 확인할 수 있는 사법적 조사권한을 갖고 있으며 범죄가 의심될 경우 영장없이 해당 장소에 출입할 수 있고, 관련자 신문, 법 위반관련 증거물 압수도 가능하다.[295]

　다만 법률 위반행위에 대한 체포권이 없기 때문에 **경찰**이 체포권을 행사할 수 있는 여부를 판단, 정부기관 정보 네트워크(Government Agency Intelligence Network, GAIN)의 일원으로서 **경찰**, 국가범죄수사청과 불법사행산업에 대한 정보제공 및 공동수사를 진행한다. 사행행위위원회는 불법사행산업 근절을 위해 2009년 경찰지휘관협회(Association of Chief Police Officer, ACPO)와 수사에 관한 절차 및 협력사항, 정보교환과정 등에 관한 양해각서를 체결하였다.[296]

　[**경찰의 출입조사**] 동법 제306조 제1항에 의하면, **경찰관**(constable) 또는 집행관(enforcement officer)은 만약 범죄가 사행행위영업의 건물에서 이루어지고 있거나 이루어지려고

---

293) 김학경, 경찰법연구 제11권 2호, 2013, 225면.
294) 김학경, 경찰법연구 제11권 2호, 2013, 218~219면.
295) 이민호 외, 불법사행산업 근절 종합대책방안 마련 연구, 한국행정연구원, 2017, 61면.
296) 이민호 외, 불법사행산업 근절 종합대책방안 마련 연구, 한국행정연구원, 2017, 61면.

한다는 합리적 의심이 있는 경우 영장없이 건물에 출입할 수 있다. 동법 제318조에 의하면, 영장없이 건물에 출입할 수 있는 권한은 주거지에는 적용되지 않으며 치안판사(justice of the peace)로부터 영장을 발부받아야 한다.

동법 제317조 제1항에 의하면, **경찰관**(constable), 집행관 또는 권한있는 자(authorised person)는 사행행위건물에 출입하여(enter), 조사하고(inspect), 신문하고(question), 압수(remove and retain)할 수 있다.

동법 제323조에 의하면, **경찰관**(constable), 집행관 또는 권한있는 자는 건물 진입 목적상 합리적 물리력을 사용할 수 있다.

(9) 풍속영업 관련

풍속영업 업종에 대해서는 2003년 면허법을 통해 규제하고 있다.

[**허가대상영업**] 2003년 면허법(Licensing Act 2003) 제1조에 의하면, 허가가 필요한 업종은 (i) 주류 소매, (ii) 클럽(club)에서 주류공급, (iii) 규제대상 엔터테인먼트(regulated entertainment)[297] 제공, (iv) 조리된 음식 및 음료 제공하는 야간점포(late night refreshment)[298] 등을 말한다.

동법 제2조 제1항에 의하면, 허가영업은 시설허가(a premises licence)를 받거나 일시적인 허가를 받아 수행될 수 있다. 다만 동법 제173조-제175조에 의하면, 항공기, 선박, 호버크라프트(hovercraft), 항구, 철도차량, 군대시설, 국가안보 목적상 시설 등에서의 영업에 대해서는 허가면제가 있다.

[**허가 목적**] 동법 제4조 제2항에 의하면, 허가의 목적은 (i) 범죄와 무질서 예방, (ii) 공공안전, (iii) 공공 소란행위(public nuisance) 방지, (iv) 아동보호 등 4가지이다.

(**해석론**) 공공 소란행위는 타인에게 소란을 끼칠 수 있는 모든 활동으로 확장되는 것이 아니라, 공공의 이익과 균형을 위해 용인될 수 없는 행동을 의미한다.[299]

[**허가권자**] 동법 제3조 제1항에 의하면, **지방의회**(councils of a district, county or borough

---

297) 동법 제1조 및 부칙1 Part 1 Para 2에 의하면, 규제대상 엔터테인먼트는 시설허가, 클럽시설 허가 또는 일시적인 행사허가 등을 필요로 한다. 예로는 연극, 전시회, 영화, 실내스포츠 행사, 권투 또는 레슬링, 라이브 음악이나 댄스 등이다. 허가면제 대상의 예로는 가든 행사(garden fete), 영국 전통춤(Morris dancing), 움직이는 차량안에서 제공되는 엔터테인먼트 등이 있다.

298) Home Office, Revised Guidance issued under section 182 of the Licensing Act 2003, April 2018, p. 16: 동법 제1조 및 부칙2에 의하면, '야간점포'는 밤 11시부터 오전 5시까지 조리된 음식(hot food)이나 음료(drink)를 공급하는 시설로, night cafe, take away food outlets 등이 해당되며, 사람들의 무질서와 소란행위 가능성이 있는 시설을 말한다. shop, store, supermarket 등은 해당하지 않는다.

299) Glenn Hutton, Elliot Gold & Paul Connor, Blackstone's Police Manual 2021-Volume 4(General Police Duties), Oxford University Press, 2020, p. 215.

within England and Wales)가 허가당국(licensing authorities)으로서, (i) 시설허가(premises li-cence), (ii) 인적허가(personal licence), (iii) 클럽시설허가(club premises certificate), (iv) 일시적인 행사허가(temporary event notice)를 발급한다.

> **● 무허가영업의 처벌**
> 동법 제136조 제1항에 의하면, 시설허가, 클럽시설허가, 또는 일시적인 행사허가를 받지 않은 영업은 위법하며, 동조 제4항에 의하면 약식기소로 6개월 이하의 징역형 또는 벌금 또는 병과된다. 동법 제137조 제1항에 의하면, 허가없이 소매를 위해 주류를 비치하는 것은 위법이며, 동조 제3항에 의하면 6개월 이하의 징역 또는 벌금 또는 병과된다. 동법 제138조 제1항에 의하면, 허가없이 주류를 소매로 판매·공급할 의도로 보유하는 것도 위법이며, 동조 제4항에 의하면 level 2(£500) 이하의 벌금형에 처한다.

[**시설허가**] 동법 제11조에 의하면, 시설허가는 차량, 선박 또는 이동가능한 구조물 등을 포함한 모든 시설에서 동법 제1조에 정의된 하나 이상의 영업을 하는 경우를 대상으로 한다.

동법 제53A조 제1항에 의하면, **경찰관서장**(chief officer of police of a police force for a police area)은 (i) 소매로 주류 판매가 허용된 시설로서 (ii) 경정(superintendent) 이상[300]의 경찰관이 해당 시설에 대해 심각한 범죄 또는 무질서를 예방하기 위해 시행한 조치가 효과적이지 않다고 판단하는 경우, 허가당국(licensing authority)에 해당 시설허가의 재검토(review)를 요청할 수 있다.

동법 제57조 제5항에 의하면, **경찰관**(constable) 또는 수임권자는 시설허가증 또는 그 사본 제시를 요구할 수 있으며, 이에 불응하는 경우 동조 제7항 및 제8항에 의하여 약식기소 대상으로 level 2(£500) 이하의 벌금형에 처한다.

[**인적허가**(personal licences] 동법 제111조 제1항에 의하면, 주류 공급은 개인에게 허가를 발급하거나, 시설허가와 병행하여 허가된다.

동법 제135조 제2항에 의하면, **경찰관**(constable) 또는 수임권자는 주류공급자에게 허가증 제시를 요구할 수 있다. 합리적 이유없이 이에 불응하는 경우 동조 제4항 및 제5항에 의하여 약식기소 대상으로 level 2(£500) 이하의 벌금형에 처한다.

(**부연**) 인적허가는 지정된 시설관리자(designated premises supervisor)가 지니고 있어야 하며, 해당 시설에서 1인 이상이 인적허가를 보유할 수 있다. 모든 직원이 인적허가를 보유

---

300) 동법 제53A조 제1항 b호에는 'senior member of that force'로 명시하고 있는데, 동조 제4항에서 'senior member of that force'를 'a member of that force and of or above the rank of superintendent'(경위 이상)로 정의하고 있다.

할 필요는 없지만, 시설허가 하에서 공급되는 모든 술은 인적허가 소지자 또는 그의 권한 하에서 이루어져야 한다.301)

[클럽시설허가(club premises certificate] 회원클럽(member's club)은 시설허가가 아니라 클럽시설허가로 통합운영할 수 있다. 클럽시설허가는 지정된 시설관리자가 필요하지 않으며, 주류 판매도 인적허가 소지자의 통제를 받을 필요가 없다.302)

동법 제94조 제7항에 의하면, 경찰관(constable) 또는 수임권자는 클럽시설허가증 제시를 요구할 수 있다. 합리적 이유 없이 이에 불응하는 경우 동조 제9항 및 제10항에 의하여 약식기소 대상으로 level 2(£500) 이하의 벌금형에 처한다.

동법 제97조 제1항에 의하면, 경찰관(constable)은 1971년 약물오남용법(Misuse of Drugs Act 1971) 제4조 제3항에 따른 규제약물 관련 범죄,303) 또는 향정신성의약품 관리법 (Psychoactive Substances Act 2016) 제5조 제1항 또는 제2항304)에 따른 향정신성의약품 관련 범죄가 있었거나 있는 경우, 또는 기타 위법이 있거나 치안방해가 있을 가능성에 합리적 근거가 있는 경우 클럽시설에 진입하여 수색할 수 있다. 동조 제2항에 의하면, 경찰관 (constable)은 필요한 경우 합리적인 물리력을 사용할 수 있다.

[일시적인 행사허가(temporary event notices] 동법 제100조에 의하면, 일시적인 행사허가는 허가받지 않은 시설에서 영업하고자 하거나, 기존 시설허가 또는 클럽시설허가의 조건을 벗어나 운영하고자 하는 경우에 요구된다. 동조 제5항 b호에 의하면 행사는 비교적 작은 규모로 행사의 최장시간은 168시간 이하여야 하며, d호에 의하면 인원은 500명 미만이어야 한다.

(수정허가) 동법 제104조 제2항에 의하면, 일시적인 행사허가가 범죄예방에 저촉된다고 판단하는 경우 경찰관서장과 지방정부는305) 시설운영자 및 허가당국(licensing authority)에 이견(objection notice)을 통보해야 한다. 동법 제106조 제2항에 의하면, 경찰관서장과 지방정부는 시설운영자 등과의 동의 하에 범죄예방을 위하여 행사허가를 수정할 수 있다.

(경찰관 출입) 동법 제108조 제1항에 의하면, 경찰관(constable) 또는 수임권자는 범죄예방 목적으로 관련 행사가 개최되는 해당 시설에 언제든지 들어갈 수 있다. 동조 제3항에 의

---

301) Glenn Hutton, Elliot Gold & Paul Connor, Blackstone's Police Manual 2021-Volume 4(General Police Duties), Oxford University Press, 2020, p. 216.

302) Glenn Hutton, Elliot Gold & Paul Connor, Blackstone's Police Manual 2021-Volume 4(General Police Duties), Oxford University Press, 2020, p. 216.

303) 규제약물(controlled drug) 공급 또는 공급제안, 또는 공급 또는 공급제안에 관여(supplying or offering to supply, or being concerned in supplying or making an offer to supply, a controlled drug).

304) 향정신성의약품 공급 또는 공급 제안(Supplying, or offering to supply, a psychoactive substance).

305) 동조 제2항에는 관련자(relevant person)로 명시하고 있는데, 동법 99A조에 relevant person을 경찰관서장(chief officer of police for any police area)과 지방정부(local authority)로 정의하고 있다.

하면, 경찰관 또는 수임권자의 권한 행사를 방해하는 것은 위법행위이다.

(**허가확인**) 동법 제109조 제8항에 의하면 경찰관 또는 수임권자가 일시적인 행사허가증 또는 이에 첨부된 조건명세서 제시를 요구한 경우, 이에 불응하면 동조 제9항에 의하여 약식기소 대상으로 level 2(£500) 벌금형에 처한다.

[**영업자 준수사항**] 동법 제140조 제1항과 제2항에 의하면, 허가시설에서 유급 또는 무급 여부와 관계없이 직원이 고의로 '무질서행위/풍기문란행위(disorderly conduct)'를 허용하여서는 아니되며, 위반시 동조 제3항에 의하여 level 3(£1,000) 이하의 벌금형에 처한다.

동법 제141조 제1항에 의하면, 허가시설에서 유급 또는 무급 여부와 관계없이 직원이 알면서도 주취자에게 술을 판매하거나, 판매하려고 하거나, 또는 술판매를 허락하여서는 아니되며, 위반시 동조 제4항에 의하여 level 3(£1,000) 이하의 벌금형에 처한다.

동법 제142조 제1항에 의하면, 허가시설의 직원이 알면서도 시설 내에서 주취자에게 술을 주거나 주려고 하여서도 아니되며, 위반시 동조 제2항에 의하여 level 3(£1,000) 이하의 벌금형에 처한다.

[**이용자 출입제한 및 강제퇴거**] 동법 제143조 제1항에 의하면, 음주자 또는 무질서/풍기문란행위자가 합리적 이유없이 **경찰관**(constable) 또는 해당시설 직원의 요청에도 불구하고 시설을 떠나지 않거나, 출입하지 말라는 요청에도 진입하거나 진입을 시도하는 것은 위법하며, 위반 시 동조 제3항에 의하여 level 1(£200)의 벌금형에 처한다.

동조 제4항에 의하여 **경찰관**은 해당시설 직원이 음주자 또는 무질서/풍기문란행위자를 시설에서 쫓아내거나 진입하지 못하도록 하기 위해 도움을 요청했을 때 응해야 한다. 판례306)에 의하면, 경찰관은 음주자 및 무질서/풍기문란행위자의 진입을 막는 것을 돕기 위해 물리력을 사용할 권한이 있다.

[**영업상태의 확인, 범죄수사, 범죄예방을 위한 출입**] 동법 제179조 제1항에 의하면, **경찰관**(constable) 또는 수임권자(an authorised person)는 해당 시설이 이용되고 있거나 곧 이용되려고 한다고 믿을 만한 이유가 있는 경우, 해당 활동이 허가에 따라 수행되고 있는지 또는 수행될 예정인지 확인하기 위한 목적으로 시설에 들어갈 수 있다. 동조 제3항에 의하면, 경찰관 또는 수임권자는 필요한 경우 합리적인 물리력을 사용할 수 있다. 동조 제4항 및 제5항에 의하면, 의도적으로 경찰관의 권한행사를 방해하는 것은 위법이며, level 3(£1,000)의 벌금형에 처한다.

동법 제180조 제1항에 의하면, **경찰관**(constable)은 동법에 따른 범죄가 있었거나, 행해지

---

306) Glenn Hutton, Elliot Gold & Paul Connor, Blackstone's Police Manual 2021-Volume 4(General Police Duties), Oxford University Press, 2020, p. 218: *Semple v Luton and South Bedfordshire Magistrates' Court*[2009] EWHC 3241 (Admin).

고 있거나, 행해지려 한다고 믿을 만한 이유가 있는 경우 '모든 시설물(any premises)'307)에 들어가 수색할 수 있다. 동조 제2항에 의하면, 권한 행사를 하는 경찰관은 필요한 경우 합리적인 물리력을 사용할 수 있다.

[**위험시설 폐쇄명령**] 2003년 면허법 제160조 제1항에 의하면, 무질서가 예상되는 경우 **치안판사 법원**은 시설허가 또는 일시적인 행사허가가 있는 시설에 대해 24시간 이내의 시설 폐쇄 명령을 내릴 수 있다. 동조 제2항에 의하면, 시설폐쇄명령은 **경정 이상의 경찰관**(police officer)이 신청할 수 있다.

동조 제7항에 의하면, **경찰관**(constable)은 명령서에 따라 시설을 폐쇄하기 위해 필요한 물리력을 사용할 수 있다. 동조 제4항과 제5항에 의하면, 명령이 내려진 경우 해당 시설의 관리자, 시설의 허가소지자, 지정된 시설 관리자 그리고 일시적인 행사의 시설사용자들이 명령된 기간 동안 관련된 시설을 고의로 개방하거나 개방하도록 허용하는 것은 위법이며, 동조 제6항에 따라 level 3(£1,000) 벌금형에 처한다.

[**무허가 시설에 대한 임시폐쇄명령 및 폐쇄명령**] 2001년 형사사법 및 경찰법(Criminal Justice and Police Act 2001) 제19조 제1항과 제2항 및 제3항에 의하면, **경찰관**(constable)308)과 지방정부는 어떤 시설이 그 건물 또는 그 근처에서 무허가 주류 판매를 위해 사용되고 있거나 지난 24시간 이내에 사용되었다고 확신하는 경우, 임시폐쇄명령을 내릴 수 있다.

동법 제20조 제1항에 의하면, 임시폐쇄명령 후 경찰관(constable) 또는 지방정부는 치안판사에게 폐쇄명령을 신청한다. 동조 제2항에 의하면, 명령의 신청은 임시폐쇄명령 후 적어도 7일에서 많아야 6개월 이내여야 한다.

동법 제25조 제1항에 의하면, 폐쇄명령이 법원에 의해 내려진 경우, 경찰관 또는 권한 있는 자는 필요한 경우 합리적인 물리력을 사용하여 명령에 따라 필요한 조치를 취하기 위해 합리적인 시간에 해당시설에 들어갈 수 있다. 동조 제3항 a호와 b호에 의하면, 의도적으로 경찰관의 법집행을 막는 경우 약식범죄로 1개월 이하의 징역형 또는 level 5(£5,000) 이하의 벌금형 또는 병과된다. 동조 제4항에 의하면, 명령에 반하여 해당 시설을 운영하는 것은 위법으로 3개월 이하의 징역형 또는 벌금 또는 병과된다.

---

307) 2003년 면허법 제193조에 의하면, 'any premises'란 허가가 있건 없건 차량, 선박, 또는 움직일 수 있는 구조물을 의미한다.
308) Glenn Hutton, Elliot Gold & Paul Connor, Blackstone's Police Manual 2021-Volume 4(General Police Duties), Oxford University Press, 2020, p. 217: 위의 동법 제19조의 권한은 계급에 상관없이 모든 경찰관이 갖는다.

2. 타부처 소관 법령

(1) 정신질환자 관련

1983년 정신건강법(Mental Health Act 1983)[309]이 정신질환자의 돌봄과 처우에 대한 규율을 명시하고 있다. 동법 제139조에 의하면, 경찰 및 사회복지사는 이 법에 의한 업무수행에서 형사 및 민사소송의 제기로부터 보호받을 수 있다.

[**보호조치**] 1983년 정신보건법(Mental Health Act 1983) 제136조 제1항-제1C항에 의하여, **경찰관**(constable)은 대중이 접근하는 장소에서 정신질환을 겪고 있으며 즉각적인 돌봄이나 통제가 필요한 사람으로 보이는 자를 발견하면, 해당자의 이익 또는 다른 사람의 보호를 위해 필요하다고 생각하는 경우 전문인과 협의하여 해당자를 안전한 장소로 보낼수 있다. 동조 제2항과 제2A항에 의하여, 안전한 장소로 보내진 자는 i) 등록된 의료진의 조사를 위해, ii) 인가된 사회복지사의 면담을 위해, iii) 필요한 처우와 돌봄을 위해 24시간을 초과하지 않는 시간 동안 구금될 수 있다.

동법 제135조 제6항에 의하면, 안전한 장소(place of safety)란 지방정부가 제공하는 거주용 숙소(residential accommodation), 병원, **경찰서**(police station), 정신질환자를 위한 병원 또는 요양원, 환자를 수용할 수 있는 기타 적절한 장소 등을 의미한다. 동법 제136A조 제1항과 제5항에 의하면, 18세 미만자는 안전장소로서 경찰서에 이송할 수 없다.

[**강제출입**] 동법 제136조 제1B항에 의하면, 경찰관은 제1항의 보호조치를 위한 권한행사의 목적으로 필요한 경우 강제로 어떠한 곳이라도 진입할 수 있다.

[**경찰관서 보호조치**] 성인인 정신질환자를 안전장소로서 경찰서에 보호하는 기준은 2017년 정신건강법상 안전장소에 관한 시행규칙 2017(Mental Health Act 1983 (Places of Safety) Regulations 2017) 제2조 제1항 a호에서 명시한다; (i) 자타해의 급박한 위험이 있는 경우, (ii) 그 결과 경찰서 이외 다른 장소는 해당자를 합리적으로 구금할 것으로 기대되지 않는 경우, (iii) 해당자가 경찰서에 구금되어 있는 동안 정신건강전문가의 검진을 받을 수 있는 경우 등이 만족하는 경우에만 경찰서에서 보호된다. 동 규정 제2조 제1항 b호에 의하면, 경찰 보호조치는 **경위**(inspector) **이상의 경찰관**이 승인해야 한다. 동 규정 제2조 제2항에 의하여, 경찰 보호조치시 경찰관은 가능한 한 (a) 의료인, (b) 간호사, (c) 정신건강전문가, (d) 기타 동 규정 제8조 제1항에 따른 물리치료사나 응급구조사 등과 반드시 협의해야 한다.

---

309) 2017년 경찰활동 및 범죄법(Policing and Crime Act 2017)에 의해 2007년 정신건강법(Mental Health Act 2007)으로 개정되었다.

(해석론) 1983년 정신건강법 제137조 제1항에 의하면, 동법에 의하여 안전한 장소로 이송되거나 보호조치되는 사람은 법적 보호(legal custody)로 간주된다. 안전한 장소가 경찰서인 경우에도 PACE법 제118조의 경찰 구금(police detention)에는 해당하지 않는다.[310]

[보호조치 영장의 집행] 1983년 정신건강법 제135조 제1항에 의하면, 정신질환을 앓고 있다고 여겨지는 사람이 학대받고, 방치되거나 또는 적절한 통제를 받지 않은 채로 있거나, 스스로 돌보지 못하거나, 혼자 생활하고 있다고 믿을 만한 합리적인 이유가 있는 경우, **치안판사**가 영장을 발부할 수 있다. 집행을 수임한 **경찰관**(constable)은 필요시 물리력을 사용해 명시된 장소에 진입하여 정신질환자를 안전장소로 이송한다. 동조 제4항에 의하여, 영장을 실행하는 경찰관은 등록된 의료전문가 또는 동법에 의해 환자를 이송할 권한있는 사람과 동행해야 한다.

[경찰보호시 전문가평가] 2017년 정신건강법상 안전장소에 관한 시행규칙 제4조-제7조에 의하면, 1983년 정신건강법 제135조 또는 제136조에 의해 경찰에 보호조치된 자는 가능한 한 빨리 승인된 **정신건강전문가 및 의료전문가**에 의하여 평가되어야 한다. 의료전문가가 검진 후 정신건강법상 의미에 있는 정신질환이 아니라고 결론을 내리면 즉시 구금에서 풀려나야 한다.[311]

[피보호자의 수색] 1983년 정신보건법 제136C조에 의하면, **경찰관**(constable)은 이 법으로 보호조치된 자가 자타해의 위험이 있고 신체적 상해를 일으키는데 사용되는 물건을 숨기고 있다고 합리적으로 믿는 경우, 필요한 범위에서 피보호자를 수색할 수 있다. 피보호자의 겉옷, 재킷 또는 장갑 이외의 의복을 벗도록 요구하는 것은 승인되지 않는다. 단, 구강(mouth)의 수색은 승인된다.

[정신병원 지원시 경찰의 바디캠 착용의무] 2018년 정신병원 물리력사용법(Mental Health Units[312] (Use of Force) Act 2018) 제12조에 의하면, **경찰공무원**(police officer)은 예외적인 특수한 경우 외에는 정신병원 지원업무시 항상 바디캠을 작동한 채로 착용하여야 한다. 경찰관이 이러한 요건을 준수하지 않는다고 해서 형사소송이나 민사소송의 대상이 되지는 않는다.

---

310) Glenn Hutton, Elliot Gold & Paul Connor, Blackstone's Police Manual 2021-Volume 4(General Police Duties), Oxford University Press, 2020, p. 207.

311) David Johnston & Glenn Hutton, Blackstone's Police Manual 2021-Volume 2(Evidence and Procedure), Oxford University Press, 2020, p. 100(구금된 자의 처우에 대한 좀 더 자세한 절차와 설명은 동 단행본 para. 2.7.7(pp. 96-108) 참조).

312) 동법 제1조 제3항에 의하면, 'Mental health unit'은 정신병원(health service hospital)으로 입원환자의 정신건강 돌봄 또는 처우를 제공하는 병원을 의미한다.

(2) 노숙인 관련

영국의 주요 노숙인 법률은 '1996년 주택법(Housing Act 1996)'으로, 노숙인을 지원하는 관련 규정을 마련하여 주거지원을 통한 노숙자 대책을 제도화하였다. 동법 Part 7(Homelessness)에서, 노숙인을 예방하고 실제로 '노숙인'이거나 '노숙인이 될 사람들(threathened with home-lessness)'313)을 지원하는 조치에 대한 법적 토대를 제공하고 있으며, 이를 지역주택당국(local housing authority)의 의무로 부과하고 있다.314)

[**차별적 정의**] 1996년 주택법 제175조에 의하면, '노숙인(homelessness)'이란 가족과 함께 사는 것이 기대되는 '합리적인(reasonable)'인 숙소가 없는 사람까지 포괄하고 있다. 이는 미국 등 다른 나라에서 노숙인을 길거리나 야간 대피소에서 자는 사람들만을 대상으로 하는 것에 비해 광범위한 정의이다. 노숙자에 대한 영국의 또 다른 특징점은, 동법 제175조 제4항과 제5항에 의하여, '현재의 노숙인(homeless today)'만이 아니라 '향후 56일315) 이내에 노숙인이 될 가능성이 있는 사람(threatened with homelessness)'도 노숙인에 포함된다.

[**동의에 의한 이송**] 1996년 주택법 제213B조에 의하면, '2018년 노숙인(심리절차 등) 규정(Homelessness (Review Procedure etc.) Regulations 2018)'에 명시된 공공기관(public authorities)은 노숙인이거나 56일 이내 노숙인이 될 것으로 판단되는 사람들을 지역의 주택당국(housing authority)에게 통지할 의무가 있다.

2018년 주택부의 지방정부를 위한 노숙인 지침(Homelessness Code of Guidance for Local Authorities)316)에 의하면, 공공기관은 주택당국에 이송하기(making a referral) 전에 (i) 이송에 대해 해당개인에게 동의를 구해야 하며, (ii) 어떤 주택당국에게 통지하기를 원하는지 해당자에게 선택하도록 하며, (iii) 주택당국이 이송에 관해 해당 개인에게 연락할 수 있도록 해당 개인의 연락처 세부사항을 제공하는 것에 대한 동의를 구해야 한다.

(**해석론**) 2018년 노숙인 규정의 부칙에 이송의무가 있는 공공기관(Specified public authorities)이 명시되어 있으나, 경찰은 명시되어 있지 않다.

---

313) 1996년 주택법 제175조뿐만 아니라 2017년 노숙인 감소법(Homelessness reduction Act 2017) 제1조에도 '노숙인이 될 가능성이 있는 사람(threatened with homelessness)'이 정의되어 있다.

314) Ministry of Housing, Communities & Local Government, Homelessness Code of Guidance for Local Authorities, 2018, p. 6.

315) 기존 1977년 주택(노숙인)법(Housing(Homeless Persons) Act 1977) 제1조 제3항에서는 28일이었다. 2017년 노숙인 감소법(Homelessness Reduction Act 2017) 제1조에 의해 1996년 주택법 제175조의 노숙인 및 노숙인이 될 가능성이 있는 사람이 개정되었다. 개정내용은 제175조 제4항에서 28일을 56일로 바꾸며, 제5항을 추가하였다.

316) Ministry of Housing, Communities & Local Government, Homelessness Code of Guidance for Local Authorities, February 2018, p. 35.

2021년 개정된 내무부의 '반사회적 행위에 대한 일선 경찰을 위한 법적 지침(Anti-social behaviour powers, Statutory guidance for frontline professionals)'에 의하면, '2014년 반사회적 행동, 범죄 및 경찰활동법' 제60조에 의한 지방정부의 '공공장소 보호명령(Public Space Protection Orders, PSPO)'[317])을 노숙인이나 거리에서 잠을 자는 사람을 목표로 사용해서는 안 된다는 점을 분명히 한다. 또한, 시의회(councils)가 노숙인에 대한 시민들의 민원을 받을 수 있지만, 노숙 자체가 지역사회의 삶의 질에 비합리적으로 해로운 영향을 미치지 않으므로 '공공장소 보호명령'을 사용하여 노숙인들을 제한하는 것은 정당하지 않다고 하였다. 지방 정부가 보호명령의 발령보다는 반사회적 행위의 근본 원인을 해결하는 조치들(예, 공중화장 실)에 초점을 맞출 것을 권장하고 있다.[318]) 특히 '2014년 반사회적 행동, 범죄 및 경찰활동 법' 제72조 제3항과 제4항에 의하여, 지방정부는 '공공장소 보호명령'을 발령하기 전에 반드 시 **경찰관서장**(chief officer of police)과 협의를 해야 한다.

[**형사법적 조치**] 1824년 부랑자법(Vagrancy Act 1824) 제4조에 의하면, 노숙(rough sleep-ing)은 형사범죄이며, 해외를 배회하고, 헛간이나 변소, 사람이 없는 건물, 야외, 텐트 아래, 포장마차나 마차에서 숙박하며, 자신을 돌보지 않는 것으로 정의된다. 동법 제3조에 의하 면, 구걸(begging) 또한 형사범죄이다.[319])

(**해석론**) 2014년 3명의 노숙인이 1824년 법에 따라 기소되려 하였으나, 이 사건은 많은 비판을 받았고 검찰은 기소하지 않기로 결정했다. 이렇게 1824년 부랑자법 제4조에 의한 기 소와 유죄판결수는 최근에 감소하였다. 2019년에 동법에 의한 183건의 기소와 140건의 유 죄판결 중, 노숙으로 인한 유죄판결은 4건이었다. 노숙자단체는 동법이 정식적인 경고 또는 체포 없이 개인을 이동시키거나 행동에 이의를 제기하는데 사용된다고 주장한다.[320])

1824년 부랑자법은 현재 폐지가 논의중이다. 2018년 5월에 부랑자법 폐지에 대한 온라 인 국민청원이 있었으며, 2019-21년 부랑자(폐지)법안(Vagrancy(Repeal) Bill 2019-21)이 2020 년 3월 하원에서 첫 심리(First Reading)가 이루어졌다. 2차 심리(Second Reading)는 아직 정해

---

317) 동법 제59조에 의하여 '공공장소 보호명령'은 지방정부(local authority)가 발령한다.

318) Hannah Cromarty, Georgina Sturge & Joe Ryan, "Rough Sleepers: Engorcement Powers(England)", House of Commons Library(Briefing Paper), 9 April 2021, p. 5; Home Office, Anti-social Behaviour, Crime and Policing Act 2014: Anti-social behaviour powers(Statutory guidance for frontline pro-fessionals), Revised in January 2021, p. 65.

319) Hannah Cromarty, Georgina Sturge & Joe Ryan, Rough Sleepers: Engorcement Powers(England), House of Commons Library(Briefing Paper), 9 April 2021, p. 2: 최대 형량은 벌금형으로 level 3 (£1,000)이다. 2019년에 구걸로 인한 기소는 926건이며, 유죄판결은 742건이다. 2014년은 기소가 2,219건이고, 유죄판결이 1,727건으로 정점을 찍은 이후 매년 기소 건수가 줄고 있다.

320) Hannah Cromarty, Georgina Sturge & Joe Ryan, Rough Sleepers: Engorcement Powers(England), House of Commons Library(Briefing Paper), 9 April 2021, pp. 1-2.

지지 않았다. 정부는 어느 누구도 살 곳이 없다는 이유로 형사처벌을 받아서는 안된다며, 1824년 부랑자법을 보유, 폐지, 대체 또는 수정할지 모든 선택지를 검토하고 있다고 하였다.[321]

(3) 감염병 예방 관련

[**감염병의심자 검사를 위한 이동명령과 강제이송**] 2020년 코로나바이러스법(Coronavirus Act 2020) 제51조와 부칙 21 제7조에 의하면, **경찰관**(constable)은 감염의심자를 검역 및 검사를 위해 특정장소로의 이동을 명령하거나 이송시킬 수 있다.

[**감염병의심자의 격리**] 동법 부칙 21 제13조에 의하면, **경찰**은 잠재적 감염자를 24시간을 초과하지 않는 기간 동안 격리할 수 있으며, 공중보건담당자가 질병 진단과 관련된 권한을 기간 내에 행사할 수 없어 경찰 또는 출입국 담당자가 격리 기간을 연장할 필요가 있다고 판단하는 경우, 경찰은 24시간, 출입국담당자는 9시간을 더 연장할 수 있다.[322]

(4) 위치정보수집 관련

영국에서는 우리나라와 달리 위치정보를 독립적으로 규율하는 입법례는 없으며 위치정보(location data)를 개인정보의 범주, 즉 2018년 정보보호법에서 다루고 있다.[323]

영국의 개인정보보호 관련 사항은 '2016년 EU 일반개인정보 보호규정(General Data Protection Regulation (EU) 2016/679, 일명 GDPR)'[324]과 영국의 '2018년 정보보호법(Data Protection Act 2018)'[325]에 의해 규율되고 있다.[326]

[**개인정보의 정의**] 2018년 정보보호법 제3조 제2항에 의하면, 개인정보(personal data)란 식별되거나 식별가능한 자연인 관련 모든 정보이다. 동조 제3항에 의하면, 식별가능한 자연

---

321) Hannah Cromarty, Georgina Sturge & Joe Ryan, Rough Sleepers: Engorcement Powers(England), House of Commons Library(Briefing Paper), 9 April 2021, p. 7.

322) 이동준, 최신외국법제정보 2020년 2호, 2020, 69-71면; 김은진, 영국의 코로나바이러스감염증 관련 법령 및 시사점, 국회입법조사처, 2020, 5-6면.

323) 전응준, 정보법학 제18권 1호, 2014, 205면.

324) https://www.legislation.gov.uk/eur/2016/679/contents

325) 개인정보보호위원회 개인정보보호 국제협력센터, 국가정보-영국, https://www.privacy.go.kr/pic/nation_england.do (2021.7.1. 방문): 최근 정보보호법의 근간인 EU 개인정보보호 지침(Data Protection Directive 95)이 폐지되고, 2018년 5월 25일부터 이를 대체하는 '2016년 EU 일반개인정보 보호규정(General Data Protection Regulation (EU) 2016/679, GDPR)'이 시행됨에 따라, 영국은 이에 발맞춰 GDPR을 수용하고 자국에 맞게 보완한 '2018년 정보보호법(Data Protection Act 2018)'을 제정·시행하고 있다; CPS, Data Protection Act 2018, Criminal Offences, https://www.cps.gov.uk/legal-guidance/data-protection-act-2018-criminal-offences (2021.7.6. 방문).

326) 한국인터넷진흥원, 브렉시트에 따른 영국-EU 간 GDPR 이슈 검토, 2020, 2면.

인(identifiable living individual)이란 (i) 이름, 식별번호, **위치정보**(location data), 또는 온라인 식별자 등을 통해 직·간접으로 식별할 수 있는 사람이나, (ii) 해당 자연인의 신체적, 생리학적, 유전적, 정신적, 경제적, 문화적 또는 사회적 정체성을 나타내는 하나 이상의 특정 요소 등의 식별자를 통해 직·간접으로 식별할 수 있는 사람이다.

(**해석론**) 영국의 2018년 정보보호법은 정보관리자(data controller)가 보유하고 있거나 보유할 것 같은 데이터를 기준으로 개인에 대한 식별가능성을 판단하고 있다.327)

[**위치정보의 정의**] EU 2003년 프라이버시와 전기통신에 관한 지침(Privacy and Electronic Communications (EC Directive) Regulations 2003) 제2조에 의하면, 위치정보(location data)란 "전자통신서비스 사용자의 단말장치(terminal equipment of a user)의 지리적 위치를 나타내는 전자통신망에서 처리되는 정보"이다.

[**경찰의 개인정보수집**] 2018년 정보보호법 제31조에 의하면, 법집행기관의 개인정보수집 목적은 대중의 안전에 대한 위협을 예방·보호하며, 또한 형사범죄의 예방·조사·탐지, 기소 또는 형사처벌의 집행을 위함이다. 동법 부칙 7에 의하면, **경찰관서장**(Chief officers of police)이 관련 권한기관(competent authority)으로 명시되어 있다.

2018년 정보보호법 제35조 제1항과 제2항에 의하면, 법집행 목적을 위한 개인정보처리는 법에 근거하고 (i) 정보주체가 해당목적을 위한 처리에 동의했거나, (ii) 권한있는 기관(competent authority)이 해당 목적을 위해 수행하는 작업에 필요한 경우에만 합법적이다.

[**타 기관에 의한 개인정보의 경찰제공**] 2018년 정보보호법에는 정보주체(data subject)의 동의없이, 그리고 원래 수집된 목적에 관계없이 경찰(police) 및 기타 법집행기관에 개인정보가 제공될 수 있는 면제(exemption)조항이 포함되어 있다.328)

동법 제110조 제1항에 의하여, 국가안보를 위하여 개인정보가 필요한 경우, 동법 제15조 제1항에 의하여(Schedule 2 Part 1 para 2에 자세히 명시되어 있음), 범죄의 예방·탐지, 범죄자 체포·기소, 세금 또는 조세의 평가·징수 등에 필요한 경우, 외부기관은 경찰 요청시 개인의 동의없이 개인정보를 제공해야 한다.

ACPO 지침에 따르면, 개인정보공개 요청 승인자는 경위 이상이어야 한다.329)

---

327) 전응준, 정보법학 제18권 1호, 2014, 217면; Burges Salmon, 21 November 2016, https://enterprise. gov.ie/en/Data-Protection/ (2021.7.5. 방문).

328) SOAS University of London, Police Disclosure Guidelines, https://www.soas.ac.uk/infocomp/dpa/in formation-sharing/rootinfocomp/dpa/police/ (2021.7.5. 방문); bristol.gov.uk, Police and other agencies request for personal information, https://www.bristol.gov.uk/data-protection-foi/police-and-other-agencies-request-for-personal-information (2021.7.5. 방문); ico(Information Commissioner's Office)., Exemptions, https://ico.org.uk/for-organisations/guide-to-data-protection/guide-to-the-general-data-protection-regulation-gdpr/exemptions/ (2021.7.5. 방문).

329) Data Protection Act 2018-Personal Data Request DPA Sch2(2) Form, https://www.newcastle-staffs.

(5) 청소년보호 관련

1933년 아동 및 청소년법(Child and Young Persons Act 1933) 제107조 제1항에 의하면, 아동(child)이란 14세 미만을 의미하며, 청소년(young persons)은 14세에서 18세 미만을 의미한다.

[무단결석·제적자의 보호] 1998년 범죄 및 무질서법 제16조 제3항에 의하면, **경찰관**(constable)은 합리적 판단에 의하여 의무학령기이며 합법적 허가없이 학교에 결석한 것으로 보이는 아동이나 청소년을 특정시간에 공공장소에서 발견 시, 해당 아동이나 청소년을 지방정부가 지정한 장소330) 또는 학교로 이송할 수 있다.

동조 3ZA호에 의하면, 특정기간 및 학교운영 시간동안 공공장소에서 아동이나 청소년이 (i) 의무취학 연령이고, (ii) 징계사유로 해당학교에서 일정기간 또는 영구적으로 제적된 경우, (iii) 해당학교에서 제적된 상태에 있는 경우, (iv) 이후 다른 학교 학생으로 입학하지 않았으며, (v) 공공장소에 있는 것이 합리적인 정당성이 없는 경우 등에 대한 합리적인 이유가 있는 경우, **경찰관**(constable)은 해당 아동이나 청소년을 지방정부가 지정한 장소로 이송할 수 있다.

[고용·활동 제한위반 조사목적의 강제출입] 1933년 아동 및 청소년법 제28조 제1항에 의하면, 지방정부 담당관 또는 **경찰관**(constable)은 치안판사의 명령에 따라 아동이나 청소년이 동법 Part II(고용제한)에 반하여 고용되었거나, 공연에 참여하거나, 교육받고 있거나, 스포츠 또는 모델 활동 등에 참여하는 경우 명령서 발급 48시간 내에서 위반 장소에 들어가 조사할 수 있다.

동조 제2항에 의하면, 지방정부 업무담당자 또는 **경찰관**(constable)은 방송국(broadcasting studio), 영화스튜디오 등에 참여 중인 아동의 활동이 법에 위반되는지 또는 허가에 따른 활동을 하는지 조사하기 위하여 들어갈 수 있다.

---

gov.uk/sites/default/files/IMCE/Advice/212%20Information%20Request.pdf (2021.7.8. 방문); SOASU nive rsity of London, Police Disclosure Guidelines, https://www.soas.ac.uk/infocomp/dpa/information−sharing/ rootinfocomp/dpa/police/ (2021.7.5. 방문): ACPO 지침에 따르면 경찰은 개인정보 요청에 대한 표준 양식이 있다. 일명 "212"양식이라고 한다. 2018년 정보보호법 Schedule 2 Part 1 Paragraph 2(GDPR의 면제 등)에서 숫자 212를 따서 이름 붙였다. 동 양식에 의하면 승인권자는 경위 이상으로 명시되어 있 다; City of Bradford Metropolitan District Council, "Requests for disclosure of personal data from the Police and other agencies, https://www.bradford.gov.uk/open−data/data−protection/requests−for- disclosure-of-personal-data-from-the-police-and-other-agencies/ (2021.7.21. 방문): 경찰의 경우, 개인정보 요청시 승인권자는 경위 이상이어야 한다(For the Police, the Authorising Officer must be ranked Police Inspector or higher).
330) 동조 제1항에 의하여, 지정된 장소(designated premises)란 지방정부가 지정하는 시설을 의미한다.

동조 제3항에 의하면, 지방정부 담당관 또는 경찰관(constable)의 적법한 권한행사를 방해하거나, 대답을 거부하거나 거짓으로 답변하는 경우 level 2 이하(£500)의 벌금형에 처한다.

[**아동 동반 주취행위 처벌**] 1902년 면허법(Licensing Act 1902) 제2조 제1항에 의하면, 7세 미만으로 보이는 아동을 데리고 있는 동안 공공도로, 공공장소 또는 허가된 시설에서 술에 취한 경우, 약식기소로 level 2(£500) 이하의 벌금형 또는 1개월 이하의 징역형에 처한다.

(**판례**)[331] 위의 제재는 특정 목적, 즉 어린아이들의 안전을 위해 사용된다.[332]

[**아동 소지 주류의 몰수와 체포**] 1997년 (아동) 주류 몰수법(Confiscation of Alcohol (Young Persons) Act 1997 제1조 제1항에 의하면, **경찰관**(constable)은 '관련 장소(relevant place)'에서 18세 미만이 술을 소지하고 있다고 합리적으로 의심하는 경우 술을 양도하라고 요구할 수 있다.

동조 제1AA항에 의하면, 제1항에 따라 술 양도를 요구한 **경찰관**은 해당자의 이름과 주소를 요구해야 한다. 동조 제1AB항에 따르면, 경찰관은 제1항에 따라 16세 미만이라고 합리적으로 의심하는 경우 해당자의 거주지 또는 '안전한 장소(place of safety)'로 이송할 수 있다.

동조 제5항에 의하면, 경찰관의 요구에 응하지 않는 경우 **경찰관**은 영장없이 체포할 수 있다. 동조 제6항에 의하면, 제1항에서 '관련 장소'란 허가된 건물 이외의 모든 공공장소 또는 공공장소가 아닌 개인이 불법적으로 접근할 수 있는 장소 등을 의미한다.

(**해석론**) 위의 제1AB항에서 '안전한 장소'가 법 조항에 명확히 명시되지 않았지만, 친척 또는 친구 집, 또는 필요한 경우 경찰서 또는 사회서비스 기관 숙소가 될 수 있다. 이때 경찰관이 제복을 입을 필요는 없다.[333]

동조 제3항에 의하여, 합리적 이유없이 경찰관의 요구에 응하지 않는 경우 level 2 (£500)의 벌금형에 처한다.

[**지속적으로 아동에게 주류를 판매하는 경우 임시폐쇄명령**] 2003년 면허법 제145조에서 153조는 16세 미만 아동의 술판매 시설 출입금지, 술 판매 금지, 아동을 대신하여 술 구매 금지 등에 관해 규정하고 있다. 이에 위반시 약식범죄로 벌금형에 처한다.[334]

2003년 면허법 제169A조 제1항에 의하면, **경정 이상의 경찰관**(police officer of the rank of

---

331) *R (On the Application of A) v Lowestoft Magistrates' Court*[2013] EWHC 659(Admin).

332) Glenn Hutton, Elliot Gold & Paul Connor, Blackstone's Police Manual 2021-Volume 4(General Police Duties), Oxford University Press, 2020, p. 221.

333) Glenn Hutton, Elliot Gold & Paul Connor, Blackstone's Police Manual 2021-Volume 4(General Police Duties), Oxford University Press, 2020, p. 222.

334) 동법 제145조 제9항, 제146조 제7항, 제147조 제5항, 제147A조 제8항, 제149조 제7항, 제150조 제5항, 제151조 제7항, 제152조 제5항, 제153조 제3항.

superintendent or above) 또는 '1985년 무게 및 측정법'에 따른 담당자(inspector of weights and measures appointed under section 72(1) of the Weights and Measures Act 1985)[335]는 문제의 시설에서 지속적으로 아동에게 술을 판매한다는 증거가 있고, 위반자가 해당 범죄로 기소될 가능성이 있는 증거가 있는 경우 임시폐쇄명령을 발행할 수 있다.

5절   개별 위험방지법 Ⅱ(형사법내 위험방지법)

1. 가정폭력 관련

현재 영국의 가정폭력 관련법률 및 긴급임시조치와 임시조치에 관한 내무부 지침에는 가정폭력(domestic violence)에 관한 정의가 없으며, 가정폭력을 문자 그대로 가정 내에서 일어나는 폭력행위로 광범위하게 적용하고 있다. 따라서 실무상 가정 내 아동학대도 가정폭력 하위범주로 포함되어 처리되고 있다.[336] 또 영국은 데이트 중 발생하는 강력범죄 역시 가정내 폭력(domestic violence) 범주로 다루고 있다.[337]

다만 2020년 7월 6일 영국 하원을 통과한 새로운 가정폭력법(안)은 가정폭력을 처음으로 법적으로 정의하고 있는데, 가정폭력은 신체적 폭력에만 국한되지 않고, 강압적 통제를 포함한 정서적 폭력 및 경제적 통제도 포함한다. 또한 동 법안에 의하면 지자체와 사법기관, 정부에 가정폭력 피해자에 대한 지원을 감독하는 '가정폭력 전담위원(domestic abuse commissiorner)'직을 신설할 예정이며, 새로운 가정폭력 보호통지 및 가정폭력 보호명령(domestic abuse protection notice and order)을 도입하여 구체적인 피해자 보호방안을 마련할 예정이다.[338]

---

335) 동조 제11항에 명시되어 있음.
336) College of Policing, Major investigation and public protection-Using domestic violence protection orders to make victims safer, https://www.app.college.police.uk/app-content/major-investigation-and-public-protection/domestic-abuse/arrest-and-other-positive-approaches/domestic-violence-protection-notices-and-domestic-violence-protection-orders/ (2021.4.6. 방문).
337) 조의행, 최신외국법제정보, 2016, 24면.
338) 김태열 외, 여성대상 폭력에 대한 경찰대응의 주요이슈 분석-가정폭력 및 디지털 성폭력을 중심으로, 감사원 감사연구원, 2020, 35-36면; GOV.UK, New laws to protect victims added to Domestic Abuse Bill, 2021.

(1) 민법적 위험방지

1996년 가족법(the Family Law Act 1996) 제4편은 제30조-제63조에서 가정폭력에 대한 민사적 규율을 내용으로 한다.

[**폭력행위 금지명령**] 1996년 가족법 제42조에 의하면, **민사법원**은 신청 혹은 가사소송 중 직권으로 가족관계에 있는 자로부터의 폭력행위를 금지하는 명령(non-molesting order)을 발할 수 있다. 동법 제47조에 의하면, 법원은 제42조에 의한 금지명령을 내릴 때 신청자나 관련 아동이 적절히 보호되기 어렵다고 판단하는 경우 체포권을 부착시킬 수 있다. 동법 제 42A조에 의하면, 제42조의 금지명령에 위반하는 경우 5년 이하의 징역형이나 벌금 혹은 양자를 병과하는 형사처벌 대상이 된다.

1996년 가족법 제42A조는 2004년 가정폭력, 범죄, 피해자법(Domestic Violence, Crime and Victims Act, 2004)에 의하여 신설되었는데, 이로써 금지명령 위반이 더 이상 민사적으로만 취급되지 않고 범죄행위로 규정되었다. 또 2004년 가정폭력, 범죄, 피해자법 제5조에 의하면, 16세 이상의 모든 가정구성원들은 아동이나 취약한 성인이 사망한 사안에 대하여 범죄로서 일정 책임이 있는 것으로 간주한다.[339]

(2) 행정법적 위험방지

영국 경찰에게는 가정폭력의 경우 피해자의 생명·신체·재산 등을 보호하기 위한 적극적 조치(positive action) 의무가 주어진다.[340] 적극적 조치는 초동대응, 수사과정, 그리고 피해자보호까지 경찰대응의 모든 단계에서 이루어져야 한다.[341] 경찰의 가정폭력 대응절차는 강제출입, 긴급임시조치(Domestic Violence Protection Notices: DVPN), 임시조치(Domestic Violence Protection Order: DVPO) 등 세 단계로 구분된다.[342]

---

339) 박형관, 성폭력, 가정폭력, 아동학대 사건 관련 각국의 법제 및 양형에 관한 비교법적 고찰-국내 양형 등에 관한 개선 연구, 가천대학교 산학협력단, 2015, 104면.

340) HMIC, Everyone's business: Improving the police response to domestic abuse, 2014, p. 74; 김학경, 형사정책연구 제29권 1호, 2018, 53면.

341) College of Policing, Major investigation and public protection, Arrest and other positive approaches, Last modified 11 December 2018, https://www.app.college.police.uk/app−content/major−investigation−and−public−protection/domestic−abuse/arrest−and−other−positive−approaches/#arresting−the−right−person (2020.4.23. 방문); College of Policing, Major investigation and public protection,Leadership, strategic oversight and management, Last modified 16 November 2015, https://www.app.college.police.uk/app−content/major−investigation−and−public−protection/domestic−abuse/leadership−strategic−oversight−and−management/#duty−of−positive−action (2020.4.23. 방문).

342) 김학경, 형사정책연구 제29권 1호, 2018, 52면.

[**강제출입**] PACE법 제17조 제1항 e호에 의하면, **경찰관**(constable)은 생명·신체의 구조나 중대한 재산상 손해를 방지하기 위하여, 어떤 건물에라도 출입하고 수색할 수 있다. 동조 제2항 a호에 의하면, 경찰관은 그가 찾고 있는 사람이 해당 건물에 있다고 믿을 만한 합리적인 근거가 있는 경우에도 출입 및 수색할 수 있다.

(**해석론**) 가정폭력 발생 시 강제출입을 위해 가장 많이 활용되는 법적 근거이다.[343]

[**긴급임시조치**(DVPN)] 2010년 범죄와 안전법(Crime and Security Act 2010) 제24조 제1항과 제2항에 의하면, **경정 이상 경찰공무원**(a member of a police force not below the rank of super-intendent)은 18세 이상자가 다른 가족구성원에게 폭력을 행사해왔거나 폭행하겠다는 협박을 해왔을 때 피해자 보호를 위해 필요하다고 판단하는 경우, DVPN을 긴급발령할 수 있다. 동법 제24조 제6항-제8항에 의하면, DVPN에는 5가지가 포함된다: 괴롭힘 금지 및 가해자와 피해자 동거의 경우 진입금지, 퇴거명령, 접근금지 및 가해자의 피해자 강제퇴거금지. 동법 제25조 제2항에 의하면, DVPN의 작성과 발부 등 실무상 현장처리는 **경찰관**(constable)이 수행한다. 동법 제24조 제3항 b호에 의하면, DVPN을 발령함에 있어서는 피해자의 의견을 수렴해야 하나, 동조 제5항[344]에 의하면, 피해자의 동의(consent)는 필요하지 않다. 동법 제27조에 의하면, 경찰관(constable)은 DVPN 발령 후 48시간 내에 치안판사 법원(magistrates' court)에 임시조치(DVPO)를 청구해야 한다.

(**해석론**) DVPN 중 접근금지의 거리는 경찰관이 현장에서 상황을 판단하여 재량적으로 기입할 수 있다. 현장경찰관은 경정 이상 경찰공무원의 승인을 받아 위 다섯 가지 사항 중 전부 또는 일부만을 금지사항으로 포함시킬 수 있는데, 다만 괴롭힘 금지명령의 내용은 반드시 포함되어야 한다.[345]

[**긴급임시조치 위반시의 보호유치**] 2010년 범죄와 안전법 제25조 제1항 b호에 의하면, DVPN 위반시 **경찰관**(constable)은 영장없이 체포할 수 있다. 동법 제26조 제1항 a호에 의하면, DVPN 위반으로 체포된 자는 보호유치(custody) 상태에서 체포 후 24시간 이내에 치안판사 법원에서 DVPO 심리를 받아야 한다.

(**해석론**) DVPN 위반 자체는 형사처벌되는 범죄가 아니므로, 강제출입의 법적 근거로는 위의 2010년 범죄와 안전법 제25조 제1항 b호 외에 PACE법 제17조 제1항 e호 상의 위험방지를 위한 강제출입 권한 또는 보통법상 치안방해에 대응하거나 이를 예방하기 위한 목적

---

343) 김학경, 형사정책연구 제29권 1호, 2018, 55면.

344) But the authorising officer may issue a DVPN in circumstances where the person for whose protection it is issued does not consent to the issuing of the DVPN.

345) 김학경, 형사정책연구 제29권 1호, 2018, 60면.

의 강제출입 권한이 원용될 수 있다.[346)

[**임시조치**(DVPO)] 2010년 범죄와 안전법 제28조 제1항, 제8항 및 제10항에 의하면, **법원**(The court)은 피해자의 지속적인 보호가 필요한 경우 DVPN과 같은 내용으로 DVPO를 발령하며 14-28일 간의 효력이 있다.

(**해석론**) 경찰의 DVPN이 발령되면 48시간 이내에, DVPN이 발부된 후 위반행위가 발생하면 보호유치한 후 24시간 이내에 치안판사의 DVPO를 심리받게 된다.

[**임시조치 위반시의 보호유치**] 동법 제28조 제9항과 제29조 제1항에 의하면, DVPO를 위반하는 경우 **경찰관**(constable)에 의해 영장없이 체포되고 보호유치되며 체포 후 24시간 이내에 치안판사로부터 DVPO 위반행위에 대한 재판을 받는다.

1980년 치안판사법원법(Magistrates' Courts Act 1980) 제63조 제3항 a호와 b호에 의하면, DVPO를 위반하는 경우, 위반한 날수마다 각 50파운드(한화 약 8만 원)의 간접강제금을 최대 5000파운드(한화 약 800만 원) 이내에서 부과하거나, 2개월 내의 구금에 처할 수 있다.[347)

(**해석론**) DVPO 위반도 1980년 치안판사법원법 제63조에 따라 형사상 범죄가 아니라 법원에 대한 민사적인 법원모욕행위(civil contempt of court)에 해당한다. 따라서 체포를 위한 강제출입은 PACE법 제17조 제1항 e호 상의 위험방지를 위한 강제출입 권한 또는 보통법상 치안방해에 대응하거나 이를 예방하기 위한 목적의 강제출입 권한이 원용되어야 한다.[348)

[**가정폭력전과 제공의무**(Domestic Violence Disclosure Scheme)] 영국경찰은 보통법상 범죄

---

346) Home Office, DVPO guidance, 2016, p. 13; 김학경, 영국경찰의 가정폭력범죄 대응권한에 관한 비교법적 고찰, 형사정책연구 제29권 제1호, 2018, 60면; College of Policing, Major investigation and public protection—Using domestic violence protection notices and domestic violence protection orders to make victims safer, https://www.app.college.police.uk/app-content/major-investigation-and-public-protection/domestic-abuse/arrest-and-other-positive-approaches/domestic-violence-protection-notices-and-domestic-violence-protection-orders/ (2021.4.6. 방문).

347) College of Policing, Major investigation and public protection—Using domestic violence protection notices and domestic violence protection orders to make victims safer, https://www.app.college.police.uk/app-content/major-investigation-and-public-protection/domestic-abuse/arrest-and-other-positive-approaches/domestic-violence-protection-notices-and-domestic-violence-protection-orders/ (2021.4.6. 방문).

348) GOV.UK, Domestic Violence Protection Notices(DVPNs) and Domestic Violence Protection Orders(DVPOs) guidance, 2020; Home Office, DVPO guidance, 2016, p. 18; 김학경, 영국경찰의 가정폭력범죄 대응권한에 관한 비교법적 고찰, 형사정책연구 제29권 제1호, 2018, 61면; College of Policing, Major investigation and public protection—Using domestic violence protection notices and domestic violence protection orders to make victims safer, https://www.app.college.police.uk/app-content/major-investigation-and-public-protection/domestic-abuse/arrest-and-other-positive-approaches/domestic-violence-protection-notices-and-domestic-violence-protection-orders/ (2021.4.6. 방문).

를 예방하고 수사하기 위하여 필요한 정보를 공개할 권한이 있다.[349] 속칭 클레어법(Clare's Law 2014)이라 불리는 가정폭력전과 제공지침[350]에 의해, 경찰은 잠재적 가정폭력 피해자에게 잠재적 가해자의 전과 등의 정보를 제공해야 한다. 당사자[351]는 파트너의 폭력전과를 확인하기 위해 경찰에 정보요청을 할 수 있으며, 경찰은 당사자가 파트너로부터 위험에 노출되어 있다고 판단되는 경우 재량에 따라 정보를 제공하여 당사자의 알 권리를 보장한다. 정보공개는 원칙적으로 기초조사, 대면면담 및 종합위험심사 등의 단계를 거쳐, 지역경찰, 보건소, 아동보호기관, 폭력방지위원회 등의 실무대표자와 가정폭력관련 전문가로 구성된 지역정보공개결정위원회의 심의로 결정된다.[352]

(3) 형사법적 위험방지

[**강제출입**] PACE법 제17조 제1항 b호에 의하면, 기소가능범죄(indictable offence)[353]의 경우 경찰은 체포 목적으로 영장없이 강제적인 출입이 가능하다.[354]

[**피해자보호를 위한 체포**] PACE법 제24조 제5항 d호에 의하면, 아동이나 다른 약자를 용의자로부터 보호하기 위해 경찰관은 영장없는 체포를 할 수 있다.

(**해석론**) 2008년 NPIA(치안학교의 전신) 발행 가정폭력 수사지침서(Guidance on Investigating Domestic Abuse 2008 by NPIA)에 의하면, 1998년 영국 인권법(Human Rights Act 1998)[355]에 따

---

349) 윤상민, 법학연구 제16권 4호, 2016, 309면.
350) 2009년 여성대상폭력 전과가 있는 남자친구에 의해 살해된 클레어(Clare)의 이름을 따서 클레어법이라고 칭하게 되었다. 클레어법은 2014년부터 잉글랜드와 웨일즈에서 제정법 형태가 아닌 정부당국이 경찰청에 발행하는 지침 또는 정책으로서 실행되고 있다(출처: Wikipedia, Clare's Law, https://en.wikipedia.org/wiki/Clare%27s_Law (2021.5.17. 방문)).
351) 당사자 이외에 제3자도 정보요청이 가능하지만, 제3자는 당사자와 형제, 자매, 부모, 친구, 직장동료, 이웃과 같은 친밀한 관계가 있어야 한다.
352) 김태열 외, 여성대상 폭력에 대한 경찰대응의 주요이슈 분석-가정폭력 및 디지털 성폭력을 중심으로, 감사원 감사연구원, 2020, 39면; Derbyshire Constabulary, Clare's Law-your right to know if someone has an abusive past, https://www.derbyshire.police.uk/news/derbyshire/news/campaigns/2020/december/claires-law-your-right-to-know-if-someone-has-an-abusive-past/ (2021.5.17. 방문); West Yorkshire Police, Clare's Law-Domestic Violence Disclosure Scheme, https://www.westyorkshire.police.uk/ClaresLaw (2021.5.17. 방문); West Midlands Police, Clare's Law-Domestic Violence Disclosure Scheme, https://west-midlands.police.uk/your-options/clares-law-domestic-violence-disclosure-scheme (2021.5.17. 방문).
353) 기소가능범죄 등 영국의 범죄유형에 대해, 김학경, 형사정책연구 제29권 1호, 2018, 54면 각주 24번에서 자세히 설명.
354) NPIA(National Policing Improvement Agency), Guidance on Investigating Domestic Abuse, 2008, p. 26, 27; College of Policing, Major investigation and public protection, First response, https://www.app.college.police.uk/app-content/major-investigation-and-public-protection/domestic-abuse/first-response/#powers-of-entry (2021.3.19. 방문).
355) 1998년 영국 인권법은 1958년 유럽인권협약(ECHR)을 영국법에 수용하는 법으로, 개인의 권리가 침해당한 개인을 국가가 적극적으로 보호·조치를 취할 의무를 부과하고 있다.

라 가정폭력 사건에서 합리적인 근거가 있는 경우의 체포는 경찰의 적극적 조치에 포함된다. 가정폭력에 따른 체포시에도 경찰관은 영장없는 체포를 규정한 PACE법 제24조 제5항에 열거된 사유에 근거하여야 한다. 피해자 보호를 위한 체포 결정은 현장경찰관의 판단으로 하며, 피해자에게 체포 필요성 여부를 질문해서는 안된다.356) 체포정책이 의무적인 것은 아니지만 정당한 상황이라면 체포는 이루어질 것이라는 강한 기대가 주어지며, 체포가 이루어지지 않는다면 그 이유에 대한 정당한 근거가 있어야 한다. 불체포의 이유는 국가범죄기록기준(National Crime Recording Standards)에 따라 기록해야 하며, 피해자와 잠재적인 피해자를 더욱 안전하게 하기 위해 경찰이 취한 기타 적극적인 조치도 기록한다.357)

2. 아동학대 관련

영국은 1989년 아동법(Children Act 1989)이 제정되면서 아동학대에 대한 금지가 명시되었다. 이후 아동에 관한 데이터 구축체계를 규정한 2006년 아동복지법(The Childcare Act 2006)이 제정되었다.358) 그리고 2004년 아동법(Children Act 2004)에 의하여 1989년 아동법의 상당부분이 수정·보완되었다. 2004년 아동법 제16E-K조는 '아동보호 협력기관(safeguarding partners)'의 책임과 역할을 규정하고 있다. 여기서 협력기관이란 아동보호기관(local authority), 의료기관(clinical commissioning group) 및 경찰관서장(chief officer of police)을 말한다.359)

1989년 아동법 부칙1 제16조에 의하면, **아동**은 18세 미만의 사람이다. 동법에서는 아동의 최선의 이익을 위하여 가정생활에 강제개입할 수 있는 요건으로서 **심각한 위해**(significant

---

356) HMIC, Everyone's business: Improving the police response to domestic abuse, 2014, pp. 75-76; NPIA(National Policing Improvement Agency), Guidance on Investigating Domestic Abuse, 2008, pp. 26, 34.

357) College of Policing, Major investigation and public protection, Arrest and other positive approaches, Last modified 11 December 2018, https://www.app.college.police.uk/app-content/major-investigation-and-public-protection/domestic-abuse/arrest-and-other-positive-approaches/#arresting-the-right-person (2020.4.23. 방문); College of Policing, Major investigation and public protection, Leadership, strategic oversight and management, Last modified 16 November 2015, https://www.app.college.police.uk/app-content/major-investigation-and-public-protection/domestic-abuse/leadership-strategic-oversight-and-management/#duty-of-positive-action (2020.4.23. 방문); HMIC, Everyone's business: Improving the police response to domestic abuse, 2014, pp. 75-76.

358) 김아름 외, 아동학대 대응체계 강화를 위한 유관기관의 역할과 법제 개선방안, 육아정책연구소, 2017, 51-52면.

359) HM Government, Working Together to Safeguard Children-Statutory framework: legislation relevant to safeguarding and promoting the welfare of children, July 2018, p. 4; Derby and Derbyshire Safeguarding Children Partnership, The legal Framework, https://derbyshirescbs.proceduresonline.com/p_legal_framework.html (2021.5.14. 방문).

harm)[360]란 개념을 도입하였다. 동법 제31조 제9항에 의하면, **위해**(harm)란 학대(ill-treat-ment) 또는 다른 사람의 잘못된 처우를 보거나 들음으로써 입은 손상 포함, 건강 또는 발달상의 손상을 의미한다. **학대**(ill-treatment)란 성적학대와 신체적이지 않은 형태의 학대를 포함한다. 법원의 보호명령(Care Order)이나 감독명령(Supervision Order)도 아동이 심각한 위해로 고통을 겪고 있는지, 그리고 위해(harm)가 적절한 부모양육의 결여에서 기인하는지 여부를 따진다.[361]

[**아동보호·복지를 위한 다기관 협업체**(multi-agency safeguarding arrangements)] 2004년 아동법 제16E조[362] 제1항과 제3항에 의하면, 3개의 법적 아동보호·복지증진 협업기관인 (i) 지방정부, (ii) 보건당국(a clinical commissioning group), (iii) **경찰관서장**(chief officer of police for a police area)은 해당지역 아동보호와 복지증진을 위하여 각 기능을 행사함에 있어 서로 협력해야 한다. 동법 제16F조 제1항에 의하면, 다기관 협업체는 (i) 해당지역에서 중요한 문제로 대두될 심각한 아동보호 사건을 확인하고, (ii) 해당 사건을 검토해야 한다. 동조 제4항에 의하면, 검토보고서를 작성 및 발행해야 한다.[363]

(**부연**) 2018년 영국정부 발행 '아동보호·복지증진을 위한 기관 간 협력 지침'[364]에 의하면, 위의 3개의 주요협력기관은 공동으로 동등한 책임을 지며, 명확하고 단일한 리더십이 필요한 상황에서는 3개 기관이 선임기관을 결정해야 한다.

[**경찰 보호조치**(police protection)] 1989년 아동법(Children Act 1989) 제46조 제1항에 의하면, **경찰관**(constable)은 아동의 생명·신체에 '심각한 위해'가 발생할 개연성이 충분하다고 믿을 만한 합리적인 이유가 있을 때, 당해 아동을 보호시설이나 병원 등 적절한 장소(suitable accommodation)로 인도 조치할 수 있다.

동조 제3항에 의하면, **경찰관**(constable)은 보호조치시 지역 아동복지기관, 해당아동 부모 또는 기타 이해관계인에게 아동에 대해 취해진 조치 내용을 반드시 통보하고, 사건대응에 서로 협력해야 한다. 동조 제3항 e호에 의하면, 피보호아동에 대해서는 경찰관서장에 의해 **지정된 경찰관**(designated officer)이 조사한다. 동조 제6항에 의하면, 보호조치는 72시간을 넘지 못한다.

---

360) 심각한 위해에는 신체적 학대, 성적 학대, 감정 학대, 방치 등이 포함된다(출처: https://hertsscb.pro ceduresonline.com/pdfs/fc_police_power.pdf (2021.5.13. 방문).

361) Northamptonshire Safeguarding Children Partnership, Responding to Abuse and Neglect, http://nort hamptonshirescb.proceduresonline.com/p_respond_abuse_neg.html (2021.5.14. 방문).

362) 2017년 아동 및 사회복지법(Children and Social Work Act 2017) 제16조에 의해 삽입되었다.

363) 다기관 협의체의 전신인 LSCB(Local Safeguarding children Boards)는 2017년 아동 및 사회복지법(Children and Social Work Act 2017) 제30조에 의해 폐지되었다.

364) HM Government, Working Together to Safeguard Children(A guide to inter-agency working to safe-guard and promote the welfare of children), July 2018, pp. 75-77.

동조 제7항에 의하면, **지정된 경찰관**은 아동에 대한 학대 위험이 계속되는 것으로 판단되는 경우 아동복지기관을 대신하여 아동에 대한 긴급보호명령(Emergency Protection Order, EPO)도 직접 가정법원에 신청할 수 있다.

(해석론) 아동을 보호조치하는 경찰관의 권한은 긴급보호명령(EPO)을 신청할 충분한 시간이 없거나 아동의 즉각적인 안전과 관련된 이유가 있는 것과 같은 예외적인 상황에서만 사용해야 한다.[365]

[법원의 긴급보호명령(emergency protection order)] 1989년 아동법 제44조에 의하면, 경찰이나 지방자치단체 및 아동보호기관(local authority)[366]을 포함하여 **누구나** 아동에 대한 계속적인 보호조치가 필요하면 법원의 긴급보호명령(emergency protection order, EPO)을 신청할 수 있다. 긴급보호명령은 최장 8일까지 가능하며, 추가로 7일을 연장할 수 있다.[367]

(해석론) 1989년 아동법에 의하면, 법원의 정식적인 아동 보호명령 또는 감독명령을 신청할 수 있는 것은 지역 아동복지기관과 아동학대방지회(NSPCC)만이다. 이는 1989년 아동법이 아동의 복지를 효과적으로 보장하기 위해 정책적으로 아동과 관련된 사안을 하나의 통로를 통해서만 조사되고 처리되도록 규정을 통일한 것이다.[368]

[긴급보호명령 관련 강제출입] 1989년 아동법 제48조 제3항에 의하면, 법원의 긴급보호명령을 받은 **신청자**는 특정된 장소에서 아동을 수색하기 위하여 강제출입할 수 있다. 동조 제9항에 의하면, 긴급보호명령으로 강제출입하려는 자가 신청한 영장에 의하여 **경찰관**(constable)은 그를 지원하여야 한다. 동조 제10항에 의하면, 긴급보호명령으로 강제출입하려는 자가 원하거나 법원이 달리 지시하지 않으면 강제출입 영장은 **경찰관**에 의하여 집행된다.[369]

[일반적 강제출입] 긴급보호명령과 무관하고 영장을 전제하지 않는 강제출입의 법적 근거로는 PACE법 제17조 제1항 e호 상의 위험방지를 위한 강제출입 권한과, 보통법상 치안방

---

365) HM Government, Working Together to Safeguard Children—A guide to inter-agency working to safe-guard and promote the welfare of children, July 2018, p. 36.

366) 양혜원, 가족법연구 제27권 1호, 2013, 259면 각주 13번: 1989년 아동법은 지방자체단체(local authorities)라고 규정하고 있지만, 2004년 아동법 개정으로 지방자치단체에 사회복지기관과 별도로 아동복지기관(children's services authorities)의 설립을 의무화하여 아동과 관련된 사안에서 법 규정상 지방자치단체는 지역 아동복지기관으로 구체화되었다.

367) 양혜원, 가족법연구 제27권 1호, 2013, 261면.

368) 양혜원, 가족법연구 제27권 1호, 2013, 260면 각주 14번: 아동학대방지회는 1989년 아동법에서 명문으로 유일하게 지역 아동복지기관 외 아동학대 사건에 대해 조사 및 법원에 명령을 신청할 수 있도록 인정된 국가기관이 아닌 단체이다.

369) 전현욱 외, 피해자 보호를 위한 경찰개입의 한계요인과 법제도적 개선방안에 관한 연구, 한국형사정책연구원, 2017, 78면 각주 98번: 말 그대로 출입영장을 받는 것이므로 '영장없는 강제출입'이라고 보기는 어렵다.

해에 대응하거나 이를 예방하기 위한 목적의 강제출입 권한이 원용될 수 있다.[370] (전술한 위험방지를 위한 강제출입 부분 참조).

(**해석론**) 1989년 아동법 제48조에도 불구하고, PACE법 제17조 제1항 e호에 의거, 피해자들의 생명·신체 등을 보호하기 위하여 영장없는 출입이 충분히 가능하다. 따라서, 1989년 아동법에 의한 영장출입제도는 실무상 잘 활용되지 않는다.[371]

[**보육시설/아이돌봄시설의 강제출입**] 2006년 아동복지법(The Childcare Act 2006) 제77조 제1항,[372] 제78A조 제1항 및 제79조 제1항에 의하면, **경감**(chief inspector)은 아동복지법 위반인 보육시설/아이돌봄시설에 강제출입할 수 있고 이를 위하여 법원에 영장을 신청할 수 있다. 동법 제79조 제2항에 의하면, 경감의 강제출입을 위해 합리적인 물리력 사용이 필요한 경우 법원은 **경찰관**(constable)의 지원을 명하는 영장을 발부할 수 있다. 동조 제3항에 의하면, 영장은 경찰관에 의하여 집행되어야 한다.

유럽인권협약(ECHR)은 영국경찰에게 위험에 처한 개인의 권리를 보호하기 위해 권한 내에서 합리적인 조치를 취할 적극적인 의무를 부여하고 있다.[373]

[**강제출입 및 보호조치**] 1989년 아동법 제46조 제1항에 의하면, 경찰관(constable)은 아동을 긴박한 보호하에 두기 위해 관련 건물에 진입해 아동을 이송할 긴급 권한이 있다.

[**아동보호 의무**] 2004년 아동법(Children Act 2004)[374] 제11조 제1항에 의하면, 지방정부, 경찰관서장 등에게 주요 아동보호협력기관(safeguarding partners)으로서 아동 보호 및 복지 증진을 위한 의무를 부여하고 있다.[375]

---

370) Home Office, DVPO guidance, 2016, p. 13; 김학경, 형사정책연구 제29권 제1호, 2018, 60면; College of Policing, Major investigation and public protection-Using domestic violence protection notices and domestic violence protection orders to make victims safer, https://www.app.college.police.uk/app-content/major-investigation-and-public-protection/domestic-abuse/arrest-and-other-positive-appr oaches/domestic-violence-protection-notices-and-domestic-violence-protection-orders/ (2021.4. 6. 방문).

371) 전현욱 외, 피해자 보호를 위한 경찰개입의 한계요인과 법제도적 개선방안에 관한 연구, 한국형사정책연구원, 2017, 78면.

372) 경감의 가정아동보육 규정 위반에 대한 강제진입권한. 가정아동보육(childminder)은 보수를 받고 자신의 집에서 2시간 이상 아이를 돌보는 것을 말한다. 동법에 0~5세(early years childminder)와 5세 이후(later years childminder)에 대한 각각의 규정이 있다(출처: childcare.co.uk, What is a Childminder?, https://www.childcare.co.uk/information/what-is-a-childminder (2021.8.2. 방문)).

373) Sussex Police, Missing Persons Policy(558/2020), 2020.

374) 2017년 아동 및 사회서비스법(Children and Social Work Act 2017)에 의해 개정됨.

375) HMIC, Missing children: who cares-The police response to missing and absent children, March 2016, pp. 16~17; HM Government, Working Together to Safeguard Children-A guide to inter-agency working to safeguard and promote the welfare of children, July 2018, p. 75.

3. 성폭력 관련

과거에는 1997년 성범죄자법(Sex Offenders Act 1997) 제2조에 의하여, 유죄판결을 받은 성범죄자는 유죄판결 14일 이내 경찰에 등록해야 했다. 경찰의 '국가경찰 컴퓨터 시스템' 에 등록된 범죄자는 경찰에 이름, 주소, 생년월일을 제공해야만 하며, 내용이 변경된 경우에도 경찰에 통지해야 했다.[376) 이를 성범죄자 등록제도(sex offenders register)라 칭한다. 신상정보 등록기간은 선고형량에 따라, '정기형 등록기간(fixed period)' 또는 '부정기형 등록기간(indefinite notification period)'으로 부과된다. 이러한 등록정보에 일반대중은 접근할 수 없었다.

이후 2000년 7살의 사라 페인(Sarah Payne)이 강간·살해당하는 사건이 발생하자 1997년 성범죄자법이 폐지되고 2003년 성범죄법(Sexual Offences Act 2003)으로 대체되었다.[377) 2003 년 성범죄법은 보다 더 엄격한 신상정보 등록제도를 도입하였으며, 성범죄자에 대하여 (예를 들어, 특정 상황의 경우 해외여행 금지와 같은) 새로운 지역사회 강제명령(civil orders)[378)을 도입하였다.

그러나 2014년 반사회적 행동, 범죄 및 경찰활동법(Anti-Social Behavior, Crime and Policing Act 2014)으로 이러한 강제명령을 폐지하고, 새로운 명령[379)을 2003년 성범죄자법에 삽입하였다.[380)

[**신상정보 등록의무**(Notification Requirements: sex offenders register)] 2003년 성범죄법 (Sexual Offences Act 2003) 제83조 제1항에 의하면, 일정한 성범죄[381)를 저질러 형이 확정되면 3일 이내, 혹은 출소 후 3일 이내에[382) 등록제출서를 **경찰서**에 제출해야 한다. 즉, 유죄

---

376) Jacqueline Beard, Registration and Management of Sex Offenders, House of Commons Library, 2021, p. 4.

377) 장다혜 외, 2012년 성폭력관련법 개정 이후 수사실무의 변화실태 및 개선방안-피해자 보호·지원제도의 활용을 중심으로, 한국형사정책연구원, 2015, 176면: 동법은 성범죄에 대한 영국의 기본법령으로 기존의 1997년 성범죄자법을 포함 20여 개가 넘는 다양한 법령을 통합·정리한 것이다.

378) 조윤오, 한국경찰연구 제17권 1호, 2018, 242면: 성범죄 예방명령(Sexual Offences Prevention Orders, SOPO), 해외여행 제한명령(Foreign Travel Orders, FTO), 성범죄 침해위험 명령(Sexual Risk Orders, SRO) 등이다.

379) Jacqueline Beard, Registration and Management of Sex Offenders, House of Commons Library, 2021, p. 14 fn. 30, p. 16 fn. 33: '성적침해위험 예방명령(Sexual Harm Prevention Orders, SHPO)'과 '성범죄 위험예방 명령(Sexual Risk Orders, SRO)'이다. 동 명령은 2003년 성범죄법 제103A-K와 122A-K에 규정되어 있다.

380) Jacqueline Beard, Registration and Management of Sex Offenders, House of Commons Library, 2021, p. 4.

381) 2003년 성범죄법 부칙3에 성범죄 유형이 열거되어 있다.

382) 2003년 성범죄법에서 주소나 이름 등의 신상정보가 변경되었을 때 경찰에 알려야 할 시점이 과거

확정된 일정 성범죄자는 자동적으로 신상정보 등록 대상자가 된다.383) 동법 제84조 제1항에 따라 이러한 정보가 변경될 때마다 갱신사항을 3일 이내에 **경찰**에 알려야 한다. 동법 제87조 제4항에 의하여, **경찰**은 추가적으로 사진촬영과 지문채취를 할 수 있는 권한이 있다. 2003년 성범죄법 제85조에 의하면, 등록대상자는 최초등록과 변경고지 이외 1년에 한번씩 관할 **경찰서**를 방문하여 자신의 신상정보가 최초등록과 일치하는지 재통보할 의무가 있다. 동법 제91조 제1항과 제2항에 의하면, 신상정보 등록을 위반할 경우, 벌금형에서 최대 5년 징역형까지 부과된다.

2003년 성범죄법 제85조 제5항 a호에 의해 발령된 내무부장관 부령인, 2012년 성범죄법 등록제도 잉글랜드와 웨일즈 규정(Sexual Offences Act 2003 (Notification Requirements) (England and Wales) Regulations 2012)은, 성범죄자 신상정보등록 사항을 보강하고 있다. 동 규정 제9조에 의하면, 등록대상자가 안정적인 거소를 갖고 있지 않을 경우, 매 7일마다 **경찰서**를 방문해 자신이 살고있는 곳의 위치와 신상정보 상세항목을 알려야 한다. 동 규정 제10조 및 제11조에 의하면, 18세 미만자와 거주하는 경우에도 **경찰**에 알려야 한다. 동 규정 제12조 및 제13조에 의하면, 여권 및 은행계좌정보도 **경찰**에 제공해야 한다. 동 규정 제3조-제8조에 의하면, 등록대상자가 해외여행시 여행기간에 상관없이 **경찰**에 통지해야 한다.384)

[**신상정보 공개**] 2003년 성범죄법도 1997년법과 마찬가지로 경찰이 관리하는 성범죄자 정보를 일반 시민에게 제공하는 규정은 없다. 다만 예외적으로 운동센터나 유치원 등 아동 관련업무를 하는 고용주가 신상정보를 경찰에 요구하면 경찰서는 엄격한 위험성 평가를 거쳐 필요하다고 인정되는 경우 제한적으로 신상정보를 공개할 수 있도록 하고 있다.385)

또한 2008년부터 시행된 아동성범죄자 공개제도(child sex offender disclosure scheme)에 따라, 부모 및 보호자(carer, guardian)들은 경찰에 정식으로 아동성범죄자의 이력을 요구하여 범죄자 정보에 접근할 수 있게 되었다.386)

[**해외 성범죄자 신상정보 등록명령**(Notification Orders)] 2003년 성범죄법 제97조-제99조에 의하면, 영국 밖에서 성범죄를 저지른 영국인과 외국국적자들도 통지명령을 통해 신상정보

1997년 법에서는 변경사유 발생 후 14일 이내에서 3일 이내로 줄어들게 되었다.

383) Jacqueline Beard, Registration and Management of Sex Offenders, House of Commons Library, 2021, pp. 4-5.

384) Jacqueline Beard, Registration and Management of Sex Offenders, House of Commons Library, 2021, pp. 3, 9-11.

385) 성중탁, 유럽헌법연구 제32호, 2020, 295면.

386) Jacqueline Beard, Registration and Management of Sex Offenders, House of Commons Library, 2021, p. 4.

등록 시스템에 신상정보가 입력될 수 있다. 동법 제97조에 의하면, **경찰관서장**(chief officer of police)의 신청으로 치안판사법원(magistrates' courts)은 통보명령을 발령하여 해외에서 성범죄를 저지른 사람에게 신상정보 등록의무를 부과할 수 있다. 신상정보 통보명령이 발령되면, 해당 성범죄자는 3일 이내 관할 **경찰서**를 방문해 자신의 신상정보 항목을 제출하여야 한다.387)

[**성범죄 전과자에 대한 예방명령**(Sexual Harm Prevention Orders: SHPO)] 2003년 성범죄법 제103A조 제4항 a호 및 b호에 의하면, **경찰관서장** 또는 국가범죄수사청장(Director General of National Crime Agency)은 동법 부칙3(성범죄) 또는 부칙5(살인, 절도 등 폭력범죄)에 열거된 범죄로 기소된 사람에 대해 치안판사 법원에 SHPO를 신청할 수 있다.388)

(**해석론**) 경찰의 '성적 침해위험 예방명령'은 성범죄로 기소된 범죄자에만 국한되는 것이 아니라, 살인, 절도 등의 폭력범죄로 기소된 범죄자에게도 해당한다. 그러나, 폭력범죄를 저지른 사람 중 장래에 '성범죄 위해(sexual harm)' 가능성이 있는자에게만 SHPO 신청이 가능하다. SHPO는 특정 개인에게 많은 행동 의무를 부과하는데, 그 기간은 보통 최장 5년 이내로 한다. 예를 들어, 아동 가정교사 등과 같은 직업 자체를 금할 수 있으며 특정 인터넷 활동도 금지할 수 있다.389)

[**성범죄 비전과자에 대한 예방명령**(Sexual Risk Orders, SRO)] 2003년 성범죄법 제122A조 제1항과 제2항에 의하면, **경찰관서장**(국가범죄수사청장 포함)은 일반대중이나 아동에게 성범죄를 야기할 위험이 높다고 인정되는 자의 경우, 치안판사법원에 SRO를 신청할 수 있다.

(**해석론**) SHPO와 다른점은 SRO은 기존에 성범죄로 기소된 전력이 없어도 SRO 신청이 가능하다. 따라서 내무부는 경찰이 수행해야 할 위험성 평가 세부사항에 대한 지침을 마련하였다. 내무부 지침에 따르면, **경찰**이나 국가범죄수사청(NCA)만이 SRO를 신청할 수 있다. **경찰**은 위험성 평가 시 당시 특정 개인의 위험성 정도를 고려해야 하는데, 가능한 한 국가보호관찰기관, 사회복지기관, 아동보호기관 등과 같은 관련기관과의 협의하에 위험성 평가를 한다. **경찰**이 SRO 필요여부를 평가하는 핵심요소는 특정 개인의 행동이 일반 대중이나 아동, 또는 취약한 성인에게 위해 위험성이 있는가의 여부이다. SRO 기간은 고정기간 2년 또는 추가 명령서 신청까지 지속된다. 금지행위는 예를 들어, 특정 아동(면대면 또는 인터넷)과의 접촉금지 또는 기존에 아동에게 성적 행위를 한 특정 장소 방문금지같은 것일 수 있

---

387) Jacqueline Beard, Registration and Management of Sex Offenders, House of Commons Library, 2021, pp. 12-13.

388) Jacqueline Beard, Registration and Management of Sex Offenders, House of Commons Library, 2021, pp. 14-15.

389) Jacqueline Beard, Registration and Management of Sex Offenders, House of Commons Library, 2021, pp. 14-15.

다.390)

4. 스토킹 관련

영국에서는 1997년부터 괴롭힘 방지법(Protection from Harassment Act 1997)이 제정되어 스토킹을 포함하여 처벌하는 규정이 있었으나, 스토킹 범죄의 심각성에 대한 지속적 문제 제기로 2019년 스토킹을 별도의 규율대상으로 하는 2019년 스토킹 방지법(Stalking Protection Act 2019)이 제정되었다.

1997년 괴롭힘 방지법이 스토킹 범죄에 대한 처벌 또는 손해배상, 형사판결을 받은 후의 금지명령 등을 규율하였다면, 2019년 스토킹 방지법에서는 형사판결 전부터 스토킹을 저지하고 위험을 방지하기 위하여 경찰이 치안판사 법원에 스토킹으로부터 보호명령을 신청할 수 있도록 규정한다.391)

(1) 1997년 괴롭힘 금지법

잉글랜드와 웨일즈에서는 '1997년 괴롭힘 금지법(Protection from Harassment Act 1997, PHA)'의 제정을 통해 기존에 다양한 법률에 산재해 있던 스토킹 행위에 대한 대응체계가 처음으로 단일화되었다.

동법 제2A조 제2항 및 제7조에 의하면, **스토킹**이란 타인을 괴롭힌다는 것을 알면서 또는 알 것으로 추정되면서 2회 이상 행하는 일련의 작위나 부작위이다.392) 제2A조 제3항에 의하면, 스토킹의 예시로 추수, 접촉 혹은 접촉시도, 관련성을 주장하는 문서나 자료의 공표, 전자통신의 감시, 관련장소의 배회, 재산산침해, 관찰 등이다.393)

[**형사처벌**] 동법 제2A조 제4항에 따르면 스토킹을 한 자에게는 51주 이하의 금고형 또는 5,000파운드 이하의 벌금형이 부과되거나 병과된다.394)

[**강제수색**] 동법 제2B조에 의하면, 경찰관은 스토킹이 발생하였거나 발생하고 있다고 믿을만한 합리적인 근거가 있는 경우 치안판사의 수색영장을 발부받아 가택 진입·수색이

---

390) Jacqueline Beard, Registration and Management of Sex Offenders, House of Commons Library, 2021, pp. 16-17.

391) 조서연, 「영국 Stalking Protection Act 2019 제정」, 국회입법조사처, 2019, 요약면.

392) 동법 제7조 제2항. 사람을 괴롭히는 것에는 사람을 불안하게 하거나 고통을 야기하는 것이 포함된다.

393) 조서연, 영국 Stalking Protection Act 2019 제정, 국회입법조사처, 2019, 3면: 1997년 제정 당시에는 '스토킹'에 대한 명확한 규정이 없었으나, 2012년 11월 스토킹과 관련된 행위나 부작위의 예시로서 간접적인 정의 규정을 두고 있다.

394) 김민이, 최신 외국입법정보 2020-4호, 2020, 3면.

가능하며, 수색이 허가된 물건을 압수·보유할 수 있으며 필요한 경우 합리적인 물리력을 행사할 수 있다.395)

[민사상 금지명령(Civil injunctions)] 동법 제3조에 의하면, 私人 스스로도 민사법원에 "괴롭힘 금지"를 신청할 수 있다. 법원의 금지명령을 위반하는 경우 동조 제3항-제6항에 의하여 형사처벌된다.396)

(해석론) 스토킹 고소인은 괴롭힘 금지명령(non-molestation orders, NMOs) 또는 제한 명령(restraining orders)을 법원에 신청할 수 있으나, 이하에서 소개되는 2019년 스토킹 방지법상 보호명령인 SPO는 법원에 직접 신청할 수 없다.397)

(2) 2019년 스토킹 방지법

1997년 괴롭힘 금지법에서 스토킹은 괴롭힘의 한 범주에 포함되어 규율되었으나, 2016년 10월 스토킹을 당했던 여성이 전 연인에게 살해되는 일까지 발생하는 등 그 심각성이 사회적으로 큰 문제가 되고 보다 실효적으로 처벌할 필요성이 제기되어, 스토킹만을 별도로 규율하는 2019년 스토킹 방지법(Stalking Protection Act 2019)이 제정되었다.398) 2019년 스토킹 방지법은 스토킹으로 의심되는 징후행위를 저지할 수 있는 권한을 경찰에게 부여해, 범죄 발생 이전에 스토킹 대상자의 안전을 보장함을 목적으로 한다.399) 이하의 스토킹 보호명령에 관한 내용은 영국 내무부가 2021년 2월에 발행한 "스토킹 보호명령-경찰을 위한 법적 지침"400)을 발췌·번역한 것이다.

[법원의 보호명령(stalking protection orders: SPOs)] 2019년 스토킹 방지법 제1조 제1항에 의하면, 경찰관서장(chief officer of police)은 다음과 같이 스토킹이 의심될 경우 치안판사 법원에 스토킹 보호명령(SPO)을 신청할 수 있다: (a) 대상자가 스토킹과 관련된 행위를 한 경우, (b) 대상자가 스토킹과 관련된 위험을 제기한 경우, (c) 해당 위험으로부터 피해우려자

---

395) College of Policing, Blackstone's police manual 2021-Volume 4 General Police Duties, 2020, pp. 136-137.
396) Jennifer Brown, Police powers: protests, House of Commons Library, 2021, p. 9; 김학경, 형사정책연구 제29권 1호, 2018, 56면 각주 30번: Injunction(금지명령)은 특정한 행위를 하지 말도록 하는 법원의 명령을 통칭한다.
397) HMIC, Living in fear-the police and CPS response to harassment and stalking, 2017, p. 60 fn. 103: 스토킹 보호법 이전에 스토킹 피해자들은 1996년 가족법 제42조 제2항 또는 제45조 제1항에 따른 괴롭힘 금지명령(non-molestation order)을 신청하거나, 1997년 괴롭힘 금지법 제3조에 따른 괴롭힘 금지 민사명령(harassment injunction)을 신청할 수 있다; Allington Hughes Law, Stalking protection orders, https://allingtonhughes.co.uk/stalking-protection-orders/ (2021.4.20. 방문).
398) 조서연, 영국 Stalking Protection Act 2019 제정, 국회입법조사처, 2019, 4면.
399) HMIC, Living in fear-the police and CPS response to harassment and stalking, 2017, p. 60; 한국여성정책연구원, 국제동향, https://www.kwdi.re.kr/research/ftrandView.do?p=1&idx=124139 (2021.4.20. 방문).
400) Home Office, Stalking Protection Orders-Statutory guidance for the police, 2021.

를 보호하기 위해 SPO가 필요하다고 믿을 만한 타당한 이유가 있는 경우(피해자가 (a)항에 언급된 행위의 피해자인지 여부에 관계없이). 동조 제2항에 의하면, 보호명령은 명령서에 있는 행위를 금지하거나, 행동하도록 하는 것이다. 동법 제3조에 따르면, SPO 기간은 최소 2년에서 무기한까지 법원이 결정한다. 동법 제8조 제2항에 의하면, 대상자가 보호명령에 따르지 않으면 형사처벌 대상이 되어 최대 5년형의 징역이나 벌금에 처할 수 있다. 동법 제9조에 의하면 스토킹 보호명령 혹은 임시 보호명령을 받은 사람은 3일 이내에 경찰에 이름, 주소 등을 통지해야 할 의무가 있다. 동법 제11조에 따라 합리적 이유 없이 이러한 통지의무에 따르지 않거나 거짓으로 알린 사람은 형사처벌 대상이 된다.

(**해석론**) 보호명령의 주된 내용은 연락금지, 스토킹 금지 및 접근금지 등이다.[401] 또한 스토킹 징후행위자에게 심리 상담과 범죄예방 목적의 재활 프로그램에 참여하도록 강제할 수 있다.[402] 경찰의 SPO 신청은 피해우려자뿐만 아니라, 피해우려자와 관련 있는 모든 사람의 보호를 위해서도 가능하다. SPO 신청은 10-18세 미만의 아동 청소년을 대상으로도 부과되며, 청소년은 소년법원에서 다룬다.[403] SPO는 가정폭력 상황에서도 사용될 수 있다. 즉, 친밀한 파트너 관계가 종료된 후에도 일반적으로 발생하거나 지속되는 경제적 학대의 경우에도 사용될 수 있다. 경찰은 SPO 신청여부를 결정하기 위해 가해자가 야기한 위험평가를 수행해야 한다. 수사관은 피해자의 위험에 대한 견해가 중요하므로 초기 단계에서 피해자와 상의해야 한다. 경찰은 다른 기관과 협의하거나 독립적인 위험 평가자를 통해 전문가의 스토킹 위험평가 또는 선별 도구를 활용해야 한다.[404] SPO의 발령에 있어서 피해자의 동의는 필요 하지 않다.

〈보호명령에 포함될 수 있는 부작위의무(prohibitions)〉[405]
· 피해우려자가 거주하거나 자주 방문하는 특정 장소 또는 지역 접근 금지
· 피해우려자를 휴대전화, 우편, 이메일, 문자메시지, 소셜미디어 등을 통해 연락 금지
· 피해우려자 친구나 가족 등 제3자를 통해 피해우려자와 접촉 또는 연락 금지
· 소셜미디어를 통해 직접 또는 간접적으로 피해우려자 언급 금지

---

401) Ramsdens Solicitors, Stalking protection act 2019 introduces stalking protection orders, https://www.ramsdens.co.uk/blog/stalking-protection-act-2019-introduces-stalking-protection-orders (2021.4.20. 방문).

402) 한국여성정책연구원, 국제동향, https://www.kwdi.re.kr/research/ftrandView.do?p=1&idx=124139 (2021.4.20. 방문); GOV.UK, Government gives police new powers to protect victims of stalking, https://www.gov.uk/government/news/government-gives-police-new-powers-to-protect-victims-of-stalking(2021.4.20. 방문).

403) Home Office, Stalking Protection Orders-Statutory guidance for the police, 2021, p. 17.

404) Home Office, Stalking Protection Orders-Statutory guidance for the police, 2021, pp. 5-7.

405) Home Office, Stalking Protection Orders-Statutory guidance for the police, 2021, p. 15.

· 피해우려자에 대한 지속적인 민사재판(가정법원 포함) 신청 금지

· 피해우려자 영상녹화 금지

. 인터넷 사용기록을 표시하고 보유할 수 없는 인터넷 접속 기기 사용 금지(인터넷 사용기록을 표시하는 기기만 사용 가능)

· 피해우려자에게 물리적 접근 금지(지정된 지역 또는 지도에 명시된 대로)

· 피해우려자를 어떤 방법으로든 감시하는 행위 금지

〈보호명령에 포함될 수 있는 작위의무(requirements)〉[406]

· 치료 적합성 평가 참석

· 가해자 개입 프로그램 참석

· 정신 건강 평가 참석

· 마약 및 알코올 프로그램 참석

· 장치(혹은 기계) 반납

· 경찰에게 소셜미디어 계정, 휴대전화, 컴퓨터, 태블릿 등의 암호/코드 등 제공

· 경찰서에서 서명

● 서섹스 경찰청의 스토킹 가해자 심리치료제도(Sussex Perpetrator Intervention Programme)[407]

서섹스 경찰청은 2020년 내무부로부터 £98,000(한화 약 1억 5,200만 원)를 지원받아 잉글랜드와 웨일즈에서 2021년 처음으로 재활 및 형사사법기관 등과 협력해 '가해자 심리치료 제도(stalker behaviour intervention programme)'를 마련하였다. 이는 스토킹 가해자의 55%가 재범을 하며 현재 형사사법 시스템으로는 스토킹 재범 방지에 한계가 있고, 또한 2020년 1월 영국 전역에서 시행되기 시작한 SPO의 실효성을 증가시키기 위함이다. 다시 말해, SPO 발행이 경찰 초기 개입으로 스토킹 행위를 완화하고 피해자를 보호하지만, 이는 일시적인 것으로 이후 가해자는 스토킹 행동을 반복하고 동일 피해자 또는 피해자를 달리하여 스토킹 행위를 하는 것으로 보고되기 때문이다. 실제로 스토킹 신고 건수는 매년 증가해 2020년 서섹스 경찰청의 스토킹 신고 건수는 2,661건이었다. 동 프로그램에서 가해자는 12번의 집중적인 일대일 수업(session)을 받는다. 프로그램 내용은 가해자에게 친사회적 기술, 대인관계 기술, 정서적 위기 중 행동관리 능력 향상(마음챙김, 괴로움 참기, 감정조절) 등의 심리치료를 받게 하며, 또한 스토킹 행위의 근본 원인을 식별·치유하는데 중점을 두어 스토킹 가해행위 재발을 막도록 한다.

406) Home Office, Stalking Protection Orders—Statutory guidance for the police, 2021, p. 15.

407) Sussex Police, New Scheme to reduce harm caused by stalking in Sussex, https://www.sussex.police.uk/news/sussex/news/force-news/new-scheme-to-reduce-harm-caused-by-stalking-in-sussex/ (2021.4.22. 방문).

[**법원의 임시 보호명령**(interim SPO)] 2019년 스토킹 보호법 제5조 제2항에 의하면, **경찰 관서장**(chief officer of police)은 **치안판사 법원**이 완전한(full) SPO 발급 결정을 하는 동안, 즉 각적인 위해(harm) 위험에 처한 피해자 보호를 위해 임시 SPO(interim SPO)의 발령을 신청할 수 있다.[408) 임시명령의 위반도 SPO 위반과 마찬가지로 동일한 처벌을 받는다.

(**해석론**) 임시명령은 위해가 임박한 경우 예를 들어 자살이나 살인의 요인이 있지만, SPO 신청 요건에 부합하는 추가적인 정보나 조사가 부족한 경우 또는 법원이 제때에 SPO 발급을 할 수 없는 경우, 피해자 보호 명령을 빨리 받기 위한 경우 등에 적용된다. 임시명령 신청과정은 정식 SPO 신청과정과 동일하며, 경찰은 법원에 서면진술서를 제공하거나 직접 증거를 제공할 수 있다. 임시명령의 효과는 명령서에 명시된 정해진 기간만 유효하며, 정식 SPO 신청 결정에 영향을 미치지 못한다.[409)

5. 성매매 관련법

영국에서는 준 범죄화(quasi-criminalisation) 체제로 성인 간 동의하에 이루어지는 성을 사고 파는 행위는 그 자체로 합법이지만, 성매매와 관련 있는 많은 활동, 예를 들어, 성매매 를 통제하거나 윤락업소(brothel)를 관리하는 등의 성 착취 관련 활동, 그리고 공공장소에서 성을 사고 판매함으로써 대중에게 소란행위(nuisance)를 유발하는 활동은 범죄행위에 해당 한다.[410) 즉, 영국은 성매매의 형법적 규제 양상[411)에 따라 성매매 자체는 금지하지 않으면 서 관련행위를 금지하므로 폐지주의에 속한다.

영국의 성매매 관련법은 여러 법에 흩어져 있으며, 최근에는 '2009년 경찰활동 및 범죄 법(Policing and Crime Act)'과 '2003년 성범죄법(Sexual Offences Act 2003)'을 통해 성매매와 관 련된 사람들의 성착취 관련 범죄를 도입하였다. 가장 최근에는 '2015년 중대범죄법(Serious Crime Act 2015)' 제68조 제3항과 제5항에 의하여, 법령상 '아동 성매매(child prostitution)'와

---

408) Ramsdens Solicitors, Stalking protection act 2019 introduces stalking protection orders, https://www. ramsdens.co.uk/blog/stalking-protection-act-2019-introduces-stalking-protection-orders (2021.4.20. 방문).

409) Home Office, Stalking Protection Orders-Statutory guidance for the police, 2021, p. 8.

410) House of Commons, Home Affairs Committee, Prostitution, Third Report of Session 2016-17, 2016, pp. 4, 8, 40; Teela Sanders, et al., Policing vulnerability in sex work: the harm reduction compass model, Policing and Society, 2020, p. 2.

411) 안준홍, 서울법학 제28권 제2호, 2020, 298-299면. 성매매 관련 형법적 규제 양상에 따라 성매매 정책 은 여러 가지 유형으로 나누어 볼 수 있다: (i) 성매매 자체는 금지하지 않으면서 관련 행위를 금지하 는 폐지주의, (ii) 성매매 자체를 포함하여 관련행위를 금지하는 금지주의, (iii) 성매매와 관련행위를 금지하지 않는 비범죄화주의, (iv) 성판매 행위는 금지하지 않고, 성구매 행위를 포함한 관련행위를 금 지하는 신폐지주의(또는 신근절주의, neo-abolitionism).

'아동 포르노물(child pornography)' 용어를 '아동 성착취(sexual exploitation of a child)'로 변경하였다.[412]

2021년 발행 경찰지휘관협회(NPCC) 지침[413]에 의하면, 영국 경찰의 법 집행 활동 초점은 성 노동자(sex workers)들의 안전증진과 성을 착취하며 위해를 일으키는 사람에 있다고 명시한다.

> ● **어글리 머그스(National Ugly Mugs, NUM)**
> 성 노동자에 대한 폭력을 근절하는 것을 목표로 경찰과 성 노동자들이 협력하는 전국적인 자선단체로, 성 노동자들은 이 단체를 통해 자신들의 안전을 증가시키고 경찰의 수사를 지원하며 피해자를 지원한다.[414]

[업소운영의 금지] 1956년 성범죄법(Sexual Offences Act 1956) 제33조와 제33A조에 의하면, 한 명 이상의 성판매자가 일을 하는 윤락업소를 운영하는 것은 불법이다. 또한 동법 제34-제36조에 의하면, 집주인(landlord) 또는 임차인(tenant)이 건물을 윤락업소로 사용하도록 허용하는 것 또한 불법이다.

[공공장소 호객과 성구매 금지] 1959년 노상범죄법(Street Offences Act 1959)[415] 제1조 제1항에 의하면, 18세 이상자(남자건 여자건)가 성매매를 목적으로 거리나 공공장소에서 지속해서(persistently) 호객행위(loitering, soliciting)를 하는 것을 처벌한다. 동조 제4항 a호에 의하면, '지속적인(persistent)'이란 3개월 내 최소 2번의 행위(conduct) 발생을 의미한다. 2003년 성범죄법 제51A조에 의하면, 거리나 공공장소에서 성을 구매하려는 사람을 처벌한다.

> ● **호객행위자의 처벌 대체 상담 명령(Engagement and Support Orders)**
> 2009년 경찰활동 및 범죄법(Policing and Crime Act 2009) 제17조에 의하면, 길거리나 공공장소에서 성판매목적 호객행위죄를 저지른 사람의 벌금형에 대한 대안으로서, 위반자는 법원이 임명한 감독관과 3회의 상담에 참석해야 한다. 동조 제2항에 의하면, 동 명령의 목적은 그 행위를 한 원인을 다루고, 향후 그런 행위를 그만둘 방법을 모색하기 위함이다.

---

412) House of Commons, Home Affairs Committee, Prostitution, Third Report of Session 2016-17, 2016, p. 40.

413) NPCC(National Police Chiefs' Council), National Policing Sex Work and Prostitution Guidance, 2021, pp. 3, 5.

414) NPCC(National Police Chiefs' Council), National Policing Sex Work and Prostitution Guidance, 2021, pp. 6, 11.

415) 2003년 성범죄법, 2009년 경찰활동 및 범죄법, 2015년 중대범죄법에 의해 개정되었다.

[**성매매 광고 금지**] 2001년 형사사법 및 경찰법(Criminal Justice and Police Act 2001) 제46조에 의하면, 성매매 관련 공중전화 또는 그 근방에 광고하는 것은 범죄행위로, 동조 제4항에 의하면 최대 6개월의 징역형 및/또는 level 5(£5,000)의 벌금형에 처한다. 동법 제47조에 의하면, **내무부장관**은 명령으로 성매매 광고가 금지되는 기타 특정 공공장소를 지정할 수 있다.

[**착취 금지**] 2003년 성범죄법 제52조, 제53조, 제53A조에 의하면, 이익을 위해 성매매를 조장하는 사람(제52조), 이익을 위해 성매매를 통제하는 사람(제53조), 강요, 협박, 속임수로 인해 성을 판매하는 자의 성을 구매하는 사람(강요 등에 의해 성을 판매하는지 몰랐다고 주장하는 것은 유효하지 않다)(제53A조) 등은 처벌한다. 동법 제57조-제59조에 의하면, 영국 내 및 외부에서 성 착취 목적의 인신매매는 범죄행위로 이러한 범죄는 성인과 아동 모두에 해당하며 최대 14년의 징역형에 처한다.

[**임시폐쇄명령**]416) 2003년 성범죄법 제136B조(성매매 또는 포르노물 범죄)에 의하면, **경정 이상의 경찰관**은 건물이 성매매 범죄행위와 관련된 행위로 사용되었다는 합리적 근거가 있는 경우, 3개월간(동조 제5항) 임시폐쇄명령을 승인할 수 있다. 동법 제136BA조(아동 성범죄 임시폐쇄명령 승인권한)에 의하면, **경정 이상의 경찰관**은 아동 성범죄 관련 임시폐쇄명령을 승인할 수 있다. 동법 제136C조(임시폐쇄명령 내용) 제2항에 의하면, 임시폐쇄명령은 **경찰관**(constable)이 발령한다.

[**폐쇄명령**] 동법 제136D조(폐쇄명령 권한)에 의하면, 임시폐쇄명령이 발령된 경우, **경찰관**(constable)은 **치안법원**에 폐쇄명령을 신청해야 한다. 동조 제2항에 의하면, 건물폐쇄는 3개월을 초과하지 않으며, 동법 제136I조 제3항에 의하면 법원은 필요하다고 여기는 경우 폐쇄명령을 3개월 더 연장할 수 있다. 동조 제4항에 의하면, 명령서의 전체기간은 6개월을 초과해서는 안 된다.

[**아동 성착취 금지**] 2003년 성범죄법을 통해 성매매 또는 포르노물을 이용한 아동과 청소년을 성 착취하는 행위가 범죄로 도입되었다. 동법 제47조에 의하면, 18세 미만자의 성을 구매하는 것은 범죄행위로 아동이 13세 미만이면 최대 종신형(동조 제3항)까지 처한다. 아동이 16세 미만이면 14년(동조 제4항), 아동이 16세 또는 17세면 7년형(동조 제5항)에 처한다.

동법 제48조-제50조에 의하면, 아동 성 착취를 유발(제48조), 성 착취 관련 아동 통제(제49조), 그리고 아동의 성 착취 마련 또는 도모(제50조) 등이 처벌되며, 최대 14년의 징역형(각 제48조 제2항, 제49조 제2항, 제50조 제2항)에 처한다.

---

416) 2009년 경찰활동 및 범죄법 제21조에 의해 폐쇄명령 제도가 도입되었으며, 이에 따라 2003년 성범죄법이 개정되었다.

6. 소년범 관련

[**소년사법과 범죄예방**] 1998년 범죄 및 무질서법(Crime and Disorder Act 1998) 제37조에 의하면, 소년사법시스템의 목적은 아동(children)과 청소년(young persons)의 범죄를 예방하는 것이며, 소년사법과 관련된 모든 사람의 임무 또한 범죄를 예방하는 것이다.

[**다기관 협력체계 의무**] 1998년 범죄 및 무질서법 제38조 제1항에 의하면, 지방정부는 당해 지역에서 관련기관들과의 협력하에 모든 소년사법서비스를 제공할 의무가 있다. 동조 제2항에 의하면, **경찰관서장**(chief officer of police)은 지방정부의 아동과 청소년 범죄예방에 협력할 의무가 있다.

[**소년의 연령**] 1933년 아동 및 청소년법(Children and Young Persons Act 1933) 제107조 제1항에 의하면, **아동**(child)이란 14세 미만, **청소년**(young persons)은 14세-18세 미만을 의미한다.

동법 제50조[417]에 의하면, 형사성년자(형사책임)의 연령은 10세이다.[418] 1984년 PACE법 제37조 제15항과 그 실무규칙(Code C의 1.5항)에 의하면, 범죄소년(arrested juvenile)은 18세 미만[419]을 의미한다.

따라서 **범죄소년**은 10세 이상 18세 미만자이다.[420]

[**소년법원의 보호처분 원칙**] 1933년 아동 및 청소년법 제45조에 의하면, 소년법원(youth courts)의 기능을 담당하는 것은 **치안판사법원**으로 범죄소년에 대한 혐의를 심리한다. 1980년 치안판사법원법(Magistrates' Courts Act 1980) 제24조에 의하면, 송치된 범죄소년은 치안판사법원에서 약식으로 재판을 받는다.

소년법원의 재판으로 결정되는 보호처분은 2020년 형선고법(Sentencing Act 2020)에 의하여, 사회내 처우(community sentences)와 시설내 처우로 나뉜다.[421]

---

417) It shall be conclusively presumed that no child under the age of ten years can be guilty of any offence.
418) 동조는 1963년 아동 및 청소년법(Children and Young Persons Act 1963) 제16조 제1항에 의해 '8세'에서 '10세'로 상향 조정되었다(Children and Young Persons Act 1963 제16조: Section 50 of the principal Act(1933 act) shall be amended by substituting therein the word "ten" for the word "eight").
419) 2015년 형사사법 및 법원법(Criminal Justice and Courts Act 2015) 제42조에 의해 "17세" 미만에서 "18세 미만"으로 대체되었다.
420) Sentencing Council, Young people and sentencing, https://www.sentencingcouncil.org.uk/young-people-and-sentencing/ (2021.9.9. 방문).
421) GOV.UK, Criminal courts, https://www.gov.uk/courts/youth-courts (2021.9.15. 방문); 2000년 형사법원권한(선고)법(Powers of Criminal Courts(Sentencing) Act 2000)에 의한 각종 소년법원에 의한 보호처분 유형이, 2003년 형사사법법(Criminal Justice Act 2003)과 2008년 형사사법 및 이민법(Criminal Justice and Immigration Act 2008) 제6조에 의해 폐지·변경되었다.

2021년 법관대학(Judicial College) 발행의 '형사법원에서의 청소년 피고인 지침(Youth Defendants in the Crown Court)'[422])에 의하면, 2020년 형선고법에 의하여 10세-18세 미만자에게 소년법원이 부과할 수 있는 처분은 다음과 같다.

구분	처분	10-11세	12-14세	15-17세	근거규정	참조
사회내처우	절대적 석방 or 조건부 석방 (absolute or conditional discharge)	○	○	○	제79조-제82조	
	원상회복명령[423]) (reparation order)	○	○	○	제109조-제116조	
	벌금(fine)	○	○	○	제118조-제132조	부모나 후견인이 벌금 납부
	보상명령[424]) (compensation order)	○	○	○	제139조-140조	
	위탁명령[425]) (referral order)	○	○	○	제83조-제108조	유죄 인정 초범에 대한 의무적 처분 (소년법원만 가능)
	갱생명령[426]) (Youth rehabilitation order, YRO)	○	○	○	제173조-제199조, 부칙 6	
	집중감독 갱생명령 (YRO with Intensive Supervision and Surveillance(ISS))	○*	○*	○	제175조	*10-14세의 경우는 만성범죄자(persistent offenders)[427])만 해당
	보호시설 위탁 갱생명령 (YRO with Fostering)	○*	○*	○	제176조	*10-14세의 경우는 만성범죄자(persistent offenders)만 해당
시설내처우	구금 및 훈련명령 (Detention and Training order, DTO)	×	○*	○	제233조-248조	*12-14세의 경우는 만성 범죄자만 해당

---

422) Gareth Branston & Heather Norton, Youth Defendants in the Crown Court, Judicial College, March 2021, pp. 110-124.

423) 2020년 형선고법 제112조 제6항 b호에 의하면, 원상회복명령은 소년범에게 총 24시간을 초과하여 일하도록 요구해서는 안된다; Ministry of Justice, A Smarter Approach to Sentencing, September 2020, p. 14. 원상회복명령은 거의 발행되지 않고 있어서, 영국 정부는 원상회복명령 폐지를 고려한다고 밝

[예외적 형사법원 기소] 1998년 범죄와 무질서법 제51조와 제51A조에 의하면, 다음의 범죄소년은 형사법원에 기소된다: 성인과 공범, 살인죄, 16세 이상 청소년이 저지른 총기범죄, 2년 이상의 구금이 가능한 중대범죄, 중대하거나 복잡한 사기사건, 아동피해사건, 위험한 범죄자(dangerous offender) 조항에 해당하는 특정범죄.

다음은 2021년 법관대학(Judicial College) 발행의 '형사법원에서의 청소년 피고인 지침 (Youth Defendants in the Crown Court)'[428]에 의한 것이다.

구분	처분	10-11세	12-14세	15-17세	근거규정	참조
시설 내 처우	구금	○	○	○	제250조	중대범죄 소년범[429](grave crime)으로, 2년 초과형이 합당한 경우에만 해당
	구금 연장 (Extended sentence of detention)	○	○	○	제254조- 제257조	특정범죄로 유죄판결을 받고 위험성 평가기준을 충족한 경우로, 최소 4년형이 합당하나, 제91조[430]에 따라 종신형을 선고할 필요는 없는 때(소년범이 성범죄나 테레범죄를 저지른 경우 형사법원이 처분)
	종신형 구금 (Detention for life)	○	○	○	제258조	종신형을 선고받을 중대범죄로 유죄판결을 받고, 위험성 평가

했다.

424) Judicial College, Youth Court Bench Book, June 2020, p. 68.

425) 2020년 형선고법 제83조 제1항에 의하면, 위탁명령은 소년범이 소년범죄대응팀(YOT)에 의해 설립된 소년범 패널(youth offender panel) 회의에 참석하도록 요구하는 명령으로, 소년범은 특정기간 동안 소년범과 패널 간 합의된 행동 프로그램을 준수해야 한다.

426) 2020년 형선고법 제174조에 의하면, 부과 가능한 갱생명령의 유형은 총 17개이다: 특정활동 이행명령 (activity requirement), 보호관찰(supervision requirement), 사회봉사명령(unpaid work requirement), 프로그램 이수명령(programme requirement), 출석센터 참석명령(attendance centre requirement), 특정 행동 금지명령(prohibited activity requirement), 외출제한명령(curfew requirement), 특정장소 출입금지명령(exclusion requirement), 특정장소 거주명령(residence requirement), 지방정부 보호시설 거주명령(local authority residence requirement), 보호시설 위탁명령(fostering requirement), 정신치료명령 (mental health treatment requirement), 약물치료명령(drug treatment requirement), 약물검사명령(drug testing requirement), 유해물질 치료명령(intoxicating substance treatment requirement), 교육명령 (education requirement), 전자감독명령(electronic monitoring requirement).

427) Gareth Branston & Heather Norton, Youth Defendants in the Crown Court, Judicial College, March 2021, p. 106. 'persistent offender'는 법으로 정해진 정의는 없지만, 판례 Macduff J. in R V M([2008] EWCA 3329 at[8]에 의하면, 'Persistence is a creature which, perhaps like an elephant, should be ca－pable of being recognized when it is encountered without further definition.'

428) Gareth Branston & Heather Norton, Youth Defendants in the Crown Court, Judicial College, March 2021, pp. 121-124.

					를 충족한 경우로, 범죄의 심각성이 위의 제91조에 따른 종신형을 정당화하는 경우
부정기 구금 (Detention during Her Majesty's Pleasure)	○	○	○	제259조	살인죄만 해당

[**수사기관의 선도처분**] 2021년 법관대학(Judicial College) 발행의 '형사법원에서의 청소년 피고인 지침'[431]에 의하면, 범죄소년에 대하여 수사기관인 **경찰**과 검찰은 다음과 같은 처분을 할 수 있다: 사건 중지(no further action), 지역사회내 해결(community resolution), 송치유예(youth caution), 조건부 송치유예(youth conditional caution).

[**지역사회내 해결**(Community Resolution)] 2021년 법관대학(Judicial College) 발행의 '형사법원에서의 청소년 피고인 지침'[432]에 의하면, 지역사회내 해결은 덜 심각한 범죄 및 반사회적 행위에 대한 비공식적이고 법에 명시되지 않은 처분이다. 지역사회내 해결은 범죄소년이 양심의 가책을 느끼고 피해자가 경찰이 공식적 조치를 취하는 것을 원하지 않는 경우 등으로 **경찰관**의 판단 하에 처리된다. 사과, 금전적 보상, 또는 원상복구 약속 등으로 종결된다.

또한, 낮은 수준의 공공질서, 범죄피해, 절도, 경미한 폭행과 같은 범죄에 사용되며, 비교적 사소한 사건에 대한 경찰의 비공식적이고, 유연한 대응이다. 이러한 처분은 경찰이 관리하는 국가 컴퓨터에 기록되지 않는다.

[**송치유예**(Youth cautions)] 1998년 범죄와 무질서법(Crime and Disorder Act 1998) 제66ZA조 제1항과 제2항에 의하면, **경찰관**(constable)은 범죄소년을 소년법원에 송치할 충분한 증거가 있는 경우에도, 대상자가 범죄를 인정하고 기소 또는 조건부 송치유예(youth conditional caution) 처분을 받는 것이 바람직하지 않다고 판단하면 송치유예(caution) 처분을 할 수 있다. 동법 제66ZA조 제6항에 의하면, 범죄소년에게 송치유예 또는 조건부 송치유예와 다른 형태의 어떤 송치유예도 하여서는 아니된다.

동조 제2항에 의하면, 송치유예 처분을 하는 경우 적절한 성인 보호자가 있어야 한다.

---

429) 중대범죄(grave crime)는 2020년 형선고법이나 2000년 형사법원 권한(선고)법 제91조에 없으며, 기존 법률인 1933년 아동 및 청소년법(Children and Young Persons Act) 제53조에 정의되어 있다.
430) 2000년 형사법원 권한(선고)법에 의한 규정.
431) Gareth Branston & Heather Norton, Youth Defendants in the Crown Court, Judicial College, March 2021, pp. 23.
432) Gareth Branston & Heather Norton, Youth Defendants in the Crown Court, Judicial College, March 2021, pp. 23-24.

동조 제3항과 제4항에 의하면, 경찰관(constable)은 범죄소년과 성인 보호자에게 송치유예의 효과 및 내무부장관의 지침 세부사항을 설명해야 한다.

동법 제66ZB조 제1항에 의하면, **경찰관**(constable)은 송치유예를 받은 청소년을 **소년범 죄대응팀**(Youth Offending Team, YOT)[433]으로 보내야 한다. 동조 제2항과 제3항에 의하면, 청소년을 인계받은 소년범죄대응팀은 대상자에 대해 선도프로그램(rehabilitation programme)의 적용가능성을 평가해야 한다. 동조 제4항에 의하면, 내무부장관은 선도프로그램내용, 선도프로그램 불참기록방식, 불참자에 대한 통보 방식 등의 지침을 발행해야 한다.

> **● 소년범죄대응팀(Youth Offending Teams: YOT)**
> 1998년 범죄 및 무질서법 제39조 제1항에 의하면, 지방정부는 자신의 지역에 1개 이상의 소년범죄대응팀(YOT)을 설치할 의무가 있다. 동조 제3항에 의하면, 해당 지역의 경찰관서장(chief officer of police)은 지방정부의 의무 이행시 협력할 의무가 있다. 동조 제5항에 의하면, 소년범죄대응팀 회원으로 경찰관(police officer), 보호관찰직원, 사회복지사, 의료요원, 교육요원 등을 명시하고 있다. 동조 제7항에 의하면, 소년범죄대응팀의 기능으로 관할지역 내 소년사법서비스[434]의 기준을 조정하고, 지방정부가 수립한 소년사법계획(youth justice plan)을 실행하는 것이다.

(해석론) 송치유예는 이전 제도인 견책(reprimands)과 경고(warnings)를 대체한 것이다.[435] 2021년 법관대학(Judicial College) 발행의 '형사법원에서의 청소년 피고인 지침'[436]과 2013년 법무부와 청소년사법위원회 발행 '경찰과 소년범죄대응팀을 위한 청소년 송치유예 지침서(Youth Cautions-Guidance for Police and Youth Offending Teams)'[437]에 따르면, 조건부 송치유예와 달리 송치유예는 오직 경찰만이 발부한다. '경찰과 소년범죄대응팀을 위한 청소년 송치유예 지침서'에 따르면, 발부하는 경찰의 직급에 대해서는 명시하고 있지 않다. 이는 송치유예 처분 시 직급보다 더 중요한 것은 해당 경찰관의 전문성이기 때문이다. 또한 예외

---

433) 소년범죄대응팀은 동법 제39조에서 명시하고 있다. 소년범죄대응팀에 경찰이 포함된다.

434) 소년사법서비스(youth justice services)의 종류에 대해서는 동조 제4항에 나열되어 있다.

435) Gareth Branston & Heather Norton, Youth Defendants in the Crown Court, Judicial College, March 2021, p. 24; CPS, Youth Offenders, https://www.cps.gov.uk/legal-guidance/youth-offenders (2021.6.18. 방문): 2012년 범죄자의 법적 원조, 선고, 처벌에 관한 법률(Legal Aid, Sentencing and Punishment of Offenders Act 2012) 제135조 제1항에 의하여, 1998년 범죄와 무질서법(Crime and Disorder Act 1998)의 제65조(질책과 경고, reprimands and warnings)와 제66조(질책과 경고의 효과, effect of reprimands and warnings)는 폐지되고, 2013년 4월 8일부로 '송치유예(Youth Cautions)'로 대체되었다.

436) Gareth Branston & Heather Norton, Youth Defendants in the Crown Court, Judicial College, March 2021, p. 25.

437) Ministry of Justice & Youth Justice Board, Youth Cautions-Guidance for Police and Youth Offending Teams, 8th April 2013, pp. 20-21.

적인 상황을 제외하고 송치유예 처분 시 경찰관은 제복을 입어야 한다.

'경찰과 소년범죄대응팀을 위한 청소년 송치유예 지침서'[438]에 따르면, 1984년 PACE 법 제34조 제5항은 경찰이 송치유예를 줄 것인지 여부에 대한 결정이 있을 때까지 경찰이 소년범을 보석할 수 있도록 허용한다. 송치유예를 고려하는 경우 경찰은 보석일로부터 20일 이내에 송치유예를 발부하여 소년범죄대응팀이 평가할 시간을 충분히 갖도록 해야한다.

[**조건부 송치유예**(Youth conditional cautions)][439] 1998년 범죄와 무질서법 제66A조 제1항에 의하면, 수권자(authorised person)는 범죄소년에게 조건부 송치유예 처분을 할 수 있다. 동조 제2항에 의하면, 조건부 송치유예란 송치유예에 조건이 첨부된 것으로 소년범은 이를 준수해야 한다. 동조 제3항에 의하면, 조건부 송치유예의 목적은 범죄소년의 갱생, 범죄피해자 보상, 범죄소년의 제재 등이다.

동조 제7항 a호에 의하면, **경찰관**(constable), 조사관(investigating officer),[440] 검사 승인자(a person authorised by a relevant prosecutor)가 수권자가 된다.

동법 제66B조에 의하면, 조건부 송치유예는 다음 5가지 조건이 충족되어야 한다: 범죄증거의 존재, 기소에 충분한 증거, 범죄소년의 혐의인정, 첨부조건 불응시 기소경고, 범죄소년의 서면동의.

동법 제66A조 제4항과 제66C조에 의하면, 송치유예에 첨부되는 조건으로는 최대 £100(한화 약 16만 원)의 제재금, 지정된 시간에 지정된 장소로 최대 20시간 출석 등이다.

동법 제66A조 제6A항에 의하면, **경찰관**(constable) 및 기타 수권자는 조건부 송치유예 처분을 하는 경우, 범죄자를 **소년범죄대응팀**으로 보내야 한다.

[**범죄소년 구금시 통보**] PACE법 제57조 제1항-제5항에 의하면, 범죄소년이 체포되어 경찰서에 구금되면 부모나 후견인 등을 확인하여 구금된 사실, 이유, 장소 등을 통지해야 한다. 동조 제7항-제8항에 의하면 소년이 감독명령을 받고 있는 경우 소년을 감독하고 있는 사회복지사에게, 소년이 지방정부의 보호하에 있는 경우 해당 지방정부에 통지해야 한다.

---

438) Ministry of Justice & Youth Justice Board, Youth Cautions-Guidance for Police and Youth Offending Teams, 8th April 2013, pp. 12-14.

439) 1998년 범죄와 무질서법 제66G조에 의하면, 내무부장관은 '청소년 조건부 송치유예 실무규칙(Code of Practice for Youth Conditional Cautions)'을 발행할 의무가 있다. PACE법 제37A조에 의하면, 검찰(Director of Public Prosecution)은 '청소년 조건부 송치유예 지침(The Director's Guidance on Youth Conditional Cautions)'을 발행한다.

440) 동법 제66H조 c항에 investigating officer가 정의되어 있다: "investigating officer" means an officer of Revenue and Customs, appointed in accordance with section 2(1) of the Commissioners for Revenue and Customs Act 2005, or a person designated as a policing support officer or a policing support volunteer under section 38 of the Police Reform Act 2002.

동법 제41조 제2항 a호에 의하면, **경찰**은 피의자를 24시간 유치할 수 있으나, 동법 제 42조 제1항에 의하면 경정(superintendent) 이상의 경찰관이 승인하는 경우 36시간까지 연장 가능하다.

제4장

독 일[1]

1절 국가의 기본 개황

1. 인구, 면적 및 연혁

독일의 국가면적은 35만여㎢로 한반도의 약 1.6배이며, 인구는 (2016년 기준) 약 8,200만 명이다.[2] 독일은 1800년대 초반 선성로마제국(제1제국) 몰락 이후 프로이센을 포함한 분열된 영주국가들로 구성되었다. 1866년 전쟁에서 프로이센이 오스트리아를 이긴 후 1871년 비스마르크 주도로 통일된 독일(제2제국)은 국가연합에서 사실상 연방국가화가 되었다. 1차 세계대전 중 1918년 독일혁명으로 왕정이 무너지고 독일이 패전한 후 1919년 헌법이 제정되고 바이마르 공화국이 출현하였으나, 곧이어 1933년 국가사회주의당(나치)에 의한 전체국가(제3제국)가 출현하였다. 2차 세계대전 이후 동독(DDR)과 서독(BRD)으로 분리되었다가, 1990년 독일연방공화국(Bundesrepublik Deutschland)으로 재통일되었다

2. 정체성

독일은 연방공화제이며 의원내각제를 택하고 있다. 독일연방(聯邦, Bund)은 16개의 분

---

1) 이하에서 소개되는 독일의 관련 법령은 http://www.gesetze-im-internet.de/(독일 법무부 제공)에서 확인한 현행 내용이다.
2) 외교부, 독일개황, 2017, 12면; 외교부, 세계각국편람, 2019, 355면.

방3)(分邦, Bundesland)으로 구성되는데, 인구 면에서는 노르트라인-베스트팔렌주가, 면적 면
에서는 바이에른주가 가장 큰 분방이다. 연방의회는 4년 임기의 양원제이다. 연방상원
(Bundesrat)은 직접 선거가 아닌 69명의 각 분방정부의 대표로 구성되는데, 각 분방은 분방
총리를 포함한 인구비례 3-6인의 분방의 대표를 연방상원에 파견한다. 연방하원(Bundestag)
은 소선거구제인 지역선거구에서 299명과 각 분방별 비례대표제에 의해 선출된 299명 등
총 630명으로 구성된다. 하원은 법률의 제정, 연방총리 선출, 정부 활동 감시 등을 행한다.4)

　　　연방정부(Bundesregierung)는 연방총리(Bundeskanzler)와 19명의 연방각료(Bundesminister)
로 구성된다. 연방정부의 수반인 연방총리는 연방대통령의 제청으로 연방하원에서 재적인
원 과반수로 선출된다. 정부정책의 수립 및 시행, 연방하원 해산 제청권 등이 있다. 연방대
통령은 국가원수로서 대외적으로 국가를 대표하나 제한적이며 상징적인 권한만 보유한다.
임기는 5년이며 연방하원과 각 분방 의회에서 선출된 대표단인 연방회의(Bundesversamm-
lung)에서 재적인원 과반수로 선출된다.5)

3. 독일의 행정체계와 지방자치

　　　독일의 행정체계는 연방행정, 분방행정, 지방자치행정(Kommunalverwaltung)으로 나뉘
며,6) 조직단계는 연방(Bund), 분방(Land), 관구(Bezirk/Regierungsbezirk), 도(Kreis) 또는 광역시
(Kreisfreie Stadt),7)8) 협의의 게마인데(Gemeinde, 시군읍면동) 등 5단계이다. 관구는 지방자치단
체가 아닌 분방의 일선 행정구역으로서, 마치 광역자치단체처럼 관할 지역에 있는 지방자
치단체를 지원한다.9) 현재 16개 분방 중 바덴-뷔어템베르크주·바이에른주·헤센주·노르트
라인-베스트팔렌주 등 4개 분방에 모두 19개의 관구가 있다.

---

3) 분방의 용례에 대하여는 미국의 국가개황 부분 설명 참조.
4) 박경래, 주요국의 자치경찰제도와 한국의 자치경찰법안 연구, 한국형사정책연구원, 2005, 161면; 외교
부, 독일개황, 2017, 12면.
5) 박경래, 주요국의 자치경찰제도와 한국의 자치경찰법안 연구, 한국형사정책연구원, 2005, 160면; 외교부, 독일
개황, 2017, 36-38면.
6) 최승원 외, 연방제 국가 지방자치단체 감사제도 현황 및 운영실태 연구, 한국지방자치법학회, 2018, 10
면.
7) 바덴-뷔어템베르크주에서는 이와 달리 Stadtkreise라고 한다.
8) 통상 이를 도(Kreis)의 통제를 받지 않는다는 의미에서 자치시라고 번역하나, 게마인데에 속하는 작은
시의 경우도 지방자치단체인 시이므로 혼동하지 않도록 광역시라고 번역하였다. 물론 규모는 20만 이
상이므로 우리의 광역시보다 훨씬 작은 규모가 대부분이다.
9) 최승원 외, 연방제 국가 지방자치단체 감사제도 현황 및 운영실태 연구, 한국지방자치법학회, 2018, 12
면: 중급행정기관(Landesmittelbehörde)로 영토가 넓은 소수의 주에만 설치된다. 의회가 없고 (관구청
장은 임명직으로) 지방자치단체가 아닌 순수한 행정기관이다.

독일에서 지방자치단체를 가리키는 총칭은 광의의 게마인데(Gemeinde)로서, 지방자치의 원칙(Prinzip kommunaler Selbstverwaltung)은 분방과 게마인데 사이에 적용된다.10) 게마인데는 주민들의 생활과 직접 연관이 있는 사무를 담당하며 주민들에게 직접 조세권을 행사한다. 여기에는 도 및 광역시와 도에 속하는 협의의 게마인데가 있다.11)

2절 경찰의 기본 개황

1. 연혁

독일에서는 15세기 후반부터 Polizei라는 말을 사용하였다. 가장 오래된 경찰활동은 1630년경 뉘른베르크 예산자료에서 확인되는데, 시에서 고용한 야경원(Nachtwache)들이 야간순찰을 담당하였다.12) 1848년 국왕 프리드리히 빌헬름 4세의 지시로 창설된 베를린 왕립경찰대가 군과 구별되는 무장제복경찰로서 근대 경찰의 시초가 되었다.13)

1949년 서독 지역에 독일연방공화국(BRD)이 수립된 후 독일 헌법인 기본법(Grundgesetz)에서 연방과 각 분방 사이의 권한을 분배하면서, 연방이 입법권을 가지지 않는 한 분방이 입법권을 갖는다는 기본법 제70조 제1항과, 연방의 입법사항을 열거한 기본법 제71조와 제73조 및 연방과 분방의 경합적 입법 대상을 규정한 기본법 제72조와 제74조에 근거하여, 경찰과 관련한 배타적 입법권을 일반적으로 분방이 갖게 되었다.14) 이러한 기본법을 근거로 분방들은 일반적인 경찰법을 제정하고,15) 각 분방별 경찰조직을 갖게 되었다.

한편 연방국가에서 분방은 주권을 가진 국가개념이기 때문에 분방경찰은 통상적으로 자치경찰이 아닌 국가경찰로 불린다. 하지만 그 실질은 연방에 대해 높은 수준의 자치분권을 확보하는 것이므로,16) 분방경찰도 넓은 의미에서는 자치경찰로 포괄할 수 있다.

---

10) 최승원 외, 연방제 국가 지방자치단체 감사제도 현황 및 운영실태 연구, 한국지방자치법학회, 2018, 6면.
11) 최승원 외, 연방제 국가 지방자치단체 감사제도 현황 및 운영실태 연구, 한국지방자치법학회, 2018, 10-12면: 2015년 현재 독일 전역에 295개의 도와 107개의 광역시, 11,091개의 게마인데가 있다.
12) 이성용 외, 비교경찰론, 2015, 6면: 이후 야경제도는 유니폼을 착용하고 순찰을 하는 제도로 정착되어 세계적으로 확산되었다. 하지만 이들은 어디까지나 민간인들이었으므로 경찰의 전신으로 평가된다.
13) 이성용 외, 비교경찰론, 2015, 6면.
14) *Ebert*, LKV 2018, S. 399 (399).
15) 신현기 외, 자치경찰연구 제6권 1호, 2013, 7면.
16) 이기우, 외국 지방자치단체의 자치입법권, 자치의정 9-10월호, 자치의회발전연구원, 1998: "지방분권적

한편 지방자치단체에서는 2차대전 후 1945년부터 점령국에 의하여 인구 5,000명 이상의 지역에서 독자적인 집행경찰인 자치경찰을 구성하도록 되었다. 1955년 제정된 바덴-뷔어템베르크 경찰법 등에서 인구 7만 5,000명 이상의 도시에서[17] 자체적인 집행경찰을 구성하도록 하는 등 자치경찰을 적용하고 그 범위를 넓히는 듯하였으나, 지방자치단체의 경제적 문제로 인해 1960년대부터 70년대까지 이러한 자체적 집행경찰조직들이 다시 분방경찰로 통합되었다.[18] 1977년까지 독일에서 자치경찰은 모두 사라지게 되었다.[19]

자치경찰이 분리되고 있지 않는 독일에서는 2차대전 후 탈경찰화의 경향으로, 위험방지업무가 일반행정관청인 지방자치단체와 경찰로 나뉜다. 위험방지업무의 원칙적인 권한은 경찰이 아닌 지방자치단체가 행정사무를 위주로 가지며, 경찰은 긴급개입권을 가지고 집행이 필요한 업무를 수행한다. 지방자치단체에서 위험방지업무를 수행하는 조직은 통상 질서행정청이라고 칭하는데, 분방에 따라 위험방지행정청, 안전행정청 등의 다른 이름으로 불리기도 한다. 하지만 경찰사무는 지방자치단체 고유사무가 아닌 분방의 위임사무이므로 이를 자치경찰이라고 하지는 않는다.[20]

하지만 1990년대 이후 대도시를 중심으로 집행업무까지 하는 지방자치단체 질서공무원(KOD, kommunaler Ordnungsdienst)들이 '도시경찰(Stadtpolizei)'의 이름으로 생겨났다. 지방자치단체 재량에 의하여 자치의회 의결로써 임의로 설치하는 도시경찰의 지출예산은 지방자치단체에서 부담한다.[21] 이들은 사실상 자치경찰의 실질을 가지고 있다고 보여진다.

인 국가질서를 파악함에 있어서는 주정부도 지방정부의 하나로 파악하여야 올바로 이해할 수 있다. 연방국가의 주는 그것이 국가로서의 성질을 갖는다는 점에서 지방자치단체와는 근본적인 차이가 있는 것으로 이해하는 경향이 있으나, 주와 지방자치단체는 그 지위에 있어서 국가로서 지위를 갖는지 여부를 제외하고는 전체국가의 분절적인 단위를 이루는 지역사단이라는 점에서는 아무런 차이가 없다. 이런 점에서 주는 국가로서 성질을 갖는 지방자치단체라고 표현할 수 있다."

17) 칼스루에, 만하임, 슈투트가르트, 포르츠하임 등이 시 단위의 집행경찰조직을 구성하였다.
18) 원소연 외, 광역자치경찰과 기초자치경찰제에 대한 입법평가, 한국법제연구원, 2011, 79면 및 89면: 1972년에는 만하임이 1973년에는 슈투트가르트가 도시경찰조직을 분방단위 경찰로 통합시켰다. 같은 취지로 *Nachbaur, in: MöstVTrurnit* (Hg.), Polizeirecht Baden-Württemberg, 17. Aufl., 2020, § 80. Rn. 8.1.
19) *Ebert,* LKV 2018, S. 399 (399): "Kommunale Polizeien erwiesen sich jedoch als uneffektiv und wurden nach und nach aufgelöst bzw. verstaatlicht."
20) 김형훈 외, 외국 자치경찰제도 연구, 치안정책연구소, 2020, 191-192면.
21) *Nachbaur, in: MöstVTrurnit* (Hg.), Polizeirecht Baden-Württemberg, 17. Aufl., 2020, § 80. Rn. 12-14.1.

2. 조직

경찰(Polizei)이라 불리우는 조직의 개념은 독일에서 통일적으로 사용되고 있지 않다. 연방과 몇몇 분방들에서는 단지 일반경찰(Polizeivollzugsdienst=경찰관)의 조직 단위만을 경찰이라고 하지만, 바덴-뷔어템베르크주의 경우는 여기에 경찰기능을 하는 행정청도 포괄한다(바덴-뷔어템베르크주 경찰법 제59조, PolR BW § 59).[22]

(1) 연방경찰

연방내무부장관 소속의 경찰조직으로는 연방경찰청(Bundespolizeipräsidien)과 연방수사청(Bundeskriminalamt)[23]이 설치되어 있다.

연방경찰청의 하부에는 9개의 연방경찰지부(Bundespolizeidirektion)를 두고, 지부별로 7-12개씩 총 77개의 경찰서와 경찰서 산하에 다시 전국 67개의 연방파출소(Bundespolizeinspektionen)를 설치하고 있다. 또 기동경찰본부(Direktion der Bundesbereitschaftspolizei)를 두고 그 밑으로 전국 10개의 연방경찰기동대(Bundespolizeiabteilungen)를 설치하고 있다. 연방경찰의 업무는 경찰업무 전반이 아니라 연방경찰법(BPolG) 제2조가 규정하는 바에 따라 14개 인접국가와의 국경수비를 주업무로 하며, 테러경비, 분방경찰지원, 형사범의 수사 등을 부수적으로 수행한다.[24] 연방경찰청 근무직원은 약 3만 명이다.[25]

연방수사청은 전국 및 국제적 범죄, 위조화폐, 정치범죄, 교육 등을 담당한다. 각 16개 분방들 간의 업무협조를 위해 분방 수사국을 설치하여 운영한다.[26] 연방수사청(관련법 BKAG/Gesetz über das Bundeskriminalamt und die Zusammenarbeit des Bundes und der Länder in kriminalpolizeilichen Angelegenheiten)의 권한은 테러방지법(Terrorismusbekämpfungsgesetz)과 정보공유법(Gemeinsame-Dateinen-Gesetz) 및 대테러정보법(Antiterrordateigesetz)에 의하여 확대되었다. 국제적 테러의 위험을 방지하는 임무를 가지게 되는데, 이는 분방의 경계를 넘어서는 위험에 있어서 분방 경찰관청이 인지하지 못하였거나, 또는 분방 최고관청의 지원요청이 있는 경우에 가능하다. 일반적인 위험방지권한은 물론 주거 내외에서의 기술적 수단, 정보 기술시스템에 의한 비밀침해, 전화감청 등 자료조사에 관한 수많은 특별한 권한도 갖는다.[27] 연방수사청 근무직원은 약 4,600명[28]이다.

---

22) *Schatz, in: Möstl/Trurnit* (Hg.), Polizeirecht Baden-Württemberg, 17. Aufl., 2020, § 59. Rn. 1.
23) 임승빈 외, 자치경찰제 도입 방안 연구, 한국지방자치학회, 2014, 150-151면: 국내와 국제적 범죄에 있어서 형사소추 외에도 국제적 테러위험의 방지와 연방헌법기관 구성원의 경호업무 등도 담당한다.
24) 신현기 외, 자치경찰연구 제6권 제1호, 2013, 8-10면.
25) *Ebert,*, LKV 2018, S. 399 (400).
26) 신현기 외, 자치경찰연구 제6권 제1호, 2013, 8-10면.

(2) 분방경찰

분방에서는 내무부가 최상급 경찰관청이며, 분방의 경찰국(Landespolizeipräsidium)은 분방 행정부로부터 독립성을 부여받는 외청이 아니라 내무부 직속의 국으로 편성되어 있다.[29] 경찰국장(Landespolizeipräsident)은 통상 민간인으로 임명된다.[30] 16개 분방의 내무장관(Innenminister) 혹은 내무위원(Innensenator)[31]은 경찰에 대해 정치적으로 책임을 진다.[32]

규모가 큰 4개 분방에 설치되는 지방행정청인 각 관구(Regierungsbezirk)에는 제6국으로 지방경찰국(Polizeipräsidium or Regierungspräsidium)[33]을 두나, 지방경찰국은 직접 집행기관의 역할을 수행하지는 않으며, 하급 경찰관서[34]에 대한 인사, 예산, 지원, 감독, 통제업무를 수행한다.[35] 바덴-뷔어템베르크주 및 바이에른주는 경찰개혁을 통해 관구청 지방경찰국을 없앤 후, 분방 내무부 직속의 지방경찰청을 별도로 설치하고, 경찰서 단계를 모두 없애 지방경찰청 밑으로 바로 지구대, 파출소가 소속한다.[36]

> ● 〈바이에른주〉: 내무부(경찰국장) - 지방경찰청 - 지구대/파출소
> 바이에른 경찰조직법(POG) 제1조 제3항 제2문은 최상 경찰기관으로 분방 내무부를 규정하고,[37] 내무부 C국으로 경찰사무를 담당하는 경찰국을 둔다. 내무부 직속으로 분방수사청, 기동경찰청, 경찰행정청(Polizeiverwaltungsamt)이 있고, 산하에 10개의 지방경찰청이 있다.[38] 분방 경찰행정청은 교통위반사범에 대한 과태료 및 범칙금 부과를 담당한다.[39]
> 바이에른주의 분방경찰은 2005년 조직개편을 통해 지방경찰청의 하부단계에 경찰서를 폐지하고 바로 지구대(Inspektionen) 및 파출소 조직을 설치하여 소위 다른 분방의 4단계 경찰계층을 3단계로 축소

---

27) 원소연 외, 광역자치경찰과 기초자치경찰제에 대한 입법평가, 한국법제연구원, 2011, 62면.
28) *Ebert*, LKV 2018, S. 399 (400).
29) 임승빈 외, 자치경찰제 도입 방안 연구, 한국지방자치학회, 2014, 160면.
30) 신현기 외, 자치경찰연구 제6권 1호, 2013, 5면.
31) 베를린과 브레멘의 경우 내무위원이 분방경찰관청이 된다(§ 67 Abs. 1 BremPolG).
32) *Ebert*, LKV 2018, S. 399 (399).
33) 임승빈 외, 자치경찰제 도입 방안 연구, 한국지방자치학회, 2014, 162면.
34) 경찰서(Polizeidirektion) - 지구대(Polizeireviere or Polizeiinspektionen) - 파출소(Polizeiposten).
35) 신현기 외, 비교경찰제도론, 2018, 437면.
36) 신현기 외, 비교경찰제도론, 2018, 426-428면, 437면.
37) (3) Die Polizei ist nach den Art. 4 bis 8 gegliedert. Oberste Dienstbehörde und Führungsstelle der Polizei ist das Staatsministerium des Innern, für Sport und Integration (Staatsministerium).
38) https://www.polizei.bayern.de/verwaltungsamt/wir/organisation/organigramm/index.html/3250 (2020.5.13. 방문).
39) *Schmidbauer, in: Schmidbauer/Steiner* (Hg.), Bayerisches Polizeiaufgabengesetz, 4. Aufl., 2014, Art. 8. Rn. 1.

하였다. 조직개편의 핵심은 보다 신속하면서 효율적인 지휘체계의 유지에 있었다. 행정적으로 바이에른주는 7개[40]의 관구로 구분되고, 이는 다시 71개의 광역시(kreisfreie Städte)와 25개의 도(Landkreis)로 나뉜다. 하지만 이들 일반행정청과 별도의 관할을 가진 10개의 지방경찰청 산하에는 현재 246개 지구대와 29개 파출소(Polizeistationen), 33개의 수사지구대(Kriminalpolizeiinspektionen) 등이 있다. 예로 상주인구 90만 명의 슈바벤노르트(Schwaben Nord) 경찰청의 경우 경찰서 없이 16개 일반지구대와 2개 교통지구대, 1개 고속도로지구대, 2개 수사지구대 및 1개의 파출소가 설치되고 있다.[41]

● 〈바덴-뷔어템베르크주〉[42]: 내무부(경찰국장) - 지방경찰청 - 지구대/파출소

분방 내무부장관 산하의 제3국이 경찰국이며, 민간인인 경찰국장이 임명된다. 부책임자인 경찰관리관(Inspekteur der Polizei)이 가장 높은 경찰공무원이다. 경찰국장 소속으로 6개 행정과가 있으며, 내무부장관의 참모로서 경찰국장은 내무부 소속의 분방 수사청(Landeskriminalamt),[43] 분방 기동경찰청(Polizeipräsidium Einsatz),[44] 분방 경찰전문대학(Die Hochschule für Polizei Baden-Württemberg)을 지휘하고, 분방 내 13개 지방경찰청(Regional Polizeipräsidien)[45]을 통해 150개의 지구대(Polizeireviere)와 360여 개의 파출소(Polizeiposten)를 관리한다. 지방경찰청에는 수사부와 교통부도 있으나, 지구대관리부(Direktion Polizeireviere)를 통한 지파의 집중관리가 주된 업무이다. 2014년 개혁을 통해 기존 분방 경찰국(Polizeipräsidium or Regierungspräsidium)과 경찰서(Polizeidirektion or Polizeistation)에 산재해 있던 관리체계를 모두 지방경찰청으로 집중시켰고, 시민 친화적 현장조직을 강화하는데 취지를 두었다.[46] 2020년 현재 교육기관을 제외한 집행경찰관서에는 3만 1,000명의 직원이 근무하며, 이 중 정규경찰관은 2만 4,000명이다.[47]

---

40) 오버바이에른, 니더바이에른, 오버팔츠, 오버프랑켄, 미텔프랑켄, 운터프랑켄, 쉬바벤 등이다.

41) https://www.polizei.bayern.de/schwaben/wir/organisation/dienststellen/index.html/69908 (2020.5.13. 방문).

42) § 70 PolG BW ; https://www.polizei-bw.de/ueber-uns/ (2020.5.13. 방문).

43) 분방수사청은 연방수사청법(BKAG) 제3조에 의거 각 분방에서 의무적으로 설치 운영하여야 한다. 바덴-뷔어템베르크주의 경우 경찰법 제70조 제1항 1호에서 분방수사청의 설치를 규정한다.

44) 바덴-뷔어템베르크주의 경우 분방경찰법 내무부령 제16조에서 기동경찰의 직무를 규정한다. 분방 기동경찰청 산하에 2개의 기동경찰서(BPD: Bereitschaftspolizeidirektionen) 등의 조직이 분방 내에 산개한다.

45) https://www.baden-wuerttemberg.de/de/service/presse/pressemitteilung/pid/-812d45e7e3/ (2020.5.18. 방문). 2020년에 2개 지방경찰청이 추가되었다(Ravensburg, Pforzheim).

46) 이성용 외, 비교경찰론, 2015, 15-16면: 2014년 경찰개혁이 있기 전까지는 슈투트가르트, 프라이부르크, 칼스루에, 튀빙엔 등 4개의 일반지방행정청(Regierungsprädien)의 제6국(경찰국)을 통해 각 청 소속의 6-11개 경찰서(Polizeidirektion)들을 지휘하였다. 슈투트가르트 지방청에 11개, 칼스루에 6개, 프라이부르크 9개, 튀빙엔에는 8개서가 있었다.

47) https://www.polizei-bw.de/ueber-uns/ (2020.5.13. 방문).

● 〈노르트라인-베스트팔렌주〉48): 내무부(경찰국장) – 시도경찰관청(경찰서장 혹은 도지사)

독일에서 가장 인구가 많은 분방으로서, 2016년 현재 약 1천8백만 명으로 전체 인구 1/5이 넘는다. 2002년 개혁을 통해 4단계 경찰계층을 2단계로 축소시켜, 분방 내무부 산하에 지방경찰청이나 지구대/파출소 없이 광역시(kreisfreie Städte) 및 도(Kreise)를 기준으로 47개 시도경찰관청(KPB, Kreispolizeibehörden)만을 둔다.49) 시도경찰관청으로는 광역시에 18명의 경찰서장50)(경찰서: PP/Polizeipräsidien)과 도에 29명의 도지사(Landrätinnen/Landräte)를 둔다. 4만 2,000여 명의 경찰관과 8,000여 명의 일반직원이 근무하고 있다. 분방 내무부의 경찰직무청(LZPD, Landesamt für Zentrale Polizeiliche Dienste)에 1,000명의 직원이, 인사교육청(LAFP, Landesamt für Ausbildung, Fortbildung und Personalangelegenheiten)에 1,200명의 직원이, 분방기동경찰은 2,400여 명이며, 분방수사청(LKA) 직원은 1,000명가량이다.51)

● 〈베를린주〉: 내무부(경찰국장) – 경찰서 – 파출소

분방의 권능을 가진 자치도시(Stadtstaat)이다. 베를린 자체가 하나의 통일된 게마인데로서, 비자치구인 12개의 행정구(Bezirke)로 구분된다. 경찰국장(Polizeipräsident)이 지휘권을 가지며, 베를린시 내무위원(Senatsverwaltung für Inneres)이 근무감독(Dienstaufsicht) 및 전문감독권(Fachaufsicht)을 갖는다.52) 경찰국 산하에 분방수사청(LKA)53) 등과 1개의 책임경찰서(LPD: Landespolizeidirektion) 및 5개의 지역경찰서(Polizeidirektionen)가 있고, 전체 약 2만6천여 명의 직원54)이 근무하고 있다.55) 경찰서 밑에는 평균 7개 정도의 파출소(Abschnitte)가 설치되어 베를린 전체로는 36개의 파출소가 있다. 각 경찰서에는 일반집행경찰부서인 홍보 및 예방과(Öffentlichkeitsarbeit und Prävention)와 수사업무를 담당하는 대범죄과(Referat Kriminalitätsbekämpfung)가 설치되고 있다.56)

---

48) *Möstl/Bäuerle*, Polizei- und Ordnungsrecht Hessen, 16. Aufl., 2020, Rn. 46: 헤센주도 2001년부터 분방경찰을 2단계로 변경하였는데, (노르트라인-베스트팔렌주와는 달리) 내무부-7개 지방경찰청으로만 구성하고 있다.

49) *Keller*, in: *Möstl/Kugelmann* (Hg.), Polizei- und Ordnungsrecht Nordrhein-Westfalen, 12. Aufl., 2019, § 2. Rn. 14: 47개 구역의 확정은 분방령에 의하는바, Verodnung über die Kreispolizeibehörden Nordrhein-Westfalen v. 19.1.2002 참조. https://polizei.nrw/artikel/polizei-vor-ort (2020.5.13. 방문).

50) *Göttlicher*, in: *Möstl/Bäuerle* (Hg.), Polizei- und Ordnungsrecht Hessen, 16. Aufl., 2020, § 94. Rn. 1.4: 노르트라인-베스트팔렌주의 Polizeipräsidien은 다른 주의 Polizeidirektion에 해당한다. 따라서 번역을 경찰청이라 하지 않고 경찰서라고 하였다.

51) *Möllers*, Wörterbuch der Polizei, 3. Aufl., 2018. Stichwort: Nordrhein-Westfälische Polizei ; https://polizei.nrw/ (2020.5.14. 방문).

52) https://www.berlin.de/sen/inneres/sicherheit/polizei/ (2020.5.14. 방문).

53) 대다수의 다른 분방은 분방수사청이 수사의 중앙통제와 조정을 주 임무로 하고 있는데 반해, 베를린 분방수사청은 직접수사를 본래의 업무로 한다는 점에서 '조사하는 분방수사청'(Ermittlungs-LKA)이라 불린다.

54) https://www.berlin.de/polizei/dienststellen/ (2020.5.14. 방문).

55) https://www.berlin.de/polizei/_assets/dienststellen/be_organigramm_polizei_berlin.pdf (2020.5.14. 방문).

3. 인력, 계급

2016년 기준 독일에는 약 27만 명(266,638명)의 경찰관이 근무하여,[57] 총 인구 8,220만 여명 대비 1인당 담당 인구는 약 308명(2016년 기준 한국 451명[58])이다. 16개 분방에 22만여 명(220,813명)과 연방에 약 4만 6천 명(45,825명)이 근무한다.[59]

독일 경찰의 계급은 16단계로[60] 이루어져 있으며,[61] 이 중 순경-경사는 하위직, 경위-경감은 중위직, 경정 이상은 상위직으로 분류된다. 독일경찰 직급의 분류는 본래 원어상으로는 각각 중위직(Mittlerer Dienst,[62] 순경-경사), 상위직(Gehobener Dienst,[63] 경위, 경감), 고위직(Höherer Dienst,[64] 경정 이상)으로 번역되어야 마땅하다.[65] 독일 공무원의 직급은 A1-A16 및 B1-B11까지 분류[66]되는데, 순경은 A7(교육 중일 때는 A5), 경위는 A9, 경정은 A13, 총경은 A15에 각각 해당되기 때문이다. 이러한 원어 명칭은 경찰공무원을 전체 공무원의 직급 체계에 대응시키기 위한 것이다. 경찰공무원에게 하위직을 인정하지 않는 것은 일반공무원에 비해 무거운 책임을 수행한다고 평가하기 때문이다.

---

56) https://www.berlin.de/polizei/dienststellen/landespolizeidirektion/(2020.5.14. 방문); LPD는 2020.2.1.자로 설립되었다.

57) *Ebert*, LKV 2018, S. 399 (399).

58) http://blog.naver.com/PostView.nhn?blogId=hanmin3100&logNo=22175156412258) (2020.5.15. 방문). 2016년 한국 경찰관 수는 114,658명, 2018년 118,651명이었다(1인당 437명 담당).

59) http://www.polizeitest.de/zahlen-wie-viele-polizisten-gibt-es-eigentlich (2020.5.15. 방문).

60) Polizeimeister(순경) - Polizeiobermeister(경장) - Polizeihauptmeister(경사) - Polizeikommissar (경위) - Polizeioberkommissar(임용 3-4년 준고참 경위, 파출소장) - Polizeihauptkommissar(임용 10년 전후 고참 경위) - Erster Polizeihauptkommissar(경감) - Polizeirat(경정, 지구대장) - Polizeiberrat(고참 경정) - Polizeidirektor(총경, 서장) - Leitender Polizeidirektor(고참 총경, 대도시서장) - Polizeivizepräsident(경무관, 지방경찰청 차장) - Polizeipräsident(치안감, 지방경찰청장) - Landespolizeidirektor(분방 경찰국 부장) - Inspekteur der Polizei(치안정감, 분방경찰청 부국장) - Landespolizeipräsident(치안총감, 분방 경찰국장).

61) 신현기 외, 자치경찰연구 제6권 1호, 2013, 11면.

62) 바덴-뷔어템베르크, 브란덴부르크, 헤센, 노르트라인-베스트팔렌, 자르란트, 작센, 튀링엔 등에서의 호칭이다. 2. Einstiegsamt(라인란트-팔츠), 2. Qualifikationsebene(바이에른), Laufbahngruppe 1, 2. Einstiegsamt(베를린, 브레멘, 함부르크, 멕클렌부르크-포어폼머른, 니더작센, 작센-안할트, 쉴레스비히-홀쉬타인) 등 다른 호칭으로 변경한 분방들이 있다.

63) 다른 호칭: 3. Einstiegsamt / 3. Qualifikationsebene / Laufbahngruppe 2, 1. Einstiegsamt.

64) 다른 호칭: 4. Einstiegsamt / 4. Qualifikationsebene / Laufbahngruppe 2, 2. Einstiegsamt.

65) 임준태, 한국경찰학회회보 제20권 3호, 2018, 305면, 311면: 각각 중급직, 상급직, 고급직으로 번역.

66) 일반직 공무원에는 하위직(Einfacher Dienst)이 별도로 있다. 예를 들어 초임 우편배달부의 경우 A1에 해당한다. 2020.4.1.부터는 A1과 A2 직급은 폐지되고 A3가 최하위 직급이다. B1은 A15 등급의 최고호봉인 8호봉에 해당하며, 공무원인 교수 등이 해당한다.

3절   일반 경찰행정작용법[67]

1. 경찰권 행사의 주체(경찰행정청과 경찰관)

독일 학계에서 경찰의 개념은 실질적, 형식적, 제도적 의미로 구분된다. 우선 국가적 활동의 **성격**을 겨냥하는 경찰 개념이 있다. 그 성격이 위험방지인지, 아니면 그러한 성격과 무관하게 조직법상 경찰관청에 속하는 임무인지에 따라 실질적~형식적 경찰로 나뉜다. 이와 달리 국가적 활동 **주체**를 겨냥하는 경찰 개념이 있다. 그 주체가 조직법상 경찰관청에 속하는 경우만을 가리켜 제도적 의미에서 경찰이라고 부른다. 제도적 의미의 경찰에는 조직법상 경찰관청에 속하는 모든 기관 및 집행경찰 임무를 수행하는 경찰공무원이 모두 해당한다.[68]

따라서 독일 경찰법에서 규정하는 권한 주체로서 경찰은 제도적 의미의 경찰이라고 보아야 하고, 관련 법률에서 권한의 주체를 경찰행정청(Polizeibehörde)으로 적시하지 않고 경찰(Polizei)이라고만 하는 경우는 경찰공무원이 법률상 집행의 주체가 되는 단독관청인 경찰관이 일정 요건 하에 포함될 수 있다.

이렇게 집행 주체로서 단독관청인 **경찰관**은 Polizeivollzugsdienst(직역: 경찰집행직)라고 하고, 단순히 경찰공무원을 지칭하는 Polizeibeamte와 구분된다. 경찰관에 속하는 개개인의 공무원은 Beamte des Polizeivollzugsdienst 혹은 Polizeivollzungsbeamte으로 표현될 수 있고,[69] 집행경찰 조직 전체를 의미하는 경우는 Vollzugspolizei가 된다. 경찰관인 공무원(Polizeivollzungsbeamte)은 직접강제권한이 주어진다는 점과 신분법적 의미에서 경찰행정공무원(Polizeiverwaltungsbeamten)과 구분된다.[70]

경찰행정청과 경찰관의 일반적인 권한 구분의 예로는 바덴-뷔어템베르크주 경찰법(PolG BW) 제105조(관할의 구획)를 볼 수 있다. 동조 제1항에 의하면, 경찰임무의 수행은 이 법에서 달리 정하지 않는 한 경찰행정청이 담당한다. 동조 제2항에 의하면, 경찰관(Polizeivoll-zugsdienst)은 -경찰행정청의 명령을 우선하되- 즉시적 활동이 필요하다고 판단되는 경우는

---

67) 우리나라의 경우 경찰관직무집행법에 해당

68) *Kugelmann*, Polizei- und Ordnungsrecht, 2. Aufl., 2011, Kapitel 2. Rn. 28-30.

69) *Keller*, in: *Möstl/Kugelmann* (Hg.), Polizei- und Ordnungsrecht Nordrhein-Westfalen, 17. Aufl., 2021, Rn. 18-19: 경찰집행공무원(Polizeivollzungsbeamte)은 경찰관(Polizeivollzugsdienst)에 속한다. 직함(Dienst- bzw. Amtsbezeichnung))은 중요하지 않다. 이들과 달리 경찰행정청에 근무하는 행정공무원은 집회나 총기법 등 특정한 영역에서 행정처분을 발령할 경우에만 고권적(hoheitlich)이다.

70) *Wehr*, Bundespolizeibeamtengesetz, 3. Online-Aufl., 2018, § 1, Rn. 9.

경찰임무를 수행한다. 동조 제3항에 의하면, 경찰관(Polizeivollzugsdienst)은 경찰행정청과 나란히 동법상 신원확인(제27조), 소환(제28조), 위험야기자 상담(제29조), 퇴거명령(제30조 제1항), 보호조치(제33조), 사람수색(제34조), 물건수색(제35조), 주거출입 및 수색(제36조), 영치(제37조), 압수(제38조), 직무질문 및 정보수집(제43조 제1항 및 제2항), 국내에서의 정보 전달(제59조), 유럽연합국가 간 정보전달(제60조), 국제적 정보 전달(제61조) 등에서 권한을 갖는다.

(**부연**) 즉시적 활동 요청을 권한부여의 전제로 규정하는 바덴-뷔어템베르크주 경찰법(PolG BW) 제105조 제2항을 살펴보면, 왜 경찰활동에 관하여 경찰행정청 외에 경찰관이 단독관청으로서 집행의 주체로 규정되어야 하는지 알 수 있다.[71]

(**입법론**) 경찰관의 업무부담을 덜어 그들의 전문적인 역량과 지식을 요하는 고권적 업무에 더 집중할 수 있도록, 경찰관 아닌 경찰행정공무원들에게 보호조치업무(Gewahrsams-dienst)를 맡겨야 하며, 이를 뒷받침하는 경찰법 개정이 필요하다고 한다.[72]

2. 경찰의 임무조항

독일에서 일반 경찰법은 각 분방에서 제정한다. 기본법(GG) 제30조가 국가적 권한은 기본법이 별도로 정하지 않는 한 분방의 관할임을 규정하고 있어, 동법 제70조-제74조에 의하여 연방 전속적 입법권에 속하거나 연방과 분방의 경합적 입법권 대상임에도 연방이 입법권을 행사하지 않는 경우 분방의 입법권에 속하기 때문이다. 연방경찰, 연방수사청 등 연방이 별도의 경찰관련 법률을 제정하는 경우를 제외하면 경찰작용에 관한 일반법은 각 분방의 소관이 된다.

독일에서 법적인 경찰 임무와 권한의 엄격한 분리는 1977년 통일경찰법 모범초안(MEPolG, Musterentwurf eines einheitlichen Polizeigesetzes)[73] 이후부터 각 분방 경찰법들로 나타난다.[74] 동 모범초안 제1조 제1항에서는 "경찰은 공공의 안녕이나 질서에 대한 위험방지를 그 임무로 한다"는 임무조항을 두었고 대부분의 분방들이 이에 따랐다.[75]

---

71) 同늘로, *Gutmann*, in: *Ridder/Breitbach/Deiseroth* (Hg.), Versammlungsrecht, 2. Aufl., 2020, Rn. 5-6: 작센 집회법 제32조 제3항이 규정하는 것은 경찰관의 긴급권한(Eilbefugnis)으로, 즉시적 활동이 요청되면 경찰행정청(Polizeibehörde)이 원칙적으로 가진 권한을 경찰관(Polizeivollzugsdienst)이 행사할 수 있다.

72) *Keller*, in: *Möstl/Kugelmann* (Hg.), Polizei- und Ordnungsrecht Nordrhein-Westfalen, 17. Aufl., 2021, Rn. 19-19.1.

73) 이하 독일 통일경찰법 모범초안의 국문 번역의 소개는 서정범, 독일경찰법론, 2003, 부록의 번역내용을 인용하였다.

74) 김성태, 경찰학연구 제20권 3호, 2020, 109면 각주 16).

75) 동조에서는 제2-4항에서 부가적인 임무규정을 두고 있다: (2) 법원의 보호를 적시에 얻을 수 없고, 경

이러한 임무조항의 내용은 1986년 보충초안-통일경찰법 모범초안의 개정을 위한 예비안(VE MEPolG, Vorentwurf zur Änderung des MEPolG)으로 보강되었는바, 범죄예방, 형사소추의 사전대비, 위험방지 준비 등의 임무를 제1조 제1항의 2문으로 추가하였다. 이에 대부분의 분방들은 보충초안의 내용과 유사하거나 수정한 경찰법의 임무조항을 개정하였다.[76] 이와 같은 사전대비적 경찰 임무조항의 삽입을 두고 고전적 경찰법과의 결별 등으로 의미를 부여하는 입장도 있으나,[77] 이는 경찰의 임무를 적확하게 하기 위한 것이지 경찰의 임무를 확장하기 위한 것은 아니라고 보아야 한다.[78] 아울러 임무와 권한조항의 분리는 여전히 유지되고 있어, 이러한 위험 사전대비를 (순찰과 같은) 임의적 수단에 의하여 수행하지 않는 한 개별적 수권이 요구된다.

3. 일반적 수권조항

경찰법상 일반적 수권조항이란, 권한행사를 위한 법률요건이 경찰임무 수행의 대상 전체인 공공의 안녕과 질서를 대상으로 열려있는 구체적 위험으로 규정되고, 권한행사의 양태인 법률효과도 필요한 모든 조치에 열려있는 형태로 구성된 수권조항을 의미한다.

일반적 수권조항은 프로이센 경찰행정법에서부터 제14조 제1항으로 규정되었는데, 이러한 전통을 따라 독일 통일경찰법 모범초안 제8조와 각 분방의 경찰법에 도입되고 있다.[79]

> ● **독일 통일경찰법 모범초안**
> 제8조 제1항에 의하면, 경찰은 개별적 권한으로 규율되지 않는 한 구체적인 경우에 존재하는 공공의 안녕 혹은 질서에 대한 위험을 방지하기 위하여 필요한 조치를 할 수 있다.

[**노르트라인-베스트팔렌주 경찰법**(이하 PolG NRW라고 한다)] 제8조 제1항에 의하면, **경찰**(Polizei)은 개별적으로 권한이 규정되고 있지 않는 한, 공공의 안녕이나 질서에 대한 현존하는 구체적 위험을 방지하기 위하여 필요한 조치를 할 수 있다.

찰의 도움이 없다면 권리실현이 불가능하거나 현저하게 곤란한 경우에 한하여 경찰은 이 법에 의하여 사인의 권리를 보호한다. (3) 경찰은 다른 관청의 집행에 협조한다. (4) 경찰은 다른 법령이 부여한 임무를 수행하여야 한다.

76) 김성태, 경찰학연구 제20권 3호, 2020, 113-116면. 보충초안에 따라 임무조항을 개정하지 않은 곳은 4개 분방이다(바이에른, 바데-뷔어템베르크, 잘란트, 쉴레스비히-홀쉬타인).
77) 김성태, 경찰학연구 제20권 3호, 2020, 118면.
78) *Kugelmann*, Polizei- und Ordnungsrecht, 2. Aufl., 2011, Kapitel 5. Rn. 167.
79) *Kugelmann*, Polizei- und Ordnungsrecht, 2. Aufl., 2011, Kapitel 6. Rn. 8.

(해석론) 일반적 수권조항은 예측하기 어려운 사례 유형을 포괄하여 경찰이 효율적으로 대응할 수 있도록 하는 것을 목적으로 한다. 하지만 개별적 수권조항이 있는 경우 이에 보충적으로만 작동한다. 과거 일반적 수권조항으로 대응될 수밖에 없었던 대상들이 누적되면 개별적 수권조항이 생겨난다. 또 기본권을 매개로 하여 재량한계와 비례원칙이 일반적 수권조항에 근거한 경찰권 행사를 제한하는 기능을 한다.[80] 일반적 수권조항에서 위험이라는 요소는 경찰권 행사를 가능하게 하는 요건임과 동시에, 부재시 경찰권 행사를 제어하는 한계 기능을 수행한다.[81]

4. 개별적 수권조항

(1) 불심검문(신원확인)

1) 직무질문(Befragung)

독일 통일경찰법모범초안에서는 우리나라의 불심검문에 해당하는 직무질문에 대하여 특별히 규정하지 않고, 바로 신원확인 및 감식조치를 두고 있을 뿐이다. 하지만 각 분방 경찰법에서는 직무질문 규정을 살펴볼 수 있다. 이하에서는 노르트라인-베스트팔렌주 경찰법의 내용을 소개한다.

[PolG NRW] 제9조 제2항에 의하면, **경찰**(Polizei)은 사실관계들이 특정한 경찰임무의 수행을 위해 필수적인 유용한 진술을 수집할 수 있다는 가정을 정당화시키는 경우 누구든 직무질문할 수 있다. 직무질문 동안 대상자는 정지될 수 있다. 동조 제3항에 의하면, 직무질문이 허용되는 대상자는 질문에 기초하여 성명, 출생일 및 장소, 거주지와 국적을 진술할 의무가 있고, 법률적 의무들이 존속한다면 기타 정보제공 의무도 진다. 동조 제4항에 의하면, 직무질문은 대상자를 향한다. 직무질문이 가능하지 않거나 적시적으로 가능하지 않는 때 또는 경찰임무수행을 심히 어렵게 만들거나 위태화한다면, 경찰임무수행을 위해 필수적인 한 정보는 대상자의 부지 중에 수집될 수 있다. 동조 제5항에 의하면, 직무질문과 정보수집은 공개적으로 수행되어야 한다: 은밀한 정보수집은 법률이 허용하는 경우에만 허용된다.

(해석론) 직무질문은 우선 경찰상 위험을 야기한 자에 대하여 행해져야 한다. 비책임자의 정보제공의무는 한층 엄격한 요건 하에서만 인정된다. 경찰법에서 정보제공의 거절에 대한 명시적 규정을 두고 있지 않더라도, 정보제공이 대상자 또는 그의 가족에게 부담이 되

---

80) *Kugelmann*, Polizei- und Ordnungsrecht, 2. Aufl., 2011, Kapitel 6. Rn. 10, 12, 14.
81) 성홍재, 유라시아연구 제9권 3호, 2012, 328면.

거나 증언거부권이 있는 경우 대상자는 정보제공을 거절할 권리를 갖는다.[82]

2) 신원확인(Identitätsfeststellung)

독일 통일경찰법모범초안과 각 분방 경찰법에서 대동소이한 입법내용을 취하고 있다.

> ● **독일 통일경찰법모범초안**
> 제9조 제1항에 의하면, 경찰은 다음 각호의 경우에 신원을 확인할 수 있다. 1. 위험의 방지를 위하여 필요한 때, 2. 사람이 다음과 같은 장소에 체류하고 있을 때 a) 사실상의 근거에 기초하여 경험칙상 판단에 따를 때, 그 곳에서 다음과 같은 것이 인정될 수 있는 경우, aa) 범죄의 음모, 예비, 착수가 행해질 염려가 있는 경우, bb) 체류를 위하여 필요한 허가없이 체류하고 있는 경우, cc) 범인을 은닉하려는 경우, b) 성매매를 하려고 하는 경우, 3. 사람이 교통·공급시설이나 설비·공중교통수단·청사 혹은 다른 특히 위험한 시설 내에 있거나 그에 인접하여 있을 때, 이 같은 시설내부 혹은 그 주위에서 그 같은 시설 내에 있거나 주위에 있는 자에 의해 범죄행위가 행해질 것이라는 사실이 인정될 수 있을 때 혹은 그 시설 자체가 직접적으로 위험에 처하게 될 때, 4. 경찰에 의해 설치된 검문소에서 형사소송법 제100조의a(통신감청)의 대상이 되는 범죄 또는 집회법 제27조(집회 현장에서의 허가없는 무기나 흉기소지)에 규정된 범죄를 저지르려고 할 때.
> 동조 제2항에 의하면, 경찰은 신원확인을 위해 필요한 조치를 취할 수 있다. 경찰은 특별한 경우 관계자를 정지시켜 신원에 관한 질문을 하고, 검사하기 위해 휴대한 신분증의 제시를 요구할 수 있다. 신원을 다른 방법으로는 확인할 수 없거나 현저히 곤란한 경우에는 관계자를 유치할 수 있다.
> 동 초안 제14조 제1항에 의하면, 신원확인, 소환, 보호조치에 근거하여 사람을 구금한 경우에 경찰은 지체없이 자유박탈의 허용성과 계속성에 대한 법관의 결정을 받아야 한다. 법관의 결정이 경찰조치의 근거가 소멸된 이후에야 비로소 행해질 것이라는 것이 인정될 수 있는 경우에는 법관의 결정을 요하지 않는다. 또한 동법 제16조에 의하면, 다음 각호의 경우 구금된 자는 석방되어야 한다. 1. 보호조치의 근거가 소멸한 경우, 2. 계속적인 자유박탈이 법관의 결정에 의하여 허용되지 않는 것으로 판명된 경우, 3. 어떠한 경우에도 법관이 법률에 근거하여 구금의 계속을 사전에 명하지 않고 다음날 자정이 되기 전.

[PolG NRW] 제12조 제1항[83])에 의하면, **경찰**(Polizei)은 다음의 경우 대상자의 신원을 확인할 수 있다. 1. 위험방지를 위하여, 2. 다음의 가정을 사실관계가 정당화하는 장소에 머무르는 자, a) 그곳에서 중대한 범죄를 협의하거나, 준비하거나 실행한다. b) 그곳에서 체류법적 형벌규정에 저촉하는 사람들끼리 조우한다. c) 그곳에서 수배된 범인이 은신한다. 3. 교

---

82) *Kugelmann*, Polizei- und Ordnungsrecht, 2. Aufl., 2011, Kapitel 7. Rn. 55, 57, 59.
83) 다른 분방의 경찰법 규정으로는, BayPAG 제13조 제1항, BWPolG 제26조 제1항, HSOG 제18조 제1항, NSOG 제13조 제1항, RhPfPOG 제10조 제1항, SächsPolG 제19조 제1항 등.

통이나 급부를 위한 장소나 시설, 공공교통수단, 공무소 혹은 기타 특히 위협받는 대상물이나 이와 직접 가까운 곳에 머무르며 다음의 가정을 사실관계가 정당화하는 경우: 이러한 유형의 대상물 안밖에서 사람들이나 대상물을 위태롭게 하는 범죄가 행하여진다는 것과 위태화 상황에 근거하여 또는 관련된 근거가 있는 사람에게 이러한 조치가 필수적이다. 4. 경찰에 의해 설치된 검문소(Kontrollstelle)에서, 형법 제129a조(테러단체조직)에 의한 범죄행위나 동 규정에서 열거한 범죄행위 중 하나 또는 형법전 제250조(중강도) 제1항 1호 a)나 b), 앞서 거명한 범행형식에서의 제255조(강도에 준하는 공갈)에 따른 혹은 집회법 제27조(집회 현장에서의 허가없는 무기나 흉기소지)에 따른 범죄행위 등을 예방하기 위한 경우. 검문소의 설치는 위험이 지체되지 않는 한 내무부장관실이나 그 수임기관의 동의로써만 허용된다.

동조 제2항[84]에 의하면, **경찰**은 신원확인을 위하여 필수적인 조치를 취할 수 있다. 관련자를 특히 정지시키고, 그의 인적사항을 묻고, 그가 신원확인을 위한 답변을 하며 휴대된 신분증을 검사할 수 있게 제출하도록 요구할 수 있다. 관련자는 다른 방법으로는 신원이 확인될 수 없거나 확인이 아주 어려운 경우 유치될 수 있고, 그러한 전제 하에서 관련자와 그가 가진 물건도 수색될 수 있다. 독일 기본법 제104조 제2항[85] 3문과 PolG NRW 제38조 제1항 3호에 따라 법관의 결정이 없는 한 경찰에 의한 유치는 익일 24시 전까지 해제되어야 한다.

신원확인에 따른 진술을 거부하거나 허위로 진술하는 경우 질서위반행위규제법 제111조 제1항 및 제2항에 따라 범칙금(Geldbuße)이 부과될 수 있다.

(해석론) 직무질문에서 인적사항의 확인은 그 다음 질문을 통한 정보수집을 목적으로 하는 것인 반면, 동 조항의 신원확인은 그 자체가 목적이 된다. 많은 경우 대상자가 책임자인지 여부를 확인하고, 그에 따른 조치를 취하게 된다.[86] 다른 방법으로 신원확인이 불가능하거나 현저히 곤란한 경우 인근 경찰관서로 동행(Sistierung)할 수 있고, 신원확인의 마지막 수단으로서 감식조치가 고려될 수 있다.[87] 장소적 위험을 근거로 하는 신원확인은 책임자와 비책임자를 가리지 않는 일제검문(Razzia)[88]의 형식으로 행하여지게 되는데, 이 경우 위험은 추상적 위험으로 족하다.[89] 즉 장소에서 나타나는 객관적 위험의 징표(높은 범죄율 등)

---

84) 다른 분방의 경찰법 규정으로는, BayPAG 제13조 제2항, BWPolG 제26조 제2항, HSOG 제18조 제3항 및 제4항, NSOG 제13조 제2항, RhPfPOG 제10조 제2항, SächsPolG 제19조 제2항 등.
85) (2) 자유박탈의 허용과 지속은 법관만이 결정하여야 한다. 법관적인 명령에 의하지 않은 모든 자유박탈에 대해서는 지체없이 법관적 결정이 이루어져야 한다. 경찰은 자신의 권한으로 붙잡은 누구라도 익일 종료시 이상으로 보호유치해서는 안된다. 상세한 것은 법률로 규율되어진다.
86) *Kugelmann*, Polizei- und Ordnungsrecht, 2. Aufl., 2011, Kapitel 7. Rn. 63.
87) *Kugelmann*, Polizei- und Ordnungsrecht, 2. Aufl., 2011, Kapitel 7. Rn. 68.
88) 이는 위험의 근거나 혐의도 요하지 않는 무작위적 신원확인(Schleierfahndung)과 다르다: *Kugelmann*, Polizei- und Ordnungsrecht, 2. Aufl., 2011, Kapitel 7. Rn. 85.

만으로 관련 법령상 경찰조치가 집행된다.

3) 감식조치(Erkennungsdienstliche Maßnahmen)

● 독일 통일경찰법모범초안

제10조 제1항에 의하면, 경찰은 다음 각호의 경우에 감식조치를 행할 수 있다. 1. 제9조에 따른 신원 확인이 다른 방법으로는 불가능하거나 현저히 곤란할 때. 2. 관계인이 형벌의 부과가 규정되어 있는 범죄를 행하였다는 혐의를 받고 있고, 행위의 성질이나 시행상 반복될 위험이 존재하기 때문에 범죄행위의 예방을 위하여 필요할 때. 동조 제2항에 의하면, 신원이 확인되었으면 제1항 1호의 경우에 있어 신원확인과 관련하여 입수된 자료는 그것을 계속하여 보존하는 것이 제1항 2호 혹은 다른 법규에 의하여 허용되지 않는 한 폐기되어야 한다. 동조 제3항에 의하면, 감식조치로는 특히 다음과 같은 것이 있다. 1. 지문과 장문의 채취, 2. 사진촬영, 3. 신체적 특성의 확인, 4. 신장이나 체중의 측정.

[PolG NRW] 제14조 제1항[90]에 의하면, **경찰**(Polizei)은 다음의 경우 감식조치를 할 수 있다: 1. 이 법에서 허용하는 신원확인에 절대적으로 필수적인 경우, 특히 다른 방식으로는 가능하지 않거나 아주 어려운 경우, 2. 행위의 유형이나 행태로 보아 재범의 위험이 있는 범죄행위를 저질렀을 혐의가 있어 범죄의 예방적 투쟁을 위해 절대적으로 필수적인 경우. 동조 제1항에 의하면, 신원이 확인되면, 제1항 1호의 경우 감식에 따른 서류들은 제1항 2호나 다른 법률규정에 의하여 보관이 허용되지 않는 한 폐기되어야 한다. 동조 제3항에 의하면, 대상자에게 지속적인 보관에 관한 요건이 없는 경우 감식서류의 폐기를 그가 요구할 수 있음이 고지되어야 한다. 동조 제4항에 의하면, 감식조치는 특히 1. 지문과 장문의 날인, 2. 사진촬영, 3. 신체외부적 특징의 확인, 4. 신장이나 체중의 측정.

● 형사사건에서의 신원확인 및 감식조치

독일 형사소송법 제163조b 제1항에 의하면, 범죄의 혐의를 받는 자에 대해서 검사와 경찰공무원은 그 신원을 확인하는데 필요한 조치를 취할 수 있다. 신원확인이 되지 않거나 중대한 곤란이 따르는 때는 구속할 수 있다. 이 경우 신체 또는 소지품에 대해 수색하고, 감식을 위한 조치를 실시할 수 있다. 동조 제2항에 의하면, 범죄행위의 규명을 위하여 필요하다면 범죄혐의가 없는 자의 신원도 확인할 수 있다. 동법 제163조c에 의하면, 신원확인을 위한 자유박탈은 필요한 기간을 넘을 수 없으며, 최대 12시간을 초과하지 못한다. 동법 제81b조에 의하면, 형사절차 수행을 위하여 또는 감식목적에 필요한

---

89) *Kugelmann*, Polizei- und Ordnungsrecht, 2. Aufl., 2011, Kapitel 7. Rn. 75-76.

90) 다른 분방의 경찰법 규정으로는, BayPAG 제14조 제1항, BWPolG 제36조 제1항, HSOG 제19조 제2항, NSOG 제15조 제1항, RhPfPOG 제11조 제1항, SächsPolG 제20조 제1항 등.

경우에 한하여 피의자의 사진이나 지문을 그 의사에 반하여 수집하는 것과 신체치수를 측정하거나 이와 유사한 처분을 하는 것이 허용된다.

(**해석론**) 감식조치는 통상 신원확인을 목적으로 한다. 따라서 형사소송법 제81b조에 의한 감식을 하였더라도 형사절차의 수행이 아니라 신원확인 목적이었다면 이는 실질적으로는 예방적 조치에 해당하고, 이에 대한 쟁송은 행정소송의 방식으로만 가능하다.[91]

우리나라의 경우 경범죄처벌법 제3조 제1항 34호에서 범죄 피의자로 입건된 사람의 신원을 지문조사 외의 다른 방법으로는 확인할 수 없어 경찰공무원이나 검사가 지문을 채취하려고 할 때에 정당한 이유 없이 이를 거부한 사람을 처벌함으로써, 신원확인 목적의 감식을 뒷받침하고 있으나 강제의 근거는 되지 않는다. 수사상 필요에 의하여 수사기관이 직접 강제에 의하여 지문을 채취하려 하는 경우에는 반드시 법관이 발부한 영장에 의하여야 한다.[92]

(2) 보호조치

> ● **독일 통일경찰법모범초안**
> 제13조 제1항에 의하면, 경찰은 다음의 경우 보호조치를 할 수 있다. 1. 특히 자유로운 의사결정이 배제되어 있거나 혹은 타인의 원조를 필요로 하는 상태에 있는 자를 생명 또는 신체에 대한 위험으로부터 보호하기 위하여 필요한 때, 2. 범죄행위나 중대한 위험을 초래하는 질서위반행위가 목전에 행해지거나 계속되는 것을 저지하기 위하여 필요한 때. 동조 제2항에 의하면, 경찰은 보호자의 보호를 벗어난 미성년자를 보호자 혹은 청소년 보호시설에 인계하기 위하여 보호조치를 할 수 있다. 동조 제3항에 의하면, 미결구금, 자유형 혹은 자유를 박탈하는 조치의 집행을 면한 자 또는 허가없이 행형시설 밖에 거주하는 자를 보호하여 다시 그 시설에 인계할 수 있다.
> 동 초안 제14조 제1항에 의하면, 신원확인, 소환, 보호조치에 근거하여 사람을 구금한 경우에 경찰은 지체없이 자유박탈의 허용성과 계속성에 대한 법관의 결정을 받아야 한다. 법관의 결정이 경찰조치의 근거가 소멸된 이후에야 비로소 행해질 것이라고 인정될 수 있는 경우에는 법관의 결정을 요하지 않는다. 또한 동법 제16조에 의하면, 다음 각호의 경우 구금된 자는 석방되어야 한다. 1. 보호조치의 근거가 소멸한 경우, 2. 계속적인 자유박탈이 법관의 결정에 의하여 허용되지 않는 것으로 판명된 경우, 3. 법관이 법률에 근거하여 구금의 계속을 사전에 명하지 않은 상태에서 다음날 자정이 되기 전까지의 모든 경우.

노르트라인-베스트팔렌주 경찰법(PolG NRW) 제35조[93]에 의하면, **경찰**(Polizei)은 다음

---

91) *Kugelmann*, Polizei- und Ordnungsrecht, 2. Aufl., 2011, Kapitel 7. Rn. 100, 104.

92) 헌법재판소 2004.9.30 선고 2002헌가17,18 결정.

의 경우 보호조치를 할 수 있다.

[**요구조자 보호조치**] 동조 제1항: 1. 요구조자의 생명, 신체에 대한 위험방지

(**해석론**) 독일의 경우 주취자 등 요구조의 보호조치 대상자가 발견될 시에 경찰과 응급구호기관 직원들이 현장에 동시에 출동한다. 범죄피해관련성, 상태의 심각성, 기본적인 신원확인을 거쳐 신속하게 의료기관에 후송하거나,[94] 경찰에서 보호할 수 있다.[95]

[**제지를 위한 보호유치**] 동조 제1항: 2. 목전의 중한 범죄행위나 질서위반행위의 방지, 3. 제34조 제1항의 퇴거명령의 집행을 위하여 불가피한 경우, 4. 제34a조의 퇴거명령 및 귀가금지의 집행을 위하여 불가피한 경우.

(**해석론**) 난동자의 경우 제지할 수 있는 족쇄가 갖추어진 침대가 구비된 경찰서 유치장에서 보호조치를 할 수 있다.[96]

[**사권보호를 위한 보호유치**] 동조 제1항: 5. 사권 보호를 위해 불가피하고, 민법전 제229조(자력구제)와 제230조 제3항에 따른 체포와 구인이 허용되는 때.

[**테러방지를 위한 보호유치**] 동조 제1항: 6. 제34b조에 따른 체류명령이나 접촉금지 혹은 제34c조에 따른 전자적 체류감시명령을 관철하기 위해 불가피한 경우.

[**미성년자 보호유치**] 동조 제2항에 의하여, **경찰**은 양육권자의 보호로부터 이탈된 미성년자를 양육권자나 청소년청에 인도하기 위하여 보호할 수 있다.

[**이탈 피구금자 보호유치**] 동조 제3항에 의하여, **경찰**은 미결구금의 집행이나 자유박탈적 보호처분로부터 이탈되거나 허가없이 사법집행시설 외부에 머무는 자를 보호하고 시설로 돌려보낼 수 있다.

(**해석론**) 동조 제1항 1호가 응급구호를 위한 보호조치(Schutzgewahrsam)인 것과 달리, 위 2-4호의 조치는 범죄행위나 중대한 의무를 가진 질서위반행위의 예방을 위한 제지를 위한 보호유치(Unterbindunsgewahrsam)이다.[97] 보호조치(보호유치를 포함한 광의의 개념)의 기간은 분방 경찰법에 따라 다르며, 최장 14일에 이른다.[98]

---

93) 다른 분방의 경찰법 규정으로는, BayPAG 제17조, BWPolG 제28조, HSOG 제32조, NSOG 제18조, RhPfPOG 제14조, SächsPolG 제22조 등.

94) 임준태, 수사연구 7월호, 2004, 33면.

95) 이동희, 주취자 보호관련 국제적 기준 및 외국의 입법례와 운영사례, 주취자 인권보호 실태조사 결과 보고 및 토론회(자료집), 국가인권위원회, 2010.12, 105면.

96) 이동희, 주취자 보호관련 국제적 기준 및 외국의 입법례와 운영사례, 주취자 인권보호 실태조사 결과 보고 및 토론회(자료집), 국가인권위원회, 2010.12, 105면.

97) 박병욱, 경찰법연구 제16권 1호, 2018, 133면; *Kugelmann*, Polizei- und Ordnungsrecht, 2. Aufl., 2011, Kapitel 7. Rn. 48, 49.

98) 바덴뷔어템베르크주 경찰법(PolG BW) 제33조 제3항 5문, 바이에른주 경찰법(BayPAG).

(3) 위험방지 및 범죄예방과 제지

독일 경찰법에는 위험방지 및 범죄예방과 제지가 별도의 규정으로 독립되어 있지 않다. 기본적으로 일반적 수권조항 자체에 완전하게 포괄되어 경찰의 대응조치가 이루어지기 때문이다. 범죄의 제지 후에도 위험성이 계속되는 경우는 앞서 기술된 보호조치에 의하여 유치되어질 수 있다.

(4) 위험방지를 위한 출입(주거의 출입과 수색, Betreten und Durchsuchung von Wohnungen)

● 독일 통일경찰법모범초안

제19조 제1항에 의하면, 경찰은 다음의 경우 소유자 동의없이 주거에 출입하여 수색할 수 있다: 1. 이 법에 의해 구인 혹은 보호조치될 수 있는 자가 그 안에 있다는 사실이 인정될 수 있을 때, 2. 이 법에 의해 영치될 수 있는 물건이 그 안에 있다는 사실이 인정될 수 있을 때, 3. 사람의 생명, 신체, 자유 또는 중요한 가치있는 물건에 대한 현재의 위험방지를 위하여 필요한 경우. 여기서 주거란 거실, 기타 공간, 작업실, 사무실 및 기타 평온이 보장되어야 할 소유물을 포함한다. 동조 제2항에 의하면, 야간에는 사람의 생명, 신체, 자유 또는 중요한 가치있는 물건에 대한 현재의 위험방지를 위하여 필요한 경우에만 1항에 따른 가택의 출입과 수색이 허용된다. 동조 제3항에 의하면, 다음의 경우 급박한 위험방지를 위하여 출입할 수 있다: 1. 사실에 근거하여 경험칙에 따라 판단컨대, 그곳에서 다음의 행위가 행해질 것이라고 인정되는 경우, a) 범죄의 예비, 음모, 착수, b) 필요한 체류허가가 없는 경우, c) 범인의 은닉, 2. 성매매의 장소로 제공되는 경우. 동조 제4항에 의하면, 공중에게 개방되어 있거나 있었고 체재하는 사람들이 더 머무를 수 있는 작업실, 사무실 및 다른 토지와 공간에 대해서는 작업시간 및 체재시간 중에 위험방지를 위하여 출입할 수 있다. 동 초안 제20조에서는 주거출입 및 수색의 절차를 규정하고 있다.

[PolG NRW] 제41조 제1항[99]에 의하면, **경찰**(Polizei)은 다음의 경우 소지자(Inhaber)의 허락없이 주거를 출입하고 수색할 수 있다: 1. 제10조 제3항에 의해 구인되거나 제35조에 의해 보호조치 될 수 있는 사람이 그 안에 있다는 가정을 사실관계가 정당화하는 경우, 2. 제43조 1호에 의해 확보될 수 있는 물건이 그 안에 있다는 가정을 사실관계가 정당화하는 경우, 3. 그 유형이나 범위 또는 지속에 비추어 상당한 불편을 이웃에게 끼치는 공해가 주거로부터 나오는 경우, 4. 신체, 생명, 자유나 중대한 가치가 있는 재산에 대한 현재적 위험

---

99) 다른 분방의 경찰법 규정으로는, BayPAG 제23조, BWPolG 제31조, HSOG 제38조, NSOG 제24조, RhPfPOG 제20조, SächsPolG 제25조 등.

의 방지를 위해 필수적인 경우. 여기에서 주거란 거주공간과 부속된 공간, 작업공간, 설비가 동공간, 영업공간 및 기타 평온한 소유물을 포괄한다. 동법 제2항에 의하면, 야간의 주거 출입과 수색은 단지 제1항 1문 3호와 4호에만 허용된다. 동법 제3항에 의하면, 다음의 경우는 주거가 급박한 위험의 방지를 위하여 주거에 항상 출입할 수 있다: 1. a) 그 안에서 심각한 범죄행위를 협의하거나, 준비하거나, 실행한다는 가정을 사실관계가 정당화하는 경우, b) 그 안에서 체류법적 형벌규정에 저촉되는 사람들끼리 회합하는 경우, c) 그 안에서 범인들이 은신하는 경우, 2. 주거가 성매매에 이용되는 경우. 동법 제4항에 의하면, 작업공간, 설비 가동공간, 영업공간, 기타 공간 및 토지로서 공중이 접근가능하거나 접근가능했었고 현재자들에게 계속적인 체류를 위하여 제공되고 있다면, 위험방지 목적으로 작업, 영업 또는 체류 시간 동안 출입할 수 있다. 동법 제42조에서는 주거출입 및 수색의 절차를 규정하고 있다.

　(부연) 독일 기본법은 제13조 제7항에서 공동의 위험(gemeine Gefahr) 및 개개인의 생명에 대한 위험이 있는 경우 주거의 자유에 대한 제한을 허용하고 있고, 경찰의 출입을 허용하는 각 분방 경찰법의 규정들이 이러한 헌법의 내용을 명확히 하고 있다.[100]

(5) 정보수집

　[일반적 정보수집] 독일은 1983년 연방헌법재판소의 인구조사판결이 있기 전까지는 경찰의 정보수집 활동에 대한 법적 근거를 가지고 있지 않았다.[101] 이후 앞에서 언급된 1986년 보충초안－통일경찰법 모범초안의 개정을 위한 예비안(VE MEPolG)과 이에 따른 각 분방 경찰법에서 위험 사전대비적 경찰임무 조항을 추가하였는데, 비록 이 조항이 경찰의 정보활동을 직접 표현하지는 않았지만, 사전대비의 핵심에는 자연스럽게 정보수집이 자리하게 된다.[102]

　한편 구체적 위험방지를 위한 정보수집은 별도의 수권조항없이도 일반적 수권조항에 근거하거나 또는 보충초안 제8a조에 따른 일반적 정보수권조항(Generalkausel für die Datenerhebung)을 두어 이루어질 수도 있다.[103] 예로 바이에른주의 경찰법(BayPAG) 제32조 제1항에 의하면, 경찰은 위험방지, 사권보호, 집행원조 및 타 법령에서 위임한 업무의 수행을 위하여 정보수집이 요청되며, 제11조에서 제65조까지에서 별도의 권한이 규율되지 않는 경우 개인정보를 수집할 수 있다.

　이와 달리 위험 사전대비를 위한 정보수집은 "특별한 정보수집"[104]으로서 고권적 차원

---

100) 김성태, 홍익법학 제20권 4호, 2019, 423면.

101) *Kugelmann*, Polizei- und Ordnungsrecht, 2. Aufl., 2011, Kapitel 7. Rn. 3, 11.

102) 김성태, 경찰학연구 제20권 3호, 2020, 118면.

103) *Kugelmann*, Polizei- und Ordnungsrecht, 2. Aufl., 2011, Kapitel 5. Rn. 170.

에서 이루어지는 한 개별적 수권이 필요하다.[105] 공공장소에서의 촬영 및 녹음, 웨어러블 바디캠(Körpernah getragener Aufnahmegeräte)이나 드론(unbemannte Luftfahrtsysteme)에 의한 영상정보수집 등 다양한 규정이 각 분방의 경찰법으로 도입되고 있다.[106]

　개별적 경찰활동을 위하여 위험방지나 위험 사전대비를 위한 정보수집권의 법적 근거를 갖는 것과, 종합적인 정보수집 기능을 경찰에 둘 것인지는 별도의 문제이다. 독일 연방헌법재판소는 연방정보국(Bundesnachrichtendienst)은 경찰기관이 아니며 경찰기관과 통합되어서도 안된다고 판결[107]하고 있고, 학계에서도 연방정보국은 경찰조직에 속하여서는 안된다고 보고 있다.[108] 반대로 정보기관에는 수색, 압류 및 이와 유사한 경찰조치 등 어떠한 집행경찰상의 권한도 부여되지 않는 등[109] 경찰과 정보기관 간 분리명령(Trennungsgebot)에 따르고 있다.[110] 같은 맥락에서 독일 학계는 연방헌법수호청(Das Bundesamt für Verfassungs-schutz)도 경찰기관으로 보지 않는다.[111] 연방정보국은 외국에 관한 정보를 수집하는 반면(연방정보국법－BNDG/Gesetz über den Bundesnachrichtendienst 제1조 제2항), 헌법수호청은 활동영역이 국내라는 점에서 구분된다.

　[경찰 바디캠에 의한 영상정보수집] 독일 경찰법 모범초안(MEPolG)에서는 바디캠과 관련한 규정을 특별히 마련하고 있지 않으나, 최근 증가하는 경찰관에 대한 폭력 등의 공무집행 방해를 방지하기 위한 목적으로 **각 분방 경찰법**에 도입되고 있다.[112] 마인츠시에서는 모든 순찰근무자가 바디캠을 착용하고 근무 중이다.[113] 바디캠의 사용은 리스크(주관적 위험)의 사전예방(Risikovorsorge)으로서 이해된다.[114]

　예로 바덴-뷔어템베르크주 경찰법(BWPolG) 제21조 제5항[115]에 의하면, 위험방지 혹은 형사소추, 질서위반행위 단속임무를 수행함에 있어 자타해 방지를 위해 바디캠을 이용한

---

104) 특별한 정보수집이라고 하게 되면, 위험의 전단계에서 정보를 수집하기 위하여 기본권을 강하게 제한하게 됨을 의미한다. 이러한 특별한 정보수집 수단에 대하여는 통상 개별규정에 기준을 두게 된다: *Kugelmann*, Polizei- und Ordnungsrecht, 2. Aufl., 2011, Kapitel 7. Rn. 115.
105) *Kugelmann*, Polizei- und Ordnungsrecht, 2. Aufl., 2011, Kapitel 6. Rn. 17.
106) 상세한 유형과 관련 입법에 대하여는, 김성태, 경찰학연구 제20권 4호, 2020, 87면 참조.
107) BVerfGE 97, 198 (217).
108) *Ebert*, LKV 2018, S. 399 (399): "Sie dürfen auch keiner polizeilichen Dienststelle angegliedert werden."
109) *Knemeyer, Franz-Ludwig*, Polizei- und Ordnungsrecht, 11. Aufl., 2007, Rn. 44.
110) 관련 논문: 박병욱, 경찰법연구 제11권 2호, 2013, 249-287면.
111) *Kugelmann*, Polizei- und Ordnungsrecht, 2. Aufl., 2011, Kap. 4, Rn. 32.
112) *Zaremba*, LKV 2021, S. 193: 연방경찰은 2017년 § 27a BPolG에 의하여, 여타 14개 분방들은 2015년 헤센주를 필두로 분방경찰법에서 경찰관 바디캠 사용의 법적 근거를 마련하고 있다.
113) 박원규, 입법과 정책 제10권 2호, 2018, 22면.
114) 박원규, 입법과 정책 제10권 2호, 2018, 18면.
115) 다른 분방의 경찰법 규정으로는, PolG NRW 제15c조, HSOG 제14조 제6항, RhPfPOG 제27조 제4항 등.

영상촬영 및 녹음을 할 수 있다. 다만 주거지에 진입한 경찰관이 바디캠을 사용할 수 있느냐는 분방에 따라 달리 규정하고 있다. 바이에른, 바덴-뷔어템베르크, 브레멘, 멕클렌부르크-포어폼머른, 노르트라인-베스트팔렌, 자르란트주의 경우는 이를 허용하나, 나머지 분방에서는 기본법 제13조 제1항의 주거불가침을 우선하여 불허하고 있다.[116)

(**부연**) 갑작스런 공격행위 등의 경우 바디캠 영상저장을 개시하는 것이 무의미할 수 있으므로, 저장없이 육안으로 보는 것처럼 작동하다가 저장을 개시하면 30초 전 영상부터 소급 저장시키는 프리레코딩(Pre-Recording)[117) 기능이 있다. 정확히 표현하자면 동 기능의 설정시 우선 30초간만 저장하고 지워지는 방식으로 촬영을 하다가, 저장을 개시하면 지난 30초의 영상은 개시시점의 영상과 함께 지워지지 않고 저장되도록 하는 것이다. 이에 대해 구체적 위험이 없는 상황에서 프리레코딩 기능을 설정 대기시켜서는 안되고 바디캠을 무작동하여야 한다는 견해도 제기되나,[118) 수권조항의 취지가 1차적 위험방지에만 있는 것이 아니라 2차적으로 임무수행의 안전성을 보장하려는 데에도 있으므로, 프리레코딩의 저장개시의 시점에 구체적 위험이 있으면 족하며 일상적인 프리레코딩 설정대기를 문제시할 필요는 없다고 보인다.

한편 정보수집의 투명성과 안전성 확보의 효과성을 위하여 대상자가 촬영사실을 인지하도록 하여야 하므로, 불빛, 신호음, 구두고지 등의 조치를 법률에 명시하자는 견해도 있다. 헤센주를 포함한 대부분의 분방들에서 영상팀(Videoteam) 또는 영상감시(Videoüber-wachung)라는 문구를 근무자의 조끼에 명시하고 있다.[119)

[**공공장소 CCTV 영상정보수집**] 독일 각 분방에서는 1983년 독일 연방헌법재판소의 인구조사판결 이후 개인정보자기결정권의 보호를 위해 경찰법에 공공장소에서의 촬영 및 녹화·녹음에 관한 규정을 두었다.

이후 1996년 작센주 라이프치히시에서 CCTV에 의한 공공장소에서의 영상감시가 도입되자, 이에 대한 명확한 법적 근거를 마련하고자 범죄발생의 구체적 근거를 요구하던 기존 규정을 범죄발생의 사실상의 단서만으로 요건을 완화하는 내용으로 1999년 작센주 **경찰**법이 개정된 것이, 다수의 분방 경찰법에 공공장소 영상감시 규정을 두는 시초가 되었다. 동 조항은 2003년 작센주 헌법재판소에서 위험방지의 효과가 인정되며 비례성이 준수된다며 합헌으로 판결되었다. 동일한 내용을 2000년 경찰법에 도입한 바덴-뷔어템베르크주의 경우도 2001년 영상감시장비의 철거가 요구된 사건에서 지방행정법원이 위험지역의 징표를 인

---

116) *Zaremba*, LKV 2021, S. 196.
117) 프리레코딩에 관하여는, *Zaremba*, LKV 2021, S. 200-201 참조.
118) 박원규, 입법과 정책 제10권 2호, 2018, 20면.
119) 박원규, 입법과 정책 제10권 2호, 2018, 21면.

정하며 기본권 침해를 인정하지 않았다.[120] 공공장소에서의 CCTV 영상감시를 허용하는 분방의 경찰법(예로 PolG NRW 제15조– 제15b조[121])들은 대개 범죄발생의 실제적 근거가 있는 경우를 정당화의 요건으로 규정한다.[122]

한편 공공장소에서의 CCTV 감시를 허용하는 법적 근거를 2003년부터 연방정보보호법 (BDSG, Bundesdatenschutzgesetz)에서도 마련하고 있다. 동법 제4조 제1항 1호에 의하면 **공공기관**의 임무수행을 위해, 동항 2호에 의하면 주거권 실현을 위해, 그리고 동항 3호에 의하면 특정된 목적 하에 정당한 이익의 수행을 위해 필수적인 경우 공공장소에서의 CCTV 감시가 허용된다. 동항 2호 및 3호 규정에 따라 주거권 및 정당한 권리실현을 위해 공공장소에서의 **사인**에 의한 CCTV 감시도 가능하게 된다. 이 경우 관계된 자의 보호이익이 우선한다는 근거가 없어야 한다. 스포츠 시설이나 집회장소, 유원지, 쇼핑센터, 공원 등 넓은 면적의 공중이용시설이나, 교통수단 및 철도, 배, 버스 등 대중교통을 위한 넓은 면적의 공중이용시설에서는 그곳에 있는 자의 생명, 건강, 자유의 보호가 가장 중요한 이익으로 간주된다. 다만 동법 제4조 제2항에 의하면, CCTV 감시의 정황과 책임자의 이름 및 연락처가 인식될 수 있어야 하고, 동조 제4항에 의해 CCTV 감시로 수집된 특정인의 정보는 대상자에게 고지하여야 한다.

5. 부수적 수권조항(무기사용권)

독일에서 경찰에 의한 무기사용과 관련한 기본적인 사항은 각 분방의 경찰법에 규정되어 있고, 세부적인 내용은 경찰업무규정(Polizei- Dienstvorschriften: PDV)에 의하여 규율된다.

> ● **독일 통일경찰법모범초안**
> 제41조 제1항에 의하면, 총기는 직접강제의 다른 수단으로는 목적을 달성할 수 없거나 달성할 수 없음이 명백히 예견되는 경우에 한하여 사용할 수 있다. 사람에 대한 총기의 사용은 물건에 대한 총기사용에 의하여서는 목적을 달성할 수 없는 경우에 한하여 허용된다. 동조 제2항에 의하면, 사람에 대한 총기의 사용은 공격 혹은 도주를 못하게 하도록 하기 위하여만 허용된다. 사망의 결과를 가져올 개연성이 높은 총기의 사용은, 그것이 생명 혹은 신체의 불가침성에 대한 중대한 침해에 대한 현재의 위험

---

120) 구형근, 인문사회 21 제8권 2호, 2017.4, 19–25면.
121) 다른 분방의 경찰법 규정으로는, BayPAG 제32조 제2항 및 제3항, BWPolG 제26조 제2항 및 제3항, HSOG 제14조 제3항 및 제4항, NSOG 제32조 제3항, RhPfPOG 제27조 제1항 및 제3항, SächsPolG 제37조 제2항 등.
122) 최민영, 고려법학 제73호, 2014, 201면.

을 방지하기 위한 유일한 수단인 경우에 한하여 허용된다.[123] 동조 제3항에 의하면, 외견상 14세 미만으로 보이는 자에 대한 총기의 사용은 허용되지 아니한다. 총기의 사용이 생명 혹은 신체에 대한 현재의 위험을 방지하기 위한 유일한 수단인 경우에는 그러하지 아니한다. 동조 제4항에 의하면, 경찰공무원이 인식할 수 있는 제3자가 위험에 처할 고도의 개연성이 있는 경우에는 총기의 사용이 허용되지 아니한다. 총기의 사용이 생명에 대한 현재의 위험을 방지하기 위한 유일한 수단인 경우에는 그러하지 아니한다.

동 초안 제42조 제1항에 의하면, 사람에 대한 총기의 사용은 다음 각호의 1에 해당하는 경우에만 허용된다. 1. 생명 혹은 신체에 대한 현재의 위험을 방지하기 위한 경우, 2. 총기 또는 폭발물의 사용, 휴대를 수단으로 하는 중죄 혹은 경죄가 행해지려고 하거나 계속 행하여지는 것을 저지하기 위한 경우, 3. 도주함으로써 체포 또는 신원확인을 피하려고 하는 자를 체포하기 위한 경우(다음 각호의 1에 해당하는 경우에 그러하다), 가. 중죄를 범하였다고 의심할 만한 충분한 이유가 있거나, 나. 경죄를 범하였다고 의심할 만한 충분한 이유가 있고, 그가 총기 혹은 폭발물을 소지하고 있다고 인정되는 사정이 있는 경우, 4. 다음 각호의 사유에 근거하여 구금중인 자 혹은 연행중인 자의 도주방지 혹은 체포를 위한 경우 가. 중죄를 범하였다는 법관의 결정 혹은 중죄를 범하였다는 충분한 혐의가 있는 경우, 나. 경죄를 범하였다는 법관의 결정이 있거나 경죄를 범하였다는 충분한 혐의가 있고 그가 총기나 폭발물을 소지하고 있다고 인정될 만한 사정이 있는 경우, 5. 구금중인 자를 폭력을 사용하여 도주시키려고 하는 것을 저지하기 위한 경우. 동조 제2항에 의하면, 소년구금이나 형벌구금을 집행하는 경우 또는 개방시설로부터 도주를 방지하기 위한 경우에는 제1항 4호에 따른 총기의 사용은 허용되지 아니한다.

동 초안 제43조 제1항에 의하면, 경찰공무원이 제3자가 위험에 처할 고도의 개연성이 있다는 것을 인식할 수 있는 경우에는 다중 속에 있는 사람에 대한 총기사용은 허용되지 아니한다. 총기의 사용이 생명에 대한 현재의 위험을 방지하기 위한 유일한 수단인 경우에는 그러하지 아니한다. 동조 제2항에 의하면, 다중 속에 있지만 폭력을 행사하거나 그를 용인 또는 방조하는 자는, 그가 제39조 3항에 따른 반복적인 경고에도 불구하고 집단을 이탈하지 않는 경우에는 제3자라고 볼 수 없다.

동 초안 제44조 제1항에 의하면, 기관총과 수류탄은 제42조 제1항 1호, 2호 및 5호의 경우에 한하여, 내무부장관 혹은 구체적인 경우에 있어 그에 의하여 위임을 받은 자의 동의 하에 다음 각호의 1에 해당하는 경우 사용할 수 있다. 1. 총기 또는 수류탄 혹은 그와 유사한 폭발물을 사용한 자에 대하여, 2. 사전에 다른 총기를 사용했으나 효과가 없는 경우 동조 제2항에 의하면, 기관총과 수류탄은 공격을 못하게 하기 위하여서만 사용할 수 있다. 수류탄은 다중에 대하여서는 사용할 수 없다. 동조 제3항에 의하면, 총기사용에 관한 다른 규정은 이에 의하여 영향을 받지 않는다. 동조 제4항에 의하면, 폭발물은 사람에 대하여 사용할 수 없다.

---

123) 이와 관련된 독일문헌의 사례연구에서 체포되었다가 탈주한 은행강도범이 순찰중인 경찰관에게 발각되어, 두 차례의 경고사격에도 계속 도주한 경우 이를 체포하기 위하여 오른 다리를 겨누어 발포하였으나 사망하였다면 이는 정당화사유(정당방위)에 해당되므로 경찰관은 적법하게 활동한 것이라고 보았다: *Knemeyer, Franz-Ludwig*(서정범 역), 경찰법 사례연구, 2001, 126-129면.

3절 일반 경찰행정작용법 283

PDV는 분방 내무부장관협의회(Konferenz der Innenminister: IMK) 산하에 구성되는 6개의 연구팀 중 경찰분야를 담당하는 제2팀(AK II, Arbeitskreis II)과 규정위원회(VK, Vorschriftenkommission)에서 제시하는 경찰전술대응이다.[124] PDV 100(Führung und Einsatz der Polizei, 경찰지휘와 현장조치),[125] PDV 201(현장조치팀에서 사용하기 위한 신임과 재직자교육), PDV 202(현장조치팀의 지휘와 투입수단에 대한 신임과 재직자 교육), PDV 450(경찰의 자기보호) 등이 현장조치와 관련한 주요 모범규정들이나, 보안문건으로 등급 매겨져 비공개되고 있다.[126]

내무부장관협의회는 분방을 초월하는 분야에서 정치적 차원의 공동협력을 위해 1954년부터 시작되었다. 현재까지 200회가 넘는 협의회가 개최되었는데 그 대부분의 주제는 공공안전이었다. 연방내무장관도 상시초청자로 참여하지만 투표권을 가지지는 못한다.[127] 동 협의회의 사무실은 연방의회 내에 위치하지만, 협의회가 연방의 기관인 것은 아니다. 협의회의 의장은 분방 내무부장관들이 순환하여 맡는데 1년을 주기로 바뀌므로 연속으로 2번의 협의회를 주도한다.[128] 협의회는 통상 봄과 가을 연 2회 개최되며, 협의회 개최 2주 전부터는 협의회를 사전에 준비하는 6개의 연구팀이 구성되는바, 경찰 관련 연구팀은 제2팀(AK II: Arbeitskreis II)이며, 지방자치단체 관련 연구팀은 제3팀이다. 제2팀에는 연방수사청장과 독일경찰대학원장이 구성원으로 포함된다. 분방들과 연방은 해당 연구팀들을 통해 협의회 주제를 미리 신청할 수 있다.[129] 협의회의 결정은 만장일치를 원칙으로 하여 반대하는 회원이 있으면 결정이 내려지지 않으며, 결정은 독일 전역에서 구속력을 갖는다고 하나,[130] 단지 정치적인 효력만을 갖는다. 법적 효력을 가지려면 각 분방이나 연방에서의 후속 조치가 필요하다. 하지만 결정이 만장일치로 이루어지므로, 통상 독일 전역에서 실질적인 반영이 보장된다.[131]

[PolG NRW] 제63조-제66조에서, 독일 통일경찰법모범초안과 거의 같은 내용의 규정을 두고 있다: 제63조(총기사용에 관한 일반규정), 제64조(사람에 대한 총기사용), 제65조(다중 속에 있는 사람에 대한 총기사용), 제66조(특수무기, 폭발물).

(해석론) 위험에 대해 책임있는 자를 사살하는 것은 헌법적으로 부정되지 않는다. 다만

---

124) *Zeitner*, Einsatzlehre: Grundlagen für Studium und Praxis, 2015, S. 32: 경찰규칙은 1929년 프로이센 내무부장관이 최초로 발령했다.

125) 1975년 처음 만들어졌고, 2018년판까지 개정 중이다.

126) https://de.wikipedia.org/wiki/Polizeidienstvorschrift (2020.9.3. 방문).

127) https://www.berlin.de/sen/inneres/service/parlaments-und-bundesangelegenheiten/innenministerkonferenz/ (2020.5.15. 방문).

128) https://www.innenministerkonferenz.de/IMK/DE/mitglieder/imk-mitglieder-node.html (2020.5.14. 방문).

129) https://www.innenministerkonferenz.de/IMK/DE/termine/termine-node.html (2020.5.14. 방문).

130) *Möllers*, Wörterbuch der Polizei, 3. Aufl., 2018. Stichwort: Ständige Konferenz der Innenminister und-senatoren der Länder (IMK).

131) https://www.berlin.de/sen/inneres/service/parlaments-und-bundesangelegenheiten/innenministerkonferenz/ (2020.5.15. 방문).

생명이나 신체의 불가침에 대한 현재의 위험을 방지하기 위하여 유일한 수단일 때에만 총기에 의한 사살이 허용된다.[132]

6. 경찰비용법

> **◉ 위험방지비용과 수사비용의 관계**
>
> 독일에서 광의의 경찰비용에는 이하에서 소개할 경찰의 위험방지비용과 이와는 별도의 경찰수사비용이 포함될 수 있다. 소추의사적 범죄신고에 따라 범죄를 제지·진압하기 위해 경찰의 위험방지활동이 아울러 이루어진다면, 위험방지비용과 형사소추에 따르는 소송비용이 양립하게 되는데, 이 경우 통상 경찰비용을 부과하지 않고 소송비용만 부과된다. 그 이유는 같은 사실관계를 두고 경찰비용과 소송비용을 병행 부과함이 바람직하지 않고 형사소송에 있어서의 비용규율이 포괄적이고 종국적이며[133] 경찰비용에 비하여 적게 정산되는 소송비용이 재사회화의 목적에 부합하기 때문이라고 한다.[134]
>
> 수사비용은 형사소송법 제464조에 의하여 소송비용과 필요적 경비의 일부가 법원의 재판에 의해 결정된다. 제464조a에 의하면 소송비용은 다시 수수료와 국고지출경비로 나뉜다. 여기서 수수료란 국가(경찰 등)의 직무비용으로서 정액화되어 있고, 국고지출경비는 물적소모 등 국가의 자기지출과 제3자에 대한 지출이 실비로 정산된다. 필요적 경비에는 참고인 시간보상, 필수적 변호인 수수료 등이 포함된다. 비용부담의 대상자로는 유죄판결확정자(제465조)뿐만 아니라, 경솔하거나 고의적인 고소·고발자(제469조) 및 친고죄의 고소취하자(제470조)도 포함된다.

(1) 경찰상 책임자에 대한 비용부담(장해자수수료, Störergebühren)

경찰상 공공의 안녕이나 질서에 대해 장해나 위험을 야기한 자를 장해자(Störer)라고 한다.[135] 장해자의 위험야기는 행위에 의하기도 하지만(행위장해자), 그의 행위와 무관한 소유물 내지 실력으로 지배하고 있는 사물로부터 이루어지기도 한다(상태장해자). 상태장해자는 물론 행위장해자의 경우에도 고의·과실을 묻지 않고 그 개념이 성립하는데, 경찰조치의 대상자가 된다는 측면에서는 행위책임자와 상태책임자로 호칭된다. 같은 맥락에서 장해자에게 묻게 되는 '책임'은 우리나라의 용어로는 구분이 어려우나 독일어로는 Verschulden(유책

---

132) *Kugelmann*, Polizei- und Ordnungsrecht, 2. Aufl., 2011, Kapitel 11. Rn. 26, 28.

133) *Würtenberger/Heckmann/Tanneberge*r, Polizeirecht in Baden- Württemberg, 7. Aufl., 2017, § 10 Rn. 60-61; 이와는 반대로 각각 부과되어야 한다는 견해도 있다. *Schmidbauer*, in: *Manssen/Jachmann/Gröpl* (Hg.), Nach geltendem Verfassungsrecht, 2009, S. 734 (755 f.).

134) *Rieger*, Die Abgrenzung doppelfunktionaler Maßnahmen der Polizei, 1994, S. 157 f.

135) *Würtenberger/Heckmann/Tanneberger*, Polizeirecht in Baden-Württemberg, 7. Aufl., 2017, § 5 Rn. 288.

성, 고의나 과실)을 개념요소로 하는 Haftung(유책적 사후처리의무)이 아닌 Verantwortlichkeit(사후처리의무)로 취급된다.[136]

　　이러한 책임자는 적법상 상태를 회복시킬 의무를 가지므로, 책임자가 그러한 상태 회복을 위한 비용을 부담함이 마땅하게 된다.[137] 먼저 행위장해자가 위반한 실체적 경찰상 의무는 경찰개입 권한으로부터 도출된다.[138] 시간적 단계로 위험야기 전 위험회피의무와 위험야기 후 위험제거의무가 성립한다. 위험회피의무 위반으로 행위장해자가 성립하고,[139] 위험제거의무 위반으로 경찰비용 즉 수수료가 발생한다.[140] 다음으로 위험이 발생한 사물의 소지자 소유자인 상태장해자에게는 위험야기에 기여하는 아무런 행위가 없었으므로 위험야기 전의 위험회피의무 위반은 따져질 수 없고, 위험야기 후의 위험제거의무 위반에 근거하여 수수료가 발생한다. 이러한 위험제거의무의 근거는 기본법 제14조 제2항에서 나오는 재산권의 사회적 구속성에 있다. 소유권자는 자신의 사물을 공익에 역행하지 않고 경찰상 인정할 수 있는 상태로 유지하여야 하기 때문이다.[141]

　　물론 비용상환을 위해서는 법률유보원칙에 의하여 고유한 법적 근거가 필요하다.[142] 독일에서도 이러한 장해자 수수료에 대한 일반적인 규율은 두지 않고, 경찰 행위형식에 따라 직접시행,[143] 대집행,[144] 직접강제[145] 등의 개별 유형별로 수수료 규정을 구분한다.

● 직접시행과 즉시집행

직접시행(Unmittelbare Ausführung)은 의무부과 후 이루어지는 행정집행과 달리, 조치의 목적이 책임자에 대하여 경찰권을 발동하는 것을 통하여 달성될 수 없는 경우 사전 의무부과없이 경찰이 직접 혹은 경찰수탁자를 통하여 행정상 필요한 상태를 실현시키는 작용형식이다.[146] 임의적이 아닌 강제나 권리제한의 형태로 이루어지는 직접시행은 우리나라의 즉시강제에 해당한다. 이와 유사한 개념인 즉시집행(Sofortige Anwendung = Sofortige Vollziehung)은 행정집행인 대집행이나 직접강제의 일종

---

136) *Kugelmann*, Polizei- und Ordnungsrecht, 2. Aufl., 2011, Kapitel 8. Rn 2.

137) *Kugelmann*, Polizei- und Ordnungsrecht, 2. Aufl., 2011, Kapitel 11. Rn. 68.

138) *Selmer*, in: *Hendler/Ibler/Soria* (Hg.), „Für Sicherheit, für Europa", 2005, S. 391, 397; *Schenke*, Polizei- und Ordnungsrecht, 7. Aufl. 2011, Rn. 228.

139) *Selmer*, in: *Hendler/Ibler/Soria* (Hg.), „Für Sicherheit, für Europa", 2005, S. 394.

140) *Deusch*, Polizeiliche Gefahrenabwehr bei Sportgroßveranstaltungen, 2005, S. 227.

141) *Würtenberger/Heckmann/Tanneberger*, Polizeirecht in Baden-Württemberg, 7. Aufl., 2017, § 5 Rn 295; *Schenke*, Polizei- und Ordnungsrecht, 7. Aufl. 2011, Rn. 271.

142) *Kugelmann*, Polizei- und Ordnungsrecht, 2. Aufl., 2011, Kapitel 11. Rn. 69.

143) 바덴-뷔어템베르크주 경찰법(PolG BW) 제8조 제2항, 바이에른주 경찰법(BayPAG) 제9조 제2항 등.

144) 바덴-뷔어템베르크주 행정집행법(LVwVG BW) 제25조 및 집행비용법(LVwVGKO BW) 제6조.

145) 바덴-뷔어템베르크주 행정집행법 제26조 및 경찰법(PolG BW) 제52조와 연결된 집행비용법 제7조.

146) *Kugelmann*, Polizei- und Ordnungsrecht, 2. Aufl., 2011, Kapitel 11. Rn. 41.

으로 집행가능한 처분(의무부과처분)을 발하면 시간의 경과로 목적달성이 곤란해질 수 있는 경우 그러한 의무부과처분을 실제로는 발하지 않고 집행조치를 실행하는 것을 말한다. 직접시행과 다른 점은 가정적인 원처분이 상정되고 적법성 심사의 대상이 된다는 것이다.[147] 경찰이 책임자를 대신하여 행위하는 경우의 즉시집행은 대집행의 일종이며, 경찰이 책임자로 하여금 의무를 이행하도록 강제하는 경우의 즉시집행은 직접강제의 일종이다.

(2) 위험원형성자에 대한 사전대비 비용부담(위험원수수료, Gefahrenquellengebühren)

1) 장해자와의 구분

직접적 야기론에 따르면 대규모 행사와 같은 위험원의 형성 자체는 위험 야기가 아니며,[148] 그 행사의 참가자와 같은 제3자가 장해자인 위험야기자가 될 수 있다.

이에 대해 목적적 유발자론에 따르면 위험원의 형성자가 배후자로서 위험이 원인을 제공하였으므로 역시 장해자에 해당한다고 하나,[149] 집회 개최나 위험물 수송 등과 같은 위험원의 형성 자체는 위험회피의무의 위반이 아니라 법적 보호를 받아야 하는 적법한 활동이며 오히려 헌법적으로 보장된 자유권을 행사할 뿐이라는 점에서 수긍하기 어렵다. 독일에서의 압도적 견해도 행사주최자 등 위험원 운영자의 장해자 특성을 부인한다.[150]

2) 비장해자로서 비용부담의 근거

수익자부담 원칙을 주장하는 입장에 의하면, 대규모 행사의 개최자 등 위험원 형성자는 그의 적법한 행위에도 불구하고 공중의 부담을 통한 이득이 발생할 수 있기 때문에 비용부담의 대상이 될 수 있다고 한다.[151] 그러나 위험원의 형성이 적법한 활동이라는 점에서는 경찰비용은 세금으로 충당되어야 하고, 발생한 수익에 대해서는 위험원 형성자가 별도 소득세 내지 매출세를 납세하게 되므로, 수익자부담에 따른 경찰비용의 부담은 이중과세가 될 수 있다. 또 문화적 행사와 같은 비영리목적의 위험원 형성시는 수익자부담의 원칙을 적용할 여지가 없게 되므로, 수익자 부담 원칙은 위험원 형성자에 대한 비용부담의 근거가 될 수 없다고 본다.

다른 측면에서 보면, 위험원 형성자에게는 私法上 위험사전배려의 시각에서 거래안전

---

147) *Kugelmann*, Polizei- und Ordnungsrecht, 2. Aufl., 2011, Kapitel 11. Rn. 44, 45.

148) *Schenke*, NJW 1983, S. 1882 (1883, 1887).

149) *Schoch*, in: *Schmidt-Aßmann* (Hg.), Besonderes Verwaltungsrecht, 14. Aufl., 2008, Kap. 2, Rn. 138.

150) *Schoch*, in: *Schmidt-Aßmann* (Hg.), Besonderes Verwaltungsrecht, 14. Aufl., 2008, Kap. 2, Rn. 138 f.; *Pieroth/Schlink/Kniesel*, Polizei- und Ordnungsrecht, 6. Aufl., 2010, § 9 Rn. 27 ff.

151) *Wahlen*, Polizeikostenerstattung kommerzieller Großveranstalter, 2008, S. 37.

의무가 주어진다.[152] 민법적으로 위험원의 창출과 유지자는 자신에게 귀속가능한 행동으로
제3자의 권리나 법익을 손상하는 경우 손해배상을 하여야 한다(불법행위법의 일반조항으로서,
독일 민법전 제823조 제1항).[153] 이로부터 제3자에 대한 거래안전의무가 도출된다.[154] 거래안
전의무의 중심적 기능은 위험의 회피 내지 예방이다.[155] 위험원 형성자가 위반한 거래안전
의무를 경찰이 대신 수행하였다면, 그에 대한 경찰비용의 징수는 보충성 원칙을 지키기 위
하여 필수적이라고 하여야 한다.[156] 그렇지 않으면 위험예방비용을 아끼기 위하여 私法的인
안전의무 이행을 소홀히 하려는 동기부여가 발생한다. 따라서 위험원 형성자에 대한 경찰
비용의 부담은 私法上 거래안전의무를 이행하지 않는 자에 대한 정당한 부담분배라고 볼
수 있다.

3) 별도의 공법적 규율 필요성

위험원 수수료는 이미 야기된 위험제거비용이 아니라 위험사전대비 비용이라는 점에
서 장해자 수수료와 구분되므로, 장해자 비용부담 규정이 원용될 수 없다. 또 私法的 의무위
반에 기초하여 경찰비용을 상환하게 하는 것이라고 본다면, 직접 私法을 원용할 수 없으므
로 별도의 공법규율을 두어야만 한다.[157] 다만 독일에서도 이에 관한 공법적 일반조항은 없
으며 개별 규정들만이 존재한다.[158] 원자력발전소, 공항, 철로, 위험물수송 등의 안전확보와
관련한 연방과 각 분방들의 경찰비용징수 규정들이 그것이다.

과거 私的 대규모 행사에 관하여 제정되었던 몇몇 분방들의 의미있는 비용상환 규정들
은 모두 폐지되었거나 적용되지 않았다. 이는 '私的'의 의미나 제대로 된 경찰비용의 크기를
사전에 인식할 수 없는 등 명확성의 원칙을 충족시키지 못했다는 지적[159] 외에도, 분방법률

152) *Waechter*, in: *Jachmann/Stober* (Hg.), Finanzierung der inneren Sicherheit unter Berücksichtigung des Sicherheitsgewerbes, 2003, S. 65 (67, 79).
153) *Fuchs*, Deliktsrecht, 7. Aufl., 2009, S. 90; *Rüßmann*, Juris PraxisKommentar BGB - Schuldrecht, 4. Aufl., 2008, § 823 Rn. 85; BGH, Urt. v. 22. 10. 1974, Az. VI ZR 149/73 = NJW 1975, S. 108; BGH, Urt. v. 19. 12. 1989, Az. VI ZR 182/89 = NJW 1990, S. 1236; BGH, Urt. v. 16. 2. 2001, Az. V ZR 422/99 = NJW-RR 2001, S. 1208.
154) *Kötz/Wagner*, Deliktsrecht, 9. Aufl., 2001, Rn. 234; *Fuchs*, Deliktsrecht, 7. Aufl., 2009, S. 90.
155) *Fuchs*, Deliktsrecht, 7. Aufl., 2009, S. 90; 위험물 형성자의 거래안전의무 위반에 따른 불법행위 책임 및 이와 구분되는 위험책임에 관하여 참조할 만한 국내 문헌으로는, 전경운, "독일 민법상 불법행위적 제조물책임에 관한 소고", 「법과 정책연구」 제12집 제3호, 한국법정책학회, 2012.9.
156) 참고로 *Roßnagel*, ZRP 1983 Heft 3, S. 59 (63): "보충성 원칙에 포함된 자기대비 사상."
157) BVerwG, Urt. v. 4. 10. 1985, Az. 4 C 76/82 = NJW 1986, S. 1626; *Sorge*, Kostentragung für den Schutz vor Anschlägen, 1991, S. 102 ff.
158) *Waechter*, in: *Jachmann/Stober* (Hg.), Finanzierung der inneren Sicherheit unter Berücksichtigung des Sicherheitsgewerbes, 2003, S. 65 (68).
159) *Wahlen*, Polizeikostenerstattung kommerzieller Großveranstalter, 2008, S. 28; *Klein*, GSZ 2018, S. 176.

에 규정하여야 하는 입법기술적 문제도 원인이 되었는데, 관련 규정을 두지 않는 분방과 비교하여 비용부담 규정을 두는 분방의 경우 관할 내의 행사주최자에게 감수하기 어려운 불이익을 주게 된다는 점이었다.[160]

하지만 관련 비용규정이 사문화되고 있던 브레멘주에서 2014년 11월 8일 브레멘수수료법을 개정하여 "5,000명 이상의 참가자가 모이는 수익성 행사가 경험칙상 행사 전, 중, 후에 행사장소와 입로, 출로 기타 주변에서 통상을 넘는 추가적인 경찰력을 발생시켰다면, 주최자에게 수수료 의무가 있으며 이는 실제적인 크기 혹은 포괄적으로 산정된 크기에서 부과될 수 있다"는 구체적인 내용을 규정하였다.[161] 이는 그간 대규모행사에 대해 경찰비용상환을 인정하더라도 주최자가 위험사전배려를 행할 수 있는 행사장 내로만 제한되던 독일의 통설적 입장과 관계자 간의 공감을 넘어선 것으로, 국가의 독점적 실력행사 영역인 행사장 외 공공장소에서의 비용도 부과할 수 있게 되어 커다란 논쟁의 대상이 되었다.[162]

개정법에 근거하여 브레멘주가 2015.8.18.일 독일축구리그에 수수료 통지를 하자, 동 리그는 행정소송[163]을 제기하여 1심[164]에서 승소하였다. 하지만 2심 패소[165]에 이어 2019.3.29.일 연방행정법원은 비용부과가 장해자로서가 아닌 경찰투입의 수익자에 대한 것으로서 원칙적으로 합헌적이라고 판결하였다.[166] 연방행정법원 판결에 대한 찬성도 뒤따랐으나,[167] 법원이 재정헌법적 의미를 오인했다는 등의 반론도 여전히 제기되고 있다.[168]

---

160) *Bernhardt*, DP 2007, S. 43 (44).
161) § 4 Ⅳ BremGebBeitrG; *Klein*, GSZ 2018, S. 176: 2014/2015년 독일축구리그 경기에 투입된 전체 경찰비용은 1억 2,000명 유로(한화 1,600억여 원)에 달한다고 한다.
162) 이에 대해 위헌적 의구심을 표명한 문헌으로, *Schiffbauer*, NVwZ 2014, S. 1286; *Brünig*, NVwZ 2019, S. 1417.
163) *Schmidbauer/Steiner*, Polizeiaufagabengesetz, Polizeiorganisationsgesetz, 5. Aufl., 2020, Rn. 48, 49: § 42 VwGO에 따른 취소소송으로 정지효는 발생하지 않는다.
164) VG Bremen, Urt. v. 17. 5. 2017 - 2 K 1191/16 = BeckRS 2017, S. 110241.
165) OVG Bremen, Urt. v. 5. 2. 2018 - 2 LC 139/17 = NVwZ 2018, S. 913.
166) BVerwG, Urt. v. 29. 3. 2019 - 9 C 4/18 = NVwZ 2019, S. 1444.
167) 수익자부담의 입장에서 찬성 견해로 *Wieland*, ZRP 2018, S. 90 f.; *Flick*, GWR 2019, S. 381. 이에 대하여 비용부과는 최소한 존재하는 추상적 위험에 대한 예방조치를 불이행함에 근거하며, 행사장과 공공영역의 인위적 구분이 불가능하다는 찬성 견해로서 전국적으로 통일된 규율이 필요하다는 입장은 *Klein*, GSZ 2018, S. 177, 178, 179.
168) 적법한 행사 주최자도 납세자라는 입장에서 반대견해로 *Müller-Eiselt*, SpuRt 2020, S. 54 ff.; *Drechsler*, NVwZ 2020, S. 433 ff.; 박현정 외, 경찰공무원의 불법행위책임 제한 및 사인에 대한 경찰비용 청구에 관한 연구, 경찰청 용역보고서, 2021.2.17, 83-88면: 프랑스에서도 2015년 테러사건 이후 국가재정충당 차원에서 대규모행사에 대한 경찰비용상환을 본격화했고, 이에 대한 주최자들의 반발도 커졌다. 공권력의 책임에 해당하지 않는 질서유지 서비스만을 비용상환의 대상으로 한다는 법령 기준의 불명확성과, 비용상환이 행사의 영리성이나 행사구역 내외부 여부에 관계없이 부과된다는 내무부장관의 지침에 학계의 비판도 있었으나, 2019년 공세유데파 판결(CE, 31 décembre 2019, n°422679)에서는 내무부

2024년 유럽축구챔피언쉽을 앞두고 라인란트-팔츠, 함부르크를 필두로 바덴-뷔어템베르크, 바이에른, 베를린, 헤센, 노르트라인-베스트팔렌, 작센 등 8개 분방들도 같은 내용의 경찰비용 규정을 도입하려고 한다. 독일축구리그(DFL)는 스포츠정책상 경쟁 왜곡이라는 문제를 들어 앞의 연방행정법원의 재판에 대한 헌법소원까지 고려 중이나, 영국, 스위스, 프랑스와 이탈리아의 축구리그들이 이미 경찰비용의무를 받아들이고 있어 전망은 부정적이다.[169]

(3) 행정이용수수료(Verwaltungsinanspruchnahmegebühren)

이는 경찰상 의무위반과는 전혀 무관하고, 통상 상대방의 신청에 의하여 제공되는 행정역무수행의 반대급부로서의 수수료이다.[170]

예로 처리에 30분 이상을 요하는 모든 공적 안내는 수수료를 받는다.[171] 경보로 인한 출동서비스도 신청에 의한 행정역무수행으로 보되,[172] 정당한 경보는 경찰의 위험방지의무를 수행하게 하는 정보제공으로서 제외하고, 오경보 내지 경보원인이 확인되지 않은 경우를 수수료 대상으로 하고 있다.[173] 유실물의 습득반환처리시에도 15유로 이상의 가치가 있는 물건은 반환을 받는 유실자나 소유권을 취득하는 습득자로부터 물건 가액의 10%와 처리에 소요된 실비를 더하여 수수료로 받는다.[174] 귀가 이후에도 실종신고를 취소하지 않아 지속된 경찰수색에 있어서 부과되는 수수료도 여기에 해당한다.[175]

지침의 적법성을 인정한 바 있다.

169) *Frank*, VerwArch 2020, S. 250 ff.

170) *Waechter*, in: *Jachmann/Stober* (Hg.), Finanzierung der inneren Sicherheit unter Berücksichtigung des Sicherheitsgewerbes, 2003, S. 65 (84): 직무수행을 자기의 유익으로 수령하였다면, 신청은 (수수료) 귀속의 충분하고 적절한 기준이다; *Mampel*, NWVBl. 1999, S. 380 (381).

171) *Sailer*, in: *Lisken/Denninger* (Hg.), Handbuch des Polizeirechts, 4. Aufl., 2007, Kap. M, Rn. 3.

172) 오경보를 신청된 역무수행의 촉발로 보는 입장: *Waechter*, in: *Jachmann/Stober* (Hg.), Finanzierung der inneren Sicherheit unter Berücksichtigung des Sicherheitsgewerbes, 2003, S. 65 (67); BVerwG, Urt. v. 23. 8. 1991, Az. 8 C 37/90 = NJW 1992, S. 2243; VG Neustadt, Urt. v. 22. 8. 2011, Az. 5 K 414/11.NW.

173) § 4 LGebG Baden-Württemberg i. V. m. § 1 Abs. 1 GebVO und Nr. 15.9 GebVerz(바덴-뷔어템베르크 주 수수료법과 수수료규정 및 수수료색인); §§ 1, 2, 24 LGebG Rheinland-Pfalz i. V. m. § 1 GebVO und Nr. 14.8.2. GebVerz.(라인란트-팔츠주 수수료법과 수수료규정 및 수수료색인); 이 경우 사람에 의한 허위신고와 같이 외관상 위험을 야기한 것으로 보는 견해도 있다: *Schmidt*, NVwZ 2004, S. 1207; 또 경보가 울리는 동안 이웃주민의 평온을 깨드린다는 점에서 상태장해가 발생한 것으로 보는 입장도 있다: BVerwG, Urt. v. 23. 8. 1991, Az. 8 C 37/90 = NJW 1992, S. 2243 (2244); 무인경보 오작동으로 인한 경찰출동 수수료를 경찰책임과 무관한 공역무 제공의 반대급부로 보는 국내 문헌으로, 이성용, "경찰책임자의 비용상환에 관한 연구", 「경찰학연구」 제8권 1호, 2008.4, 62면.

174) § 3 GebBG i. V. m. § 1 InKostV und Nr. 123 Kostenverzeichnis Inneres(브레멘주 수수료법과 수수료규정 및 수수료색인).

175) BWGebVO IM i. V. m. Nr. 15.10 GebVerz. IM(바덴-뷔어템베르크주 수수료규정과 연결된 내무장관 수수료색인).

4절   개별 경찰행정작용법 Ⅰ(행정법내 위험방지법)

1. 경찰소관 법령

(1) 집회 관련

독일은 1800년대 초반 선성로마제국 몰락 이후 프로이센을 포함한 분열된 국가들로 구성되었다. 1848년 왕정을 해산하고 제2공화국을 수립하게 한 프랑스 2월 혁명의 반향으로 독일에서는 황제를 정점으로 통일국가를 이루기 위한 프랑크푸르트 헌법 초안이 1849년 마련되었고 이때 처음으로 집회의 자유가 포함되었다. 하지만 동 초안은 황제로 추대된 프로이센 국왕을 포함한 군주들의 반발로 발효 1년 만에 좌절되었다. 1866년 전쟁에서 프로이센이 오스트리아를 이기면서 독일은 국가연합에서 사실상 연방국가화되었다.

제1차 세계대전에서 독일이 패전한 후 군주제 폐지와 민주정치 실현을 위해 1919년 제정된 바이마르 공화국 헌법에 이르러서야 집회의 자유가 헌법상 기본권으로 인정되었다. 이러한 시도는 국가사회주의당(나치)의 출현으로 끝나게 되었다가 2차 세계대전 이후 1949년 제정된 독일 기본법 제8조에서 다시 집회의 자유가 명시되었다.

독일의 집회와 행진에 관한 법률(VersammlG, Gesetz über Versammlungen und Aufzüge)은 1953년 연방법률로서 제정되었다. 독일은 기본법 제71조 및 제73조에서 연방전속 입법 대상을, 기본법 제72조 및 제74조에서 연방과 분방의 경합적 입법 대상을 규정하고 있는데, 이후 2006년 연방제 개혁으로 경합적 입법대상이던 집회를 기본법 제74조 제1항 3호에서 삭제함으로써 입법권을 각 분방에 전속하도록 하였다.[176] 독자적인 집회법을 제정하지 않은 분방의 경우에는 경과규정인 기본법 제125a조에 의하여 여전히 연방 집회법이 적용된다.

이에 2006년 브란덴부르크주를 필두로 각 분방에서 새로운 집회법을 제정하기 시작하였다. 현재까지 16개 분방 중 7개 분방이 집회법을 제정하였다. 2개 분방(바이에른 BayVersG, 니더작센 NVersG)은 독자적 성격의 것을, 2개 분방(작센-안할트 VersammlG LSA, 작센 SächsVersG)은 연방법과 대동소이한 내용을, 1개 분방(쉴레스비히-홀쉬타인 VersFG SH)은 전문가 그룹이 무질서한 입법을 방지하기 위해 2011년 제시한 '독일 집회법 모범초안'에 대체로 따른 내용을, 2개 분방(베를린, 브란덴부르크)은 연방집회법의 일부 조항만 대체입법을 한 상태이다.[177] 이외에 1개 분방(노르트라인-베스트팔렌)은 2021년 중 집회법을 제정하고자 추진

---

176) 윤석진 외, 2006년 개정 독일기본법의 주요내용 연구, 한국법제연구원, 2008, 93면.

중이다. 이하에서는 9개 분방에서 여전히 유효한 연방 집회법을 위주로 소개한다.

1) 집회신고

집회법 제14조에 의하여, 옥외공개집회나 행진을 주최하고자 하는 자(Veranstalter)는 늦어도 '공지' 48시간 이전에 **관할 행정청**(zuständige Behörde)에 신고하여야 한다. 동법 제17조에 의하면, 종교행사(예배, 순례 등), 관혼상제(장례, 결혼 등), 전통축제에는 신고의무가 적용되지 않는다. 집회법 제18조와 제7조에 의하면, 공개집회(옥내집회 포함)에는 한 명의 주관자(Leiter)를 두어야 하며, 옥내집회의 경우에는 주최자가 주관자이다.

집회법 제9조에 의하면, 집회(옥내공개집회 포함)의 주관자는 **경찰**(Polizei)이 요구하면 질서유지인의 수를 통지하여야 한다. 경찰은 질서유지인의 수를 적절하게 제한할 수 있다. 동법 제18조 제2항에 의하면, 옥외공개집회와 행진의 경우 질서유지인을 두려면 **경찰**의 허가(Genehmigung)를 요하며, 허가는 집회신고시 신청되어야 한다.

(해석론) 연방 집회법은 집회와 행진을 구별하면서도 이에 대한 정의규정을 두고 있지 않으며, 독일 학설도 행진을 움직이는 집회 정도로 이해하여 집회의 개념에 포함되는 것으로 본다. 집회의 개념에 대하여는 2인 회합설과 3인 이상 회합설이 대립하나 전자가 다수설이다. 공개집회라는 개념에 대하여는 학설과 판례로 집회참가자가 특정한 인적 범위에 한정되지 않는 집회나,[178] 집회장소 주위에 있는 공중에 대한 의사표현을 목적으로 하는 집회로 본다.[179] 공개의 개념이 중요한 것은 예를 들어 옥외인 공원잔디밭에서 여러 명이 정치적 주제에 대해 토론하기는 하나, 공개되지 않는다면 신고 등 집회법상 의무가 적용되지 않게 된다. 반면 회합 자체에는 특정 인정범위만 참가하더라도 일반 공중을 대상으로 하는 알림을 통해 공개적으로적으로 작용한다면 공개집회로서 신고의무가 적용된다.[180]

> 바이에른주 집회법은 제2조에서 집회에 대한 정의규정을 두고 있다: "공동의, 주로 공적인 의사형성에의 참여를 위한 토론이나 알림을 목적으로 하는 적어도 2인 이상의 회합."

독일 기본법 제8조 제1항은 "모든 독일인은 신고(Anmeldung)나 허가(Erlaubnis)없이 평

---

177) 안영규, 독일집회법 연구, 법무연수원, 2017.6 참조.

178) 안영규, 독일집회법 연구, 법무연수원, 2017.6, 26-27면.

179) *Enders/Hoffmann-Riem/Kniesel/Poscher/Schulze-Fielitz*, 2011, 박원규·서정범(역), 독일 집회법 모범초안, 2020, 47면.

180) *Enders/Hoffmann-Riem/Kniesel/Poscher/Schulze-Fielitz*, 2011, 박원규·서정범(역), 독일 집회법 모범초안, 2020, 50-51면.

화적으로 그리고 무기를 소지하지 않고 집회할 권리를 가진다"라고 규정하여 집회허가제는
물론 신고제도 금지하고 있다. 한편 동조 제2항은 "다만 옥외공개집회에 대해서는 동 권리
가 법률 또는 법률적 근거에 의해 제한될 수 있다"고 규정한다. 이에 따라 옥외공개집회와
행진에 대해 신고의무를 부과하는 연방 집회법이 위헌이라는 견해와, 제2항의 법률유보에
의하여 신고의무를 부과할 수 있다고 보는 견해가 대립하나 후자가 지배적이다.[181] 연방헌
법재판소는 2차례의 결정에서 우발집회와 긴급집회에 사전 신고의무를 부과하지 않는 한
신고제 규정이 합헌이라고 보았다.[182] 이러한 맥락에서 각 분방의 집회법에서는 신고의 의
미로 Anmeldung 대신 유사한 의미의 Anzeige를 사용하는 경향이 있다.[183] 즉 독일에서 집
회신고는 인식표시의 성질을 갖는 것으로서 의사의 통지가 아닌 관념의 통지에 해당하는
것으로 간주된다.[184]

　　집회의 경우 집회허가제를 금지하는 기본법 정신을 반영하여 도로교통관리청으로부터
공공도로의 점용허가를 받지 않는 것이 당연하다고 학설과 판례로 받아들여지는데, 쉴레스
비히-홀쉬타인주 집회법 제12조는 이를 명문화하여 허가를 요하지 않음을 규정하고 있
다.[185] 다만 연방 집회법 등의 경우에는 이러한 명문의 규정이 없고 허가와 같은 기본처분
이 없으므로 다른 법률에서의 집중효(Konzentrationswirkung)와 동일하게 취급될 수도 없다.
따라서 통상적 사용에 공하는 장소사용에 대한 허가절차만이 면제되며, 해당 장소에 대한
우선적 접근을 가능하게 하는 허가 등이 필요한 경우의 허가절차까지 면제되지는 않는
다.[186] 같은 맥락에서 환경법적 접근이 이루어지는데, 집회에서의 확성기 사용에 대한 허가
도 면제된다.[187]

> 독일 집회와 관련되는 원칙 중 하나로 집중효는 다른 집중의 원칙(Konzentrationsgrundsatz)이 있
> 다. 집회 개최를 위하여 집회행정청분만 아니라 여타 관련 행정청의 인허가가 필요한 경우, 집회주최
> 자가 집회행정청에만 신고하면 여타 인허가는 집회행정청이 다른 행정청과 협의하여 심사하여야 한다
> 는 학설상 원칙이다.[188]

---

181) *Enders/Hoffmann-Riem/Kniesel/Poscher/Schulze-Fielitz*, 2011, 박원규·서정범(역), 독일 집회법 모범초
　　안, 2020, 77면.
182) BVerfG, Beschl. v. 14. 5. 1985, Az. 1 BvR 341/81 = BVerfGE 69, 315 ff.; BVerfGE 85, 69(75).
183) 안영규, 독일집회법 연구, 법무연수원, 2017.6, 40-41면.
184) *Enders/Hoffmann-Riem/Kniesel/Poscher/Schulze-Fielitz*, 2011, 박원규·서정범(역), 독일 집회법 모범초
　　안, 2020, 20면, 77면, 79면, 159면.
185) 안영규, 독일집회법 연구, 법무연수원, 2017.6, 139-140면.
186) *Enders/Hoffmann-Riem/Kniesel/Poscher/Schulze-Fielitz*, 2011, 박원규·서정범(역), 독일 집회법 모범초
　　안, 2020, 83-84면.
187) *Enders/Hoffmann-Riem/Kniesel/Poscher/Schulze-Fielitz*, 2011, 박원규·서정범(역), 독일 집회법 모범초
　　안, 2020, 85면.

집회의 주최자란 집회에 참가자를 초청하거나, 집회를 신고한 자를 말한다. 주최자는 집회의 '주관권'을 타인에게 위임할 수 있다.[188]

"공지 48시간 전"의 의미는 바이에른주 집회법 제13조 제5항에서 명문화하고 있는 내용이 참조될 수 있다. 동항에 의하면 집회의 공지란, 주최자가 특정인 또는 불특정인에게 집회의 장소, 시간 및 목적을 통지하는 것을 말한다. 따라서 집회개최 48시간보다 상당히 이른 시간에 신고를 하여야 하는 셈이다.[190] 연방 집회법에서는 명문의 내용이 없으나 집회 신고 시한은 행정청의 근무일을 고려하여 계산되어야 한다. 전문가 그룹이 제시한 독일 집회법 모범초안에서는 주말과 공휴일은 기간계산에 산입하지 않음을 명시하고 있다.[191]

법문에서 "관할 행정청"이란, 예를 들어 노르트라인-베스트팔렌주의 경우 집회법 관할에 관한 명령(Verordnung über Zuständigkeiten nach dem Versammlungsgesetz)에 의하여 분방 직하의 광역시(kreisfreie Städte)나 도(Kreis)에 설치하는 47명의 **시도경찰관청**(KPB, Kreispolizei-behörde)이 담당한다. 시도경찰관청은 광역시의 18명 경찰서장과 29명의 도지사로 구성된다. 여타 분방들도 대부분 질서행정청인 시도경찰관청이 담당하거나, 광역 자치단체인 시도에서 담당하고 있다. 기타 분방 내무부장관(Behörde des Inneren, 함부르크주), 분방 경찰국장(Polizeipräsident, 베를린주)이나, 질서행정청인 시군경찰관청(Ortspolizeibehörde, 브레멘) 등이 담당한다.[192]

2) 집회신고에 대한 보완통고와 반려

독일 연방 집회법상 집회신고에 대한 보완통고나 반려 규정은 찾아볼 수 없다. 하지만 독일법에서 집회는 공적인 의사형성의 참여를 주된 목적으로 토론이나 의사표현을 위해 다수인이 회합하여 물리적인 장소를 사용하는 것이다. 주된 목적이 공동의 의사표현이나 토론이 아닌 스포츠, 축제, 오락 등을 목적으로 하는 회합은 집회에 해당하지 않으며, 집회가 갖는 고차원적 지위를 누릴 수 없다. 또 채팅방과 같은 인터넷에서의 가상 회합도 집회의 개념에 해당하지 않는다.[193] 따라서 이러한 경우 집회신고의 반려가 이루어질 수 있다.

188) 박원규, 한양대 법학논총 제37집 4호, 2020.12, 108면.
189) *Enders/Hoffmann-Riem/Kniesel/Poscher/Schulze-Fielitz*, 2011, 박원규·서정범(역), 독일 집회법 모범초안, 2020, 30면, 58면, 60면.
190) 안영규, 독일집회법 연구, 법무연수원, 2017.6, 102면.
191) *Enders/Hoffmann-Riem/Kniesel/Poscher/Schulze-Fielitz*, 2011, 박원규·서정범(역), 독일 집회법 모범초안, 2020, 80면.
192) https://beck-online.beck.de/Print/CurrentDoc?vpath=bibdata/komm_pdk/pdk-bu-k19/cont/pdk-bu-k19.anhang5.htm&printdialogmode=CurrentDoc&hlword= (2021.5.26. 방문).
193) *Enders/Hoffmann-Riem/Kniesel/Poscher/Schulze-Fielitz*, 2011, 박원규·서정범(역), 독일 집회법 모범초안, 2020, 49-50면.

3) 집회금지와 부담

[**위헌적 또는 폭력적 집회**] 집회법 제5조와 제1조에 의하면, 다음의 옥내공개집회는 금지될 수 있다. 1. 기본권이 박탈되거나 위헌이 선언된 정당이나 금지된 단체 등 집회를 개최할 권리를 갖지 못하는 자에 의한 집회, 2. 무기 등 흉기를 소지한 채 참가함이 허용되거나 폭력적인 집회, 3. 경죄 이상의 범죄를 의도하는 집회.

집회법 제15조 제1항 및 제2항에 의하면, **관할 행정청**은 다음에 해당하는 경우 옥외공개집회나 행진을 금지하거나 부담을 부과할 수 있다. 1. 옥외공개집회나 행진으로 인하여 공공의 안녕 또는 질서가 직접적으로 위태롭게 되는 경우, 2. 나치 희생자의 기념장소에서 개최되는 경우, 3. 나치 희생자의 존엄이 침해될 우려가 있는 경우.

(**해석론**) 부담의 내용으로는 특정한 물건의 소지를 금지하는 것 등이 거론된다. 여기서 부담(Auflage)은 행정행위에 부가되는 부관의 일종인데, 부관(Nebenbestimmung)을 규정하는 독일 연방 행정절차법 제36조에 비추어 금지하지 않겠다는 부작위를 행정행위로 보고 부관을 부가할 수 있는지 논란이 있다.[194] (이에 대해서는 우리나라 집회법 부분 참조).

[**장소적 제한**] 집회법 제16조에 의하면, 분방 법률로 정하는 분방 입법기관을 위한 평온구역(befriedetes Bannkreis) 내에서는 옥외공개집회나 행진이 금지된다.

이에 따라 10개 분방에서 분방 입법기관 보호를 위한 평온구역을 금지구역법(Bann-meilengesetz)으로 제정하고 있다. 연방의 헌법기관에 대해서는 연방법률인 연방 헌법기관을 위한 평온구역에 관한 법률(BefBezG 2008, Das Gesetz über befriedete Bezirke für Verfassungsorgane des Bundes)에서 규율한다. 여기에는 연방의회, 연방참사원, 연방헌법재판소가 포함되며, 우리와 달리 법원이 포함되지는 않는다.[195]

> 쉴레스비히-홀쉬타인주 집회법 제18조에 의하면, 집회장소가 공중에 일반적으로 개방되어 있는 공용도로라도 사유지 내에 있는 경우 소유자의 동의를 얻어야 한다.[196]

[**시간적 제한**] 한편 독일의 연방과 각 분방의 집회법에는 옥외공개집회나 행진에 대해 시간적으로 제한하거나 금지하는 규정은 없다. 다만 동법 제15조에 의한 부담으로서 시간적 제한이 가능하나, 이 경우는 공공의 안녕이나 질서에 대한 직접적 위험이 요건이 된다.[197]

---

194) 안영규, 독일집회법 연구, 법무연수원, 2017.6, 42면, 92면; *Enders/Hoffmann-Riem/Kniesel/Poscher/Schulze-Fielitz*, 2011, 박원규·서정범(역), 독일 집회법 모범초안, 2020, 91면.

195) 안영규, 독일집회법 연구, 법무연수원, 2017.6, 47-48면.

196) 이와 달리 이러한 장소에서는 소유자의 동의가 요구되지 않는다는 견해로, *Enders/Hoffmann-Riem/Kniesel/Poscher/Schulze-Fielitz*, 2011, 박원규·서정범(역), 독일 집회법 모범초안, 2020, 38면.

197) 안영규, 독일집회법 연구, 법무연수원, 2017.6, 44-45면.

집회와 관련된 경찰비용은 원칙적으로 부과되지 않는다.[198]

4) 집회관리

개최된 집회에 대한 규율은 전체 집회와 관련되어서는 집회법이 우선하며, 개별 집회 참가를 대상으로 하는 조치는 경찰법이 보충적으로 적용될 수 있다.[199]

[금지행위와 이를 관철하기 위한 하명] 집회법 제17a조 제1항 및 제2항에 의하면, 다음 행위는 금지된다. 1. 담당기관의 집행조치를 저지하기 위한 물건의 소지, 2. 신원확인을 방해하는 변장을 하고 참가하거나 참가하려는 행위. 동조 제4항에 의하여, **관할 행정청**은 이러한 금지를 관철하기 위하여 필요한 명령을 내릴 수 있으며, 금지를 위반하는 자들을 집회에서 배제할 수 있다.

[경찰관 출입] 집회법 제18조 제1항 및 제12조에 의하면, **경찰공무원**(Polizeibeamte)이 공개집회(옥내 포함)에 출입하는 경우 주관자에게 신분을 밝혀야 하며 적당한 자리가 주어져야 한다.

[참가자의 배제] 집회법 제18조 제3항에 의하면, **경찰**(Polizei)은 질서를 심하게 방해하는 참가자를 집회로부터 배제할 수 있다.

[집회현장의 촬영과 녹음] 독일은 1975년 BGH(연방통상법원) 판결에 근거하여 집회·시위자에 대한 촬영이 인정되다가, 1990년 집회법에 법적 근거를 마련하였다.[200]

집회법 제19a조 및 제12a조에 의하여, **경찰**(Polizei)은 공개집회(옥내 포함) 및 행진 모두에 대하여 공공의 안녕과 질서에 대한 상당한 위험이 있는 경우 참가자들을 촬영·녹음할 수 있으며, 제3자가 불가피하게 관련되는 경우에도 이루어질 수 있다. 수집된 자료들은 범죄의 소추나 장래의 위험방지를 위한 경우가 아닌 한 집회나 관련 사안이 종료된 직후 지체없이 파기되어야 하며, 위험방지를 위한 경우는 보관기간이 3년을 넘을 수 없다.

바이에른주 집회법은 2008년 최초 제정시 제9조에서 경찰에게 전체 집회의 진행상황에 대한 조망촬영권을 허용하였다가 현대의 기술수준으로 조망촬영(Übersichtsaufnahme)만으로도 얼마든지 개인식별이 가능하다는 비판에 부딪혔고, 연방헌법재판소는 참가자로부터 공공의 안녕과 질서에 대한 상당한 위험이 나온다는 근거가 있는 경우에만 적용될 수 있다는 일부 인용 결정을 하였으며,[201] 동 취지

---

198) *Enders/Hoffmann-Riem/Kniesel/Poscher/Schulze-Fielitz*, 2011, 박원규·서정범(역), 독일 집회법 모범초안, 2020, 43면, 165면.
199) *Enders/Hoffmann-Riem/Kniesel/Poscher/Schulze-Fielitz*, 2011, 박원규·서정범(역), 독일 집회법 모범초안, 2020, 72면.
200) 권현식, 한국경찰연구 제6권 2호, 2007, 181면.
201) BVerfG, Beschl. v. 17. 2. 2009, Az. 1 BvR 2492/08; 김구열 외, 공익과 인권 제15호, 2015, 131-133면.

에 따라 2010년 집회법이 개정되었다.202)

베를린주는 2013년 옥외공개집회 및 행진에서의 촬영·녹음과 영상·음향 자료화에 관한 법률(VIS Berlin, Gesetz über Aufnahmen und Aufzeichnungen von Bild und Ton bei Versammlungen unter freiem Himmel und Aufzügen)을 제정하여 연방 집회법 제19a조를 대체하였는데, 동법 제1조 제3항에서 연방 집회법에 규정되지 않은 조망촬영 규정을 도입하였다. 동 규정은 경찰투입을 유도하고 지휘하기 위하여 필요한 경우에 한하여 공개적으로만 조망촬영을 허용하는데, 촬영영상은 자료화하거나 참가자의 신원확인에 사용되어서는 안된다.203) 이는 베를린 헌법재판소에서 합헌판결을 받았다.204)

(**해석론**) 대부분의 분방에서 경찰법으로 규정하는 공연하게 진행되는 행사와 다중 집합공연에서의 데이터수집,205) 범죄예방 목적의 공공영역에서의 비디오감시206) 및 형사소송법이나 질서위반행위법에 따른 정보수집권한은 집회현장의 촬영·녹음과 별도이다.

기타 구체적 위험의 전단계에서의 집회에 대한 정보수집은 인정되지 않으며 집회의 자유의 침해로 간주된다.207)

[**집회소음의 규제**] 독일 집회법에는 집회소음의 규제가 별도 규정되고 있지 않다. 이는 소음에 관한 매우 엄격한 규제법규가 별도로 있기 때문으로 파악된다.208) 독일 경찰은 연방환경오염보호법(Bundes Immissionsschutz gesetz) 제22조 제1항에 위반하여 피해를 야기하는 집회 소음에 대하여, 공공의 안녕이나 질서에 대한 위험방지 차원에서 연방 집회법 제15조 제1항에 의한 금지나 부담부과를 할 수 있다고 본다. 지역별로 구체적인 집회소음의 허용기준을 상세히 제시하고 있는 것은 연방환경오염보호법을 구체화하는 행정규칙인 '소음으로부터의 보호를 위한 기술적 안내(TA Lärm, Technische Anleitung zum Schutz gegen Lärm = Sechste Allgemeine Verwaltungsvorschrift zum Bundes-Immissionsschutzgesetz)'이다. 위반시의 제재로는 질서위반행위규제법 제117조의 범칙금이 적용된다.209)

---

202) 안영규, 독일집회법 연구, 법무연수원, 2017.6, 62-64면.
203) 안영규, 독일집회법 연구, 법무연수원, 2017.6, 169면, 172면.
204) VerfGH Berlin, Urt. v. 11. 4. 2014, Az. VerfGH 129/13
205) 관련 분방 경찰법 규정으로는, BayPAG 제32조 제1항, BWPolG 제26조 제1항, NSOG 제32조 제1항, RhPfPOG 제27조 제2항, SächsPolG 제37조 제1항등.
206) 박희영, 최신 외국법제정보 2010. 5호, 2010.8, 41면.
207) *Enders/Hoffmann-Riem/Kniesel/Poscher/Schulze-Fielitz*, 2011, 박원규·서정범(역), 독일 집회법 모범초안, 2020, 21면.
208) 안영규, 독일집회법 연구, 법무연수원, 2017.6, 46면.
209) 이희훈, 일감법학 42호, 2019.2, 239-240면.

5) 집회의 강제해산

집회법 제13조에 의하여, **경찰**(Polizei)은 다음의 옥내공개집회를 해산시킬 수 있다. 1. 기본권이 박탈되거나 위헌이 선언된 정당이나 금지된 단체 등 집회를 개최할 권리를 갖지 못하는 자에 의한 집회, 2. 무기 등 흉기를 소지하고 참가함이 허용되거나 폭력적인 집회 및 참가자들의 생명과 건강에 직접적인 위험이 존재하는 집회, 3. 경죄 이상의 범죄를 행하는 집회. 2와 3의 경우는 경찰이 중지조치(Unterbrechung)를 먼저 취한 후 해산시킬 수 있다.

집회법 제15조 제3항에 의하면, **관할 행정청**(zuständige Behörde)은 다음의 옥외공개집회나 행진을 해산시킬 수 있다. 1. 미신고의 경우, 2. 신고내용과 달리 진행되는 경우, 3. 부과된 부담을 불이행하는 경우, 4. 금지요건이 발생하는 경우. 동조 제4항에 의하여, 금지처분된 옥외공개집회나 행진은 해산되어야 한다.

(**해석론**) 미신고나 신고 내용과 상이한 형태의 집회 자체만으로는 집회 해산이 필요한 위험을 야기한다고 보아서는 안된다.[210]

미신고 집회를 진행하거나 금지명령(vollziehbare Verbot), 경찰의 해산이나 중지(Auflösung oder Unterbrechung durch die Polizei)에 위반한 주최자 또는 주관자 및 신고내용을 본질적으로 위반하여 옥외공개집회나 행진을 진행한 주관자는 형사처벌되나(동법 제25조-제26조), 금지명령이나 관할 행정청의 해산에 불응하는 참가자는 질서위반으로 범칙금 부과의 대상이 될 뿐이다(동법 제29조 제1항 1호 및 2호).

(**해석론**) 금지명령과 달리 해산명령으로 볼 수 있는 용어는 집회법에서 나타나지 않으나, 해산을 고지 대상으로 보는 것과[211] 연방 집회법 제13조 제2항에서 집회의 해산을 선언의 대상으로 규정하는 것 및 해산 선언시 참가자들에게 지체없는 퇴거의무가 주어지는 것으로 보아, 동법에서의 해산은 하명으로서 해산명령과 직접강제로서 강제해산을 모두 포함한다고 볼 수 있다.

(2) 도로교통 관련

독일의 도로교통법은 독일 기본법(GG, Grundgesetz) 제74조 제22호에 해당하는 경합적 입법관할의 대상으로, 연방이 연방도로교통법을 제정한 이상 각 분방은 도로교통법을 제정하지 못한다.[212]

---

210) *Enders/Hoffmann-Riem/Kniesel/Poscher/Schulze-Fielitz*, 2011, 박원규·서정범(역), 독일 집회법 모범초안, 2020, 90면.

211) *Enders/Hoffmann-Riem/Kniesel/Poscher/Schulze-Fielitz*, 2011, 박원규·서정범(역), 독일 집회법 모범초안, 2020, 34면.

212) 명묘희 외, 도로이용자지향적 도로교통법제 구현을 위한 도로교통법 개정방안 연구, 도로교통공단 교통과학연구원, 2013, 63면.

1) 운전면허

[**면허**] 도로교통법(StVG, Straßenverkehrsgesetz) 제2조 제1항에 의하면, 공공도로에서 차량을 운행하고자 하는 자는 **운전면허청**(Fahrerlaubnisbehörde)의 허가를 받아야 한다. 동법 제2조 제1항 2문 및 제6조 제1항 1호 b)목에 근거한 도로교통상 개인면허에 관한 명령(Verordnung über die Zulassung von Personen zum Straßenverkehr = FeV, Fahrerlaubnis-Verordnung) 제6조에 의하면, 면허는 차종에 따라 나뉘는데 AM(초소형 이륜, 삼륜, 사륜차), A, A1, A2(소형 이륜 및 삼륜차, 우리의 2종 소형 또는 2종 원동기장치자전거), B, C, C1(이상 2종 보통), D, D1(이상 1종 보통), E(트레일러), T, L(이상 1종 특수 중 소형견인) 등으로 구분된다. 동법 제6조 제1항 1호 및 동 명령 제3조에 의하면, 운전면허청은 운전에 부적합하거나 제한이 있다고 판단된 자에 대해서 운행을 금지하거나 제한 또는 필요한 조건들을 제시할 수 있다.

(**해석론**) 운전면허의 허가 관청인 운전면허청은 우리나라와 달리 경찰이 아닌 도로교통청(연방교통·디지털인프라부, Das Bundesministerium für Verkehr und digitale Infrastruktur)이다.

[**면허의 취소·정지**] 도로교통법 제3조 제1항 및 동법 제6조 제1항 1호 및 FeV 제46조에 의하면, **운전면허청**은 차량운행에 부적합하거나 운행능력이 없는 자로부터 운전면허증을 취소할 수 있다. 동법 제3조 제5항에 의하면, 운전면허청은 도로교통과 관련하여 필요한 경우 **경찰**에게 운전면허의 취소 또는 운전금지에 대해 통지할 수 있다. 동법 제25조, 제26a조와 도로교통상 경고, 범칙금 규율과 질서위반행위로 인한 면허정지에 관한 명령(Verordnung über die Erteilung diner Verwarnung, Regelsätze für Geldbußen und die Anordnung eines Fahrverbots wegen Ordnungswidrigkeiten im Straßenverkehr = BKatV, Bußgeldkatalog-Verordnung) 제4조에 의하면, 동법 제24조에 의한 범칙행위나 제24a조에서 금지하는 음주운전을 한 운전자에게 **행정청**이나 **법원**은 1개월 이상 3개월 이하의 면허정지를 할 수 있다.

자동차운전 중 또는 자동차운전과 관련한 범죄행위에 대해서는 형법(StGB) 제315b조(특수도로교통방해), 제315c조(도로교통방해), 제316조(음주운전), 제316a조(운전자에 대한 강도)에 의한 처벌과 더불어 형법 제44조(1-3월 정지), 제69조(취소), 제69a조(6월-5년 교부금지)에 의해 **법원**에 의한 운전면허 취소·정지 및 발급제한이 이루어진다.

(**해석론**) 형법 제69조는 형의 확정과 더불어 운전면허가 실효되는 형식으로 운전면허를 취소한다.

[**벌점부과**] 도로교통법 제4조 제5항에 의하면, **운전면허청**은 운전면허 소지자에 대하여 벌점을 부과할 수 있다. 4-5점은 서면지도, 6-7점은 서면경고, 8점 이상은 면허가 취소된다.

2) 일반 교통관리

[**신호·지시**] 도로교통법 제6조 제1항 1호 y)목에 근거한 도로교통법 시행령(StVO, Straßenverkehrs-Ordnung) 제36조에 의하면, 교통참여자는 **경찰공무원**(Polizeibeamte)의 신호와 지시에 따라야 한다. 이는 모든 명령과 기타 규칙보다 우선한다. 이를 고의 또는 과실로 위반하는 경우 동법 제24조에 의하여 범칙금이 부과된다.

[**도로의 통행금지 및 제한**] 도로교통법 제6조 제1항 1호 y)목에 근거한 도로교통법 시행령 제45조 제1항에 의하면, **도로교통관청**(Straßenverkehrsbehörde)은 교통안전 또는 질서를 위하여 특정한 도로나 도로구간의 사용을 제한하거나 금지할 수 있고 교통을 우회시킬 수 있다. 동조 제1b항 4호에 의하면, **도로교통관청**은 지역의 안전과 질서를 위해 필요한 명령을 발할 수 있다. 동조 제2항에 의하면, **도로건설관청**(Straßenbaubehörde)은 도로건설작업을 위해 도로교통관청의 다른 조치를 유보하여 교통을 통제하고 제한하도록 명령할 수 있고 교통을 우회시킬 수 있다.

[**도로교통 안전조치**] 도로교통법 제6조 제1항 1호 y)목에 근거한 도로교통법 시행령 제44조 제2항에 의하면, **경찰**(Polizei)은 동 시행령 제36조 및 등화표시장비를 사용함으로써 교통을 규율할 권한이 있다. **경찰**은 담당 행정청의 조치가 지연될 위험이 있는 경우 도로교통의 안전과 질서를 유지하기 위하여 대신하여 활동할 수 있고, 잠정적인 조치를 취할 수 있으며, 교통의 안전과 통제를 위한 방법을 결정한다.

[**도로교통관리청의 점용허가**] 도로교통법 제6조 제1항 1호 y)목에 근거한 도로교통법 시행령 제29조 제2항과 제30조 제2항 및 제44조 제3항에 의하면, 통상적이지 않은 도로상 행사는 **도로교통관청**의 허가를 받아야 한다.

(해석론) 우리나라와 같이 도로교통청은 경찰이 도로관리청은 일반행정청이 담당하지 않고, 일반행정청이 도로교통관리청으로서 도로교통과 도로관리를 함께 담당하므로, 경찰과의 협의 규정은 부재하다.

3) 통고처분

도로교통법 제6조 제1항, 제6e조 제1항, 제24조, 제24a조, 제24c조 및 제26a조와 StVO 제49조 그리고 FeV 제75조와 BKatV 제1조 제1항 및 동 명령 별표(범칙금 목록)에 의하여, 질서위반행위에 대해 범칙금이 청구될 수 있다.

(해석론) 독일의 도로교통법상 질서위반행위에 대한 제재는 여러 오해에도 불구하고 과태료가 아니라 범칙금으로 보아야 한다.[213]

---

213) 김남철, 공법연구 제47권 4호, 372면.

(3) 민간경비 관련

일반 시민의 보호는 국가기관의 책임이며 이는 사경비업체에 위임될 수 없다. 국가가 특별법에 의하여 원자력발전소 운영자나 항공운송업자 등의 사인에게 스스로의 비용으로 안전을 유지할 의무를 부과하는 경우에도, 그것이 공공의 안녕에 해당하는 한 책임을 완전히 내려놓을 수 없다.[214]

> 이러한 맥락에서 사경비업체의 출현을 경찰임무의 민영화로 해석하는 입장은 타당하지 못하다. 국가가 공공안녕과 질서유지라는 임무를 사인에게 이전할 수 없기 때문이다. 독일에서도 위험방지라는 국가임무의 실질적 민영화는 헌법적으로 배제된다고 보고 있다.[215] 따라서 경찰서비스에 만족할 수 없어 사적 자기안전확보를 확대하는 새로운 경향은 민영화가 아니라 위험방지의 자유화라고 하여야 한다. 민영화는 국영의 반대이며, 독점의 반대는 자유화이기 때문이다.[216]

독일에서 민간경비에 관한 독자적인 법은 없다. 독일 최초 전문 민간경비업체가 설립된 1901년 당시에는 아무런 규제없이 영업자유의 대상이 되었다가, 1927년부터 영업법(GewO, Gewerbeordnung) 개정을 통해 허가대상인 영업의 일종으로 규율되어오고 있다.[217]

[**경비업**(Bewachungsgewerbe)**의 허가**] 독일 영업법 제34a조 제1항 1문에 의하면, 타인의 생명이나 재산을 영업적으로 경비하고자 하는 자는, **관할 행정청**(zuständige Behörde)의 허가가 필요하다. 동항 5문 3호에 의하면, 영업허가 신청자의 신뢰성 검토를 위해 행정청은 주거지를 관할하는 **분방경찰**행정청(Behörde der Landespolizei)이나 중심 경찰관서(zentrale Polizeidienststelle) 또는 관할 분방범죄수사청(Landeskriminalamt)의 의견을 조회하여야 한다. 동조 제1a항 3문에 의하면, 경비원(Wachperson), 영업관리자 및 지사근무자의 신뢰성 검토를 위해 행정청은 주거지를 관할하는 **분방경찰**행정청이나 중심 경찰관서 또는 관할 분방범죄수사청의 의견을 조회하여야 한다.

동조 제2항에 의하면, 독일 연방경제에너지부(Das Bundesministerium für Wirtschaft und Energie)는 공중과 경비의뢰인의 보호를 위하여, 경비업 수행에 있어서 권한과 의무의 범위에 관하여 법규명령을 발할 수 있다. 이에 따라 경비업에 관한 명령(BewachV, Verordnung über das Bewachungsgewerbe)이 발령되었다. 이와 별도로 경비원명부에 관한 명령(BewachRV, Verordnung über das Bewacherregister)도 발령되었다.

---

214) *Kugelmann*, Polizei- und Ordnungsrecht, 2. Aufl., 2011, Kapitel 5. Rn. 205, 207.
215) *Schoch*, Juridica International Vol. 16, 2009, S. 14 (21).
216) *Schmidt*, LKV 2008, S. 193 (194).
217) 김재광, 민간경비 관련법제의 개선방안 연구, 한국법제연구원, 2004, 127-128면.

[**경비업자와 경비원의 권한과 한계**] 독일 영업법 제34a조 제5항에 의하면, 경비업자와 그의 고용인들은 제3자에 대해 경비임무의 수행을 함에 있어서 누구나 가능한 정당방위, 긴급피난, 자력구제의 권리를 행사하거나, 경비의뢰자로부터 계약상 그에게 주어진 자력구제권 및 그에게 법률적으로 부여된 권한만을 자기책임으로 행사할 수 있다. 이러한 권리와 권한을 행사하는 경우 필요성(Erforderlichkeit)의 원칙이 지켜져야 한다.

(**해석론**) 사경비업체의 직원들은 원칙적으로 기본권을 침해할 수 없으며, 비권력적 수단에 의하여 임무를 수행하면서, 필요시 경찰에게 도움을 요청할 수 있다. 그들에게 인정되는 것은 정당방위, 긴급피난과 사법상 가택권에 의한 퇴거요구 정도이다.[218]

[**책임보험의 가입**] 경비업에 관한 명령(BewachV) 제14조에 의하면, 독일 내에서 영업하는 보험회사와 보험계약이 체결되어야 하는데, 최소 보험금은 대인 1백만 유로, 대물 25만유로, 경비대상물의 분실 1만 5,000유로, 자산의 손해 1만 2,500유로 등이다.[219]

[**경비인력 배치 및 폐지신고 의무**] BewachV 제16조 제2항에 의하면, **경비업자**는 고용하고자 하는 경비원, 영업관리자 및 지사근무자(이하 경비원 등)의 업무개시 전에 경비인력명부를 신고하여야 한다. 동조 제6항에 의하면, 경비원 등의 폐지신고는 영업법 제11b조 제6항 5문에 따른다.

[**경비업자의 근무지시 의무 및 경비원의 무기휴대와 사용**] BewachV 제17조 제1항에 의하면, **경비업자**는 다음의 내용이 포함된 근무지시를 통해 경비근무를 규율하여야 한다: 경비원은 경찰집행공무원(Polizeivollzusbeamte)과 같은 특성과 권한을 가지지 않는다. 경비원은 경비업자의 동의 하에서만 무기를 휴대할 수 있고, 무기사용시 지체없이 관할 **경찰관서**(Polizeidienststelle)와 경비업자에게 알려야 한다.

(**해석론**) 독일의 경비업자는 무기법(WaffG, Waffengesetz) 제28조(경비업자 및 경비인력에 의한 총기와 탄약의 취득, 점유, 휴대) 및 제28a조(해양선박에서의 경비업자 및 경비인력에 의한 총기와 탄약의 취득, 점유, 휴대)에 의한 완화된 필요성 인정으로 동법 제10조에 의한 허가를 받아서 무기를 휴대한다. 동법 제28조와 제28a조에서의 필요성은 동법 제19조에 의한 위태화된 사람의 안전확보 필요성에 근거한다.

[**경비원의 신분증 휴대 및 제시의무**] BewachV 제18조 제1항에 의하면, **경비업자**는 경비원에게 첫 번째 경비근무 전까지는 신분증을 발급하여야 한다. 동조 제2항에 의하면, **경비원**은 이 신분증을 경비근무 중 휴대하여야 하고, 행정청, 질서청, **경찰**행정청이나 세관 수임

---

218) *Kugelmann*, Polizei- und Ordnungsrecht, 2. Aufl., 2011, Kapitel 5. Rn. 208, 214.

219) 김남근, 현대판 귀족의 사병 경비용역, 용역폭력 피해사례 보고대회 및 경비업법 개정 토론회 자료집, 국회 행정안전위원회, 2012.8, 43면: 독일 경비업법의 특징은 경비업무의 수행기간 동안 경비업무로 인한 제3자의 피해에 대하여 책임보험에 가입해야 한다는 것이다. 손해배상의 하한선도 정하고 있다.

자의 요구시 제시하여야 한다.

[근무복 착용의무] BewachV 제19조 제1항에 의하면, 경비원의 근무복은 전투부대나 행정청 집행기관의 소속원 제복과 확실하게 구분되어야 하고, 공적 표식과 혼동되는 표식을 사용해서는 안된다. 동조 제2항에 의하면, **경비원**은 경비업무를 함에 있어서 근무복을 착용하여야 한다.

[무기사용시 보고의무] BewachV 제20조 제1항에 의하면, **경비업자**는 경비근무가 종료하면 무기와 탄약이 정확히 반환되도록 하여야 한다. 경비업자나 경비원이 경비근무 중 무기를 사용하였다면, **경비업자**는 지체없이 관할 행정청에 보고하고, 경비원에 의한 무기사용보고가 제17조 제1항에 의하여 이루어지지 않았다면 관할 경찰관서에도 보고하여야 한다.

(4) 총기류 관련

독일의 민유총포는 2,500만 정으로 추정되며(Small Arms Survey 2007) 인구 100명당 30정을 가진 셈이 된다.[220] 독일의 연방 무기법(WaffG, Waffengesetz) 제1조와 별지1에 의하면, **무기**란 총기(Schusswaffen)와 이에 준하는 물건이면서 운반할 수 있는 것을 말한다. **총기**에는 공포총(Schreckschusswaffen), 자극물질총(Reizstoffwaffen), 신호총(Signalwaffen) 등이 포함되며, 총기에 준하는 무기로는 **도검**(Messer)과 **화약**(Patrone) 등이 포함된다.

[개인허가·면허의 유형과 요건] 연방무기법 제4조에 의하면, **관할 행정청**(zuständige Behörde)의 무기취급 허가 및 면허는 취득(Erwerb), 점유(Besitz), 휴대(Führen), 사격(Schießen) 등 4종으로 구분된다. 공통된 허가요건은 무기법이 적용되는 지역(독일)에서 5년 이상 거주 18세 이상, 신뢰성과 적성, 전문성, 필요성 및 1백만 유로의 대인·대물 책임보험 가입 등이다. 신뢰성과 적성검사는 3년마다 갱신받아야 하며, 필요성은 5년마다 재검토되어야 한다. 동법 별지1의 2절에 의하면, 취득은 실력적 지배를 획득한 것이고, 점유는 실력적 지배를 행사하는 것이며, 휴대는 실력적 지배를 주거, 업무공간, 자신의 점유공간, 사격장 등의 밖에서 행사하는 것이다.

동법 제48조에 의하면, 이 법에서의 관할 행정청은 연방행정청의 관할이 아닌 한, 분방정부 또는 분방정부가 발한 법규명령에 의하여 특정된 기관이 된다. 다만 해양선박의 경비업 관련 무기허가의 발급은 함부르크시를 관할하는 무기행정청이 담당한다.

[주관적 허가·면허요건] 동법 제5조에 의하면, 신뢰성은 유죄판결의 경력 등을 참조한다. 특히 동조 제2항 4호에 의하면, 최근 5년 내에 한번이라도 폭력으로 인해 판사의 허가하에 경찰에 의한 예방적 보호조치가 되었는지도 검토된다. 동조 제5항 3호에 의하면, **관할**

---

220) 국회사무처, 유럽 각국의 총기 규제현황, 2009.1.28, 18-19면.

행정청은 신뢰성검토를 위하여 **지역 경찰관서**(örtliche Polizeidienststelle)의 입장을 들어야 한다. 동법 제6조에 의하면, 적성은 업무능력, 알코올 및 기타 약물의존성, 정신질환 등을 검사한다. 동조 제1항 3문에 의하면, 관할 행정청은 **지역 경찰관서**(örtliche Polizeidienststelle)의 입장을 들어야 한다. 동법 제7조에 의하면, 전문성은 대상자의 활동이나 관련 교육에 근거하며, 관련 시험에 관한 법규명령은 **연방 내무부**에서 발한다. 동법 제8조에 의하면, 필요성은 인정할 수 있는 개인적 또는 경제적 이익, 신청한 목적에 따른 무기의 적합성 및 필수성이 신뢰되어질 수 있는 경우 수용된다. 개인적 또는 경제적 이익이란 특히 수렵자, 스포츠인, 전통가, 수집가, 전문가, 위험에 놓인 자, 무기제조자, 무기판매자, 경비업자 등에게 인정된다.

[**취득과 점유의 면허**] 동법 제10조 제1항에 의하면, 취득과 점유의 허가는 **무기점유면허증**(Waffenbesitzkarte)의 발급으로 부여된다. 취득의 면허는 1년만 유효하며, 점유의 면허는 무기한이다. 동조 제2항에 의하면, 점유면허는 복수자에게도 발급되며, 사격스포츠단체나 수렵스포츠단체와 같은 법인에게도 발급가능하다.

[**휴대와 사격의 허가**] 동법 제10조 제4항에 의하면, 휴대허가에는 **무기허가증**(Waffenschein)이 발급된다. 총기에 대한 휴대허가는 총기를 특정하여 최대 3년의 기한으로 발급되며, 2회 각 3년씩 연장가능하다. 공포총, 자극물질총, 신호총에 대한 휴대허가에는 **소형 무기허가증**(Kleiner Waffenschein)이 발급된다. 동조 제5항에 의하면, 사격허가에는 **허가증**(Erlaubnisschein)이 발급된다.

[**허가·면허의 완화 또는 강화**] 동법 제13조에 의하면, 수렵목적의 총기 취득과 점유시 허가요건으로서 필요성은 연방 수렵법(Bundesjagdgesetz)에 의한 유효한 수렵면허증(Jagdschein)의 소지자가 수렵이나 수렵사격훈련에 필요하다고 신뢰가능하게 주장하는 한 인정된다. 동법 제14조에 의하면, 스포츠사격 목적의 총기 취득과 점유시 신청자는 21세 이상만 가능하다. 한편 승인된 스포츠사격단체에 소속한 회원은 총기 취득과 점유시의 필요성이 인정된다. 동법 제16조-제20조에 의하면, 전통사격자, 무기수집가, 무기전문가, 위험에 놓인 자, 상속자 등에 대한 요건의 완화 등이 규정된다. 동법 제28조에 의하면, 경비업자의 총기 취득·점유면허와 휴대허가의 필요성은 위험에 놓인 자나 물건의 안전확보에 근거하여 인정된다.

(**해석론**) 스포츠사격을 위한 무기점유면허증은 노란색(gelbe WBK)이고, 무기수집가나 무기전문가에게 발급되는 무기점유면허증은 빨간색(rote WBK)이며, 수렵 및 기타 목적의 무기점유면허증은 녹색(grüne WBK)이다.[221]

---

221) https://www.bussgeldkatalog.net/waffengesetz/gruene-wbk/ (2021.6.15. 방문).

[**영업자 허가의 유형**] 동법 제21조 제1항에 의하면, 무기제조업자는 무기제조허가 (Waffenherstellungserlaubnis)를, 무기판매업자는 무기판매허가(Waffenhandelserlaubnis)를 받아야 한다. 동조 제7항에 의하면, **관할 행정청**에 대하여 연방행정청(Bundesverwaltungsamt)과 경제·수출 연방청(Bundesamt für Wirtschaft und Ausfuhrkontrolle)이 허가의 실효, 취소, 철회에 관하여 지시한다. 동법 제27조에 의하면, 사격장 운영자는 **관할 행정청**(zuständige Behörde)의 허가를 받아야 한다.

[**허가소지자의 의무와 금지**] 동법 제34조-제39조에 의하여, 보호시설, 보고, 증명, 보관 등에 관한 의무가 규정된다. 동법 제40조-제42a조에 의하여, 금지무기, 휴대금지 등이 규정된다. 특히 동법 제42a조는 외관상 무기 등을 금지한다.

(5) 사격장 관련

별도의 법률이 아니라, 바로 앞에서 기술한 연방 무기법 제27조에 의하여 **관할 행정청**의 사격장 허가를 받아야 한다.

(6) 유실물 관련

독일에서는 2차 세계대전까지는 유실물 관련 업무를 경찰에서 담당하였으나, 전후에는 2번째 탈경찰화[222]의 영향으로 민법을 개정하여 지방자치단체가 담당하게 되었다.[223] 우리나라와 같이 별도의 민사특별법을 두지 않고, 민법전 내에서 규율한다.

[**직접 반환 또는 습득신고**] 독일 민법전 제965조 제1항에 의하면, **습득자**는 유실자나 소유자 기타 수령권자(이하 수령권자)에게 지체없이 통지하여야 한다. 동조 제2항에 의하면, 습득물의 가액이 10유로를 넘는 경우로 수령권자를 알지 못하거나 그 소재를 알지 못하는 경우 지체없이 관할 행정청에 신고하여야 한다. 동법 제969조에 의하면, 습득자는 유실자에게 반환함으로써 기타 수령권자에 대하여 면책된다.

(**해석론**) 습득물 가액은 먼저 습득자가 판단하되, 그 판단이 어려운 경우 유실물관리소에 제출하여 판단받도록 하고 있으나, 판단기준을 완전히 정비하기 어려워 담당 직원에 맡겨진다. 독일은 분실신고가 법적 제도로 규정되어 있지 않고, 유실물 관리소의 편의로 자전거에 대하여만 작성된다. 습득물은 습득이 가능한 자전거까지만 대상으로 하며, 차량은 습득물로 취급되지 않는다.[224]

---

222) 독일의 탈경찰화는 1차로 절대복지국가에서 자유법치국가로의 퇴각, 2차로 2차 세계대전 후 질서행정청의 분리, 3차로 사경비업의 확대와 같은 경찰임무의 자유화이다.
223) 문준조, 유실물 취득 시한 조정에 관한 연구, 한국법제연구원, 2011, 43면.
224) 문준조, 유실물 취득 시한 조정에 관한 연구, 한국법제연구원, 2011, 44-45면.

[**습득물 보관**] 동법 제966조에 의하면, **습득자**는 물건을 보관할 의무가 있고, 변질 우려나 과도한 보관비용이 소요되는 경우 관할 행정청에 통지한 후 공경매를 하고 경매대금을 보관한다. 동법 제967조에 의하면, 습득자는 물건 또는 경매대금을 관할 **행정청**에 제출할 수 있으며, 행정청의 요구가 있는 경우는 제출하여야 한다.

[**습득자의 비용청구**] 동법 제970조에 의하면, **습득자**는 물건의 보관과 수령권자의 수색을 위하여 지출된 비용을 수령권자에게 상환청구할 수 있다.

(**해석론**) 각 분방의 수수료법에 의하면, **관할 행정청**은 수령권자가 습득물을 반환받을 때 가격을 정할 수 없는 신분증 등을 제외하고 물건 가액의 10% 상당액을 수수료로서 징수한다.[225]

[**습득보상금**] 동법 제971조 제1항에 의하면, **습득자**는 수령권자에게 물건 가액이 500유로까지는 5%, 그 이상은 3%, 동물인 경우 3%의 보상금을 청구할 수 있다. 물건이 수령권자에게만 가치가 있는 경우는 공평한 재량에 따라 보상금이 정해진다. 동조 제2항에 의하면, 습득자가 신고의무를 위반하거나 습득을 숨긴 경우 이러한 청구권은 배제된다.

(**해석론**) 동법 제971조가 동물의 습득보상금을 규정하고 있으나, 동법 제90a조는 동물은 물건이 아니며 별도의 정함이 없는 경우만 물건에 관한 규정이 준용된다고 규정하고 있어, 각 유실물관리소에서는 동물은 취급하지 않으며, 동물보호시설 등에 보낸다.[226]

[**습득자의 유치권과 비용·보상금 청구소송**] 동법 제972조에 의하면, **습득자**는 비용이나 보상금 청구를 위하여 점유자로서의 유치권(동법 제1000조)과, 소유자가 물건을 반환받거나 비용지출을 승인한 이후에는 비용상환의 소(동법 제1001조) 제기권을 준용할 수 있다. 동법 제975조에 의하면, **관할 행정청**은 보관 중인 습득물 또는 경매대금을 습득자의 동의없이 수령권자에게 반환할 수 없다.

(**해석론**) 우리나라와 마찬가지로 독일에서도 보상금에 대한 습득자와 수령권자 간의 합의가 원활하지 않는 경우 행정청은 습득물을 어떻게 해야 좋은지 고민하게 된다. 특히 습득자가 보관 중이던 습득물에 대하여 민법 제972조와 제1000조가 점유자로서의 유치권을 주장할 수 있다고 하나, 가장 바람직한 방법으로는 민법 제967조에 의하여 습득자에게 제출명령을 내리고, 제출된 습득물을 공법상 임치하는 것이다.[227]

[**습득자의 소유권취득**] 동법 제973조에 의하면, **습득자**는 수령권자를 알게 되었거나 수

---

225) 예로 브레멘주 수수료법과 수수료규정 및 수수료색인(§ 3 GebBG i. V. m. § 1 InKostV und Nr. 123 Kostenverzeichnis Inneres): 유실물의 습득반환처리시 15유로 이상의 가치가 있는 물건은 반환을 받는 유실자나 소유권을 취득하는 습득자로부터 물건 가액의 10%와 처리에 소요된 실비를 더하여 수수료로 받는다.

226) 문준조, 유실물 취득 시한 조정에 관한 연구, 한국법제연구원, 2011, 47-48면.

227) *Basten*, Privatrecht in der polizeilichen Praxis, 2014, S. 110.

령권자가 관할 행정청에 자신의 권리를 신고한 경우 외에는, 관할 행정청에 습득물을 신고한 후 6개월이 경과하면 소유권을 취득한다. 물건의 가액이 10유로 이하인 경우는 습득한 때로부터 6개월이 경과하면 습득을 숨긴 경우가 아니면 소유권을 취득한다.

[기초지방자치단체의 소유권취득] 동법 제976조에 의하면, 습득자가 소유권취득을 포기하거나, 습득자가 소유권을 취득하였더라도 관할 행정청이 정한 기간 내에 수령하지 않는 경우 습득장소의 기초지방자치단체가 소유권을 취득한다.

[관공서나 공공교통시설 내에서의 습득시 특칙] 동법 제978조 제1항에 의하면, 관공서나 공용운송수단 또는 공공교통시설 내에서 습득한 경우, 습득자는 그 행정청이나 교통영조물 또는 소속 직원에게 물건을 지체없이 교부하여야 한다. 동조 제2항에 의하면, 물건 가액이 50유로 이상인 경우 습득자는 수령권자에게 동법 제971조에서 규정하는 일반적인 보상금액의 반을 청구할 수 있다. 습득자가 그 행정청 또는 교통영조물의 직원인 경우나 습득자가 교부의무를 위반한 경우 보상금 청구권은 배제된다.

(해석론) 특칙의 예로 독일철도(Deutschen Bahn)는 동조에 근거하여 독자적으로 유실물 업무를 수행한다. 습득물 가액이 15유로를 넘는 경우만 4주간 보관하며, 동 기간의 경과시 유실물 관리소에 이송하여 매각한다.[228] 특칙의 경우 습득자에는 보상금 외에 소유권 취득에 관한 규정은 적용되지 않는다. 우리나라와 달리 관리자가 있는 극장이나 사설 빌딩의 경우에는 적용되지 않는다.

[습득공고와 경매 및 경매대금의 귀속] 동법 제979조와 제980조에 의하면, (동법 제978조 특칙에 의한 습득물 제출이 있는 경우 관할 행정청 또는 교통영조물은) 수령권자에 대하여 일정 기간 내에 권리를 신고하도록 공고하고, 그 기간이 경과한 때 경매가 허용된다. 물건이 변질될 우려나 보관에 과도한 비용이 소용되는 경우 공고는 생략된다. 동법 제981조에 의하면, 공고시 정한 기간 외에 다시 3년이 경과하도록 수령권자의 권리신고가 없는 경우 경매대금은 연방, 분방, 기초자치단체, 교통영조물에 귀속한다. 동법 제983조에 의하면, 행정청이 계약없이 반환의무를 지고 있는 물건을 점유하는 경우로서 수령권자나 그의 소재를 알지 못하는 때에는 동법 제979조와 제980조가 준용된다.

[매장물의 발견] 동법 제984조에 의하면, 장기간 매장으로 소유자를 알 수 없는 물건(매장물)이 발견되는 경우, 매장물의 소유권은 발견자와 매장물이 묻혀있던 곳의 소유자가 반분한다.

---

228) 문준조, 유실물 취득 시한 조정에 관한 연구, 한국법제연구원, 2011, 45-46면.

(7) 실종아동 관련

독일에서는 매일 200-300건의 실종사건이 등록되며, 1년이 넘는 장기실종사건은 전체 사건의 약 3%이다. 2020년부터는 실종 4시간 후부터 등록되는 실종 및 신원불상사망자 데이터베이스인 Vermi/Utot(Vermisste/Unbekannte Tote) 대신 경찰정보시스템인 INPOL에 등록된 실종사건을 기초로 집계가 이루어진다. 또 장기실종사건은 발생 30년까지의 수색을 폐기하고 철회시까지 수색절차가 계속된다. 실종자 절반이 14세 미만 아동과 14-17세 청소년이다.[229]

독일에서의 실종자 수색은 연방범죄수사청법(BKAG, Bundeskriminalamtgesetz) 제19조와 제20조에서 실종자에 관한 정보처리권한을 연방범죄수사청에 부여하고 있을 뿐, 별도의 실종자와 관련된 단일 법률은 없으며 우리의 경찰업무편람과 유사한 경찰업무규정(Polizeidienstvorschrift: PDV) 중 하나인 PDV-389[230]에서 실종자, 신원불상의 사체와 요부조자에 대한 규율을 두고 있다. PDV-389에 의하여 실종자로 인정되면, 경찰수색을 규율하는 PDV-384.1[231]에 의한 인적수색이 개시된다.[232]

PDV-389 2.1호에서 정의하는 바에 따르면, 성인 실종자에 대한 수색개시는 3가지 요건이 충족되어야 한다: 평상시 생활영역을 벗어났을 것, 현재 소재지가 불명일 것, 생명이나 신체에 대한 위험이 인정될 것. 소재지가 확인되면 피실종신고자의 의사에 따라 그의 소재지를 가족이나 지인에게 알릴 수 있다. PDV-389 2.1.2호에서 정의하는 바에 따르면, 19세 미만의 미성년 실종자에 대한 수색개시는 생명이나 신체에 대한 위험 인정을 요건으로 하지 않고 생활영역을 벗어나 현 소재지가 불명이면 족하다. 미성년자는 스스로 소재지를 결정해서는 안되며, 그들에게서는 법률적 추정으로서 원칙적으로 생명이나 신체에 대한 위험[233]이 나온다고 보기 때문이다.[234]

PDV-389 1.4호에 의하면, 모든 **경찰공무원**(Polizeibeamte)은 실종신고의 접수와 초동조치에 의무지워진다. PDV-389 2.2.1호에 의하면, 경찰은 실종자 소재 확인, 원인과 주변사정의 파악, 범죄피해자 여부의 확인을 위하여 모든 조치를 하여야 한다.[235] 실종사건에 대한

---

229) https://www.bka.de/DE/UnsereAufgaben/Ermittlungsunterstuetzung/BearbeitungVermisstenfaelle/bearbeitungVermisstenfaelle_node.html;jsessionid=32786CC82F397D315CE1BFA7DA6FD5E4.live2292#doc19618bodyText3 (2021.5.21. 방문).
230) Polizeidienstvorschrift 389 - Vermitsste, unbekannte Tote, unbekannte hilflose Personen.
231) Polizeidienstvorschrift 384.1 - Fahndung.
232) 차종진 외, 경찰법연구 제18권 1호, 2020, 155-156면.
233) 여기서의 위험은 권한발동의 요건인 구체적 위험을 의미하는 것이 아니라, 구체적 위험의 사전 징표인 추상적 위험을 의미한다고 볼 수 있다.
234) http://www.gletschertraum.de/Lehrmaterialien/12Vermisste%20unbekannte%20Tote.pdf (2021.5.21. 방문).

1차 수색은 마지막 소재지나 주거지 관할 경찰관서가 담당하되, 인력부족시 기동대 및 다른 분방이나 연방의 인력이 요청된다.[236] 경찰에 의해 발견된 미성년 실종자는 양육권자에 대한 인도가 보장될 때까지 시설에 보호수용된다.[237]

(8) 사행행위 관련

[형사처벌] 독일에서 도박과 관련하여서는, 형법 제284조에서 인허가 없는 도박개장 (Veranstalung eines Glücksspiels)을 기본적인 처벌대상으로 보고, 동법 제285조에서 이러한 불법도박에 참가하는 행위(Beteiligung am uneralubten Glücksspiel)를 부수적인 처벌대상으로 규정한다. 동법 제287조에서는 인허가 없는 복권이나 경품권의 발행(Veranstalung einer Lotterie oder einer Ausspielung) 및 제공과 참가자로부터 거두어들이는 사행행위를 처벌하고 있다.[238]

(해석론) 여기서 도박개장이나 도박은 공연하거나 상습적으로 하는 경우에만 처벌되므로, 우리나라와 같은 일회적이고 공연하지 않은 단순 도박행위는 처벌대상이 되지 않는다. 동법 제287조에서 규율하는 사행행위의 경우 참가자에 대한 처벌규정을 두고 있지 않아, 독일에서도 형법 제284조의 도박과 제287조의 사행행위가 참가자의 처벌여부로 구분된다.

[인허가] 형법 제284조에서 상정하는 도박영업, 동법 제287조에서 상정하는 복권이나 경품권발행영업은 물론, 형법에서 다루어지지 않는 카지노와 경스포츠 영업이 모두 16개 각 분방법률로 허가된다. 카지노는 도박이냐 사행행위냐를 구분하지 않고 외국인 입장비율 등 특별한 영업조건에 의하여 구분되는데, 1970.3.18. 연방헌법재판소의 결정으로[239] 연방법이 아닌 각 분방법률에 의해 허가받게 되었다. 형법 제287조에서 상정하지 않는 사행기구를 이용한 사행영업은 연방 **영업법**(GewO, Gewerbeordnung)으로, 경마는 연방법인 **경마와 복권법**(RennwLottG, Rennwett- und Lotteriegesetz)의 규율을 받아 허가된다.

각 분방들은 도박영업 등을 통일적으로 규율하기 위한 **도박에 관한 국가조약**(GlüStV, Der Staatsvertrag zum Glücksspielwesen in Deutschland＝Glücksspielstaatsvertrag)을 맺은 후, 동 **조약의 실행에 관한 법률**의 형태[240]로 각 분방법률화하고 있다.[241] 동 조약은 한시적으로 체

---

235) http://www.gletschertraum.de/Lehrmaterialien/12Vermisste%20unbekannte%20Tote.pdf (2021.5.21. 방문)

236) https://www.bka.de/DE/UnsereAufgaben/Ermittlungsunterstuetzung/BearbeitungVermisstenfaelle/bear beitungVermisstenfaelle_node.html#doc19618bodyText2 (2021.5.21. 방문).

237) https://www.bka.de/DE/UnsereAufgaben/Ermittlungsunterstuetzung/BearbeitungVermisstenfaelle/bear beitungVermisstenfaelle_node.html;jsessionid＝026ECB2CACC15EEAFC9A9CA3D16F26FC.live2292#doc 19618bodyText1 (2021.5.21. 방문).

238) 동조의 번역은, 이정원, 형법상 도박과 복표에 관한 죄에 대한 입법론적 고찰, 국회법제사법위원회, 2006.12, 9면 참조.

239) 김상식, 제2차 불법도박 실태조사, 사행산업통합감독위원회, 2012, 48면.

240) 예로 노르트라인베스트팔렌주의 도박에 관한 국가조약의 실행에 관한 법률(AG GlüStV NRW, Aus-

결하여 반복적으로 갱신되고 있다. 2008년 처음 발효된 조약은, 2012년, 2014년, 2020년 개정·시행되었는데, 2021.7.1.자로 다시 새로운 조약(GlüStV 2021, Glücksspielstaatsvertrag 2021)[242]이 발효되었다. 새로운 조약에서는 지금까지 불법으로 취급된 인터넷 도박을 허가하면서,[243] 참가자 보호를 위해 월 1,000유로의 투입을 넘지 못하도록 하고 도박과 도박참가자 정보가 범연방적으로 감독위원회에 저장되도록 하는 내용이 포함되었다. 동 조약에서 카지노에 관하여는 제20조에서 각 분방에서의 카지노의 수는 제한되어야 한다라고만 규정하고, 각 분방에서 **카지노 법률**[244]을 별도로 제정하고 있다.

독일 영업법(GewO) 제33c조 제1항에 의하면, 연방차원에서 기술적으로 허가된 사행기구(Spielgeräte)를 영업적으로 설치하고자 하는 자는 **관할 행정청**(zuständige Behörde)의 허가를 받아야 한다. 공중, 손님, 주민의 보호와 청소년보호를 위하여 설치장소에 관한 조건이 부과될 수 있다. 동법 제33d조 제1항에 의하면, (제33c조 제1항에서 규정하는 허가된 사행기구를 이용하는 이외의) 다른 사행행위(Spiel mit Gewinnmöglichkeit)를 영업적으로 개장하고자 하는 자는 관할 행정청의 허가를 받되, 허가는 한시적이 될 수 있다. 동법 제33h조에 의하면, 제33c조 및 제33d조의 허가는 카지노(Spielbank)운영, 복권과 경품권 발행 및 형법 제284조의 의미에서의 도박개장에는 적용되지 않는다.

도박에 관한 국가조약(GlüStV) 제4조에 의하면, 공개적인 도박(öffentliche Glücksspiele)은 각 분방의 **관할 행정청**(zuständige Behörde)의 허가로만 개장되고 중개되어질 수 있다. 동 조약 제12조, 제18조, 제22조에서는 복권을, 제21조에서는 경스포츠를, 제22조에서는 즉석복권을, 제22b조와 제22c조에서는 인터넷 도박을, 제27조에서는 인터넷 경마를 규율한다.

(9) 풍속영업 관련

[**인허가**] 우리나라 풍속영업의 주된 업종에 해당하는 주점(Schankwirtschaft), 음식점(Speisewirtschaft)은, 독일 공중접객업법(GastG, Gaststättengesetz)이 규율한다. 동법 제2조에 의하면, 주점과 음식점 영업을 하고자 하는 자는 허가를 받아야 한다.

[**영업의 제한**] 공중접객업소에 대한 청소년의 출입제한과 관련하여서는 청소년보호법

führungsgesetz NRW Glücksspielstaatsvertrag).
241) 이민호 외, 불법사행산업 근절 종합대책방안 마련 연구, 한국행정연구원, 2017, 67면.
242) https://gesetze.berlin.de/jportal/recherche3doc/Gl%C3%BCStVtr_BE_2021.pdf?json=%7B%22format%22%3A%22pdf%22%2C%22docId%22%3A%22aiz-jlr-Gl%C3%BCStVtrBE2021rahmen%4020210701%22%2C%22portalId%22%3A%22bsbe%22%7D&_=%2FGl%C3%BCStVtr_BE_2021.pdf
243) 함부르크나 니더작센, 헤센 등 일부 분방은 격론을 거쳐 조약과 달리 분방법률을 개정하여 개별적으로 온라인 카지노를 허가하고 있었다: 정찬모 외, 온라인 도박의 규제, 정보통신정책연구원, 2007.12, 51-53면.
244) 예로 바이에른주의 카지노법(SpielbG, Spielbankgesetz).

(JuSchG, Jugendschutzgesetz)이 적용된다. 동법 제4조에 의하면, 아동(Kinder)이나 16세 미만의 소년(Jugendliche)은 양육권자가 동반하거나, 동반하지 않는 경우는 5시부터 23시까지만 식사나 음료를 취하러 공중접객업소에 출입할 수 있다. 16세 이상(18세 미만)의 소년은 양육권자 동반없이는 24시부터 5시까지 공중접객업소에 출입할 수 없다. 풍속영업에 의하여 공공의 안녕이나 질서에 위험이 발생한 경우는 각 분방의 경찰법이 적용된다.[245]

2. 타 부처 소관 법령

(1) 정신질환자 관련

독일은 1800년 이후 여러 정신질환 관련 시설이 설립되었고, 1820년에야 정신질환만 다루는 정신병원이 세워졌다. 1960년대까지 도시 변두리 지역의 국립병원과 대학병원 내의 시립 수용소 형태로 운영되다가, 1975년 연방의회의 검토위원회가 보고서를 제출하면서 정신병원 개혁을 포함한 정신질환 관련 법제와 정책이 추진되었다.[246]

독일에서 정신질환자는 전통적으로 위험방지 차원에서 경찰법에 의하여 다루어졌다. 1794년 프로이센 일반란트법에 근거하여 관리하였다가, 1931년 프로이센 경찰행정법이 근거가 되었다. 이러한 법적 규율은 이후 각 분방에서 별도의 관련 법률을 제정하기 시작한 1970년대까지 유지되었다.[247]

현재 독일에서 정신질환자 강제수용은 법원이 결정하는 소위 司法입원[248] 형태로 운용되고 있으며, 민사상 입원, 형사상 입원, 행정상 입원 등 3가지 유형으로 이루어진다. 각각 민법상 수용(zivilrechtliche Unterbringung), 형법상 수용(strafrechtliche Unterbringung), 공법상 수용(öffentlich-rechtliche Unterbringung)으로 불리운다. 민사상 입원은 전적으로 본인의 복리를 위하여 민법 제1906조에 근거해 후견인이 청구하고 법원이 허가한다. 형사상 입원은 피고인인 정신질환자에 대하여 형법 제63조-제64조 및 형사소송법 제126a조(임시수용), 그리고 각 분방의 보안처분집행법(Maßregelvollzugsgesetz)에 근거해 유죄판결의 선고와 함께 감호처분의 형태로 이루어진다.[249] 행정상 입원은 자·타해의 위험방지를 위하여 입법권을 갖는

---

245) 강문수, 풍속영업의 규제에 관한 법률 정비방안 연구, 한국법제연구원, 2010, 37면.
246) 박귀천, 이화여대 법학논집 제19권 2호, 2014.12, 361면.
247) 박귀천, 이화여대 법학논집 제19권 2호, 2014.12, 363-364면.
248) 사법입원의 우리나라 도입 추진과 관련된 보고서로는, 법제조정법제관실, 정신질환자 사법입원제 도입 관련 의원발의 법안, Legislation Newsletter, 2019.6, 24면 이하.
249) 형사상 입원과 관련한 상세한 내용으로는, 안성훈 외, 정신질환자 범죄의 예방 및 감소를 위한 지역사회 내 관리방안, 한국형사정책연구원, 2018, 176면 이하.

각 분방의 정신질환 관련 법률에 근거해 도(Kreis, 道) 행정청이 청구하고 법원이 결정한다.[250] 행정상 입원은 위험방지 차원에서 단기간에 이루어지며, 형사상 입원에 우선하지 못한다.[251]

본고와 관련된 행정상 입원을 규율하는 독일 각 분방의 법률은 각각의 이름에도 불구하고 정신질환자법(PsychKG, Psychisch-Kranken-Gesetz)으로 통칭된다. 이하에서는 16개 분방 중 바이에른주의 정신질환자 지원법(BayPsychKHG, Bayerisches Psychisch-Kranken-Hilfe-Gesetz)을 살펴보기로 한다.

[**행정상 입원의 요건과 타 입원과의 관계**] 바이에른주 정신질환자 지원법(BayPsychKHG) 제5조 제1항에 의하면, 정신적 장해나 질환에 의해 자기자신, 타인의 법익 또는 공공복리를 심각하게 위태롭게 하는 자는, 그의 의사에 반하여 수용될 수 있다. 자신을 위태롭게 하는 경우는 6주를 넘지 않은 기간 내에서 민사상 입원을 대체할 수 있다. 동법 제3항에 의하면, 형사상 입원이 이루어지지 않는 경우에만 행정상 입원이 집행될 수 있다.

[**즉시적 임시수용 - 경찰응급입원 포함**] BayPsychKHG 제11조에 의하면, **도**(Kreis) **행정청**은 동법 제5조의 요건이 존재하나 법원의 결정이 적시에 이루어질 수 없는 경우, 즉시적 임시수용을 명령하고 집행할 수 있다. 동법 제12조에 의하면, 도 행정청의 즉시적 임시수용 결정도 적시에 이루어질 수 없는 경우, **경찰**(Polizei)이 즉시적 임시수용을 명령하고 관련자를 병원직원에게 인계할 수 있다. 동법 제13조에 의하면, 대상자가 시설 내에 수용되지 않은 채 있고 제11조의 요건이 발생하였으나 도 행정청의 결정이 적시에 이루어질 수 없는 경우, **전문시설의 장**은 즉시적 임시수용을 명령할 수 있다. 이 때 위험성이 크다고 판단되면 경찰의 지원을 요청할 수 있다.

[**즉시적 임시수용의 절차**] BayPsychKHG 제14조 제1항에 의하면, 관할 **법원** 및 경찰과 전문시설의 장에 의한 명령의 경우 즉시적 임시수용을 명령한 자는 늦어도 명령이 있은 익일 12시까지는 지체없이 관할 **도 행정청**에 알려야 한다. 동조 제6항에 의하면, 인계나 억류 개시의 익일이 경과 시까지 아무런 법원의 결정이 없으면, 대상자는 퇴원된다.

[**행정상 입원상 경찰의 협력**] BayPsychKHG 제15조에 의하면, **도 행정청**은 제5조의 행정상 입원 요건이 존재하는지를 의사의 협력 하에 직권으로 검토하여 해당되는 경우 의학적 증명서를 갖춘다. 이러한 목적으로 도 행정청이 관련자를 의사에게 소환하고 필요한 경우 **경찰**(Polizei)을 통해 구인시킬 수 있다. 동법 제17조에 의하면, 행정상 입원은 도 행정청이 집행한다.

---

250) 박귀천, 이화여대 법학논집 제19권 2호, 2014.12, 368면.
251) *van Gemmeren*, Münchener Kommentar zum StGB, 4. Aufl., 2020, § 63, Rn. 125-126.

[**법원에 의한 임시수용**] BayPsychKHG 제16조에 의하면, 도 행정청의 신청에 의하여 **법원**에 의한 임시수용이 명령될 수 있다. 임시수용에 따른 특정기간이 지나면 수용이 연장되거나 재개되지 않는 한 대상자는 퇴원된다.

[**민사상 및 행정상 입원 관련 법원의 절차규정**] 형사상 입원을 제외한 2가지 유형의 입원과 관련한 법원의 절차는 연방법률인 가사 및 비송사건절차법(FamFG, Gesetz über das Verfahren in Familiensachen und in den Angelegenheiten der freiwilligen Gerichtsbarkeit) 제312조-제339조에 따른다. 동법 제312조에 의하면, 민사상 입원과 행정상 입원에 관련된 허가와 명령은 수용사건(Unterbringungssachen)으로서 동법의 규율 대상이 된다. 동법에 따른 의견청취(제319조), 수용의 허가결정(제323조, 제324조), 수용을 위한 인치(제326조), 수용기간(제329조), 6주내의 임시수용 명령(제331조) 등이 이루어진다. 특히 동법 제326조 제1항에 의하면, 민사상 입원인 경우 수용인치를 위해 후견인이 희망하면 관할 행정청이 지원해야 한다. 동조 제2항에 의하면, 행정청의 물리력 행사는 법원이 명시적으로 명령한 경우에만 허용되며, 관할 행정청은 필요한 경우 **경찰**집행기관의 지원을 요청할 권한을 갖는다.

(2) 노숙인 관련

독일에서 노숙인의 위기극복을 위한 지원은 연방의 사회법전 12권(SGB XII, Sozialgesetzbuch XII)에 의하여 규율되나, 보다 상세한 규율은 각 분방의 지방자치단체법에 근거하여 제정되는 각 기초지방자치단체의 조례에 의하여 이루어진다. 예로 니더작센주 제베탈시의 경우 니더작센 주 지방자치단체법(NKomVG, Nds. Kommunalverfassungsgesetz) 제10조와 제베탈시의 노숙인 수용에 관한 조례(Satzung der Gemeinde Seevetal uber die Unterbringung von obdachlosen Personen)에 의한다.

바이에른주의 경우 각 자치단체에 대해 노숙인과 관련한 권고를 공지(Gemeinsame Bekanntmachung über die Empfehlungen für das Obdachlosenwesen)하고 있는데, 권고 내용 중 노숙인의 강제수용은 안전법에 따른 **지방자치단체**의 의무임을 명시하고 있다. 동 권고 제5.1조에 의하면, **안전행정청**(Sicherheitsbehörde, 자치단체의 조직)은 갑작스럽게 등장한 노숙의 경우, 이를 공공안녕과 질서의 장해로서 제거할 의무를 진다.[252] 노숙인의 강제수용의무는 그 노숙인이 현재하는 지방자치단체의 의무적 과업에 속한다.[253] 지방자치단체는 노숙인을 다른 지방자치단체로 퇴거시킴을 통해서 의무를 벗어날 수 없다. 장기간 계속되는 노숙의

---

252) 단지 비자발적인 노숙만이 공공안녕에 대한 침해로서 경찰행정청의 개입대상이 된다: *Ruder*, KommJur 2020, S. 403.

253) 同旨로, *Ruder*, KommJur 2020, S. 402-403: 협의의 경찰을 의미하는 경찰관(Polizeivollzugsdienst)은 예외적인 경우에만 노숙인의 강제수용을 담당한다.

경우에도 갑작스런 한파 등 위기개입이 필요한 경우 노숙상황의 해소는 안전청의 의무이다. 위기개입은 노숙인이 머물고 있는 지방자치단체의 책임이다. 동 권고 제5.2조에 의하면, 강제수용의 유형은 빌린 주택, 펜션 또는 숙박업소 등이 된다. 동 권고 제5.3조에 의하면, 강제수용에 따른 비용은 지방자치단체가 아닌 노숙인이 지되, 노숙인이 사회부조 대상자인 경우 안전청은 연방 사회법전 12권(SGB Ⅻ) 제106조 이하에 의해 비용상환을 사회부조 주체에 대하여 청구할 수 있다.

(3) 감염병예방 관련

[**추상적 위험 내지 리스크의 사전대비**] 독일 감염병예방법(IfSG, Gesetz zur Verhütung und Bekämpfung von Infektionskrankheiten beim Menschen) 제16조 제1항에 의하면, **관할 행정청**은 감염병 발생으로 이어질 수 있는 사실이 확인되거나 그러한 사실이 추정되는 경우, 개별인 또는 공중을 위험으로부터 예방하기 위하여 필요한 조치를 취한다.

(**해석론**) 동법 제16조의 조치는 아직 감염병이 유행하지는 않았으나, 그 위험의 징표가 확인되는 추상적 위험이나 그 위험이 추정되는 리스크에 대한 사전대비조항이라고 볼 수 있다.

[**구체적 위험 방지조치**] 독일 감염병예방법은 감염병 발생이 확인된 경우, 제28조에서 비관련자 내지 공중에 대한 위험방지 조치들과 제29조-제31조에서 관련자에 대한 위험방지 조치들을 규정한다. 여기에 코로나-19 유행 이후 2020.6.19. 코로나-19 확산방지를 위한 비관련자 내지 공중에 대한 위험방지 조치들을 제28조a로 추가하게 되었다.

동법 제28조 제1항에 의하면, **관할 행정청**은 감염질환자, 감염질환의심자, 무증상감염자(병원체배출자), 감염의심자(병원체 흡입추정자)가 확인되거나(이하 감염질환자 등) 사망자가 그러한 상태로 확인된다면, 감염병 확산방지를 위하여 필요한 경우 (비관련자 내지 공중에게) 이하의 제28조a 제1항에 따른 위험방지 조치 및 (감염질환자 등에 대해) 제29조의 감시(Beobachtung), 제30조의 격리(Absonderung)명령 및 제31조의 직업적 활동금지(Berufliches Tätigkeitsverbot) 등의 위험방지 조치들을 취한다. 그리고 (비관련자 내지 공중에게) 현 소재지 이탈금지, 조건부 이탈, 특정장소 출입금지 내지 조건부 출입 등을 명할 수 있다. 또 행사나 기타 집회를 제한하거나 금지할 수 있고, 공용시설이나 그 일부를 폐쇄할 수 있다. 코로나-19 확산방지를 위하여 추가된 동법 제28조a 제1항에 의한 예방조치로는, 거리두기, 마스크착용, 외출이나 접촉제한, 행사·다중운집·집회의 금지 등 17가지의 유형이 규정된다. 동법 제32조에 의하면, 연방이나 분방정부는 위 제28조-제31조에 이르는 조치들의 전제 하에서 감염병 대응을 위한 법규명령을 발할 수 있다.

(해석론) 독일의 학계에서는 일반 공중에 대한 위험방지 조치는 비책임자에 대한 것으로서, 경찰법상 책임의 원칙이 감염병예방법에 적용되기 어려움이 있다고 한다. 하지만 경찰긴급상태로서 불가피하다는 점에서 정당화될 수 있다.[254] 한편 감염질환의심자나 감염의심자에 대한 조치규정은 위험혐의에 대한 개입권을 수권한 것이다.[255] 이와 별론으로, 비책임자에 대한 손실보상의 문제가 대두될 수 밖에 없는 것이 독일 경찰법의 숙명이다.[256] 하지만 독일 경찰법리를 벗어나 유책적 경찰책임이 마땅하다는 새로운 시각에서 보면, 감염병 유행 상황에서는 원칙적으로 누구나 비책임자라고 보아야 하고, 위험방지조치에 따른 손실보상은 어디까지나 대상자에게 특별한 희생이 요구되었느냐에 있어야 할 것이다.

[**경찰의 집행원조**] 코로나-19와 관련된 방역은 보건행정청이 담당한다. 하지만 인력부족시 경찰이 행정응원 및 집행원조를 하도록 하고 있다.[257] 예로 바이에른주에서 연방 감염병예방법 제32조에 의하여 발령한 감염예방조치명령(2021.3.5. 발령 12번째 명령, Zwölfte Bayerische Infektionsschutzmaßnahmenverordnung) 제24조에 의하면, 감염고리의 완전한 추적이 도나 광역시에서 보장되어질 수 없을 때, 관할 시도행정청은 분방정부에 보고하여 **경찰**(Polizei)이나 연방군을 통한 인력보강을 요청하여야 한다.

이에 대응하는 경찰법 규정의 예로 바덴-뷔어템베르크주 경찰법(PolG BW) 제105조(관할의 구획) 제4항을 보면, **경찰관**(Polizeivollzugsdienst)은 감염병 전이의 위험이 있고 이러한 위험의 방지를 위해 필수적인 경우 보건행정청과 나란히 감염병예방법 제25조 제1항-제3항에서 규정하는 조사를 위한 명령권이 있다. 동조 제5항에 의하면, 경찰관은 행정청이나 법원의 요청에 기하여 집행원조를 한다.

이와 다른 예로 마스크착용 의무위반의 경우 감염병예방법 제73조 제1a항 6호에 의한 과태료부과 대상이고, 이에 대해 감염병예방법상 단속권한자로 경찰이 명시되지 않고 있음에도, 많은 분방에서는 이에 대한 단속이 공공의 안녕에 대한 위험방지 차원으로 일반적 수권조항에 근거하여 **경찰**에 의해 이루어진다. 각 분방의 경찰법상 일반적 수권조항은 물론, 퇴거명령 및 제지를 위한 보호유치까지 발동한다. 법원에서도 이러한 보호유치를 승인하고 있다.[258]

---

254) 이기춘, 공법학연구 제22권 1호, 2021.2, 54, 57면.
255) 박원규, 경찰법연구 제18권 2호, 2020, 109-111면.
256) 이에 대한 독일 내의 논의에 관하여는, 김태오, COVID-19에 따른 영업제한과 손실보상의무, 행정법이론실무학회 제261회 정기학술발표회 자료집, 2021.5.15, 29면 이하 참조.
257) 집행원조와 행정응원의 구분에 관하여는, 박원규, 한양대 법학논총 제37집 4호, 2020.12, 101-103면.
258) 박원규, 치안정책리뷰 제69호, 2020.9, 11면.

(4) 위치정보수집 관련

독일 연방의 개인정보보호법(BDSG, Bundesdatenschutzgesetz) 제46조 1호에 의하면, 위치정보는 개인정보에 포함되며, 동법의 보호를 받는다. 각 분방에도 개인정보보호법이 있지만 분방의 공공부문만을 대상으로 하는 반면, 연방법은 공공과 민간부문 모두에 적용된다.[259] 독일에서는 위험방지를 위해 위치정보를 수집하도록 하는 별도의 위치정보법은 마련되고 있지 않다. 다만, 각 분방의 경찰법에서 위험방지를 위한 개인정보수집권을 규정하고, 전기통신법에서 위치정보를 일정 기간 보관하도록 함으로써, 필요 시 위치정보가 수집될 수 있다.

[**위치정보의 수집**] 독일 통일경찰법모범초안 제10c조 제7항에 의하면, 다른 행정청이나 공공기관은 경찰의 직무수행을 위하여 필요하다고 생각되는 개인정보를 경찰에게 제공할 수 있고, 경찰의 요구가 있는 경우 정보를 제공하여야 한다.

여기서 더 상세히 나아가 규정된 노르트라인-베스트팔렌주 경찰법(PolG NRW) 제20a조 제1항 2호 a)목에 의하면, **경찰**은 필요로 하는 한 업무적으로 전기통신서비스나 정보통신서비스를 공급하거나 또는 그에 협력하는 자로부터 위치정보(Standortdaten)를 트래픽정보(Verkehrsdaten, 교신데이터)로서 요구할 수 있다.

[**위치정보의 보관의무**] 독일 연방 전기통신법(TKG, Telecommunikationsgesetz) 제3조 19호에 의하면, 위치정보란 전기통신망 내에서 또는 전기통신서비스에 의하여 수집되거나 사용되며, 공개적으로 접근가능한 전기통신서비스 최종 사용자의 단말기 위치를 제시해주는 것을 말한다. 동법상 트래픽정보는 제96조에서 임의적으로, 제113b조에서 의무적으로 **전기통신공급자**에 의해 보관된다. 동법 제96조 제1항 1호에 의하면, 임의적 보관 대상인 트래픽정보에 위치정보가 포함된다. 동법 제113b조 제1항 2호에 의하면, 트래픽정보로서 위치정보를 4주간 의무적으로 보관하도록 규정한다.

독일에서 수사를 위한 위치정보의 수집은 형사소송법 제100g조 제1항 3문과 4문에 의하여 이루어지며, 수집대상은 역시 전기통신법상 보관된 내용이 된다.[260]

(5) 청소년보호 관련

[**임시보호 및 강제보호**] 통칭 아동·소년복지법(KJHG, Kinder- und Jugendhilfegesetz)이라

---

259) 알렉산더 로스나겔(Alexander Roßnagel), 독일의 개인정보보호법, 개인정보보호제도의 개선을 위한 한 독국제심포지엄 자료, 2004.11.1, 1면.
260) 독일에서의 수사상 위치정보 수집과 관련하여 상세하게는, 민영성 외, 형사정책연구 제28권 4호, 2017.12, 212-217면.

고 불리우는 독일 사회법전(SGB, Sozialgesetzbuch) 8권(VIII)의 제42조 제1항에 의하면, **청소년청**(Jugendamt)은 아동이나 소년이 요청하는 경우, 복지에 대한 급박한 위험이 존재하고 양육권자가 반대하지 않는 때 또는 가정법원의 결정을 기다릴 수 없는 때 아동이나 소년을 시설에 임시보호(Inobhutnahme)할 권한과 의무가 있다. 동조 제3항에 의하면, 청소년청은 아동이나 소년을 시설보호하는 경우 위험요소에 대한 평가를 진행하여야 한다. 동조 제5항에 의하면, **강제적 시설보호**는 자타해 위험방지를 위하여 익일 24시까지만 허용된다. 동조 제6항에 의하면, 시설보호를 위해 직접강제가 필요한 경우 권한있는 기관(Stelle)의 협력이 필요하다. 동 법전 8권 제7조 제1항에 의하면, 아동(Kinder)은 14세 미만, 소년(Jugendliche)은 14세 이상 18세 미만, 청년(junger Volljähriger)은 18세 이상 27세 미만, 젊은이(junger Mensch)는 27세 미만 전체를 말한다.

(해석론) 동조 제5항에 비추어, **강제적 시설보호**는 아동(Kinder)이나 소년(Jugendliche)이 피해자인 경우뿐만 아니라 비행이나 범죄행위 등으로 자타해의 위험을 야기하는 경우에도 적용될 수 있다. 요건이 충족되면 청소년청은 아동이나 소년을 양육권자로부터 직접 데려올 수 있다. 보호수용 시설에는 소년보호소, 아동소년긴급보호소, 아동보호센터, 아동소년 심리상담소 등이 포함된다.[261] 동조 제6항에서의 권한있는 기관의 협력이란 **경찰**의 개입을 의미한다.[262] 우리나라에도 청소년복지 지원법이 있어 가출 및 기타 위기청소년에 대한 지원이 이루어지고 있으나, 강제보호와 같은 내용은 두지 않고 있다.

각 분방의 경찰법에 근거한 **경찰 보호조치**(Gewahrsam)도 가능하다. 대상자를 위험으로부터 보호함은 물론, 대상자가 야기하려는 범죄행위나 중대한 위험을 방지하기 위한 보호유치도 이루어질 수 있다. 독일 기본법 제104조 제2항 3문에 따라 법관의 결정이 없는 한 경찰 보호조치는 익일 24시 전까지 해제되어야 한다. 경찰에 의한 아동이나 소년의 보호조치는 보호자 또는 청소년청에 인계하기 위한 목적으로만 이루어져야 하므로, 일반적 보호조치에 비해 단기간에 머물러야 한다.[263]

[**퇴거명령 등**] 청소년보호법(JuSchG, Jugendschutzgesetz) 제8조에 의하면, 아동(Kinder)이나 소년(Jugendliche)이 신체적, 정신적, 정서적으로 유해한 장소에 직접 머무르는 경우, **관할 행정청이나 부서**는 필요한 조치를 취할 수 있는데, 특히 아동이나 청소년을 그 장소에서 떠나도록 하거나, 양육권자에게 인계하거나, 양육권자가 연락되지 않는 경우는 임시보호조치를 위해 청소년청에 인계하여야 한다. 동법 제1조 제1항에 의하면, 아동은 14세 미만이며 소년은 14세 이상 18세 미만자이다.

---

261) 박원규, 소년보호연구 제32권 1호, 2019, 136-139면.
262) 박원규, 소년보호연구 제32권 1호, 2019, 141면.
263) 박원규, 소년보호연구 제32권 1호, 2019, 142-145면.

독일 **경찰**도 소년 관련 처리지침인 경찰업무규정(PDV)-382 제2.3.1호에 의하여, 유해한 장소에서 소년 발견시 유해한 장소에서 떠나도록 명하거나, 보호자 인계하거나, 청소년청 인계를 동일하게 규정하고 있다.

(**해석론**) 여기서 유해한 장소란 성매매업소 밀집지역, 불법도박장, 마약관련 범죄 빈발 지역 등, 범죄 발생 우려가 높은 지역을 말한다. 동법 제8조에 의한 조치는 관할 행정청이 우선 담당하여야 하므로, 경찰은 해당 행정청의 즉각적인 조치가 어려운 경우에 한하여 긴급관할(Eilzuständigkeit)에 근거하여 개입함이 타당하다.[264]

5절 개별 경찰행정작용법 Ⅱ(형사법내 위험방지법)

1. 가정폭력 관련

[**형사처벌**] 독일에서 가정폭력은 특별법이 아닌, 형법 제185조 모욕, 제223조 상해, 제238조 스토킹 등 각 조에 해당하는 행위로 처벌된다.

[**위험방지**] 가정폭력에 대한 위험방지도 단일 법령이 아닌, 폭력행위와 스토킹으로부터 민법적 보호를 위한 법률(약칭 연방 폭력방지법-GewSchG, Gesetz zum zivilrechtlichen Schutz vor Gewalttaten und Nachstellungen)에 의해 민사적으로, 그리고 각 분방의 경찰법에 의해 행정적으로 이루어진다.

(1) 연방 폭력방지법(민법적 위험방지)

연방 폭력방지법(GewSchG)은 가정폭력의 심각성에 국가적 개입의 중요성을 깨달은 후 2000년대 초 "때린 사람이 떠난다(Wer schlägt, der geht!)"는 기치 아래 여러 프로젝트[265]를 거친 끝에 4개의 조문으로 제정되었고, 각 분방 경찰법에도 가정폭력 가해자에 대한 퇴거명령권이 도입되는 계기가 되었다.[266] 동법은 가정폭력뿐만 아니라, 아동학대를 포함한 모든 폭력행위와 스토킹에 적용된다.

---

264) 박원규, 소년보호연구 제32권 1호, 2019, 147면.
265) 연방 프로젝트인 가정폭력에 대한 베를린 개입프로젝트(BIG, Berliner Interventionsprojekt gegen häus-liche Gewalt)", 쉴레스비히-홀쉬타인 협력 및 개입개념(KIK Schleswig-Holstein, Koordinations- und Interventionskonzept für Schleswig-Holstein) 등이다.
266) 신옥주, 입법평가연구 14호, 2018, 52면.

[**폭력과 스토킹으로부터의 보호를 위한 금지명령**] 연방 폭력방지법 제1조에 의하면, **법원**은 신체, 건강 또는 자유를 침해한 자 또는 침해를 협박하는 자, 주거나 소유물을 침입하거나 또는 명시적 의사에 반하여 (추수를 반복하거나, 전화기 등을 이용하는) 스토킹을 행한 가해자에게 피해자의 신청에 따라 기한을 정하여 다음을 금지명령할 수 있다: 주거출입, 주거접근, 피해자가 정기적으로 체류하는 장소에의 접근, 피해자 연락, 피해자 조우.

금지명령에 반하는 경우 동법 제4조에 의하여 형사처벌된다.

[**공동주거의 피해자 양도**] 연방 폭력방지법 제2조에 의하면, **피해자**는 피해행위 시 가해자와 공동으로 사용하는 주거를 양도하도록 가해자에게 요구할 수 있다. 제한된 권리의 주거나 임차된 주거의 경우 주거양도에는 기한이 정해진다. 다만 주거양도가 가해자의 중대한 이익에 반하는 경우는 예외로 한다. 또 가해자는 피해자와의 합의하에 피해자의 단독 주거사용에 대한 비용을 요구할 수 있다.

(2) 각 분방 경찰법(행정법적 위험방지)

가정폭력에 대한 각 분방 경찰법의 대응으로는, 퇴거명령과 보호조치 및 주거의 출입과 수색 등 일반 위험방지적 수권조항 이외에, 2002년 연방 폭력방지법 제정 이후 도입된 퇴거명령 및 접근금지에 의한 조치를 볼 수 있다. 가정폭력에 대한 경찰의 실무적 대응지침으로는, 베를린 경찰의 "가정폭력 사안에서의 경찰대응 지침(Der Polizeipräsident in Berlin, Polizeiliches Handeln in Fallen häuslicher Gewalt, Leitlinien)[267]"이 참고될 수 있다. 이하에서는 노르트라인베스트팔렌주 경찰법(PolG NRW)을 예로 살펴본다.

[**위험방지를 위한 퇴거명령과 출입금지**(Platzverweisung)] PolG NRW 제34조 제1항[268]에 의하면, **경찰**은 위험방지를 위하여 일정시간 특정 장소로부터 퇴거를 명하거나 그 장소에의 출입을 금지할 수 있다. 동조 제2항에 의하여, **경찰관**은 범죄행위를 하거나 범죄에 기여할 것이라는 근거가 있는 경우 대상자가 주거권 등 정당한 권한을 가지지 않은 한 그 장소에의 출입이나 체류를 3개월 내에서 금지할 수 있다.

[**가정폭력 방지를 위한 퇴거명령 및 접근금지**(Wohnungsverweisung und Rückkehrverbot zum Schutz vor häuslicher Gewalt)] PolG NRW 제34a조 제1항[269]에 의하면, **경찰**은 생명, 신체 자

---

267) https://www.big-berlin.info/sites/default/files/medien/polizeiliche_leitlinien.pdf (2021.5.28. 방문).

268) 다른 분방의 경찰법 규정으로는, BayPAG 제33조, BWPolG 제27a조, HSOG 제31조, NSOG 제17조 제1항, RhPfPOG 제13조 제1항, SächsPolG 제21조 제1항 등.

269) 다른 분방 경찰법 규정으로는, BWPolG 제27a조 제3항 및 제4항, HSOG 제31조 제2항, NSOG 제17조 제2항 및 제3항, RhPfPOG 제13조 제2항, SächsPolG 제21조 제3항 등. *Hauk*, JA 2017, S. 925, Fn. 50: 바이에른주 경찰법에는 같은 내용의 규정이 없어 일반적 수권조항에 의하여야 하는데 헌법적으로 매우 의문시되고 있다.

유에 대한 위험방지를 위하여 가해자(또는 우려자)에게 주거퇴거 및 접근금지를 명할 수 있다. 동조 제2항에 의하면, 퇴거명령이나 접근금지의 조치 대상자에게 필요한 물건을 가져갈 수 있는 기회가 주어져야 한다. 동조 제3항에 의하면, **경찰**은 조치 대상자에게 가해자의 임시주소나 대리인의 주소를 요구할 수 있다. 동조 제4항에 의하면, **경찰**은 피해자에게 민법적 보호를 청구할 수 있음을 알려주어야 하고, 경찰과 연계된 상담기관의 연락처를 안내하여야 한다. 동조 제5항에 의하면, 퇴거명령이나 접근금지는 10일 경과 시 종료되며, 기간 내에 피해자가 피해자 보호명령을 청구하여 법원의 결정이 있는 때도 종료된다. 동조 제7항에 의하면, 접근금지 준수여부는 기간 내에 최소 한 번은 점검되어야 한다.

(**해석론**) 각 분방의 경찰법상 퇴거명령이나 금지명령 등[270]은 연방 폭력방지법에 의한 법원의 금지명령과 달리 대상자가 위반하는 경우 별도 형사처벌 규정을 두지 않는다. 대신 이러한 대상자는 분방 경찰법이 규정하는 직접강제(Unmittelbarer Zwang, PolG NRW의 경우 제55조)나, 제지를 위한 보호조치(=보호유치, Gewahrsamsnahme, PolG NRW의 경우 제35조)의 대상이 될 수 있다.[271] 독일의 가정폭력에 대한 위험방지조치에는 검사의 개입이 없다.[272] 보호유치가 개시 익일 24시 이전에 종료될 예정인 경우는 기본법 제104조 제2항[273] 3문에 의하여 법관의 결정을 받지 않도록 하고 있어 법원의 개입도 최소화된다. 검사 개입이나 법원의 결정을 상정하지 않으므로, 우리나라의 경우와 같이 응급조치, 긴급임시조치 및 임시조치의 구분 등 권한기관의 분산에 따른 복잡한 구조를 가지지 않아, 현장에서 필요한 조치가 실질적이고 효율적으로 이루어진다. 한편 피해자에 대한 경찰의 민사적 권리의 고지 및 안내, 그리고 경찰에 의한 접근금지 준수 여부의 현장점검이 법률로 의무화되어 있다.

폭력행위자가 개인 물건을 가지러 공동주거지에 오는 경우 경찰이 동행하여야 한다.[274]

[**위험방지를 위한 보호유치**(Gewahrsam)] PolG NRW 제35조 제1항에 의하면, **경찰**은 다음의 경우 보호유치를 할 수 있다: 2. 목전의 중한 범죄행위나 질서위반행위의 방지, 3. 제34조 제1항의 퇴거명령의 집행을 위하여 불가피한 경우, 4. 제34a조의 퇴거명령 및 귀가금지의 집행을 위하여 불가피한 경우.

270) 다른 분방의 예로는 바덴-뷔어템베르크주 경찰법(PolG BW) 제30조, 바이에른주 경찰법(BayPAG) 제16조.
271) 신옥주, 입법평가연구 14호, 2018, 54, 55면.
272) 박병욱, 경찰법연구 제16권 1호, 2018, 130면.
273) (2) 자유박탈의 허용과 지속은 법관만이 결정하여야 한다. 법관적인 명령에 의하지 않은 모든 자유박탈에 대해서는 지체없이 법관적 결정이 이루어져야 한다. 경찰은 자신의 권한으로 붙잡은 누구라도 익일 종료시 이상으로 보호유치해서는 안된다. 상세한 것은 법률로 규율되어진다.
274) *Becke/Michelmann*, FPR 2011, S. 215.

(해석론) 동항 1호가 응급구호를 위한 보호조치(Schutzgewahrsam)인 것과 달리, 위 2-4호의 보호조치는 제지를 위한 보호유치(Unterbindunsgewahrsam)이다.[275)

[주거의 출입과 수색(Betreten und Durchsuchung von Wohnungen)] PolG NRW 제41조 제1항에 의하면, 경찰은 다음의 경우 소지자(Inhaber)의 허락없이 주거를 출입하고 수색할 수 있다: 1. 제10조 제3항에 의해 구인되거나 제35조에 의해 보호조치될 수 있는 사람이 그 안에 있다는 가정을 사실관계가 정당화하는 경우, 2. 제43조 1호에 의해 확보될 수 있는 물건이 그 안에 있다는 가정을 사실관계가 정당화하는 경우, 3. 그 유형이나 범위 또는 지속에 비추어 상당한 불편을 이웃에게 끼치는 공해가 주거로부터 나오는 경우, 4. 신체, 생명, 자유나 중대한 가치가 있는 재산에 대한 현재적 위험의 방지를 위해 필수적인 경우. 여기에서 주거란 거주공간과 부속된 공간, 작업공간, 설비가동공간, 영업공간 및 기타 평온한 소유물 등을 포괄한다. 동법 제2항에 의하면, 야간에는 주거의 출입과 수색은 단지 제1항 1문 3호와 4호에만 허용된다. 동법 제3항에 의하면, 다음의 경우는 급박한 위험의 방지를 위하여 항상 주거에 출입할 수 있다: 1. a) 그 안에서 심각한 범죄행위를 협의하거나, 준비하거나, 실행한다는 가정을 사실관계가 정당화하는 경우, b) 그 안에서 체류법적 형벌규정에 저촉되는 사람들끼리 회합하는 경우, c) 그 안에서 범인들이 은신하는 경우, 2. 주거가 성매매에 이용되는 경우. 동법 제4항에 의하면, 작업공간, 설비가동공간, 영업공간, 기타 공간 및 토지로서 공중이 접근가능하거나 접근가능했으며 현재자들에게 계속적인 체류를 위하여 제공되고 있다면, 위험방지 목적으로 작업, 영업 또는 체류시간 동안 출입할 수 있다.

2. 아동학대 관련

[형사처벌] 독일에서 아동학대는 특별법이 아닌, 형법 제225조의 피보호자 학대(Mißhandlung von Schutzbefohlenen), 제171조 보호 또는 교육의무위반, 제174조 피보호자 성적학대(Sexueller Mißbrauch von Schutzbefohlenen), 제176조 아동 성적학대, 제176a조 중한 아동 성적학대, 제176b조 아동 성적학대 치사, 제180조 미성년자 성적행위 조장 등 각 조에 해당하는 행위로 처벌된다.

(해석론) 독일 경찰에서는 아동학대의 유형으로 가정폭력의 일종인 아동학대를 별도 구분하고 있지는 않다. 형법상 범죄의 유형에 따라 제225조의 피보호자 아동학대(Kindermisshandlung)와 제174조 이하의 성적 아동학대(Kindermissbrauch)를 구분하여 통계를 수집한다.[276)

---

275) 박병욱, 경찰법연구 제16권 1호, 2018, 133면.

[**위험방지**] 아동학대에 대한 위험방지도 단일 법령이 아닌, 폭력행위와 스토킹으로부터 민법적 보호를 위한 법률(약칭 연방 폭력방지법―GewSchG, Gesetz zum zivilrechtlichen Schutz vor Gewalttaten und Nachstellungen)과 민법 관련 규정에 의해 민사적으로, 그리고 아동·소년복지법(KJHG, Kinder- und Jugendhilfegesetz＝SGB, Sozialgesetzbuch Ⅷ)과 각 분방의 경찰법에 의해 행정적으로 대응되어진다. 소년업무와 관련된 경찰업무규정은 PDV-382(Bearbeitung von Jugendsachen)이다.277)

그럼에도 독일의 아동학대 대응법제는 법체계와 규정 내용의 상세함으로 높은 평가가 이루어지고 있다. 아동학대 대응의 핵심은 청소년청과 가정법원을 중심으로 한 긴밀한 체계 구축이며, 이 중 청소년청이 적극 개입권을 가지고 컨트롤 타워로서 주도적 역할을 한다.278) 경찰도 분방별로 차이가 있으나 아동학대와 관련된 상담과 수사부서를 별도로 두고 있다.279)

금지명령과 **주거양도**를 포함하는 연방 폭력방지법과 **퇴거명령**, **출입·접근금지**, **보호조치**, **주거출입·수색** 등을 포함하는 각 분방 경찰법의 관련 규정은 앞의 가정폭력과 관련하여 상세한 내용이 소개되었으므로, 여기서는 아동·소년복지법과 민법 관련 규정만을 소개하기로 한다. 특히 양 법률은 학대부모의 친권제한은 민법에 의한 법원의 결정으로 이루어지고, 친권 제한 이후의 아동 관리는 아동·소년복지법에 의하게 되는 유기적 관계를 가진다.280)

> 참고로 노인학대의 경우는 별도의 범죄통계도 없고, 위험방지를 위한 별도의 법률도 없다. 다만 위험방지를 위해 연방 폭력방지법과 각 분방의 경찰법상 관련 규정이 적용될 수 있다. 민법상으로도 제530조 학대행위자에 대한 증여철회 규정 외에는 별도 규정이 없다.

아동학대사건에서 **경찰임무**는 관계자를 확인하고 질문하며 사실관계를 서류정리하여 청소년청에 통보하는 것이다. 하지만 아동보호를 위하여 필요하다고 판단되는 경우 **경찰**은 각 분방 경찰법에 의해 아동을 양육권자 의사에 반하여 보호조치할 수 있고, 가능한 한 조속히 청소년청에 인계하여 보호시설 입소 등 후속조치를 할 수 있도록 하여야 한다. 청소년청의 긴급대응팀(Bereitschaftsdienst)이 대응하기 어려운 경우, **경찰**이 직접 아동을 보호시설

---

276) 윤정숙 외, 가정 내 폭력범죄 감소 및 예방을 위한 사회안전망 강화에 관한 연구, 한국형사정책연구원, 2017, 549면.
277) https://www.dvjj.de/wp-content/uploads/2019/08/PDV-382.pdf; PDV-382의 개선 논의에 관하여는 https://www.dvjj.de/wp-content/uploads/2019/06/v_11_gloss.pdf (2021.6.22. 방문).
278) 김아름, 아동학대 대응체계의 공공성 강화 방안, 이슈페이퍼 2018-8, 육아정책연구소, 2018, 10-11면.
279) 구민기, 아동학대 대응, 선진 시스템 도입 절실, 연구논단, 법률신문, 2014.7.10.
280) 박주영, 민사법의 이론과 실무 제12권 1호, 2008, 123면.

에 수용할 수 있다. **경찰**은 아동학대자가 동거자인 경우 위험방지를 위하여 대상자에게 10일간의 퇴거명령과 출입금지를 명령할 수 있다. 동 기간은 민사보호명령 절차의 진행을 위한 것이다. 학대자가 부모인 경우 민사보호의 신청은 청소년청이 되나, **경찰**도 신청권이 있다.[281]

(1) 아동·소년복지법(KJHG)

과거 동법에 의하면 청소년청(Jugendamt)은 가정에 대한 조언과 원조 정도만을 할 수 있어서 단순한 서비스기관이라는 인식을 주었으나, 2005년 법률 개정을 통하여 청소년청이 아동학대 예방조치에 대한 책임을 갖고, 아동과 소년의 복지에 위험이 있는 것만으로도 가정에 개입할 수 있는 근거를 마련하였다.[282] 동법 제7조 제1항에 의하면, 아동(Kinder)은 14세미만, 소년(Jugendliche)은 14세 이상 18세 미만자를 말한다.

[**임시보호**] 아동·소년복지법 제8a조 제2항에 의하면, **청소년청**은 급박한 위험이 있고 법원의 결정을 기다릴 수 없을 때 아동이나 소년을 시설에 보호할 의무가 있다. 동조 제3항에 의하면 **경찰** 및 여타 기관의 협력이 필요한 경우 우선 양육권자로 하여금 해당 기관의 지원을 요청하도록 하되, 양육권자의 협력이 없고 즉시적 조치가 필요한 경우 직접 해당기관에 요청한다. 또한 동법 제42조 제1항에 의하면, **청소년청**(Jugendamt)은 아동이나 소년이 요청하는 경우, 복지에 대한 급박한 위험이 존재하고 양육권자가 반대하지 않는 때 또는 가정법원의 결정을 기다릴 수 없는 때 아동이나 소년을 시설에 임시보호(Inobhutnahme)할 권한과 의무가 있다. 동조 제3항에 의하면, 청소년청은 아동이나 소년을 시설보호하는 경우 위험요소에 대한 평가를 진행하여야 한다. 청소년청의 임시보호나 강제보호 등의 조치에 친권자가 이의를 제기하는 경우, 청소년청은 친권자에게 귀가조치하든지, **가정법원**의 결정을 신청하여야 한다.

(**부연**) 가정법원은 직권 개입도 가능하나, 통상 청소년청의 청구에 따라 개입한다.[283]

[**강제보호**] 동조 제5항에 의하면, **강제적 시설보호**는 자타해 위험방지를 위하여 익일 24시까지만 허용된다. 동조 제6항에 의하면, 시설보호를 위해 직접강제가 필요한 경우 **권한있는 기관**(Stelle)의 협력이 필요하다.

(**해석론**) 동조 제6항에서의 권한있는 기관의 협력이란 **경찰**의 개입을 의미한다.[284] 청

---

281) *Müller*, FPR 2009, S. 561-562.
282) 윤정숙 외, 가정 내 폭력범죄 감소 및 예방을 위한 사회안전망 강화에 관한 연구, 한국형사정책연구원, 2017, 551면.
283) 박주영, 민사법의 이론과 실무 제12권 1호, 2008, 124면.
284) 박원규, 소년보호연구 제32권 1호, 2019, 141면.

소년청은 원칙적으로 출입문 강제개방이나 부모의 물리적 제압 등을 할 수 없으나, 경찰을 기다려서는 아동이나 소년에게 위험이 예상되는 경우 소속 직원이 직접 물리력을 행사할 수 있다고 해석된다.[285]

(2) 민법(BGB)

[**강제수용**] 민법 제1631b조 제1항에 의하면, 아동(Kind)에 대한 강제적 시설수용은 가정법원의 허가를 필요로 한다. 수용은 아동의 복지나, 상당한 자타해의 위험을 피하기 위하여 필요로 되고, 그 위험이 다른 방법이나 다른 공적 원조에 의하여서는 피할 수 없는 경우에만 허용된다. 수용의 연기는 위험을 의미하는 경우에만 허가없이 허용된다. 이 경우 지체없이 허가를 받아야 한다.

[**보호명령**] 민법 제1666조 제1항에 의하면, 아동(Kind)의 신체적, 정신적, 심리적 복지 또는 아동의 재산이 위태화되고, 친권자가 그 위험을 피하기를 원하지 않거나 그 위험을 피할 수 없는 때에는, **가정법원**은 그 위험을 피하기 위하여 필요한 조치를 취하여야 한다. 동조 제3항에 의하면, 양육서비스 명령, 건강검진명령, 교육명령, 주거출입·접근금지, 통신 포함 접촉금지, 부모의사에 우선하는 법원의 결정 등 동조 제1항에 의하여 가정법원이 취할 수 있는 6가지 조치유형이 특히 예시된다.

[**후견인 선임**] 민법 제1791b조 제1항에 의하면, **가정법원**은 (친권자의 친권이 상실 또는 제한된 경우) 미성년자(Minderjähriger)의 후견인으로 선임할 적당한 자를 구하지 못하는 경우 청소년청을 후견인으로 선임할 수 있다.

(**부연**) 독일에서 친권상실로 인한 후견의 대부분은 청소년청에서 맡고 있는데, 개인에서 적당한 자를 찾기 쉽지 않기 때문이다. 청소년청이 아동이나 소년의 후견인이 되는 경우 아동·소년복지법 제55조 제2항에 의하여 소속 직원으로 하여금 후견업무를 수행하게 한다.

3. 성폭력 관련

독일에서도 성폭력범죄는 심각한 사회문제로 대두되고 있으나, 성범죄자에 대한 신상등록제도는 도입하지 않고 있다. 교정에 의한 성공적 사회복귀를 성범죄 예방의 최선책이라고 보는 입장이다.[286]

신상등록 외에 신상공개에 대해서도 원칙적으로 허용되지 않는다는 것이 지배적 견해

---

285) 송수진, 아동학대 방지 및 피해아동 보호를 위한 법제도 개선 방안, 충북대 박사논문, 2016.6, 122면.
286) 양신철, 성범죄자 등록제도에 관한 연구, 전북대 박사논문, 2017.2, 73면.

이나, 중대한 범죄나 사회적 중요성 또는 특별한 사정을 전제로 정당한 공개의 이익이 인정되면 피의자의 신상을 공개하는 언론보도는 허용된다고 보고 있다.[287]

4. 스토킹 관련

(1) 형사처벌

독일에서 스토킹에 대한 처벌은 특별법이 아닌, 형법 제238조에서 규정한다. 스토킹을 더 이상 개인의 문제가 아닌 형법에 반하는 처벌대상으로 보아 2007년에 삽입된 조항이다.

> 형법(StGB, Strafgesetzbuch) 제238조(스토킹, Nachstellung) (1) 다음 각호의 1에 해당하는 행위를 집요하게 함으로써, 타인의 생활을 심각하게 침해하기에 적합한 방법으로 권한없이 타인을 스토킹한 자는 3년 이하의 자유형 또는 벌금형에 처한다. 1. 공간적으로 접근하는 행위, 2. 통신이나 제3자를 통하여 접촉을 시도하는 행위, 3. 타인의 개인정보를 남용하여, 그를 위하여 물건이나 급부를 주문하거나, 제3자로 하여금 접촉하게 하는 행위, 4. 타인이나 그의 가족 또는 지인의 생명, 신체, 건강 또는 자유의 안전을 위협하는 행위, 5. 기타 이에 상응하는 행위, (2) 행위자가 피해자, 피해자의 가족 또는 피해자의 지인을 사망이나 중상해의 위험에 빠뜨리는 경우에는 3월 이상 5년 이하의 자유형에 처한다. (3) 행위자가 피해자, 피해자의 가족 또는 피해자의 지인을 사망하게 한 경우에는 1년 이상 10년 이하의 자유형에 처한다. (4) 제1항의 경우 형사소추에 대한 특별한 공익을 이유로 형사소추기관의 직권개입이 명령된다고 간주되지 않는 한, 고소가 있어야만 형사소추된다.

위 독일 형법 제238조 제1항의 "침해하기에 적합한 방법으로"는 2016년 개정된 내용으로, 이전에는 "침해하여"로 규정되어 있었다. 과거의 결과범 형태의 구성요건이 피해자들의 입증과 처벌을 어렵게 한다는 비판을 수용하여, 추상적 위험범의 형태로 전환한 것이다.[288] 동조 제4항의 친고죄 규정에 대하여는 입법적 결단의 문제이기는 하나, 고소 후 스토킹이 더 심각해질 수 있음을 들어 비친고죄가 타당하다는 견해가 있다.[289]

(2) 위험방지

스토킹에 대한 위험방지도 가정폭력과 같은 맥락에서, 폭력행위와 스토킹으로부터 민

---

287) 강서영, 피의자 신상공개제도에 관한 헌법적 연구, 헌법재판연구원, 2021, 32면.
288) 심영주, 피해자학연구 제27권 3호, 2019, 162-163면; 이성기, 중앙대 법학논문집 제42집 1호, 2018, 285면.
289) 이승준, 형사정책 제29권 2호, 131-132면; 장응혁, 연세대 법학연구 제27권 1호, 2017.3, 199면.

법적 보호를 위한 법률(약칭 연방 폭력방지법-GewSchG, Gesetz zum zivilrechtlichen Schutz vor Gewalttaten und Nachstellungen)에 의해 민사적으로, 그리고 각 분방의 경찰법에 의해 행정적으로 이루어진다.

우선 연방 폭력방지법의 내용과 노르트라인-베스트팔렌주의 경찰법(PolG NRW) 내용 중 제34조(위험방지를 위한 퇴거명령과 출입금지)와 제35조(위험방지를 위한 보호조치)가 앞서 기술된 가정폭력의 경우에서와 동일하게 적용되며, 스토킹이 가정폭력의 한 유형으로 발생하는 경우 PolG NRW 제34a조(가정폭력 방지를 위한 퇴거명령 및 접근금지)와 제41조(주거의 출입과 수색)가 또한 적용된다.

그러나 스토킹이 가정폭력의 한 유형이거나 지인에 의한 스토킹이 아닌 경우, 스토킹의 재발방지를 위해 가정폭력과 가장 차별적으로 요구되는 경찰조치는 신원확인이다. 우리나라와 달리 독일은 형사처벌을 전제하지 않고도 강제적 신원확인이 가능하다는 점에서 큰 차이가 있다.

[**신원확인**(Identitätsfeststellung)] PolG NRW 제12조 제1항에 의하여, **경찰**은 위험방지를 위하여 대상자의 신원을 확인할 수 있다. 동조 제2항에 의하여, **경찰**은 신원확인을 위하여 필수적인 조치를 취할 수 있다. 특히 관련자를 정지시키고, 그의 인적사항을 묻고, 그에게 신원확인을 위한 답변을 하도록 하며 휴대한 신분증을 검사를 위해 제출하도록 요구할 수 있다. 관련자는 다른 방법으로는 신원이 확인될 수 없거나 확인이 아주 어려운 경우 억류될 수 있고, 그러한 전제 하에서 관련자와 그가 휴대한 물건도 수색될 수 있다.

5. 성매매 관련

독일은 1927년부터 2만 명 이상의 도시에서 성매매를 허용하고, 성매매알선과 18세 미만자의 성매매만 금지하였다. 하지만 여전히 성매매를 풍속위반으로 보고 사회적 영향을 최소화하기 위해 규제입법을 병행하는 소위 규제주의적 법제를 유지하여왔다.[290]

[**합법화·직업화 및 성매매대금 청구권**] 특히 독일 민법 제138조의 풍속위반 행위로서 성매매계약은 무효이므로, 성매도자가 성매매 이후 성매수자로부터 성매매의 대가를 받지 못한 경우 이를 청구할 권리가 없었다.[291] 이를 개선하기 위해 제정되어 2002년부터 시행된 민사특별법인 성매매여성의 법적 관계의 규율에 관한 법률(ProstG, Gesetz zur Regelung der Rechtsverhältnisse der Prostituierten Prostitutionsgesetz)은 대가가 합의된 성적 행위에 기한 채권

---

290) 이은애 외, 유럽 10개국 성매매 관련법제 비교연구, 한국법제연구원, 2006.8, 81면.
291) 류여해, 법제논단 6호, 2013.6, 75-76면.

의 유효성(동법 제1조)과 성행위 결정 및 유형에 대한 사용자(업주) 지시권의 제한(동법 제3조 제1항) 및 사회보험법상 피고용지위의 인정(동법 제3조 제2항)을 규정하고 있다. 이 법을 통상 독일에서의 성매매를 합법화한 법률이라고 칭한다.[292] 이 법을 계기로 독일에서 성매매는 허용을 넘어 직업이 되었다.

[**성매도자 보호규제**] 그러나 형사법적으로는 여전히 성매도자를 보호하기 위한 관련 규제가 유지된다. 형법(StGB) 제180조는 **18세 미만자**와의 성매매 및 성매매알선을, 동법 제180a조는 성매매 **착취**를, 동법 제181a조는 성매매여성의 **감시** 및 성매매여성의 **수입의존** 생활자를, 동법 제232조는 성적 착취목적 **인신매매**를 처벌한다.

[**성매매의 일부 규제**] 이와 별도로 일부 유형의 성매매를 규제하기 위한 제한도 유지되고 있다. 형법(StGB) 제184d조는 제한된 성매매 **지역**과 **시간**을 지속적으로[293] 어기는 경우 처벌을 규정하며, 이를 시행하기 위한 형법 시행법률(EGStGB, Einführungsgesetz zum Strafgesetzbuch) 제297조는 다음의 범위 내에서 **분방정부**(Landesregierung)가 청소년보호와 공공의 품위유지를 위해 법규**명령**을 통해 성매매 금지구역과 시간을 지정할 수 있도록 하고 있다: 인구 5만 명 이하 기초지방자치단체로서 전 지역, 2만 명 초과 기초지방자치단체로서 일부 지역, 인구와 상관없이 공공도로, 공공광장, 공공설비, 안이 들여다 보이는 곳. 또 형법(StGB) 제184e조는 학교 및 기타 18세 미만자 통행장소나 18세 미만자 거주 주택에서의 성매매를 처벌한다.

(**해석론**) 성매매 지역과 시간에 대한 규제가 형법으로 규율되고 있기는 하나, 행정규제를 발하고 이에 대한 위반시 행정벌로서 형사처벌을 적용하는 행정법적 구조를 취하고 있다.

6. 소년범 관련

독일에서는 소년의 범죄에 대하여 소년법원법(JGG, Jugendgerichtsgesetz) 및 아동·소년복지법(KJHG, Kinder- und Jugendhilfegesetz=SGB, Sozialgesetzbuch VIII)이, 범죄가 아닌 소년의 비행에 대하여는 아동·소년복지법만이 적용된다.[294] 여기에 현장조치를 위해 각 분방의 경찰법이 적용될 수 있다.

[**범죄소년의 보호처분**] 범죄소년과 관련된 소년법원법은 우리나라와 달리 소년에 대한

---

292) 예로, 코넬리아 필터(Cornelia Filter), 독일의 성매매 합법화, 그 이후 나타난 문제점과 대안, 한국여성재단·프리드리히에버트재단 공동주최 국제회의 발표집, 2007.11, 3면.
293) 지속적이지 않은 경우는, 질서위반법(OWiG, Gesetz über Ordnungswidrigkeiten) 제120조에 해당하여 범칙금 부과대상이 된다.
294) 이승현 외, 소년강력범죄에 대한 외국의 대응동향 및 정책 시사점 연구, 한국형사정책연구원, 2017, 103면.

특별형사절차법의 기능뿐만 아니라 특별형법의 기능도 함께 수행한다.295) 소년법원법 제1
조 제2항에 의하면, 소년은 범행시를 기준으로 14세 이상 18세 미만이며, 청년은 18세 이상
21세 미만이다. 동법 제105조에 의하면, 청년에 대해서는 대상자의 인성, 환경, 정서적 발달
등을 고려하여 예외적으로만 소년에 준하여 동법상 형벌이 적용된다.

기소법정주의 원칙상 소년사건도 모두 법원에 송치되며, **소년법원**은 독점적이며 전문
적으로 형사처분 및 보호처분을 적용한다. 동법 제5조에 의하면, 소년법원 판사는 범죄소년
에 대하여 교육처분, 징계처분,296) 형사처분의 순으로 다양한 처분을 선택하여 부과할 수
있다.

이렇게 소년사건에 있어 독일 경찰에게 독자적인 다이버전 조치권이 주어져 있지는 않
고, 소년법원법이 소년경찰에 대한 특별규정을 두고 있지 않으나, 소년에 대한 조사에는 특
별한 배려가 필요하므로 대부분의 독일 경찰관서에는 소년사건 담당 전문부서를 두고 있
다. 또한 경찰의 조사 자체가 경고적 성격으로서 현실적인 영향력을 가지게 되므로, 각 분
방에 따라서는 경찰다이버전의 기준을 수립하기도 한다.297)

(**입법론**) 독일에서도 형법 제19조298)상 범죄성립의 연령을 12세 이상으로 낮추자는 논
의가 활발하다.299)

[**비범죄 비행소년의 임시보호 및 강제보호**] 범죄가 아닌 소년의 비행에 대하여는 우리나
라의 촉법이나 우범소년과 같은 형사사법적 대응은 없다. 다만, 소년의 복지가 위태롭다고
보는 한도에서 아동·소년복지법(KJHG)이 적용된다. 이 경우 먼저 동법 제16조-제21조 및
제27조-제40조의 교육의 촉진이나 지원이 이루어진다.

다음으로 청소년보호와 관련하여 앞서 기술된 내용이 비행소년에 대하여 적용될 수 있
다. 아동·소년복지법 제42조 제1항에 의하면, **청소년청**(Jugendamt)은 아동이나 소년이 요청
하는 경우, 복지에 대한 급박한 위험이 존재하고 양육권자가 반대하지 않는 때 또는 가정법
원의 결정을 기다릴 수 없는 때 아동이나 소년을 시설에 임시보호(Inobhutnahme)할 권한과
의무가 있다. 동조 제3항에 의하면, 청소년청은 아동이나 소년을 시설보호하는 경우 위험요
소에 대한 평가를 진행하여야 한다.

동조 제5항에 의하면, **강제적 시설보호**는 자타해 위험방지를 위하여 익일 24시까지만

---

295) 문선주 외, 소년 형사사법절차의 개선에 관한 연구, 사법정책연구원, 2019, 45면.
296) 이승현 외, 소년강력범죄에 대한 외국의 대응동향 및 정책 시사점 연구, 한국형사정책연구원, 2017,
    106면: 독일의 학설 판례에 의하면, 징계처분은 징벌적책임과 동시에 교육적인 것으로, 응보나 공적 비
    난을 직접 목적으로 하지 않는다는 점에서 구분된다.
297) 김태명, 경찰단계에서의 형사사법처분 도입에 관한 연구, 경찰청, 2010, 32면, 36면.
298) 독일 형법 제19조: 범행 당시 14세 미만인 자는 책임능력이 없다.
299) 관련 문헌의 예로, *Beinder*, JR 2019, S. 554 ff.

허용된다. 동조 제6항에 의하면, 시설보호를 위해 직접강제가 필요한 경우 권한있는 기관 (Stelle)의 협력이 필요하다. 동법 제7조 제1항에 의하면, 아동(Kinder)은 14세 미만, 소년 (Jugendliche)은 14세 이상 18세 미만자를 말한다.

(**해석론**) 동조 제5항에 비추어, **청소년청**에 의한 강제적 시설보호는 아동(Kinder)이나 소년(Jugendliche)이 피해자인 경우뿐만 아니라 비행이나 범죄행위 등으로 자타해의 위험을 야기하는 경우에도 적용될 수 있다. 요건이 충족되면 청소년청은 아동이나 소년을 양육권 자로부터 직접 데려올 수 있다. 보호수용 시설에는 소년보호소, 아동소년긴급보호소, 아동 보호센터, 아동소년심리상담소 등이 포함된다.[300] 동조 제6항에서의 권한있는 기관의 협력 이란 **경찰**의 개입을 의미한다.[301]

[**비범죄 비행소년의 경찰 보호유치**] 각 분방의 경찰법에 근거한 **경찰** 보호유치(Gewahrsam) 도 가능하다. 예로 노르트라인-베스트팔렌주 경찰법(PolG NRW) 제35조 제1항에 의하면, 대 상자를 위험으로부터 보호함(1호)과 대상자가 야기하려는 범죄행위나 중대한 위험을 방지하 기 위한 보호유치(2호)는 물론, 사권보호를 위한 보호유치(5호)도 이루어질 수 있다. 독일 기 본법 제104조 제2항 3문에 따라 법관의 결정이 없는 한 경찰 보호조치는 익일 24시 전까지 해제되어야 한다. 경찰에 의한 아동이나 소년의 위험방지 보호조치는 보호자 또는 청소년 청에 인계하기 위한 목적으로만 이루어져야 하므로, 일반적 보호조치에 비해 단기간에 머 물러야 한다.[302]

(**해석론**) 형사처벌되지 않는 14세 미만자가 저지른 형법 위반행위로 피해를 당한 자를 위해 신원확인 등 사권확보 차원의 보호유치가 가능하다.

[**비범죄 비행소년의 신원확인**(Identitätsfeststellung)] PolG NRW 제12조 제1항에 의하면, **경 찰**은 위험방지를 위하여 대상자의 신원을 확인할 수 있다. 동조 제2항에 의하여, **경찰**은 신 원확인을 위하여 필수적인 조치를 취할 수 있다. 특히 관련자를 정지시키고, 그의 인적사 항을 묻고, 그에게 신원확인을 위한 답변을 하도록 하며 휴대한 신분증을 검사를 위해 제 출하도록 요구할 수 있다. 관련자는 다른 방법으로는 신원이 확인될 수 없거나 확인이 아 주 어려운 경우 유치될 수 있고, 그러한 전제 하에서 관련자와 그가 휴대한 물건도 수색될 수 있다.

---

300) 박원규, 소년보호연구 제32권 1호, 2019, 136-139면.
301) 박원규, 소년보호연구 제32권 1호, 2019, 141면.
302) 박원규, 소년보호연구 제32권 1호, 2019, 142-145면.

제5장

프랑스[1]

1절 국가의 기본 개황

1. 인구, 면적 및 연혁

　프랑스의 정식명칭은 프랑스공화국(République française)으로, 유럽 대륙의 서부, 지중해와 대서양 사이에 위치하며, 유럽에서 3번째로 큰 나라이다. 국토 면적은 67만 5,417㎢로 한반도의 약 3.1배에 해당하며, 인구는 약 6,718만 명이다. 937년 프랑크 왕국이 멸망하고 카페 왕조 창시로 최초의 국가가 형성되었다. 이후 절대왕정과 제정, 공화정을 반복하다가 1871년 공화정부 수립 이후 오늘에 이르렀다.

2. 정체성

　정치형태는 공화제를 취하고 있으며, 정부형태는 의원내각제와 대통령제가 절충되어 있는데 대통령의 권한이 강한 것이 특징이다. 의회는 양원제를 채택하고 있으며 상원에 347명(간선제 임기 6년), 하원에 577명(직선제 임기 5년)이 있다.[2]

　행정부의 총리는 대통령이 임명하며, 의회에 대해 책임을 진다. 총리가 내각을 조직하고 장관을 인선하여 대통령에게 제청한다. 정책 선언에 대한 승인이나 법률안 제출 또한 총

---

[1] 이하에서 소개되는 프랑스 관련 법령은 https://www.legifrance.gouv.fr/에서 확인한 현행 내용이다.
[2] 봉유종, 경찰복지연구 제6권 2호, 2018, 132면.

리의 권한이다.[3]

입법부는 양원제로 구성되고, 일반적인 법률 제정에 관한 최종 결정권을 가진 하원이 우위를 가진다. 다만 헌법 개정이나 상원에 관한 국가조직법 개정에 관해서는 상원과 하원의 권한이 동일하며, 대통령은 하원 해산권을 가질 뿐 상원을 해산할 수는 없다.[4]

사법부인 법원은 법무부 산하기관이나 헌법상 사법권 독립을 보장받으며, 법무부장관은 법무정책과 사법정책을 총괄한다. 행정재판과 사법(司法: 민형사)재판의 관할이 분리되어 있어 양자의 관할 분쟁을 재정하는 권한쟁의법원(Tribunal des Conflits)이 별도로 존재한다.[5]

3. 프랑스의 행정체계와 지방자치

프랑스 지방행정은 분권(Décentralisation)과 분산(Déconcentration)으로 운영된다. '지방분권'은 단일국가에서 국가의 권한이 지역적으로 그 지배력의 범위에 따라 법률로 획정한 지방자치단체에게 이전하는 것을 뜻한다.[6] 그리고 국가의 지방행정을 의미하는 '지방분산'은 가장 상위 조직체의 결정권이 동일한 조직내부의 하부기관에게 이전되는 것을 의미한다. 다시 말해, 지방에서 이루어지는 행정사무는 권한 배분이 각 계층에 따라 구분되어 지방자치단체와 일반지방행정관청 및 각 부처의 파견기관에 의해 수행된다고 할 수 있다.

프랑스 지방자치단체는 레지옹(지방, Région), 데파트망(도, Département), 코뮌(시, Commune) 등 광역-중역-기초의 3단계로 분류할 수 있다. 여기에 특별한 지위가 인정된 코르스(Corse),[7] 해외영토(Collectivité d'outre-mer), 마르티니크(Martinique)와 기아나(Guyanne) 등이 있다.[8]

광역자치단체인 레지옹(Région)은 해외 영토 5개를 포함하여 총 18개 존재하는데, 가장 큰 단위로서 통상 주(州)라고 불리우며 본고에서는 분방(分邦)과의 용어 혼선을 피하기 위해 '지방'이라고 하기로 한다.[9] 중역자치단체인 데파트망(Département)은 해외 영토 5개[10]를 포함하여 총 101개 존재하며, 우리의 도(道)에 대응된다.[11] 기초자치단체인 코뮌(Commune)은

---

3) 외교부, 프랑스 개황, 2018, 30면.
4) 외교부, 프랑스 개황, 2018, 30면.
5) 외교부, 프랑스 개황, 2018, 41-44면.
6) 전훈, 주요 외국의 지방자치제도 연구-프랑스-, 한국법제연구원, 2018, 58면.
7) 특수지방자치기관으로서 심의 의결기관인 코르스 의회(Assemblée de Corse)와 집행부인 코르스 집행위원회(Conseil Exécutif de Corse)로 분리(의회 의장이 단체장이 되는 일반 지자체와 차이)된다.
8) 전훈, 주요 외국의 지방자치제도 연구-프랑스-, 한국법제연구원, 2018, 69면.
9) 전훈, 주요 외국의 지방자치제도 연구-프랑스-, 한국법제연구원, 2018, 75면.
10) 과들루프, 마르티니크, 프랑스령 기아나, 레위니옹, 마요트는 그 자체가 하나의 지방(레지옹)임.
11) 전훈, 주요 외국의 지방자치제도 연구-프랑스-, 한국법제연구원, 2018, 73면.

프랑스 지방자치 체계에서 가장 작은 단위로 3만 5,357개가 존재한다.

이에 대응하는 국가의 지방행정기관은 일반지방행정기관과 특별지방행정기관으로 구성된다.

국가의 도(Département)단위 일반지방행정기관으로 도청이나 지역청(Préfecture de Département ou Région)을 두는데, 여기에 국가임명직 공무원인 관선 지사(Préfet)가 파견되어 정부소관의 지방사무를 담당한다. 관선 지사는 지방자치단체에 대한 재정지원, 지방자치법 등의 법규제정을 통하여 지방자치 행정의 적법성을 감독하며, 데파트망 관선 도지사의 경우에는 경찰력을 바탕으로 공공질서를 유지할 책임도 갖는다.

지방(Région) 단위로 파견되는 관선 지방지사는 각 지방의 중심도에 파견된 관선 도지사가 겸임하는데, 지역에 분산된 국가행정업무를 지휘하는 역할을 하며, 지방자치단체와 연관된 사업계획에 대하여 중앙정부와 지방자치단체를 연결한다.

시(Commune) 단위에는 별도 파견자 없이 선출된 시장(Maire)[12]이 중앙정부의 위임사무를 수행한다.[13]

그리고 보조행정관청으로 캉통(Canton)과 아롱디스망(Arrondissement)이 있다. 캉통은 선거행정을 위한 선거구의 역할을 하는 행정단위로서 인구비례로 나누어진다. 이 때문에 여러 개의 시가 1개의 캉통을 형성하기도 하고 큰 시의 경우 여러 개의 캉통으로 나뉘기도 한다. 아롱디스망은 대부분의 도에 3~4개 정도 설치되어 전국적으로 약 300개 존재한다.[14] 위와 같은 국가의 지방행정기관은 지방자치단체와 같이 행정관청으로서의 법인격을 가지지는 않는다.[15]

2절   경찰의 기본 개황

1. 연혁

11세기에 프랑스 지역을 지배하던 프랑크 왕국은 국왕이 지명한 국왕순찰대(Prévôt)를

---

12) 'Maire'는 파리 등 광역시 규모부터 읍면동 규모의 코뮌까지를 모두 지칭하기에 한국의 시장과 정확히 일치하지는 않으나, 기초자치단체장의 대표 명칭으로서 '시장'으로 표기함.
13) 외교부, 프랑스 개황, 2018, 53면.
14) 외교부, 프랑스 개황, 2018, 51면.
15) 전훈, 주요 외국의 지방자치제도 연구-프랑스-, 한국법제연구원, 2018, 62면.

지방에 파견하였다. 법원과 경찰 기능을 모두 가지고 있던 국왕순찰대는 자체적으로 경찰 책임자(Commissaire) 및 순찰관(Sergent)을 두고 직접 치안활동을 하였다.[16]

전염병을 비롯하여 여러 사회혼란을 계기로 지방 봉건영주가 경찰권을 장악하면서 비효율성이 드러나자, 1667년 루이 14세는 콜베르(Colbert)의 조언을 받아 "경찰은 공공과 개인의 평안을 확보하고, 무질서로부터 도시를 보호하기 위하여 창설된다"라는 요지의 칙령을 반포하였다. 칙령으로 인해 봉건영주가 가지던 경찰권은 왕에게 귀속되었고, 이는 현대적 의미의 경찰개념 탄생으로 평가된다.

파리에는 경찰국이 설치되어 경찰국장(Lieutenant Générale de Police)이 통솔하는 체제가 확립되었으며, 경찰국은 왕의 지시와 통제에 따라 시장감독, 범죄수사, 방재 등 폭넓은 업무 권한을 가지고 왕권강화에 기여하였다. 이러한 경찰국 체제는 절대왕권 시기에 점차 다른 대도시로 확대 시행되었다.[17]

1789년 프랑스 혁명으로 수립된 혁명정부는 왕권강화의 기반이었던 경찰국을 폐지한 후, 1790년 6월 27일 법령에서 지방자치단체장에게 경찰권을 이관함으로써 자치경찰체제를 수립하였다. 파리는 시장의 권한 하에 국립민간방범대(Garde Nationale), 지방은 군경찰이 치안을 담당하였으며, 이 중 군경찰은 현대의 국립군경찰로 계승된다.[18]

하지만 나폴레옹에 의한 제정 복귀 이후에는 다시 행정기구와 지방제도가 중앙집권화되면서 경찰제도도 환원되었고, 1800년 2월 17일 법령에 의거 경찰장관(Ministre de la Police Générale)제를 신설하고 초대 경찰장관에 조제프 푸셰(Joseph Fouche)를 임명하였다. 인구 5,000명 이상의 도시에 경찰국장(Directeur Général de Police)과 경찰서장(Commissaire)을 파견함으로써 중앙집권적 경찰을 제도화하였다. 그러나 파리는 다른 도시와 달리 중앙정부 권력에 종속하는 경찰기관의 설치 필요성이 대두되어 파리경찰청이 창설되었고 이어서 지방 군경찰조직이 신설되었다.[19]

근대 프랑스 경찰의 중앙집권화는 19세기 말부터 더욱 강화되었다. 1887년 내무부 산하에 경찰청(Sûreté Générale)을 편입시켜 감독하였으며, 1934년 4월 28일 법령에 의해 국립경찰청(Direction Générale de la Sûreté Nationale)으로 개칭하였다. 1941년에는 주민 1만 명 이상의 지방자치단체를 국가경찰 관할로 바꾸었으며,[20] 경찰의 담당업무를 국경수비, 보안, 철도경비, 경마, 도박 등으로 확대하였다. 1966년 내무부 국립경찰청과 파리 경찰청이 통합

---

16) 봉유종, 경찰복지연구 제6권 2호, 2018, 134면.
17) 이종화 외, 비교경찰제도론, 2018, 485면.
18) 장승수, 자치경찰연구 제4권 2호, 2011, 120면.
19) 장승수, 자치경찰연구 제4권 2호, 2011, 120면.
20) 이후 1996년 9월 19일 명령에 의해 기준이 2만 명으로 바뀜.

되어 국립경찰(Police Nationale)로 일원화하였으며, 1995년 치안정책법에 의해 국립경찰의 기본조직이 재정비되고 2002년에는 치안대책법으로 국방부 소속인 군경찰에 대해 내무부장관의 지휘권이 부여되었다.[21]

2. 조직

프랑스 경찰은 국가경찰과 기초자치단체 소속인 자치경찰로 구분되나, 치안은 주로 내무부 소속으로 내무부장관의 지휘 아래 중앙집권적 체제를 유지하고 있는 국가경찰이 담당하고 있으며, 일부 기초자치단체에서 국가경찰의 보조적 역할을 수행하는 자치경찰을 제한적으로 운용하고 있다.[22]

(1) 국가경찰

국가경찰은 다시 국립경찰과 국립군경찰로 나뉘며, 국립경찰은 인구 2만 명 이상 도시지역의 치안을 맡아 전 국토 면적의 5%, 총 인구의 50%를 담당한다.[23] 국립군경찰은 2만 명 미만의 농·어촌이나 도시 주변 지역의 일반경찰업무를 책임지며, 전 국토 면적의 95%, 총 인구의 50%를 담당한다.[24] 이하에서는 국립경찰을 중심으로 국가경찰 조직을 소개한다.

국립경찰의 장은 국무회의에서 선출되는 민간인 신분인 국립경찰총국장(경찰청장)이며, 대부분 경찰관의 계급을 갖고 있지 않는 내무부의 고위관료가 임명되고 있고 내무부장관의 직접적인 통제를 받아야 한다.[25]

중앙조직인 국립경찰총국(Direction Générale de la Police Nationale, DGPN)은 소속부서와 직속기관 및 소속기관으로 구분할 수 있다.

국립경찰총국의 하부조직인 소속부서로는, 10개 실국으로 자원능력국(DRCPN), 감사관실(IGPN), 사법경찰국(DCPJ), 국경경찰국(DCPAF), 공공안전국(DCSP), 공화국안전국(DCCRS), 채용교육국(DCRFPN), 국제협력국(DCI), 경호실(SDLP), 기술과학실(SCPTS)이 있고,[26] 13개 직속기관으로 특공대(RAID), 대테러조정실(UCLAT), 범정부기술지원단(DCI-IT), 치안사무국(DGSI), 상황실(CIPN), 홍보실(SICoP), 마약대책실(MILAD), 피해자대책실(DAV), 대중교통안전조정반(UCSTC), 대형행사조정실(UCGE), 기동대(UCFM), 장비보급반(SAELSI), 치안정보시스템·

---

21) 장승수, 자치경찰연구 제4권 2호, 2011, 121면.

22) 외교부, 프랑스 개황, 2018, 120면.

23) 외교부, 프랑스 개황, 2018, 120면.

24) François Lavedan, Gardien de la paix, Vuibert, 2018, p. 13.

25) 이종화 외, 비교경찰제도론, 2018, 487-489면.

26) 파리의 경우, 파리 경찰청(préfecture de police)이 치안을 담당한다.

기술실(ST(SI))이 있으며, 2개의 소속기관으로 국립고위경찰학교(ENSP)와 국립과학경찰연구소(INPS)가 편성되어 있다.[27]

　　지방조직으로는 파리를 제외하고는 우리나라와 같이 별도의 독립된 지방경찰청은 없으며, 중앙 조직인 국립경찰총국(DGPN)의 각 기능별 지방 분소를 각 도(Département) 또는 지방(Région)에 설치하여 운영하고 있다.[28] 공공안전국의 분소로 102개의 지역공공안전국이 설치되는데 각 관선 도지사가 지휘한다. 각 기능별 지방 분소 현황은 다음의 표와 같다.[29]

각 기능별 지방 분소 현황

공공안전국	각 도의 관선 도지사 산하에 지역공공안전국(DDSP)을 설치(총 102개)하고, 지역공공안전국장이 관선 도지사를 보좌하여 경찰서(전국 총 424개)를 지휘, 치안 유지
사법경찰국	광역도 및 9개 광역 지역에 지방사법경찰국(DRPJ, DIPJ) 설치, 조직범죄 및 특수범죄 수사 담당
자원능력국	파리 등 8개 지역에 지방분국(SGAP) 설치
감사관실	7개 지역에 지방분국 설치
국경경찰국	2개 공항, 7개 광역 지역, 45개 도에 지방분국 설치
공화국안전국	7개 지역에 지방분국, 60개 경찰기동부대, 1개 경호부대, 9개 고속도로순찰대, 6개 싸이카 순찰대, 1개 산악구조대 설치
경호국	스트라스부르(Strasbourg)에 지방분국 설치

　　국립경찰의 유일한 지방경찰청인 파리경찰청(Préfecture de Police de Paris)은 특수한 지위와 권한을 갖는다. 파리경찰청장[30]은 관선 지사(préfet)가 담당하는 국립경찰이며, 국립경찰총국장이 아닌 내무부 장관의 직접 지휘를 받는다. 파리와 주변 3개의 도[31]의 행정뿐만 아니라 파리와 일드프랑스(Ile de France) 등 8개 도의 치안과 국방을 책임지는 안보방위구역 지사(Préfet de la Zone de défense et de sécurité)가 책임을 맡는다.[32] 파리경찰청 조직체계는 다음과 같다.[33]

---

27) https://www.police-nationale.interieur.gouv.fr/Organisation (2020.5.6. 방문).
28) 외교부, 프랑스 개황, 2018, 125면.
29) 외교부, 프랑스 개황, 2018, 125면.
30) 2019년 3월 디디에 랄르망(Didier Lallement)이 파리경찰청장으로 임명되었다.
31) 오드센, 센생드니 및 발드마른 데파트망(Départements des Hauts-de-Seine(92), de la Seine-Saint-Denis(93) et du Val-de-Marne(94)).
32) Préfecture de la police de Paris. https://www.prefecturedepolice.interieur.gouv.fr/Nous-connaitre/Presentation/Presentation-de-la-prefecture-de-police/La-prefecture-de-police (2020.5.8. 방문).
33) 외교부, 프랑스 개황, 2018, 127면.

파리경찰청 조직체계

중앙 조직	경찰관련부서	파리 및 수도권생활안전국(DSPAP), 기술 및 물자보급국(DOSTL), 수사경찰국(DRPJ), 공공질서 및 도로국(DOPC), 정보국(DR), 행정사무국(SGA)
	행정부서	일반경찰국(DPG), 대중보호 및 교통국(DTPP)
	소방관련부서	파리소방대(BSPP)
	기타부서	과학수사중앙연구소, 파리안보방위구역사무국 등
하부 조직	지역생활안전국(DTSP)	파리(75지역) 및 3개 도(92, 93, 94지역)에 설치, 파리경찰청의 '파리 및 수도권생활안전국(DSPAP)'의 지휘를 받아 관할 구역 내 경찰서를 감독하며 일반 치안 담당
	경찰서(Commissariat)	총 84개(파리 20, 92지역 25개, 93지역 22개, 94지역 17개) 설치 및 운영

(2) 자치경찰

자치경찰은 헌법 및 지방자치법, 국내치안법 등을 근거로 설치된다.

헌법 제72조[34]에 의거 주민에 의해 직접 선출되는 기초자치단체장은 자치행정을 집행하고, 특히 자치경찰의 수장으로서 치안을 책임진다.[35] 지방자치법(Code général des collectivités territoriales) L.2212-2조에서 "자치경찰은 공공질서와 안녕, 안전 및 공중위생의 보장을 목적으로 한다"고 규정하여,[36] 자치경찰은 우선 예방경찰로서의 임무를 수행한다. 국내치안법(Code de la sécurité intérieure) L.511-1조도 자치경찰이 국가경찰의 권한을 침해하지 않는 범위 내에서 공공질서, 평온, 안전, 공중위생에 관한 예방 및 감시 임무를 갖는다고 규정한다.[37]

한편 형사소송법(Code de procédure pénale) 제21조는 자치경찰에게 '보조사법경찰리(Agent de police judiciaire adjoint)'로서의 자격을 부여하여,[38] 자치경찰은 사법경찰관(OPJ)과 사법경찰리(APJ)의 수사업무를 보조하는 역할도 수행한다.

---

34) Article 72 de la Constitution: Dans les conditions prévues par la loi, ces collectivités s'administrent librement par des conseils élus et disposent d'un pouvoir réglementaire pour l'exercice de leurs compétences.
35) 유주성, 동아법학 제80호, 2018, 45면.
36) Article L.2212-2 du Code général des collectivités territoriales: La police municipale a pour objet d'assurer le bon ordre, la sûreté, la sécurité et la salubrité publiques.
37) Sans préjudice de la compétence générale de la police nationale et de la gendarmerie nationale, les agents de police municipale exécutent, dans la limite de leurs attributions et sous son autorité, les tâches relevant de la compétence du maire que celui-ci leur confie en matière de prévention et de surveillance du bon ordre, de la tranquillité, de la sécurité et de la salubrité publiques.
38) Article 21 du Code de procédure pénale: Les agents de police municipale sont agents de police judiciaire adjoints.

수도 파리는 자치경찰권을 보유하지 않고 있으나, 파리의 지위 및 대도시 정비에 관한 2017년 2월 28일자 법률 제2017-257호[39)]에 의거, 일부 자치경찰권[40)]이 안보방위구역 관선 지사(파리경찰청장)로부터 파리시장에게 이양되었다.[41)] 2019년 10월에 완전한 '파리 자치경 찰제 도입을 위한 국내치안법 개정안'이 상정되기도 하였으나, 반대 228표 찬성 72표로 부 결되었다.[42)]

자치경찰의 설치 여부는 각 시의 선택이며, 자치경찰을 미설치할 경우 관할 국가경찰 과 협약 체결로 자치경찰 업무를 이관할 수 있다.[43)] 자치경찰이 없는 경우에 도시지역은 국 립경찰에게, 농촌지역은 국립군경찰에게 시장의 자치경찰권을 대리 행사하도록 요청하며, 요청을 받은 국립경찰이나 국립군경찰은 해당지역의 경찰업무를 수행하여야 할 의무를 진 다.[44)] 한편, 프랑스 전역의 자치경찰은 통일된 제복을 착용하고, 차량에 경광등을 사용할 수 있다.[45)]

시장은 자치경찰의 책임자로서 자치경찰을 채용할 수 있으나, 활동범위에 대해서는 관 할 관선 도지사의 동의를 받도록 규정하고 있다. 지방자치단체의 규모나 재정자립도, 치안 정책에 따라 조직과 인력 규모가 다양하게 책정되어 있으며, 규모가 작은 시의 경우에는 여 러 시가 함께 공동자치경찰 형태로 운영하는 사례도 존재한다.[46)] 현재 기초자치단체의 약 90%가 5명 내외의 소규모 자치경찰 인력을 운용하고 있다.[47)]

3. 인력 및 계급

국립경찰의 계급구조는 각 경찰관 지위의 특성에 맞추어 고위공무원·기획지휘직군, 명령관리직군, 현장집행직군 등 3개의 직군으로 구분되고, 각 직군별로 복수직급제가 시행 되고 있다.[48)]

고위공무원(Hauts fonctionnaires)·기획지휘직군(Corps de conception et de direction)[49)]은

---

39) Loi n°2017-257 du 28 février 2017 relative au statut de Paris et à l'aménagement métropolitain.

40) 도로통행, 주거위생, 소음공해, 장의, 수상안전, 신분증 발급 등 업무.

41) 외교부, 프랑스 개황, 2018, 121면.

42) https://www.policemuniciple.fr/2019/10/22/creation-dune-police-municipale-a-paris-le-rejet-du-s enat/ (2020.5.13. 방문).

43) 장승수, 자치경찰연구 제4권 2호, 2011, 124면.

44) 장승수, 자치경찰연구 제4권 2호, 2011, 124면.

45) 이종화 외, 비교경찰제도론, 2018, 516면.

46) 장승수, 자치경찰연구 제4권 2호, 2011, 123-124면.

47) 외교부, 프랑스 개황, 2018, 130-131면.

48) 이종화 외, 비교경찰제도론, 2018, 498면.

49) 세부 계급은 치안정감(directeur des services actifs), 치안감(inspecteur général), 경무관(contrôleur général),

경정급 이상으로 약 1,700명이다.[50] 경무관 이상이나 국립경찰총국의 국장급인 고위공무원
은 전적으로 내무부장관의 재량에 의하여 승진이 결정되는 등 한국의 정무직 공무원과 유
사한 점이 있다. 기획·지휘직군의 경찰관은 체포결정권을 보유하고, 즉결심판 사안에 한하
여 판사와 동등한 권한을 가지며, 연차에 의하여 승진한다.[51]

명령관리직군(Corps de commandement)[52]은 경위급으로 인원은 약 9,000명이며,[53] 사법
경찰관으로서 수사를 지휘한다.[54]

현장집행직군(Corps d'encadrement et d'application)[55]은 순경급에 해당한다. 인원은 약 10
만 4,000명으로 국가경찰 인력 중 거의 85%를 차지한다.[56] 순경급은 일반적으로는 예방경
찰업무를 수행하며, 자격시험에 통과한 사람에 한하여 사법경찰리의 자격을 가진다. 이들은
보조경찰관(ADS)에 대하여 지도권한을 가지고 있다.[57]

보조경찰관은 1997년 10월 16일 청년고용증진을 위한 법률[58] 제10조에 의하여 신설되
었는데, 주로 민원안내 및 경찰관의 순찰 동행 등과 같은 치안보조 임무를 맡으며, 최대 5
년 계약을 기준으로 채용된다.[59]

3절   일반 위험방지법

프랑스에서 사법경찰작용은 형사소송법전에 일반적으로 규정된 반면, 위험방지작용
은 우리나라의 경찰관 직무집행법과 같은 일반 작용법으로 규정되어 있지 않다. 또한 경찰
의 임무와 권한에 관한 규범이 명확하게 구분되지 않아서, 위험방지체계를 파악하기 위해

상급총경(commissaire général), 총경(commissaire divisionnaire), 경정(commissaire de police)으로 나뉜다.

50) François Lavedan, Gardien de la Paix, Vuibert, 2018, p. 12.
51) 이종화 외, 비교경찰제도론, 2018, 499면.
52) 세부 계급은 하급경정(commandant divisionnaire), 상급경감(commandant de police), 경감(capitaine de police), 경위(lieutenant de police), 시보경위(lieutenant de police stagiaire)로 나뉜다.
53) François Lavedan, Gardien de la Paix, Vuibert, 2018, p. 13.
54) 이종화 외, 비교경찰제도론, 2018, 499면.
55) 세부 계급은 상급경사(brigadier major), 경사(brigadier-chef), 경장(brigadier de police), 하급경장 (sous-brigadier), 순경(gardien de la paix), 시보순경(gardien de la paix stagiaire)으로 구분된다.
56) François Lavedan, Gardien de la Paix, Vuibert, 2018, p. 13.
57) 이종화 외, 비교경찰제도론, 2018, 500면.
58) LOI no 97-940 du 16 octobre 1997 relative au développement d'activités pour l'emploi des jeunes.
59) https://www.lapolicenationalerecrute.fr/Personnels/Adjoint-de-securite/Missions-et-remunerations (2020. 5.11. 방문).

서는 조직법상 임무조항과 개별 작용법상 권한조항을 아울러 살펴봐야 한다.

> ● **사법경찰과 행정경찰은 조직법·신분법적이 아닌 작용법·구제법적 구분**
> 행정경찰은 공공질서 침해를 예방하고, 침해된 공공질서를 회복시킨다.[60] 사법경찰은 형법에 규정된 범죄를 인지하고, 그 증거를 수집하며, 범인을 색출하는 활동이다.[61] 하지만 행정경찰과 사법경찰 업무를 수행하는 것은 통상 동일인으로 소위 일원주의 체계를 따르고 있다.[62] 국립경찰, 국립군경찰, 자치경찰은 물론 형사소송법전 제16조와 지방자치법전 L.2122-31조에 의해 시장과 부시장도 사법경찰관의 자격을 가지며 일정한 범위에서 범죄를 조사할 수 있다. 부시장의 경우도 단독관청인 사법경찰관이므로 시장의 위임이나 임명 없이도 권한을 행사할 수 있다.[63]

1. 경찰권 행사의 주체

프랑스어로 경찰을 의미하는 'Police'는 경찰기관과 경찰작용을 모두 의미한다.[64] 여기에서 경찰기관에는 조직법상 경찰 외에도, 공공질서유지의 법적 책임을 지는 총리, 도지사 및 시장도 일반경찰관청으로서 포함되며 경찰권 행사의 주체가 된다.[65]

프랑스도 독일과 같이 경찰작용을 하는 경찰기관은 집행경찰과 질서행정청으로 구성된다. 전자는 조직법상 경찰을 의미하고, 후자는 경찰기능을 하는 일반행정기관을 의미한다. 양자의 관계를 살펴보면, 우선적으로 질서행정청이 위험방지 기능을 수행하고, 집행경찰은 현장즉응적인 조치나 결정에 대한 집행조치를 수행한다. 쉽게 말하면 질서행정청은 내근으로 의사결정의 기능을, 집행경찰은 외근으로 물리적 집행기능을 수행하는 것이다.[66] 집행경찰 중 경찰관청이 아닌 개개의 경찰공무원(officier de police)이 작용법에 근거하여 현장즉응적 의사결정을 내리는 경우 소위 단독관청인 '경찰관'에 해당하게 된다.

---

60) Xavier Prétot, Clémence Zacharie, la Police Administrative, LGDJ, 2018, p. 21.
61) Jacques Buisson, Police pouvoirs et devoirs, Dalloz, p. 3.
62) 김영기, 형사소송 이론과 실무 제3권 제2호, 2011, 16면 및 각주 27; 오승규, 경찰법연구 제14권 제1호, 2016, 242-243면; 박재현, 법학연구 제27권 제1호, 2016, 381면; Picard, La notion de police administrative, L.G.D.J., 1984, pp. 137-138(박창호, 28면에서 재인용); Stefani/Levasseur, Procedure Penale, Dalloz, 2001, p. 349(김영기, 14면에서 재인용); Guglielmi, Droit administratif general, Universite Pantheon-Assas (Paris Ⅱ), 2004, p. 183.
63) Minet, Droit de la police administrative, Vuibert, 2007, 70면(박창호, 28면에서 재인용): 도지사(Prefet) 역시 행정경찰 관청으로 국가안위와 관련된 중요사안에 대하여 사법경찰권을 보유하고 있었으나, 1968년 이후 사문화되고 1993년 1월 4일 법률에 의해 폐지되었다.
64) 이승민, 프랑스의 경찰행정, 2014, 11면.
65) 이승민, 프랑스의 경찰행정, 2014, 5면.
66) 이승민, 프랑스의 경찰행정, 2014, 191면.

하지만 독일과 달리 프랑스의 경우는 질서행정청이 총리, 도지사, 시장과 같은 책임자로만 이루어지고 그 하부 조직이 별도로 구성되지는 않는다.[67] 이러한 질서행정청에는 공공질서의 개념을 매개로 경찰권한 일반을 행사하는 총리, 도지사, 시장과 같은 일반경찰기관 외에도, 제한된 경찰권한만을 행사하는 특별경찰기관이 있다. 특별경찰기관으로는 개별 법률로 경찰권을 수권받는 장관이나 대학총장 등이 해당된다.[68]

[질서행정청으로서 총리의 일반경찰권] 프랑스 제3공화국 시대인 1919년 국사원(Conseil d'État)의 라본느(Labonne) 판결에 근거하여 총리의 고유권한론이 정립되었다. 즉 "국가수반은 법률 위임이 없는 경우에도 그 고유권에 기해 전국에 적용되는 경찰조치를 발령할 수 있다"고 보았다. 당시 국가수반은 총리가 아닌 대통령이었는데, 대통령은 1875년 2월 25일자 공권력 조직에 관한 헌법률(loi consitutionnelle) 제3조에 의하면, "법률의 집행을 감독하고 보장"할 임무를 갖는다. 프랑스 최고행정법원인 국사원은 동조에서의 법률의 집행에 특정 법률을 적용하는 것은 물론 공공질서의 유지가 포함된다고 해석한 것이다. 1946년 헌법 제47조에서 법률의 집행을 확보하는 것은 각료회의의장이라고 규정함으로써 일반경찰권은 대통령이 아닌 총리가 보유하게 되었다. 같은 내용이 1958년 헌법 이후에도 1960년 국사원의 니꼴라스 유한회사(SARL "Restaurant Nicolas") 판결 및 2001년 비행동호회의 비행 판결 등에서도 확인된다.[69] 독립명령제정권을 규정하는 1958년 헌법 제37조와 고유권한론을 이론적 기초로 하여, 프랑스 총리가 일반경찰권을 갖는다.

[질서행정청으로서 도지사의 일반경찰권] 대혁명 이후부터 지방 차원의 일반경찰권이 수여되었다. 2003년 3월 18일자 제2003-239호 국내치안을 위한 법률[70] 제34조에 의하면, 도지사는 공공질서에 관한 임무를 담당한다. 도지사는 국내치안법전 L.131-4조[71]에 의하여 지방자치법전 제2부 제2권 제1편 제5장[72]의 일반경찰권을 갖는다. 특히 지방자치법전 L.2215-1조 2항에 의하면, 둘 이상의 인접 시에서 공공질서가 위협받는 경우 도지사가 각 시장의 일반경찰권을 행사할 수 있다.[73]

[질서행정청으로서 시장의 일반경찰권] 1884년 4월 5일 지방관련 법률로부터 비롯되어 현재의 지방자치법전 L.2212-2조와 L.2215-1조에 의하면, 자치경찰이 공공질서의 확보를

67) 이승민, 프랑스의 경찰행정, 2014, 190면.
68) 이승민, 프랑스의 경찰행정, 2014, 218면.
69) 이승민, 프랑스의 경찰행정, 2014, 97-102면.
70) Loi n°2003-239 du 18 mars 2003 pour la sécurité intérieure.
71) Article L.131-4 du Code de la sécurité intérieure.
72) livre Ⅱ, Titre premier, Chapitre Ⅴ de la deuxième partie du Code général des collectivité territoriales.
73) 이승민, 프랑스의 경찰행정, 2014, 108면.

임무로 하고 자치경찰권은 원칙적으로 시장에 의해 행사된다.[74]

[**국립경찰**] 1995년 1월 21일자 제95-73호 안전계획 및 방향에 관한 법률[75] 제4조에 의하면, 국립경찰(Police Nationale)은 범죄예방과 공공질서유지의 임무를 갖는다.[76]

[**국립군경찰**] 국방법전(Code de la Défense) L.3211-3조와 국내치안법전 L.421-1조에 의하면, 국립군경찰(Gendarmerie Nationale)은 농촌지역과 준도시지역에서 공공안전과 공공질서를 확보하여야 한다.[77]

[**자치경찰**] 지방자치법전 L.2212-2조에 의하면, 자치경찰(Police Municipale)은 공공질서를 확보하는 임무를 수행한다. 국내치안법전 L.511-1조에 의하면, 자치경찰은 국립경찰과 국립군경찰의 권한을 침해하지 않는 범위에서 공공질서와 관련하여 시장의 권한에 속하는 임무를 수행한다. 국내치안법전 자치경찰관의 직업윤리에 관한 R.511-1조부터 R.515-21조[78]에 의하면, 자치경찰은 시장의 권한에 속하는 임무를 집행하며 공공질서에 대한 장해를 예방할 의무가 있다.[79]

2. 경찰의 임무조항

경찰의 임무와 권한에 관한 규범이 명확하게 구분되지 않아, 조직법상 임무조항이 개별 작용법상 권한조항과 어우러져 위험방지권한을 부여한다. 이러한 근거조항에서 공공질서의 개념을 권한행사의 목적으로 전제한다면 이는 곧 일반적 수권조항이 된다.

[**총리**] 1958년 헌법 제37조에 의하면, 프랑스 총리는 독립명령제정권을 갖는다. 현재 동 조항과 고유권한론을 이론적 기초로 프랑스 총리의 임무에 공공질서 유지 임무가 포함되므로, 총리는 경찰권을 일반적으로 수권한다.

[**도지사**] 2003년 3월 18일자 제2003-239호 국내치안을 위한 법률 제34조에 의하면, 도지사는 **공공질서**에 관한 임무를 담당한다. 국내치안법전 L.131-4조에 의하면, 도지사는 지방자치법전 제2부 제2권 제1절 제5장의 일반경찰권을 갖는다. 양 조항으로 도지사는 경찰권을 일반적으로 수권한다.

[**시장**] 지방자치법전 L.2212-2조와 L.2215-1조에 의하면, 자치경찰이 **공공질서** 확보 임무를 수행하며 원칙적으로는 시장이 자치경찰권을 행사한다. 양 조항으로 시장은 경찰권을

---

74) 이승민, 프랑스의 경찰행정, 2014, 113면.
75) Article 4 de la loi n°95-73 du 21 janvier 1995 d'orientation et de programmation relative à la sécurité.
76) 이승민, 프랑스의 경찰행정, 2014, 105면.
77) 이승민, 프랑스의 경찰행정, 2014, 107면.
78) Article R.511-1 à R.515-21 du Code de la sécurité intérieure.
79) 이승민, 프랑스의 경찰행정, 2014, 121-122면, 127면.

일반적으로 수권한다.

[**국립경찰**] 1995년 1월 21일자 제95-73호 안전계획 및 방향에 관한 법률 제4조에 의하면, 국립경찰은 범죄방지와 **공공질서** 유지 임무를 갖는다. 국내치안법전 국가경찰관의 직업윤리에 관한 R.434-19조는 "국가경찰은 근무 중이 아닐지라도 자발적으로 위험에 처한 사람을 돕고, **공공질서**를 해하는 모든 종류의 행위를 예방 및 억압하며, 인명 및 재산에 대한 침해로부터 개인과 공동체를 보호하기 위하여 개입해야 한다"라고 규정한다.

[**국립군경찰**] 국방법전 L.3211-3조와 국내치안법전 L.421-1조에 의하면, 국립군경찰은 농촌 지역과 도시외곽 지역에서 공공안전과 **공공질서**를 확보하여야 한다.

[**자치경찰**] 지방자치법전 L.2212-2조에 의하면, 자치경찰은 제한된 **공공질서**의 확보를 임무로 한다. 국내치안법전 L.511-1조에 의하면, 자치경찰은 국립경찰과 국립군경찰의 권한을 침해하지 않는 범위에서 **공공질서**와 관련하여 시장의 권한에 속하는 임무를 수행한다. 국내치안법전 자치경찰관의 직업윤리에 관한 R.515-8조에 의하면, 자치경찰은 시장의 권한에 속하는 임무를 집행하며 **공공질서**에 대한 장해를 예방할 의무가 있다.

지방자치법전 L.2212-2조는 자치경찰의 예방경찰로서의 제한된 임무를 열거하였다. 동조 1항은 도로·부두·광장·공공도로에서 통행의 안전과 편의에 관련된 모든 업무, 청소·조명설비·교통체증제거, 붕괴 위험이 있는 묘지의 건조물 및 묘비의 철거·보수, 추락하여 해를 끼칠 수 있는 물건을 창문이나 건물의 그 외 다른 부분에 내놓지 못하도록 하는 행위, 통행인에게 해를 끼칠 수 있거나 유해한 악취를 발생시키는 물질을 건물 밖으로 투척하지 못하도록 하는 행위, 동조 2항은 길에서 사람들이 모여들 수 있는 소란스러운 싸움이나 언쟁, 공공다중시설에서 격양된 소동, 질서를 어지럽히는 집회, 소음이나 안온방해 또는 주민들의 휴식을 방해하는 야간집회, 기타 공공평온을 위태롭게 하는 모든 행위를 금지하는 행위, 그리고 동조 7항은 맹수나 유해동물을 방치하여 야기될 수 있는 위험한 사고를 사전에 예방하거나 사후에 제거하는 행위를 임무로 규정하고 있다.[80]

3. 일반적 수권의 매개체인 공공질서

프랑스에서 '공공질서(Ordre public)'라는 개념은 경찰행정의 목적이자, 경찰작용에 관한 일반적 수권의 존립근거가 된다.[81] 즉 공공질서는 경찰작용의 묵시적 수권규범이다.[82]

이러한 일반적 수권은 공공질서 유지 임무를 수행하는 질서행정청인 총리, 도지사 및 시

---

80) 김세미 외, 외국 자치경찰제도 연구, 치안정책연구소, 2020, 156면.
81) 이승민, 프랑스의 경찰행정, 2014, 5면.
82) 이승민, 프랑스의 경찰행정, 2014, 127면.

장에 의해서도 행사될 수 있으며, 조직법적 의미의 집행경찰도 이를 근거로 직접 경찰권을 행사할 수도 있다. 다만 파리경찰청 외에는 일반적 수권에 근거한 경찰규범을 발령할 수 없다.[83]

[**공공질서의 3요소**] '공공질서'는 전통적으로 공공안전과 공공평온, 공중위생이라는 3요소로 구성된다고 보았는데, 지방자치법전 L.2212-2조가 "자치경찰은 공공안전, 공공평온 및 공중위생의 확보를 목적으로 한다"고 규정하면서 일반행정경찰을 3요소로 정의하여 '공공질서'를 규범화하였다.[84] '공공안전'은 개인의 자유와 신체, 재산의 보호로서, 교통안전과 같이 사람들이 통행하는 거리의 안전, 우리가 소비하는 물건의 안전 혹은 건물의 안전을 말한다. '공공평온'은 국민의 생활이 평온하도록 보장하고, 다양한 침해나 장해를 예방하기 때문에 우리 생활과 가장 밀접한 개념이라고 볼 수 있으며, 집회나 시위, 소동 등이 관련된다. '공중위생'은 수질 및 공기질 보호를 위해 필요한 조치나 소독조치를 취하는 위생 및 보건을 지칭한다.[85]

[**공중도덕**] 공공질서 개념은 '공중도덕'과 '인간의 존엄성'으로까지 확장될 수 있다. 즉 공공질서는 외적·물적 차원으로서만 요약되는 것이 아니라, 사회가 지켜야 할 '인간'의 개념을 망라한 비물질적 차원도 포함된다고 할 수 있다.[86] 다만 공법학자 모리스 오리우(Maurice Hauriou)는 "경찰의 관점에서, 공공질서란 외적·물적 질서이다"라고 강조하였는데, 다시 말해 판사는 공중도덕에 대한 침해가 공공안전과 공공평온 및 공중위생에 영향을 미칠 수 있는 정도까지만 공중도덕에 관심을 기울여야 한다고 하였다. 그 예로서 시장이 시에서 심각한 장애를 유발할 것으로 의심하여 영화의 상영을 금지시켰던 뤼떼시아 영화상영금지(Films Lutétia) 판결[87]이 있다. 하지만 아르케이 코뮌(Commune d'Arcueil) 판례[88]와 같이, 단순히 부도덕하다는 성격만으로는 금지시킬 수 없으며, '특수한 지역적 상황'이 전제가 되어야 한다는 견해가 더 일반적이라고 볼 수 있다.

[**인간의 존엄성**] 국사원은 "인간의 존엄성 존중은 공공질서의 구성 요소 중 하나이다"라는 점을 표명하며, 자치경찰은 특수한 지역적 상황이 없이도 인간의 존엄성을 해하는 흥행물을 금지시킬 수 있다고 인정하였다.[89] 따라서 시장은 특수한 지역적 상황이 없을지라도 '난쟁이 던지기[90]' 행사를 금지시킬 수 있는데, 인간의 존엄성 존중이 의회가 규정한 헌

---

83) 이승민, 프랑스의 경찰행정, 2014, 95면.
84) Emmanuel Dupic, Droit de la Sécurité intérieure, Gualino, 2014, p. 269.
85) Emmanuel Dupic, Droit de la Sécurité intérieure, Gualino, 2014, p. 269.
86) Emmanuel Dupic, Droit de la Sécurité intérieure, Gualino, 2014, pp. 270-271.
87) CE, 18 décembre 1959, Soc. Les films Lutétia; CE, 26 juillet 1985, Ville d;Aix-en-Provence.
88) CE, 8 décembre 1997, Commune d'Arcueil.
89) CE ass., 27 octobre 1995, Ville d'Aix-en-Provence et Commune de Morsang-sur-orge.
90) 난쟁이 던지기(lancer de nains)는 매트리스 위에 난쟁이를 던져 가장 멀리 던진 사람이 우승하는 게임이다.

법적 가치를 지닌 원칙이기 때문이다.

[**일반적 수권에 기한 집회 및 표현자유의 제한**] 판례에 의하면, 경찰당국에 의해 공적집회나 공연의 개최가 금지될 수 있는 것은, 이로 인하여 공공질서를 위협하는 심각한 위험이 확인되고 금지보다 자유를 더 적게 침해하는 조치로는 위험을 방지하는 것이 불가능한 경우이다. 이와 같은 이유로 경찰당국은 공적집회나 공연의 금지가 공공질서의 침해를 막을 수 있는 유일한 해결책이라는 점을 증명해야 한다.[91]

4. 개별적 수권조항

(1) 불심검문(신원확인)

프랑스가 경찰활동을 사법경찰과 행정경찰로 구분하는 이유는 경찰활동의 책임에 관한 재판관할권을 구분하기 위해서이다. 즉 사법경찰작용의 경우는 일반법원에서 쟁송사건을 다루며, 행정경찰작용의 경우는 행정법원에서 다루게 된다. 특정된 범죄가 행해지거나 외관상 범죄와 관련된 경우, 사법경찰의 불심검문에 해당되고, 범죄가 특정되지 않았지만 범죄발생의 요소가 존재하는 경우, 행정경찰의 불심검문에 해당된다.[92]

1) 사법경찰상 불심검문

형사소송법전(Code de Procédure Pénale) 제78-2조 제1항에 의하면, **사법경찰관**(Officier de Police Judiciaire, OPJ)은 ① 범죄를 범하였거나, 또는 범하려고 했다는 사실, ② 중죄 또는 경죄를 범할 준비를 했다는 사실, ③ 중죄 또는 경죄의 수사를 위하여 유용한 정보를 제공할 수 있다는 사실, ④ 사법기관의 지명수배 대상이 된 사실 중 하나 또는 수 개의 사유가 있는 자에 대하여 적당한 방법으로 신분증명을 요구할 수 있다.

동조 제2항에 의하면, **사법경찰관**은 검사가 특정 범죄의 수사 및 소추를 위해 서면으로 청구한 경우에도 검사가 지정하는 장소 및 기한 안에 전항과 같은 방법으로 신분검사를 할 수 있다. 신분검사의 결과, 검사의 청구에 기재되어 있지 아니한 범죄가 밝혀진 경우에도, 그 사실로 인하여 신분검사 등 절차가 무효로 되지 않는다.

---

91) Emmanuel Dupic, Droit de la Sécurité intérieure, Gualino, pp. 270-271.
92) 김택수, 경찰법연구 제9권 제1호, 2011, 116면.

2) 행정경찰상 불심검문

특정된 범죄를 전제로 한 사법경찰상의 신원통제와 달리 행정경찰목적의 불심검문은 공공안전, 출입국 절차확보, 그리고 외국인 불법취업 단속을 위한 불심검문으로 나뉜다.

[**공공안전을 위한 불심검문**] 형사소송법전 제78-2조 제3항에 의하면, **사법경찰관**은 공공안전, 특히, 사람의 신체 또는 재산에 대한 피해를 예방할 목적으로 모든 자에 대하여 거동여하에 불구하고 제1항에 정한 방법으로 신분검사를 할 수 있다.

(**판례**) 동 조항에 대하여 헌법재판소는 합헌성을 인정하면서도 해석의 유보를 통해 남용되는 것을 방지하고자 하였고, 대법원은 경찰이 공공질서 침해의 위험을 입증하는 특수한 상황임을 제시하도록 요구하는 엄격한 입장을 취하고 있다.[93]

[**출입국 절차확보를 위한 불심검문**] 형사소송법전 제78-2조 제4항에 의하면, **사법경찰관**은 1990년 6월 19일 셍겐에서 서명된 조약에 따라 체약국과 프랑스와의 육상 국경선에서 국내 방향으로 20km 이내의 지역과 명령으로 지정된 국제교통항구, 공항 및 철도역 또는 버스터미널의 공공구역에서, 법에 정한 증명서 및 문서의 소지, 휴대 및 제시의무의 이행상황을 확인하기 위하여 제1항에 규정된 방법으로 신분검사를 할 수 있다.

(**해석론**) 이와 같이 국경주변에서 행해지는 신원통제는 범죄예방의 목적보다 운전면허증과 여행허가증 등 국경통과를 위해 필요한 자격 및 서류의 소지 여부 등 출입국 절차의 이행을 확인하기 위함이다.[94]

[**외국인 불법취업 단속을 위한 불심검문**] 형사소송법전 제78-2-2조와 노동법전(Code du Travail) 제324-9조 및 제341-6조에 의하면, **사법경찰리**(Agent de Police Judiciaire, APJ)는 검사의 서면청구에 의해 범죄의 적발을 위하여 사업장에 출입하여 사업등록과 고용관계, 세무신고와 관련된 서류를 확인하고 직원들의 신원을 통제할 수 있다.

(**해석론**) 고용인 명부와 실제 직원을 대조하여 외국인 불법취업을 적발하기 위한 수단이 된다.[95]

3) 신원확인 거부 시 보호유치 및 감식조치

형사소송법전 제78조의3에 의하면, 신분검사 대상자가 자신의 신분을 증명하기를 거부하거나 증명할 수 없는 경우, 당해 대상자는 신분확인을 위하여 현장이나 경찰서에 유치될 수 있다. 이 경우에 피유치자는 즉시 **사법경찰관**에게 인치되고, **사법경찰관**은 피유치자에게 신분증명에 필요한 자료를 제출하도록 하며, 필요한 확인조치를 실시한다. **사법경찰관**은 피

---

93) 김택수, 경찰법연구 제9권 제1호, 2011, 117면.
94) 김택수, 경찰법연구 제9권 제1호, 2011, 119면.
95) 김택수, 경찰법연구 제9권 제1호, 2011, 119면.

유치자에게 자신이 받는 신분확인 조치에 대하여 가족이나 피유치자가 지정하는 자에게 **지방검찰청 검사장**이 통지해 줄 것을 요구할 권리가 있다는 점을 고지한다. 특수한 사정이 있는 경우에 사법경찰관이 직접 가족이나 피유치자가 지정한 자에게 통지할 수 있다. 신분확인 대상자는 철저하게 신분증명을 위해 필요한 시간 동안만 유치될 수 있다. 유치는 동법 제78-2조에 따라 신분검사가 개시된 때로부터 4시간을 초과할 수 없으며, **지방검찰청 검사장**은 언제든지 유치를 종료시킬 수 있다. 신분검사 대상자가 자신의 신분증명을 계속 거부하거나 명백하게 부정확한 신분정보를 제공하여 신분증명을 위한 다른 방법이 없는 경우, **지방검찰청 검사장**이나 **예심판사**의 허가를 받아 신분확인을 위한 지문채취나 사진촬영이 가능하다. 신분확인 후 피유치자를 사법당국에 인계하는 수사절차나 집행절차가 이루어지지 않은 경우, 신분확인 결과는 수사기록에 보존되지 않으며, 조서나 신분확인과 관련된 모든 자료는 **지방검찰청 검사장**의 감독하에 6개월 이내에 폐기된다.

2018년 12월 12일자 제2018-1125호 법률명령(Ordonnance n°2018-1125 du 12 décembre 2018)에 의해 개정된 형사소송법전 제78-3-1조에 따르면, 본 장에서 규정된 신원확인이나 불심검문의 대상이 되는 자는 그 행동이 테러성격의 활동과 관련이 있을 수 있다고 추정할 만한 확고한 사유가 있다고 드러났을 때, 현장이나 경찰서에 유치되어 **사법경찰관**에 의해 신분확인을 받을 수 있다.

(2) 보호조치

경찰 보호조치의 대표적인 예는 주취자와 정신질환자에 대한 보호조치이다. 정신질환자에 대한 보호조치는 별도로 후술하고, 여기서는 주취자에 대한 보호조치를 살펴본다.

[**주취자 보호조치**] 공중위생법 제3341-1조[96])에 의하면, 공공장소에서 발견된 주취자는 본인의 비용부담으로 **경찰**에 의해 가장 인근에 위치한 국립경찰 혹은 국립군경찰의 경찰관서 혹은 보호실에 이성을 되찾을 때까지 유치될 수 있다.

(**해석론**) 주취자가 자타해의 위험을 야기하거나 공공질서를 침해할 우려가 있는 경우 경찰의 강제조치 대상이 된다.[97]) 주취자에 대한 경찰의 보호조치를 위해서는 명백한 주취상태와 공공장소라는 요건이 충족되어야 한다. 프랑스 파기원(Cour de Cassation, 일반 대법원)은 판례를 통해 "공공장소에서의 주취상태(ivresse publique)란 외관상으로 드러나 사람들이 모두 확인할 수 있거나[98]) 감각적 판단으로 확인할 수 있는 상태[99])"라고 정의하였다. 즉 경

---

96) https://www.legifrance.gouv.fr/codes/article_lc/LEGIARTI000023876785/ (2021.5.13. 방문).
97) 표창원, 주취자 인권보호 실태조사, 국가인권위원회, 2010, 116면.
98) Cass. Crim. 12 mars 1875.
99) Cass. Crim. 24 avril 1990.

찰보호조치의 요건으로 주취자의 행위 이전에 주취상태가 먼저 외관으로 명백히 드러나야
한다.

(3) 위험방지 및 범죄예방과 제지

프랑스 경찰관련 법령에는 위험방지 및 범죄예방과 제지가 별도로 규정되어 있지 않
다. 기본적으로 공공질서를 매개로 하는 임무조항 및 일반적 수권조항 자체에 완전하게 포
괄되어 경찰의 대응조치가 이루어지기 때문이다.

(4) 위험방지를 위한 출입

공화력 8년(1799년) 제3월 22일의 프랑스 공화국 헌법[100] 제76조에 의하면, 프랑스 영
토 내 거주하는 사람들의 집은 불가침의 성역이다. 따라서 화재나 홍수 혹은 거주자의 요청
에 의한 경우가 아니라면 야간에 그 누구도 거주지에 출입할 권한을 갖지 못하며, 주간에도
특정 목적이나 법 혹은 공권력의 명령에 의해서만 출입 가능하다.

(**해석론**) 동 헌법 제76조의 주거 불가침 원칙에 관한 예외로서 경찰이 가택수색을 할
수 있는 유형은 사전영장이 불요한 경우와 필요한 경우로 나눌 수 있다.[101] 위험방지를 위
한 강제출입의 경우에는 모두 사전영장이 필요없다.

[**위험방지를 위한 강제출입**] 국내치안법전(Code de la sécurité intérieure) R.434-19조에 의
하면, 국립경찰 및 국립군경찰(Policier ou gendarme)은 화재, 홍수, 구호요청(réclamation)과 같
이 구호의 필요성이 있는 경우 주거에 강제로 진입할 수 있다. 건축주거법전(Code de la
construction et de l'habitation)의 L.126-1조에 의거하여 국립경찰 및 국립군경찰은 주거목적의
공동주택 건물의 내부 공유부분에 상시 진입할 수 있다. 공중보건법전 L.2322-2조에 의하
면, 임산부 관련 인가 혹은 비인가 보건기관은 관선 도지사(representant departemental)의 감
독을 받는데, 데파트망의 사회·보건부 부장이나 과장, 경찰과장(Commissaires de police,[102]
경정)은 주야를 불문하고 수시로 출입할 수 있으며, 필요한 조사와 확인 및 수사가 모두 가
능하다.

---

100) Constitution de la République française du 22 frimaire an Ⅷ.
101) Hervé Vlamynck, Droit de la Police, Vuibert, 2017, pp. 302-304.
102) 이 용어는 경찰의 계급으로는 경정을 지칭하지만 넓은 의미에서는 경정 이상의 지휘직군에 속하는 경
   찰관을 말한다. 따라서 이 경찰 지휘관들은 실무상 지방에서는 각도에 위치하는 생활안전국에 소속된
   경정이상의 지휘관을 말하며 파리에서는 공공질서국 또는 지역경찰국에 소속된 경정 이상의 지휘관
   을 말한다. 실제 시위현장에 도지사가 임장하는 경우는 거의 없기 때문에 미리 도지사는 경찰지휘관
   에게 서면에 의하여 해산결정 및 물리력 동원의 사용여부에 대하여 위임을 하게 된다(김택수·이성용,
   치안논총 제25집, 치안정책연구소, 2009, 237면).

● 수사상 강제출입

(ⅰ) 사전영장이 필요없는 경우: 형사소송법전 제706-28조[103])에 의하면, 마약거래와 관련된 경우 가택수색이 가능하다. 형사소송법전 제706-35조[104])에 의하면, 성매매와 관련된 경우 가택수색이 가능하다. (ⅱ) 사전영장이 필요한 경우: 형사소송법전 제706-89조에 의하면, 제706-73조(조직범죄)에 정한 범죄행위에 속하는 현행범 수사에 필요한 경우에는 검사의 청구에 의하여 관할 지방법원에 속한 석방구금판사가 제906-92조에 규정한 바에 따라 가택방문·수색, 증거물의 압수를 허가할 수 있다. 동법 제706-91조에 의하면, 예심수사가 필요한 경우에도 현행범 수사와 동일하게 검사의 청구와 석방구금판사의 허가에 의해 가택방문·수색, 압수가 가능하나 거주지에 대하여는 할 수 없다. 다만 긴급을 요하고 ① 중죄 또는 경죄의 현행범인 경우, ② 주요증거나 단서가 사라질 급박한 위험이 있는 경우, ③ 수색을 해야 할 지역에 1인이나 수인이 제706-73조에 규정한 중죄나 경죄를 범하고 있다고 의심할 만한 충분한 이유가 있는 경우, 예심판사는 사법경찰관이 거주지에서 가택방문·수색, 압수 조치를 하도록 할 수 있다.[105])

(5) 정보수집

국립경찰은 범죄와 도난차량, 실종자, 국경정보, 테러, 위조지폐, 지문, 경기장 출입금지, 범죄예방을 위한 잠재적 범죄자에 관한 정보를 수집 및 관리한다. 이러한 기록은 국립경찰 정보열람 시스템에 의해 다양한 경찰조직이 열람할 수 있다. 국립군경찰은 해외 출생자, 행정벌을 받은 개인, 선원 및 군사목적으로 수집된 개인 기록 등을 수집 및 관리하며, 이 중 개인의 지문 기록과 수배범에 관한 기록은 국립경찰과 공유한다.[106])

[**국가안전과 범죄예방을 위한 정보수집**] 국내치안법전(Code de la sécurité intérieure) R.411-2조 제5항[107])에 국립경찰 소속 현장직공무원(Fonctionnaires actifs des services de la police nationale)의 임무와 활동규정에 정보수집(Recherche de renseignement)에 관한 근거가

---

103) 형사소송법전 제706-28조: 제706-26조에 따라 범죄의 증거수집 및 혐의 확인을 위하여 행하는 출입·수색 및 압수는 대상자의 거주지, 타인과 함께 마약을 사용하고 있는 건물, 또는 마약이 불법적으로 제조·가공·보관되고 있는 건물 내에서 제59조(야간수색금지)가 정하는 시간 외에도 이를 집행할 수 있다.

104) 형사소송법전 제706-35조: 호텔 내부, 가구가 설비된 가옥·펜션·주점·클럽·써클·무도장·극장 및 그 부속건물, 공공에 개방된 장소 또는 공공이용에 제공되는 모든 장소에 매춘에 종사하는 자가 습관적으로 출입하고 있는 것이 확인된 경우에는, 제706-34조에 규정된 범죄의 증거수집 및 혐의 확인을 위한 출입·수색 및 압수는 제59조에도 불구하고 언제든지 이를 집행할 수 있다.

105) 프랑스 형법전, 법무부, 2008, 462면.

106) 강홍진, 맞춤형 법제정보, 2008, 5면.

107) 국가경찰 소속 현직공무원은 다음과 같은 임무와 활동과 관계된다: 1. 국민과 재산 보호, 2. 범죄와 경범죄 방지, 3. 행정경찰, 4. 형사범죄 수사 및 검증, 범인 수사 및 체포, 5. 정보수집, 6. 공공질서 유지, 7. 국제협력, 8. 작전활동 참모본부 및 지원, 9. 재교육. 이러한 임무 및 활동은 본 권의 3절 4장에 규정된 국립경찰과 국립군경찰의 공화주의 원칙 및 윤리에 관한 조항에 따라 수행되어야 한다.

있다. 동법 L.811-3조에 국방부, 내무부, 경제부 소속 6개 정보부처의 총칭인 특수정보부 (Services specialises de renseignement)의 정보수집 목적이 열거되어 있다: 정보수집은 국가의 독립·영토보전 및 국방, 테러방지, 예방, 공공평화를 현저하게 위협할 수 있는 집단폭력 방지, 범죄예방, 대량살상무기의 확산 방지 등과 같이 국가 기본이익의 방어 및 증진을 위한 목적으로 가능하다.[108] 동법 L.851-1조부터 L.854-1조에서는 정보수집의 수단이 열거되고 있다.

(**해석론**) 특수정보부가 국내치안법전에 규정된 방법에 따라 수행한 정보수집은 전적으로 공공질서를 보호하고 침해를 예방하려는 목적으로만 허용된다. 즉 (형사절차법을 거치지 아니하고) 범죄의 증거수집 혹은 범인을 찾기 위해 실행될 수 없다.[109]

[**시장에 대한 경찰정보제공**] 2004년 3월 9일자 제2004-204호 조직범죄의 진화에 대응하는 사법에 관한 법률[110]이 제정되면서 지방자치법전에 새로운 조항이 신설되었고, 이에 따라 **시장**도 법에 규정된 조건에 따라 사법 및 경찰영역에서 수집된 정보를 얻을 수 있게 되었다. 2007년 3월 5일자 제2007-297호 범죄예방에 관한 법률[111]은 지역별 국가경찰 책임자가 시내에서 발생한 공공질서에 장해를 일으키는 범죄에 관한 정보를 **시장**에게 제공하는 방안을 확립하였다.[112]

5. 부수적 수권조항(무기사용권)

> ● **경찰장비와 무기의 휴대**
>
> 국내치안법전 R.411-3조에 의하면, 국립경찰의 현장직 공무원은 개인별 장비를 지급받으며, 방탄복과 같은 방호장비와 무기의 착용, 취급 및 보관에 관한 방법은 조례에 따라 규율된다. 국립경찰 소속 현장직 공무원은 근무 중 개인별 장비를 착용하여야 하며, 장비 착용을 부주의로 하지 않거나 거부할 시 징계처분을 받는다.[113] 2006년 6월 6일자 국립경찰 직무 관련 일반규정에 관한 조례(Arrêté du 6 juin 2006 portant règlement général d'emploi de la police nationale) 제114-5조에 의하면, 강제력 사용이 필요한 경우 국립경찰 소속 현장직 공무원이 달성하려는 목표에 상응하는 효과를 지닌 위해성 경찰장비[114]를 사용할 수 있도록 개인별 혹은 단체별 장비를 지급받는다. 수갑, 톤파

---

108) Article L.811-3 du Code de la sécurité intérieure.
109) Décision 2015-713 DC - 23 juillet 2015 - Loi relative au renseignement.
110) Loi n°2004-204 du 9 mars 2004 portant adaptation de la justice aux évolutions de la criminalité organisée.
111) Loi n°2007-297 du 5 mars 2007 relative à la prévention de la délinquance.
112) Emmanuel Dupic, Droit de la Sécurité intérieure, Gualino, 2014, pp. 146-147.
113) Olivier Gohin, Code de la sécurité intérieure, LexisNexis, 2121, p. 763.

(Bâtons de défense à poignée latérale), 진압용 탄환(Bombes de produit incapacitant), 고무탄 발사기(Lanceurs de balles de défense), 전자충격기가 대표적인 위해성 경찰장비에 해당된다. 동 조례 제114-8조에 의하면, 부서에 할당되는 단체별 장비는 특수작전의 일환으로 작전마다 작전을 지휘하는 상급관의 결정에 의하여 지급된다.

[2016년까지] 프랑스 경찰의 무기사용권은 별도의 법적 근거를 두지 않고, 형법전 제122-5조(정당방위)와 제122-6조(정당방위의 추정) 및 제122-7조(긴급피난)의 해석론에 의해 경찰관에게 무기사용이 허용되어왔다. 즉 프랑스 형법전에서 정당방위(légitime défense)는 시민과 경찰에 구별 없이 적용되었다. 그러던 중 2016년 파리에서 경찰이 불심검문 중 사망하는 사건이 발생하자, 경찰들은 경찰의 총기사용 규제완화의 필요성을 제기하는 집단 시위를 벌였다. 그 결과 국립경찰과 국립군경찰의 무기사용 규정을 통일한 2017년 2월 28일자 국내치안에 관한 법(Loi n°2017-258 du 28 février 2017 relative à la sécurité publique)이 제정되면서, 국내치안법전 L.435-1조가 신설되었다.

[2017년부터] 2017년 신설된 국내치안법전 L.435-1조에 의하면, 국립경찰 및 국립군경찰 소속 경찰관(agents de la police nationale et militaires de la gendarmerie nationale)은 경찰 신분을 드러내는 제복을 착용하거나 경찰배지를 패용한 채로 임무 수행 중에 동법 L.211-9조[115)에 규정된 경우 외에도, 절대적으로 필요하고 엄격하게 합당한 경우에 무기를 사용할 수 있다. 경찰관 또는 타인의 생명이나 신체에 공격이 가해졌을 때, 혹은 무장한 사람이 자신 또는 타인의 생명이나 신체를 위협할 때 사용할 수 있다. (무기사용의 한계로는) ① 큰 목소리로 두 번의 최고 후에도 관할 지역이나 주민을 방어할 다른 방법이 없을 때, ② 큰 목소리로 두 번의 최고 후에도 경찰의 감시나 조사로부터 무장한 사람이 도주를 시도하거나 도주하면서 자신 또는 타인의 생명이나 신체를 위협할 가능성이 있는 경우, 무기의 사용 외에는 이를 중단시킬 다른 방법이 없을 때, ③ 무기의 사용 외에는 운전자나 점유자가 정지명령을 따르지

---

114) 'Moyens de Force Intermédiaire(MFI)'는 비살상무기(Arme Non Létale)를 지칭하는데, 본고에서는 '위해성 경찰장비'라고 의역하였다.

115) 국내치안법전 L.211-9조에 따르면, 형법 제431-3조의 의미 내에서 직무상의 표식을 부착한 관선 도지사 혹은 파리의 경우 파리 경찰청장, 파리를 제외한 지역의 시장 혹은 대리인 중 1인, 공공안전 담당 사법경찰관이 해산을 명하는 최고를 2번 발동하였음에도 해산하지 아니한 때, 불온다중은 경찰력에 의해 해산될 수 있다. 전항에 규정한 최고는 불온다중 일원에게 지체없이 해산해야 할 의무를 알리기 위하여 적합한 절차에 따라 시행된다. 그럼에도 불구하고, 불온다중을 해산할 목적으로 소집된 경찰력 책임자는 경찰력을 향한 폭력이나 난폭행위가 발생하거나 불온다중이 행해지는 점거장소를 다른 방법으로는 방어할 수 없을 때 직접 물리력을 사용할 수 있다. 물리력의 방법에 관한 사항은 국사원 법령으로 규정되며, 공공질서 유지를 위한 무기사용에 관한 조건이나 관선도지사나 파리 경찰청장, 그리고 사법경찰관이 패용해야 할 배지에 관한 사항도 국사원 법령에 따른다.

않고, 도주 중에 자신 또는 타인의 생명이나 신체보전을 위협할 가능성이 있는 차량이나 소형 보트, 혹은 기타 교통수단을 정지시킬 다른 방법이 없을 때, ④ 경찰이 무기를 사용하는 그 순간에 가진 정보로 비추어 봤을 때, 재발가능성이 있다고 평가하는데 객관적이고 실질적인 이유를 가지며, 직전에 자행된 하나 혹은 여러 번의 살인 또는 살인 시도가 단시간 내에 재발하는 것을 막으려는 유일한 목적을 갖고 있는 경우 경찰은 무기를 사용할 수 있다.

6. 경찰상 비용상환

프랑스에서는 20세기초 공역무수행 원칙을 포함한 공역무수행법이 형성되었다. 여기에는 계속성 원칙(principe de continuité), 적응과 변화가능성 원칙(principe d'adaptation ou de mutabilité), 평등의 원칙(principe d'égalité) 등이 포함되었으나, 무상성 원칙(gratuité des services publics)은 포함되지 않는다. 따라서 입법자는 공역무를 유상의 대상으로 규정할 수 있다.[116]

하지만 공역무가 법률적으로 의무화된 경우, 소위 의무적 과업수행시는 비용부과를 특별히 법률로 규정하지 않는 한 무상성원칙이 적용된다.[117] 의무를 넘어선 역무수행의 경우는 별도의 법률규정이 없어도 판례에 의하여 추가된 비용에 대한 상환이 인정된다.[118]

(1) 경찰상 책임자에 대한 비용부담(장해자수수료)

구체적 위험방지는 경찰의 의무적 과업이므로 원칙적으로는 무상성원칙의 대상이 된다. 하지만 개별법률로 비용상환을 규정하는 대상이 있다.

[견인비용] 도로법 R.325-12조 제1항에 의하면, 불법주차 차량의 견인과 보관에 대한 비용은 소유자에게 부과된다. 동법 R.325-17조에 의하면, 운전자 자신이 비용을 지불하는 것도 허용된다.

(해석론) 자동차가 도난당한 경우는 비용상환의무가 배제되므로, 소위 상태책임에 따른 비용부담은 배제된다고 볼 수 있다. 2007년 파기원의 판례[119]에 의하면, 토지에서 급박한 위험이 제거되었음을 이유로 지방자치단체가 비용상환을 요구하는 경우 최소한 토지소유자의 과실이 요구된다. 즉 상태책임이 아닌 행위책임에 따른 비용상환을 인정하는 입장이다.

[주취자 보호비용] 공중위생법 L.3341-1조[120]에 의하면, 공공장소에서 발견된 주취자는

---

116) Donier, RFDA 2006, pp. 1219-1226.

117) Donier, RFDA 2006, p. 1226.

118) Delvolvé, RFDA 2009, p. 45; CE 29 déc. 1949, Société Ciné Lorrain, Leb., p. 584; CE 19 février 1988, SARL Pore Gestion et Sté JLP c. Commune de Saint-Ouen, Leb., p. 77.

119) Arrêt rendu par Cour de cassation, 1re civ., 28 novembre 2007, n°06-19.405.

120) Article L.3341-1 du Code de la Santé Publique.

본인의 비용부담으로 경찰조치(mesure de police)에 의해 가장 인근에 위치한 국립경찰 혹은 국립군경찰의 경찰관서 혹은 보호실에 이성을 되찾을 때까지 유치될 수 있다.

(2) 위험원형성자에 대한 사전대비 비용부담(위험원수수료)

위험원형성자에 대한 비용부담은 의무적 과업을 넘어선 일부에 관하여 규정된다. 이는 1956년 12월 29일자 재정법(Loi de finances pour 1957) 제37조에 기초한다: 일상적이지 않은 공공업무에 관한 지출은 상환되어야 한다.

[**사적 대규모 행사 안전비용**] 국내치안법전 L.211-11조에 의하면, 영리목적으로 스포츠, 오락 또는 문화 행사를 주최하는 자에게는 행사의 목적이나 중요성에 비추어 타당하다고 인정되는 경우 질서유지의무를 지울 수 있고, 국립경찰이나 국립군경찰이 의무적이지 않은 질서유지 서비스를 제공한 경우 비용을 상환할 의무가 있다. 이에 대한 적용요건은 국사원의 심의를 거친 정부령(Décret)으로 정한다.

동법 동조에 따라 제정된 1997년 3월 5일자 제97-199호 국립경찰과 국립군경찰의 지원 비용상환에 관한 정부령(Décret n°97-199 du 5 mars 1997 relatif au remboursement de certaines dé-penses supportées par les forces de police et de gendarmerie)은 비용상환의 대상과 계산방식, 상환방법을 규정한다.[121] 동 정부령 제1조에 의하면, 비용상환의 대상은 경찰력의 위험방지를 위한 일반적 의무에 해당하지 않는 공공업무이다. 동 정부령 제2조에 의하면 비용지불은 행정처분에 의하지 않고 행사주최자와의 협약(Contravention)에 의한다. 동 정부령 제5조에 의하면 협약에 의한 비용상환이라도 상환은 징수명령의 대상이 된다.

동 정부령을 개선한 것이 2018년 5월 15일자 질서유지 업무 비용상환에 관한 내무부지침(Instruction ministérielle du 15 mai 2018 relatvie à l'indemnisation des services d'ordre, NOR INTK18-4913J)이다.[122] 동 지침에 의하면 공도로상에서의 안전확보나 만일에 대비한 예비경찰력의 확보 비용 등은 상환대상이 되지 않으나, 행사의 목적과 관계없이 행사입장 대기줄이 형성된 공도로 상의 안전확보 비용은 상환의 대상이 된다.

동 지침에 대하여 국사원 판결[123]은 적법성을 인정하였다.[124]

---

121) 박현정 외, 경찰공무원의 불법행위책임 제한 및 사인에 대한 경찰비용 청구에 관한 연구, 경찰청 용역 보고서, 2021.2.17, 83-84면.
122) 박현정 외, 경찰공무원의 불법행위책임 제한 및 사인에 대한 경찰비용 청구에 관한 연구, 경찰청 용역 보고서, 2021.2.17, 84-88면.
123) CE, 31 décembre 2019, n°422679.
124) 박현정 외, 경찰공무원의 불법행위책임 제한 및 사인에 대한 경찰비용 청구에 관한 연구, 경찰청 용역 보고서, 2021.2.17, 88면.

(3) 행정이용수수료

경찰이 위험야기와 관계없는 행정업무를 제공하는 경우, 행정청은 재량으로 수수료를 부과할 수 있다.

[오경보] 국내치안법전 L.613-6조에 의하면, 동산이나 부동산의 원격감시활동을 수행하는 법인이나 자연인(민간경비업체나 경비업무자)이 현행 경범죄나 중죄의 범행을 추정할 수 있는 징후나 객관적인 정황을 발견하고 범죄가 의심되는 상황을 확인하는 등의 작업을 선행하지 않은 채, 국립경찰이나 국립군경찰을 호출하여 부당한 개입을 유발하는 것은 정당화될 수 없다. 행정당국은 확인 절차 없이 국립경찰이나 국립군경찰을 호출하는 경우에 부당한 호출에 대하여 450유로(한화 약 62만 원)를 초과할 수 없는 금액의 금전적 제재를 선고할 수 있다.

(부연) 통상 사람에 의한 오신고는 위험야기자로서 장해자수수료를 부과하는 대상이 되나, 여기서와 같이 위험상황에 대한 확인 및 판단이 없는 경비업체에 의한 기계적 경보중개는 기계에 의한 오경보와 같이 취급함이 타당할 것이다.

4절   개별 위험방지법 Ⅰ(행정법내 위험방지법)

1. 경찰소관 법령

(1) 집회 관련

프랑스 인권선언 제11조는 "사상과 의견의 자유로운 의사소통은 가장 소중한 인간의 권리 중 하나"임을 선언하여, 집회 및 시위의 자유를 보장한다. 프랑스 집회 및 시위 관련 법규범의 체계는 집회(réunion)와 시위(manifestation) 및 불온다중(attroupement)의 개념에 따라 구분된다.

여기서 집회는 공적집회(réunion publique)와 사적집회(réunion privée)로 다시 나뉜다. 공적집회는 공도로 상에서 개최되어 불특정 다수가 자유롭게 접근할 수 있다는 점에서 법률의 일정한 규제를 받으나, 사적집회는 일반인이 자유롭게 접근할 수 없는 사주소지에서 개최되기 때문에 법률의 규율 대상이 되지 않는다. 이하에서는 공적집회만을 집회로 다루도록 한다.

[**집회**] 집회에 대한 정의는 법령에 나오지 않고, 판례와 학설에 의해 정의된다.[125] 파기원의 벤자민(Benjamin)결정에서 정부위원인 미셸(Michel)이 규정한 집회의 정의가 가장 고전적이고 대표적이다. 미셸은 "집회는 사상이나 견해에 대한 설명을 듣고 이익의 방어를 위해서 **의논**하려는 목적을 갖고 일시적으로 형성된 집합이다. 집회는 구성원 간의 항구적인 관계를 암시하는 결사와 구별된다"고 정의하였다.[126] 이 정의를 세부적으로 살펴보면, 집회는 하나의 집합을 구성하여야 하므로 불온다중과 구별되고, 일시적인 성격을 갖기 때문에 구성원 간 지속적인 관계를 맺는 결사와 구분된다. 마지막으로 집회는 사상이나 견해에 대한 설명을 듣거나 이익의 방어를 위해서 의논하려는 명확한 목적을 가져야 하므로 공연과 구별된다.[127]

[**시위**] 시위에 대한 정의도 법률에 명시되어 있지 않으나, 통상 "집단으로 의사**표시**를 하거나 요구사항을 **주장**하기 위하여 공도로상에서 조직적으로 모인 부동성 혹은 이동성 사람들의 집합"을 말한다.[128] 부동성 시위를 운집(rassemblement)이라 하고, 이동성 시위를 행렬(corège) 혹은 행진(défilé)이라고 한다.[129] 공도로 상에서 시위에 관한 조건은 국내치안법전 L.211-1조에 규정되어 있다.

[**불온다중**] 불온다중을 정의하는 형법전(Code Pénal) 제431-3조에 의하면, "도로 또는 공공장소에서 공공질서를 해칠 우려가 있는 사람들의 집합은 불온다중을 구성한다. 즉 불온다중이란 불법적인 목적으로 무질서와 폭동을 가져올 수 있는 자발적이며 비조직적 집합을 말한다. 참여자의 상당수가 명백하게 무장한 경우를 예로 들 수 있다.[130] 불온다중은 강제해산의 대상이며, 해산명령에 대한 불응이라는 부작위범으로 형법전에 따른 형사처벌의 대상이 된다.[131]

1) 집회·시위 신고

[**집회의 자유와 한계**] 1881년 6월 30일자 집회자유법(Loi du 30 juin 1881 sur la liberté de réunion) 제1조에 의하면, 집회는 자유이며 그 효력은 오늘날까지도 인정된다. 동법은 허가 대신에 집회 사전신고를 의무화하였으나, 가톨릭에서 사전신고가 전통적인 신앙의 자유를

---

125) 김택수 외, 치안논총 제25집, 2009, 211면.
126) Décision n°2016-535 QPC du 18 février 2016, CE 19 mai 1933, S. 1932.3.4.
127) 오승규, 최신외국법제정보 제10호, 2008, 43면.
128) 박경래 외, 집회·시위에 대한 경찰대응 기준과 개선방안, 형사정책연구원 연구총서, 한국형사정책연구원, 2009, 77면.
129) 김택수 외, 치안논총 제25집, 2009, 213면.
130) 오승규, 최신외국법제정보 제10호, 2008, 46면.
131) 김택수 외, 치안논총 제25집, 2009, 233면.

침해한다며 거부하자 당시 입법자들은 1907년 3월 28일자 공적집회법[132])을 통해 사전신고 의무를 폐지하였다.[133])

이후 집회는 더 이상 사전신고의 대상은 아니나 현행법은 만일의 사태를 대비하여 공 공질서의 유지를 위한 최소한의 장치를 마련하였다. 국내치안법 L.221-1조에 의하면, 집회 는 1881년 6월 20일자 집회자유법 제6조에 규정된 바와 같이 공도로 상에서 개최될 수 없으 며, 23시 이후까지 연장될 수 없다. 그렇지만 공공기관의 업무 종료시간이 더 늦은 지역의 경우, 공적집회는 공공기관의 업무 종료시간까지 연장될 수 있다. 동법 제8조에 의하면, (주 최자는) 최소 3인으로 구성된 연락소를 조직하여, 집회 시 공공질서 유지, 위법행위 저지, 공 공질서와 미풍양속에 반하거나 중죄나 경죄를 선동하는 연설 금지 임무를 수행하여야 한다.

(**해석론**) 일부 학자들은 질서유지를 위한 연락소 설치의 의무화가 사전신고에 해당한 다고 주장한다. 하지만 다수는 연락소 설치의 의무화가 집회의 자유를 침해하는 조치가 아 니라 오히려 보장하는 장치로서, 행정청이 집회사실을 알게 되어 질서유지를 위해 필요한 조치를 취할 수 있도록 허용하는 것이라고 본다.[134])

[**시위의 사전신고**] 집회와 달리 시위는 사전신고 대상이다. 국내치안법전(Code de la sécurité intérieure) L.211-1조에 의하면, 사람들의 행진과 행렬, 모임 및 일반적으로 공공도로 상에서 행해지는 모든 시위는 사전신고 의무를 따라야 한다.

2019년 4월 10일자 시위 시 공공질서의 유지 보장 및 강화를 위한 제2019-290호 법 률[135])로 개정된 국내치안법전 L.211-2조에 의하면, 주최자는 시위가 개최되는 지역의 **시장** 에게 시위 예정일보다 최소 만 3일에서 최대 만 15일 전에 신고하여야 한다. 파리의 경우에 는 **파리 경찰청장**에 신고하고, 국가경찰권역의 경우에는 **관선 도지사**에게 신고한다. 사전 신 고서 작성 시, 주최자들의 이름과 거주지, 주최자 중 최소 한 명 이상의 서명이 필요하며, 시위장소, 목적, 날짜 및 시간, 계획 일정이 기입되어야 한다. 관계당국은 사전신고 접수를 받은 즉시 신고증을 발급해주어야 한다.

형법전 제431-9조에 의하면, "법률에 규정된 바에 따라 사전신고를 하지 아니하고 노 상시위를 조직하는 행위, 법률에 의하여 금지된 노상시위를 조직하는 행위, 계획된 시위의 목적 및 요건에 관한 착오를 야기하는 불완전하거나 부정확한 신고행위"를 하는 경우 6개 월의 구금형 및 7,500유로의 벌금에 처한다.[136])

---

132) Loi du 28 mars 1907 relative aux réunions publiques.
133) 오승규, 최신외국법제정보 제10호, 2008, 44면.
134) 김택수 외, 치안논총 제25집, 2009, 214면.
135) Loi n°2019-290 du 10 avril 2019 visant à renforcer et garantir le maintien de l'ordre public lors des manifestations.
136) 프랑스 형법전, 법무부, 2008, 244면.

2) 집회·시위 금지와 제한

[금지처분] 금지처분은 공공질서 유지 강화를 위한 조치규정을 다룬 1935년 10월 23일 자 법률명령(Décret-loi du 23 octobre 1935 portant réglementation des mesures relatives au ren-forcement du maintien de l'ordre public) 제3조에 규정되었으나, 2012년 3월 12일자 제 2102-351호 법률명령 제19조(Article 19 de l'ordonnance n°2012-351 du 12 mars 2012)에 의해 폐지되면서 국내치안법전 L.211-4조에 규정되었다. 동법 L.211-4조에 따르면, 경찰권을 보유한 관청이 계획된 시위가 공공질서를 침해할 수 있다고 판단하는 경우, 관청은 명령(arrêté)을 통해 시위를 금지하고, 즉시 신고서 서명자들에게 통보한다. **시장**은 24시간 이내에 금지처분서를 **관선 도지사**에게 송부한다. 권한을 가진 **시장**이 금지 명령을 내리지 않는 경우, **관선 도지사**가 지방자치법전 L.2215-1조에 규정된 조건에 따라 금지 명령을 내릴 수 있다.

(부연) 통상 집회가 개최되는 코뮌의 **시장**이 집회금지처분을 행사하나, 도 단위에서는 **관선 도지사**가 관할한다.

(판례) 2003년 6월 25일 시민단체(SOS Tout Petits) 판결에서, 국사원은 행정청이 금지처분 결정을 검토할 수 있을 만큼 시위와 관련하여 상세한 내용을 알 수 있다면, 사전신고 전이라 할지라도 금지처분이 가능하다고 판단하였다.[137]

[집회제한] 집회의 개최로 공공질서가 침해될 위험이 있다면, 위의 법적 절차와 상관없이 관할 경찰관청이 집회에 대한 제한조치를 시행할 수 있다. 단, 이는 법적 근거를 토대로 행사되어야 하며, 경찰권의 행사가 집회자유를 제한하므로, 비례의 원칙에 위배되지 않아야 한다.[138]

3) 집회·시위 관리

형법전 제431-1조에 의하면, 경찰은 다중을 감시하고 시위 중 발생 가능한 인적 및 물적 침해를 예방하기 위하여 시위 현장에 임장한다. 다중운집이 무질서, 공권력에 대한 공무집행방해 및 법률에 대한 항거 형태를 띠게 되면 처벌의 대상이 되며, 경찰의 강제조치 대상이 된다. 이 경우, 경찰개입은 질서유지를 위해 불온다중운집을 해산시키는 것을 최우선 목표로 삼는다.[139]

[시위 이동경로의 안전확보][140] 공도로 상에서 시위가 개최되는 경우, 시위의 이동경로

---

137) 박경래 외, 집회·시위에 대한 경찰대응 기준과 개선방안, 형사정책연구원 연구총서, 한국형사정책연구원, 2009, 78면.
138) 박경래 외, 집회·시위에 대한 경찰대응 기준과 개선방안, 형사정책연구원 연구총서, 한국형사정책연구원, 2009, 77면.
139) 김택수 외, 치안논총 제25집, 2009, 217-218면.
140) 김택수 외, 치안논총 제25집, 2009, 229-231면.

나 인접지역에 대한 위험도에 따라 강제적인 경찰 조치가 필요할 수 있다.

공사현장과 상가의 경우, 경찰은 시위 개최 수일 전에 시위장소를 답사하여 투척위험이 있는 물건이 있는지 확인한다. 특히 공사현장의 자재나 전시물, 상가의 설치물은 폭력시위자가 흉기로 사용할 수 있으므로 더 엄격히 확인한다. 경찰이나 공공도로감시관(ASVP)은 도로의 합법적 점유자 혹은 도로변 상인에게 위험에 대해 사전통보한다. 필요 시 폭력시위용도로 사용될 위험이 있는 대상물은 명령으로 제거될 수 있으며, 이때 경찰이 독자적으로 직접 강제하거나 관할기관의 청구에 따라 집행될 수도 있다.

주차된 차량은 시위 중 훼손될 수 있어 경찰의 특별조치 대상이 된다. 시위 당일 오전에 합법주차된 차는 이동조치, 불법주차된 차는 견인조치될 수 있다. 추가 주차를 막기 위해 시위 시작전까지 경찰관이 이동경로상에 배치되어 상황센터에 보고한다.

파리경찰청장은 대규모 집회의 경우 조례를 통해 주차를 금지할 수 있다. 일정한 서식으로 작성된 주차금지 안내문을 차량의 전면 유리창에 부착하여 운전자에게 주차금지처분 48시간 이전에 사전 통보하여야 하며, 경찰서의 전산시스템에 모든 차량의 소개상황을 입력하여 관리한다. 파리경찰청장은 생활안전국장의 의견을 수렴하여 대중교통수단의 일부 역을 폐쇄할 수 있으며, 파리교통공사를 통해 버스의 운행노선을 변경하거나 일시적으로 폐쇄할 수도 있다. 또한, 자동차 운전자가 시위지역을 우회할 수 있도록 적절한 장치를 설치하고, 파리경찰청 홈페이지나 대중매체에 경찰 조치에 대한 안내사항을 게시한다.

[**집회·시위 소음규제**][141] 프랑스에서는 우리나라의 집시법과 같이 집회소음을 규제할 수 있는 규정이 별도로 마련되어 있지 않다.

다만 내무부 회람(circulaires)을 기준으로, 지자체가 도령(Arrêté préfectoral)이나 시령(Arrêté municipal)을 통해 음향증폭기의 사용 등을 규제할 수 있다. 원칙적으로 공도로 상에서의 음향증폭기 사용은 금지이나 지자체의 장이 특수한 상황에서 여러 조건을 제시하여 음향증폭기 사용을 예외적으로 허용할 수 있다. 1945년과 1960년 및 1992년의 프랑스 내무부 회람에 따르면, 각 지자체의 장은 음향증폭기 사용을 규제할 수 있는 규범을 구체적으로 마련할 의무를 지닌다. 구체적 규제 방식은 각 지자체마다 상이하다.

형법전 R.623-2조에 의하면, 집회 소음이라도 허용 기준치를 현저하게 초과하여 공공질서와 공공평온에 큰 위해를 끼치는 경우에는 집회 주최자에게 제3급 위경죄에 대한 벌금을 부과하거나 부가형으로 범죄행위에 제공하였거나 제공하려고 한 물건의 몰수를 추가로 선고할 수 있다.

한편 음향설비 자체에는 1992년 12월 31일자 제92-1444호 법(Loi n°92-1444 du 31 dé-

---

141) 이희훈, 일감법학 42호, 2019.

cembre 1992 relative à la lutte contre le bruit)과 환경법(Code de l'environnement)상 기기의 소음 방출에 관한 R.571-1조부터 R.571-5조, 그리고 음향기기의 사용조건이나 소음 제한을 규정한 공중위생법(Code de la santé publique) R.1337-6조부터 R.1337-10-2조에서 규정된 사항도 적용된다.

[**위험물 반입차단**] 국내치안법전 L.211-3조에 의하면, 시위가 공공질서에 심각한 장애를 유발할 우려가 있을 때, **관선 도지사** 또는 파리의 경우 **파리 경찰청장**은 사전 신고가 있거나 사전 미신고 노상시위에 대한 사실을 인지한 경우, 시위 예정시각 24시간 전부터 해산할 때까지, 적법한 사유 없이 형법전 제132-75조에 규정된 무기에 해당하는 물건을 소지 및 운반하는 행위를 금지할 수 있다. 금지처분이 적용되는 지리적 범위는 시위장소, 인접 장소와 출입로에 한정되며, 그 범위는 상황에 따른 필요에 상응하여야 한다. 국사원 법령(décret en Conseil d'Etat)에 따라 적용방법이 결정된다.

[**무기휴대자 진입차단**] 예방경찰 조치로서, 관할당국은 형법전 제132-75조에 규정된 무기를 휴대하여 시위가 개최될 장소로 진입하는 것을 금지할 수 있다. 형법전 제431-10조에 의하면, 무기를 휴대하고 시위 또는 대중 집회에 참가하는 경우 3년형의 구금형 및 4만 5,000유로의 벌금에 처한다. 동법 제431-12조에 의하면, 제431-10조의 죄로 유죄가 인정된 외국인에 대해서는 영구히 또는 10년 이하의 기간 동안 입국금지형을 선고할 수 있다.

[**복면금지**] 2019년 4월 10일자 시위 시 공공질서의 유지 보장 및 강화를 위한 제2019-290호 법률에 의해 형법전에 신설된 조항인 제431-9-1조에 따르면, 공도로 상에서 혹은 매우 근접한 곳에서, 공공질서의 장애를 유발하거나 유발할 위험이 있는 상황 중 혹은 직후에, 적법한 사유 없이 자발적으로 얼굴의 일부 혹은 전체를 가린 자는 1년의 구금형 및 1만 5,000유로의 벌금에 처한다.

4) 집회해산명령과 강제해산

지방자치법전 L.2212-2조 3항은 자치경찰이 집회·시위와 같이 공공평온을 침해하는 행위를 억제할 임무를 갖는다고 규정하고 있다.

[**주최자 요청에 따른 강제해산**] 집회 중 만일의 사태가 발생하였다면, 책임관청(Autorité civile)[142]은 스스로 질서를 확보하거나 집회를 종료시키거나 혹은 집회의 해산을 위하여 관청 측에 대표자 참여를 요청할 수 있다.[143]

1881년 집회자유법 제9조에 의하면, 파리의 경우 파리경찰청장, 데파트망의 경우 도지

---

142) 책임관청(Autorité civile)은 경찰력 사용에 관한 사항을 결정하는 권한을 부여받은 관청이다(Hervé Vlamynck, Droit de la Police, Vuibert, 2017, p. 328).

143) 김택수 외, 치안논총 제25집, 2009, 215면.

사나 시장에 의해 행정부나 사법부의 공무원이 회의 집회에 대표 참여자로 위임받을 수 있다. 이때 공무원의 참여는 의무가 아니라 선택이며, 연락소가 요청하거나 충돌이나 폭력행위가 발생한 경우만 당국의 대표에 의해 해산권이 실행된다.

(**해석론**) 해산요청의 형식은 법령에 규정되어 있지 않으며, 통상 서면에 의하지 않아도 된다. 대표자는 해산을 위하여 자신이 대표임을 나타내는 표식을 착용하여 참가자들에게 해산을 요구할 수 있다. 만일 이러한 최고로도 해산하지 않는 경우 필요한 조치를 취할 수 있다.

[**강제해산**] 국내치안법전 L.211-12조에 따르면, 법에 규정된 조건에 따라 (시위를 개최할 수 있는) 사전신고 대상이 아니거나 시위조건 계획이나 목적을 속이고 불완전 혹은 부정확하게 사전신고를 하였거나 법에서 정한 조건에 따라 금지되었거나 무기를 소지한 채로 시위나 집회에 참가한 경우에는 형법전 제4권 제3편 제1장의 제3절[144])에 규정된 기준에 따라 진압될 수 있다.

[**불온다중 강제해산**] 국내치안법전 L.211-16조에 따르면, 해산명령이 있은 후에도 무기 휴대 여부와 무관하게 불온다중에 계속 참여하거나 불온다중이 무장하도록 직접적으로 선동한 경우 형법전 제4권 제3편 제1장의 제2절[145])에 규정된 조건에 따라 진압될 수 있다.

이와 관련된 형법전 제431-3조에 의하면, 도로 또는 공공장소에서 공공질서를 해칠 우려가 있는 사람들의 집합은 불온다중을 구성하며, 도지사, 부지사, 시장, 부시장, 치안유지의 책임이 있는 사법경찰관 또는 기타의 사법경찰관이 불온다중에 대해 해산을 명하는 최고를 2회 발동하였음에도 해산하지 아니한 때에는 경찰력(force publique)으로 해산될 수 있다.

형법전 제431-4조에 의하면, 무기를 휴대하지 아니한 자가 해산명령이 있은 후에도 임의로 계속하여 불온다중의 일원으로 남는 때에는 1년의 구금형 및 1만 5,000유로의 벌금에 처한다.

(**불온다중에서의 복면 가중처벌**) 동조(형법전 제431-4조)에 의하면, 신원을 확인할 수 없도록 얼굴의 일부 혹은 전체를 가렸다면 3년의 구금형 및 4만 5,000유로의 벌금에 처한다.

국내치안법전 R.211-21조에 의하면, 불온다중에 대하여 도지사나 부지사, 시장이나 부시장 중 1인, 경찰서장, 도의 군경찰대대 지휘관 혹은, 도 당국의 수임자, 군경찰중대 지휘관, 또는 관할 총경은 현장에서 인접한 곳에 있다가 필요한 경우 해산을 명하는 최고(sommation)의 발동 후에 경찰력 사용에 관한 사항을 결정하여야 한다. 만일 경찰력 사용에

---

144) Section 3 du Chapitre premier du titre Ⅲ du livre Ⅳ du Code Pénal(Articles 431-9 à 431-12).
145) Section 2 du Chapitre premier du titre Ⅲ du livre Ⅳ du Code Pénal(Articles 431-3 à 431-8-1).

대한 책임이 있는 이러한 **책임관청**이 자체적으로 해산명령을 실행하지 못하면, 이를 실행할 **사법경찰관**(Officier de Police Judiciaire, OPJ)을 임명하게 된다.

[**물리력 행사**] 형법전 제431-3조 제4항에 의하면, 불온다중의 해산을 요청받은 **경찰력 책임자**(représentants de la force publique)는 경찰력에 대한 폭력행위가 행하여진 경우 또는 다른 방법으로는 그 점거장소를 방어할 수 없는 경우 직접 물리력을 행사할 수 있다.

(**해석론**) 경찰력이 불온다중을 해산시키거나 상황이 심각한 경우에 화기를 사용할 수 있는 법적 범위를 결정하는 것은 책임관청이나, 경찰력 자체의 판단으로 어떤 무기도 사용할 수 없다는 의미는 아니며, 명시적으로 규정되어 있지 않아도 객관적인 정황이나 종합적인 정보에 따라 진압봉과 경찰봉(tonfa), 몇 가지의 유탄과 같은 제한된 무기를 사용할 수 있다.[146]

[**물리력 행사 수단의 선택재량**] **경찰력 책임자**는 형법전 제431-3조와 무기사용에 관하여 규정한 국내치안법전 R.211-16조, D.211-17조, R.211-18조, D.211-19조, 및 D.211-20조에 의거하여 필요성과 비례원칙을 준수하면서 해산집행을 위해 필요한 수단을 자유롭게 결정할 수 있다.[147]

특히 2017년 5월 10일자 제2017-1029호 정부령[148]으로 개정된 국내치안법전 D.211-17조에 의하면, 경찰력 지휘관은 공공질서 유지를 위하여 무기 등급 A2급[149]에 해당하는 즉석 최루탄(GLI),[150] 공격용 유탄,[151] 즉석 수류탄,[152] 56mm와 40mm 고무탄 발사기,[153] 소음 발생 수류탄[154]의 사용이 가능하다.

(**해석론**) 경찰력은 폭력이나 폭력행위로부터 경찰력이나 작전지를 방어할 다른 방법이 없을 때, 56mm발사기나 40×46mm 및 44mm 방어용 탄알이나 최루탄 발사기, 비금속 탄환의 사용이 가능하다. 경찰력 대표자들을 향해 발포한 경우 반격으로서 7.62×51mm구경의 저격용 연발총과 탄환의 사용이 공공질서 유지를 위하여 가능하다. 정당방위(Légitime dé-fense)와 긴급피난(État de nécessité)의 경우에도 동일하게 보다 더 중장비 무기사용을 암묵적으로 허용하고 있다.[155]

---

146) Hervé Vlamynck, Droit de la Police, Vuibert, 2017, p. 331.
147) Hervé Vlamynck, Droit de la Police, Vuibert, 2017, p. 331.
148) Décret n°2017-1029 du 10 mai 2017 modifiant l'article D.211-17 du code de la sécurité intérieure.
149) 무기등급과 관련하여 상세한 사항은 후술하게 될 '총포화약법' 참조.
150) Grenades lacrymogènes instantanés: 최루물질의 분산과 폭발의 효과를 동시에 지닌다.
151) Grenades offensives F1: 폭발 효과만 있다.
152) Grenades instantanés.
153) Lanceur de grenades de 56mm et de 40mm.
154) Grenades à main de désencerclement.
155) Hervé Vlamynck, Droit de la Police, Vuibert, 2017, p. 332.

(2) 도로교통 관련

도로교통에 관한 근거법령은 도로법전(Code de la route)과 도로관리법전(Code de la voirie routière), 지방자치법전 L.2213-1조와 L.2213-6-1조가 있으며, 법령에 규정된 경우 외에도 공공질서 장애가 발생한 경우 시장은 일반경찰기관의 자격으로 보충적 개입도 가능하다.[156)]

[**자동차**] 프랑스 도로법전 L.110-1조에 의하면, "자동차(véhicule à moteur)"라는 용어는 트롤리 버스를 포함하여 추진모터(motor de propulsion)를 갖추고, 자체수단으로 도로를 주행하는 육상 차량의 총체를 지칭한다. 단, 레일 위로 이동하는 차량은 제외된다. 그리고 "부속 차량(remorque)"이란 다른 차량에 연결하여 사용되는 차량의 총체를 지칭한다.

[**차량**] 도로법전 R.311-1조는 차량(Véhicule)의 정의를 각각의 카데고리 별로 규정하였는데, 원동기를 부착한 4륜, 3륜, 2륜 자동차와 오토바이, 버스, 화물차량, 견인차량, 트레일러, 자전거까지도 차량에 포함된다.

1) 운전면허

[**면허**] 도로법전 R.221-1-1에 의하면, 운전면허증은 시·도 지방경찰청장으로서의 임무를 지닌 관선 도지사에 의해 발급된다.

[**행정적 면허정지**] 면허정지에는 재판을 거쳐 법원이 결정하는 사법적 정지와 운전면허정지위원회의 의견에 따라 관선 도지사(예외적으로 경찰서장)가 결정하는 행정적 면허정지가 있다.

도로법전 L.224-2조에 의하면, **관선 도지사**는 동법 L.224-1조에 의한 운전면허증 압수가 있는 경우 72시간 후에, 또는 동법 L.234-4조부터 L.234-6조에 의한 음주운전 관련 경찰 조치나 동법 L.235-2조에 의한 마약운전 관련 경찰 조치가 있는 경우에는 120시간 후에 운전면허 정지 처분을 내릴 수 있다.

● 경찰의 면허증 압수

2019년 12월 24일자 제2019-1428호 법률에 의해 개정된 도로법전 L.224-1조에 의하면, 사법경찰관리(Officiers et Agents de Police Judiciaire)는 다음의 항목에 해당되는 경우 예방조치로서 운전면허증을 압수할 수 있다. ① 음주측정결과 혹은 행동을 통해 운전자가 동법 L.234-1조에 규정된 음주상태로 운전을 하였다고 추정할 수 있거나 L.234-4조에 언급된 기기를 사용하여 행한 조치로 음주운전에 해당되는 경우, ② 만취 상태에서 운전한 경우나 운전자가 제1항에 정의된 검사나 조치를 거부하는 경우, 조서에 제1항에 규정된 음주측정을 진행할 수 없었던 이유를 기재한다. 만취 상태에서

156) 이승민, 프랑스의 경찰행정, 2014, 286면.

운전한 경우에는 가능한 한 가장 신속하게 음주측정을 실행하여야 한다. ③ L.235-2조 규정을 적용할 때, 음주측정결과 양성으로 판명된 경우, ④ 운전자가 마약을 사용한 것으로 의심되는 하나 이상의 추정 사유가 있거나 L.235-2조 규정된 마약검사를 거부하는 경우, ⑤ 차량 단속 시, 승인된 과속단속 장비로 측정한 결과 허용된 최고속도보다 40km/h 이상 초과한 경우, ⑥ 사상자를 유발한 교통사고의 경우, 운전자가 주행 중 핸드폰 사용이나 허용된 제한속도 준수, 사거리나 추월, 교차로, 보행자 우선 관련 규정을 위반하였다고 의심되는 하나 이상의 추정 사유가 있을 때, ⑦ 차량 단속 시, 핸드폰 사용 위반과 국사원 법령에 규정된 목록에 속하는 차량운전, 속도, 사거리, 추월, 교차로, 보행자 우선 규정 준수와 관련된 위반행위를 동시에 한 경우.

● **보조사법경찰관리의 면허증 압수권한**

형사소송법 제21조에 규정된 보조사법경찰리(Agents de Police Judiciaire Adjoints)도 본 조항의 5항 및 7항에 규정된 경우에 운전자의 운전면허증을 예방조치로서 압수할 권한을 갖는다.

동법 L.224-7조에 의하면, **관선 도지사**는 부가형(Peine complémentaire)으로 운전면허 정지처분을 받게 될 위반행위가 있고 심사를 진행할 의무가 없다고 판단되는 경우, 임시로 경고나 운전면허의 정지 혹은 정식 운전면허가 없는 운전자의 경우 운전면허의 발급중지를 내릴 수 있다. 동법 L.224-8조에 의하면, 이때 운전면허 정지 기간은 6개월을 넘길 수 없다. 단 사상자를 낸 교통사고, 음주운전, 마약 혹은 항정신성 약물 복용 후 운전, 음주운전이나 마약상태 운전 관련 규정에 따른 검사를 거부한 경우에는 1년까지 연장될 수 있다.

(**해석론**) 행정적 면허정지의 경우, 위반행위 후 72시간 내에 사건종결이나 면허정지위원회에 사건회부가 결정된다. 면허정지위원회에 사건이 회부되는 경우, 위원회는 운전자를 소환하여 의견수렴 후 의견서를 작성하여 경찰서장에게 제출한다.

[**사법적 면허정지**] 도로법전 L.224-9조에 의하면, 관선 도지사가 도로법전 L.224-2조와 L.224-7조에 따라 결정한 운전면허 정지 및 발급금지는 **법원**의 관련 사법적 결정이 실행되면 효력이 중지된다. 동법 L.224-1조와 L.224-3조, L.224-7조에 규정된 행정처분은 면소판결(ordonnance de non-lieu)이나 무죄판결(Jugement de relaxe)이 있거나 법원이 아무런 제한조치를 명하지 않은 경우 무효로 간주된다.

(**해석론**) 도지사의 정지처분 후에 사건이 재판에 회부되면 법원이 결정권을 갖는다. 법원이 면소판결을 내리거나 도지사가 결정한 처벌보다 가벼운 처벌을 선고하면 면허정지가 취소되거나 축소된다. 반면 법원이 중대한 처벌을 선고하면 도지사에 의해 결정된 면허정지 기간은 법원에 의해 결정된 기간에서 제외된다.[157]

---

157) 명묘희 외, 외국운전면허 비교분석 연구 Ⅱ－운전자 교육 및 운전자 관리 부문－, 도로교통공단 교통

362 제 5 장 프랑스

[**행정적 면허취소**] 운전면허의 취소도 행정적 취소와 사법적 취소로 나뉜다.

도로법전 R.224-12조에 의거하여, 도지사는 운전자의 건강상태가 부적합하다고 판단되거나, 도로법전 L.223-5조 제1항에 의거하여 부여된 면허포인트[158]가 전부 차감되었을 때 면허를 취소할 수 있다.

(**판례**) 1919년 라본느(Labonne) 판결에서 원고는 도지사가 운전면허 취소명령을 내리자 취소명령의 취소를 구하면서, 그 근거가 된 1899년 3월 10일자 정부령(Décret)이 적법한지를 다투었다. 동 정부령에서 운전면허제도를 창설하면서 운전면허가 취소될 수 있는 경우를 규정한 것은 월권에 해당한다고 주장하였다. 이에 국사원은 1884년 4월 5일 법률에 따라 국가수반은 법률이 위임한 사항 외에도 고유권한에 따라 전 국토에 걸쳐 적용되어야 하는 경찰조치를 규정할 수 있다고 판시하였다. 원고가 국가수반이 운전면허제도를 창설할 권한을 명시적으로 부여한 조문이 없다는 사유로, 국가수반의 무권한을 주장하는 것은 이유 없다는 결론을 내렸다. 이 판결을 통해 일반경찰영역에서 전국에 적용되어야 할 필요가 있으나 법률에 규정이 없는 경우, 지방의 일반경찰권 행사기관은 정부를 대표하여 적절한 규율조치를 취할 권한이 있다는 점이 인정되었다.[159]

[**사법적 면허취소**] 형법전 제131-6조 및 제131-10조에 의하면, 법원은 도로법전 L.234-1조에 규정한 경죄를 재범한 경우나 살인죄, 업무상 과실치사상의 죄를 범한 경우에는 운전면허의 취소를 부과할 수 있다. 운전면허가 취소된 경우에 신규운전면허에 대한 발급신청은 법원이 정한 10년 이하의 기간이 지나야 할 수 있다.[160]

(**판례**) 판례[161]에 의하면, 범죄 당시에 해당 차량에 대한 운전면허만 취소하는 것이 아니라 범죄자가 운전면허를 취득한 차종전체에 대한 취소를 의미한다. 또 운전면허정지가 부가형의 형태로 부과된 것이 아니라면 면허정지는 직업 활동 외의 운전에만 국한된다. 또 파기원 판례에 따르면, 면허의 취소나 정지 효과는 경찰관서에 운전면허증을 반납한 날부터가 아니라 범죄자가 자신의 운전면허에 대한 법원의 결정을 인식한 날로부터 기

과학연구원, 2015, 85-86면.

158) 면허포인트 점수를 창안한 1989년 7월 10일자 법률은 1992년 7월 1일부터 시행되었다. 범죄를 저지르면 법정된 면허포인트 점수 12점에서 차감된다. 면허포인트점수가 0점이 되면 도로교통법 L. 223-1조에 따라 면허증의 효력이 자동적으로 상실된다. 차감된 면허포인트 점수는 복구되지 않고, 형의 실효(réhabilitation)에 의해서도 만회되지 않는다. 파기원의 판례는 면허포인트 점수의 차감은 부가적 형사제재로 보지 않는다. 다시 말해, 하나의 행정처분에 해당하고, 형사법원판사도 공소제기의 기초를 제공하지 않는 1989년 7월 10일자 법률의 적용을 배제할 수 없다. 이때 해당자에게 면허포인트 점수가 상실되었다는 사실을 고지하여야 하며, 운전할 권리의 박탈은 해당자가 운전면허 반환이 통보된 증명서를 받았을 때 보안처분으로서의 효과가 발휘된다.

159) 강지은, 법학논고 제42집, 2013, 77면.

160) 손병현, 한양법학 제22권 4호, 2011, 181면.

161) Paris, 18 avr. 1974, JCP, 1974-Ⅱ-17797, note Chambon.

산된다.[162)

2) 일반 교통관리

도로법전 L.411-1조에 의하면, 시장에게 부여된 도로교통에 대한 경찰권은 지방자치법전(Code Général des Collectivités Territoriales) L.2213-1조부터 L.2213-6조에 규정되어 있다. 파리의 경우, 지방자치법전 L.2512-14조에 규정되어 있다.

지방자치법전 L.2213-1조에 의하면, **시장**은 국도와 데파트망 도로나 도시권 내 공공교통에 개방된 민자도로 및 공공도로에 대해 경찰권을 행사한다. 단 교통량이 많은 도로의 경우, 경찰력은 **관선 도지사**에게 귀속된다는 조건이 붙는다. 그럼에도 **시장**이 교통량이 많은 도로에 대해 경찰권을 행사할 수 있는 조건은 국사원 법령에 따라 결정된다.

도로법전 R.411-1조부터 R.411-32조에서도 교통에 관한 경찰권(Pouvoir de police de la circulation)을 다루고 있다.[163)

① 신호·속도 지시

지방자치법전 L.2213-1-1조에 의하면, **시장**은 적법한 조례에 따라 도로교통 안전, 유동성 혹은 환경보호를 고려하여 공공교통에 개방된 도시권 도로의 전체나 일부에 대하여 도로법전에서 규정한 속도보다 낮은 최고속도를 정할 수 있다.

도로법전 R.413-1조에 의하면, 경찰권을 부여받은 행정관청이 동법이 정한 최고제한속도보다 더 엄격히 제한하였다면, 동법 규정에 우선하여 적용된다.

도로법전 R.411-28조에 의하면, 교통규제를 위한 경찰(agent)의 지시는 교통신호나 교통규정 등 모든 도로표지에 우선한다.

② 도로의 통행금지 및 제한

도로법전 R.411-18조에 의하면, **관선 도지사**(Préfet)는 도로망의 일부 구간에서 하나 혹은 여러 차종의 통행을 일시적으로 금지할 수 있다. **내무부 및 교통 담당 장관**은 명령(Arrêté)으로 일정 기간이나 며칠간, 몇 시간 동안 도로의 일부 혹은 전체 구간에서 하나 혹은 여러 차종의 통행을 금지할 수 있다. 동일한 조건에서 내린 명령으로 위험물질을 운송하는 차량의 통행을 금지하거나 규제할 수 있다.

도로법전 R.411-21-1조에 의하면, 도로 사용자의 위험을 예방하거나 혹은 공사현장 설치를 고려하여, **경찰권을 부여받은 당국**(Autorité investie du pouvoir de police)은 적합한 도로표지를 설치하여 차도의 전체나 일부의 일시적 통행금지나 폐쇄를 명할 수 있다.

---

162) 손병현, 한양법학 제22권 4호, 2011, 180면.
163) Chapitre Ⅰer du titre Ⅰer du livre Ⅳ de la Partie réglementaire du Code de la Route.

도로법전 R.411-30조에 의하면, **도로교통 관련 경찰력을 행사하는 관할 행정당국**
(Autorité administrative compétente)은 교통을 규제하거나 필요한 경우에 일시적으로 이를 금
지할 수 있으며, 스포츠 담당 장관 및 교통 담당 장관, 내무부 장관의 명령에 따라 적합한
안내표지를 통해 도로 사용자에게 정보를 제공하여, 시합이나 경주, 스포츠 경기 시 통행우
선권이나 차도의 일시적 독점사용권을 제공할 수 있도록 규제할 수 있다.

③ 교통장해물 시정·제거명령

도로법전 L.325-1조에 의하면, 책임보험규정, 위험화물 운송 규정이나 경찰규정 또는
도로법전 조항을 위반하여 통행하거나 주차된 차량이 도로 이용자의 안전이나 보상권, 공
공평온이나 공중위생, 미관이나 경관, 공공교통에 개방된 도로나 부속물, 특히 대중교통 차
량에 의한 일반적 사용이나 보존을 해치면, 동법 L.325-3조와 L.325-11조에 규정된 조건과
상황인 경우에 **시장**이나 **관할 사법경찰관**(OPJ)의 책임하에 차주의 승낙 없이도 차량을 정지
시키거나 견인할 수 있으며, 필요한 경우에는 양도하거나 폐차시킬 수 있다.

도로법전 L.412-1조에 의하면, 교통을 방해하거나 제약을 줄 목적으로 공공도로에 차
량의 통행을 방해하거나 저해하는 물건을 두거나 두려고 시도한 자는 2년의 구금형 및
4,500유로의 벌금에 처한다.

④ 음주단속

프랑스에서 음주운전과 음주측정불응죄는 도로법전에 의해 처벌된다. 우리나라와 달리
프랑스에서 음주운전죄는 주취운전죄와 주기운전죄로 구분된다. 도로법전 L.234-1조에 따
라 주취운전죄는 호흡이나 혈액검사를 통한 알코올농도 수치 및 명백한 주취상태 여부를
기준으로 성립된다.

[위반행위 시 예비검사와 확인검사] 도로법전 L.234-3조에 의거하면, **국가경찰관리**(국립경
찰 및 국립군경찰 모두 포함)는 본법에 따라 운전면허 정지 처분에 해당하는 위반행위를 하였
거나 인적 피해를 유발한 교통사고를 낸 경우, 운전자나 운전연습생의 동승자에 대해 음주
상태를 확인하기 위한 예비검사(épreuves de dépistage)를 실시한다. **사법경찰관**(OPJ)의 지시
와 책임하에, **보조사법경찰리**도 위의 예비검사를 할 수 있다.

(해석론) 예비검사는 음주상태를 추정할 수 있게 하고, 운전자나 운전 연습생의 동승자
가 예비검사를 거부하거나 의사의 의견에 따라 신체적으로 측정 불가능한 상태인 경우, **사
법경찰관리**는 음주상태의 근거확보를 위한 확인검사(vérification)를 진행할 수 있다.

동법 L.234-4조에 의하면, 국립군경찰 소속 지원병, 공안공무원, 파리지방감시국 직원
이나 지방자치단체 경찰리[164]에 의해 행해진 경우에, **사법경찰리**는 음주상태를 추정하거나

---

164) 형사소송법전 제21조의 1-2(국립군경찰 소속 군무원 자격을 갖춘 지원병), 1-3(공공안전의 확보와 발

또는 음주측정이 거부되거나 신체적으로 측정 불가능한 상태임을 즉시 **관할 국립군경찰이
나 국립경찰 소속의 사법경찰관**에게 보고하며, 이에 **사법경찰관**은 지체없이 관련자를 자신
의 앞으로 소환하도록 명할 수 있다.

[**일제 음주단속**] 도로법전 L.234-9조에 의하면, **관할 국립군경찰이나 국립경찰 소속의 사
법경찰관리**는 지방검찰청 검사장(procureur de la République)의 지시나 자신의 주도하에, 이
전에 위법행위나 사고가 없더라도 모든 차량 운전자나 운전 연습생의 동승자에 대해 현장
에서 호흡측정기를 통한 예비검사에 앞선 확인검사를 할 수 있다. **사법경찰리**는 사법경찰관
의 지시나 책임하에 이전에 위법행위나 사고가 없더라도 모든 차량 운전자나 운전 연습생
의 동승자에 대해 호흡측정기를 통한 음주상태 예비검사를 시행할 수 있다.

(3) 민간경비 관련

프랑스에서 민간경비활동에 대한 공법적 규율은 민간경비활동을 규정한 1983년 7월 12
일자 제83-629호 법률이 제정되면서 시작되었다. 그 후 2012년에 국내치안법전이 제정되면
서 1983년 법률은 폐지되었고, 국내치안법전 제6권에 민간경비활동이 규정되었다.[165]

[**경비업무의 구분**] 2017년 2월 28일자 제2017-258호 법률(Loi n°2017-258 du 28 février
2017)의 제2조에 따라 개정된 국내치안법전 L.611-1조에 의하면, 민간경비업무의 유형은 다
음과 같다: 1) 시설경비 및 감시: 전자보안시스템에 의한 감시, 인명감시, 동산 혹은 부동산
재산 경비, 대중교통이나 건물 내 인명보호를 목적으로 한 경비업무제공, 2) 무장요원에 의
한 시설경비 및 감시: 경비장소에서 생명을 위협하는 예외적 위험 상황에 사람이나 경비원
이 노출되었을 때 무장요원에 의해 1항에 규정된 활동 보장, 3) 호송경비: 총액이 5,335유로
(한화 약 739만 원) 이하일 때 프랑스 우정국(La Poste)이나 승인된 신용기관의 직원에 의해 수
행되는 경우를 제외하고, 최소 10만 유로(한화 약 1억 3,872만 원) 상당의 보석이나 자금, 귀금
속이 실제 인도될 때까지의 호송·감시 및 후송자금 처리 보장, 4) 신변보호, 5) 선박경호:
요청 시 선주를 대신하여 운송법 L.5441-1조에 적용되는 프랑스 국기를 게양하는 선박을
형법전 제224-6조부터 제224-8조에 규정된 항공기, 선박 및 기타 운송수단의 탈취나 형법
전 제4권 제2장에 정의된 테러활동의 위협으로부터 보호.

[**사설탐정업**] 국내치안법전 L.621-1조에 따르면, 사설탐정업(activités des agences de re-
cherches privées)은 신분을 밝히거나 임무의 목적을 드러내지 않고, 제3자의 이익을 보호하기
위해 정보나 자료를 수집하는 업무를 말한다. 동법 L.622-2조에 따르면, 사설탐정업은 동법

전에 관한 1995년 1월 21일 법률 제95-73호 제36조에 명시된 공안공무원), 1-4(파리지방감시국 직
원), 2항(지방자치단체 경찰리).
165) 박우경, 법과정책연구 제18권 2호, 2018, 157-158면.

L.611-1조에 언급된 민간경비업과 관련된 모든 활동과 양립될 수 없다. 동법 L.622-3조에 의하면, 사설탐정업을 수행하는 법인의 명칭은 특히 경찰과 같은 공무와 혼동되지 않도록 해야 한다. 동법 L.622-4조에 의거하여, 국립경찰 소속 공무원과 국립군경찰관리는 내무부장관의 사전 서면승인을 받지 않는 한 직무를 확정적 혹은 일시적으로 중단한 날부터 5년 이내에 L.621-1조에 언급된 사설탐정업 관련 활동을 수행할 수 없다. 국방부 장관의 명령으로 언급된 업무 중 하나에 배치된 국립군경찰에 속하지 않은 장교와 부사관도 동일한 규칙을 따른다.

[**경비업의 허가**] 국내치안법전 L.612-6조에 의하면, 민간경비업의 개인사업자, 법인의 경영인 및 관리자는 국사원 법령에서 규정하는 방법에 따라 발급된 허가(agrément)를 받지 않는 한 민간경비활동을 수행할 수 없다. 동법 L.612-7조에 의하면, 경비업의 허가는 도지사(représentant de l'Etat)의 특별권한을 위임받은 **국립민간경비활동위원회**(Conseil National des Activités Privées de Sécurité: CNAPS)의 자문과 행정조사 결과에 따라 발급이 거절될 수 있다. 동법 L.612-8조에 의하면, 비상시에는 관할지역 내 **승인·통제위원회**[166]**의 위원장**이 허가를 중지할 수 있으며, **관선 도지사** 혹은 파리의 경우 **파리경찰청장**이 공공질서와 관련하여 필요한 경우 허가를 중지할 수 있다.

> ● **국립민간경비활동위원회**(Conseil National des Activités Privées de Sécurité, CNAPS)
> 동 위원회는 2011년 3월 14일자 국내안전보장을 위한 계획과 방향에 관한 법률에 따라 창설된 내무부 산하기관으로, 민간경비활동을 감독하고 규제하는 역할을 한다. 위원회의 이사회는 민간경비업체를 대표하는 8명의 위원과 관련 자격을 소지한 4명의 민간인 위원, 정부를 대표하는 11명의 위원, 국사원과 파기원 구성원이 각각 1명씩 포함되어 총 25명의 이사로 구성된다.
> 위원회는 경찰행정업무로서 민간경비활동 수행을 위한 자격증을 발급하고, 민간경비업체를 상담 및 지원한다. 민간경비업체가 과실로 규율을 위반하는 경우에는 이에 대해 경고나 징계, 5년 이하의 활동정지조치 및 15만 유로 이하의 벌금조치를 하는 등의 징계권을 행사하기도 한다. 징계범위는 국내치안법전에서 규율하지 않는 활동도 포함되는데, 동 위원회가 창설되기 전에 이 역할을 수행하던 도지사에게는 없던 권한이다.[167]

---

166) 국내치안법전 L.633-1조에 의하면, 관할지역 내 승인·통제위원회(Commission d'agrément et de contrôle)는 국립민간경비활동위원회(CNAPS)의 이름으로 민간경비업무를 담당한다. 주요업무는 허가서, 승인서 및 직업증명서의 발급과 거부, 철회 및 중지이며, 국내치안 법전에 따라 처벌적 제재를 내리기도 한다. 위원회는 국립민간경비활동위원회와 동일한 절차에 따라 구성되며 긴급하게 요구되는 결정을 실행한다.
167) 박우경, 법과정책연구 제18권 2호, 2018, 159-160면.

국내치안법전 L.612-9조에 의하면, 법인 및 개인사업자는 동법 L.611-1조에 규정된 활동을 실행하기 위해서 주요시설 및 보조시설의 실행허가서(autorisation d'exercice)를 별개로 발급받아야 한다. 동법 L.612-15조에 의하면, 어떠한 경우에도 정보나 계약, 광고, 안내 혹은 통신 성격의 문서에 경비업의 관리자 혹은 직원 중 누군가가 전직 경찰관이나 전직 군인의 신분이었음을 언급할 수 없다.

[**사설탐정업 허가**] 동법 L.622-6조에 따르면, 국사원 명령에 규정된 조건에 따라 관할지역 내 승인·통제 위원회로부터 승인을 받지 않으면, 그 누구도 개인적으로 사설탐정업을 수행할 수 없고, 사설탐정업을 수행하는 법인을 경영하거나 관리할 수 없으며 법인의 회원이 될 수 없다. 동법 L.622-9조에 의하면, 법인 및 개인사업자는 동법 L.621-1조에 규정된 활동을 실행하기 위해서 주요시설 및 보조시설의 실행허가서(autorisation d'exercice)를 별개로 발급받아야 한다.

[**경비원의 채용제한 및 직업증명서**] 동법 L.612-20조에 의하면, 범죄경력 소지자, 국가의 안전을 위협할 가능성이 있는 자, 추방퇴거령 대상자, 외국인의 경우 5년 체류증 미소지자 등은 경비원으로 채용될 수 없으며, 국사원 법령에 정의된 방법에 따라 발급된 직업증명서 (Carte professionnelle)를 소지함으로써 채용조건에 적합하다는 점을 증명하게 된다.

동법 L.612-20-1조에 의거하여, 경비원의 면허를 재발급받을 시에는 국사원 법령에 규정된 조건에 따라 재교육을 받아야 한다.

[**경비업자와 경비원의 권한과 제한**] 국내치안법전 L.611-3조에 의하면, 동법 L.611조에 규정된 경비원은 무선, 전자 혹은 디지털 수단을 사용하여, 관리 물품의 주변에서 인명 및 재산 보안을 위하여 위협 가능성이 있는 무인기를 탐지할 수 있다. 필요한 경우 국방 및 치안 관련 정부 부처에 수집한 자료를 전송할 수 있다.

동법 L.613-1조에 의거하여, L.611-1조에 규정된 활동을 수행하는 경비원은 경비업무를 하는 장소나 건물, 국가의 기본이익에 관한 공격이나 테러리즘에 관한 L.226-1조[168])가 적용되는 보호구역 범위 내에서만 직무를 수행할 수 있다. 예외적으로 경비원은 **관선 도지사**나 파리의 경우 **파리경찰청장**의 승인을 받아 공도로 상에서 경비 중인 재산을 목적으로 한 테러활동이나 불법침입, 파손, 도난의 방지를 위한 순찰 임무를 수행할 수 있다.

동법 L.613-2조에 의거하여, 경비원은 수하물을 육안으로 검사하고 소유자의 동의하에 수색할 수 있다. 또한 동법 L.611-1조에 규정된 활동을 수행하는 자연인은 공공안전을 중대하게 위협하는 특수한 상황이거나 L.226-1조를 적용하여 보호구역이 설정된 경우에 당사자

---

168) 국내치안법전 L.226-1조는 국가의 기본이익에 관한 공격이나 테러리즘 퇴치와 관련하여 보호구역 (Périmètres de protection)에 대하여 규정한다.

의 명시적인 동의하에 보안상 신체검사를 할 수 있다. 신체검사는 검사 대상자와 같은 성별의 경비원에 의해 수행되어야 한다. 보호구역을 설정하는 명령이 없는 특수한 상황에서는 **관선 도지사**나 파리의 경우 **파리경찰청장**이 통제될 수 있는 장소와 장소의 분류, 기간을 명령에 따라 결정할 수 있으며, 이러한 명령은 지방검찰청 검사장에게 전달된다.

[**명칭과 복장의 제한**] 국내치안법전 L.612-3조에 의하면, 타인을 위하여 L.611조에 언급된 민간보안활동을 수행하는 법인의 명칭은 사법이 적용되는 법인임을 부각시키고, 특히 경찰과 같은 공무와 혼동되지 않도록 해야 한다.

동법 L.613-4조에 의거하여, L.611-1조의 각호에 규정된 활동을 수행하는 경비원은 직무 수행 시에 내무부장관령(arrêté du ministre de l'intérieur)으로 결정된 방식에 따라 개별 식별 번호가 외관상 드러나고, 공통으로 식별 가능한 하나 이상의 요소로 갖춰진 고유복장을 착용하여야 한다. 고유복장은 특히 국립경찰, 국립군경찰, 세관 및 자치경찰의 제복과 절대 혼동되지 않도록 해야 한다.

[**무기소지**] 국내치안법전 L.613-5조에 의하면, L.611조의 각호에 규정된 활동을 수행하는 경비원은 국사원 법령으로 정한 조건에 따라 L.311-2조에 언급된 D급 무기를 소지할 수 있다. 이 법령에 승인 가능한 무기의 종류와 취득 및 보관 조건, 무기 소지가 가능한 경비원이 받는 교육, 근무 중 무기 휴대 및 근무 시간 외 반납 조건이 규정되어 있다.

[**경비업체의 경찰출동요청**] 국내치안법전 L.613-6조에 따르면, 동산이나 부동산의 원격 감시활동을 수행하는 법인이나 자연인이 동산이나 부동산을 대상으로 한 현행 경범죄나 중죄의 범행을 추정할 수 있는 징후나 객관적인 정황을 발견하여, 범죄가 의심되는 상황을 확인하는 일련의 작업을 선행하지 않은 채 국립경찰이나 국립군경찰을 호출하여 경찰의 부당한 개입을 유발하는 것은 정당화될 수 없다. 행정당국은 앞서 언급된 법인이나 자연인이 확인 절차 없이 국립경찰이나 국립군경찰을 호출하는 경우에 부당한 호출에 대하여 450유로(한화 약 62만 원)를 초과할 수 없는 금액의 금전적 제재를 선고할 수 있다.

[**감독**] 국내치안법전 L.611-2조에 의하면, **경정 이상의 국립경찰관**[169] **및 국립군경찰관리**[170]는 국립민간경비활동위원회, 관선 도지사, 파리의 경우 파리 경찰청장을 대리하여, L.611조에 규정된 민간보안활동 경비원을 관리한다.

(4) 총기류 관련

국방법전(Code de la défense)의 L.2331-1조에 의거하여, 군수품과 무기, 탄약 및 '무기와

---

169) 넓은 의미로 경정이상의 지휘직군에 속하는 경찰관을 말한다.
170) 원문은 'Officiers et sous-officiers de la gendarmerie nationale'로 직역하면 장교와 부사관이나 본고에서는 편의상 경찰관리로 번역하였다.

탄약 절'에 명시된 부품은 A-D급으로 분류된다.

국내치안법전 L.311-2조에 의하면, A급은 동법 L.312-1조부터 L.312-4-3조까지의 조항에 따라 구입 및 보유가 금지된 군수품 및 무기이다. A급은 A1과 A2로 세분되는데, A1급은 구입 및 보유가 금지된 무기 혹은 무기 부속품이며, A2급은 군수품에 속하는 무기, 전투 시 화력무기를 운반하거나 사용하는 장비, 독가스 보호장비이다. B급은 구입 및 보유 시 허가를 받아야 하는 무기이고, C급은 신고를 해야 하는 무기이며, D급은 자유롭게 구입 및 보유할 수 있는 무기 및 군수품을 말한다.

[소지허가] 동법 L.312-4조에 의거하여, A급 및 B급의 무기, 탄약 및 부속품을 취득하거나 소지하기 위해서는 국사원 법령에 규정된 조건에 따라 관할 행정청의 허가를 받아야 한다. 스포츠 사격 연습용 총기소지허가를 받으려면 스포츠법전의 L.131-14조의 규정에 따라 체육부로부터 위임받은 스포츠연맹이 발급한 유효한 사격면허증 사본을 제출해야 한다.

A급 및 B급의 무기, 탄약 및 부속품을 취득하거나 소지하기 위해서는 동법 L.312-6조에 규정된 조건에 따라 무기를 취득 및 소지할 수 있는 정신 및 신체 건강상태에 대해 상세히 기술된 1개월 이내 진단서를 제출하여야 한다. 상속이나 유증을 통해 A급 및 B급 무기나 탄약의 소유권을 갖게 된 자가 소지허가를 받지 못하면, 소유권 취득 후 3개월 이내에 L.314-2조에 규정된 조건에 따라 해당 무기를 처분하여야 한다.

동법 L.312-4-1조에 의거하여, C급 무기와 부속품을 취득하기 위해서 국사원 법령에 규정된 조건에 따라 총기 판매업자나 소지자가 신고서를 작성하여야 한다. 자연인인 경우, L.312-6조에 규정된 조건에 따라 무기를 취득 및 소지할 수 있는 정신 및 신체 건강상태에 대해 상세히 기술된 1개월 이내 진단서와 국사원 법령에 규정된 조건에 따라 다음의 사본 중 하나를 제출하여야 한다: 1) 당해연도 혹은 전년도의 유효 기간 내 사냥면허증, 2) 스포츠법 L.131-14조에 따라 체육부로부터 위임을 받은 스포츠연맹이 발급한 유효한 사격 자격증, 3) 동법 2부 L.312-6조부터 L.312-6-5조(무기수집가)에 규정된 조항에 따라 발급된 무기수집가 증명서

● **총기소지 금지대상자**

국내치안법전 L.312-1조에 의거하여, 만 18세 미만인 자는 스포츠법전(Code du sport) L.131-14조의 규정에 따라 체육부 위임장을 받은 스포츠연맹의 지도하에 이루어지는 사격훈련 활동이나 사냥인 경우에 국사원 법령으로 인정되는 예외사항을 제외하고, 무기의 급수와 상관없이 군수품과 무기, 탄약 및 부속품의 획득 및 보유가 법적으로 금지된다. 동법 L.312-3조에 의거하여, 제2호 전과기록부(bulletin n°2 du casier judiciaire)[171]에 살인, 폭력, 강간, 무허가 C급 무기소지 등의 범죄가 기록

된 자와 군수품과 무기, 탄약 및 부속품의 소지나 휴대에 대한 금지처분이나 압수를 선고받은 자는 A, B 및 C급 무기의 획득 및 보유가 금지된다. 또한, 동법 L.312-3-1조에 의거하여, 행정당국은 무기의 사용으로 자신이나 타인을 위험에 처하게 할 우려가 있는 자의 A, B 및 C급 무기의 획득 및 보유를 금지할 수 있다. 동법 L.312-3-2조에 따라, 민법전 제515-11조의 2항에 규정된 보호처분으로 무기의 소지 및 휴대가 금지된 자는 모든 급수의 무기의 소지 및 휴대가 금지된다.

[**영업허가**] 국내치안법전 L.313-2조에 의하면, 행정당국으로부터 전문기술에 관한 승인을 받은 자만이 전적으로 혹은 부수적으로 무기의 생산, 상업, 거래, 임대, 임대판매, 대여, 수선, 수리, 가공, 혹은 유통이나 무기의 이송과 구매, 판매 및 공급을 위한 활동을 할 수 있다.

동법 L.313-3조에 의하면, 국사원에서 규정한 C급이나 D급 무기와 탄약, 무기 부속품의 소매상업점을 개장하기 위해서는, 해당 지역의 **관선 도지사**나 파리의 경우 시장의 견해를 받은 **파리 경찰청장**의 허가를 받아야 한다. 건물의 보안이 도난이나 침입 위험을 방지하기에 불충분한 경우에 허가가 거부될 수 있다.

[**회수명령**] 국내치안법전 L.312-11조에 의하면, **관선 도지사**는 공공질서나 안전상의 이유로 무기의 급수와 상관없이 무기 소지자로부터 무기와 탄약, 무기 부속품을 압수하는 결정을 내릴 수 있다. 압수된 무기는 국방법전의 L.2322-1조에 규정된 허가증 소지자나 취득 및 소유에 관한 법적 조건에 부합하는 제3자에게 판매되거나 국가에서 보관된다. 긴급한 경우가 아니라면, 반론절차가 진행되며, 관선 도지사가 무기의 압수 기간을 결정한다. 동법 L.312-14조에 의하면, 파리의 경우에는 **파리 경찰청장**이 관선 도지사에게 부여된 권한을 행사한다. 동법 L.312-12조에 의하면, **관선 도지사**가 결정한 기간 내에 당사자가 무기를 제출하지 않으면, 경찰서에 무기를 제출하도록 명령한다. **경찰서장 혹은 군경찰 소대 지휘관**은 석방구금판사에게 무기 소지자의 거주지에서 6시부터 21시 사이에 무기를 압수할 수 있도록 허가를 요청할 수 있다. 허가 요청 시 석방구금판사가 압수요청의 근거를 확인할 수 있도록 압수를 정당화할 수 있는 관련 정보를 제공하여야 한다.

동법 L.312-7조에 의하면, 무기와 탄약, 무기 부속품 소지자의 행동이나 건강상태가 본인이나 타인에게 심각한 위협이 되는 경우, **관선 도지사**는 무기의 급수와 상관없이 사전절

---

171) 전과기록부(Casier judiciaire)는 형사상 유죄판결이 3가지로 분류되어 기록된다. 제1호 전과기록부에는 미성년자 시기의 판결을 포함하여 당사자의 유죄판결과 법원판결을 전부 기록하고 발급대상자는 사법관 및 교도소 관계자로 제한된다. 제2호 전과기록부에는 제1호 전과기록부에 기재된 항목 중 미성년 시기의 판결, 경범죄 및 친권박탈 등 총9개 항목을 제외하고 기록된다. 형사소송법 제776조에 의거하여, 채용과 같은 구체적인 목적이 있는 경우에 피고용인의 의사와 관계없이 일부 행정기관 혹은 민간 고용주에게 발급 가능하다. 제3호 전과기록부에는 내용상 가장 제한적이며 중대한 유죄판결만 기록되며, 본인이나 미성년일 경우에 법적 대리인이나 법적 후견인만 발급이 가능하다.

차나 반론절차를 거치지 않고 무기 소지자가 행정당국에 무기를 제출하도록 명령을 내릴 수 있다. 동법 L.312-8조에 의하면, 무기 소지자 혹은 필요에 따라 가족이나 이해당사자는 해당 무기를 **국립경찰** 혹은 **국립군경찰**에게 제출하여야 한다. **경찰서장 혹은 군경찰 소대 지휘관**은 석방구금판사[172]의 허가를 받아 무기 소지자의 집에서 6시부터 21시 사이에 무기를 압수할 수 있다. 동법 L.312-9조에 의하면, 국립경찰 혹은 국립군경찰은 제출되거나 압류된 무기를 최대 1년간 보관할 수 있다.

[**총기추적시스템**] 2020년 4월 28일자 무기정보시스템 시행 및 다양한 무기관련 조항에 관한 법률(Décret n°2020-486 du 28 avril 2020 relatif à la mise en oeuvre du système d'information sur les armes et portant diverses dispositions relatives aux armes)이 제정되면서, 내무부는 프랑스에서 무기정보시스템(Système d'information sur les armes: SIA)으로 불리는 개인 데이터 자동화 처리시스템을 구축할 수 있는 권한을 갖게 되었다.

국내치안법전 R.313-47조에 의거하여, A2급의 군수품에 속하는 무기와 A1급, B급, C급 및 D급에 해당하는 무기나 탄약 및 부속품에 대한 제조나 거래 혹은 중개하는 모든 법인과 자연인은 '무기정보시스템'으로 불리는 개인 데이터의 자동화 처리시스템에 개별화된 전문 계정을 보유하게 된다. 이 시스템의 목적은 다음과 같다: ① A1급, B급, C급 및 D급 무기나 탄약 및 부속품에 대한 제조나 거래 혹은 중개 관련 자격 획득에 관한 절차 실행, ② 전산화된 경찰 등록부를 통해 무기와 부속품의 추적 가능성 보장, ③ 국내에서 제작, 가공, 도입 및 수입된 휴대용 총기의 기술적 특성이 담긴 무기정보기록을 참고 및 분류요청, ④ 국가 파일에 무기의 취득 및 소유가 금지된 것으로 등록된 자의 지위에 관하여 참고.

(5) 유실물 관련

프랑스에서 국가차원의 유실물 관련법은 민법전(Code Civil) 제539조와 제717조, 제1293조, 제1302조, 제2279조 및 제2280조에 규정되어 있으나, 유실물 처리업무와 관련된 사항은 조례와 기타 특별법령으로써 규정하고 있다. 1995년 1월부터 코뮌에서 발견된 유실물 관리 책임은 시장에게 있으며, 시장은 관할 지역에 적합한 유실물 접수, 보관, 반환 조건을 조례로서 정하여야 한다.[173]

예를 들면 파리의 경우, 파리경찰청 관내의 유실물에 관한 규정으로는 파리경찰청 유실물과의 조직방법에 관한 제2007-21382호 조례[174]가 있다. 동 조례 제1조에 의거하여, 파

---

172) Juge des libertés et de la détention.
173) https://www.franceobjetstrouves.fr/reglementation (2021.5.28. 방문).
174) Arrêté n°2007-21381 concernant les modalités d'organisation du Service des objets trouvés de la Préfecture de Police.

리 시내의 공도로, 여객운송 차량 내, 공공장소나 민간건물 내의 누구나 출입 가능한 부속
건물에서 물품을 습득한 사람은 24시간 이내에 경찰서나 파리 제15구 모리옹(Morillon)가 36
번지에 위치한 경찰청 유실물과에 해당 물품을 제출하여야 한다. 단, 해당 조례는 특별법이
나 특별규칙에 의해 규정되거나 프랑스 국유철도(SNCF)내에서 습득한 유실물에는 적용되지
않는다.175)

[**습득물 보관 및 반환**] 동 조례 제3조에 의하면, 파리경찰청 유실물과는 유실물이 소유
자에게 반환될 수 있도록 필요한 조사를 수행할 책임이 있다. 동 조례 제19조에 따르면, 경
찰서에 제출된 습득물은 5일 이내에 파리경찰청의 유실물과에 이관된다. 운용상의 판례를
살펴보면, 이관 전이라도 경찰서장의 판단에 따라 유실자에게 반환되는 경우도 있다.176) 동
조례 제4조에 따르면, 습득자가 유실물을 제출할 때 이름과 주소를 작성해야 할 의무는 없
으나 그 대신 습득 장소와 날짜 및 시간을 기입하여야 한다. 유실물과는 유실물을 제출한
습득자에게 수령증을 발행하여, 습득자의 장래적 권리를 담보해준다.

[**습득물반환시 보상금 및 보관기간**] 습득물을 반환할 경우 보상금에 관한 법규정은 없으
며, 당사자간의 민사상 문제로 처리된다.177) 동 조례 제5조에 의거하여, 부패하기 쉬운 식료
품은 특별규정이 적용되지 않고 시장 가치가 없거나 매우 낮은 경우에 폐기된다. 동 조례
제6조에 따라 습득자에게 수령증이 발급된다. 동 조례 제7조에 따르면, 유실물의 인정가액
이 100유로 이상인 경우에 유실물과의 총 보관 기간은 18개월이며, 100유로 미만인 경우에
는 4개월이다. 유실물의 보관 기간은 물품의 인정가액에 따라 상이하다.

[**습득자의 소유권 취득**] 동 조례 제7조에 의거하여, 유실자의 권리주장 기간은 100유로
이상인 경우에 1년, 100유로 미만인 경우에 3개월이다. 동 조례 제8조에 따라 유실자 혹은
유실물의 소유권자가 규정된 기간만료 전에 나타나, 습득물에 대한 권리, 신원 및 주소를
증명하고 보관 수수료를 지불하면 유실물은 반환된다.

동 조례 제9조에 따라 규정된 기간이 만료하였으나 유실자와 소유권자가 권리를 주장
하지 않은 경우, 습득자가 유실물에 대한 권리를 주장하면 신원, 거주지 및 유실물 접수 시
발급받은 수령증 제시 후 소유권을 획득하게 된다. 단 습득자가 공무원으로서 임무 수행 중
습득한 물건이거나 민간기관에 고용된 직원으로 분실물 관련 업무 수행 중 습득한 경우는
제외된다.

유실물 반환은 유실자 및 소유권자나 습득자에 대한 조사나 확인이 필요한 경우에 연

---

175) Article 2 de l'arrêté n°2007-21381 concernant les modalités d'organisation du Service des objets
trouvés de la Préfecture de Police.
176) 문준조, 유실물 소유권 취득 시한 조정에 관한 연구, 한국법제연구원, 2011, 54면.
177) 문준조, 유실물 소유권 취득 시한 조정에 관한 연구, 한국법제연구원, 2011, 54면.

기될 수 있다. 유실자는 유실한 날로부터 3년의 기간 내에 습득자에게 유실물에 대한 소유권을 주장할 수 있으며, 파리경찰청 유실물과는 습득자에게 이러한 정보를 제공하여야 한다.[178]

[**재무과 이전**] 동 조례 제10조에 의거하여, 누구의 권리 주장도 없는 보관 습득물은 1830년 5월 23일자 칙령[179]에 따라 재무과[180]로 이전된다. 보관기간이 경과하여 유실물이 재무과로 이전되었어도, 유실자나 습득자는 재무과를 상대로 권리를 주장할 권한이 있다. 이미 습득자가 유실물을 이전받은 경우, 유실자는 재무과로 하여금 습득자에게 반환을 요구하도록 청구할 권한을 갖는다.[181]

[**기차, 비행기, 공공차량 등 내에서의 습득**] 동 조례 제13조에 따라 파리대중교통공사(RATP)[182] 철도나 도로에서 발견한 유실물에 대해 습득자는 공사직원에게 유실물 접수를 한다. 유실물의 접수, 수집, 이관 및 반환은 파리경찰청에서 승인한 규정에 따라 실행된다. 파리대중교통공사의 담당 부서는 반환되지 않은 유실물을 24시간 이내에 파리경찰청의 유실물과로 발송한다.

동 조례 제14조에 의거하여, 파리 공항에서 발견한 유실물에 대해 습득자는 담당 공항 직원에게 유실물 접수를 한다. 유실물의 접수, 수집, 이관 및 반환은 파리경찰청에서 승인한 규정에 따라 실행된다. 공항의 담당 부서는 반환되지 않은 유실물을 최대 15일의 기간 내에 파리경찰청의 유실물과에 발송한다.

동 조례 제15조에 따라 택시의 경우, 택시 및 고급택시 회사 운전자는 승객이 하차할 때마다 다음 승객을 승차시키기 전에 이전 승객이 두고 내린 물건은 없는지 내부를 살펴보아야 한다. 승객에게 즉시 반환되지 못한 유실물은 24시간 이내에 파리경찰청 유실물과나 경찰서에 맡겨진다.

정류장이나 차고 관리자나 통제관도 공공차량 내부와 노선 사무실에서 발견된 유실물을 24시간 이내에 파리경찰청이나 경찰서에 맡겨야 할 의무가 있다. 택시와 공공차량 회사는 파리경찰청으로부터 승인받은 특수규정에 의거하여 영업소에서 발견된 유실물을 모아서 유실자에게 반환하거나 유실물과에 인도하여야 한다.

---

178) Article 9 de l'arrêté au-dessus.
179) Ordonnance Royale du 23 mai 1830.
180) Administration des Domaines.
181) Article 10 à 12 de l'arrêté au-dessus.
182) Régie Autonome des Transports Parisiens(RATP).

(6) 실종아동 관련

[**유괴경보**] 우리나라와 달리,[183] 프랑스 아동 유괴경보(Alerte Enlèvement)의 발령권자는 사건 관할지역의 **지방검찰청 검사장**(procureur de la République)이다.

'유괴경보' 협약(Convention <ALERTE ENLÈVEMENT>) 제1조에 의거하여, 유괴경보는 다음 4가지 조건이 모두 충족되어야 발령될 수 있다: ① 단순실종이 아닌 명백한 유괴여야 한다. ② 피해자의 생명이나 신체가 위험에 처한 상태여야 한다. ③ 피해 아동이나 용의자를 특정하여 전파할 수 있는 정보요소가 있어야 한다. ④ 피해자가 미성년자여야 한다. 동 협약 제2조에 따르면, 위의 4가지 조건이 충족된다고 하더라도 유괴경보가 자동적으로 발령되는 것은 아니며, 경보 메시지가 전파되어 피해자의 추가적인 위험을 발생시킬 우려가 있거나 진행 중인 조사에 방해되는 경우에는 발령되지 않는다. **지방검찰청 검사장**은 가능하면 피해자의 부모에게 경보 발령 전에 동의를 구한다.

[**위기대처반**] 동 협약 제4조에 의거하여, 유괴가 발생한 지역의 관할 **지방검찰청 검사장**이 유괴경보의 적절한 시기를 결정하고, 즉시 위기대처반(Cellule de crise ad hoc)을 구성하여 유괴경보를 발령한다. **지방검찰청 검사장**이 위기대처반을 주재하고, **경찰 수사과장**(directeur d'enquête)과 **작전과장**(directeur des opérations) 그리고 도청 대표(représentant de l'autorité pré-fectorale)를 참석시켜 필요한 의견을 듣는다. **지방검찰청 검사장**은 유괴경보 발령 전에 관할 고등법원(Cour d'appel)의 **고등검사장**(procureur général)에게 알리고, 고등검사장은 **법무부 형사사면국**(Direction des Affaires Criminelles et des Grâces)에 결정을 맡긴다.

동 협약 제5조에 따르면, 지방검찰청 검사장은 수사관들과 긴밀하게 협조하여 경보메시지와 경보 전파 기관을 결정한다. 경보메시지에는 전화번호와 이메일 주소가 포함되어 피해자나 용의자를 특정하는데 도움이 되는 모든 정보가 즉시 수사기관에 제공될 수 있도록 한다.

[**예비수사로서 실종사 수색**] 형사소송법 제74-1조 제1항에 의하면, 미성년자 또는 보호대상 성인이 실종된 사실이 신고되거나 인지된 때, **사법경찰관**은 필요한 경우 사법경찰리의 조력과 검사의 지시에 따라 실종된 자를 찾기 위한 제56조 내지 제62조의 압수·수색·검증을 할 수 있다. 검사의 지시가 있은 이후 8일 동안 진행되는 이와 같은 수사는 예비수사의 형식으로 한다.

---

183) 김영식 외, 한국경찰연구 제9권 4호, 2010, 68면.

4 절 개별 위험방지법 Ⅰ(행정법내 위험방지법) **375**

(7) 사행행위 관련

우리나라에서 사행행위 등 규제 및 처벌 특례법과 비교해 볼 수 있는 프랑스 법에는 카지노 관련 법이 있다. 프랑스에서 '카지노(casino)'는 공연장과 식당, 도박장을 포함하는 시설을 의미하는데, 각 시에서 공역무특허나 공역무위임계약을 통해 사기업에 운영 및 관리를 위임한다.

[**초기의 경찰 규제**] 초기에는 카지노에 포함된 도박장이 공공질서를 침해할 우려가 있었기 때문에 카지노는 경찰규제의 대상이었다. 1806년 6월 24일자 정부령은 카지노 개설을 원칙적으로 금지하였으나, 온천지역에 한하여 내무부장관의 허가를 받아 예외적으로 설치 가능하다고 규정하였다. 그러나 도박금지에 관한 1836년 5월 21일자 법률이 모든 지역에서 카지노 개설을 금지시키면서 1806년 정부령은 폐지되었다. 이후 1907년 6월 15일자 법률 제정으로 해수욕장과 온천장 등에 카지노를 개설할 수 있다는 예외조항이 다시 생겨났고, 그 대신 제한사항이 더 엄격해졌다. 우선, 카지노 개설 시 내무부 장관의 허가를 받아야 하고, 시의회의 동의를 받으며, 카지노 개설허가를 받은 자가 필요한 요건을 충족하지 못한 경우에 손해배상 없이 허가가 취소될 수 있다. 또한 경영진과 직원 고용 시에도 내무부장관의 동의를 구해야 하고, 허용된 기구의 사용, 그리고 특정 사람들에 대한 카지노 출입금지 등으로 엄격하게 제한하였다.

[**현재의 영업허가**] 현재는 국내치안법전 L.321-1조와 L.321-2조에 의거하여 허가제도를 운영하고 있으며, 1959년 12월 22일자 해수욕장, 온천장, 보양소에 개설된 카지노에서의 도박규정에 관한 제59-1489호 정부령[184]과 1959년 12월 23일자 카지노에서의 도박규정에 관한 조례[185]를 통하여, 위의 법률에 규정된 카지노의 개설허가와 수허가자의 의무, 카지노특허기간, 카지노의 운영 및 출입대상 등을 구체적으로 규정하였다.

[**판례**] 국사원과 파기원은 카지노운영을 공역무활동으로 인정하지 않았으나, 카지노의 설치와 운영이 공역무활동에 해당한다는 주장이 지속적으로 제기되고 발전하면서, 국사원은 1966년 르와이양(Royan) 시 판결을 통해 시가 사기업에 부여하는 카지노특허의 법적 성격을 시의 관광 및 해수욕장의 발전이라는 이익을 위한 공역무특허로 인정하였고, 이로써 카지노가 공역무활동의 대상에 포함되었다. 이와 같이 카지노의 관리 및 운영이 공역무활동에 포함되게 되면서, 1993년 1월 29일자 부패방지와 경제활동·공공절차의 투명성에 관한 제93-122호 사팽(Sapin) 법률[186]에 의거하여 도입된 지방자치법전 L.1411-1조 이하의 공역

---

184) Décret n°59-1489 du 22 décembre 1959 portant réglementation des jeux dans les casinos des stations balnéaires, thermales et climatiques.
185) Arrêté du 23 décembre 1959 portant réglementation des jeux dans les casinos.

무위임 관련 규정을 카지노특허에도 적용하게 되었다.

하지만 카지노 관련 경찰규제를 정한 1907년 6월 15일자 법률과 1959년 12월 22일자 정부령 그리고 1959년 12월 23일자 조례도 같이 적용되는지에 대한 문제가 남았는데, 국사원은 카지노특허 시 위와 같은 경찰규정도 그대로 적용된다고 결정하여, 공역무에 관한 법제도 외에 도박에 관한 경찰규제도 함께 충족해야 된다는 점을 인정하게 되었다.[187] 다만 국사원은 카지노에 대한 내무부장관의 경찰권 행사가 카지노운영자의 자유로운 경쟁을 지나치게 제한하지 않아야 한다고 결정하여, 공공질서의 보호와 카지노 시장으로의 평등한 접근 사이에 조화를 강조하였다.[188]

[요건의 완화와 강화 논의] 지자체에서 재정확보를 위해 카지노개설요건을 완화하자는 주장이 지속적으로 제기되었고, 그 결과 2006년 4월 14일자 관광에 관한 제2006-437호 법률과 2006년 12월 13일자 카지노에 관한 제2006-1595 명령 및 2007년 5월 14일자 카지노에서의 도박 규율에 관한 규칙 등이 제정되면서 카지노 특허발급 요건이 크게 완화되었다.

발급요건이 상당히 완화되면서, 카지노 개설이 가속화되었고 도박중독이 사회적 문제로 대두되기 시작하였다. 그 결과 카지노에 대한 특별경찰권을 보유한 내무부장관이 경찰조치를 행하여 카지노 수를 규제하라는 요구가 높아졌고, 특별경찰권 행사만으로 부족하다면 일반경찰기관도 개입하여야 한다는 주장도 제기되고 있다. 이때 일반경찰권의 근거로는 인간의 존엄성 존중, 도박중독이라는 정신질환 예방과 관련된 공중위생 등이 제시된다. 이러한 견해를 따르면, 일반경찰기관이 행동의 자유 및 비례성을 고려하여 슬롯머신에 투입 가능한 금액 제한, 중독치료 등 다양한 제한이 가능하게 된다.[189]

2. 타 부처 소관 법령

(1) 정신질환자 관련

1838년 6월 20일자 정신이상자에 관한 법률(Loi du 30 juin 1838 sur l'enfermement des aliénés)이 제정되면서 입원체계가 현재와 같이 자의입원과 제3자의 청구에 의한 입원 및 행정기관에 의한 입원이라는 3가지 방법으로 갖춰졌다.

---

186) Loi n°93-122 du 29 janvier 1993 relative à la prévention de la corruption et à la transparence de la vie économique et des procédures publiques.
187) CE 2003. 10. 3. Commune de Ramatuelle. R. Vandermeeren, op. cit., pp. 1919-1920.
188) CE Sect. 2006. 3. 10. Commune d'Houlgate. C.-É. Minetm, op. cit., p. 64.
189) 이승민, 프랑스의 경찰행정, 2014, 317-324면.

2011년 7월 5일자 정신과 치료 대상자의 보호와 권리, 치료 절차와 방식에 관한 법률 (Loi n°2011-803 du 5 juillet 2011 relative aux droits et à la protection des personnes faisant l'objet de soins psychiatriques et aux modalités de leur prise en charge)이 제정되면서 구법이 대체되고, 비자의 입원 치료 시의 사법심사제도가 의무화되었다.

비자의 입원 치료 시 대상자의 권리가 3단계로 보호되는데, 전문가와 행정청, 사법부 (인신구속판사)로 구성된 정신치료위원회가 각 단계별로 비자의 정신치료를 위해 법령에 명시된 세부절차에 따라 권리보장과 객관성 및 공정성을 보장한다.190)

[**제3자의 청구에 의한 치료**] 제3자의 청구에 의한 치료는 가족이나 환자를 돌보는 치료시설 종사자를 제외한 특별관계자191)와 법령에 따른 후견인이 정신과 **치료시설의 장**에게 대상자에 대한 치료를 청구하여 이루어진다. 청구 요청을 받은 **치료시설의 장**은 15일 이내에 두 명의 의사로부터 받은 진단서를 바탕으로 수용여부를 결정한다. 공중보건법전 L.3212-5조에 따르면, 수용결정 후 치료시설의 장은 즉시 **도지사**나 파리의 경우 **파리 경찰청장**과 **데파트망 정신치료위원회**에 수용결정을 통보하고, 수용 전후의 진단서와 수용자 명부를 데파트망 정신치료위원회에 송부한다.

한편, 동법 L.3212-8조에 의거하여 치료시설 소속의 정신과 의사가 치료가 완료되었다고 진료기록에 명시하면 치료가 종료된다. 치료조치 종료 후 24시간 이내에 **치료시설의 장**은 도지사와 데파트망 정신치료위원회 및 정신치료 청구자에게 해당 사실을 알린다.

단, 동법 L.3212-9조에 따라 제3자 청구의 경우에 진단서나 소견서에 환자의 정신상태가 타인의 안전을 위협하거나 공공질서에 중대한 위험을 발생시킬 우려가 있다고 판단된 경우에는 **도지사** 및 **파리 경찰청장**에게 수용치료의 중단 전에 해당 사실을 통보하여야 한다. **도지사**나 파리의 경우 **파리 경찰청장이** 통보를 받으면, 행정청의 청구에 따른 치료 절차로 전환되어 진행된다.

[**행정청 결정에 의한 치료**] 공중보건법 L.3213-2조에 의하면, **시장**(Maire)이나 **파리 경찰청장**(Préfet de police de Paris)은 시민의 안전에 대한 긴급한 위험상황인 경우, 의사소견에 의해 입증된 명백하게 정신이상에서 기인된 행동을 하는 사람에 대하여 필요한 모든 임시조치를 취한 후, 24시간 이내에 관선 도지사(Représentant de l'État dans le département)192)에게

---

190) 김영식, 법학연구 제20권 3호, 2020, 241면.
191) '특별관계자'란 청구 전 치료 대상자와의 관계로 대상자의 이익을 대변할 자격을 가진 자를 지칭한다 (김영식, 법학연구 제20권 3호, 2020, 247면).
192) 동 조문의 'Représentant de l'État dans le département'를 직역하면 관선 도지사이며 우리나라의 도(道)에 해당되는 행정단위의 장이다. 위급 시 시장이나 파리 경찰청장의 권한을 대리한다. 관선 도지사(Préfet de département)와 관선 지방지사(Préfet de région)를 포괄하여 지칭한 것으로 보이나, 관선 지방지사도 지방의 주도가 위치한 관선 도지사가 겸임하는 것이므로 본고에서는 관선 도지사로 의역하였다.

결정을 요청하여야 한다.

동법 L.3213-1조에 의하면, 관선 도지사는 지체없이 보호시설에서 근무하는 정신과 의사로부터 발급받지 않은, 상세한 의료확인서를 검토하여, 치료를 필요로 하고 시민의 안전을 해치거나 공공질서를 심각하게 훼손할 우려가 있는 사람의 정신과 치료를 승인할 수 있다. 관선 도지사의 결정이 없으면, 이 임시조치는 48시간 이후 무효가 된다.

이때 **도지사**가 행정명령으로 수용치료의 결정을 내리고, 그 필요성에 대하여 구체적으로 명시하고 수용시설을 정한다. 행정청 결정에 따라 수용치료가 확정되면 **치료시설의 장**은 소속 정신과 의사가 실시하는 두 차례의 진단결과와 치료방법에 관한 소견, 치료프로그램 등을 즉시 도지사와 데파트망 정신치료위원회에 송부한다. 그러면 **도지사**는 진단서를 송부받은 날로부터 3일 이내에 의사의 진단결과와 공공질서 및 타인의 안전에 관한 요구사항을 고려하여 수용치료 방식을 정한다. **도지사**가 결정하기 전까지 환자는 입원치료 방식으로 수용된다. 만일, 정신과 의사가 입원치료 외의 다른 치료형태를 권하는 경우 도지사는 진료위원회의 의견 청취 후 치료형태를 변경할 수도 있다.

(**해석론**) 프랑스에서는 정신질환자의 경우 자의치료를 원칙으로 하며 법령에 따라 예외적으로 강제치료를 인정한다. 예외적으로 인정되는 강제치료는 강제입원뿐만 아니라 강제적 통원치료와 같은 재택치료, 그리고 임시 및 단기치료로 세분된다. 강제치료는 제3자의 신청, 의료시설장의 결정, 또는 관선 도지사의 결정에 의한 경우로 나뉜다.[193]

(2) 감염병 예방 관련

지방자치법전 L.2212-2조의 제2항에 의하면, 자치경찰의 예방경찰 임무를 "화재, 홍수, 제방붕괴, 토사·암석의 낙반, 눈사태 또는 기타 자연재해로 인한 사고, 유행병, 전염병, 동물유행병 등과 같은 재해 및 재난을 적절히 주의 및 예방하고, 필요한 구조활동을 하여 중단시키며, 긴급한 경우 구호·구조활동을 직접하거나 상급 행정기관에 개입을 요청하는 행위"라고 하여 감염병 관련 대응조치가 경찰의 임무에 포함된다.

(3) 위치정보수집 관련

2019년 3월 23일자 제2019-222호 법에 의해 개정된 형사소송법전(Code de Procédure Pénale) 제230-32조에 의하면, 3년 이상의 징역에 처할 수 있는 경범죄나 중죄에 대한 수사나 예심이 필요한 경우나 사망이나 실종의 원인에 관한 예심이나 수사 절차상 필요한 경우

---

193) 양승엽, 서울법학 제25권 2호, 2017, 279면.

혹은 가출 수사절차에 필요한 경우에, 프랑스 영토 전체에서 사람이나 차량 혹은 기타 모든 물건의 실시간 위치 정보를 소유자나 점유자의 동의 없이 모든 기술적 수단을 사용하여 알아낼 수 있다. **사법경찰관**(OPJ)이나 사법경찰관의 책임하에 **사법경찰리**(Agent de police Judiciaire, APJ) 혹은 사법경찰관의 청구에 따른 **지정된 자**가 **위치기반기술**(Géolocalisation)을 실행할 수 있다.

[**긴급조치 및 보고**] 형사소송법전 제230-35조에 의하면, 사람이나 재물에 중대한 침해나 증거훼손의 임박한 위험으로 초래된 긴급한 상황인 경우에 **사법경찰관**(OPJ)은 형사소송법전 제230-32조에 규정된 위치정보조회를 실행할 수 있다. **사법경찰관**은 제230-33조와 제230-34조에 해당하는 위치정보조회의 경우 모든 방법을 동원하여 지방검찰청 검사장이나 예심판사에게 즉시 이에 대해 알려야 하며, **사법관**(Magistrat, 검사와 판사를 포괄)은 위치기반기술 사용을 해제시킬 수 있다.

[**기술적 지원요청**] 형사소송법전 제230-36조에 의하면, **예심판사** 혹은 예심판사가 위임하거나 권한을 부여한 **사법경찰관**은 내무부 장관의 권한 하에 있는 기관이나 부서 혹은 과로부터 제230-32조에 규정된 위치기반기술의 설치 및 제거할 목적으로 법령에 규정된 사항에 따라 자격을 갖춘 직원을 요청할 수 있다.

[**기록유지**] 형사소송법전 제230-38조에 의하면, **사법경찰관**이나 사법경찰관의 책임하에 활동하는 **사법경찰리**는 제230-32조에 언급된 각각의 위치기반기술 실행작업과 위치자료등록작업에 관한 보고서를 작성하여야 한다. 보고서에는 작업의 시작 시간과 종료 시간과 날짜를 기재하여야 한다. 동법 제230-39조에 의하면, **사법경찰관**이나 사법경찰관의 책임하에 활동하는 **사법경찰리**는 진실을 밝히는데 유용한 기록자료를 보고서에 서술하거나 첨부하여야 한다.[194)]

5절 개별 위험방지법 Ⅱ(형사법내 위험방지법)

1. 가정폭력 관련

프랑스 내무부 통계에 따르면, 2020년에 가정폭력으로 인한 사망자는 125명이었으며, 그중 여성이 102명으로 82%에 달했고, 남성은 23명으로 18%에 그쳤다. 가정폭력으로 사망

194) Article 230-39 du Code de Procédure Pénale.

한 어린이는 14명이었다. 2020년 살인미수사건 2,761건 중 가정폭력으로 인한 사건이 238건이었다. 2020년 사망자 수는 2019년 대비 28% 감소하여 2006년 이래로 가장 낮은 수치를 기록했다.[195]

　　[**커플간 폭력의 개념과 예시**] 프랑스에는 '데이트 폭력'과 가장 유사한 개념으로 연인과 부부 모두에게 해당하는 '커플간 폭력(violences au sein du couple)'이 있다. 커플간 폭력은 평등의 관계에서 발생하는 의견 차이가 원인인 '커플간 분쟁(disputes 또는 conflits)'과는 구분된다. 커플간 폭력에 대한 정의와 예시는 다음과 같다[196]: 신체적, 성적, 언어적, 정신적, 경제적 폭력 사태가 반복, 누적, 악화, 가속화 되는 상황, 또는 이 상황이 불균형적으로 굳어진 힘의 관계(지배자/피지배자)에서 비롯되어 발생한 (폭력)사태.

● **폭력으로 인정될 수 있는 가해자 언행 및 피해자의 감정 예시**
〈가해자의 언행〉
- "넌 스테이크 하나도 제대로 요리 못하지. 잘하는 게 하나도 없어."
- "나를 사랑한다면 친구와 다니지 말고 집에 있어."
- 나의 휴대전화, 인터넷 계정, 소셜 네트워크, 은행 계좌 및 기타 행정관리 계정을 감시함
- 나를 때리거나 죽이겠다고 협박함
- 내가 누구와 함께 있는지 항상 감시하고 알고 싶어 함
〈피해자의 감정〉
- 동의를 구하지 않고 나의 개인 사진이나 동영상을 인터넷에 게재함
- 회사를 다니고 월급을 받는 것은 '나'이지만, 나의 수표책과 신용카드를 쓰는 것은 상대방인 경우
- 현관문 열리는 소리가 들릴 때, 오늘 저녁에는 어떤 일이 일어날까 두려워짐
- 나를 폭행한 후 다시는 때리지 않겠다고 약속함
- 내가 원하지 않는데 관계를 강요함

● **형법전상 가정폭력에 특화된 처벌규정**
〈형법상 정신적 학대 처벌〉 형법전 제222-33-2조부터 제222-33-3-3조에 의하여, 정신적 학대행위가 처벌된다(상세 소개는 스토킹범죄 단락 참조).
〈배우자의 신원도용, 명예훼손 등 처벌〉 형법전 제226-4-1조에 의하면, 배우자나 시민연대계약

---

195) Étude Nationale sur les Morts Violentes au Sein du Couple -2020-, Ministère de l'intérieur, 2020, P.5-7.
196) 프랑스 정부 폭력방지 플랫폼 '폭력을 멈춥시다.gouv.fr(arretonslesviolences.gouv.fr)'. 커플간 폭력(Violences au sein du couple). 2020.11.25. 인용: https://arretonslesviolences.gouv.fr/besoin-d-aide/violences-au-sein-du-couple.

(PACS)에 따른 파트너, 혹은 동거인의 신원을 도용하거나 관련 정보를 사용하여 그의 명예를 훼손하고, 평온을 해하는 경우 2년의 구금형 및 3만 유로(한화 약 4,100만 원)의 벌금형에 처한다.

〈배우자의 서신비밀침해 처벌〉형법전 제226-15조에 의하면, 악의로 도달 여하를 불문하고 배우자나 시민연대계약(PACS)에 따른 파트너, 혹은 동거인의 서신을 개피, 삭제, 지연시키거나 수신처를 바꾸는 행위 또는 부정하게 그 내용을 지득하는 행위나 원거리 통신수단을 이용하여 발송된 서신을 가로채거나 수신처를 바꾸거나 또는 그 내용을 이용하거나 누설하는 행위 또는 서신을 감청하기 위하여 고안된 장치를 설치하는 행위는 2년의 구금형 및 6만 유로(한화 약 8,200만 원)의 벌금에 처한다.

〈배우자에게 전화반복, 전자통신에 의한 소음공해 유발 처벌〉형법전 제222-16조에 의하면, 배우자나 시민연대계약(PACS)에 따른 파트너, 혹은 동거인을 대상으로 악의적 전화호출 또는 소음발생을 반복하는 자는 3년의 구금형 및 4만 5,000유로의 벌금형에 처한다.

(1) 민법적 위험방지

가정폭력의 피해자는 민사재판관(juge civil)에게 제소할 수 있다.

[**민사법원의 보호명령**] 민법전(code civil) 제515-9조와 제515-11조에 의하면, **가사사건법관**(Juge aux affaires familiales)은 보호명령(ordonnance de protection)을 긴급히 발동하여 다음의 임시 조치를 취할 수 있다: ① 가사사건법관에 의해 지정된 특정인과 피고인 접근금지, ② 피해자가 자주 출입하는 특정장소로의 출입금지, ③ 피고인의 무기 소지 금지 및 경찰에 무기 인계 명령, ④ 가정폭력 및 젠더폭력 예방을 위한 건강, 사회 혹은 심리적 치료 제공, ⑤ 부부의 별거 판결(공동 거주지 사용권은 피해자에게 부여되며, 별거로 발생한 비용은 가해자가 부담), ⑥ 친권행사 방법 결정, ⑦ 피해자에게 거주지 정보 비공개, ⑧ 재판비용 지원 임시승인 안내.

[**보호명령의 검찰통지**] 동법 제515-11조에 의하면, **가사사건법관**은 보호명령을 내리면 지체없이 지방검찰청 검사장에게 이를 알리고, 한 명 이상의 아이를 위험에 빠뜨릴 수 있는 폭력 가능성에 대해서도 알려야 한다.

[**모바일 접근금지 전자장치 부착**] 동법 제515-11-1조에 의하면, **가사사건법관**은 접근금지명령을 내릴 경우 양 당사자의 동의하에 원고가 지정된 거리 간격을 지키지 않으면 언제든지 경고가 울릴 수 있는 모바일 접근금지 전자장치(dispositif électronique mobile anti-rapprochement)를 각각 착용하도록 할 수 있다.

[**보호명령 기간**] 동법 제515-12조에 의하면, 보호명령은 명령 통지일로부터 최대 6개월간 취해질 수 있다. 해당 기간 동안 법적 이혼이나 별거 신청이 있거나 가사사건법관이 친권행사에 관한 청구를 받은 경우에는 기한이 연장될 수 있다. **가사사건법관**은 검사나 당사자 중 한 명의 청구에 따라 또는 필요한 심리조치를 한 경우, 각자 의견을 진술하게 한 후

에 언제든지 해제할 수 있다.

　　[**긴급 보호명령**] 동법 제515-13조에 의하면, **가사사건법관**은 제515-10조에 규정된 조건에 따라 강제결혼 위협을 받는 성인에게 긴급 보호명령을 내릴 수 있다. **가사사건법관**은 동법 제515-11조의 1항, 2항, 6항 및 7항에 규정된 보호조치를 행사할 권한을 가지며, 직권으로 피해자의 일시적 출국금지명령을 내릴 수도 있다. 출국금지명령은 지방검찰청 검사장에 의해 조사대상자 명단에 기록된다. 제515-12조는 본 조항에 근거하여 취한 조치에 적용된다.

> ● **중재절차의 제한**
> 동법 제255조에 의하면, 법정 이혼 절차 시 판사는 부부에게 중재절차를 제안할 수 있으나, 한 배우자가 상대 배우자나 자녀에 대한 폭행을 행사하거나 상대 배우자에 대한 통제가 명백히 드러난 경우는 제외된다.
>
> ● **가정폭력사망자의 가해자 상속권 박탈**
> 민법전 제727조에 따르면, 사망자를 대상으로 고문, 야만적 행위, 고의적 폭력, 강간 또는 성폭행을 범하여 범인이나 공범으로 형사 혹은 경범죄 처벌을 받은 자는 상속 부적격자가 된다.

(2) 형사법적 위험방지[197]

1) 검사에 의한 위험방지

　　[**검사장에 의한 보호명령**] 2021년 4월 8일자 제2021-401호 법률 제1조에 의해 개정된 형사소송법전 제41-1조 제6항과 제41-2조 제14항에 의하면, **지방검찰청 검사장**(procureur de la République)은 피해자의 손해배상이나 범죄 관련 분쟁의 해결, 범죄자의 사회복귀에 필요하다고 판단하는 경우 공소제기 결정에 앞서, 배우자나 시민연대계약(PACS)에 따른 파트너, 혹은 동거인이나 그 자녀를 대상으로 범죄를 저지른 가해자에 대하여, 기존의 주소지나 거주지에서 퇴거하도록 하거나, 피해자의 주소지나 거주지 혹은 그 인근에 접근하지 못하도록 하거나, 필요한 경우에 가해자를 보건시설·사회복지시설·정신병원 등에 위탁할 수 있다.

　　특수한 경우를 제외하고, 이 조치는 폭력행위가 재발할 우려가 있는 경우와 피해자의 요청이 있는 경우에 한하여 이루어진다. 지방검찰청 검사장은 6개월을 초과하지 않는 기간 내에서 정한 기간 동안 해당 거주지와 관련된 비용부담을 분배하기 위한 방법을 결정할 수 있다.

　　[**피해자 지원 협력**] 형사소송법전 제39-1조에 의하면 검사는 범죄 피해자의 구조를 위해 고등법원장의 요청으로 구성된 피해자구호단체의 협력을 받을 수 있다.

---

197) 동 부분은 계명대 김택수 교수의 자문을 통하여 확인하였다.

[**원격경보 시스템**] 2019년 12월 28일자 제2019-1480호 법률 제17조에 의해 개정된 형사소송법전 제41-3-1조에 의하면, 배우자나 시민연대계약(PACS)에 따른 파트너, 혹은 동거인이 폭력 피해자를 위협하는 심각한 위험이 있는 경우, **지방검찰청 검사장**은 갱신 가능한 6개월의 기간 동안 피해자의 명시적 동의를 받은 후 공공기관에 경고를 알리는 원격보호장치(Dispositif de téléprotection)를 지급할 수 있다. 피해자의 동의에 따라, 필요한 경우 이 장치는 경고가 작동될 때 피해자의 위치정보를 공공기관에 전송할 수 있다.

원격보호장치는 피해자와 다음의 조건에 해당하는 폭력 가해자가 동거하지 않는 경우에 지급될 수 있다: ① 가해자가 가택 전자감시나 사법 통제 하에 있거나 혹은 형사소송절차(Composition pénale)에 회부되었거나, 유죄판결, 형벌조정(Aménagement de peine), 보안 조치, 기소 외 조치 혹은 보호 명령으로 피해자 접근금지 처분을 받은 경우, ② 명백하고 임박한 위험이 있을 때 가해자가 도주 중이거나 아직 체포되지 않은 경우 혹은 ①에서 규정된 사항 중 하나에 해당하나 피해자 접근금지 사법 통제가 아직 선고되지 않은 경우.

(**부연**) 새롭게 신설된 조항인 형사소송법전 제41-3-1조는 원격보호장치의 지급 요건을 포괄적으로 규정함으로써, 원격보호장치가 피해자에게 일어날 수 있는 위험 상황에 포괄적으로 적용되도록 하였다. 결과적으로 원격보호장치는 형사상 모든 단계에서 실행될 수 있으며, 피해자의 명시적인 동의가 있다는 조건하에서만 커플간 폭력 피해자에게 지급될 수 있다. 경찰력 집행을 위한 특정 서류나 위치정보에 대한 피해자의 동의서를 받을 때, 피해자에게 관련 정보를 제공하고 피해자로부터 서명을 받아야 한다. 또한 피해자에게 관련 서류의 사본을 전달하여야 한다.[198]

[**범행도구 아닌 가정폭력 피의자의 무기압수**] 형법전 제56조에 의하면, 폭력범죄와 관련된 수사의 경우, 사법경찰관(OPJ)은 직권으로 또는 지방검찰청 검사장의 지시에 따라 피의자가 소지하고 있거나 그 무기의 보관장소와 상관없이 피의자가 자유롭게 처분할 수 있는 무기를 압수할 수 있다.

[**중재절차의 제한**] 형사소송법전 제41-1조 제5항에 따르면, (지방검찰청 검사장은) 형법전 제132-80조에 규정된 커플간 폭력사건의 경우에 (형사사건에 대한) 중재 임무를 수행할 수 없다.

2) 판사에 의한 위험방지

[**예심수사 단계의 보호명령**] 2020년 7월 30일자 제2020-936호 법률에 의해 개정된 형사소송법전 제138조 제17항에 의하면, **예심판사**(Juge d'instruction)나 **석방구금판사**(Juge des lib—

---

198) Circulaire n°2014/0130/C16 relative à la lutte contre les violences au sein du couple, p. 12.

ertés et de la détention)는, 예심수사의 피의자가 경죄에 관한 징역형이나 그보다 중한 형에 해당하는 때에는 기존 거주지 퇴거, 피해자 접근금지, 필요한 경우 시설이나 병원 등에 가해자 위탁과 같은 사법통제를 명할 수 있다.

[**보호관찰부 집행유예 선고시의 보호명령**] 형법전 제132-45조 제19항에 의하면, 보호관찰부 집행유예를 선고하는 경우에 **판결법원**이나 **형적용판사**(Juge de l'application des peines)는 배우자나 시민연대계약(PACS)에 따른 파트너, 혹은 동거인이나 그 자녀를 대상으로 하는 범죄의 경우에 가해자의 기존 거주지 퇴거, 피해자 접근금지 및 필요한 경우 시설이나 병원 등에 가해자를 위탁하는 조치를 명할 수 있다.

(3) 특별법에 의한 피해자보호 관련 기타 규정

프랑스에는 가정폭력에 관한 일반법률은 없다. 다만 위와 같은 민법전과 형사법전의 규정을 개정하거나 강화해가며 대응하고 있다. 가정폭력 피해자 보호를 위한 2020년 7월 30일자 제2020-936호 법률(Loi n°2020-936 du 30 juillet 2020 visant à protéger les victimes de violences conjugales)[199]도 민법전과 형사법전의 내용을 아래와 같이 일부 추가하거나 강화하였다.

1) 민사적 보강

[**가해자 거주권 제한**] 동법 제1조에 의하면, 부부(공동)의 거주지 사용권은 특수한 사정으로 인하여 특별 법률명령에 의한 경우를 제외하고, 임시거주지 혜택을 받을 수 있더라도 폭력행사자가 아닌 배우자나 시민연대계약(PACS)에 따른 파트너 혹은 동거인에게 부여된다.

2) 형사적 보강

[**가해자 친권 제한**] 동법 제4조에 의하면, **예심판사나 석방구금판사**는 정당한 근거가 있는 결정에 따라 폭력행사자에게 미성년 자녀의 방문이나 유숙시킬 수 있는 권한의 정지를 명할 수 있다.

[**괴롭힘에 의한 자살발생 시 가해자 처벌**] 동법 제9조에 의하면, 배우자나 시민연대계약(PACS)에 따른 파트너, 혹은 동거인을 상대로 한 괴롭힘으로 인하여, 피해자가 자살을 시도하거나 자살한 경우에는 10년의 구금형 및 15만 유로(한화 약 2억 600만 원)의 벌금으로 가중처벌된다.

[**의사의 비밀유지 의무 면제**] 동법 제12조에 의하면, 의사나 의료전문가가 폭력으로 인하여 피해자의 생명이 즉각적 위험에 처해 있거나 폭력행사자의 통제로 인한 정서적 억압상태로 피해자가 스스로 보호할 방법이 없다는 판단하에, 형법전 제132-80조에 해당되는

---

199) https://www.legifrance.gouv.fr/jorf/id/JORFTEXT000042176652 (2021.8.31. 방문).

커플간 폭력에 관한 정보를 지방검찰청 검사장에게 알렸을 경우, 의사나 의료전문가에게 직업상의 비밀침해 적용이 제외된다. 의사나 의료전문가는 이에 대한 주요 피해자의 동의를 구하도록 노력해야 하나, 동의를 얻을 수 없는 경우에는 지방검찰청 검사장에게 해당 사실을 알려야 한다.

[자유형 선고 시 이를 대체 또는 이와 병과되는 무기제한, 접근금지, 접촉금지 등] 동법 제16조에 의하면, 범죄가 징역형으로 처벌되는 경우 법원은 하나 혹은 여러 구금형이나 제한형(최대 5년의 무기소지 금지, 무기압수, 최대 3년간 일정 지역에 대한 접근금지, 최대 3년간 특정 인물, 특히 피해자와의 접촉금지 등)을 징역형 대신 또는 동시에 선고할 수 있다.[200]

3) 행정적 보강

[가정폭력 피해자에 대한 법률원조] 동법 제25조에 의하면, (가정폭력 피해자에게) 긴급상황 절차 차원에서 법률원조(aide juridictionnelle)를 청구할 임시적 권리를 부여하고, 추후 재원 검토 후 소득이 불충분할 경우 동 권리는 확정된다.

2. 아동학대 관련

[아동의 개념] 민법전 제388조 제1항에 따르면, 미성년자는 18세 미만자를 의미한다. 원칙상 아동보호의 대상으로서의 아동은 미성년자이나 프랑스 아동보호법은 민법전에 규정된 미성년자인 18세 미만자를 넘어 21세 미만까지 확대적용된다. 18세 이상 21세 미만인 자를 '어린 성년자(jeunes majeurs)'라고도 부르는데, 중대한 어려움에 처한 경우에는 아동보호의 대상이 된다.[201]

[아동보호] 동법 제375조에서 아동보호란 '학대받는(maltraité)' 또는 '위험에 처한(en danger)' 미성년자에게 제도를 통하여 개입하는 것을 말한다. 2007년 3월 5일자 아동보호에 관한 개정법이 아동학대의 제한된 개념을 재차 확인하면서 아동보호를 위한 사법 혹은 행정적 개입의 근거를 명확히 하였다.

[아동학대] 프랑스에서는 1980년대에 들어서면서 아동학대라는 개념이 사법 규정을 통해 명시되면서 처음으로 도입되었다. 일반적으로 '학대'는 성년이 아동에게 육체 및 심리적으로 심각한 문제점을 야기하는 모든 행위를 지칭하며, 아동보호영역에서는 구체적으로 육체적, 심리적, 성적 및 제도적 폭력과 심각한 방임 등이 포함되었다. 이후 1989년 7월 10일

---

200) 6°, 7°, 10°, 12°, 13°, 14° de l'article 131-6 du Code Pénal.
201) 안문희, 법학연구 제60권 1호, 2019, 172-173면.

자 제89-487호 미성년자 학대 방지 및 아동보호에 관한 법(Loi n°89-487 du 10 juillet 1989 relative à la prévention des mauvais traitements à l'égard des mineurs et à la protection de l'enfance) 제정, 2000년 독립행정기관인 아동보호관(Défenseur des enfants)의 설립, 2007년 3월 5일자 개정법 등으로 학대 관련 법은 끊임없이 재정비되어 오늘에 이르렀다. 1990년대 들어서는 '학대'라는 개념에 아동에게 정당하게 대우할 필요성까지 포함하는 것으로 그 의미가 확대되었다.[202]

(1) 행정적 대응

프랑스에서의 아동학대는 아동보호를 위한 전문기관인 피위험아동 관찰소(Observatoire national de l'enfance en danger: ONED)를 중심으로 대응된다. 동 관찰소의 법적 근거는 사회 및 가족복지법(Code de l'action sociale et des familles) 제2권 사회부조 및 사회복지(Des différentes formes d'aide et d'action sociale) 제2절 아동(Enfance) 제4장 위험에 처한 아동의 보호 및 위급 상황 정보의 수집(Protection des mineurs en danger et recueil des informations préoccupantes) L.226-3조 이하에서 규정된다.

[**피위험아동 관찰소의 집중대응**] 동법 L.226-3조에 의하면, 아동학대를 비롯한 위험에 처한 아동을 보호하기 위한 업무의 주도권이 피위험아동 관찰소에 부여된다. 데파트망 단위별로 의무적으로 설치·운영되며, 피위험아동 관찰소장은 데파트망 의회 의장이 관장한다.

동법 L.226-3-1조에 의하면, 동 관찰소는 데파트망 내의 의회 관련 업무 대표자, 법원 대표자, 아동보호 관련 부서 대표자, 기타 아동 및 가족보호를 위한 단체의 대표자 등으로 구성된다. 동 관찰소의 업무는 위험에 처한 아동과 관련한 정보를 수집·검토·분석하는 것이다. 사법처리가 필요한 경우 동 관찰소장은 (수사기관을 거치지 않고 신속하게 직접) 법원에 통지하여야 한다.

[**국립콜센터의 운영**] 아동보호업무를 수행하는 공법인 및 사법인 등이 연합하여 피위험아동을 위한 공익연합체(Groupement d'Intérêt Public Enfance en Danger: GIPED)를 구성하여, 국립콜센터(Service National d'Accueil Téléphonique pour Enfance en Danger: SNATED)를 운영한다.

[**기타 경찰의 활동**] 미성년 피해자를 대상으로 한 예방활동은 미성년자의 권리를 알리고 위험한 행동과 상황임을 인지할 수 있도록 하는 것이 바람직한데, 사법관(Magistrat)이나 국가경찰 부서(Services de la gendarmerie ou de la police nationale)가 교육기관 내에 개입하여 예방활동이 가능하다.[203]

---

202) 안문희, 법학논문집 제37집 제1호, 2013, 8-13면.
203) Direction des affaires criminelles et des grâces, Guide relatif à la prise en charge des mineurs victimes, septembre 2015, p. 14.

(2) 민사상 대응

1) 교육적 부조조치(assistance éducative)

[**요건과 청구권자**] 민법전 제375조 제1항에 의하면, 법관은 친권에 복종하는 미성년자의 건강, 안전, 심리 상태 등이 위험에 처하였거나 신체적·정서적·지적·사회성 등의 발육이 심각하게 위태로운 경우, 부와 모, 혹은 그 일방의 청구에 의하여, 또는 미성년자를 위탁받아 양육하고 있는 사람이나 기관의 청구에 의하여, 또는 후견인이나 미성년자 자신, 혹은 검찰(ministère public)의 청구에 의하여 교육적 부조(assistance éducative) 조치를 명할 수 있다. 예외적으로 법관이 직권으로 조치를 명할 수도 있다.

[**교육과 상담**] 민법전 제375조 제3항에 의하면, 부조조치의 유형은 지정된 교육기관에서의 교육이나 상담 등 법관의 재량으로 결정하게 되나, 기간은 2년을 넘지 않도록 특정하여야 한다.

[**수용명령**] 동법 제375조 제4항에 의하면, 법관은 부모의 책임수행 능력이 지속적으로 부족한 경우 특정 부서나 시설에서 해당 자녀를 수용하는 조치를 명할 수 있다.

[**아동위탁결정**] 동법 제375-3조 제1항에 의하면, 법관은 아동보호를 위하여 필요한 경우 아동과 거주하지 않는 다른 부모, 가족의 다른 구성원이나 신뢰할 만한 제3자, 아동에게 사회 부조를 하는 데파트망 내의 부서, 미성년자를 수용할 자격이 있는 기관이나 시설, 보건소나 교육기관이나 시설 등에 아동 위탁 결정을 내릴 수 있다.

[**통합법관의 관할**] 교육적 부조조치는 소년사건담당법관(juge des enfants)이 전속으로 담당한다. 아동이 범한 형사사건과 민법전상 교육적 부조조치를 모두 관할하여, 민사와 형사를 엄격하게 분리하지 않고 같은 법관이 효율적이고 신속하게 처리한다.

2) 친권의 상실

교육적 부조조치가 있더라도 아동 부모는 여전히 친권을 가지므로 아동학대자가 친권자인 경우 친권 상실조치가 필요하다.

[**친권상실의 요건**] 민법전 제378조, 제378-1조 제1항에 의하면, 친권상실의 요건은 부모가 아동에 대한 범죄로 유죄판결을 받은 경우나 아동학대, 과도한 상습음주, 마약복용, 아동방치 등이다.

[**교육적 부조조치 저촉 시 친권상실**] 민법전 제378-1조 제2항에 의하면, 아동에게 내려진 교육적 부조조치와 관련하여 부모가 2년 이상 고의로 그 권리를 행사하지 않거나, 의무를 이행하지 않은 경우 친권상실의 대상이 된다.

3) 형사상 대응조치

[아동대상범죄의 처벌] 형법전(Code Pénal)은 제227-15조부터 제227조-28-3조(De la mise en péril de la santé et de la moralité des mineurs)까지 아동을 대상으로 한 범죄의 처벌을 규정하였다: 친권자의 식사 미제공, 부모의 법적 의무 불이행, 타락 조장 및 기도, 아동포르노 촬영·전달 등.

[아동대상범죄의 가중처벌] 형법전 제222-8조에 의하면, 15세 미만의 미성년자에 대하여 법률상이나 사실상의 직계존속 기타 보호감독권이 있는 자가 제222-7조의 폭행치사죄를 범한 때에는 30년의 징역형으로 가중처벌한다. 형법전 제222-10조에 의하면, 15세 미만의 미성년자에 대하여 법률상이나 사실상의 직계존속 기타 보호감독권이 있는 자가 제222-9조의 중상해죄를 범한 때에는 20년의 징역형으로 가중처벌된다.

형법전 제222-14조에 의하면, 15세 미만의 미성년자 또는 연령이나 질병, 신체·정신적 장애나 임신으로 인하여 자활능력이 미약하다는 사실이 명백한 자, 또는 그 사실을 알면서 상습으로 폭행한 자는 사망 또는 상해의 결과에 따라 30년의 징역형 내지 5년의 구금형과 7만 5,000유로의 벌금에 처한다.

[아동대상범죄 신고의무] 형법전 제434조의3에 의하면, 15세 미만의 미성년자 또는 연령이나 질병, 신체·정신적 장애나 임신으로 인하여 자활능력이 미약한 자가 결핍이나 학대, 성폭행 등204) 핍박 상태에 있다는 사실을 알고 있는 자가 이러한 사실을 사법 또는 행정기관에 신고하지 아니한 경우 3년의 구금형 및 4만 5,000유로의 벌금에 처한다.

[미성년자의 포르노그래피] 가정폭력 피해자 보호를 위한 2020년 7월 30일자 제2020-936호 법률 제21조에 의하여 형량이 가중된 형법전 제227-23조에 따르면, 1) 배포 목적으로 미성년자의 이미지나 표현을 촬영, 기록 혹은 전달하는 행위는 이 이미지나 표현이 포르노그래피의 성격을 띠는 때에는 5년의 구금형 및 7만 5,000유로의 벌금형에 처한다(기존 2년 구금형 및 3만 유로 벌금형). 2) 전항의 이미지나 표현을 제공하거나, 사용하도록 하거나 방법 여하를 불문하고 배포하거나 수입 또는 수출하거나 하도록 하는 행위는 전항과 동일한 형에 처한다. 3) 이미지나 표현의 배포를 위하여 불특정 다수를 수신자로 하여 전기통신망을 이용한 경우 7년의 구금형 및 1만 유로의 벌금에 처한다. 4) 전항에 규정된 경죄의 미수행위는 동일한 형에 처한다. 5) 위와 같은 이미지나 표현을 이용할 수 있는 유선 대중통신서비스를 상습적으로 조회하거나 그러한 이미지나 표현을 방법 여하를 불문하고 보유하는 행위는 2년의 구금형 및 3만 유로의 벌금에 처한다. 6) 범죄조직에 의해 범해진 경우 10

---

204) 1998년 6월 17일자 법률 제98-468호에 따라 미성년자가 당하는 여러 핍박 상황에 대한 열거의 필요성과 이에 대한 신속하고 포괄적인 지원을 위해 추가되었다.

년의 구금형 및 50만 유로의 벌금에 처한다. 7) 신체적 외형이 미성년자와 흡사한 사람의 포르노그래피 영상에 적용한다. 단, 당해인이 촬영이나 녹음일에 18세 이상이었던 것이 입증된 경우를 제외한다.

3. 성폭력 관련

(1) 피의자 신상공개

[**신상등록 대상**] 형사소송법전 제706-53-2조에 의하면, 제706-47조에서 규정한 성범죄를 범한 경우, 경죄로 5년 이하의 징역형에 처할 범죄를 제외하고 해당자의 신원·주소 및 전후 주소, 그리고 필요한 경우에 거주지 정보를 국가사법정보에 등재한다.

[**신상등록 및 공개의 절차, 변경등록**] 동법 제706-53-3조에 의하면, 관할 검사나 예심판사[205]는 지체없이 보안된 정보통신을 이용하여 국가사법정보에 공개할 정보를 송부한다. 검사 또는 예심판사가 송부한 정보는 국가사법정보 관리자가 주민등록부 등을 통하여 대상자의 인적사항을 확인한 후에 일반에 공개할 수 있다. 만일 정보가 공개된 자의 주소가 새롭게 바뀌거나 정확한 주소를 확인한 경우, **사법경찰관**은 보안된 정보통신을 이용하여 해당 정보를 국가사법정보 관리자에게 즉시 송부하여야 한다.

[**유죄판결자 신상정보공유**] 동법 제706-53-7조에 의하면, 국가사법정보의 내용은 보안조치가 된 전자통신으로 다음의 자에게 제공된다. ① 사법기관, ② 유죄·감금 또는 생명 침해 중죄, 제706-47조에 규정된 범죄와 관련된 절차와 제706-53-5조 및 제706-53-8조에 규정된 의무 이행을 위한 **사법경찰관**, ③ 미성년자와 대면하는 직업이나 업무의 감독, 그 직업이나 업무와 관련된 채용·허가·인가·면허 등 행정업무를 위하여 제706-53-12조에 규정된 명령으로 정한 국가기관과 구청, ④ 수감된 자의 교도소 장이 특별히 위임한 등록 업무 담당자.

[**신상변경의 통지**] 동법 제706-53-8조에 의하면, 국가사법정보에 새로운 정보가 등재되거나 등재된 주소 변경 혹은 규정된 기간 안에 주소 증명을 하지 않은 경우에, 국가사법정보 관리자는 내무부에 알리고, 내무부는 지체 없이 관할 국립경찰이나 국립군경찰에 이를 통지한다.

---

205) '예심판사(Juge d'instruction)'는 판사라는 명칭과 달리 검사의 예심수사 개시청구에 기해 피의자와 증인심문, 구금 및 사법경찰 수사지휘를 통한 수색, 압수 및 통신감청 등 실질적인 수사검사의 역할을 담당하며 고등법원 예심부의 통제를 받는다. 프랑스 혁명 이후에 소추와 예심수사, 판결의 각 권한을 분리하게 되면서 도입되었다(프랑스 형법전, 법무부, 2008, 43면).

(2) 유전자정보 관리

형사소송법전 제706-54조에 의하면, 국립유전자정보시스템은 생물학적 흔적에서 기인한 유전자 배열상과 제706-55조에 규정된 다음 범죄 중 하나로 유죄판결을 받은 자의 유전자 배열상을 관리하고, 사법관의 감독 하에 두어 범죄수사를 용이하게 한다: 제706-47조에서 규정하는 **성범죄**와 형법전 제222-32조에 정한 경죄, 반인륜범죄, 사람의 신체에 대한 고의적 침해·고문·가혹행위·상해·협박·마약 밀매, 개인의 자유에 대한 침해, 인신매매·조직성매매·강제구걸 착취·미성년자 유기범죄 등이 있다(이하 생략).

(3) 형사법상 미성년자 피해범죄에 대한 공소시효의 특칙

[**미성년자 피해범죄의 특칙**] 2021년 4월 21일자 제2021-478호 법률 제10조에 의해 개정된 형사소송법전 제7조에 의하면, 중죄에 관한 공소권은 그 범죄가 행해진 날로부터 기산하여 만 20년에 만료된다. 형사소송법전 제706-47조에서 정하는 **성폭력범죄**에 속하는 범죄 중 중죄의 경우, 공소시효는 피해자가 성년이 되는 시점부터 30년이다.

[**15세 미만자 피해경죄의 가중특칙**] 2021년 4월 21일자 제2021-478호 법률 제10조에 의해 개정된 형사소송법전 제8조에 의하면, 형사소송법전 제706-47조에서 정하는 성폭력범죄에 속하는 범죄 중 경죄의 경우, 공소시효는 피해자가 성년이 되는 시점부터 10년이나, 형법전 제222-12조 폭행의 가중, 제222-29-1조의 미성년자에 대한 강간 이외의 성적침해 및 제227-26조의 친족이나 감독자에 의한 비강제적 성폭력에 속하는, 경죄의 피해자가 15세 미만이라면 공소시효 기간은 10년이 아니라 20년으로 가중된다.

(**해석론**) 이때 단순히 시효기간이 연장되는 것이 아니라 미성년자인 피해자의 상황을 고려하여 범죄발생일이 아닌 성년(만 18세)이 되는 날이 기산점이 된다. 따라서 사인소추를 포함한 공소제기가 가능한 연령은 중죄나 일부 경죄의 경우 37세, 그 외 경죄의 경우 27세가 된다.[206]

4. 스토킹 관련

프랑스에는 스토킹규제 특별법이 없다.[207] 스토킹 범죄는 형법전상 정서학대에 관한 처벌규정(제222-33-2조부터 제222-33-2-2조까지) 등을 준용하여 처벌된다.

---

206) 김택수, 형사정책연구 79호, 2009, 168-169면.
207) https://petitions.senat.fr/initiatives/i-506?locale=fr (2021.8.24. 검색).

[**일반적 스토킹 처벌**] 형법전 제222-33-2조에 의거하여, 타인의 권리와 존엄성을 침해하거나 심신의 건강을 손상시키거나, 직업상의 장래에 지장을 줄 수 있는 근로조건의 악화를 목적으로 하거나 그러한 결과를 초래하고자 하는 반복적인 언행이나 행동으로 타인을 괴롭히는 행위는 2년의 구금형 및 3만 유로의 벌금에 처한다.

[**커플폭력 스토킹 처벌**] 2020년 7월 30일자 제2020-936호 가정폭력 피해자 보호를 위한 법률[208])에 의해 개정된 형법전 제222-33-2-1조에 의하면, 배우자, 시민연대계약(PACS)에 따른 파트너 혹은 동거인을 상대로 생활조건을 악화시킬 목적으로 혹은 그러한 결과를 초래하고자 반복적인 언행이나 행동으로 상대의 심신의 건강을 악화시키는 행위를 하여, 이러한 사실로 인하여 8일 이하의 노동 불능이 초래되거나 노동 불능이 초래되지 않은 경우에는 3년의 구금형 및 4만 5,000유로의 벌금, 8일 이상의 노동 불능이 초래되거나 미성년자가 있었거나 목격하고 있을 때 저지른 경우에는 5년의 구금형 및 7만 5,000유로의 벌금에 처한다. 피해자의 전 배우자나 전 동거인 혹은 시민연대계약에 따른 전 파트너가 이 범죄를 저지른 경우에도 위와 동일하게 처벌된다.

동법 제9조와 형법전 제222-33-2-1조에 의하면, 만일 괴롭힘으로 인하여 피해자가 자살을 시도하거나 자살한 경우에는 10년의 구금형 및 15만 유로의 벌금으로 가중처벌된다.

동법 제20조와 형법전 제222-16조에 의하면, 평온을 해할 목적으로 악의적 전화호출이나 소음발생을 반복하는 자는 1년의 구금형 및 15만 유로의 벌금에 처한다.

5. 성매매 관련

과거 프랑스는 개인의 존엄성과 자유존중 사상을 기반으로 성매매 당사자를 처벌하지 않는 폐지주의를 취해왔다.[209]) 즉 매수자 측면에서, 미성년자나 사회적 약자를 대상으로 한 경우를 제외하고 성매수자는 처벌되지 않았다. 매도자 측면에서도 공공장소에서의 성매매 호객행위[210])와 포주를 포함한 성매매 영업만이 처벌되었다. 다만 포주행위는 성매매자가

---

208) Article 9 de la loi n°2020-936 du 30 juillet 2020.

209) 프랑스는 공중위생과 여성의 인권 신장을 위해 창녀촌을 폐쇄한 1946년 4월 13일자 마르뜨 리샤르(Marthe Richard)법안과 1949년 12월 2일에 채택된 국제연합의 "인신매매 및 제3자에 대한 성매매 착취 처벌을 위한 국제조약(Convention internationale pour la répression de la traite des êtres humains et de l'exploitation de la prostitution d'autrui)"을 1960년에 체결한 이후에 성매매 당사자는 처벌하지 않는 폐지국가군에 합류하였다.

210) 2003년, 일명 '사르코지Ⅱ 법률'이라고 불리우는 2003년 3월 18일자 국내치안에 관한 제2003-239호 법률(Loi n°2003-239 du 18 mars 2003 pour la sécurité intérieure)이 제정되면서 형법전 제225-10-1조가 개정되었다. 동 규정은 성매매자의 수동적 호객행위(Racolage passif)도 범죄로 규정하여 성매매 영업에 대한 처벌규정을 강화하였다. 그러나 동법에 따라 호객행위를 하는 성매매 여성을 체포하기 시

동의했을지라도 범죄로 규정하여 형태를 불문하고 전부 처벌하였다.[211]

하지만 2016년 4월 6일자 제2016-444호 성매매 근절 및 성매매 여성 지원 강화에 관한 법률[212]이 격론 끝에 국회에서 통과되면서, 성매수자는 누진형 제도를 통해 처벌받게 되었다.[213] 반면 (성매매 영업자가 아닌) 성매도자는 범죄자가 아닌 사회적 피해자로 간주되어 호객행위 처벌규정도 폐지되었다. 이로써 프랑스는 유럽에서 스웨덴, 노르웨이, 아이슬란드에 이어 네 번째로 성매수자만 처벌하는 일방 금지주의 국가가 되었다. 성매수자 처벌 법률의 도입 전후로도 찬반양론이 치열하였으나, 2019년 2월에 헌법재판소가 동법에 대해 합헌 판결을 내리면서 일단락되었다.

(1) 형사상 대응

[**포주행위**(Proxénétisme) **처벌**] 형법전 제225-5조에 의하면, 성매매영업이라 함은 주체 및 방법 여하를 불문하고, ① 타인의 성매매를 돕거나 보조 또는 보호하는 행위, ② 타인의 성매매로부터 이익을 얻거나 성매매의 수익의 분배에 관여하거나 또는 상습으로 성매매를 하는 자로부터 금품을 수수하는 행위, ③ 성매매를 위하여 고용, 유인 또는 약취하는 행위 또는 성매매를 하거나 계속하도록 할 목적으로 강요하는 행위이며, 성매매영업을 한 자는 5년의 구금형 및 15만 유로(약 2억 284만 원)의 벌금에 처한다.

> ● **포주행위의 개념**[214]
> 프랑스 법에서 일반적으로 '포주 행위'란 제3자에 의한 성매매 착취를 말하며, 성매매에 대한 지원을 총괄하는 의미이다. 하지만 다양한 상황에서 포주행위의 정확한 개념을 도출하기는 쉽지 않다.
> 포주의 개념이 적용된 판례를 살펴보면, 성매매자의 호객 행위를 용인하였던 식당 주인[215]과 경찰이 검거할 당시 성매매자에게 미용실을 대여해 준 미용실 주인,[216] 그리고 창녀촌에서 일하는 부인에게 송금받은 전쟁 포로 남편[217]에게 포주 행위가 적용되었다. 1993년까지 성매매자와 동거하는 경우에

작하자 성매매 여성이 더 음지로 잠적하면서, 성매매자에 대한 사회적 지원의 약화, 수입 감소, 사회 복귀 및 위생 조건 악화 등의 부작용이 발생하는 문제점이 드러나기 시작했다.
211) 강홍진, 맞춤형 법제정보, 2011, 4-5면.
212) Loi n°2016-444 du 13 avril 2016 visant à renforcer la lutte contre le système prostitutionnel et à accompagner les personnes prostituées.
213) https://www.thierryvallatavocat.com/2016/04/lutte-contre-la-prostitution-creation-d-une-contravention-de-5e-classe-sanctionnant-le-recours-a-la-prostitution-d-une-personne-maje (2020.10.21. 검색).
214) 강홍진, 맞춤형 법제정보, 2011, 7-8면.
215) Cour de cassation, 1973.
216) Cour de cassation, 1971.
217) Cour de cassation, 1944.

단순 동거인에게도 포주의 개념이 적용되었으나 형법이 개정되면서 관련 조항은 폐지되었다. 오늘날에는 성매매자와 동거 시 동거인이 성매매자의 수입에 전적으로 의존하거나 생활 수준이 성매매 수입액에 대한 세금 신고액보다 높은 경우 포주의 행위로 적용되어 처벌받을 수 있다. 2003년 이후로는 성매매자에게 차량을 제공하는 경우에도 호텔을 제공한 경우와 동일하게 처벌받는다. 결과적으로 포주 행위란 협박이나 폭력 사기 혹은 그 외 다른 수단을 통하여 특정인에게 현금 취득을 목적으로 타인과의 성관계를 주선 및 강요하거나 지원하는 자, 그리고 호텔 등 부동산을 이용한 자로 정의한다.

[성매매영업의 가중처벌] 형법전 제225-7조에 의하면, 성매매영업이 ① 미성년자를 상대로 하거나, ② 연령, 질병, 신체 및 정신적 장애 또는 임신으로 인하여 자활 능력의 미약함이 명백하거나, 행위자가 알고 있는 경우, ③ 수인을 상대로 한 경우, ④ 프랑스 영토 밖에서 또는 프랑스 영토에 도착한 때에 성매매를 하도록 유인된 자를 상대로 하거나, ⑤ 법률상 또는 사실상의 직계존속이나 감독권이 있는 자에 의한 경우 및 직무상의 권한남용에 의한 경우, ⑥ 무기를 소지한 자에 의한 경우, ⑦ 강제, 폭행 또는 기망에 의한 경우, ⑧ 정범 또는 공범의 자격을 가지는 수인에 의한 경우[218)]에 10년의 구금형 및 150만 유로의 벌금에 처한다.

동법 제225-7-1조에 의하면, 15세 미만의 미성년자에 대하여 성매매 영업이 행해진 경우 20년의 구금형 및 300만 유로의 벌금에 처한다.

[성매수자의 차수별 가중처벌] 형법전 제611-1조에 의하면, 우연한 경우를 포함하여 성매매에 종사하는 자에게 보수나 보수 약속, 현물 급여 지급 혹은 그러한 지급 약속을 대가로 성적 관계를 청탁하거나 수락을 받거나 또는 취득한 자는 5급 위경죄의 규정에 따라 1,500유로의 벌금에 처한다.

2021년 4월 21일자 제2012-478호 법률에 의해 개정된 형법전 제225-12-1조 제1항에 의하면, 형법전 제131-11조의 제2항[219)]의 기준에 따라 재범에 해당하는 경우, 우연한 경우를 포함하여 성매매 종사자에게 보수나 보수 약속, 현물 급여 지급 혹은 그러한 지급 약속을 대가로 성적 관계를 청탁하거나 수락을 받거나 또는 취득한 자는 3,750유로의 벌금에 처한다. 형법전 제225-12-1조 제2항에 의하면, 성매도자가 미성년자거나 임신이나 질병, 허약 및 장애로 인한 사회적 약자라는 사실이 명백히 드러나거나 성매수자가 이를 알고 있음에도 전항에서 규정된 범죄를 범한 경우에는 5년의 구금형 및 7만 5,000유로의 벌금에 처한다.

[성매수자의 가중처벌] 형법전 제225-12-2조에 의하면, 동법 제225-12-1조 제2항에서

---

218) 단, 범죄조직의 일원으로 행위를 한 경우는 제외된다.

219) 5급 위경죄(contravention)의 재범이 경죄(délit)에 해당한다고 법률에 규정되어 있는 경우, 그 행위가 전범의 만료 혹은 시효로부터 3년 이내에 행하여지면 재범이 된다.

정하는 사회적 약자를 대상으로 다음의 방법으로 성매수를 한 경우 7년의 구금형 및 10만 유로의 벌금으로 가중처벌된다: ① 상습적 혹은 수인을 대상으로 하였을 때, ② 불특정 다수를 대상으로 하는 통신망을 사용하여 성매도자와 접촉한 경우, ③ 직무상 부여된 권한을 남용하여 성매수를 한 경우, ④ 성매수자가 고의 혹은 과실로 성매도자의 생명을 위태롭게 하거나 폭력을 행사한 경우.

　　동법 제225-12-1조 제2항에 규정된 처벌이 15세 미만자를 대상으로 한 경우에는 10년의 구금형 및 15만 유로의 벌금으로 가중된다.

　　[해외원정 성매매 처벌] 형법전 제225-12-3조에 의하면, 동법 제225-12-1조 및 제225-12-2조의 제2항에 규정된 범죄가 프랑스인이나 프랑스 영토에 통상적으로 거주하는 자에 의해 해외에서 행하여진 경우, 동법 제113-6조에 따라 프랑스 영토 내에서 범한 중죄와 동일하게 처벌된다.

● 미성년자와의 성매매 엄격금지

2002년 1월 17일자 법률 제2002-73호 사회적 현대화에 관한 법률은 정서학대에 대한 범죄행위를 신설하고, 특히 미성년자와의 성매매 행위가 별도의 범죄로 규정되어 가중처벌 받도록 하였다.[220] 2002년 3월 4일자 친권에 관한 법률의 제13조[221])에도 프랑스 영토에서의 미성년자 성매매 금지 조항이 있다. 프랑스 형법에서 청소년을 대상으로 한 성매매는 프랑스 영토 내에서뿐만 아니라 국외에서의 성매매도 처벌하는 속인주의 원칙과 프랑스 내에서 일어난 범죄를 처벌하는 속지주의 원칙을 표방한다.[222] 1994년에 채택되어 1998년에 확대 개정된 치외법권에 관한 법률(Lois d'extraterritorialité)에 따르면, 외국에서 아동 성매매를 목적으로 여행을 한 성매수자는 성매매 행위 및 형태에 따라 10년의 구금형 및 15만 유로의 벌금형에 처한다. 이 조항은 1997년 드라기냥(Draguignan) 사건에서 처음 적용되어 피고에게 징역 7-15년이 선고되었다.[223]

　　[성매매종사자 출입건물의 강제출입·수색·압수] 형사소송법전 제706-35조의 1항에 의하면, 호텔 내부, 가구가 설비된 사옥·펜션·주점·클럽·써클·무도장·극장 및 그 부속건물, 공공에 개방된 장소 또는 공공이용에 제공되는 모든 장소에서 성매매에 종사하는 자가 수시로 출입한 사실이 확인되었다면, 범죄의 증거 수집 및 혐의 확인을 위하여 출입·수색 및

---

220) 프랑스 형법, 법무부, 2008, 7면.
221) 2002년 3월 4일자 친권에 관한 법(loi du 4 mars 2002 sur l'autorité parentale) 제13조: 프랑스 영토 전역에서 미성년자의 성매매가 금지된다. 간헐적일지라도 성매매를 하는 미성년자는 위험에 처한 것으로 간주되어 교육지원절차의 일환으로 소년사건담당법관의 보호를 받게 된다.
222) 이은애, 유럽 10개국 성매매 관련법제 비교연구, 한국법제연구원, 2006, 73면.
223) 강홍진, 맞춤형 법제정보, 2011, 9면.

압수는 주간과 야간을 불문하고 언제든지 집행될 수 있다.

　[**성매매 예방교육 방해 시 처벌**] 형법전 제225-6조 4항에 의하면, 성매매를 하거나 할 우려가 있는 자에 대하여 권한있는 기관이 시행하는 예방, 통제, 지원 또는 재교육 활동을 방해하는 행위를 한 경우에 성매매영업으로 간주하여 처벌한다.

> ● **성매매계약의 무효**
>
> 민법전 제16-1조: 각각은 본인의 신체 존중권을 가진다. 신체는 불가침하다. 인체와 인체의 구성요소 및 인체 유래물은 재산권의 대상이 될 수 없다.

---

(2) 행정적 대응

　[**성매매피해자 보호**] 2020년 12월 16일자 제2020-1733호 법률명령에 의해 개정된 가족 및 사회활동에 관한 법전(Code de l'action social et des familles modifié par Ordonnance n° 2020-1733 du 16 décembre 2020) 제121-9조에 의하면, 각 데파트망은 성매매와 성매매알선, 인신매매 피해자를 보호하고 L.345-1조에 명시된 기관 중 하나에 수용하여 피해자들에게 필요한 지원을 보장하여야 한다고 규정한다. 또한 각 관선도지사가 의장을 맡고, **국립경찰** 및 **국립군경찰**, 지자체의 대표, 사법관, 의료인, 협회대표로 연합기관을 구성하여, 성매매와 성매매알선, 인신매매 피해자를 지원하는 조직 및 조정하는 역할을 수행하도록 한다.

6. 소년범 관련

　[**분별있는 소년의 조건부 형사처벌**] 형법전 제122-8조에 따르면, 분별력 있는 미성년자는 연령상의 이유로 누릴 수 있는 책임의 감경을 고려하여 유죄로 인정된 중죄, 경죄 혹은 위경죄에 대하여 형사상 책임을 갖는다.

　(**부연**) 본래 프랑스는 미성년자에게 형사상 책임을 지우지 않아 왔으나, 청소년범죄에 대한 적극적인 대처를 위해 2002년 법무부장관이었던 도미니크 페르벤(Dominique Perben)이 초안을 마련하여 일명 '페르벤 I 법률'이라고 불리는 2002년 9월 9일자 법률 제2002-1138호 사법의 방향성 및 프로그램화에 관한 법률을 입법하면서, 분별력 있는 미성년자에게 형사상 책임을 인정하게 되었다.[224]

　[**보호처분과 형사처벌 연령의 구분**] 형법전 제122-8조 제2항은 연령상의 이유로 누릴 수

---

224) 프랑스 형법, 법무부, 2008, 8면.

있는 책임의 감경을 고려하여 10세 이상 18세 이하의 미성년자에게 선고될 수 있는 교육적
제재 그리고 13세 이상 18세 이하의 미성년자에게 처할 수 있는 형벌을 아울러 정한다고 규
정하였다.

[13세 미만 보호처분대상자의 예외적 강제유치] 1945년 2월 2일자 소년범죄에 관한 제
45-174호 법률명령(Ordonnance[225)226)])의 제4조에 의하면, 10세 이상 13세 미만의 미성년자
는 강제유치(garde à vue)되지 않는다. 하지만 예외적으로 10세에서 13세 미성년자가 형사소
송법 제62-2조에 의해 규정된 사유 중 하나로서 최소 5년의 징역으로 처벌받을 수 있는 경
죄나 중죄를 범하였거나 범하려 했다고 추정할 만한 중대한 징후가 있는 경우에 **사법경찰관**
의 재량에 따라 유치(retenue)될 수 있다. 단, 사법경찰관은 검찰 소속 사법관이나 소년사건
담당법관(Juge des enfants), 혹은 아동보호 전문 예심판사(juge d'instruction spécialisés dans la
protection de l'enfance)의 통제하에 사전 승인을 받아야 하며, 유치 기간은 사법관이 결정하
나 12시간을 초과할 수 없다. 사법관은 미성년자와의 접견(présentation) 후에 재량으로 1회
에 한하여 유치 기간을 연장할 수 있으나, 이 경우에도 12시간을 초과할 수 없다.

> ● **강제유치**
>
> 형사소송법 제62-2조에 의하면, 강제유치는 사법경찰관에 의해 결정되는 강제조치로서 사법당국의
> 통제 하에 중죄 혹은 징역형 경죄를 범하였거나 범하려 했다고 의심되는 자를 하나 혹은 여러 합당한
> 사유가 있을 때 수사관의 재량으로 유치하는 것을 말한다(제1항: 수사 실행을 위해 혐의자의 협조나
> 출석이 필요할 때, 제6항: 중죄나 경죄를 중단시키기 위한 조치를 실행하여야 할 때)
>
> * 프랑스 법령용어 해설집, 2006, Garde à vue(강제유치, 경찰유치): 사법경찰관은 범죄를 저질렀다
> 고 의심되는 자에 대하여 수사상 필요를 이유로 경찰서 또는 군경찰 시설에 최고 24시간 동안 구금할
> 수 있다. 강제유치는 불심검문, 현행범체포, 임의출석 등 이미 신병을 확보한 상태에서 취해지는 구금
> 조치로서 적극적인 체포(arrestation)와는 구별된다. 예비수사, 현행범수사, 촉탁수사의 전 과정에서
> 강제유치가 가능하며 수사종류별로 적용법조가 다르다. 강제유치에 대한 통제권자는 예비수사, 현행범
> 수사인 경우에는 지방검찰청 검사장이 되며, 예심이 개시된 경우에는 수사판사가 된다. 지방검찰청 검
> 사장 또는 수사판사는 강제유치의 사실을 통보받으며 최장 24시간 동안의 구금연장을 승인할 수 있
> 다. 범죄혐의가 없는 참고인에 대하여는 강제유치를 할 수 없으며 조사에 필요한 시간 동안만 인치할

---

225) Ordonnance(법률명령, 오르도낭스): 법률명령은 법률과 행정입법의 중간에 위치하는 법규범을 의미하
며, 헌법 제38조 제1항에서는 "정부는 그 강령을 실시하기 위하여 일정기간에 대해 통상 법률의 소관
사항에 속하는 조치를 법률명령으로서 정하는 승인을 국회에 요구할 수 있다"라고 하여 법률명령제도
를 규정하고 있다. 즉, 오르도낭스는 헌법에 의한 수권, 의회에 의한 수권 또는 국민에 의한 수권에 의
거하여 법률사항에 개입하여 법률을 개폐할 수 있는 행위이며 국가원수의 정치적 의견을 실제에 반영
하는 조치라고 할 수 있다(프랑스 법령용어 해설집, 2006, 321면).

226) Ordonnance n°45-174 du 2 février 1945 relative à l'enfance délinquante.

수 있다. 강제유치된 자는 묵비권, 가족에게 통보할 권리, 강제유치 개시 첫 시간에 변호사와 면접할 수 있는 권리 등을 행사할 수 있다. 일정한 범죄들(테러리즘, 마약유통)에 대한 강제유치는 석방구금판사의 결정에 의하여 최고 4일 동안 가능하다. 지방검찰청 검사장은 연1회 이상 강제유치시설을 방문하여 인권침해 여부 등을 확인한다.

[16세 미만 소년범의 강제유치와 통지의 예외] 소년범에 관한 1945년 2월 2일자 제45-174호 법률명령 제4조의 적용에 관한 형사소송법전 D.15-6-1조에 따르면, 13세 이상 16세 미만 미성년자에 대한 강제유치의 경우, **사법경찰관**은 지방검찰청 검사장(Procureur de la République)이나 정보담당 판사에게 강제유치를 통고한 직후, 즉시 미성년자의 부모나 후견인 혹은 위탁시설에 강제유치된 사실을 알려야 한다. 이때 사법경찰관은 죄명(qualification), 미성년자가 형사소송법전 제62-2조의 1항 및 6항에 규정된 강제유치 혹은 유치(retenue)된 사유와 범하였거나 범하려 한 것으로 의심되는 범죄의 추정 날짜 및 장소에 대한 정보를 제공하여야 한다. 위 통지조항은 증거수집이나 보존을 위해서 또는 사건의 상황을 고려한 지방검찰청 검사장이나 예심담당 판사의 결정에 따라 생명이나 자유 혹은 신체의 완전성에 대한 심각한 침해를 예방하기 위한 경우라면 사법관의 결정하에 12시간 한도 내에 예외가 허용된다. 지방검찰청 검사장이나 예심담당 판사가 사법경찰관이 부모나 후견인 혹은 위탁시설에 12시간 동안 정보를 제공하지 않도록 허가한 경우, 사법경찰관은 지체 없이 교육지원 분야 전문 소년사건 담당법관에게 이 사실에 대해 알려야 한다. 사법경찰관은 미성년자가 지정하고 법적대리인이 아니더라도 적합하다고 판단되는 성인에게 정보를 제공할 수 있다. 이 경우에 소년사건담당법관의 예심에 관한 조항이 적용되지 않을 수 있다.

[18세 미만 소년범의 강제유치] 소년범에 관한 1945년 2월 2일 제45-174호 법률명령 제4조에 따르면, 16세 이상 18세 이하 미성년자가 강제유치되는 경우 사법경찰관은 지방검찰청 검사장이나 정보담당 판사에게 강제유치에 대해 통고한 직후, 즉시 미성년자의 부모나 후견인 혹은 위탁시설에 강제유치된 사실을 알려야 한다. 또한, 사법경찰관은 죄명, 미성년자가 형사소송법 제62-2조의 1항 및 6항에 규정된 강제유치 혹은 유치(retenue)된 사유와 범하였거나 범하려 한 것으로 의심되는 범죄의 추정 날짜 및 장소에 대한 정보를 제공하여야 한다. 위 조항은 증거수집이나 보존을 위해서 또는 사건의 상황에 비추어 지방검찰청 검사장이나 예심담당 판사의 결정에 따라 생명이나 자유 혹은 신체의 완전성에 대한 심각한 침해를 예방하기 위한 경우에 사법관의 결정하에 24시간 한도 내에서 예외가 허용된다. 지방검찰청 검사장이나 예심담당 판사가 사법경찰관이 24시간 동안 정보를 제공하지 않도록 허가한 경우, 사법경찰관은 지체 없이 교육지원 분야 전문 소년사건 담당법관에게 이 사실에

대해 알려야 한다. 사법경찰관은 법적대리인이 아니더라도 적합하다고 판단된 미성년자가
지정한 성인에게 정보를 제공할 수 있다. 이 경우에 소년사건담당법관의 예심에 관한 조항
이 적용되지 않을 수 있다.[227]

227) Hervé Vlamynck, Droit de la police, Vuibert, 2017, pp. 227-230.

1절 국가의 기본 개황

1. 인구 및 면적

국토면적은 377,915㎢으로 한반도의 약 1.7배에 해당하며, 인구는 2020년 2월을 기준으로 약 1억 2,600만 명(126,004,305명)이다.[2)] GDP는 2020년 3월 기준 5,468억 엔(한화 6,080조 원)이다.[3)]

2. 정체성

정치 형태는 입헌군주제를 취하고 있으며, 정부 형태는 내각책임제이다.

의회가 정치체제의 중심적 위치를 차지하고, 의회의 신임에 기반한 내각이 행정권을 행사하며, 내각총리대신이 내각의 수반을 맡는다. 의회는 양원제로 임기 6년의 참의원(參議院, 상원, 242명)과 임기 4년의 중의원(衆議院, 하원 480명)으로 구성되어 있다. 내각 불신임안 또는 신임동의안 제출 권한을 보유한 중의원이 참의원보다 강한 권한을 가지고 있으며, 중의원과 참의원 사이에 의견이 충돌할 경우 중의원의 의견을 우선시한다. 내각총리대신(수

---

1) 이하에서 소개되는 일본의 관련 법령은 https://elaws.e-gov.go.jp/에서 확인한 현행 내용이다.
2) 일본 총무성 통계국.
3) 일본 총무성 내각부.

상)은 의원 중에서 의회의 의결로 선출하되 국왕이 임명하고, 이렇게 임명된 내각 총리대신이 내각을 구성하는 국무대신들을 지명한다.[4]

3. 일본의 지방자치

　지방자치단체는 도도부현과 시정촌의 2단계로 이루어져 있다. 도도부현은 우리나라의 광역시 및 도에 해당하는 지방자치단체로, 도(都)는 도쿄도, 도(道)는 홋카이도, 부는 오사카부와 교토부, 현은 그 밖에 43개의 광역자치단체를 가리킨다. 따라서 일본의 광역자치 단체는 총 47개로 이루어져 있다. 여기에 한국의 시읍면에 해당하는 1,741개의 시(市), 정(町), 촌(村)이 기초자치단체를 구성하고 있다.[5]

2절　경찰의 기본 개황

1. 연혁

　일본의 근대적 경찰제도는 메이지 시대 중반에 이르러 도입되었다. 중앙에서는 내무성, 지방에서는 경시청 및 부현경찰부가 치안 유지를 맡았으며, 경시총감 및 부현지사는 국왕이 임명하여 내무대신의 지휘감독 하에 직무를 수행하였다. 1875년에는 일본 최초의 근대적 경찰규정인 '행정경찰규칙'이 제정되었다.[6]

　처음에는 프랑스의 제도를 모델로 도입하였으나 이후 독일의 제도에 많은 영향을 받았다. 2차 세계대전 이전까지 강력한 국가경찰 체제를 유지하였으나, 종전 후 미군정에 의하여 대대적인 경찰개혁이 이루어지면서 1947년 구(舊) 경찰법의 제정으로 시정촌 단위의 기초자치경찰제가 도입되었다. 이후 1954년 현행 경찰법을 제정하여 구 경찰법의 문제점을 개선하기 위해 광역자치경찰제를 도입하였다.[7]

---

4) 최돈수, 경찰복지연구 제6권 2호, 2018, 217-219면.
5) 신현기, 자치경찰연구 제10권 1호, 2017, 27-28면.
6) 최돈수, 경찰복지연구 제6권 2호, 2018, 219면.
7) 안성훈, 주요 국가 자치경찰제 운영 현황 비교분석, 한국형사정책연구원, 2018, 45-46면.

2. 조직

(1) 국가경찰

일본 국가경찰의 조직구조는 내각부의 외국(外局)인 국가공안위원회 산하에 경찰청이 소속되는 것으로 되어 있다(내각부설치법 제56조, 동법 제15조 및 제17조). 국가공안위원회는 내각총리대신이 '소할'하는데, 여기서 소할이란 상하관계에는 놓여 있지만 지휘명령권을 가지지 않는 느슨한 감독체제라는 의미이다. 국가공안위원회는 경찰청을 관리한다.

국가공안위원회는 주로 경찰 정책의 기획을 입안한다. 위원장(국무대신) 및 5인의 위원으로 구성된 합의제 행정기관으로 운영된다. 비록 내각총리대신의 직접 지휘감독을 받지 않지만, 위원의 인사나 예산 편성권에 의해 사실상 내각의 통제를 받게 된다.[8] 국가공안위원회의 소장사무는 경찰법 제5조에 따라 경찰청을 관리하는 것이다. 여기서의 관리란 국가공안위원회가 소장사무에 관하여 개괄적인 방침을 정하고, 그 방침에 따라 경찰사무가 운영되도록 산하의 경찰청을 통제한다는 의미로, 구체적이며 세부적인 사무집행에 대한 지휘감독을 의미하지는 않는다.[9]

경찰청은 국가공안위원회에서 그 소장사무의 범위 내에 둔 특별기관[10]에 해당한다. 경찰청장관은 경찰청의 소장사무(경찰법 제5조 제4항 각호의 사무)에 대해 도도부현경찰을 지휘감독하고(경찰법 제16조 제2항), 관구경찰국장도 그 소장사무에 대해 경찰청장관의 명령에 의하여 부현경찰을 지휘감독한다.[11]

경찰청장관과 차장 아래로는 내부부국인 장관관방 및 5개국과 3개의 부속기관이 있다. 장관관방은 총무, 인사, 회계를 담당한다. 5개국은 생활안전국, 형사국, 교통국, 경비국, 정보통신국을 가리킨다. 부속기관은 경찰대학교, 과학경찰연구소, 황궁경찰본부이다.[12] 경찰청의 부속기관으로 황궁경찰본부 등이 설치·운영되고 있으며, 경찰청의 지방기관으로서 관구 경찰국이 운영되고 있다.[13]

관구경찰국은 원래 전국에 걸쳐 7개가 있었으나, 2018년 4월 1일 경찰법 일부개정에

---

8) 신현기, 자치경찰연구 제10권 1호, 2017, 31면.
9) 신현기, 자치경찰연구 제10권 1호, 2017, 31면.
10) 내각부설치법 제56조 규정에 따르면 일본에서 특별기관이란 위원회나 청에 해당하는 조직에 설치되는 기관이다. 일본 경찰청은 청이라는 명칭이 사용되어 내각부의 외국(外局)으로 보일 수 있으나, 국가공안위원회 업무를 보좌하기 위하여 조직된 것이므로 특별기관에 해당한다.
11) 박준휘 외, 한국형 자치경찰제 시행 및 정착에 관한 연구, 한국형사정책연구원, 2019, 257-258면.
12) 신현기, 자치경찰연구 제10권 1호, 2017, 32면.
13) 신현기, 자치경찰연구 제10권 1호, 2017, 29면.

의해 주고쿠관구경찰국과 시코쿠관구경찰국이 통합되면서 현재는 6개가 존재한다.[14] 관구 경찰국은 경찰청의 지방기관에 해당하며, 45개 부현경찰을 6개의 관구경찰국으로 나누어 관할한다. 관구경찰국장은 경찰청장관의 지시에 의하여 관구경찰국 소장사무와 관련해 부현경찰을 지휘 감독한다. 국가경찰은 관구경찰국을 통하여 경찰사무 중 전국적 관점에서 대처할 사항, 기술적, 능률적 측면에서 전국적 단위의 통일이 필요한 사항을 관장한다. 도도 부현 중 부현에만 관구경찰국이 존재하며, 도도, 즉 도쿄도와 홋카이도의 경우에는 관구경 찰국이 존재하지 않는다.[15] 도쿄도 경시청의 경우 수도경찰로서의 특수성을 고려하여 다른 경찰본부와 하나의 관구로 묶이지 않은 것이며,[16] 홋카이도의 경우는 도 단독으로 다른 관 구와 동등한 규모의 큰 영역을 가지고 있다는 특수성이 고려되었기 때문이다.[17]

(2) 지방경찰

일본 지방경찰은 공안위원회가 도도부현경찰본부를 관리한다(지방자치법 제189조의9). 도 도부현경찰본부의 조직기준은 경찰법 제47조[18] 및 정령(시행령)이 정하는 기준에 따라 조례 로 정할 수 있다.

전국 47개 도도부현공안위원회가 도도부현경찰을 관리하고(경찰법 제38조 제2항), 경시정 이상(지방경무관[19])의 임면에 관한 동의권 및 지방경무관 이외의 도도부현경찰직원 임면에 관한 의견 진술권(제49조, 제50조, 제55조 제3항), 도도부현경찰직원에 대한 감찰지시권(제34조 의2) 및 징계, 파면 권고권(제55조 제4항) 등의 권한을 갖는다. 또한 권한에 속하는 업무에 관 하여 법령 또는 조례의 특별 위임에 근거한 규칙제정권, 경찰조직의 세목에 관한 제정권, 경찰청 또는 다른 도도부현경찰에 대한 원조요구권을 행사할 수 있다. 도로교통의 금지 또 는 제한, 풍속영업의 허가 및 정지·취소, 총포도검류 허가 및 정지·취소 등의 권한도 가지 고 있다.[20][21] 도도부현공안위원회는 도도부현경찰의 관리기관으로서 지사의 소할 하에 있 으나 지사의 지휘 감독을 받지 않고 독립적으로 권한을 행사한다. 이것은 도도부현경찰의 정치적 중립성을 보장하는 데 의미를 둔 것이다(경찰법 제38조). 임명절차는 도도부현지사가 도도부현의회의 동의 하에 임명하도록 되어 있으며(제39조, 제41조), 비상근 임기제로 운영된

---

14) https://kanpou.npb.go.jp/old/20190401/20190401t00008/20190401t000080002f.html (2020.4.13. 방문).
15) 신현기, 자치경찰연구 제10권 1호, 2017, 32면.
16) 浦中千佳央, 韓國公安行政學會報 第75號, 2019, 17면.
17) 오승은, 한국지방자치학회보 제29권 3호, 2017, 283면.
18) 동법 제47조 제4항 도도부현경찰본부의 내부조직은 정령으로 정하는 기준에 따라 조례로 정한다.
19) 일본 경찰법 제56조 도도부현경찰의 직원 중 경시정 이상의 계급에 있는 경찰관(이하 "지방경무관"이 라 한다)은 일반직 국가공무원으로 한다. […].
20) 최길수, 대전광역시 자치경찰제 도입 및 시행방안에 관한 연구, 대전세종연구원, 2019, 55-56면.
21) 유주성, 동아법학 80호, 2018, 58-59면.

다.22)23)

도도부현공안위원회 관리하에 경시청(도쿄도)과 46개 도부현경찰본부가 있다. 각 경찰서는 경시총감과 도부현경찰본부장의 지휘, 감독을 받는다. 2019년 4월 기준 47개 경찰본부에 1,160개 경찰서가 있다.24) 경찰청은 경찰청장관 및 그 지휘를 받는 관구경찰국장에 의하여 법률로 정해진 사무 범위 내에서만 각 도도부현경찰본부를 구체적으로 지휘감독한다.25) 국가공안위원회도 이에 대해 직접적인 지휘감독을 하지 않는다.26)

3. 인력, 계급

2020년 4월 기준 전체 경찰직원의 정원은 296,412명이다. 이 중 대부분은 도도부현경찰본부 소속이고, 경찰청 소속은 7,995명에 불과하다. 일반직원 4,884명을 제외하면, 경찰관 2,179명 및 황궁호위관 932명이 경찰청 소속으로 근무하는 것이다.27)

일본 경찰의 계급체계는 경찰청장관을 정점으로 하는 피라미드 형태를 형성하고 있다. 경찰법상으로는 경시총감·경시감·경시장·경시정·경시·경부·경부보·순사부장·순사의 9단계로 나누어져 있다(경찰법 제62조). 다만 경찰법에 규정되지 않은 계급적 직위로 순사장이 존재한다(국가공안위원회규칙 제3호 순사장에 관한 규칙).

3절　일반 경찰행정작용법(경찰관직무집행법)

1. 경찰권 행사의 주체

일본 경찰관직무집행법(이하 경직법이라 한다) 전반에 걸쳐 규정된 권한의 주체는 경찰관이다. 경찰서장 등이 아니라 개개의 경찰관에게 권한이 부여되어 있는 것은, 그 권한의 성질상 현장에서의 임기응변적 대응이 요구되기 때문으로, 경찰관은 스스로의 판단으로 이들

---

22) 신현기, 자치경찰연구 제10권 1호, 2017, 37면.
23) 유주성, 동아법학 80호, 2018, 58면.
24) https://www.npa.go.jp/hakusyo/r01/honbun/html/v1100000.html (2020.6.9. 방문).
25) 浦中千佳央, 韓國公安行政學會報 第75號, 2019, 15면; 오승은, 한국지방자치학회보 제29권 3호, 2017, 283면.
26) 신현기, 자치경찰연구 제10권 1호, 2017, 32면.
27) 2020.4.1. 일본 경찰백서.

권한을 행사할 수 있다. 따라서 상급자의 지휘감독과 같은 조직적 통제에 반하여 경직법에 규정된 권한을 행사하였더라도, 직무명령위반으로 징계의 대상이 됨은 별론으로 하고 그 권한행사가 곧바로 경직법상 위법이 되는 것은 아니다.[28]

경찰관에는 지방경찰인 도도부현경찰 소속 경찰관뿐만 아니라 중앙경찰인 경찰청 소속 경찰관도 포함되나, 경찰청은 국민을 직접적 대상으로 하여 경찰활동을 행하는 것이 아니라, 국가 차원의 일정한 사항에 관하여 도도부현경찰을 지휘·감독하는 것이 기본적 역할이므로, 경찰청 소속 경찰관이 경직법에 규정된 권한을 행사할 수 있는 경우는 제한적이다.[29]

한편 경직법상 경찰관의 권한은 경찰관의 직무와 유사한 직무를 수행하는 자위관, 황궁호위관, 해상보안관, 마약단속관 등 다른 공무원의 직무집행에 관하여도 각 개별법에서 준용되어 전체 또는 일부가 행사되고 있다.[30]

2. 경찰의 임무조항

[**경찰법**] 일본 경찰법 제2조 제1항에 의하면, 경찰은 개인의 생명, 신체 및 재산의 보호를 임무로 하여, 범죄의 예방, 진압 및 수사, 피의자의 체포, 교통단속 기타 공공안전과 질

---

28) 古谷 洋一, 황순평 역, 주석 일본 경찰관직무집행법[4정판], 2016, 25면.

29) 古谷 洋一, 황순평 역, 주석 일본 경찰관직무집행법[4정판], 2016, 25면: ① 원조의 요구에 따라 파견된 경우(경찰법 제60조), ② 현행범인의 체포에 관한 경우(동법 제65조), ③ 이동경찰 등에 종사하는 경우(동법 제66조), ④ 긴급사태시에 포고구역에 파견된 경우(동법 제73조).

30) 古谷 洋一, 황순평 역, 주석 일본 경찰관직무집행법[4정판], 2016, 25-26면: (1) 경직법 전체의 준용: 치안출동을 명받은 자위대의 자위관의 직무집행(자위대법 제89조 제1항), 방위출동을 명받은 자위대의 자위관이 공공의 질서의 유지를 위해 행하는 직무집행(동법 제92조 제2항), (2) 제2조, 제4조, 제5조, 제6조 제1항·제3항·제4항, 제7조의 준용: 황궁호위관의 직무집행(경찰법 제69조 제5항. 다만, 제4조의 준용은 경비의 직무집행의 경우에 한한다), 경호출동을 명받은 부대 등의 자위관의 직무집행(자위대법 제91조의2 제1항·제2항. 다만, 제5조·제7조의 규정은 경찰관이 그 현장에 없는 경우에 한한다), (3) 제2조, 제5조, 제6조 제1항·제3항·제4항의 준용: 원격도서에서의 범죄에 대처하는 해상보안관 및 해상보안관보의 직무집행(해상보안청법 제28조의2 제2항), (4) 제4조, 제5조, 제6조 제1항·제3항·제4항, 제7조의 준용: 국민보호 등 파견을 명받은 부대 등의 자위관의 직무집행(자위대법 제92조의3 제1항·제2항. 다만, 경찰관(제7조에 관하여는 경찰관, 해상보안관 또는 해상보안관보)이 그 현장에 없는 경우에 한한다), (5) 제4조, 제6조 제1항·제3항·제4항의 준용: 재해파견, 지진방재파견 또는 원자력재해파견을 명받은 부대 등의 자위관의 직무집행(자위대법 제94조 제1항. 다만, 경찰관이 그 현장에 없는 경우에 한한다), (6) 제7조의 준용: 해상보안관 및 해상보안관보의 무기의 사용(해상보안청법 제20조): 마약단속관 및 마약단속원의 무기의 사용(마약단속법 제54조 제8항), 해상경비행동을 명받은 자위대의 자위관의 직무집행(자위대법 제93조 제1항), 부대 내의 질서유지의 직무에 전종하는 자위관(경무관 및 경무관보)의 직무집행(동법 제96조 제3항), 방위출동시의 정선검사 및 회항조치를 명받은 해상자위대의 부대의 자위관의 직무집행(해상수송규제법 제37조 제1항), 해적대처행동을 명받은 자위대의 자위관의 직무집행(해적대처법 제8조 제2항).

서의 유지를 행하는 것을 임무로 한다.

　(해석론) 동 조항을 경찰임무 일반조항(警察任務一般条項)이라고 한다.[31) 이러한 일반조항에 의하여, 다른 행정기관의 권한으로 정해지고 있지만 그것이 경찰임무로부터 명확히 배제되고 있지 않는 사항도 위험이 존재하는 한 경찰활동의 대상이 될 수 있는지에 관하여 논쟁이 있다.[32)

　[경찰관 직무집행법] 경직법 제1조 제1항에 의하면, 경직법은 경찰관이 경찰법에 규정된 개인의 생명, 신체 및 재산의 보호, 범죄의 예방, 공안의 유지 및 다른 법령의 집행 등의 직권직무를 충실히 수행하기 위하여, 필요한 수단을 규정함을 목적으로 한다. 동법 제8조에 의하면, 경찰관은 이 법률의 규정에 의하는 외에 형사소송 등에 관한 법령 및 경찰규칙에 의한 직권직무를 수행하여야 한다.

　(해석론) 동법 제1조 제1항에서 규정하는 경찰관의 직권직무 중 개인의 생명, 신체 및 재산의 보호, 범죄의 예방, 공안의 유지는 경찰법 제2조 제1항이 규정하는 경찰의 임무와 동일하다고 할 수 있다.

　동 조항에는 경찰법 제2조 제1항의 범죄의 예방, 진압 및 수사, 피의자의 체포, 교통단속은 명기되어 있지 않으나, 경직법 개별조항에서 범죄에 관한 직무질문(제2조), 범죄의 제지(제5조), 범죄와 관계되는 위험한 사태에서의 출입(제6조), 범인을 체포하기 위한 무기의 사용(제7조) 등을 인정하고 있는 점에 비추어 보면, 이들은 모두 공안의 유지에 포함되는 것으로 볼 수 있다.

　동 조항에서 다른 법령의 집행이란 경찰법 이외의 법령·조례에 의해 경찰관에게 부여된 책무와 권한을 행사하는 것을 말한다. 이는 대체로 경찰법에 규정된 경찰의 책무에 포함되지만, 이에 포함되지 않는 사항에 관하여도 경찰의 집행력이나 중립성에 착안하여 경찰관에게 권한을 부여하는 경우도 있는데, 이러한 경우에도 경직법에 규정된 권한을 행사하는 것이 가능하다는 의미가 된다.[33)

　동법 제8조의 규정은 앞의 목적조항인 동법 제1조 제1항의 내용이 반복되는 형태이나, 경찰법에 포함되지 않은 책무로서 다른 법령에서 정한 집행업무가 경찰관의 임무에 속함을

---

31) 白藤 博行, 監視社会と警察行政法理論の展開, 法律時報 75券 12号, 日本評論社, 2003.11, 38頁.

32) 긍정적인 입장으로, 米田 雅宏, 脱警察化と行政機関に対する警察の役割(1):「隙間なき危険防御」の法的位置づけ, 北大法学論集 65(5), 2015.1, 1327頁, 1332頁, 1354頁.

33) 古谷 洋一, 황순평 역, 주석 일본 경찰관직무집행법, 2016, 23~24면: 예를 들어, 경찰관은 국회 양원의 의장의 지휘를 받아 국회 내부의 질서를 유지하거나(국회법 제115조), 재판장 등의 지휘를 받아 법정의 질서를 유지하는(재판소법 제71조의2) 것으로 되어 있는데, 이 책무는 의원경찰권 또는 법정경찰권에 근거한 것으로 경찰 본래의 책무는 아니나, 그러한 직권직무를 수행하기 위해서도 경직법에 규정된 권한을 행사하는 것은 가능하다.

명시하고 있다. 여기에서의 법령에는 국가적 법령 외에 지방자치단체의 조례가 포함되며, 경찰규칙 중에서 법규명령의 성격을 가지는 규칙(국가공안위원회규칙 및 도도부현공안위원회규칙)도 실질적으로 법령에 포함된다.[34]

3. 일반적 수권조항

독일법에서는 경찰권 행사와 관련하여 실정법상 일반개괄조항(一般概括条項)이 있지만, 일본법에는 이러한 규정이 존재하지 않는다. 일본은 2차 세계대전 전후를 통틀어 프로이센법과 같이 임무규범과 권한규범을 아울러 가지는 일반개괄조항이 있은 적이 없다.[35] 경찰법 제2조 제1항에서 규정하는 소위 경찰의 임무에 관한 일반조항을 경찰의 권한에 관한 일반조항으로 볼 수는 없다.

4. 개별적 수권조항

(1) 직무질문(신원확인)

[정지질문] 경직법 제2조 제1항에 의하면, 경찰관은 이상한 거동 그 밖의 주위의 사정으로부터 합리적으로 판단하여 어떠한 범죄를 범하였거나 범하려 하고 있다고 의심할 만한 상당한 이유가 있는 자, 또는 이미 행하여진 범죄에 관하여나 범죄가 행하여지려고 하고 있는 사실에 관하여 알고 있다고 인정되는 자를 정지시켜 질문할 수 있다.

[임의동행] 동조 제2항에 의하면, 그 장소에서 전항의 질문을 하는 것이 본인에게 불리하거나 교통에 방해가 된다고 인정되는 경우에는, 질문하기 위하여 그 자에게 부근의 경찰서, 파출소 또는 주재소에 동행할 것을 요구할 수 있다.

[구속·강요금지] 동조 제3항에 의하면, 전 2항에 규정된 자는 형사소송에 관한 법률의 규정에 의하지 않는 한, 신병을 구속당하거나, 그 의사에 반하여 경찰서, 파출소 또는 주재소에 연행되거나, 답변을 강요당하지 않는다.

(해석론) 경찰관이 직무수행으로서 국민에게 질문하는 것은 상대방에게 응답할 의무를 부과하거나 그것을 강제하는 것이 아닌 한, 임의활동으로서 개별법률의 근거가 없어도 할 수 있다고 보아야 하는데, 이는 본건의 요건이 구비되지 않았다고 하여 질문하는 것이 일절

---

34) 古谷 洋一, 황순평 역, 주석 일본 경찰관직무집행법, 2016, 433-434면.
35) 須藤 陽子, 日本法における 「比例原則」の受容, 立命館法学 378号, 2018, 592頁.

허용되지 않는다는 것은 현실적으로 매우 불합리하기 때문이다. 판례에서도 경직법 요건이 구비되지 못한 경우라 하더라도, 경찰관이 임의활동으로서 질문하는 것을 일정한 범위에서 인정하여 오고 있다.[36]

그렇다면 경직법이 직무질문에 관한 법적 근거를 두고 있는 것은 직무질문의 범위를 제한하려는 취지가 아니라, 직무질문을 해야 할 공익상의 필요가 상대방이 받는 사실상의 심리적·물리적 부담감을 상회하는 경우를 법률상 명확히 함으로써 상대방의 협력을 얻기 쉽도록 하고, 그 남용방지에도 공헌할 수 있도록 한 것이라고 보아야 한다.[37]

직무질문은 범죄가 구체적으로 특정되지 않은 단계뿐만 아니라, 범죄가 특정된 이후의 단계에서도 가능하다.[38] 다만, 범죄수사를 위한 직무질문이 인정된다고 하여, 직무질문이 곧 형사소송법의 신문이 되는 것은 아니다. 신문은 형사책임을 추급하기 위한 증거를 얻는 것이 목적인 반면, 범죄수사를 위한 직무질문은 신문과 같은 형사소송법상의 수사권한을 행사할 것인지 여부를 판단하기 위해 불심점을 해명하는 것이 목적이다.[39] 따라서 범죄수사를 위한 직무질문은, 그 목적이 불심점의 해명에 있는 한, 형사소송법에 따른 진술거부권의 고지를 필요로 하지 않는다. 직무질문은 피의자 본인의 응답 여하에 따라 증거를 수집하려는 행위에 해당하지 않기 때문이다.[40] 다만, 불심점의 해명으로 질문을 개시하여, 특정한 범죄의 피의자인 것으로 판단되는 상태에 이르고 나서, 그 피의자를 상대로 증거수집을 목적으로 질문을 계속하려는 경우에는 진술거부권의 고지를 필요로 한다.[41] 위법한 직무질문에 이어서 행하여진 형사소송법상의 수사절차가 있다면, 양자의 관계를 구체적으로 판단하여 결정하여야 하나, 위법성의 승계를 인정하는 판례가 다수 있다.[42]

정지에 관하여, 직무질문의 개시 이후에 상대방이 떠나려고 하는 때에 질문을 계속하

36) 양손으로 귀를 막고 걸어다니거나 주민이 불안감을 느끼고 있다는 사실만으로는 불심자라고 할 수 없지만, 경찰법 제2조의 취지에 따른 적법한 질문이라고 판단한 사례(히로시마지방재판소 판결 1987.6. 12); 경직법의 요건이 없더라도 상대방이 임의로 질문에 응하고 있는 경우에는 위법하다고는 할 수 없다고 판단한 사례(도쿄고등재판소 판결 1992.6.23).

37) 古谷 洋一, 황순평 역, 주석 일본 경찰관직무집행법[4정판], 2016, 49-52면.

38) 예를 들어, '엽총 및 등산용 칼을 사용한 은행강도라는 중대한 범죄가 발생하여, 범인의 검거가 경찰의 긴급한 책무로 되어 있는 상황에서, 심야에 검문현장을 지나가는 자에 대한 직무질문'(최고재판소 판결 1978.6.20); '체포영장이 발부되어 있는 피의자라는 의심이 강하게 들지만, 현장이 어두웠던 사정 등으로 인해 그 피의자라고 단정하기에는 부족한 자에 대한 직무질문'(교토지방재판소 판결 1972.4.11).

39) 古谷 洋一, 황순평 역, 주석 일본 경찰관직무집행법[4정판], 2016, 55면.

40) 예를 들어, 지명수배범과 닮아 보이는 자에게 직무질문을 하는 행위는, 범죄수사를 위한 직무질문으로서 지명수배범과의 동일성을 확인하기 위한 질문일 수는 있으나, 증거수집을 위한 행위에는 해당하지 않는다.

41) 田村正博, 全訂 警察行政法解説 [第二版補訂版], 東京法令出版, 2019, 204-205면.

42) 직무질문에 수반한 위법한 연행과 소지품검사에 이어서 행하여진 체포 후의 채뇨절차에 관하여 위법성을 띤다고 평가한 사례(최고재판소 결정 1988.9.16) 등.

기 위한 정지도 인정된다.[43] 이러한 정지의 권한은 상대방이 스스로의 의사로 정지하도록 요구하는 임의활동으로서의 권한이고, 상대방에게 정지의무를 부과하는 정지명령 내지 실력에 의해 강제로 정지시키는 즉시강제의 성격을 가지는 것은 아니다. 나아가 경찰관은 정지에 응하지 않는 상대방 또는 정지하였다가 떠나려는 상대방에 대하여 정지하도록 설득하거나, 사회통념상 필요하고 상당하다고 인정되는 한도에서 설득을 위한 추수, 추적을 할 수 있다.[44] 다만, 상대방의 의사를 제압하는 것과 같은 방법은 허용되지 않는다.[45]

하지만 직무질문과 이를 위한 정지·동행에서 어떠한 실력행사도 인정되지 않는다고 보는 견해는 소수이고, 직무질문의 실효성 확보라는 관점에서 강제에 이르지 않고 또한 구체적 상황 하에서 상당하다고 인정되는 한도에서 일정한 실력행사가 인정된다고 보는 것이 판례·다수설의 입장이다.[46]

---

43) 직무질문 중에 도주한 자를 추적하여 손으로 팔을 잡아 정지시키려고 했던 사안에 관하여, 경직법 제2조 제1항의 법의에 따라 도주하는 피고인을 정지시켜 질문할 수 있는 것이라고 본 판례(나고야고등재판소 판결 1953.12.7); 직무질문 중 현장을 떠나려는 피고인에 대해서 경찰관이 피고인의 앞에 팔을 내밀어 버티는 등 현장으로 돌려보내려 한 것이 적법하다고 본 판례(동경고등재판소 판결 2013.1.23, 粟田 知穂, 近時裁判例の傾向から見た職務質問の在り方について (上), 警察学論集 第69卷 12号, 2017.12, 108頁).

44) 직무질문을 계속하고자 추적한 행위의 성격에 관하여 사람의 자유를 구속하는 것이 아니고 순사의 직무행위로서 적법하다고 본 사례(최고재판소 판결 1955.7.19).

45) 古谷 洋一, 황순평 역, 주석 일본 경찰관직무집행법[4정판], 2016, 68-70면: 예를 들어, '왜 도망가는가', '도망가면 더욱 의심받을 수 있다'는 등의 언어 사용은 정지의 수단으로 허용되나, '도망가면 발포하겠다'는 등을 말하면서 쫓아가는 등의 심리적 강제는 허용되지 않는다. 이와 같은 심리적 강제는 임의활동인 직무질문이 아니라 체포 등의 강제권한을 행사할 수 있는 경우에 한하여 혀용된다; 또한 명확한 거절의사에도 과도한 직무질문 시도는 허용되지 않는다는 판례로, 동경고등재판소 판결 2011.3.17. 및 2010.2.15. 판결(粟田 知穂, 近時裁判例の傾向から見た職務質問の在り方について (上), 警察学論集 第69卷 12号, 2017.12, 110頁).

46) 최고재판소 판결 1955.7.19, "거동불심자로서 직무질문을 받고 파출소까지 임의동행을 요구받았던 자가 돌연 도주한 경우에, 순사가 직무질문을 계속하기 위해 추적하였다는 것만으로는, 사람의 자유를 구속하는 것이 아니고, 순사의 직무행위로서 적법하다"; 최고재판소 결정 1976.3.16, "강제수사란 (중략) 개인의 의사를 제압하고, 신체·주거·재산 등에 제약을 가하여 강제적으로 수사목적을 실현하는 행위 등, 특별한 근거규정이 없다면 허용하는 것이 상당하지 않은 수단을 의미하는 것으로서, 위와 같은 정도에 이르지 않는 유형력의 행사는, 임의수사에 있어서도 허용되는 경우가 있다. 다만, 강제수단에 해당하지 않는 유형력의 행사라 하더라도, 상황의 여하를 불문하고 언제나 허용되는 것이라고 해석함은 상당하지 않고, 필요성·긴급성도 고려한 다음, 구체적 상황 하에서 상당하다고 인정되는 한도에서 허용되는 것으로 해석하여야 한다"; 최고재판소 판결 1978.6.20, "소지인의 승낙이 없는 한 소지품검사는 일체 허용될 수 없다고 해석함은 상당하지 않고, 수색에 이르지 않는 정도의 행위는 강제적인 것이 아닌 한 소지품검사에 있어서도 허용되는 경우가 있다고 보아야 한다. (중략) 이러한 행위는 한정적인 경우에 있어서, 소지품검사의 필요성, 긴급성, 그것에 의해 침해되는 개인의 법익과 보호되어야 할 공공의 이익과의 균형 등을 고려하여, 구체적 상황 하에서 상당하다고 인정되는 한도에 있어서만 허용되는 것으로 해석하여야 한다"; 후쿠오카고등재판소 판결 2012.3.16, "경찰관이 직무질문 대상자의 승낙없이 차내에 놓여있던 지갑을 집어든 사안은 위법하다"(粟田 知穂, 近時裁判例の傾向から見た職務質問の在り方について (上), 警察学論集 第69卷 12号, 2017.12, 114頁).

경찰관의 불심검문 시의 증표제시 의무에 대하여, 일본 경직법에는 구체적으로 규정되어 있지 않다. 경찰증명의 제시의무를 규정하고 있는 경찰수첩규칙 제5조[47] 또한 그 요건을 구체적으로 정하지 않고 있다. 다만, 도도부현경찰본부의 훈령 등을 통해 상대방의 요구가 있었을 경우에 신분제시 의무를 규정하고 있는 경우가 있다.[48]

(2) 보호조치

[요구호자 보호] 경직법 제3조 제1항에 의하면, 경찰관은 이상한 거동 그 밖의 주위의 사정으로부터 합리적으로 판단하여 다음 각 호의 어느 하나에 해당하는 것이 명백하고, 응급구호를 요한다고 믿을 만한 상당한 이유가 있는 자를 발견하였을 때에는 우선 경찰서, 병원, 구호시설 등 적당한 장소에 이를 보호하여야 한다: 1. 정신착란 또는 만취하여 자기 또는 타인의 생명, 신체, 재산에 위해를 미칠 우려가 있는 자, 2. 미아, 병자, 부상자 등으로 적당한 보호자가 없으며 응급구호를 요한다고 인정되는 자(본인이 이를 거절하는 경우를 제외한다).

[연고자 통지 및 관계기관 인계] 동조 제2항에 의하면, 전항의 조치를 취한 경우에 경찰관은 가능한 신속하게 그 자의 가족, 지인 그 밖의 관계자에게 그 사실을 알리고, 그 자의 인수처에 관하여 필요한 수배를 하여야 한다. 책임 있는 가족, 지인 등이 발견되지 아니할 때에는 공중보건이나 공공복지를 위한 적당한 기관 또는 법령에 따라 책임이 있는 다른 공공기관에 그 사건을 신속하게 인계하여야 한다.

[보호시간의 제한과 연장] 동조 제3항에 의하면, 제1항에 따른 경찰의 보호는 24시간을 초과할 수 없다. 다만, 계속하여 보호하는 것을 승인하는 간이재판소(해당 보호조치를 한 경찰관 소속의 경찰서 소재지를 관할 간이재판소를 말한다. 이하 같다)의 재판관의 허가장이 있는 경우에는 그러하지 아니하다.

동조 제4항에 의하면, 전항 단서의 허가장은 경찰관의 청구에 따라 재판관이 부득이한 사정이 있다고 인정한 경우에 한하여 이를 발부하되, 그 연장에 관계되는 기간은 통산하여 5일을 초과할 수 없다. 이 허가장에는 부득이하다고 인정되는 사정을 명시하여야 한다.

[보호조치 현황의 정기보고] 동조 제5항에 의하면, 경찰관은 제1항에 따라 경찰에서 보호한 자의 성명, 주소, 보호의 이유, 보호 및 인도일시, 인수처를 매주 간이재판소에 통지하여야 한다.

---

47) 경찰수첩규칙 제5조: 직무의 집행에 있어서, 경찰관, 황궁호위관 및 교통순시원임을 밝힐 필요가 있을 경우에는, 증표 및 기장을 제시하여야 한다.
48) 예를 들어, 경시청경찰직원복무규정 제18조: 직원은 상대방으로부터 신분의 표시를 요구받은 경우에는, 직무상 지장이 있다고 인정되는 경우를 제외하고, 소속·계급·직급 및 성명을 밝혀야 한다; 홋카이도경찰직원의 직무윤리 및 복무에 관한 훈령 제10조: 직원은 직무의 수행에 있어서 직무상 다른 도리가 없는 경우를 제외하고, 자신의 소속·직급 및 성명을 분명히 하여야 한다.

(해석론) 경직법 제3조는 보호요건과 절차의 명확화, 관계자에 대한 통지의무, 경찰에 의한 보호기간의 한정, 재판소의 관여 등을 규정하여 권한남용의 방지를 지향하고 있다.49) 본조에 규정되지 않은 것으로 가출인이나 자살기도자에 대한 보호조치가 있는데, 경찰은 그 책무를 달성하기 위하여 필요한 임의적 활동은 할 수 있으므로, 이들에 대한 보호조치도 즉시강제의 태양에 이르지 않는 한 필요성, 긴급성, 법익의 균형 등을 고려하여 상당하다고 인정되는 범위에서 가능하다.50)

경찰의 보호조치는 요구호자를 본래의 보호자, 즉 계속적인 의료, 구호, 생활보호 등의 조치에 책임이 있는 가족 등이나 이를 담당하는 다른 기관에게 신속하게 인도함을 전제로 이루어지는 일시적인 응급조치로, 보호조치에 관하여 경찰의 임무는 그러한 관계자나 기관이 발견될 때까지 요구호자를 보호한 후 이들 관계자 등에게 인계하는 것에 그친다. 보호조치 후 인계에 관하여, '공중보건이나 공공복지를 위한 적당한 기관'이란 법령상 보호책임이 없지만 적당한 보호능력을 가진 기관, 예를 들어 미아의 경우에는 탁아소, 병자의 경우에는 병원 등을 말하는 것으로, 공기관·사기관인지 여부를 불문한다. '법령에 따라 책임이 있는 다른 공공기관'에 대해서는 서로 다른 법령에 규정되어 있는데, ① 정신장애자의 경우 도도부현지사 및 시정촌의 장(정신보건법 제21조, 제27조, 제29조, 제29조의2), ② 마약중독자의 경우 도도부현지사(마약 및 향정신약 단속법 제58조의6, 제58조의8), ③ 병자 등의 경우 도도부현지사 및 시정촌의 장(생활보호법 제19조, 행려병자 및 행려사망자 취급법 제2조), ④ 보호자가 없는 아동 또는 보호자에게 감호시키는 것이 부적합하다고 인정되는 아동(요보호아동)의 경우 시정촌, 복지사무소장 및 아동상담소장(아동복지법 제25조의6, 제25조의7, 제25조의8, 제26조) 등이 해당한다. 인계에는 피보호자의 신병을 사실상 인도하는 것으로 족하며, 경찰의 보호책임은 인계시점에서 해제된다.51)

---

49) 古谷 洋一, 황순평 역, 주석 일본 경찰관직무집행법[4정판], 2016, 222면: 구 일제 시기의 행정집행법 제1조에서는 '만취자, 정신병자, 자살기도자, 그 밖에 구호를 요한다고 인정되는 자에 대하여 필요한 검속을 행할 수 있다'라고 규정하면서, 보호검속의 명목을 빌려 실질적으로는 구호 이외의 치안목적으로 구속하거나 경찰서 간에 책임을 전가하는 문제가 발생하였다.

50) 古谷 洋一, 황순평 역, 주석 일본 경찰관직무집행법[4정판], 2016, 222-224면: 예로, 소년 가출인의 경우 소년은 자구능력의 부족 및 소년 대상의 범죄에 취약하므로 필요하다면 정지나 만류 등을 위하여 신체에 접촉하는 정도로 실력을 행사할 수 있다. 자살기도자의 경우 자살을 방지할 필요성과 긴급성이 지극히 높고 심지어 사인에 의한 자살의 방지도 사무관리(민법 제697조)로서 위법성이 조각되는 만큼, 자살의 방지를 위해 필요하고 상당한 만큼 설득이나 제지를 할 수 있으며, 상황에 따라 강경한 태양의 제지도 가능하다.

51) 古谷 洋一, 황순평 역, 주석 일본 경찰관직무집행법[4정판], 2016, 253면.

(3) 피난 등 조치

[**위험한 사태와 필요조치**] 경직법 제4조 제1항에 의하면, 경찰관은 사람의 생명 또는 신체에 위험을 미치거나 재산에 중대한 손해를 끼칠 우려가 있는 천재, 사변, 공작물의 손괴, 교통사고, 위험물의 폭발, 광견·분마류의 출현, 극도의 혼잡 등 위험한 사태가 있는 경우에는, 그 장소에 있는 사람, 사물의 관리자, 그 밖의 관계자에게 필요한 경고를 하고, 특히 급속을 요하는 경우에는 위해를 입을 우려가 있는 자에 대하여 그 장소에서의 위해를 피하도록 하기 위하여 필요한 한도에서 이를 억류 또는 피난시키거나, 그 장소에 있는 사람, 사물의 관리자, 그 밖의 관계자에 대하여 위해방지를 위하여 통상 필요하다고 인정되는 조치를 취할 것을 명하거나 스스로 그 조치를 취할 수 있다.

[**공안위원회 보고**] 동조 제2항에 의하면, 전항의 규정에 의하여 경찰관이 취한 조치에 관하여는 절차를 밟아 소속 공안위원회에 이를 보고하여야 한다. 이 경우에 공안위원회는 다른 공공기관에 대하여 필요하다고 인정되는 사후조치에 관한 협력을 요구하기 위하여 적당한 조치를 하여야 한다.

(**해석론**) 경직법 제4조는 규정상으로는 권한으로 표시되나, 경찰관은 그 권한을 적절히 행사하여 위해의 발생을 방지할 책무가 있으므로, 경찰관이 절박한 위험의 존재를 용이하게 알 수 있었던 경우에는 그 권한의 불행사가 곧 직무상의 의무위반으로 위법하게 되는 경우가 있다.[52] 동조는 경찰관이 위험한 사태에 대응하는 활동에 관한 일반적인 근거규정이므로, 어떠한 사안에 대해 경찰관의 권한을 정한 특별한 법률의 규정이 있는 경우에는 원칙적으로 그 특별규정에 근거한 권한을 행사하여야 한다. 반면에, 일반적 행정단속의 제도가 마련되어 있는 영역이라도 현실적으로 위험한 사태가 존재한다면 행정단속을 실시하는 행정청과 별개로 경직법상의 위험방지를 행할 수 있다.[53]

(4) 범죄의 예방과 제지

[**경고와 제지**] 경직법 제5조에 의하면, 경찰관은 범죄가 이제 막 행하여지려고 하고 있

---

52) "해수욕장으로 일반 공중이 이용하고 있는 해변이나 그 부근의 해저에 포탄류가 투기된 채 방치되고, 그 해저에 있는 포탄류가 매년 해변으로 밀려 올라와 (중략) 이를 방치할 때에는 섬 주민 등의 생명, 신체의 안전이 확보될 수 없다는 사실이 상당한 개연성을 가지고 예측되는 상황 하에서, 이와 같은 상황을 경찰관이 용이하게 알 수 있는 경우에는 (중략) 섬 주민 등에 대하여 포탄류의 위험성에 관한 경고나 포탄류를 발견한 경우에 신고의 촉구 등의 조치를 취한 것으로는 부족하고, 한걸음 더 나아가 스스로 또는 다른 기관에 의뢰하여 포탄류를 적극적으로 회수하는 등의 조치를 강구할 직무상의 의무가 있었던 것으로 봄이 상당하므로, 위 경찰관이 이러한 조치를 취하지 않았던 것은 그 직무상의 의무에 위배하여 위법하다고 하지 않을 수 없다."(최고재판소 판결 1974.3.23).
53) 古谷 洋一, 황순평 역, 주석 일본 경찰관직무집행법[4정판], 2016, 263-268면.

다고 인정될 때에는 이를 예방하기 위하여 관계자에게 필요한 경고를 하고, 혹시 그 행위로 인하여 사람의 생명 또는 신체에 위험을 미치거나 재산에 중대한 손해를 끼칠 우려가 있는 긴급한 경우에는 그 행위를 제지할 수 있다.

(해석론) 경고는 본래 개별법률의 근거가 없더라도 행할 수 있는 임의적 활동이나, 본조에 규정된 요건에 부합하는 경우에는 상대방이 받는 불이익을 상회하는 공익상 필요라는 관점에서 경고를 발할 수 있음을 분명히 밝힌 것이다. 반면, 제지는 상대방에게 직접 실력을 행사하는 즉시강제로서 개별법률의 근거가 있어야 함이 원칙으로, 본조는 그 범위를 모든 범죄의 경우가 아니라 사람의 생명 또는 신체에 위험을 미치거나 재산에 중대한 손해를 끼칠 우려가 있는 경우로 한정하고 있다.[54]

범죄가 행하여지려는 단계를 넘어 현행범죄로 발전된 경우 경찰관의 제지의 근거에 대해서는 ① 경직법 제5조, ② 범죄의 진압을 경찰의 책무로 규정한 경찰법 제2조, ③ 현행범 체포를 인정한 형사소송법 제213조, ④ 경찰법, 경직법 및 형사소송법의 관계규정 전체 등으로 분설된다.[55]

(5) 위험방지를 위한 출입

[긴급출입] 경직법 제6조 제1항에 의하면, 경찰관은 前 2조에 규정된 위험한 사태가 발생하여, 사람의 생명, 신체 또는 재산에 대한 위해가 절박한 경우에, 그 위해를 예방하고 손해의 확대를 방지하거나 피해자를 구조하기 위하여 부득이하다고 인정될 때에는, 합리적으로 판단하여 필요한 한도에서 타인의 토지, 건물 또는 선차 내에 들어갈 수 있다.

[예방출입] 동조 제2항에 의하면, 흥행장, 여관, 음식점, 역, 그 밖에 다수의 사람이 모이는 장소의 관리자나 이에 준하는 자는 그 공개시간 중에, 경찰관이 범죄의 예방 또는 사람의 생명, 신체, 재산에 대한 위해예방을 위하여, 그 장소에 들어가겠다고 요구하는 경우에, 정당한 이유 없이 이를 거절할 수 없다.

[절차규정] 동조 제3항에 의하면, 경찰관은 전 2항에 의하여 출입시 함부로 관계자의 정당한 업무를 방해하여서는 아니된다. 동조 제4항에 의하면, 동조 제1항 또는 제2항에 의한 출입시 그 장소의 관리자나 이에 준하는 자로부터 요구가 있는 경우 출입의 이유를 고지하고 신분증표를 제시하여야 한다

(해석론) 특히 주거에 대한 강제적 출입은 헌법상 영장주의의 적용대상이나[56], 본조에서

---

54) 古谷 洋一, 황순평 역, 주석 일본 경찰관직무집행법[4정판], 2016, 279-280면.
55) 古谷 洋一, 황순평 역, 주석 일본 경찰관직무집행법[4정판], 2016, 327-328면.
56) 헌법 제35조 제1항: 누구든지 그 주거, 서류 및 소지품에 관하여 침입, 수색 및 압수를 받지 않을 권리는, 제33조(현행범체포)의 경우를 제외하고는, 정당한 이유에 근거하여 발부되고 수색할 장소 및 압수

말하는 출입의 목적은 위험한 사태가 발생한 경우에 사람의 생명, 신체 또는 재산을 보호하는 것에 한정되는 것으로 형사책임의 추궁을 위한 증거의 수집에 결부되는 것이 아니고, 위험이 절박하여 긴급하고 부득이하다고 인정되는 경우에 합리적으로 판단하여 필요한 한도에서 출입하도록 하고 있어 영장을 요하지 않는 절차가 헌법에 반하지 않는다. 따라서 본조의 권한을 범죄수사 등 다른 행정목적을 위하여 사용하는 것은 당연히 허용되지 않는다.[57]

동조 제3항에서의 관계자란 그 장소의 관리자, 경영자, 종업원뿐만 아니라 내방객까지 포함하여 경찰관의 출입으로 인하여 영향을 받는 모든 사람을 말한다. 동조 제4항에서의 이유고지와 증표제시는 관리자 등으로부터의 요구가 있는 경우에 하면 족하고, 단지 종업원이 요구하였음에 불과한 경우에는 사실상 응하는 것은 별론, 법적으로 이에 응할 의무는 없다. 신분을 표시하는 증표는 공적 신분증명서 및 기장 외에 경찰수첩도 해당하며, 이를 상대방이 확인할 수 있는 상태로 보여주는 것으로 족하다. 다만 판례는 동조의 권한을 사용하지 않고 출입한 경우 이유고지와 증표제시의 의무가 생기지 않는다고 본다.[58]

(6) 정보수집

[**임무조항에 의한 정보수집**] 판례는 경찰의 정보수집이 경직법 제1조(법률목적)과 제8조(타 법령에 의한 직권직무)의 규정에 비추어, 경찰법 제2조 제1항의 범죄예방과 공안유지를 위한 직무행위로 인정된다는 입장이다.[59]

하지만 범죄정보도 경비정보도 아닌, 말하자면 범죄나 국민안전에 직접관계가 없는 국민생활 일반에 대한 정보수집을 경찰에게 허용한다고 해석할 수 있는 경찰 관련 법령은 없다. 물론 명문의 권한규정이 없다고 하여 경찰활동이 허용되지 않는다고 해석할 일은 아니다. (개인의 권리제한이 없는 한) 조직법상 조직목적 내지 책무에 관한 일반조항(一般条項)을 법

할 물건을 명시한 영장이 없으면 침해되지 않는다.

57) 古谷 洋一, 황순평 역, 주석 일본 경찰관직무집행법[4정판], 2016, 349-351면.

58) 古谷 洋一, 황순평 역, 주석 일본 경찰관직무집행법[4정판], 2016, 364-365면: 경찰관이 입장권을 구매하여 극장에 입장한 이후에 피고인에게 경찰수첩을 제시하지 못한 사안에 대하여, 경직법 제6조 제2항에 근거한 출입이 아니므로 동조 제4항의 위반 문제가 생기지 않는다고 판단한 사례(오사카고등재판소 판결 1977.2.7).

59) "경찰관직무집행법은 동법 제1조에서 명기하고 있는 것처럼, 경찰관이 법령에 따라 직무를 집행하는 경우의 필요수단을 규정한 것이고, 이를 동법 제2조부터 제7조까지 각각 규정하고 있는데, 각 규정은 이에 해당하는 사태가 존재하는 경우에 경찰관이 직무로서 하여야 하는 행위 또는 할 수 있는 행위를 규정한 것이다. (중략) 범죄발생의 예방 및 공안유지를 위하여 경찰관이 하여야 하는 직무행위는 단지 위 규정이나 동법 소정의 다른 행위에 한정되어야 하는 것이 아니고, 법령에 규정된 다른 직권직무행위도 할 수 있다는 것은 동법 제8조의 규정에 비추어 보더라도 명료하다. 이른바 정보수집이라는 경찰관의 직무는 위 직무집행법에 구체적으로 규정된 행위는 아니지만, 경찰법 제2조 제1항 소정의 범죄발생의 예방수단, 공안유지를 위한 수단으로서 같은 법조에 따라 인정된 경찰관의 직무행위라고 해석하여야 함은 앞서 설시한 바와 같다."(도쿄고등재판소 판결 1966.3.24).

적 근거로 원용하는 형태로 행하여질 수 있다. 이러한 것이 아주 노골적으로 보여져왔던 것은 공안경찰에 의한 일반정보수집활동이다. 경찰은 조직법인 경찰법 제2조의 경찰임무 일반조항을 원용하여 일반정보수집활동을 대대적으로 전개하고 있다(그러나 국민생활 일반에 대한 정보수집이 경찰의 임무에 해당하는지 자체에 의문이 제기된다).[60]

　　[집회시위 현장의 사진촬영] 집회·시위 현장에서의 위험방지목적 사진촬영도 특별한 법적 근거를 가지고 있지 않으나, 판례는 구체적 위험성이 존재하고 비례의 원칙이 준수될 것을 전제로 줄곧 적법성을 인정하고 있다. 또 기본권의 제한이 없는 촬영도 적법하다고 보고 있다.[61]

● 일본의 정보기관

일본은 내각정보조사실을 중심으로 하여 각 부서별로 정보기관을 두고 있는데, 경찰청 경비국 소속 공안과 및 외사과는 이러한 정보활동 담당 기관에 속한다. 경비국 공안과는 국내 정보수집 및 치안유지 업무를 담당하면서 범죄, 사이버범죄, 민간인 방첩 활동 등을 담당하면서, 경시청 공안부, 도부현 경찰 본부 경비부, 경찰서 경비과·공안과에 소속된 공안경찰을 지휘하여, 국제테러조직, 구 공산권 등 외국

---

60) 生田 勝義, 日本における治安法と警察, 立命館法学 292号, 2003, 1678頁.
61) 1988.4.1 東京高判 判例時報 1278号 152頁(山谷爭議團 器物損壞 사건 판결): 범죄발생 전이라도 해당 현장에서 범죄가 발생할 상당히 고도의 개연성이 인정될 경우로서, 우선 증거보전의 수단 방법을 취해둘 필요성 긴급성이 있으며 그 (비디오)촬영 녹화가 사회통념에 비추어서 상당하다라고 인정되는 방법으로 행해지는 경우 촬영행위가 허용된다(同旨: 1969.1.31 高松地判); 2000.3.23 大阪高判: [1] 범죄발생 전이라도 촬영행위가 인정되는 것은 범죄발생의 개연성이 있는 경우가 아니고 상당한 고도의 개연성이 있는 경우를 말하는 것이므로, 범죄가 발생하는 개연성이 일반적 추상적인 수준에 머무른다라고 보이는 한 촬영행위의 정당성은 인정되지 않는다. [2] 깃발이나 프랑카드를 들지 않고, 구호제창도 없는 100인 정도의 단체가 단순히 2열 종대로 걷고 있다는 것과 같은 경우는 즉시 미신고집회라고 인정될 수 있는 것도 아니고, 참가자의 일부가 역으로 향하는 도중에 적신호 무시를 했다든가 무단횡단을 한 것이 인정되기는 하지만, 이러한 것들은 어디까지나 경미한 위반행위이고, 일부러 계속적으로 사진비디오촬영을 할 필요성이 있었다고는 인정되지 않는다; 1967.8.31 東京高判: (1) 아직 범죄나 공안을 해하는 사태가 구체적으로 발생할 우려가 없는 평소의 경우에 있어서도, 그 발생의 가능성이 있는 한, 유사의 경우에 대비해 그 발생을 예방하는 수단을 연구하고 준비해두는 것은 경찰의 성질상 당연한 것이다. 정보수집(사진촬영)이 적법하기 위한 조건으로서, 목적의 정당성, 행위의 필요성, 상당성의 3요건이 필요하다. (2) 촬영의 대상이 집단시위행진의 상황 자체이고, 그 목적이 순수하게 그 집단행진의 범죄발생의 예방, 공안유지의 수단으로서 경비자료를 얻을 것에 있는 것이라면, 비록 그 집단을 구성하는 개인의 용모가 간간히 사진중에 명확하게 나타나는 것이 있다 하더라도 굳이 초상권 침해로는 되지 않는다. (3) 집단시위행진에 대한 사진촬영행위가 물리적, 정신적으로 그 행진의 자유를 방해하는 것과 같은 방법으로 촬영하는 경우에는 그 촬영방법이 상당성을 결하는 것으로 되고, 정말로 헌법조항에 위반한다라고 말할 수 있겠지만, 1-2명의 경찰관이 상당한 거리를 격한 장소로부터 그 행진을 통상의 방법을 이용해서 촬영하는 경우에 그것이 적법하게 행진중인 자가 불안에 쫓겨 정신이 위축된다든가 혹은 외포심을 발생시킨다든가 등으로부터 자유로운 행진이 불가능하게 되는 등이라고 하는 것은 실제문제로서 도저히 있을 수 없는 것이고, 또 행진이 물리적으로 방해된다라고 하는 것도 일어날 수 없다. [4] 따라서 경찰관의 촬영행위를 폭행에 의해서 방해한 피고인의 행위는 공무집행방해죄를 구성한다(同旨: 東京高判 1966.3.24 高檢速報1609).

첩보기관, 일본 공산당, 반전 및 도동운동 등의 시민활동, 옴진리교 등 컬트 단체, 행동파 우익단체, 극좌단체 등에 대한 사찰 및 협력자 관리와 같은 국가의 공공안전 및 이익에 관계된 범죄·정치·사회 운동과 관련한 정보수집 및 단속을 주된 임무로 하고 있다. 공안경찰은 공안·경비범죄에 관한 체포권 과 수사권이 있으므로 공안·경비사범은 일반범죄를 다루는 형사부서에서 취급하지 않고 공안·경비부 서에서 직접 취급하고 있으며 국내정보수집에 있어 법무성 공안조사청과 경쟁적 관계를 유지하고 있 다. 일본의 경찰이 가지는 영향력은 일본 내 다수의 정보기관들(내각정보조사실, 방위성 정보본부, 법 무성 공안조사청, 외무성 국제정보통괄관조직 등) 중에서 가장 강한 것으로 평가되고 있는데, 방대한 경찰조직과 인원을 기초로 국내치안과 정보 분야에서 주도적인 역할을 수행하고 있으며 그 출신자들이 타 정보기구에서 지도력을 발휘하고 있다. 경비국 외사과는 외국 첩보기관의 일본에 대한 유해 활동을 수사하는 것을 주요 임무로 하며, 방첩기관으로서의 성격을 가지고, 경찰청 경비국 외사과는 경시청 및 각 도부현 경찰본부의 외사과를 통합한다.[62]

5. 집행부수적 수권조항(무기사용)

경직법 제7조에 의하면, 경찰관은 범인의 체포 또는 도주의 방지, 자기 또는 타인에 대 한 방호, 혹은 공무집행에 대한 저항의 억지를 위하여 필요하다고 인정되는 상당한 이유가 있는 경우에는, 그 사태에 맞게 합리적으로 판단하여 필요한 한도에서 무기를 사용할 수 있 다. 다만, 형법 제36조(정당방위) 또는 동법 제37조(긴급피난)에 해당하는 경우 또는 다음 각 호의 어느 하나에 해당하는 경우를 제외하고는 사람에게 위해를 가하여서는 아니된다: 1. 사형, 무기 또는 장기 3년 이상의 징역이나 금고에 해당하는 흉악한 죄를 현재 범하거나 이 미 범하였다고 의심할 만한 충분한 이유가 있는 자가 그 자에 대한 경찰관의 직무집행에 대 하여 저항하거나 도주하려고 하는 때 또는 제3자가 그 자를 도주시키려고 경찰관에게 저항 하는 때, 이를 방지하거나 체포하기 위하여 다른 수단이 없다고 경찰관이 믿을 만한 상당한 이유가 있는 경우, 2. 체포영장에 의한 체포, 구인영장 또는 구속영장의 집행과정에서 그 본 인이 그 자에 대한 경찰관의 직무집행에 대하여 저항하거나 도주하려고 하는 때 또는 제3 자가 그 자를 도주시키려고 경찰관에게 저항하는 때, 이를 방지하거나 체포하기 위하여 다 른 수단이 없다고 경찰관이 믿을 만한 상당한 이유가 있는 경우.

(**해석론**) 경찰관의 소형무기 소지에 관한 법률적 근거는 경찰법 제67조[63]에 있다. 요건 을 충족하고 소정의 한계 내에서 무기를 사용하였다면 그 사용행위 및 결과에 대하여 형사 상·민사상·행정상 책임을 부담하지 않는다.[64] 가령 한밤중에 도난차량을 몰고 병원으로

---

62) 경찰대학, 국가정보와 경찰활동, 2018, 212-215면.
63) 경찰법 제67조: 경찰관은 그 직무의 수행을 위해 소형무기를 소지할 수 있다.

뛰어든 피의자나, 검문에 불응하고 달아나는 피의자, 현장에서 경찰관의 체포에 불응하고 달아나는 현행범 등은 다른 선량한 시민들에게 끼칠 위해를 차단하기 위해서라도 무기사용을 통해 검거할 수밖에 없다.[65]

동조의 규정은 직무상 무기의 보유나 휴대가 인정되고 있는 황궁호위관, 자위관, 해상보안관, 마약단속관 등의 직무집행에 관하여도 준용하고 있다. 하지만 입국심사관 및 입국경비관, 세관직원, 형무관에 관하여는 각각의 관계법령에서 무기의 휴대 및 사용 요건을 별도로 정하고 있다.[66]

● 경찰장구 사용

경찰봉, 장봉 등은 사용법에 따라서는 사람의 살상에 사용될 가능성이 있으나, 본래 방어나 제지를 위하여 만들어진 경찰장구이므로 경직법 제7조의 무기에 해당하지 않는다.[67] 따라서 경찰봉 등을 본래의 용도에 맞게 사용하였다면 그 과정에서 상대방에게 다소의 경상을 입혔다고 하더라도 곧바로 경직법 제7조에 위반하는 것은 아니다.[68]

● 분사기 등의 사용

최루가스나 최루액 등의 사용은 일시적인 최루효과로써 단기간의 행동을 억제하는 것에 불과하고 장기간의 기능장해를 가하는 것이 아니므로, 제지를 위한 용구에 그치고 경직법 제7조의 무기에 해당하지 않는다. 그러나 그와 같이 효과가 약하다 하더라도, 상대방이나 제3자의 생리적 기능을 해하는 것인 이상, 그 사용에 있어서는 실력행사의 근거와 함께 사용장소나 방법, 대체수단의 유무 등을 포함하여 그 필요성과 상당성에 대한 충분하고 신중한 판단이 요구된다. 실무상으로는 일반적 방법에 의한 최루가스 등의 사용에 관하여 무기의 사용에 준하여 경직법 제7조와 동일한 요건을 기준으로 취급하고 있다(최루가스기구의 사용 및 취급에 관한 훈령 - 催涙ガス器具の使用および取扱いに関する訓令(경찰청) - 제3조 제1항, 경찰관 등의 최루스프레이의 사용에 관한 규칙 - 警察官等の催涙スプレーの使用に関する規則(국가공안위원회규칙 제17호) - 제3조 제1항). 한편 판례는 경비상황 등에서 최루가스 등의 사용의 적법성을 판단함에 있어서 경직법 제7조의 요건을 기준으로 하고 있다.[69]

---

64) 古谷 洋一, 황순평 역, 주석 일본 경찰관직무집행법[4정판], 2016, 369면.
65) 成田賴明·南博方·園郎逸夫, 行政法講義 下卷, 青森書院, 1984(김기재, 경찰상 무기사용의 문제점 및 개선방향 -독일과 일본의 제도를 중심으로-, 토지공법연구 제39집, 2008, 696면 재인용).
66) 古谷 洋一, 황순평 역, 주석 일본 경찰관직무집행법[4정판], 2016, 369-370면.
67) 경찰관등경봉등사용및취급규범(警察官等警棒等の使用及び取扱い規範, 국가공안위원회규칙 제14호) 제4조 제2항은 경찰봉 등을 무기에 대신하는 것으로서 사용할 수 있다고 규정하여, 경찰봉이 무기가 아님을 전제로 하고 있다. 경찰무기에 대하여는 경찰관등권총사용및취급규범(警察官等けん銃使用及び取扱い規範, 국가공안위원회규칙 제7호)과 경찰관등특수총기사용및취급규범(警察官等特殊銃使用及び取扱い規範, 국가공안위원회규칙 제16호)을 별도로 두고 있다.
68) 古谷 洋一, 황순평 역, 주석 일본 경찰관직무집행법[4정판], 2016, 371면.

6. 경찰비용법

우리나라와 마찬가지로 일본의 경찰 관련 법령은 2차원의 경찰책임에 해당하는 경찰비용상환에 관하여는 도로교통법상 견인수수료만을 대집행비용 차원에서 규정한다. 이는 비용부담의 성격상 장해자수수료에 해당한다. 하지만 우리나라와 달리 학술적 논의는 물론 아무런 관련 문헌도 검색되지 않는다.

[**장해자수수료**] 일본 도로교통법(道路交通法) 제51조 제1항에 의하면, 경찰관 등은 우선 운전자나 자동차를 관리하여야 할 사람에게 위법하게 세워진 자동차를 제거하도록 명령할 수 있다. 동조 제3항과 제5항에 의하면, 제1항에 의한 명령이 운전자 부재로 인하여 발령될 수 없는 경우 경찰관 등의 보고를 받은 경찰서장은 이 자동차를 견인할 수 있다. 동조 제15항에 의하면, 자동차의 견인과 보관에 관한 비용은 운전자, 사용자 혹은 소유자에 의하여 부담되어야 한다.

4절 개별 위험방지법 I(행정법내 위험방지법)

1. 경찰소관 법령

(1) 집회 관련

일본에서 집회 및 시위에 관한 규제는 법률이 아니라 대체로 공안조례를 근거로 이루어지고 있다.[70][71] 여기서 공안조례란 지방자치단체가 집회·행진·시위 등을 규제하기 위하여 각자 독립적으로 제정한 조례를 총칭하는 것이다.[72]

---

69) 古谷 洋一, 황순평 역, 주석 일본 경찰관직무집행법[4정판], 2016, 374-381면: 데모대에 의한 투석행위를 제지하기 위하여 최루가스탄통을 발사한 사안에 관하여, 무기에 준하여 신중히 취급하고 있다 하여 적법하다고 판단한 사례(도쿄고등재판소 판결 1970.9.22); 건조물침입죄를 범하고 있는 자들이 이를 검거하는 직무를 집행 중인 경찰관에 대하여 흉기를 집어던지는 등의 저항을 한 경우, 위험방지와 범인 체포를 위해 필요한 한도에서, 미리 최루액의 사용 경고를 한 이후 부득이하게 사용하였다면, 경직법 제7조 본문 및 단서에 해당하는 무기의 사용으로서 적법하다고 판단한 사례(도쿄고등재판소 판결 1974.2.18).

70) 김종천, 법학논문집 제36권 1호, 2012, 50-51면.

71) 조병인, 집회 및 시위의 보장과 규제에 관한 연구, 한국형사정책연구원, 2002, 100면.

72) 조병인, 집회 및 시위의 보장과 규제에 관한 연구, 한국형사정책연구원, 2002, 101면.

조례에 의한 집회규제의 유래

2차대전 후 일본에 진주한 미군정 총사령부가 1945년 10월 발표한 지령인 '정치적, 공민적 및 종교적 자유에 대한 제한의 제거 건'이 발단이 되었다. 동 지령으로 집회자유를 억제하던 구 일제 법령(치안경찰법 등)이 모두 폐지되었으나, 1946년 5월 노동운동, 1947년 2월 파업 등 미군정의 뜻에 부합하지 않는 집회가 계속되자, 동 지령에 반하지 않는 한도 내에서 만든 '행진·시위 조례안'을 내각과 각 지방자치단체에 송부하였다. 동 조례안을 기초로 1948년 10월 오사카시가 '행진 및 시위에 관한 조례(行進及び集団示威運動に関する条例, 이하 오사카시 공안조례)'[73]를 최초로 제정하였고, 1950년 7월 도쿄의 '집회, 행진 및 시위에 관한 조례(集会集団行進及び集団示威運動に関する条例, 이하 도쿄도 공안조례)'[74] 등, 동일한 취지의 조례들이 각 지방자치단체에서 만들어져왔다.[75]

[**공안조례에 의한 규제**] 그나마 이러한 공안조례를 제정한 지방자치단체는 일부에 그치고 있다.[76] 이 가운데는 도에서 제정한 공안조례와 시에서 제정한 공안조례가 병존하는 지역도 있다.[77]

조례에 의한 권리제한과 의무부과의 가능성

우리나라에서 지방자치단체가 주민의 권리를 제한하거나 의무를 부과하는 사항 또는 벌칙을 정할 때는 법률의 위임이 있어야 함에(지방자치법 제22조 단서) 비추어 보면 의아할 수 있으나, 일본에서 집회를 조례가 아닌 법률로써 규제하여야 한다는 입법론은 제기되고 있지 않다. 일본에서는 법률에 국회가 제정하는 협의의 법률과 함께 지방의회가 제정하는 조례도 당연히 포함된다고 보는 견해가 통설로서 인정되고 있기 때문이다.[78] 일본 지방자치법도 제14조 제2항에서 "지방자치단체가 의무를 과하거나 권리를 제한함에 있어 법령에 특별한 규정이 있는 경우를 제외하고는 조례에 의하여야 한다"라고만 규정할 뿐, 법률의 위임을 요구하고 있지 않다. 나아가 동조 제3항에서는, "법령에 특별한 정함이 있는 경우를 제외하고는 조례를 위반한 자에 대해서 2년 이하의 징역 혹은 금고, 100만 엔 이하의 벌금, 구류, 과료 혹은 몰수의 형 또는 5만 엔 이하의 과태료를 과하는 규정을 둘 수 있다"라고 하여 일정 범위 내에서 조례에 근거한 형벌의 부과도 부분적으로 가능하다.[79]

---

73) http://www.city.takatsuki.osaka.jp/bunsyo/reiki_int/reiki_honbun/k209RG00000620.html (2021.7.19. 방문).

74) https://www.reiki.metro.tokyo.lg.jp/reiki/reiki_honbun/g101RG00002205.html (2021.7.19. 방문).

75) http://www.re-link.com/desk/law/1948h.htm (2021.5.29. 방문); 김종천, 법학논문집 제36권 1호, 2012, 50-51면.

76) 2011년 4월 기준으로, 25개 현 및 34개 시에서 공안조례를 제정하고 있다. https://ja.wikipedia.org/wiki/%E5%85%AC%E5%AE%89%E6%9D%A1%E4%BE%8B (2021.7.19. 방문).

77) 후쿠오카시, 기타큐슈시, 구마모토시 등의 정령에 의한 지정도시와, 아오모리시, 고후시, 돗토리시, 다카마쓰시, 마쓰야마시, 고치시, 나가사키시, 오이타시, 미야자키시, 가고시마시, 나하시 등 현청소재지인 일반시가 해당한다. https://ja.wikipedia.org/wiki/%E5%85%AC%E5%AE%89%E6%9D%A1%E4%BE%8B (2021.7.19. 방문).

78) 최철호, 지방자치법연구 제7권 3호, 2007, 10-17면.

[**공안조례 미제정 및 도로교통법 등에 의한 규제**] 공안조례가 제정되어 있지 않은 지방자치단체의 경우에는, 공공도로사용시 경찰서장의 허가를 받도록 하는 도로교통법 제77조 제1항 제4호[80] 및 동 허가나 허가에 경찰서장이 부가한 조건을 위반하는 행위를 처벌하는 동법 제119조 제1항 제13호[81] 등을 적용하여 집회규제가 이루어지고 있다.[82]

이하에서는 공안조례에 의한 집회규제의 내용을 중심으로 기술한다.

1) 집회허가

집회개최의 절차와 관련된 공안조례의 내용은 각 도도부현이 유사한 형태를 취하고 있다. 아래에서는 도쿄도의 공안조례를 살펴본다.[83]

[**장소적 구분 및 허가**] 도쿄도 공안조례 제1조에 의하면, 도로 기타 공공장소에서 집회 또는 행진을 하고자 할 때 또는 장소 여하를 불문하고 시위를 하고자 할 때에는, 도쿄도 공안위원회의 허가를 받아야 한다. 다만 소풍, 수학여행, 체육, 경기, 통상의 관혼상제 등의 행사는 허가를 받지 않아도 된다.

[**허가신청 시한과 제출항목**] 동 조례 제2조에 의하면, 허가신청은 주최자인 개인 또는 단체의 대표자가, 집회·행진 및 시위를 하기 72시간 전까지 다음 각 호의 사항을 기재한 허가신청서를 개최지 관할 경찰서를 경유하여 제출하여야 한다: ① 주최자의 주소·성명, ② 주최자가 개최지인 구·시·정·촌 외에 거주할 경우, 개최지 구·시·정·촌의 연락책임자 주소·성명, ③ 개최일시, ④ 진로, 장소 및 약도, ⑤ 참가예정단체 명칭 및 대표자 주소·성명, ⑥ 참가예정인원, ⑦ 집회·행진 및 시위의 목적과 명칭.

[**허가의 통지**] 동 조례 제3조 제2항에 의하면, 공안위원회는 허가를 할 경우 신청서 1부

---

79) 예를 들어, 도쿄도 공안조례 제5조: 제2조의 규정에 의한 허가신청서에 허위의 사실을 기재하여 제출한 주최자 및 제1조의 규정, 제2조의 규정에 의한 기재사항, 제3조 제1항 단서의 규정에 의한 조건 및 동조 제3항의 규정을 위반하여 행해진 집회·행진 및 시위의 주최자, 지도자 및 선동자는, 1년 이하의 징역이나 금고 또는 30만 엔 이하의 벌금에 처한다.

80) 도로교통법 제77조: 1. 다음 각 호에 해당하는 자는, 그 호에 열거된 행위를 하기 위해서는 그 행위에 관계된 장소를 관할하는 경찰서장(행위에 관계된 장소가 동일한 공안위원회의 관리에 속하는 2개 이상의 경찰서장의 관할에 걸친 경우, 그중 한 곳의 관할 경찰서장)의 허가를 받아야 한다. ④ 전 각 호에 열거된 외에 도로에서의 제례행사나 야외촬영 등 일반교통에 상당한 영향을 미칠 수 있는 통행의 형태나 방법에 의해 도로를 사용하는 행위 및 도로에 사람이 모여 일반통행에 상당한 영향을 미칠 수 있는 행위로서, 공안위원회가 그 토지의 도로 및 교통의 상황에 따라 도로에 대한 위험을 방지하고 그 외 교통의 안전과 원활을 도모할 필요가 있다고 인정되는 행위를 하려는 자.

81) 도로교통법 제119조: 1. 다음 각 호에 해당하는 자는, 3월 이하의 징역 또는 5만 엔 이하의 벌금에 처한다. ⑬ 제77조(도로사용의 허가) 제3항의 규정에 의하여 경찰서장이 부여하거나, 동조 제4항의 규정에 의하여 경찰서장이 변경 또는 부여한 조건을 위반한 자.

82) https://ja.wikipedia.org/wiki/%E5%85%AC%E5%AE%89%E6%9D%A1%E4%BE%8B (2021.6.2. 방문).

83) https://www.reiki.metro.tokyo.lg.jp/reiki/reiki_honbun/g101RG00002205.html (2021.7.19. 방문).

에 그 취지를 기입하여, 특별한 사유가 없는 한 집회·행진 또는 시위의 개최일시로부터 24시간 전까지 주최자 또는 연락책임자에게 교부하여야 한다.

[**사전허가제의 위헌여부**] (**판례**) 사전허가제에 대한 판례의 입장은, 합리적이고 명확한 기준 하에서의 허가제는 집회자유를 보장하고 검열을 금지한 헌법 제21조[84]에 위반되지 않으며, 현재의 허가제는 사실상 신고제처럼 운용되고 있다고 인정하였다.[85] (오용방지규정) 도쿄도 공안조례는 사전허가제가 오용되는 것을 견제하기 위한 규정들을 두고 있다. 도쿄도 공안조례 제3조 제1항에 의하면, 공안위원회는 신청이 있는 때는 집회·행진 및 시위의 개최가 공공의 안녕을 유지하고 직접 위험을 끼친다고 명백하게 인정되는 경우 외에는 허가를 하여야 한다. 공안조례가 부재하여 도로교통법을 적용하는 도도부현의 경우에도 도로교통법 제77조 제2항에 의하면, 공공도로사용 허가신청에 대해 일정 요건이 충족된다면 경찰서장이 허가를 하여야 한다.[86]

2) 허가거부와 제한

[**허가거부처분**] 도쿄도 공안조례 제3조 제1항에 의하면, 공안위원회는 신청이 있는 때는 집회·행진 및 시위의 개최가 공공의 안녕을 유지하고 직접 위험을 끼친다고 명백하게 인정되는 경우 외에는 허가를 하여야 한다.

---

84) 헌법 제21조: ① 집회, 결사, 및 언론, 출판, 그 밖에 모든 표현의 자유는 보장된다. ② 검열을 하여서는 아니된다. 통신의 비밀을 침해하여서는 아니된다.

85) 조병인, 집회 및 시위의 보장과 규제에 관한 연구, 한국형사정책연구원, 2002, 102-103면: 1954년 니가타현 공안조례의 허가제 조항에 관하여 최고재판소는 "허가제는 (원칙적으로) 위헌이지만, 특정한 장소·방법에 관하여 합리적이고 명확한 기준 하에서의 허가제는 합헌"이라고 판결하여 처음으로 허가제의 위헌성을 부정하였다. 1960년 도쿄도 공안조례의 허가제 조항에 관하여 최고재판소는 "공안조례 제3조의 규정에 의해 공공의 안녕의 유지에 직접 위험을 미칠 정도로 명백한 사유가 인정되지 않으면 공안위원회가 이를 허가하지 않을 수 없도록 되어 있어 사실상 신고제처럼 운용되고 있다"고 합헌 판결함으로써 집회·시위에 대한 사전허가제의 합헌성을 재확인하였다. 1975년 집단행동시 준수사항의 한 가지로 "교통질서 유지"를 규정한 도쿠시마시 공안조례에 관하여 최고재판소는 "도로상에서의 집단행동 등은 (중략) 이러한 행동이 행하여지지 않는 (평상시의) 교통질서를 필연적으로 어느 정도 침해할 가능성을 가질 수밖에 없고, 또한 '교통질서의 침해'를 금지사항으로 한 조례의 취지는 해당 행진 등에 불가피하게 수반되는 것을 가리키는 것이 아니라, 교통질서를 심하게 방해할 정도의 행위를 해서는 안된다는 것이다"고 하여 합헌 판결하였다. 1995년에는 중핵파조직이 '간사이 신공항 반대 전국 총궐기 집회'를 계획하고 이즈미사노시 강당의 사용허가를 신청하였다가 이즈미사노시로부터 거부당하자 공안조례 및 불허처분의 위헌·무효를 주장하며 손해배상을 청구하였으나, 최고재판소에서 기각되었다. 이 판례는 최고재판소가 집회의 자유와 공적 시설의 이용관계에 관하여 최초로 본격적인 헌법판단을 내린 것으로서, 이를 통해 집회의 자유의 제한에 관한 합헌 여부 판단에서 '이익형량론' 및 '명백하고 절박한 위험의 기준'이라고 하는 2단계의 판단기준이 확립된 것으로 이해되고 있다.

86) 도로교통법 제77조 제2항: 전항의 허가의 신청이 있는 때에, 그 신청에 관계된 행위가 다음 각 호의 1에 해당하는 경우, 관할 경찰서장은 허가를 하지 않으면 아니된다. ① 교통방해의 우려가 없다고 인정되는 경우, ② 허가에 대해 조건을 부가하여 이에 따를 경우 교통방해의 우려가 없다고 인정되는 경우, ③ 교통방해의 우려가 있으나 공익상 또는 사회관습상 다른 도리가 없다고 인정되는 경우.

(**해석론**) 동 규정에 대한 반대해석으로 허가거부처분이 가능하다.

[**조건부 허가**] 동 조례 제3조 제1항에 의하면, 공안위원회는 다음 사항과 관련하여 허가에 필요한 조건를 부가할 수 있다[87]: ① 관공청의 사무의 방해를 방지하기 위한 사항, ② 총기·흉기 기타의 위험물 휴대의 제한 등 위해방지에 관한 사항, ③ 교통질서유지에 관한 사항, ④ 집회·행진 또는 시위의 질서유지에 관한 사항, ⑤ 야간의 평온유지에 관한 사항, ⑥ 공공의 질서 또는 공중의 위생을 유지하기 위하여 부득이한 경우의 진로·장소 또는 일시의 변경에 관한 사항.

3) 허가취소와 조건의 변경

[**공안조례에 의하는 경우**] 도쿄도 공안조례 제3조 제3항에 의하면, 공안위원회는 공공의 안녕을 유지하기 위하여 긴급한 필요가 있다고 명확히 인정되는 경우에는 허가를 취소하거나 조건을 변경할 수 있다. 동조 제4항에 의하면, 공안위원회는 불허가 처분을 한 경우 또는 허가를 취소한 경우에는 상세한 이유를 첨부하여 즉시 도쿄도의회에 보고하여야 한다.

[**도로교통법에 의하는 경우**] 공안조례의 부재로 도로교통법을 적용하는 도도부현의 경우에도, 도로교통법 제77조 제3항,[88] 제4항,[89] 제5항[90] 등에 의하면, 경찰의 조건 부가 및 허가취소·변경 등의 권한이 동일하게 보장되고 있다.

4) 집회관리

[**집회관리권**] 도쿄도 공안조례 제4조에 의하면, 경시총감은 제1조(허가), 제2조(신청서 제출), 제3조 제1항(허가조건) 및 동조 제3항(허가취소와 조건변경)의 규정을 위반하여 행해진 집회·행진 및 시위의 참가자에 대하여, 공공의 질서를 유지하기 위한 경고를 발하고 행동을 제지하거나 기타 위반행위의 시정을 위해 필요한 한도에서 적절한 조치를 취할 수 있다.[91]

[**소음 및 확성기 규제**] 집회와 관련된 공안조례가 소음 등을 직접 규제하지는 않으나,

---

87) 김종천, 법학논문집 제36권 1호, 2012, 51-52면; 조병인, 집회 및 시위의 보장과 규제에 관한 연구, 한국형사정책연구원, 2002, 101면.

88) 도로교통법 제77조 제3항: 제1항의 규정에 의한 허가를 함에 있어서 필요하다고 인정되는 경우, 관할 경찰서장은 해당 허가에 관한 행위가 전항 제1호에 해당하는 경우를 제외하고는 해당 허가에 대하여 도로에서의 위험을 방지하고, 기타 교통의 안전과 원활을 도모하기 위해 필요한 조건을 부가할 수 있다.

89) 도로교통법 제77조 제4항: 관할 경찰서장은, 도로에서의 위험을 방지하고, 기타 교통의 안전과 원활을 도모하기 위하여 특별히 필요한 경우, 전항의 규정에 의해 부가한 조건을 변경하거나 새로운 조건을 부가할 수 있다.

90) 도로교통법 제77조 제5항: 관할 경찰서장은, 제1항의 규정에 의한 허가를 받은 자가 제2항의 규정에 의한 조건을 위반한 경우, 또는 도로에서의 위험을 방지하고, 기타 교통의 안전과 원활을 도모하기 위해 특별히 필요한 경우, 그 허가를 취소하거나 허가의 효력을 정지시킬 수 있다.

91) 조병인, 집회 및 시위의 보장과 규제에 관한 연구, 한국형사정책연구원, 2002, 101면.

일부 도도부현에서는 소음규제 자체와 관련된 조례를 두고 있다.[92]

예로 도쿄도의 확성기에 의한 폭소음의 규제에 관한 조례(拡声機による暴騒音の規制に関する条例)[93]에 의하면, 음원으로부터 수십 미터 떨어진 지점에서 측정하여 85dB[94]을 초과하는 소음을 내는 것을 폭소음으로 규정하여(제3조) 이를 금지한다(제5조). 경찰관은 이를 위반한 사람에 대하여 중지명령을 발할 수 있고(제7조 제1항) 위반자의 관리자나 사용자에게 방지조치를 권고할 수 있다(제9항). 명령거부자에 대해서는 24시간 내의 확성기 압수 등 필요한 조치를 하거나(제7조 제2항 내지 제4항), 이에 수반되는 출입을 할 권한이 있다(제10조). 폭소음 규제위반이나 출입검사 거부는 처벌된다(제12조, 제13조).

동 폭소음 관련 조례는 상업적 확성기 사용 등을 비롯한 소음 발생 전반을 규제하는 것으로 집회소음만을 특별히 규제하는 것이 아니므로, 집회결사의 자유를 부당하게 제약하지 않도록 조례의 적용에 신중을 기하여야 한다는 주의규정을 두고 있다(제2조).[95]

다른 예로 가나가와현 확성기 소음규제 조례 제3조에 의하면, 집회 중에 확성기를 사용하는 경우 1회에 10분씩, 15분 이상 정지 후에야 다시 사용이 허용된다.[96]

확성기 사용을 전면적으로 금지하는 법률로는 국회의사당등 주변지역 및 외국공관등 주변지역의 정온(静穏)의 유지에 관한 법률(国会議事堂等周辺地域及び外国公館等周辺地域の静穏の保持に関する法律)이 있다. 하지만 이는 국회의사당 및 외국공관 등의 주변지역(제5조)과 같은 특정 지역에 한하여 적용된다.[97] 동법 제6조에 의하면, 경찰관은 전조의 규정에 위반하여 확성기를 사용한 자에 대하여 확성기의 사용을 중지하고 해당 위반행위를 시정하기 위해 필요한 조치를 취할 것을 명령할 수 있다.

5) 집회의 강제해산

공안조례에서는 강제해산의 권한이나 요건을 직접적으로 규정하지 않고 있다. 시위진압을 위한 별다른 매뉴얼도 존재하지 않으며, 공안조례의 일반적 절차규정에 따라 경미한 위법행위에 대해서는 설득·유도하고, 위법행위 시 3회 이상 경고하고 있으며, 실무적으로

---

92) 이희훈, 일감법학 42호, 2019, 246면.
93) https://www.reiki.metro.tokyo.lg.jp/reiki/reiki_honbun/g101RG00002206.html (2021.7.30. 방문.)
94) 이희훈, 일감법학 42호, 2019, 248면: 우리나라의 75dB보다 다소 완화된 기준을 적용하고 있다.
95) 권두섭 외 4인, 집회·결사의 자유 분야 인권정책기본계획을 위한 연구, 국가인권위원회 연구용역보고서, 2004, 58면.
96) 이희훈, 일감법학 42호, 2019, 247면.
97) 권두섭 외, 집회·결사의 자유 분야 인권정책기본계획을 위한 연구, 국가인권위원회 연구용역보고서, 2004, 77면; 이희훈, 일감법학 42호, 2019, 248면: 한편, 우리나라 헌법재판소는 국내주재 외국의 외교기관과 외교사절의 숙소의 경계지점으로부터 100미터 이내의 장소에서 집회를 금지한 구 집시법 제11조 제1호에 대하여 위헌결정을 하였고, 국회의사당의 경계지점으로부터 100미터 이내의 장소에서 집회를 금지한 집시법 제11조 제1호에 대하여 헌법불합치 결정을 한 바 있다.

는 대부분 경고단계에서 해결되고 있다. 위반행위의 시정을 위한 필요조치로 경미한 위법행위는 채증 후 관련법(공안조례·형법)을 적용하여 처벌하고, 폴리스라인 침범행위에 대한 현장조치 및 처벌도 현장에서 경고·제재 등 조치 후 불응시에는 사후 공안조례에 근거하여 주최자를 처벌하고 있다. 과격 폭력행위 등에 대해서는 소요·공무집행방해·방화죄 등을 적용하여 처벌하며, 경찰관 폭행 시 현장지휘관의 지시 없이 공무집행방해죄의 현행범으로 강제연행, 구속수사를 원칙으로 한다.[98]

(2) 도로교통 관련

1) 운전면허

[**면허**] 도로교통법 제84조 제1항에 의하면, 자동차 등(자동차 및 원동기부착자전거)을 운전할 자는 공안위원회로부터 운전면허를 발급받아야 한다. 동조 제2항에 의하면, 면허는 일반면허인 제1종(대형, 중형, 준준형, 보통, 소형, 이륜, 특수, 원동기장치자전거, 견인)과 사업면허인 제2종(대형, 중형, 보통, 특수, 견인) 및 연습운전면허(가면허)로 구분된다.

[**연령제한**] 도로교통법 제88조 제1항 제1호에 의하면, 대형면허는 21세(내각령으로 정한 자는 19세), 중형면허는 20세(내각령으로 정한 자는 19세), 준중형·보통·대형특수·대형이륜·견인면허는 18세, 보통이륜·소형특수면허·원부면허는 16세 이상자만이 면허발급의 대상자가 될 수 있다. 동조 제2항에 의하면, 가면허도 대형면허는 20세(내각령으로 정한 자는 19세), 보통면허는 18세 이상자로 제한된다.

[**면허제한**] 도로교통법 제90조 제1항에 의하면, 공안위원회는 운전면허 합격자에게 안전운전에 지장을 줄 수 있는 질병, 약물중독, 중대한 도로교통법 위반자나 사고야기자 등의 사유가 있는 경우에는 면허 발급을 거부하거나, 6월 이내의 기간을 두어 발급을 보류할 수 있다. 동조 제5항에 의하면, 이미 발급된 면허는 취소하거나 6월 이내의 기간을 두어 효력을 정지시킬 수 있다.

[**면허의 취소·정지 및 벌점**] 도로교통법 제103조에 의하면, 공안위원회는 도로교통법이 정하는 사유에 해당하는 운전면허자에 대하여 면허를 취소하거나 6개월 이내의 면허의 효력을 정지할 수 있다.

도로교통법 제75조의2 제1항 및 동법 시행령 제26조의7에 의하면, 공안위원회는 위반행위에 따른 누계점수를 기준으로 자동차를 운전하거나 운전시킬 수 없도록 할 수 있다.

(**부연**) 직접 처분대상이 된 위반시를 기준일로 운전자의 과거 3년 이내 면허정지 등의

---

98) 최경환, 선진 집회·시위문화 정착을 위한 사회적 공감대 형성 방안, 치안정책연구소 책임연구보고서, 2010, 24-25면.

처분횟수 및 누산점수에 따라 행정처분의 처분기준이 결정되며, 처분대상이 된 위반이 특정위반행위인지 또는 일반위반행위인지 여부에 따라 처분기준이 구별된다.[99] 예를 들어 일반위반행위로 벌점 6점을 받는 경우, 과거 처분전력이 없는 사람은 30일의 면허정지 처분을 받게 되나, 과거 2회 이상의 처분전력이 있는 사람은 면허취소 처분과 함께 1년 동안 결격기간의 적용을 받게 된다. 이처럼 과거 처분횟수가 많을수록 같은 위반행위에 대해서도 보다 중한 처분을 받도록 규정되어 있다.

2) 일반 교통관리

[**신호·지시**] 도로교통법 제6조 제1항에 의하면, 경찰관 등(경찰관 및 교통순시원[100]을 포괄)은 수신호 등을 이용하여 교통정리를 할 수 있다. 이 경우에 경찰관 등은 도로에서의 위험을 방지하고, 기타 교통의 안전과 원활을 도모하기 위하여 특별히 필요하다고 인정되는 경우에는 신호기에 표시되는 신호에도 불구하고 이와 다른 의미를 표시하는 수신호를 발할 수 있다.

> **● 신호기와 도로표지**
>
> 도로교통법 제4조 제1항에 의하면, 도도부현 공안위원회는 도로상의 위험을 방지하고, 기타 교통의 안전과 원활을 도모하며, 교통공해 기타 도로교통에 기인하는 장해를 방지하기 위하여 필요한 경우에는 정령에 정하는 바에 따라 신호기 또는 도로표지 등을 설치 및 관리하고, 교통정리, 보행자 또는 차량 등의 통행금지 기타 도로에서의 교통규제를 할 수 있다. 이 때 긴급을 요하여 도로표지를 설치할 수 없거나 도로표지에 의한 교통규제가 곤란하다고 인정될 경우에는, 공안위원회는 그 관리 내에 있는 도도부현경찰 소속 경찰관의 현장 지시에 의하여 도로표지의 설치나 관리에 준하는 교통규제를 행할 수 있다. 동법 제5조에 의하면, 공안위원회는 내각령에 정하는 바에 따라 전조 제1항에 규정한 보행자 및 차량 등의 통행금지 기타 교통규제 중에서 적용기간이 짧은 사항을 경찰서장이 행하도록 할 수 있다.

[**도로의 통행금지 및 제한**] 도로교통법 제6조 제2항 및 제75조의3에 의하면, 경찰관은 차량 등의 통행이 현저히 정체되어 도로에서의 교통혼잡이 우려되는 경우, 차량 등의 통행을 금지·제한하고, 차량 등의 운전자에 대하여 해당 차량 등을 후퇴할 것을 명하거나, 다른 방법으로 통행할 것을 명할 수 있다.

---

99) 명묘희 외, 외국 운전면허 비교분석 연구 II-운전자 교육 및 운전자 관리 부문-, 도로교통공단 교통과학연구원 연구보고서, 2015, 122-123면.

100) 교통순시원(交通巡視員): 보행자 및 자전거의 통행안전 확보, 정차·주차에 관한 규제 실시 및 도로교통의 안전과 원활에 필요한 지도에 관한 사무를 행하는 도도부현경찰 소속의 비(非)경찰관인 경찰직원(도로교통법 제114조의4).

[**도로사용의 허가**] 도로교통법 제77조 제1항에 의하면, 도로를 사용하려는 다음의 자는 관할 경찰서장으로부터 도로사용에 관한 허가를 받아야 한다: 도로상 공사작업자, 도로상 공작물 설치자, 도로상 노점, 포장마차 등 영업자, 기타 도로에서의 제례행사, 야외촬영 기타 도로상에 사람이 운집하여 일반교통에 현저한 영향을 줄 수 있는 행위자 등.

동조 제2항에 의하면, 도로사용의 허가신청이 다음에 해당하는 경우 관할 경찰서장은 반드시 허가를 하여야 한다: 교통방해의 우려가 없다고 인정되는 경우, 교통방해의 우려가 있으나 공익상 또는 사회관습상 다른 수단이 없다고 인정되는 경우 등.

[**안전이동 명령·직접조치**] 도로교통법 제50조의2 및 제51조 제1항에 의하면, 경찰관 등은 위법하게 주·정차 중인 차량의 운전자에 대하여 사안에 따라 해당 차량의 주·정차방법을 변경하거나 차량을 이동시킬 것을 명할 수 있다.

동법 제51조 제2항에 의하면, 차량의 고장 등으로 인해 해당 차량의 운전자 등이 즉시 명령에 따를 수 없을 경우에는, 경찰관 등이 직접 필요한 한도 내에서 해당 차량의 주차방법을 변경하거나 차량을 이동시킬 수 있다. 동조 제3항에 의하면, 현장에 운전자 등이 없는 경우에도 직접 조치할 수 있으나 이 경우에는 50미터 이내의 도로상에 이동시켜야 한다. 동조 제4항 내지 제8항에 의하면, 50미터 이내에 이동시킬 공간이 없는 경우에는 소속 경찰서장의 지시를 받아 주차장, 공터 기타 도로 외의 장소에 이동시킬 수도 있으며, 이 때 경찰서장은 차량을 보관하고 차량의 사용자(불명일 경우 소유자)에게 보관의 취지를 고지하여야 한다[101].

[**기타 위험방지조치 명령**] 도로교통법 제61조에 의하면, 경찰관은 승차, 적재 및 견인과 관련한 위험방지를 위해 특별히 필요한 경우 해당 차량 등을 정지시키고 그 운전자에 대하여 위험방지를 위해 필요한 응급의 조치를 행할 것을 명할 수 있다.

[**과적차량 응급조치명령 또는 통행경로지시**] 도로교통법 제58조의2에 의하면, 경찰관은 차량을 정지시키고 적재물의 중량을 측정할 수 있다. 동법 제58조의3에 의하면, 경찰관은 과적차량의 운전자에 대하여 과적상태를 해소하는데 필요한 응급의 조치를 명할 수 있고, 차량의 통행경로, 위험방지를 위해 필요한 조치 등의 사항을 지시할 수 있다. 동조 제3항에 의하면, 경찰관은 이 지시의 취지를 기재한 통행지시서(通行指示書)를 교부해야 하며, 운전자는 해당 운전 중에는 지시서를 휴대하고 있어야 한다.

---

101) 다만, 사용자·소유자가 불분명한 차량은 보관의 취지를 공시하며(제9항 내지 제10항), 반환이 이루어지지 않은 차량은 일정 기간이 경과한 후 매각하여 대금을 보관(매수인이 없고 가액이 현저히 낮은 경우 폐차)할 수 있고(제12항 및 제13항), 고지(공시)일로부터 3월이 경과한 미반환차량(또는 매도대금)은 도도부현의 귀속으로 한다(제20항). 이 경우의 비용부담 관계에 대해서는 제14항 내지 제19항에 규정하고 있다.

[**정비불량차량 응급조치명령 또는 운행중지명령**] 도로교통법 제63조에 의하면, 경찰관은 차량을 정지시켜 자동차검사증 기타 정령에 정한 서류 및 작동상태기록장치상의 기록 제시를 요구하고, 해당 차량에 부착된 장치에 대해 검사를 할 수 있으며, 기록 열람 등에 일정한 조치가 필요한 경우에는 차량의 제조자·수입자 기타 관계자에게 해당 조치를 요구할 수 있다.

동조 제2항에 의하면, 경찰관은 정비불량차량의 운전자에게 필요한 응급의 조치를 할 것을 명할 수 있고, 그러한 조치나 정비가 불가능한 차량(고장차량)의 경우에는 운행을 중지하는 명령을 발할 수 있다.

[**교통장해물 시정명령·제거**] 도로교통법 제81조에 의하면, 경찰서장은 도로에 설치된 위법공작물 등에 의해 교통에 장해가 있는 경우, 이를 설치하거나 관련 공사를 하고 있는 자에 대하여 위법공작물 등의 제거·이동·개수 및 관련 작업의 중지 기타 필요한 조치를 할 것을 명할 수 있고, 당사자가 불명인 경우에는 직접 조치를 취할 수도 있다.[102]

[**음주운전 검문**] 도로교통법 제67조 제1항에 의하면, 경찰관은 동법 제65조를 위반하여 음주운전을 하고 있다고 인정하는 때는 해당 차량을 정지시키고 운전면허증의 제시를 요구할 수 있다. 동조 제3항에 의하면, 경찰관은 해당 운전자에 대하여 호기검사를 할 수 있다. 동조 제4항에 의하면, 경찰관은 운전자가 정상적인 운전이 가능한 상태가 될 때까지 차량운전의 금지를 지시할 수 있다.

[**도로관리청과의 협의**] 도로교통법 제79조에 의하면, 관할 경찰서장은 제77조 제1항에 의해 도로사용을 허가하는 처분이 도로법 제32조 제1항 및 제3항의 규정의 적용을 받는 것[103]일 때에는 해당 도로관리자(道路管理者)와 협의하여야 한다. 또 도로교통법 제80조에 의하면, 도로관리자가 도로의 유지보수 등의 관리를 위해 공사 등의 작업을 하기 위하여 도로를 사용하는 경우에는 별도의 허가 없이 관할 경찰서장과 협의하는 것만으로 충분하다. 도로법 제18조 제1항에 의하면, 도로관리자는 일정 구간 내의 국도에서는 국토교통대신, 그 외의 국도에서는 도도부현을 지칭한다.

---

102) 이 경우 경찰서장은 해당 물건을 보관하고 그 취지를 공시해야 하며(제3항), 반환이 이루어지지 않은 물건은 일정 기간이 경과한 후 매각하여 대금을 보관(매수인이 없고 가액이 현저히 낮은 경우 폐기)할 수 있고(제4항 및 제5항), 고지(공시)일로부터 6월이 경과한 미반환물건(또는 매도대금)은 도도부현의 귀속으로 한다(제12항). 이 경우의 비용부담 관계에 대해서는 제6항 내지 제11항에 규정하고 있다.

103) 공작물 또는 물건을 설치하여 지속적으로 도로를 사용하려는 경우로, ① 전신주, 전선, 변전탑, 우편함, 공중전화, 광고탑 등의 공작물, ② 수도관, 가스관 등의 물건, ③ 철도, 궤도, 자동운행보조시설 등의 시설, ④ 플랫폼(步廊), 방설벽(雪よけ) 등의 시설, ⑤ 지하도, 지하실, 통로, 정화조 등의 시설, ⑥ 노점, 매대 등의 시설, ⑦ 기타 도로의 구조나 교통에 지장을 줄 수 있는 공작물, 물건 및 시설로서 정령에 정한 것 등이 해당한다.

3) 통고처분

[**고지처분**] 도로교통법 제126조에 의하면, 경찰관은 교통법규를 위반한 자(다만, 성명·거주 불명이거나 도주의 우려가 있는 자를 제외)에 대하여 위반행위의 요지 및 종류, 출두기일 및 장소를 서면으로 고지하여야 한다. 고지가 있은 경찰관은 관할 경찰본부장에게 신속히 보고하여야 한다.

[**통고처분**] 도로교통법 제127조에 의하면, 고지처분의 보고를 받은 경찰본부장은 위반사실이 인정되는 경우 해당 위반자에게 범칙금을 납부할 것과 그 이유를 서면으로 통고한다. 위반사실이 인정되지 않을 경우에는 해당 위반자에게 신속히 그 취지를 서면으로 통지한다.

동법 제129조에 의하면, 위반자는 고지처분일로부터 7일 이내에 범칙금을 가납부할 수 있으며, 통고처분은 가납부 기한 이후에 이루어져야 한다.

(3) 민간경비 관련

일본의 경비업법은 1964년 도쿄 올림픽과 1970년 만국박람회 등의 국제행사, 1968년의 이른바 '3억 엔 사건' 등을 계기로 민간경비의 필요성이 대두되고 관련 산업이 성장함에 따라[104] 1972년 7월 5일 법률 제117호로서 관련 규정을 법제화한 것이 효시이다.[105]

2020년 12월 기준으로 9,434개 업체에 588,364명의 민간경비원이 종사하고 있다. 연 매출액은 3조5천억 엔(한화 37조여 원)에 달한다.[106]

[**경비업무의 구분**] 경비업법 제2조에 의하면, 경비업무는 시설경비업무, 혼잡경비업무, 호송경비업무, 신변보호업무 등 4종류로 구분된다.

(**부연**) 시설경비업무는 다시 상주경비업무, 순회경비업무, 보안경비업무, 공항보안업무, 기계경비업무로 구분된다. 혼잡경비업무는 교통유도경비업무, 기타혼잡경비업무로 세분되며, 호송경비업무은 귀중품호송경비업무와 위험물호송경비업무로 나뉜다.[107]

여기서 "순회"란, 복수의 경비대상시설을 차량 등으로 순회하는 등, 대상시설에 상주하지 않고 도난 등의 사고발생을 경계하고 방지하는 업무이다. "보안"이란, 불특정다수가 출입하는 점포 등에 있어서 도난, 상품에의 독물이나 이물질 혼입, 기물의 손괴 등 점포 내 범죄를 경계하고 방지하는 업무이다.[108]

---

104) 이세환, 한국민간경비학회보 제11권 3호, 2012, 169면; 이치영 외 2인, 한국국가안보국민안전학회지 9호, 2019, 115면.
105) 곽대경·이승철, 한국경찰학회보 제10권 3호, 2008, 84면.
106) 警察庁 生活安全企画課, 令和2年における警備業の概況, 2021.7.29.
107) 이민형, 한국균형발전연구 제2권 1호, 2011, 107면.
108) 警察庁 生活安全企画課, 令和2年における警備業の概況, 2021.7.29.

[**경비업의 허가**(認定)] 경비업법 제4조에 의하면, 경비업을 영위하려는 자는 도도부현 공안위원회로부터 허가(認定)를 받아야 한다. 동법 제5조 제4항에 의하면, 허가의 유효기간은 5년이다.

동법 제57조에 의하면, 허가를 받지 않고 경비업을 영위하는 경우 1백만 엔 이하의 벌금에 처한다.

[**경비업 허가의 취소**(廢止)·**영업정지**] 경비업법 제49조에 의하면, 공안위원회는 경비업자 또는 경비원이 이 법령에 위반하거나 경비업무에 관련된 타 법령에 위반한 경우 해당 경비업자에 대하여 영업의 전부 또는 일부를 6개월 이내에서 정지하는 명령을 하거나 그 허가를 취소(廢止)할 수 있다.

[**경비지도사 자격의 확인**] 경비업법 제22조에 의하면, 경비지도사(경비원지도교육책임자)는 경비원의 지도·교육에 관한 계획을 작성하고, 계획에 따라 경비원을 지도·교육한다. 경비업자는 각 영업소 및 경비업무마다 이를 담당하는 경비원지도교육책임자를 선임하여야 한다. 경비지도사의 자격은 경비원지도교육 강습과정을 수료한 자 또는 그와 동등한 지식·능력을 보유한 자에 대하여 공안위원회가 부여한다.

(**부연**) 경비원지도교육책임자는 국가공안위원회 규칙에 따라 3년마다 경비원 지도·교육에 관한 강습을 받아야 한다. 강습 내용은 경비업법 기타 경비업무 실시의 적정성을 확보하기 위해 필요한 최신법령의 강습(1시간), 사건·사고 등의 발생항황 및 최신 치안정세에 관한 강습(1시간), 경비업무에 사용되는 최신 기자재의 기능·사용·관리방법에 관한 강습(2시간), 경비업무 관련 사고사례를 통한 사고방지 강습(1시간)으로 구성되어 있다.[109]

[**경비원 자격의 확인**(檢定)] 경비업법 제23조에 의하면, 공안위원회가 경비원으로서의 지식과 능력을 평가하여 합격자에게 1급과 2급의 민간경비전문자격증을 부여한다. 과목은 각 종류별 경비업무에 관한 능력을 학과시험 및 실기시험으로 판정한다.

동법 제18조에 의하면, 경비업무 중에서 특히 전문적 지식과 능력을 요하거나 불특정 또는 다수인의 생명, 신체 또는 재산에 위험을 초래할 수 우려가 있는 경비업무[110]를 수행할 경우에는 자격증을 가진 경비원이 경비업무를 수행하여야 한다.[111]

[**경비원 교육제도**] 경비업법 제21조 제2항에 의하면, 경비업자는 소속 경비원에 대하여 교육을 수행하게 하며 이에 필요한 지도·감독을 해야 한다.

---

109) 이민형, 한국균형발전연구 제2권 1호, 2011, 108면; 이세환, 한국민간경비학회보 제11권 3호, 2012, 180-181면.
110) 공항보안경비업무, 시설경비업무(기계경비업무와 공항보안경비업무 제외), 혼잡경비업무, 교통유도경비업무, 위험물호송경비업무, 귀중품호송경비업무 등이 해당된다.
111) 이세환, 한국민간경비학회보 제11권 3호, 2012, 181-182면.

(**부연**) 교육시간은 과거 신임교육시간을 20시간에서 30시간으로 늘렸던 것을, 다시 2019년 8월 30일 경비업법 시행규칙(내각부령)의 개정으로 20시간으로 단축하였다. 재직자교육(현임교육)은 연 2회에서 1회로 축소하면서 교육시간을 5/8로 단축하였다. 이는 보다 단시간의 교육으로도 교육목적을 달성할 수 있는 교육환경의 개선에 기초한다. 특히 지금까지 대면강의 방법에 한정되었던 교육방법을 전제요건[112]의 충족하에 비대면 온라인 강의까지 허용하였다.[113]

> ● **경비업법 시행규칙 개정의 배경**
>
> 경비업에 있어서의 심각한 인력부족이 원인이 되었다. 이에 더하여 저임금, 장시간 노동 및 사회보험 미가입 등의 노동환경의 문제도 고려되었다. 장기적으로도 저출산·고령화로 인력부족은 계속될 전망이어서, 경비업계는 취업촉진과 더불어 생산성 향상에 주력해야만 한다.
>
> 전국경비업협회 및 도도부현 경비협회가 중심이 되어 2017-2018년 3회에 걸쳐 재직자 검토회를 개최하고 설문조사를 실시하였는바, 교통유도경비업무에 있어서의 인력부족, 정보통신기술 활용의 확대, 경비원 교육에 e-Learning 도입 등이 제언되었다. 이는 2018년 4월 "인구감소 시대에 있어서 경비업무의 마땅한 모습에 관한 보고서"[114]로 정리되었다. 동 보고서에는 특히 대규모 행사에 있어서 경비원과 행사장 스탭들 및 자원봉사자와의 연계를 위해 경비업무의 명확화 및 행사장 스태프들과 자원봉사자들에 대한 사전교양 등도 포함되었다.

[**경비업자와 경비원의 권한과 한계**] 경비업법 제15조에 의하면, 경비업자 및 경비원은 경비업무를 함에 있어서 본법에 의한 특별한 권한을 부여받은 것이 아니라는 것에 유의하여, 타인의 권리·자유를 침해하거나 개인 또는 단체의 정당한 활동을 방해하여서는 아니된다.

[**근무복장의 제한**] 경비업법 제16조에 의하면, 경비업자 및 경비원은 경비업무를 행할 때 공무원의 제복과 색상·형식·표지 등이 확연히 구별되는 형태의 복장을 착용하여야 한다.

[**호신용구의 제한**] 경비업법 제17조에 의하면, 공안위원회는 공공안전을 유지하기 위해 필요하다고 인정되는 경우 규칙으로 경비업자 및 경비원의 호신용구 휴대를 금지 및 제한

---

112) a) 수강 전 본인확인(아이디, 패스워드, 생체인증을 이용), b) 수강상황의 확인(경비업자가 관리하는 시설을 이용한 수강의 경우 육안점검, 점호, 신분증명서 확인 등; 경비업자 관리시설 외 시설을 이용하는 경우 수강 중 인터넷단말기 내장 카메라를 이용한 수강자 안면화상을 영업소에 전송하거나, 인터넷단말기에 표시된 지시에 따라 휴대전화 등을 이용해 수강상황을 촬영하고, 수강 종료 후 이메일 등으로 영업소에 전송), c) 질의응답이 가능한 체계(이메일 등을 통해 수강자가 교육자에 대해 질문을 할 수 있는 체계).

113) 中村 健宏, 警備業法施行規則等の一部改正について, 警察學論集 第73卷 第2號, 2021.2.

114) 人口減少時代における警備業務の在り方に関する有職者検討会, 人口減少時代における警備業務の在り方に関する報告書, 2018.4.

할 수 있다.

[**공안위원회의 감독·명령**] 경비업법 제64조에 의하면, 공안위원회는 경비업자에 대하여 본법의 시행에 필요한 한도 내에서 업무상황에 관한 보고 및 자료제출을 요구할 수 있다. 동법 제67조에 의하면, 영업소 등에 경찰직원을 출입시켜 업무상황 및 장부·서류 등의 물건을 검사할 수 있다. 동법 제48조에 의하면, 위반사항이 발견된 경우에는 시정명령을 할 수 있다. 또 동법 제49조에 의하면 위반의 정도가 현저한 경우에는 6월 이내의 영업정지를 명하거나 영업허가를 취소할 수 있다.

[**탐정업**] 탐정업은 탐정업의 업무의 적정화에 관한 법률(探偵業の業務の適正化に関する法律, 이하 탐정법)이라는 별도의 법률에서 규율한다. 탐정업은 신고제로 운영되며(제4조),[115] 탐정업자의 권한과 한계는 경비업법(제15조)와 유사한 취지로 규정하고 있다(제6조).[116]

(4) 총포·화약류 관련

일본은 총포류와 화약류의 제조·판매에 관하여는 무기 등 제조법(武器等製造法)에 의하여 규율하나. 그 소지에 관해서는 별도의 법률로 관리하되, 다시 총포류와 화약류를 구분하여 관련 법률을 두고 있다. 즉, 총포류의 소지는 총포·도검류 소지 등 단속법(銃砲刀剣類所持等取締法, 이하 총포법)으로, 화약류의 소지는 화약류 단속법(火薬類取締法)으로 규율한다.[117] 다만 총포류에 부속하는 실탄은 화약류임에도 불구하고 총포법에서 함께 규제하고 있다. 이하에서는 총포법을 중심으로 살펴본다.

[**인적 소지허용**] 총포법 제3조에 의하면, 누구든지 다음의 경우를 제외하고 총포 및 도검류를 소지하여서는 아니된다.[118]: 법령에 따른 직무수행자, 소지허가자, 사격지도원, 공기총 및 권총의 위탁보관자, 미술품 내지 골동품으로서 등록된 총포류 소지자, 무기제조사업자, 엽총 등 판매사업자 등.

[**물적 소지허가**] 총포법 제4조에 의하면, 다음의 총포류는 소지하고자 하는 주소지 관할 도도부현 공안위원회의 허가를 받아 예외적으로 소지할 수 있다.[119]: 엽총, 공기총(공기권총은 제외함), 인명구조총, 마취총, 구명로프 발사총, 시험·연구목적 총포, 사격경기용 권총·공

---

115) 탐정법 제4조: 탐정업을 영위하려는 자는 내각부령에 정한 바에 따라 각 영업소마다 해당 영업소의 소재지 관할 도도부현공안위원회에 다음 사항을 기재한 신고서를 제출하여야 한다.

116) 탐정법 제6조: 탐정업자 및 탐정업자의 업무에 종사하는 자는 탐정업무를 함에 있어서 다른 법령에 의하여 금지 및 제한된 행위를 본법에 의하여 행할 수 있게 된 것이 아니라는 것에 유의하여, 타인의 생활의 평온을 해하는 등 개인의 권리이익을 침해하지 않아야 한다.

117) 이봉한, 입법과 정책 제7권 1호, 2015, 265면.

118) 민형동, 한국경찰학회보 제22권 2호, 2020, 55면; 이성용, 경찰법연구 제10권 2호, 2012, 88면.

119) 민형동, 한국경찰학회보 제22권 2호, 2020, 55면.

4절 개별 위험방지법 I (행정법내 위험방지법) **431**

기권총, 경기용 신호총, 사격지도원용 공기총, 공연용 총포(권총 등은 제외함), 전시용 총포 등.

총포법 제21조의3에 의하면, 압축공기로 탄환을 추진하는 형태로 사람에게 상해를 입힐 위력이 인정되는 준공기총(準空気銃)은 공기총과 구별하여 그 소지가 원칙적으로 금지된다.

(해석) 이러한 허가는 사전허가제이며 용도별 허가제 및 일물일허가제(一物一許可制)이다.[120] 소지허가제 외에 취득허가제, 사용허가제 등은 운영하고 있지 않다.

(부연) 엽총 또는 공기총의 소지 허가의 유효기간은 3년이다.[121]

[소지허가의 결격사유] 총포법 제5조 제1항에 의하면, 다음의 대상자에게는 총포류를 소지허가하여서는 아니된다: 18세 미만자(국제경기대회에 참가선수의 경우 14세 미만자), 파산자, 질환자, 약물중독자, 주거부정자, 소지허가 취소 후 5년 미경과자, 금고 이상 형 집행의 완료 또는 면제일로부터 5년 미경과자, 스토커 행위에 관한 경고·명령 처분 후 3년 미경과자, 접근금지명령 처분 후 3년 미경과자, 기타 위험야기 우려자 등.

[라이플 엽총 허가요건의 강화] 총포법 제5조의2 제4항 및 제5항에 의하면, 라이플총(ライフル銃, 총열의 절반 이상의 길이에 강선이 새겨져 있는 총기류)에 해당하는 엽총의 경우 다음 대상자에 한하여 허가가 가능하다: 수렵 및 유해조수구제를 하려는 수렵이 직업인 자, 사업에 대한 피해방지를 위해 조수 포획을 하려는 자, 엽총 소지허가를 받은 기간이 통산 10년 이상인 자, 라이플 사격경기 참가자 및 그 후보자 등.

(5) 사격장 관련

사격장과 관련한 내용은 별도의 관련 법률을 두지 않고 총포법에서 함께 규율한다.

[사격장 지정(指定)] 총포법 제9조의2 제1항에 의하면, 도도부현 공안위원회는 사격장의 구조나 장비, 관리자의 적격 및 관리방법 등이 내각부령으로 정하는 기준에 적합한 경우 그 관리자의 신청에 따라 지정사격장으로 지정할 수 있다.

[교습 및 연습사격장] 총포법 제9조의4 제1항에 의하면, 도도부현 공안위원회는 지정사격장 중에서 수렵에 관한 지정사격장으로서 교습사격지도원을 두고 있으며 일정 요건을 충족한 사격장은 신청에 따라 교습사격장으로 지정할 수 있다. 총포법 제9조의9 제1항에 의하면, 도도부현 공안위원회는 엽총 및 공기총에 관한 지정사격장으로서 연습사격지도원을 두고 있으며 일정 요건을 충족한 사격장은 신청에 따라 연습사격장으로 지정할 수 있다.

(해석론) 지정받지 않고 사격장을 개장하는 경우의 벌칙은 없어 허가와는 다르나, 지정사격장이 아닌 사격장에서의 총포의 소지(총포법 제3조)와 사격(총포법 제10조)이 금지됨으로

---

120) 이성용, 경찰법연구 제10권 2호, 2012, 88면.
121) 민형동, 한국경찰학회보 제22권 2호, 2020, 56면.

써 실효성이 확보된다.

[**사격지도원제도**] 제9조의3에 따라, 도도부현 공안위원회는 수렵 및 공기총의 조작 및 관련 지식, 기능에 있어서 일정 기준을 충족한 자를 그 신청에 의해 사격지도원으로 지정할 수 있다(제9조의3). 교습사격장 및 연습사격장은 엽총의 소지허가를 받으려는 자는 교습사격장에서 교습사격지도원이 행하는 사격교습을 받아야 한다(제9조의5 제1항).

(6) 유실물 관련

유실물의 소유권 취득은 민법에서 규율하고 있으며,[122] 기타 구체적인 규율과 절차는 민사특별법에 해당하는 유실물법에서 규정하고 있다. 이러한 형태의 법제는 "유실물에 관한 상세한 규정은 이를 특별법에 맡기는 것이 좋다. 생각건대 그 규정은 행정상의 절차에 관한 것이 매우 많을 것이기 때문이다. 그렇지만 유실물의 소유권의 취득에 대해서는 이를 민법에 규정하는 것이 지당하다"라는 입법이유와, 프랑스 민법의 입법례를 따른 것이다.[123]

[**습득자의 의무**] 유실물법 제4조 제1항에 의하면, 습득자는 신속하게 습득한 물건을 유실자에게 반환하거나 경찰서장에 제출하여야 하며, 법령의 규정에 의해 그 소지가 금지되는 물건 또는 범죄를 범한 자가 점유하고 있었던 물건은 신속하게 경찰서장에 제출해야 한다.

동조 제2항에 의하면, 시설 내에서 유실물(매장물을 제외함)을 습득한 경우에는, 해당 시설의 시설점유자에게 인계하여야 한다. 동법 제13조에 의하면, 습득물을 인계받은 시설점유자는 일반 습득자와 마찬가지로 이를 신속히 반환 또는 제출하여야 한다.

[**반환을 위한 정보제공과 조회**] 유실물법 제11조 제2항과 제3항에 의하면, 경찰서장은 습득물의 반환시 유실자·습득자가 상대방의 성명 등을 알고자 하는 경우에는, 상대방의 동의를 얻어 이를 고지할 수 있다. 동법 제12조에 의하면, 경찰서장은 습득물을 반환하기 위하여 필요한 정보가 있을 경우 공무소 및 공공·민간단체로부터 조회받을 수 있다.

[**습득물의 공고**] 유실물법 제7조 제1항 및 제2항에 의하면, 경찰서장은 제출받은 습득물의 유실자나 그 소재가 불명인 때에는 물건의 종류, 특징, 습득일시, 장소를 공고해야 한다. 공고의 방법은 해당 경찰서 게시판에 게재하거나 경찰서 내에 서면을 비치하는 것으로 한다. 동법 제8조에 의하면, 경찰본부장은 중요 습득물의 내용을 다른 도도부현경찰본부장에 통보하여야 하며, 경찰서장이 공고한 습득물과 타 경찰본부장이 통보한 중요 습득물의 정

---

122) 岡松參 太郎, 註釋民法理由(中卷) 物權編, 有斐閣, 1899, 200頁(박인환, 민사법학 62호, 2013, 452면에서 재인용): 일본에서 유실물습득을 소유권취득의 사유로 규정한 것은, 유실물이 소유자 등에 일정기간 반환되지 않은 경우에 이를 무주물처럼 보고, 무주물에 관한 선점의 법리를 준용하여 습득자를 선점자로 간주하여 소유권을 취득할 수 있게 한 것으로 이해되고 있다.

123) 박인환, 민사법학 62호, 2013, 451-452면.

보를 인터넷에 공표하여야 한다.

동법 제7조 제4항에 의하면, 공고 기간은 3개월(매장물의 경우 6개월)이다. 동조 제5항에 의하면, 습득물이 범죄의 증거물로서 공고 전에 압수된 경우에는, 그 환부시까지 공고를 하지 않을 수 있다.

[**습득물의 매각과 폐기**] 유실물법 제9조에 의하면, 훼손·멸실의 우려가 있는 습득물로서 그 보관에 과다한 비용이나 수단이 소요되는 경우 또는 우산이나 자전거 등의 일상생활 용품으로서 공고 후 2주일간 유실자가 판명되지 않은 경우, 그 습득물을 매각하여 대금을 보관할 수 있다. 다만, 개인정보가 들어간 습득물 등 소유권의 취득이 불허되는 물건은 매각할 수 없다. 동법 제10조에 의하면, 매각되지 않는 것은 폐기 등 처분할 수 있다(제10조).

[**특례시설점유자**] 유실물법 제17조와 동법 시행령 제5조에 의하면, 특례시설점유자(特例施設占有者)란 시설점유자 중에서 특히 불특정 다수가 왕래하여 습득물의 인계나 발견이 자주 이루어지는 시설(예를 들어, 철도·대중교통·해상운송·항공시설이나 백화점·유원지 등)의 시설점유자로서, 그 습득물을 적절히 보관하기 위한 능력을 갖추고 있는 자를 말한다. 특례시설점유자는 인계받은 습득물을 2주 이내에 관할 경찰서장에 신고함으로써 제출의무를 면제받는다.

동법 제19조 내지 제22조에 의하면, 특례시설점유자는 보관을 계속하면서 유실자에게 습득물을 직접 반환할 수 있고, 경찰서장 신고를 거쳐 습득물의 매각 및 처분도 행할 수 있으며, 유실자와 습득자의 동의 하에 상대방의 성명을 고지할 수 있다.

동법 제18조에 의하면, 습득물의 공고는 신고를 받은 경찰서장이 행한다. 동법 제25조와 제26조에 의하면, 도도부현 공안위원회는 관할 내 특례시설점유자에 대하여 자료제출 요구, 지시 등의 감독을 행할 수 있다.

[**습득자 등 보상**] 유실물법 제28조에 의하면, 물건의 반환을 받은 유실자는 그 물건의 가격의 5-20%에 상당하는 금액을 보상금으로서 습득자에게 지급하여야 한다. 시설점유자가 있는 경우에는 유실자는 시설점유자에 대하여 전항의 절반에 상당하는 보상금을 지급하여야 한다. 단 국가, 지방자치단체 등의 공법인은 보상금을 청구할 수 없다. 동법 제29조에 의하면, 청구권의 기한은 반환일로부터 1개월이다.

[**습득자의 소유권 취득**] 민법 제240조에 의하면, 유실물을 유실물법의 규정에 따라 공고한 후 3개월 이내에 그 소유자가 판명되지 않은 경우에는, 이를 습득한 자가 그 소유권을 취득한다. 유실물법 제32조에 의하면, 습득자는 민법에 정한 취득요건 외에 유실자가 유실물에 대한 권리를 포기한 경우에도 소유권을 취득할 수 있다. 유실물법 제33조에 의하면, 시설점유자는 습득자가 소유권을 취득할 수 없거나 포기한 경우에 한하여 습득물에 대한

소유권을 취득하게 된다.

동법 제27조에 의하면, 소유권을 취득한 자는 물건의 보관 등에 소요된 비용을 부담한다.

[**습득자 권리의 상실**] 유실물법 제34조에 의하면, 보상금 청구권 및 소유권 취득권한은 습득자가 습득물을 1주 이내에 경찰서장에 제출하지 않았거나, 24시간 이내에 시설점유자에 인계하지 않은 경우, 또 시설점유자가 1주 이내에 경찰서장에 제출하지 않은 경우, 특례시설점유자가 2주 이내에 관할 경찰서장에 신고하지 않은 경우 상실된다.

[**국고·특례시설에의 귀속**] 유실물법 제37조에 의하면, 습득물에 대한 권리의 포기 혹은 권리의 상실 등으로 소유권을 취득할 사람이 없는 경우에는 경찰서장이 보관하는 물건은 그 경찰서가 소속된 도도부현이, 특례시설점유자가 보관하는 물건은 특례시설점유자가 소유권을 갖는다.

(7) 실종아동 관련

일본은 우리나라의 '실종아동등의 보호 및 지원에 관한 법률'에 대응하는, 실종아동 문제 대응을 위한 별도의 법률이 존재하지 않는다. 실종아동의 발견과 수색은 국가공안위원회규칙 '행방불명자 발견활동에 관한 규칙(行方不明者発見活動に関する規則, 이하 행불자 발견규칙)'에 의하여 조치하는데, 이 규칙은 실종아동뿐만 아니라 모든 행방불명자에 관한 일반규칙이다.[124] 이 규칙에서 실종아동은 특이행방불명자(特異行方不明者)의 한 유형으로 취급된다.[125]

[**일반 실종발생시 대응**] 행불자 발견규칙 제6조, 제7조 및 제8조에 의하면, 실종자의 친족 또는 복지사무소 등이 신고를 제출하면, 이를 수리한 경찰서장은 신고자로부터 사정청취 및 발견활동에 필요한 자료를 제출받아, 실종자 발생사실을 관할 경찰본부장에 보고한다. 동 규칙 제14조에 의하면, 필요한 경우 실종자의 성명, 연령 등의 사항을 자료로써 공표

---

124) 신재헌 외, 한국콘텐츠학회논문지 제19권 7호, 2019, 413면.

125) 행불자 발견규칙 제2조 제2항은 특이행방불명자의 유형을 6가지로 나열한다. 여기에는 ① 살인, 유괴 등의 범죄에 의하여 그 생명 또는 신체에 위험이 미칠 우려가 있는 자, ② 소년의 복지를 해하는 범죄로부터 해를 입을 우려가 있는 자, ③ 행방불명이 되기 이전의 행동 기타 사정에 비추어보아 수난, 교통사고 기타 생명이 관여되는 사고에 조우하였을 우려가 있는 자, ④ 유서의 존재, 평소의 언동 기타 사정에 비추어보아 자살의 우려가 있는 자, ⑤ 정신장애 존재, 위험물 휴대 기타 사정에 비추어보아 자신 또는 타인을 해할 우려가 있는 자, ⑥ 병약자, 고령자, 연소자 기타 자구능력이 없어 그 생명 또는 신체에 위험이 미칠 우려가 있는 자 등이 해당한다. 실종아동은 특별한 사정이 없는 한 이 규정의 ②, ⑥ 등에 따라 특이행방불명자로 분류된다. 연소자의 연령 범위는 규칙에서 구체적으로 규정하지 않고 있으나, 풍속영업 등의 규제 및 업무의 적정화 등에 관한 법률 또는 노동기준법에서 연소자의 연령 범위를 18세 미만으로 규정하고 있다.

한다. 동 규칙 제15조에 의하면, 1개월 이상 발견되지 않은 실종자는 실종신고 수리표의 사본을 경찰본부의 감식과장에게 송부한다.

동 규칙 제16조와 제17조에 의하면, 이후 신원불상의 사체가 발견되면 감식과장은 경찰서장으로부터 관련 사항을 송부받아 수리표와 사체를 대조 감식하여 신원을 확인한다.

[특별 실종발생시 대응] 행불자 발견규칙 제21조 내지 제24조에 의하면, (실종아동과 노약자 등) 특이행방불명자가 발생한 경우에는 배회지나 취업지가 판명된 경우 관련 내용을 수배를 할 수 있다. 동 규칙 제24조의2에 의하면, 신고자 및 친족의 동의 하에 특이행방불명자의 유류품을 제출받아 과학수사연구소장에 DNA 감정을 촉탁할 수 있다.

[실종자 발견시 조치] 행불자 발견규칙 제25조 제2항에 의하면, 실종자를 발견한 경우에는 당해자 및 신고자의 의사를 존중하면서 신고자에게 연락하도록 권유하는 등의 조치를 취해야 한다. 동 규칙 제26조 제1항에 의하면, 신고자에게는 발견 실종자의 의사를 고려하면서 발견일시, 장소, 상황 기타 필요한 사항을 통지하여야 한다. 실종아동에 관한 별도의 규정은 두고 있지 않다.

동 규칙 동조 제2항에 의하면, 발견 실종자에게 스토커 피해, 가정폭력 피해 등의 우려가 있는 경우, 신고자에게 통지를 하여서는 아니된다.

(8) 사행행위 관련

일본에서는 특별법으로 허용되는 공공 사행영업(공영경기, 公営競技)을 제외한 도박은 형법으로 처벌된다.[126] 이에 따라 카지노영업도 그간 금지되었으나, 2018년 관련 법령의 제정으로 카지노 면허제가 도입되면서 금지가 해제되었다.

"일시오락에 공여하는" 도박은 규제대상이나, 금지되지는 않는다. 일시오락으로서 불법성이 부정되는 예시로는 파친코 등의 사행성 오락이 있다. 사행성 오락은 풍속영업의 일종으로 취급되어 관련법률의 규제 하에 영업이 허용된다. 온라인 도박에 관한 별도의 규제는 없다.

[공공 사행영업] 공영경기로 인정되는 도박은 경마, 경정, 경륜, 오토바이 경주(オートレース)의 4가지이며, 각기 특별법에 의하여 국가·지방자치단체의 감독을 받아 별도의 특수법인이 운영을 맡고 있다.[127]

---

126) 일본 형법 제185조는 도박죄, 제186조 제1항은 상습도박죄, 동조 제2항은 도박개장죄를 처벌하고 있다.
127) 경마는 '경마법(競馬法)'에 의하여 농림수산성이 감독관청을 맡으며, 일본중앙경마회(각 도도부현의 지방경마는 지방경마전국협회)가 운영을 총괄한다. 경정은 '모터보트경주법(モーターボート競走法)'에 의하여 국토교통성이 감독관청을 맡으며, 일본모터보트경기회가 운영을 총괄한다. 경륜은 '자전거경기법(自転車競技法)'에 의하여 경제산업성이 감독관청을 맡으며, JKA(Japan Keirin Autorace foundation)에서 운영을 총괄한다. 오토바이 경주는 '소형자동차경기법(小型自動車競走法)'의 규제를 받으며, 감독

각 법률에 정한 기관 이외에는 공영경기를 주관하거나 마권 등을 판매할 수 없으며, 이를 위반하는 행위는 처벌된다(예로, 경마법 제30조 제1호, 자전거경기법 제56조 제1호 등).

[**카지노 면허**] 2018년 '특정 복합관광시설 구역정비법(特定複合観光施設区域整備法, 이른바 IR(Integrated Resort)정비법)'이 제정, 2021년 7월부터 시행되면서[128] 카지노 영업에 대한 면허제가 도입되었다. 다만 설립이나 규제적용에 관한 실제 사례는 아직 없다.[129]

[**사행성 오락의 규제**] 풍속영업 등의 규제 및 업무의 적정화 등에 관한 법률(風俗営業等の規制及び業務の適正化等に関する法律, 이하 풍속법) 제2조 제1항 제4호와 제5호에 의하면, 마작, 파친코 등 사행심을 부추길 우려가 있는 유기(遊技)를 제공하는 영업과 본래의 용도에서 벗어날 경우에 사행심을 부추길 우려가 있는 유기를 제공하는 영업으로서 국가공안위원회규칙에 정한 것[130]은 사행성 오락영업에 속한다.

동법 제4조 제4항에 의하면, 도도부현 공안위원회는 사행심을 부추길 우려가 현저한[131] 사행성 오락영업에 대하여 허가를 거부할 수 있다. 동법 제25조와 제26조에 의하면, 규정 위반에 대해서는 시정지시 및 허가취소, 6월 이내의 영업정지 등을 부과할 수 있다.

동법 제19조에 의하면, 사행성 오락 영업자는 게임비, 경품 제공방법 및 경품 가격의 최고한도에 관하여 시행규칙에 정한 사항[132]을 준수하여야 한다. 동법 제23조에 의하면, 동 영업자는 현금이나 유가증권을 경품으로 제공하거나, 제공한 경품을 재매입하거나,[133][134]

관청 및 운영법인은 경륜과 같다.

128) https://news.yahoo.co.jp/articles/7bf446469622b60d6424afe6a09f98e29391cc1d (2021.8.22. 방문).

129) 카지노를 설립하려는 도도부현 및 정령지정도시(政令指定都市)는 IR정비법 제6조에 의하여 특정복합관광시설구역 정비에 관한 기본방침을 수립하고, 제8조에 의하여 구역정비계획에 참여하고 국토교통대신의 인정을 신청할 민간사업자를 선정하여야 한다. 이 때 선정 과정에서 설립지의 시정촌 및 관할 공안위원회로 구성된 협의회와 의논을 거쳐야 한다.

130) 시행규칙 제3조 제2항에서 나열하고 있으며, 슬롯머신, 비디오게임기(승패를 겨루는 것을 목적으로 하는 게임 기타 사행성을 부추길 우려가 없음이 명백한 것은 제외함), 핀볼·룰렛·카드 게임기, 기타 게임의 결과를 기호(記号)나 물품으로 표시하는 게임기(신체 능력을 표시하는 게임 기타 사행심을 부추길 우려가 없음이 명백한 것은 제외됨) 등이 해당된다.

131) 시행규칙 제8조에서 현저한 경우의 기준을 상세히 나열하고 있으며, 예를 들어 파친코에 대해서는 시간당 소요되는 게임비, 당첨 배율 상한, 장시간(1시간, 4시간, 10시간) 이용 시 당첨 기댓값의 상한, 당첨보조장치(役物, 업계에서는 당첨 배율 규정을 우회하여 상한 이상의 '대박(大当たり)' 기능을 도입하는 수단으로 전용하는 사례가 있음)의 작동방식의 규제, 이용자의 기량이 게임에 개입하는 정도 등을 포함하여 총 12가지 기준을 두고 있다.

132) 시행규칙 제36조에서 규정하고 있으며, 예를 들어 파친코의 경우 게임비는 구슬 1개당 4엔 이하, 경품 가격의 최고한도는 9,600엔에 소비세를 더한 액수 이하로 정하고 있다.

133) 환금성을 방지하기 위한 규정이나, 이른바 삼점방식(三店方式)이라 불리는 방법에 의하여 우회되고 있다. 삼점방식이란 파친코점(경품제공), 교환소(현금화), 도매상(경품회수)이 별개의 점포로 운영됨으로써 위법성을 묻기 어렵게 하는 방식이다. https://ja.wikipedia.org/wiki/%E4%B8%89%E5%BA%97%E6%96%B9%E5%BC%8F#cite_note−doushisha200703−2 (2021.8.22. 방문).

134) 鶴代 隆造, "ぱちんこ営業の健全化を推進する取組状況について~平成16年7月1日以降の状況~", 警察学論集 59(4), 2006, 105頁: 삼점방식의 위법성은 "영업자가 고객으로부터 상품을 매수하는 것은 금지되

게임에 사용되는 메달·구슬 등을 업소 밖으로 반출하게 하거나, 이를 보관한 증서를 발행하여서는 아니되며, 마작 및 제2조 제1항 제5호에 속하는 영업은 경품제공을 하여서는 아니된다.

동법 제18조와 제22조에 의하면, 제2조 제1항 제5호에 속하는 풍속영업소라도 주간에는 업소 내 연소자 출입이 가능하며 야간(22시부터 익일 6시까지)에만 출입이 금지된다. 동법 제31조의23에 의하면, 22시부터 24시까지는 보호자 동반 하에 출입할 수 있다.[135]

[온라인 도박의 규제] 형법에서는 온라인 도박을 별도 규정하고 있지 않으나, 형법상 도박죄 등의 규정이 온라인 도박에 적용될 수 있다고 보는 의견이 다수이다. 경찰이 온라인 불법도박사이트를 단속하고 관련 사업자나 참가자를 적발한 사례도 드물게 있다. 그러나 해외 도박사이트에 대한 접속차단은 원활히 이루어지지 않고 있다.[136]

(부연) 2017년 1월 국외에서 적법한 허가를 받아 운영되는 온라인 카지노에 일본인이 접속하였다가 적발된 사안에서, 도박주최자가 불가벌인 사안에서 이용자만을 처벌하는 것은 부당하다는 취지로 불기소 처분을 받은 사례도 보고되는 등, 일본 내에서도 온라인 도박이 이른바 '회색지대'로 존재한다는 의견이 제기되고 있다.[137]

(9) 풍속영업 관련

풍속영업의 규제를 위한 일반법으로서 '풍속영업 등의 규제 및 업무의 적정화 등에 관한 법률(風俗営業等の規制及び業務の適正化等に関する法律, 이하 풍속법)'을 두고 있다.

1) 풍속영업 등의 분류

일본 풍속법은 적용대상을 일반 풍속영업과 성풍속관련 특수영업 등(제2조 제5항 내지 제10항의 성풍속관련 특수영업과, 제2조 제11항의 특정 유흥음식점 영업을 포괄함)으로 구별하고 있다.

어 있으나, 제3자가 고객으로부터 상품을 매수하는 것이 금지되어 있는 것은 아니다. 따라서 현행 환금행위 중 영업자와 관계없는 제3자가 고객으로부터 상품을 매수하는 것이 곧바로 위법이 되는 것은 아니다"는 등 일반적으로 부정되고 있다.

135) 도도부현은 조례에 의하여 주간 중의 연소자 출입금지나 보호자 동반 요구에 관하여 자체적으로 추가 규제를 할 수 있다(동법 제22조 제2항). 예를 들어 도쿄도 '풍속영업 등의 규제 및 업무의 적정화 등에 관한 법률 시행조례(風俗営業等の規制及び業務の適正化等に関する法律施行条例)' 제8조는 18시부터 22시까지 16세 미만의 연소자가 출입할 경우 보호자의 동반을 요구하고 있다.

136) 이민호 외 4인, 불법사행산업 근절 종합대책방안 마련 연구, 사행산업통합감독위원회 최종보고서, 2017, 74면.

137) https://casinotop5.jp/online-casino-illegality-in-japan (2021.8.22. 방문).
https://ameblo.jp/gamblelaw/entry-12235518621.html (2021.8.22. 방문).

　[**접대음식 등 영업**] 일반 풍속영업에는 풍속법 제2조 제1항 제1호 내지 제3호와 제4항에 의한 접대음식 등 영업과, 동항 제4호와 제5호에 의한 사행성 오락영업이 해당한다.

　동조 제1항 1호에는, 카바레,[138] 대합(待合),[139] 요리점, 카페(カフエー)[140] 기타 설비를 갖추고 접대, 유흥 및 음식을 제공하는 영업이 해당한다. 동항 제2호에는, 다방(喫茶店), 바 기타 설비를 갖추고 음식을 제공하며, 국가공안위원회규칙[141]에 의한 점내 조도를 10럭스 이하로 하고 있는 영업(이른바 저조도 음식점)이 해당한다. 동항 제3호에는, 다방, 바 기타 음식점으로서, 밖에서 내부를 확인하는 것이 어려우며, 넓이가 5제곱미터 이하인 객석을 제공하는 영업(이른바 구획석 음식점)이 해당한다.

　[**성풍속 관련 특수영업**] 풍속법 제2조 제5항 내지 제10항에 의한 성풍속관련특수영업에는 다음 5가지 유형이 있다: ① 점포형 성풍속 특수영업: 소프랜드(특수욕장업), 패션헬스,[142] 스트립극장, 성인영화관, 러브호텔, 어덜트숍, 그 외에 정령에 정하는 영업,[143] ② 무점포형 성풍속 특수영업: 소위 출장형 헬스, 성인영화 통신판매영업 등, ③ 영상송신형 성풍속 특수영업: 인터넷 화상·영상 및 성풍속점 소개 웹사이트 등, ④ 점포형 전화 이성소개 영업: 소위 전화방 등, ⑤ 무점포형 전화 이성소개 영업: 전화방 중 휴대전화를 사용하여 영업,[144]

---

138) 접대부(ホステス)를 고용하고 무대 공연을 제공하는 음식점을 가리키는 말로, 우리나라에서 카바레로 부르는 유형의 영업은 접대음식등영업이 아닌 동조 제11항의 특정유흥음식점영업에 해당한다.

139) 20세기 초 일본에서 기생(芸妓)을 제공하는 음식업을 가리키던 말로, 회합 장소의 대여라는 명목으로 요리를 직접 조리하지 않는다는 점에서 유사한 접대음식인 요정(料亭)과 구별되었으나, 현대에는 대부분 요정으로 바뀌면서 잘 쓰이지 않는 말이 되었다. https://ja.wikipedia.org/wiki/%E5%BE%85%E5%90%88 (2021.9.3. 방문).

140) 20세기 초 일본에서 여급(女給)을 고용하고 주류를 제공하는 다방을 가리키던 말로, 커피전문점을 의미하는 카페(カフェ)와 철자가 다르다. 현대에는 대부분 클럽(クラブ)이라 불리면서 잘 쓰이지 않는 말이 되었다. https://ja.wikipedia.org/wiki/%E3%82%AB%E3%83%95%E3%82%A7%E3%83%BC_(%E9%A2%A8%E4%BF%97%E5%96%B6%E6%A5%AD) (2021.9.3. 방문).

141) 풍속법 시행규칙 제31조에서 규정하며, 이에 따라 풍속영업 중에서 제1호 및 제2호에 해당하는 영업은 점내 조도를 5럭스 이상으로 하여야 한다.

142) 해당 조항에서 "개인실을 갖추어, 해당 개인실에서 이성의 성적호기심에 응하여 접촉 등의 역무(役務)를 제공하는 영업"으로 정의된다. 운동시설 및 체력단련장은 헬스가 아니라 스포츠짐(スポーツジム) 또는 짐(ジム)이라 부른다.

143) 풍속법 시행령 제5조에서 규정하며, "점포를 갖추어, 전혀 면식이 없는 이성과의 일시적인 성적 호기심을 충족시키기 위해 (대화를 포함한) 교제를 희망하는 자에게, 해당 점포에서 그자가 이성의 자태 또는 화상을 보고 한 면회 신청을 해당 이성과 중개하는 것 또는 해당 점포에 설치한 개인실 또는 이와 유사한 시설에서 이성과의 면회 기회를 제공함으로써 이성을 소개하는 영업(단, 해당 이성이 해당 영업에 종사하고 있는 경우를 포함하여, 법률 제2조 제1항 또는 제2항에 해당하는 경우를 제외함)"으로 정의하고 있다. 이는 신종 영업 형태인 만남다방(出会い喫茶)을 규제하기 위한 것으로 이해된다.

144) https://ja.wikipedia.org/wiki/%E9%A2%A8%E4%BF%97%E5%96%B6%E6%A5%AD%E7%AD%89%E3%81%AE%E8%A6%8F%E5%88%B6%E5%8F%8A%E3%81%B3%E6%A5%AD%E5%8B%99%E3%81%AE%E9%81%A9%E6%AD%A3%E5%8C%96%E7%AD%89%E3%81%AB%E9%96%A2%E3%81%99%E3%82%8B%E6%B3%95%E5%BE%8B (2021.9.3. 방문).

[**특정유흥음식점 영업**] 풍속법 제2조 제11항에 의한 특정유흥음식점 영업은 2015년 법률 개정에서 추가된 유형으로, 나이트클럽(ナイトクラブ),[145] 디스코 등 심야시간(0-6시)에 개장하며 입장객이 가무 등 유흥을 즐기도록 하면서 주류를 제공하는 영업을 말한다.

(**해석**) 점내 조도를 10럭스 이하로 하는 경우에는 특정유흥음식점영업이 아닌 제1항 제2호의 풍속영업(저조도음식점)으로 취급된다.

2) 일반 풍속영업의 규제

[**풍속영업의 허가**] 풍속법 제3조 제1항에 의하면, 풍속영업을 하기 위해서는 풍속영업의 각 종류 및 영업소마다 해당 영업소의 소재지를 관할하는 도도부현공안위원회의 허가를 받아야 한다.

[**영업시간**] 풍속법 제13조 제1항에 의하면, 원칙적으로 심야(0-6시)에는 풍속영업을 할 수 없으나, 도도부현의 조례에 특별한 규정이 있는 경우에는 조례를 적용하여 지정된 지역에서 지정된 시각까지 영업을 계속할 수 있다.[146]

동법 제2항에 의하면, 도도부현은 선량한 풍속 및 소년의 건전한 육성을 위해 필요한 경우에는 정령에 정한 바에 따라 조례로써 특정 지역에서의 풍속영업의 영업시간을 제한할 수 있다. 동법 시행령 제10조에 의하면, 주거밀집지역 또는 특별일영업연장허용지역에서는 6-10시 및 23-24시 영업을 제한할 수 있고, 상업·공업지역으로서 주거가 밀집된 곳은 6-10시 영업을 제한할 수 있다.

[**접객종업원에 대한 구속적 행위 금지**] 풍속법 제18조의2에 의하면, 접대음식등영업을 운영하는 풍속영업자는, 소속 접객종업원이 일을 그만두게 될 경우에 잔존채무의 완전 변제를 조건으로 지급능력에 비추어 지나치게 고액의 채무를 부담시켜서는 아니된다. 동조 제2항에 의하면, 접객종업원의 여권 등을 보관하여서는 아니된다. 동조 제3항에 의하면, 풍속영업을 타인에게 위탁한 경우 그 수탁자가 종업원 등에 대해 구속적 행위를 하고 있다는 의심이 있다면 그 종업원이 점내에서 일하는 것을 방지하기 위하여 필요한 조치를 하여야 한다.

[**미성년자 보호**] 풍속법 제22조 제1항에 의하면, 미성년자에게 접객을 맡기는 행위, 심

---

145) 이른바 '부킹'(종업원이 입장객 간의 합석을 중개하는 영업)이 없는 등, 우리나라의 나이트클럽보다는 댄스클럽에 더 가까운 형태의 영업이다.

146) 다만, 조례에서 도도부현의 전통행사(習俗的行事, 예를 들어, 마쓰리(祭り) 등) 기타 특별한 사정이 있는 일자 및 관련 행사지로 지정한 지역(이를 '특별일영업연장허용지역(特別日營業延長許容地域)'이라 한다)에 한하여 조례가 완전히 적용되며, 그렇지 않은 경우에는 시행령 제9조의 '영업연장허용지역(營業延長許容地域)'에 해당하는 지역에서만 조례에 의하여 심야영업을 허용할 수 있다. 다만, 심야영업이 허용되는 경우에도 풍속영업자는 고성방가, 주취소란 등 민폐행위를 방지하기 위하여 필요한 조치를 강구하여야 하며(동조 제3항), 불만접수를 위한 수단을 마련하고 이를 처리하여야 한다(동조 제4항).

야시간 미성년자를 고용하는 행위, 미성년자를 상대로 영업하는 행위, 20세 미만자에게 주류·담배를 제공하는 행위는 금지된다.

[**풍속영업의 감독·출입**] 풍속법 제37조 제1항에 의하면, 공안위원회는 풍속영업자 및 관리자에 대하여 보고 및 자료제출 요구 등의 감독권한을 행사할 수 있다.

동조 제2항 내지 제4항에 의하면, 경찰직원은 이 법률의 시행에 필요한 한도에서 풍속영업의 영업소에 출입할 수 있다. 다만 영업소에 설치된 개인실 기타 시설에 이용자가 있는 경우에는 그러하지 아니하다.147) 출입하는 경찰직원은 신분증을 제시하여야 하며, 이러한 권한은 범죄수사를 위한 것으로 해석되어서는 아니된다.

[**영업의 취소·정지**] 풍속법 제25조와 제26조에 의하면, 공안위원회는 규정 위반 영업자에 대하여 시정지시 및 허가취소, 영업정지(6개월 이내) 등의 처분을 할 수 있다.

3) 성풍속 관련 특수영업 등의 규제

[**일반 풍속영업의 규제와 공통**] 종업원명부 관리(풍속법 제36조), 공안위원회의 감독(동법 제37조 제1항), 경찰직원의 출입(동법 제37조 제2항) 등은 일반 풍속영업의 규제와 공통이다.

[**점포형 성풍속 특수영업**] 풍속법 제27조에 의하면, 점포형 성풍속특수영업을 하려는 자는 영업의 종류 및 영업소마다 관할 공안위원회에 신고해야 한다.

동법 제28조 제1항 내지 제4항에 의하면, 영업금지구역(공관청시설, 학교, 도서관, 아동복지시설 기타 도도부현 조례에 정한 장소로부터 주변 200미터 이내)에는 영업을 할 수 없다. 다만, 조례에 의한 금지구역은 신고를 마친 영업자에 대해서는 적용되지 않는다. 도도부현 조례에 의하여 심야영업은 제한될 수 있다.

동조 제11항과 제12항에 의하면, 접객종업원에 대한 구속적 행위, 호객행위, 미성년자에게 접객을 맡기는 행위, 미성년자 상대 영업행위, 20세 미만자에게 주류·담배 제공행위는 금지된다.

풍속법 제29조에 의하면, 공안위원회는 위반행위를 한 영업자에 대하여 시정지시를 할 수 있다. 동법 제30조에 의하면, 공안위원회는 8개월 이내의 범위에서 영업정지 처분을 하거나, 폐업을 명할 수 있다.

[**무점포형 성풍속 특수영업**] 풍속법 제31조의2에 의하면, 무점포형 성풍속 특수영업도

---

147) 2018년 일본 경찰청 통달(通達)인 '풍속법 등의 해석·운용 기준에 관하여(風俗営業等の規制及び業務の適正化等に関する法律等の解釈運用基準について)'의 출입 시의 절차 및 방법(立入りの手続及び方法)에 관한 서술에 의하면, "개인실 및 이와 유사한 시설에 출입할 경우에는 사전에 노크 등을 하여 이용자의 부재를 확인할 필요가 있다(個室又はこれに類する施設内に立ち入る場合にあっては´事前にノックするなどにより客が在室しないことを確認する必要がある)." https://www.npa.go.jp/laws/notification/seian/hoan/hoan20180130.pdf (2021.9.5. 방문).

신고제로 운영된다. 신고서에는 영업소에 관한 사항 대신 사무소나 접수처에 관한 사항, 이용접수 방법 및 접수에 사용되는 연락처를 기재하여야 한다.

(**부연**) 접객종업원에 대한 구속적 행위 금지(풍속법 제31조의3), 위반행위에 대한 시정지시(동법 제31조의4), 영업정지처분과 폐업명령(제31조의5)도 점포형과 유사하다.

[**영상송신형 성풍속 특수영업**] 풍속법 제31조의7에 의하면 영상송신형 성풍속 특수영업도 신고제로 운영된다. 신고서에는 영업소에 관한 사항 대신 사무소에 관한 사항, 영상 송신에 사용되는 통신시설의 고유 식별번호(전화번호 등), 통신시설 설치자의 성명 및 주소를 기재하여야 한다.

동법 제31조의8에 의하면, 미성년자 이용은 금지되며, 미성년자가 일반적으로 접근할 수 없는 결제방법으로만 전기통신사업자에게 영상이용료의 징수를 위탁할 수 있다. 영업자가 영상송신장치(인터넷 서버 등)에 외설적인 영상(わいせつな映像)[148] 또는 아동포르노를 업로드한 경우, 시스템 제공자는 그 영상의 송신을 방지하기 위하여 필요한 조치를 강구하도록 노력하여야 한다.

동법 제31조의9에 의하면, 공안위원회의 영업자와 시스템 제공자에 대한 시정지시를 할 수 있다.

(**부연**) 영상송신형 성풍속특수영업에 대한 영업정지 및 폐업명령 규정은 없다.

[**점포형 전화 이성소개 영업**] 풍속법 제31조의12에 의하면, 점포형 전화 이성소개 영업도 신고제로 운영된다.

동법 제31조의13에 의하면, 영업금지구역, 광고금지, 호객행위 금지 등 제28조 제1항부터 제10항까지의 점포형 성풍속 특수영업에 대한 규제가 모두 준용된다. 동법 제31조의14 내지 제31조의16에 의하면, 공안위원회의 시정지시, 영업정지 처분 및 폐업명령이 규정되고 있다.

[**무점포형 전화 이성소개 영업**] 풍속법 제31조의17에 의하면, 무점포형 전화 이성소개 영업도 신고제로 운영된다.

동법 제31조의19 내지 제31조의21에 의하면, 공안위원회의 시정지시, 영업정지 처분이 규정되고 있다.

(**부연**) 무점포형 전화 이성소개 영업에 대한 폐업명령 규정은 없다.

---

148) 외설적인 영상의 기준은 구체적으로 확립되어 있지 않다. 다만, 실무적으로 윤리심사단체 및 업계의 자주규제에 의하여 모자이크 처리 등 영상수정을 한 것은 어덜트비디오(アダルトビデオ)라 부르며 합법적인 유통을 보장하고, 영상수정을 하지 않은 것은 우라비디오(裏ビデオ)라 부르며 그 유통은 형법 제175조의 외설물배포죄에 해당한다고 보아 단속, 처벌하고 있다. https://ja.wikipedia.org/wiki/%E8%A3%8F%E3%83%93%E3%83%87%E3%82%AA (2021.9.5. 방문).

[**특정 유흥음식점 영업**] 풍속법 제31조의22에 의하면, 특정유흥음식점영업은 허가제로 운영된다.

풍속법 제2조 제11항에 의하면, 특정 유흥음식점 영업은 심야영업이 허용되며, 미성년자의 이용도 보호자를 동반한 경우 22-24시까지는 허용된다.

동법 제31조의24에 의하면, 공안위원회는 규정위반에 대해 시정지시를 할 수 있다. 동법 제31조의25에 의하면, 공안위원회는 허가취소 또는 6개월 이내의 영업정지 처분을 할 수 있다.

2. 타 부처 소관 법령

(1) 정신질환자 관련

정신보건 및 정신질환자 복지에 관한 법률(精神保健及び精神障害者福祉に関する法律, 이하 정신보건복지법) 제6조에 의하면, 각 도도부현은 정신보건복지센터(精神保健福祉センター)를 설치하여 정신보건복지에 관한 전문적인 사항 및 시정촌에 대한 의견제시, 기타 기술적 사항에 대한 협력을 담당하도록 한다. 동법 제9조에 의하면, 각 도도부현은 정신질환자의 복지에 관한 사항을 심의하기 위해 조례에 의하여 지방정신보건복지심의회(地方精神保健福祉審議会)를 설치할 수 있다. 동법 제12조에 의하면, 각 도도부현은 정신과병원에의 입원 등 처우를 심사하기 위하여 정신의료심사회(精神医療審査会)를 설치한다.

[**정신질환자 입원유형**] 정신보건복지법상 입원유형은 크게 3가지로 구분된다: ① 동법 제20조에 의한 자의입원(임의입원): 환자 자신의 의사로 입원하는 형태이다. 동법 제21조 제3항에 의하면, 자의입원한 자가 퇴원을 원하는 경우라도 정신과병원 관리자의 판단으로 의료 및 보호필요성이 있는 때에는 72시간 한도에서 퇴원시키지 않을 수 있다. ② 동법 제29조에 의한 행정입원(조치입원): 누구의 신청에 의하든 의사의 진단을 거쳐 자타해의 우려가 있는 정신질환자를 도도부현지사가 강제입원시키는 형태이다. 동법 제29조의2에 의하면, 행정입원의 요건은 인정되나 신속을 요하여 관련 절차를 진행할 수 없는 경우 도도부현지사는 지정의 1명의 진찰을 거쳐 72시간 한도에서 국립정신병원 또는 지정병원에 정신질환자를 우선 긴급행정입원(긴급조치입원)시킬 수 있다. ③ 동법 제33조에 의한 보호입원(의료보호입원): 의료보호를 위해 입원할 필요가 있으나 정신질환으로 인해 동의능력을 상실한 정신질환자를, 가족의 동의로 입원시키는 형태이다. 가족 등이 없거나 의사표시가 불가능한 경우에는 환자의 거주지나 소재지의 시정촌장의 동의로 지정의 1인의 진찰을 거쳐 정신의료

기관장에 의해 입원시킬 수 있다.149)

[**행정입원 대상자의 통보**] 정신보건복지법 제23조에 의하면, 경찰관은 직무를 집행함에 있어서 비정상적인 거동 기타 주위의 사정으로 판단하여 정신장애로 인해 자신 또는 타인에게 해를 끼칠 우려가 있다고 인정되는 자를 발견한 때에는 즉시 그 사실을 해당 지역의 보건소장을 거쳐 도도부현지사에 통보하여야 한다.

(**해석론**) 이를 통하여 대상자는 동법 제29조에 의한 도도부현지사의 행정입원 절차를 거치게 된다. 요컨대 일본에서의 정신질환자 강제입원은 도도부현지사의 책임으로 통일되어 있다. 우리나라의 응급입원은 책임의 주체가 경찰관인 반면, 같은 실질에 해당하는 일본의 긴급행정입원은 일반행정기관에 책임이 있다.

(**부연**) 통보 이외에는 행정입원이나 긴급행정입원에 있어서 경찰의 역할이 법률상으로 규정되어 있지 않다. 다만 행정입원과 관련하여 후생노동성이 각 도도부현지사 및 지정 도시시장을 대상으로 통지한 '조치입원의 운용에 관한 가이드라인(措置入院の運用に関するガイドライン)'150)에서는 행정입원을 경찰과 도도부현의 협력이 요구되는 사항이라고 규정하고 있다.151)

[**무단퇴원자 탐색 및 보호**] 정신보건복지법 제39조에 의하면, 정신과병원 관리자는 입원 중인 자로 자신 또는 타인에게 해를 끼칠 우려가 있는 사람이 무단으로 퇴거하여 그 행방이 불명하게 된 때에는 관할 경찰서장에게 통지하고 그 수색을 요청하여야 한다. 경찰관은 수색을 요구받은 자를 발견한 때에는 즉시 그 취지를 해당 정신과병원 관리자에게 통지하여야 한다. 경찰관은 해당 정신과병원의 관리자가 인수할 때까지 24시간 한도에서 대상자를 경찰서, 병원, 구호시설 등 적당한 장소에서 보호할 수 있다.

---

149) 조근호 외, 신경정신의학 제58권 4호, 2019, 299면.

150) http://www.m.chiba-u.ac.jp/class/shakai/jp/syakaifukki/doc/02.pdf (2021.7.30. 방문).

151) 이 부분에 대한 원문과 번역은 다음과 같다: 5. 措置診察又は措置入院のための移送, (중략) 都道府県知事等は´移送を適切に行うとともに´搬送（車両等を用いて移動させることをいう゜以下同じ゜）中の被通報者の安全を確保しなければならない゜ただし´対象者の状況等から消防機関による搬送が適切と判断され´当該移送が救急業務と判断される場合や´移送にかかる事務に従事する者の生命又は身体に危険が及ぶおそれがあるなど警察官の臨場を要請することが必要であると判断される場合も考えられることから´移送体制について´地域の関係者による協議の場において協議しておくことが望ましい゜＝ 5. 조치진찰 및 조치입원을 위한 이송, (중략) 도도부현지사 등은 이송을 적절하게 행하는 동시에 반송(차량 등을 사용하여 이동시키는 것을 말한다. 이하 동일) 중인 피통보자의 안전을 확보해야 한다. 단, 대상자의 상황 등으로 보아 소방기관에 의한 반송이 적절하다고 판단되며 해당 이송이 구급업무라고 판단되는 경우나, 이송과 관련된 사무에 종사하는 자의 생명 또는 신체에 위험이 미칠 우려가 있는 등 경찰관의 임장을 요청할 필요가 있다고 판단되는 경우도 있으므로, 이송체제에 대해 지역 내 관계자들에 의한 협의의 장을 통하여 사전에 협의하는 것이 바람직하다.

(2) 노숙인 관련

'노숙인 자립지원 특별조치법(ホームレスの自立の支援等に関する特別措置法, 이하 자립지원법)' 제14조에 의하면, 후생노동대신은 지방자치단체과 협력하여 노숙인의 실태에 관한 전국조사를 실시하여야 한다. 또 동법 제8조 제1항에 의하면, 이를 바탕으로 '노숙인 자립지원 등에 관한 기본방침(ホームレスの自立の支援等に関する基本方針, 이하 기본방침)'[152]을 수립하여야 한다.[153]

노숙인 관련 경찰활동은 자립지원법에 직접 명시되지 않고, 동 기본방침에서 나타나고 있다.

[경찰의 역할] 「노숙인 자립지원 등에 관한 기본방침 제3 노숙인 자립지원시책의 추진 2. 각 과제에 대한 조치방침 (10) 지역에서의 안전확보 등에 관한 사항에 관하여」에 의하면, 지역안전확보 및 노숙인의 피해예방을 위한 지역안전활동 및 지도와 단속이 경찰의 역할이다. 여기서 세부적인 역할은 다음과 같다: ① 순찰활동에 의한 지역주민의 불안감 해소 및 노숙인에 대한 습격 등 사건·사고의 방지, ② 지역주민에게 불안이나 위해를 가하는 사안이나 노숙인 간의 폭행사건 등에 관하여 신속한 지도·단속, ③ 긴급한 보호를 필요로 하는 자에 대해 경직법 등에 근거한 일시적 보호, 관계기관 인계 등의 적절한 보호조치.[154]

(3) 감염병 예방 관련

1) 감염증의 예방 및 감염증 환자에 대한 의료에 관한 법률

'감염증의 예방 및 감염증 환자에 대한 의료에 관한 법률(感染症の予防及び感染症の患者に対する医療に関する法律, 이하 감염증법)' 제9조에 의하면, 후생노동대신은 감염증의 예방의 종합적인 추진을 도모하기 위한 기본적인 방침(기본지침)을 수립하여야 한다.

동법에 의하면 현재 증상의 경중, 병원체의 감염력 등에 따른 5종류의 분류체계에 지정감염증과 신감염증을 더한 7종류로 감염증을 분류하고 있으며, 감염증의 종류와 위험도에 따라 의료기관의 대처법을 달리하도록 하고 있다.[155]

[경찰의 권한] 감염증법에서 규정하는 경찰의 권한은 다음과 같다: 병원체 운반에 관한

---

152) https://www.mhlw.go.jp/content/000485229.pdf (2021.7.30. 방문).

153) 정원오 외, 노숙인 인권상황 실태조사, 국가인권위원회 연구용역 보고서, 2005, 133-134면.

154) 이에 관한 원문은 다음과 같다: 緊急に保護を必要と認められる者については〝警察官職務執行法（昭和23年法律第136号）等に基づき〟一時的に保護し〝その都度〟関係機関に引き継ぐなど〟適切な保護活動を推進する〟(긴급하게 보호할 필요가 있다고 인정되는 자에 대해서는 경찰관직무집행법 등에 근거하여, 일시적으로 보호하고, 그 때마다 관계기관에 인계하는 등, 적절한 보호활동을 추진한다).

155) 이준서, 감염병 예방 및 대응체계에 관한 법제개선방안 연구, 한국법제연구원, 2018, 109-110면.

신고 수리 및 지시(제56조의27 제1항, 제2항), 병원체 운반차량의 정지, 검사 등(제56조의27 제5항, 제6항), 도난, 소재불명 등 사고에 관한 신고 수리(제56조의28), 재해 등에 의한 특정 병원체 감염증의 발생사태에 관한 통보 수리(제56조의29 제2항), 병원체를 수입하는 자에 대한 보고 징수(제56조의30), 사무소, 사업장에 대한 출입점검 등(제56조의31, 제56조의38 제2항), 경찰청장관의 후생노동대신에 대한 의견제출(제56조의38 제1항).

(**부연**) 이러한 규정들은 위험물에 관한 다른 법률의 규정과 대체로 유사하다.[156]

2) 신형인플루엔자 등 대책 특별 조치법

2009년 신종인플루엔자의 유행으로 2012년 제정된 '신형인플루엔자 등 대책 특별 조치법(新型インフルエンザ等対策特別措置法, 이하 특조법)'은 특히 감염성이 높은 감염병에 대비하기 위한 위기관리 법률의 성격을 가지는 법이다.

[**지정행정기관**] 동법 제6조 내지 제9조에 의하면, 감염병 만연시에 설치되는 정부대책본부 및 도도부현대책본부를 중심으로, 도도부현지사, 시정촌장, 지정행정기관, 지정지방공공기관의 장에게 감염병에 대비한 행동계획의 수립과 대책본부에 대한 인력·재정의 협조·지원 의무를 부과하고 있다.[157] 동법 제2조에 의하면, 경찰청 및 도도부현경찰은 이 법률상의 지정행정기관 등에 해당한다.

[**경찰의 임무**] 특조법에서 규정하는 경찰의 임무는 다음과 같다: 국가공안위원회와 경찰청은 지정행정기관으로서 대책을 추진(제2조 제4호, 제3조 제1항, 제17조 등), 국가공안위원회 위원장이 정부대책본부의 구성원으로 참여(제16조 제6항), 경시총감 및 도도부현경찰본부가 도도부현대책본부의 구성원으로 참여(제23조), 도도부현대책본부장이 도도부현경찰로 하여금 필요한 조치를 하도록 요청(제24조 제7항).

(**해석론**) 여기서 필요한 조치란, 감염병 혼란시의 각종 범죄정보수집, 홍보계발, 악질적 범죄의 단속 등을 말한다. 도도부현지사가 경찰의 지휘명령권을 가지지 않으므로, 도도부현대책본부장이 경찰에게 필요한 조치를 요청할 권한을 갖도록 한 것이며, 법적 구속력은 가지지 않는다고 이해된다.[158]

[**행정규칙상 경찰의 임무**] 경찰 내부 행정규칙으로 국가공안위원회·경찰청의 '신형인플루엔자 등 대책 행동계획(新型インフルエンザ等対策行動計画)'[159]과 이를 기초로 한 각 도도부현의 행동계획이 있다.

---

156) 金山 泰介, "新型コロナウイルス感染症対策と警察権限の行使", 危機管理学研究 第5号, 2021, 46頁.
157) 이준서, 감염병 예방 및 대응체계에 관한 법제개선방안 연구, 한국법제연구원, 2018, 110-111면.
158) 金山 泰介, "新型コロナウイルス感染症対策と警察権限の行使", 危機管理学研究 第5号, 2021, 46-47頁.
159) https://www.npa.go.jp/bureau/security/flu/kikikanri/inful.keikaku.pdf (2021.7.29. 방문).

신형인플루엔자 등 대책 행동계획은 감염기에 도도부현경찰이 해야 할 다음 사항을 규정하고 있다: 체제정비 및 경찰본부의 감염방지대책, 국제항만·공항 경계활동 및 주변 교통통제, 의료기관 등에 대한 경계활동 및 주변 교통통제, 환자수송 지원, 격리이탈자 등 감염병 관련 법령위반 단속, 의약품 무허가판매사범 단속, 감염증대책 불만 등에 기인하여 발생하거나 발생할 우려가 있는 혼란을 통제하기 위한 활동, 시설사용제한 요청 등에 수반되는 돌발사태 방지를 위한 상황별 경계활동, 임시의료시설 경계활동, 긴급물자 운송지원.

[코로나-19 긴급사태선언 이후 내부명령에 따른 경찰의 임무] 코로나19의 확산에 의해 긴급사태선언 이후 발령된 통달(通達)[160]에 따른 경찰의 임무는 다음과 같다: 주민외출자제와 관련한 협력 요청을 받은 경우 경계활동 등의 필요 조치, 특조법 자체에는 특별한 경찰권이 규정되고 있지 않으므로 일반적인 경찰권에 근거한 대응, 번화가 접객업소에 대한 출입자제 요청에 따른 불상사 방지를 위한 경계활동, 휴업 중 점포를 노린 절도 기타 범죄의 예방, 외출자제·학교휴업 중 발생하는 가정폭력 및 아동학대 등에 대한 적절한 대응, 보건소의 코로나 감염자 행방불명 통보시 수색활동.

3) 일반 경찰법에 근거한 감염병 대응권한

[임무조항 원용불가] 경찰법 제2조에 의하면, 경찰은 개인의 생명·신체 및 재산을 보호하는 것을 임무로 하고 있다. 이 책무를 달성하기 위한 활동으로서 국민의 권리·자유를 제한하지 않는 활동은 개별적인 법률근거가 없더라도 행할 수 있다. 그러나 이를 근거로 경찰이 감염증과 관련한 전반적인 활동권한을 가지고 있다고 해석하는 것은 적절하지 않다. 이를 위해서는 전문성 있는 법제도와 조직의 정비가 요구되나, 세계대전 이후의 경찰개혁으로 감염증대응을 포함한 각종 행정사무들이 경찰로부터 다른 행정기관에 이관되었다는 점을 고려하여야 한다.[161]

[권한조항 원용의 한계] 경찰관직무집행법 제1조에서는 경직법 제정 목적의 하나로 "경찰관이 타 법령의 (경찰의 임무로 규정한) 직무를 충실히 집행하기 위함"을 들고 있다. 이를 근거로 하여 감염병 대응을 위해 필요한 경우에는 경직법의 권한을 활용할 수도 있다.[162]

---

160) 최철호, 법학논총 제28권 3호, 2016, 549면: 통달(通達)은 행정기관이 행정의 일체성을 유지하기 위하여 내부기관이나 하부기관에 발하는 서면형식의 명령이다.

161) 金山 泰介, "新型コロナウイルス感染症対策と警察権限の行使", 危機管理学研究 第5号, 2021, 43-45頁, 48頁: 세계대전 이전의 전염병예방법은 감염증예방에 관한 경찰의 권한으로 감염자의 주거등에 대한 소독 지시 및 교통통제, 감염자 또는 감염자로 의심되는 자의 격리, 감염자의 이동 허가, 감염병사망자의 매장(埋葬) 인가, 가택 등에 대한 출입 등을 규정하고 있었으나, 1945년 미군정 조사단의 보고에서 경찰관은 유행병의 박멸 또는 위생시설의 건설유지에 적합하지 않다는 점이 지적되어, 1947년 보건소법에서 보건소의 사무를 '결핵, 성병, 전염병 기타 질병의 예방에 관한 사항'으로 명시한데 이어 1948년 전염병예방법에 규정된 경찰의 권한에 관한 조항을 삭제하였다.

하지만 경직법 제5조에 근거한 피난 등의 조치는 사람의 생명·신체에 대한 위험한 사태를 요건으로 하며 감염병은 이 위험한 사태에 해당한다고 할 수 있으나, 이는 구체적 위험에 대응하기 위한 것이며, 추상적 위험에 불과한 경우(예로 감염자가 존재할지도 모른다고 의심되는 경우)에는 적용되지 않는다. 또한 경직법 제6조에 근거한 출입요구권도 그 전제로 반드시 구체적 위험이 있어야 하지는 않지만, 감염증 대응 전반을 곧바로 경찰의 책무로 결부짓기 어렵다는 점을 고려하면, 감염증 대응만을 목적으로 하는 출입요구는 본조에 근거하여 행할 수 없다고 보아야 한다.163)

(4) 위치정보 수집 관련

위치정보에 관한 일본의 법률은 '개인정보보호에 관한 법률(個人情報の保護に関する法律, 이하 개인정보보호법)'과 '전기통신사업법(電気通信事業法)'에 따라 총무성에서 발령한 '전기통신사업에 관한 개인정보보호에 관한 가이드라인(電気通信事業における個人情報保護に関するガイドライン, 이하 가이드라인)'164)에서 규정하고 있다.

> **개인정보와 정보주체의 동의**
> 개인정보보호법 제18조에 의하면, 개인정보취급사업자는 개인정보를 취득한 경우 그 이용 목적을 사전에 또는 신속하게 통지·공표하여야 한다. 이에 따르면 개인정보의 자체에는 특별히 정보주체의 동의를 요구하지는 않게 된다. 사전동의가 필요한 경우는 동법 제16조에 의한 목적 외 이용과, 동법 제23조에 의한 개인정보의 제3자 제공 등 2가지이다. 이러한 점에서 일본의 개인정보보호법은 EU 개인정보보호지침, 독일 개인정보보호법에 비하여 개인정보의 수집·이용 요건이 훨씬 완화되어 있다고 할 수 있다. 개인정보의 수집시 정보주체의 인지를 최소한의 조건으로 요구하는 OECD 프라이버시 지침과 유사하다고 볼 수 있다.165)

[**동의없는 제3자 제공으로서의 위치정보수집**] 개인정보보호법 제18조 2호에 의하면, 사람의 생명·신체 또는 재산을 보호하기 위해 필요가 있는 경우로서 본인의 동의를 얻는 것이 곤란할 때는 사전에 본인의 동의가 없어도 개인정보를 제3자에게 제공할 수 있다.166)

위치정보를 수집·관리하는 전기통신사업자가 준수하여야 할 사항을 규정하는 총무성의 '전기통신사업에 관한 개인정보보호에 관한 가이드라인(電気通信事業における個人情報保護

---

162) 金山 泰介, "新型コロナウイルス感染症対策と警察権限の行使", 危機管理学研究 第5号, 2021, 49-50頁.
163) 金山 泰介, "新型コロナウイルス感染症対策と警察権限の行使", 危機管理学研究 第5号, 2021, 48頁.
164) https://www.soumu.go.jp/main_content/000507466.pdf (2021.8.12. 방문).
165) 정찬모, 개인정보보호와 적정 활용의 조화를 위한 제도도입 연구, 법제처, 2009, 77면.
166) 우대식, 경찰학연구 제18권 2호, 2018, 77면.

に関するガイドライン, 이하 가이드라인)'도 같은 내용을 규정하고 있는바, 사람의 생명·신체 또는 재산의 보호를 위하여 필요가 있는 경우에 본인의 동의를 얻는 것이 곤란할 때에는 본인의 사전 동의 없이도 개인정보를 제3자에게 제공할 수 있다.[167]

(부연) 긴급신고 처리 시에 사용되는 경찰의 위치정보통지시스템(位置情報通知システム)에도 정보주체의 동의가 요구되고 있으나 긴급상황에서는 동의없이 위치정보를 수집할 수 있다.[168]

(5) 청소년보호 관련

청소년보호에 관한 법률로는 '아동·청년 육성지원 추진법(子ども·若者育成支援推進法)', '청소년 고용 촉진 등에 관한 법률(青少年の雇用の促進等に関する法律)', '미성년자흡연금지법(未成年者喫煙禁止法)', '미성년자음주금지법(未成年者飲酒禁止法)', '청소년이 안전하게 안심하고 인터넷을 이용할 수 있는 환경의 정비 등에 관한 법률(青少年が安全に安心してインターネットを利用できる環境の整備等に関する法律)' 등 다양한 법률이 있으나, 경찰의 역할을 직접적으로 규정하고 있지는 않다.

경찰의 소년경찰활동에 관하여는, 사안에 따라 경찰법, 경찰관직무집행법, 소년법, 형사소송법, 아동복지법, 범죄수사규범 및 각 도도부현의 청소년보호육성조례(青少年保護育成条例) 등의 법령이 활용될 수 있다.[169] 또 국가공안위원회규칙인 소년경찰활동규칙(少年警察活動規則)에 근거하여 설치된 '소년서포트센터(少年サポートセンター)'를 통해 청소년에 대한 보도(補導)[170]활동을 하고 있다.

1) 청소년보호육성조례

각 도도부현의 청소년보호육성조례는 18세 미만 청소년의 환경정비를 조정하고 청소년의 복지를 저해할 우려가 있는 행위를 방지함으로써 청소년의 건전한 육성을 도모하기 위하여 제정, 시행되고 있다.[171]

---

167) 우대식, 경찰학연구 제18권 2호, 2018, 87면.
168) 예를 들어, 경찰청 생활안전국지역과에서 공개한 안내문 '휴대전화, IP전화 등으로부터의 110번 통보에 관한 위치정보통지시스템의 운용에 관하여'에 따르면, 신고번호인 110의 앞에 184를 추가하여 전화를 걸면 신고자의 위치정보가 경찰에게 통지되지 않으나, 이러한 경우라도, 긴급히 위치정보가 필요하다고 판단되는 경우(사람의 생명, 신체, 자유 및 재산의 보호를 목적으로, 절박한 위험이 인정되어, 통보내용으로는 곧바로 위치정보를 특정할 수 없는 경우)에는 경찰이 위치정보를 취득할 수 있다. https://www.npa.go.jp/safetylife/chiiki/hasshinchihyouji.pdf (2021.8.12. 방문).
169) 김혁, 치안정책연구 제33권 1호, 2019, 172면.
170) 김혁, 치안정책연구 제33권 1호, 2019, 161면: 우리 표현으로 치환하면 선도라고 볼 수 있다.
171) 김혁, 치안정책연구 제33권 1호, 2019, 159면.

[출입·조사] 예로 도쿄도 청소년의 건전한 육성에 관한 조례(東京都青少年の健全な育成に関する条例)[172]의 제17조 제2항에 의하면, 지사가 지정한 지사부국의 직원 또는 경시총감이 지정한 경찰관은 이 조례의 시행에 필요한 한도 내에서 다음 열거하는 장소의 영업시간 내에 출입하여 조사를 행하고, 관계자에게 질문하거나, 자료의 제출을 요구할 수 있다: ① 흥행장,[173] ② 완구류 또는 도검류의 판매업장 또는 배포업장, ③ 자동판매기등업자의 영업장소, ④ 전당포 또는 고물상, ⑤ 제15조의2 제1항에 열거된 행위[174]를 제공하는 장소, ⑥ 제16조 제1항 제2호 내지 제4호에 열거된 업장(볼링장, 스케이트장, 수영장, 노래방, 만화카페 등). 다만, 이 권한을 행사할 경우 경찰관은 증표제시의 의무를 지며(동조 제3항), 범죄수사를 위한 권한 행사는 인정되지 않는다(동조 제4항).

동 조례 제26조의2 2호에 의하면, 경찰의 출입을 거부·방해하거나, 자료제출에 응하지 않거나, 허위자료를 제출한 자는 처벌된다.

[경고] 도쿄도의 청소년의 건전한 육성에 관한 조례 제18조 제2항에 의하면, 지사가 지정한 직원 또는 경시총감이 지정한 경찰관은 다음 각 호에 해당하는 자에 대하여 경고를 발할 수 있다: ① 청소년에게 지정영화를 관람하게 한 자, ② 청소년에게 지정연극등을 관람하게 한 자, ③ 청소년에게 지정완구류를 판매·배포한 자, ④ 자동판매기 등을 통해 도서류, 또는 '특정완구류'[175]를 판매함에 있어서 판매업자의 성명, 주소 등의 표시를 태만히 한 자, ⑤ 자동판매기 등에 지정도서류 또는 지정완구류를 비치하거나 이를 수거하지 않은 자, ⑥ 자동판매기 등에 '표시도서류'[176] 또는 이에 준하는 도서류, 특정완구류를 비치함에 있어서 청소년이 해당 상품을 관람·구입·대여하는 것을 방지하기 위하여 도쿄도 조례에 지정된 조치를 취하지 않은 자, ⑦ 청소년으로부터 담보를 제공받아 그에게 금전을 대여한 자(단, 그 행위가 보호자의 위탁이나 동행·동의에 의해 이루어진 경우를 제외한다), ⑧ 청소년으로부터 고물을 매입한 자(단, 그 행위가 보호자의 위탁이나 동행·동의에 의해 이루어진 경우를 제외한다), ⑨ 제15조의3의 규정[177]을 위반한 자, ⑩ 지정영화 또는 지정연극등의 상영시 또는 제16호 제1항

---

172) https://www8.cao.go.jp/youth/kenkyu/jourei/pdf/13-1.pdf (2021.7.23. 방문).

173) https://www.mhlw.go.jp/stf/seisakunitsuite/bunya/kenkou_iryou/kenkou/seikatsu-eisei/seikatsu-eisei04/02.html (2021.7.23. 방문): 흥행장(興行場): 영화, 연극, 음악, 스포츠, 연예 등의 볼거리를 다중이 보거나 들을 수 있도록 조성되는 시설.

174) 조례 제15조의2: ① 누구든지 청소년의 속옷등(청소년이 착용하였던 속옷이나, 청소년의 타액·분뇨. 청소년이 자신의 것이라고 밝힌 경우를 포함한다)을 구매하거나, 판매위탁을 수리하거나, 청소년에게 구매자를 알선하여서는 아니 된다.

175) 특정완구류: 성적 감정을 자극하는 완구류로서 성적 행위에 이용되거나 성기를 모사한 형태의 완구류(조례 제13조의3 제1항 참조).

176) 표시도서류: 도서류발행업자에 의해 구성된 단체로부터 자주규제를 받았거나, 발행업자가 지정도서에 해당한다고 자체적으로 판단하여 그 취지를 표시한 도서류(조례 제9조의2 제1항 참조).

177) 조례 제15조의3: 누구든지 청소년에 대하여 다음에 열거된 행위를 하여서는 아니 된다; 1. 청소년에게

에 열거된 장소의 심야 운영 시에 도쿄도 조례에 지정된 게시조치를 취하지 않은 자 등이 열거되어 있다. 경고는 공안위원회 규칙에 정하는 양식에 따라 서면으로 이루어진다(제18조 제4항).

동 조례 제24조의4 및 제27조에 의하면, 경고에 따르지 않는 자는 처벌된다.

2) 소년경찰활동규칙

소년경찰활동규칙 제2조 제12호에 의하면, 경시청, 도부현 경찰본부 또는 방면본부는 소년서포트센터를 설치하고 소년보도직원 또는 전문적인 지식 및 기능을 가진 경찰관(소년 보도직원 등)을 배치하여 소년경찰활동에 관하여 중심적인 역할을 하도록 한다.[178]

소년보도직원의 구체적인 활동내용은 각 도도부현경찰본부의 훈령인 소년보도직원근 무규정(少年補導職員勤務規程)에서 규정한다.[179] 예로 에히메현 소년보도직원근무규정 제3조 에 의하면, 소년보도직원의 임무는 다음과 같다: ① 소년상담, ② 계속보도, ③ 피해소년의 지원, ④ 가두보도, ⑤ 촉법·우범·불량행위소년 관련 사안의 취급, ⑥ 행방불명·요보호소 년 관련 사안의 취급, ⑦ 유해환경의 정화, ⑧ 홍보활동 및 관계기관과의 연대, ⑨ 전 각 호 에 규정된 것 외에 소속기관의 장이 명하는 사항.[180][181]

[가두보도] 소년경찰활동규칙 제7조에 의하면, 경찰은 학교 등 관계기관, 자원봉사자 등의 협력을 얻어, 도로, 기타 공공장소, 다중운집장소, 풍속영업장소 등 소년비행이 발생하 기 쉬운 장소에서 비행소년, 불량행위소년, 피해소년, 요보호소년을 발견하고, 필요한 경우 조언, 지도, 보호자 등에 연락, 가정법원 또는 아동상담소에 통고한다. 이 때 가두보도를 행 하는 자는 자신의 신분을 명확히 하고 상대방의 권리를 부당히 침해하지 않아야 한다.

[소년상담] 소년경찰활동규칙 제8조에 의하면, 경찰은 소년 또는 보호자, 그 밖의 관계 자로부터 소년상담을 요청받은 때에는 사안의 내용에 따라 지도, 조언, 관계기관 인계 등의 조치를 하여야 하며, 비행의 방지를 도모하기 위해 특히 필요하다고 인정되는 경우에는 보 호자의 동의를 얻어 가정, 학교, 교우, 그 밖의 환경이 개선되었다고 인정될 때까지 소년에 대한 조언, 지도, 그 밖의 보도를 계속하여야 한다.[182]

속옷등을 판매하도록 권유하는 행위; 2. 성풍속관련특수영업에 관련된 업무에 종사할 것을 권유하는 행위; 3. 특수음식등영업의 고객이 되도록 권유하는 행위.

178) 김혁, 치안정책연구 제33권 1호, 2019, 162면.

179) 명칭은 각 도도부현경찰본부마다 차이가 있으나(예를 들어, 아오모리현의 경우 소년보도직원근무규정 (少年補導職員勤務規程), 오키나와현의 경우 소년보도직원에 관한 훈령(少年補導職員に関する訓令), 가가와현의 경우 소년보도직원근무요강(少年補導職員勤務要綱) 등), 내용 면에서는 거의 동일한 것으 로 확인된다.

180) 松原 英世, "松山における少年補導組織について", 愛媛法学会雜誌 第35巻, 2009, 249頁.

181) https://www.police.pref.ehime.jp/kitei/reiki_honbun/u227RG00000383.html (2021.7.23. 방문).

5절   개별 경찰행정작용법 Ⅱ(형사법내 위험방지법)

1. 가정폭력 관련

　　가정폭력에 관련된 법률로는 '배우자로부터의 폭력방지 및 피해자 보호 등에 관한 법률(配偶者からの暴力の防止及び被害者の保護等に関する法律, 이른바 DV방지법)'이 있다.[183] DV(Domestic Violence)방지법은 배우자, 사실혼 관계에 있는 자, 이혼 후에도 폭력을 당하고 있는 자 등을 보호의 대상으로 한다.[184] 2001년 10월부터 시행된 법률로, 가정 내의 문제로 취급되었던 배우자 간 폭력 문제에 대하여 국가의 개입을 최초로 규정한 법률로 평가받는다.[185] DV방지법은 법원에 의한 민법적 위험방지와 경찰에 의한 행정법적 위험방지를 모두 규정하고 있다.

　　[**형사처벌**] DV방지법 자체에는 가정폭력에 대한 처벌규정은 두고 있지 않다. 가정폭력 가해자에게는 형법상의 살인죄, 상해죄, 폭행죄 등을 적용하여 처벌하고 있다.[186]

(1) 민법적 위험방지(보호명령)

　　[**기본적 보호명령**] DV방지법 제10조 제1항에 의하면, 법원은 피해자의 신청에 따라 가해자인 배우자에 대한 각종 금지명령을 할 수 있는데 이를 보호명령(保護命令)이라 한다. 보호명령에는 접근금지명령과 퇴거명령이 있으며, 접근금지명령의 내용은 피해자의 주거·직장 등 평소의 소재지 근처에 접근하는 것을 금하는 것이고, 퇴거명령의 내용은 피해자와의 공동생활에 사용하는 주거로부터 퇴거하며 그 장소 근처에 접근하는 것을 금하는 것이다.

　　동법 제12조에 의하면, 보호명령의 신청은 서면으로 하되, 피해상황과 보호가 필요한 사유와 함께 배우자폭력상담지원센터(配偶者暴力相談支援センター)[187] 또는 경찰로부터 받은

182) 김혁, 치안정책연구 제33권 1호, 2019, 161-162면; 이와 같이 특정한 소년에 대하여 보도의 목적이 달성될 시기까지 보도활동을 계속하는 것을 계속보도(継続補導)라 한다. https://www.police.pref.osaka.lg.jp/sogo/jyoho/1/6/2938.html (2021.7.24. 방문).
183) 이상희 외, 아동과 권리 제12권 3호, 2008, 227-228면: 우리나라 '가정폭력범죄의 처벌 등에 관한 특례법' 제2조는 친권자에 의한 아동학대도 가정폭력의 범주에 포함시키고 있으나, 일본에서는 배우자 간 폭력은 DV방지법에서, 아동학대는 아동학대방지법에서 구분하여 제정함으로써 법률의 규율대상을 명확하게 구분하고 있다.
184) 김상운, 한국치안행정논집 제11권 3호, 2014, 81면.
185) 우병창, 가족법연구 제20권 1호, 2006, 451면.
186) 정세종, 한국민간경비학회보 제15권 2호, 2016, 129면.

상담·보호가 있다면 관련사항을 기재하도록 한다.

[**부수적 금지명령**] DV방지법 제10조 제2항에 의하면, 접근금지명령 또는 퇴거명령에는 피해자의 신청에 따라 가해자에 대한 다음의 다른 금지를 함께 명령할 수 있다: ① 면회요구행위, ② 감시하고 있다는 사실을 알리거나, 이를 알 수 있는 상태로 두는 행위, ③ 현저히 난폭한 언동, ④ 연속하여 또는 밤중에(22시부터 익일 6시까지) 전화·팩스·이메일을 송신하는 행위(다만 긴급한 경우는 제외함), ⑤ 오물·동물 사체 기타 현저히 불쾌하거나 혐오감을 일으키는 물건을 보내거나, 이를 알 수 있는 상태로 두는 행위, ⑥ 명예를 해하는 사항을 알리거나, 이를 알 수 있는 상태로 두는 행위, ⑦ 성적수치심을 해하는 사항을 알리거나, 이를 알 수 있는 상태로 두는 것 또는 그러한 내용을 담은 도화 등의 물건을 보내거나, 이를 알 수 있는 상태로 두는 행위가 있다.

[**자녀 등에 대한 접근금지명령**] DV방지법 제10조 제3항에 의하면, 미성년자인 자녀와 동거하는 피해자의 신청으로 가해자에게 자녀에 대한 접근금지를 명령할 수 있다. 다만, 자녀가 15세 이상인 경우에는 자녀의 동의가 있을 경우에 한한다.

동조 제4항에 의하면, 피해자의 신청으로 가해자에게 피해자의 친족 등에 대한 접근금지를 명령할 수 있다. 동조 제5항에 의하면, 이 신청도 대상 친족 등의 동의가 있는 경우에 가능하다.

[**보호명령의 기간**] DV방지법 제10조에 의하면, 각 보호명령의 기간은 퇴거명령(2개월 이내)을 제외하고 모두 6개월 이내이다.

[**위반시 처벌**] DV방지법 제29조에 의하면, 보호명령을 위반한 자는 1년 이하의 징역 또는 100만 엔 이하의 벌금에 처한다.

(**부연**) 우리나라의 가정폭력 특례법과 다른 부분은, 보호명령 신청이 가능한 피해자가 "배우자로부터 신체에 대한 폭력 및 생명에 대한 위협(피해자의 생명 및 신체에 대한 위해를 고지하는 협박을 말함)을 받는 자"로 한정되어, 정신적 폭력은 보호명령의 대상에서 제외하고 있다는 점이다.[188]

---

187) 정세종, 한국민간경비학회보 제15권 2호, 2016, 130면: DV방지법 제3조에 따라 도도부현과 시정촌이 설치하며, ① 피해자를 직접 상담하거나 부인상담소와 같은 기관 소개, ② 피해자의 신체적 혹은 정신적 건강을 회복하기 위한 지원, ③ 긴급 상황에서 피해자의 안전 확보 및 임시거처 마련, ④ 취업 등 피해자 자립을 위한 정보제공 및 관련기관 사이의 조정, ⑤ 보호명령 등의 집행을 위한 정보제공 및 관련기관 사이의 조정, ⑥ 피해자 거주지 마련 등을 위한 정보제공 및 관련기관 사이의 조정을 담당한다.
188) 김상운, 한국치안행정논집 제11권 3호, 2014, 82면.

(2) 행정법적 위험방지

[**경찰의 위험방지**] DV방지법 제8조에 의하면, 경찰관은 가정폭력 발견자로부터의 신고[189] 등에 의하여 가정폭력을 확인한 경우 경찰법 및 경찰관직무집행법 기타 법령이 정하는 바에 따라 폭력의 제지, 피해자 보호 기타 가정폭력 피해의 발생을 방지하기 위하여 필요한 조치를 하여야 한다.

(**부연**) DV방지법에서 경찰의 위험방지 권한(주거출입·수색 등)을 직접 규정하고 있지는 않다.

동법 제8조의2에 의하면, 도도부현경찰본부장 및 경찰서장은 가정폭력 피해자가 스스로를 보호하기 위하여 경찰에 도움을 요청하는 경우 국가공안위원회규칙[190]에 정한 바에 의하여 피해를 방지하기 위한 다음의 지도(敎示) 및 조치를 하여야 한다: ① 피난 등의 지도, ② 가해자가 피해자의 주소 등을 알 수 없도록 하는 조치, ③ 피해자와 가해자 간의 피해방지교섭(被害防止交涉)에 있어서 피해자 측에 대한 조언, 가해자에 대한 필요사항의 전달 및 교섭장소로서 경찰 시설 제공, ④ 기타 피해방지를 위하여 적합한 원조 등.

2. 아동학대 관련

아동학대에 관한 주된 법률은 '아동학대의 방지 등에 관한 법률(児童虐待の防止等に関する法律, 이하 아동학대방지법)'과 '아동복지법(児童福祉法)'이 있다. 아동복지법은 관련주체(아동복지사, 아동위원, 보육사 등)의 활동, 아동복지의 보장(양육지원, 주거생활지원, 모자생활지원 등) 등을 아우르는 법으로 그 일부분으로서 아동학대방지를 규율하는 반면, 아동학대방지법은 아동학대의 방지를 목적으로 입법된 법률이라는 차이가 있다.[191]

아동학대방지법의 입법 및 대응방안의 마련에도 불구하고 아동학대 건수는 계속하여 급증하면서 2016년에는 26년 연속 전년도 최대치를 경신하기도 하였다. 이러한 현상에 관하여 일본 가정에서 부모에 의한 아동학대가 이른바 '시쓰케(躾, しつけ)'라 하는 예의범절 훈육을 명분으로 이루어지고 있다는 점이 원인의 하나로 지적되었고,[192] 2019년 3월 부모의 체벌 금지 등을 담은 '아동학대방지대책 강화를 위한 아동복지법 등의 일부를 개정하는 법

---

189) 제6조에서 규정하며, 가정폭력 피해자를 발견한 사람은 배우자폭력상담지원센터 또는 경찰관에게 통보하도록 규정하고 있다.

190) 배우자로부터의 폭력에 의한 피해를 스스로 방지하기 위한 경찰본부장 등의 원조에 관한 규칙(配偶者からの暴力等による被害を自ら防止するための警察本部長等による援助に関する規則).

191) 이상희 외, 아동과 권리 제12권 3호, 2008, 234-235면.

192) 김경옥, 일어일문학연구 제106권 2호, 2018, 245-246면.

률안'도 의결되어 2020년 4월부터 시행되었다.[193]

현행 아동학대방지법 제14조에 의하면, 아동의 친권자는 아동을 훈육(しつけ)할 때 체벌 기타 민법 제820조의 규정에 따른 감호 및 교육에 필요한 범위를 초과하는 행위로 해당 아동을 징계하여서는 아니되며, 아동의 친권자는 아동학대 관련 폭행죄, 상해죄 기타 범죄에 대해 해당 아동의 친권자임을 이유로 그 책임을 면하지 아니한다.

[**형사처벌**] 아동학대방지법 제3조에 의하면, 누구든지 아동을 학대하여서는 아니된다.

(**해석론**) 아동학대방지법을 위반하여 아동학대를 한 경우의 처벌규정은 별도로 두고 있지 않다. 아동학대 가해자는 기본적으로 형법상의 폭행죄, 상해죄, 강제외설죄, 보호책임자유기죄, 강요죄 등으로 처벌한다. 다만 아동에게 음행(淫行)을 시킨 경우에는 아동복지법 위반으로 처벌하고,[194] 아동매춘이나 아동포르노에 관하여서는 '아동매춘, 아동포르노에 관한 행위 등의 규제 및 처벌과 아동의 보호 등에 관한 법률(児童買春ˊ 児童ポルノに係る行為等の規制及び処罰並びに児童の保護等に関する法律)'에 의해 처벌된다.[195]

[**위험방지의 체계**] 아동학대방지법상 위험방지의 중심은 도도부현 및 시정촌에 설치된 아동상담소[196]이며, 경찰은 아동상담소 등의 요구에 따라 협조자로서 권한을 행사한다.

아동학대방지법 제6조 제1항에 의하면, 아동학대를 발견한[197] 사람은 시정촌 및 도도부현에 설치된 복지사무소 또는 아동상담소에 신고하여야 한다. 동법 제8조에 의하면, 복지사무소가 신고를 접수한 경우에는 필요에 따라 아동상담소에 송치하도록 하고,[198] 복지사

---

193) 김리사, 국회입법조사처 외국입법 동향과 분석, 2020, 4면.

194) 아동복지법 제34조 제1항 제6호: 누구든지 다음의 행위를 하여서는 아니된다: 아동에게 음행을 시키는 행위; 동법 제60조 제1항: 제34조 제1항 제6호의 규정에 위반한 자는 10년 이하의 징역 또는 300만 엔 이하의 벌금에 처하거나, 이를 병과한다.

195) 법 제4조(아동매춘의 매수자: 5년 이하의 징역 또는 300만 엔 이하의 벌금), 제5조(아동매춘주선: 5년 이하의 징역 또는 500만 엔 이하의 벌금, 병과가능), 제6조(아동매춘권유: 5년 이하의 징역 또는 500만 엔 이하의 벌금, 병과가능), 제7조(아동포르노의 소지: 1년 이하의 징역 또는 100만 엔 이하의 벌금, 제작·유통·제공 등: 3년 이하의 징역 또는 300만 엔 이하의 벌금), 제8조(아동매춘목적 인신매매: 1년 이상 10년 이하의 징역).

196) 최순자, 한국일본교육학연구 제22권 3호, 2018, 84면: 아동복지법 제12조에 의하여 도도부현에 설치되어 아동문제에 대한 상담, 아동의 일시보호 등을 담당하는 아동복지 행정기관으로, 1977년 설치된 이후 시정촌과 적절한 역할분담과 연계를 통해 아동의 복지향상 및 아동의 권리보호를 목적으로 운영되고 있으며, 2005년을 기점으로 본격적으로 아동학대 방지대책 지원 사업을 담당하였다. 2016년부터는 아동심리사, 의사, 아동복지사, 변호사 등을 배치하고 있다.

197) 이상희 외, 아동과 권리 제12권 3호, 2008, 239면: 이 발견의 범위는 ('실제 학대를 받은 아동'이 아니라) '학대를 받았다고 생각되는 아동'으로 규정되어 있다. 이는 학대 여부의 애매함으로 인해 학대를 받았을지도 모를 아동에 대한 보호를 놓칠 수 있다는 문제를 고려한 것으로, 2004년 개정에서 도입되었다.

198) 아동상담소 송치의 근거는 아동복지법 제25조의7 제1조 제1항(시정촌의 경우) 및 제2항 제1호(복지사무소가 없는 정촌의 경우), 제25조의8 제1항(도도부현의 경우)이며, 공통적으로 동법 제27조의 조치(보호자 훈계, 지도, 시설입소, 가정법원 송치 등) 또는 의학적, 심리학적, 교육학적, 사회학적 및 정신

무소로부터 송치를 받거나 직접 학대신고를 받은 아동상담소는 필요에 따라 피해아동을 일시보호할 수 있다.[199] 동법 제9조에 의하면, 도도부현지사는 아동학대가 행해지고 있는 위험상황이라고 판단되는 경우 아동위원 또는 아동복지에 종사하는 직원으로 하여금 아동의 주소 또는 거주지에 입회하여 필요한 조사나 질문을 할 수 있다.

(**해석론**) 아동상담소는 일시보호, 시설 입소 결정, 친권 정지 및 상실 청구, 출두 요구, 방문조사, 임검(臨檢) 및 수색 등의 권한을 가지고 있다. 일시보호소 또한 아동상담소와 같은 역할과 권한을 가진다.[200]

[**경찰의 협조**] 아동학대방지법 제10조 제2항에 의하면, 아동상담소장 또는 도도부현지사는 아동의 안전확인 및 안전확보에 만전을 기하기 위하여 필요에 따라 적절하게 경찰서장에게 협조를 요구하여야 한다.[201] 동조 제3항에 의하면, 협조 요구를 받은 경찰서장은 소속 경찰관으로 하여금 아동상담소의 직무집행을 지원하기 위하여 경직법 기타 법령에 근거하여 필요한 조치를 취하도록 하여야 한다.

(**해석론**) 이 조항 이외에 아동학대방지법상 경찰의 권한을 직접적으로 규정하는 조항은 없다.

3. 성폭력 관련

[**재범방지**] 일본은 미국의 메건법 또는 한국의 신상등록제도·신상공개제도와 같은 성범죄자의 정보공개 및 통지제도가 없으며, 권리제약이나 사회복귀 등의 관점에서 반대하는 의견이 대다수이다. 대상자의 정보는 일반에 공개되거나 학교 등의 특정 기관과 공유되지도 않는다.

다만 2005년 나라현 아동유괴살인사건을 계기로 기관간 정보공유를 가능하도록 하는 '재범방지조치제도(再犯防止措置制度)'가 도입, 시행되고 있다. 경찰청은 아동을 대상으로 한 강간, 강제추행 등의 성범죄로 실형을 받은 자가 출소하는 경우, 법무성으로부터 대상자의

보건상의 판정을 필요로 하는 경우에 아동상담소에 송치하도록 하고 있다.

199) 일시보호의 근거는 아동복지법 제33조로, 아동상담소에서 행하는 각종 조치(동법 제26조 및 제27조)를 행하기 전까지 일시보호를 할 수 있다(제33조 제1항, 제2항). 기간은 최대 2개월 이내이나(동조 제3항), 아동상담소장 및 도도부현지사의 판단에 따라 연장할 수 있으며(동조 제4항), 연장 시 친권자 또는 후견인의 반대가 있을 때는 가정법원의 승인을 받아야 한다(동조 제5항, 다만 친권상실 등의 절차가 진행 중인 경우에는 해당하지 않음).

200) 최순자, 한국일본교육학연구 제22권 3호, 2018, 84면.

201) 이상희 외 2인아동과 권리 제12권 3호, 2008, 240-241면: 2000년 최초 제정 시에는 제10조 제1항에 따라 직무집행상 필요하다고 인정될 때에는 경찰관의 협조를 요구할 수 있다고만 규정하였으나, 2004년 개정에서 본 규정을 추가하면서 경찰에 대한 협조요청을 의무화하였다.

신상정보를 제공받아 재범방지조치대상자로서 등록하여 귀가 예정지를 관할하는 경찰본부장에게 통지하고, 지역 내에서 불심사건 등이 있을 때 재범방지 및 수사에 활용할 수 있도록 하고 있다. 2012년부터는 대상자의 동의를 받아 담당 경찰관이 지속적으로 면담을 실시하도록 하고 있다.[202]

4. 스토킹 관련

일본에서는 2000년 처음으로 스토킹과 관련한 법률이 제정되었다. 경찰의 실효성있는 조치를 가능하게 하기 위하여, 형벌권의 행사에 이르지 않는 단계의 사회적 일탈행위에 관하여 경고와 금지명령 등 행정처분을 할 수 있게 하였다. 법 제정 당시는 경찰에 의한 예방적 행정권한의 행사에 신중론이 강력히 대두되었다. 하지만 20년이 지난 지금 국민의식은 변화되어 피해를 미연에 방지하기 위한 경찰의 적극적 개입을 요구한다.[203]

스토킹을 규제 및 처벌하는 법률로 '스토커 행위 등의 규제 등에 관한 법률(ストーカー行為等の規制等に関する法律, 이하 스토커규제법)'이 있다. 스토커규제법은 '추수행위(つきまとい等)'와 '스토커행위(ストーカー行為)'라는 두 단계의 개념을 도입하고 있다. 추수행위는 경찰과 공안위원회의 행정적 개입 및 그러한 행정적 금지명령 위반에 대한 형사처벌 대상이 된다. 스토커행위는 그 자체가 범죄로서 직접 형사처벌의 대상이 된다.[204]

[추수행위와 스토커행위의 구별] 스토커규제법 제2조 제1항에 의하면, 추수행위란 특정인에 대한 연애감정 등의 호의나 그것이 좌절됨으로써 발생하는 원한의 감정을 충족시키려는 목적으로 그 특정인 또는 배우자나 가족 등 밀접한 관계자에 대해 다음 각호의 특정한 행위를 하는 것이다: ① 따라다니기, 잠복하여 기다리기, 진로방해, 주거·근무지·학교·그 밖의 일반적으로 소재하는 장소 부근에서 지켜보거나 주거 등에 침입하는 것, ② 그 행동을 감시하고 있다는 것을 추측하게 할 만한 사항을 알리거나 알 수 있는 상태에 두는 것, ③ 만남, 교제, 그 밖의 의무 없는 일을 하도록 요구하는 것, ④ 현저히 거칠거나 난폭한 언동을 하는 것, ⑤ 전화를 걸어 아무 말도 하지 않거나 또는 거부하였음에도 불구하고 연속하여 전화를 걸거나 팩스·전자메일을 송신하는 것, ⑥ 오물, 동물의 사체, 그 밖의 현저히 불쾌하거나 혐오감을 불러일으킬 만한 물건을 송부하거나 그것을 알 수 있는 상태에 두는 것,

---

202) https://www.npa.go.jp/laws/notification/seian/seiki/saihanbousi-kyokutyou.pdf (2021.9.10. 방문); 太田達也, "性犯罪被害者の支援および 性犯罪被害の予防", 이화젠더법학, 2013, 91~93頁.

203) 總崎 由希, 木村 愼作, ストーカー事案の現状と警察における取り組み゛警察學論集 第73卷 7號, 2021.7, 9頁.

204) 장응혁, 법학연구 제27권 1호, 2017, 188면; 김혁, 경찰학연구 제16권 2호, 2016, 93면.

⑦ 명예를 해하는 사항을 알리거나 알 수 있는 상태에 두는 것, ⑧ 성적 수치심을 해하는 사항을 알리거나 알 수 있는 상태에 두는 것 또는 성적 수치심을 해하는 문서, 도화, 그 밖의 물건을 송부하거나 그것을 알 수 있는 상태에 두는 것 등.

동법 제2조 제3항에 의하면, 스토커행위란 추수행위의 8개 유형 중 제1호 내지 제5호의 5개 유형에 해당하는 행위가 반복되는 경우를 말한다.[205]

(해석) 반복의 의미에 대하여서는 같은 유형이 반복되어야 스토커행위가 성립한다는 한정설, 유형에 관계없이 추수행위가 반복되면 스토커행위가 성립한다는 비한정설이 대립하나, 최고재판소 판례의 입장 및 경찰청의 해석은 비한정설을 따르고 있다.[206]

[추수행위에 대한 경고] 스토커규제법 제4조 제1항에 의하면, 경시총감·도도부현 경찰본부장 또는 경찰서장은 추수행위로 피해를 입은 자가 경고를 요구하는 취지의 신청을 한 경우 그 행위가 인정되고 반복될 우려가 있다고 인정되는 때에는 행위자에 대하여 경고를 발할 수 있다.

동법 제4조 제5항에 의하면, 경고는 경찰본부장 등이 피해자로부터 경고신청서를 받아 사실확인을 거쳐 상대방에게 경고서를 교부하는 방식으로 이루어지며, 경찰본부장 등은 해당 경고와 관련된 내용을 공안위원회에 보고하여야 한다. 동조 제3항 및 제4항에 의하면, 경고를 하거나 하지 않은 때에는 신속히 해당 경고의 내용 및 일시, 또는 경고를 하지 않은 취지를 신청자에게 통지하여야 한다.

[경고 위반시 금지명령] 스토커규제법 제5조에 의하면, 추수행위를 하였고 이를 계속 반복하여 행할 우려가 있다고 인정되는 자에 대하여는 공안위원회가 피해자의 신청 또는 직권으로 금지명령 등을 할 수 있다. 금지명령 등은 앞으로 반복하여 해당 행위를 하지 않을 것을 명하는 명령과, 앞으로 반복하여 해당 행위를 하지 않도록 하기 위해 필요한 사항을 명하는 것으로 구성된다.

동조 제4항과 제5항에 의하면, 금지명령도 경고와 마찬가지로 당사자에게 서면을 교부하여야 하고, 당사자가 수령을 거부하더라도 당사자가 그 내용을 충분히 알 수 있는 상태에 있으면 효력이 발생한다. 공안위원회는 금지명령 등을 내리거나 그렇지 아니한 때에는 신청자에게 관련 내용을 신속히 통지하여야 한다.

(부연) 구법에서는 경고를 거쳐 금지명령을 할 수 있도록 하였으나, 2016년 법개정으로

205) 스토커규제법 제2조 제3항: 이 법률에서 스토커행위란, 동일한 자에 대하여 추수행위(단, 제1항 제1호에서 제4호까지 및 제5호(전자메일의 송신 등에 관한 부분에 한함)에 규정된 행위에 관해서는 신체의 안전, 주거등의 평온 또는 명예를 해하였거나, 행동의 자유를 현저히 침해당할 수 있다는 불안을 유발하는 방법으로 이루어진 경우에 한함)를 반복하는 것을 말한다.
206) 김혁, 경찰학연구, 제16권 2호, 95-96면.

경고 전치제도를 삭제하였다. 따라서 추수행위 즉 소위 스토킹 징후행위가 반복될 우려가 있다고 인정되면 경고 절차없이 신고자의 신청이나 공안위원회의 직권으로 금지명령을 바로 할 수 있다.

이러한 법 개정의 배경에는 2013년 三鷹 事件과 2016년 小金井市 事件이 있다.[207]
三鷹 事件은 2013년 법 개정 직후에 동경도 三鷹市에서 여고생이 전 연인인 남성에 의해 칼로 찔려 사망한 사건이다.
小金井市 事件은 동경도 小金井市의 노상에서 음악활동을 하던 여대생이 남성팬에 의해 칼로 찔려 사망한 사건이다. 남성은 스토커규제법의 대상이 되지 않던 SNS에 집요하게 글을 올렸던 것으로 밝혀졌다.

[**청문절차없는 가명령**] 스토커규제법 제5조 제2항에 의하면, 금지명령 등을 할 때에는 청문절차를 거쳐야 한다. 동법 제6조 제1항에 의하면, 제2조 제1항 제1호의 행위(따라다니기, 잠복하여 기다리기, 진로방해, 주거 등의 부근에서 지켜보기, 주거 등에 침입하는 행위 등)가 악화되어 긴급한 필요가 있다고 인정되는 경우, 경시총감·도도부현 경찰본부장 또는 경찰서장은 청문 또는 변명의 기회를 부여하지 않고 가해자에게 반복하여 해당 행위를 해서는 안된다는 취지의 가명령(仮命令)을 할 수 있다.

동조 제3항에 의하면, 가명령은 발령일로부터 기산하여 15일간 효력을 갖는다. 동조 제8항에 의하면, 금지명령 등을 한 때에는 가명령의 효력은 상실된다.

[**형사처벌**] 스토커규제법 제13조에 의하면, 스토커행위는 친고죄로 스토커행위를 한 자는 6월 이하의 징역 또는 50만엔 이하의 벌금에 처해진다. 동법 제14조와 제15조에 의하면, 추수행위에 대한 금지명령 등을 위반하면 스토커행위에 해당하지 않더라도 처벌되며, 스토커행위에 해당하더라도 비친고죄로서 처벌된다.[208]

5. 성매매 관련

성매매를 금지하는 법률로 '매춘방지법(売春防止法)'이 있다. 매춘방지법은 성매매에 관한 형사처벌, 보도처분 및 보호갱생을 규정하고 있다. 단순 성매도자와 성매수자는 처벌하지 않고 권유·주선·협박·이익공여 등 매춘을 시킨 행위에 대하여 처벌규정을 두고 있으

---

207) 山田 好孝, ストーカー規制法成立から２０年を振り返って, 警察學論集 第73巻 7號, 2021.7, 3頁.
208) 김혁, 경찰학연구, 제16권 2호, 97면.

며, 보도처분이나 보호갱생은 여성에 대해서만 규정하고 있다는 점이 특징이다. 보도처분을 위한 기관인 부인보도원(婦人補導院)이 있으며, 보호갱생은 도도부현에 설치된 부인상담소(婦人相談所)의 역할로 하고 있다.

[**형사처벌 유형**] 매춘방지법 제3조에 의하면, 누구든지 매춘을 하거나 그 상대방이 되어서는 아니된다.

(**해석**) 하지만 이러한 성매매 금지 선언에도 불구하고, 단순 성매도 및 성매수행위에 대한 처벌규정은 존재하지 않는다. 매춘방지법에서 처벌하는 대상은 타인에게 성을 사도록 권유하는 행위(제5조), 주선하는 행위(제6조), 사람을 곤혹에 처하게 하거나 협박·폭행하여 매춘을 시키는 행위(제7조), 성매도자로부터 대가를 수수하는 행위(제8조), 매춘을 시킬 목적으로 재산상의 이익을 공여하는 행위(제9조), 매춘을 시킬 내용으로 계약하는 행위(제10조), 매춘장소를 제공하거나 이를 업으로 하는 행위(제11조), 사람을 지정 장소에 거주하게 하면서 매춘업을 시키는 행위(제12조), 매춘업에 자금 등을 제공하는 행위(제13조) 등이다.

[**성매매 권유여성의 보호처분**] 매춘방지법 제17조에 의하면, 제5조를 위반하여 매춘 권유를 한 20세 이상의 여성에 대하여 형의 집행유예를 할 경우에는 부인보도원에 수용하여 보도처분을 할 수 있다. 동법 제18조에 의하면, 보도처분의 기간은 6개월 이내이다.

(**부연**) 부인보도원은 현재 도쿄도 1개소밖에 없고 2011년, 2012년, 2017년에는 수용자가 1명에 불과하는 등 매우 제한적으로 운영되고 있으며 폐지론도 제기되고 있다.[209]

[**성매도 여성을 위한 상담소**] 매춘방지법 제34조에 의하면, 도도부현에 부인상담소를 설치한다.

(**부연**) 부인상담소는 성행 및 환경에 비추어 매춘을 할 우려가 있는 여성을 대상으로 상담활동, 가정조사 및 지도, 일시보호 등을 한다. 부인상담소는 또한 DV방지법에 의하여 가정폭력 피해여성에 대한 지원기관의 역할도 겸하고 있다.

6. 소년범 관련

소년범죄 및 비행에 관련한 법률로는, 소년보호절차를 규정한 '소년법(少年法)'과 비행 소년의 갱생 및 보호관찰제도의 운용 등 재범예방에 관한 절차를 규정한 '갱생보호법(更生保護法)'이 있다.

[**소년범의 구분**] 소년법 제2조 제1항에 의하면, 소년법 적용대상인 소년은 (처분·심판시를 기준으로) 20세에 이르지 않은 자이다. 동법 제3조에 의하면, 14세 이상 20세 미만은 범죄

---

209) https://www.tokyo-np.co.jp/article/17110 (2021.9.11. 방문).

소년으로서 14세 미만은 촉법소년으로서 가정법원에 송치한다.

국가공안위원회 규칙인 소년경찰활동규칙 제2조, 제13조 및 제14조에 의하면, 범죄소년·촉법소년·우범소년을 포괄하여 '비행소년'이라 하고, 비행소년에는 해당하지 않으나 음주·흡연·심야배회 또는 타인의 덕성을 해하는 행위를 행하는 소년을 '불량행위소년'이라 정의하여, 소년경찰활동의 대상으로 하고 있다.

(부연) 촉법소년의 하한 연령에 제한이 없는 점이 우리나라와 상이하다.[210] 다만 소년원 송치의 하한 연령은 '대략(おおむね) 12세 이상'으로 규정되어 있고(소년원법 제4조 제1호), 실질적으로는 11세부터 적용하고 있다.

[**특정소년의 개념과 특례 도입**] 2021년 5월 21일 소년법 등의 일부 개정에 따라, 2022년 4월 1일부터 18세와 19세 소년을 특정소년(特定少年)으로 구분하고 다음의 특례를 적용할 예정이다[211]: ① 원칙적 역송 대상 사건의 확대, ② 실명보도 제한의 일부 해제, ③ 형사재판상 완화규정의 미적용.

개정법에 따르면 원칙적 역송은, 범행 시 특정소년이면 사형·무기 또는 단기 1년 이상의 징역·금고에 해당하는 죄를 범한 사건의 경우로 확대된다.

> **● 원칙적 역송**
>
> 역송(逆送)이란, 소년법 제20조에 의하여 보호처분을 위해 가정법원으로 송지된 사건이 형사처분에 처함이 상당하다고 판단되면 사건을 가정법원으로부터 검사에게 송치하는 제도이다.[212] 본래는 가정법원의 조사와 판단에 따라 재량으로 운용되나, 동법 제20조 제2항에 의하여 범행 시 16세 이상인 소년이 고의 범죄로 피해자를 사망하게 한 사건의 경우는 검사 송치를 원칙으로 규정하고 있으며, 이것을 원칙적 역송이라 한다.

현행 소년법 제61조에 의하면 소년이거나 범행 시 소년이었던 자가 기소된 경우 성명·연령·직업·주소·용모 기타 본인임을 추측할 만한 내용을 보도할 수 없으나, 개정법에 의하면 범행 시 특정소년이었던 자가 기소된 경우(다만 약식절차에 부치는 경우를 제외한다)에는 실명보도가 가능하게 된다.

현행 소년법 제52조에 의하면 소년에 관한 형사재판에서는 최장 15년의 범위 내에서

---

210) 김성돈 외, 「형법」상 형사미성년자 연령 설정과 「소년법」상 소년보호처분제도와의 관계-외국의 입법례를 중심으로-, 한국의정연구회 연구보고서, 2012, 65면.

211) https://www.moj.go.jp/keiji1/keiji14_00015.html (2021.7.22. 방문): 이러한 변경은 선거권연령과 민법상의 성년연령이 20세에서 18세로 낮아진 것이 배경으로, 소년법 적용연령을 20세 미만으로 유지하면서 새롭게 성년에 포함되는 18세·19세에 대하여 사회적으로 강화된 책임성을 반영하는 것이 목적이다.

212) 이승현 외, 소년강력범죄에 대한 외국의 대응동향 및 정책 시사점 연구, 형사정책연구원, 2017, 45면.

부정기형을 선고하고, 동법 제60조에 의하면 소년일 때에 범한 죄로 처해진 형벌에 대해서는 사람의 자격에 관한 법령상의 제한을 완화하나, 개정법에 의하면 특정소년은 이러한 완화규정을 배제하고 20세 이상과 동일하게 취급된다.[213]

[전건송치 및 보호처분 우선주의] 소년법 제41조와 제42조에 의하면, 경찰 및 검찰은 소년의 피의사건에 대하여 수사한 결과 범죄의 혐의가 있다고 판단될 때에는 사건을 (보호처분을 위해) 가정법원에 송치하여야 한다.[214] 다만 동법 제3조 제2항에 의하면, 14세 미만의 촉법소년은 도도부현지사 또는 아동상담소장으로부터 송치를 받은 때에 한하여 가정법원에 송치할 수 있다(아동복지기관 선의(先議)의 원칙).

동법 제24조 제1항에 의하면, 보호처분의 종류로는 보호관찰, 아동자립지원시설·아동양호시설 송치, 소년원 송치가 있다.[215] 가정법원은 심리불개시 결정(제19조 제1항)이나 불처분결정(제23조 제2항)도 할 수 있다.

[범죄소년에 대한 경찰의 가정법원 직접 송치권] 소년법 제41조에 의하면, 벌금 이하의 법정형에 해당하는 범죄를 저지르거나, 가정법원의 심판을 받을 사유가 있는 범죄소년이면, 경찰이 직접 가정법원으로 송치할 수 있다.[216]

(해석론) 일본 문헌에서는 형사소송법이 적용되지 않는 14세 미만의 촉법소년에 대한 강제처분의 근거로 소년법 제12조에 의한 긴급동행영장제의 원용을 긍정하고 있다. 이 조항은 본래 법원이 소년보호사건을 송치받은 후에 조사심리를 위하여 대인적 강제처분을 부여하는 조항이나, 필요시 송치 이전의 경찰단계에서부터 활용 가능하다는 것이다. 예를 들어 경찰관이 현장에서 소년을 강제동행하여야 하는 경우, 법원에 구두연락을 취하여 관련 사건이 소년법원에 송치된 형태를 갖추고 이에 따라 긴급동행영장을 발부받을 수도 있다고 보고 있다.[217]

213) https://www.moj.go.jp/content/001350493.pdf (2021.7.22. 방문).
214) 川出 敏裕·金光旭 저, 장응혁·안성훈 역, 일본의 형사정책, 박영사, 2020, 116면: 전건 송치주의의 유일한 예외는 교통범칙금 대상이 되는 도로교통법 위반 사건이다.
215) 이승현 외, 소년강력범죄에 대한 외국의 대응동향 및 정책 시사점 연구, 형사정책연구원, 2017, 43-44면; 김성돈 외, 「형법」상 형사미성년자 연령 설정과 「소년법」상 소년보호처분제도와의 관계 – 외국의 입법례를 중심으로 –, 한국의정연구회 연구보고서, 2012, 69-70면.
216) 김혁, 치안정책연구 제33권 제1호, 2019, 163면; 김성돈 외, 「형법」상 형사미성년자 연령 설정과 「소년법」상 소년보호처분제도와의 관계 – 외국의 입법례를 중심으로 –, 한국의정연구회 연구보고서, 2012, 68면.
217) 日本 搜査實務硏究會, 警察官職務執行法 詳解, 東京法令, 1999, 97頁.

제7장

조사대상 국가 간 비교분석

1절 일반 위험방지법

[**독립된 일반 위험방지법, 4개국**] 공공의 안녕과 질서에 대한 위험 일반을 방지하기 위해 독립된 법률을 두고 있는 국가는 **독일, 일본, 우리나라** 그리고 **영국**이다. 연방국가인 독일은 16개 각 분방이 모두 위험방지법인 경찰법을 제정하고 있다. 일본의 경찰관직무집행법은 독일법의 영향을 크게 받았고, 우리나라의 경찰관직무집행법은 해방 후 일본의 경직법을 그대로 받아들였다. 대륙법계와 법통이 다른 영국의 경우는 종래 불문법으로 경찰권이 근거지어졌으나, 1984년 PACE법(경찰과 형사증거법)을 제정하여 일반 위험방지법을 갖게 되었다. 다만, 영미법 전통에 따라 동법은 일반 위험방지법과 사법경찰작용법의 구분없이 양자의 지위를 동시에 갖는다.

[**일반 위험방지법 부재, 2개국**] 미국의 경우 영국과 달리 경찰권을 갖는 각 분방이 일반 위험방지의 권한을 규정하는 별도의 법률을 여전히 두고 있지 않아, 각 개별규정과 보통법 중심의 불문법이 운용되고 있다. **프랑스**는 대륙법계에 속하지만, 위험방지에 관한 일반법을 두고 있지 않다. 하지만 독일과 달리 권한규범과 임무규범의 구분이 명확하지 않아, 조직법 내에서 확인되는 임무조항들을 통해 경찰의 위험방지법의 윤곽이 파악될 수 있다.

1. 경찰권 행사의 주체

통상 개개 공무원들은 행정기관장의 보조 또는 보좌기관이 된다. 그러나 개별 작용법에서 그들에게 권한을 부여하는 경우 직접 관청의 지위에 서기도 한다. 개개 공무원이 관청을 구성하는 경우 소위 단독관청이 된다. 이는 의사결정자가 1인인지 여부에 따른 독임제 관청과 합의제 관청의 구분과는 다르다. 다만 단독관청은 본질상 독임제 관청일 수밖에 없다.

[**단독관청인 경찰관의 개념, 6개국 공통**] 경찰의 권한은 본질적으로 현장의 임기응변적이며 즉시적인 대응이 요구되기 때문에, 단독관청으로서 수권되는 경우가 많고 이 경우의 경찰공무원을 경찰관이라고 별칭한다. 이는 용어의 차이에도 불구하고 전체 조사대상국가에서 공통으로 나타난다.

우리나라와 **일본**은 동일하게 위험방지작용을 대상으로 하는 행정경찰법은 물론 수사작용을 대상으로 하는 형사절차법에서도 단독관청인 (사법)경찰관이 규정되고 있다.

성문의 경찰법이 부재한 **미국**에서는 경찰공무원과 구분된 경찰관의 용어가 별도로 있지는 않으나, 개념상으로는 구분된다. 단독관청인 경찰관의 개념에 해당하는 것은 Police Officer, Law Enforcement Officers, 또는 Peace Officer이다. Police Officer는 경찰공무원의 신분을 가리키기도 하지만, 법률적 수권이 있는 경우 경찰관으로 해석될 수 있다. 다만 Law Enforcement Officers(법집행관)와 Peace Officer(치안유지관)는 경찰공무원에 국한하지 않고, 포괄적인 치안과 법집행에 관련되어 단독관청으로서 수권되는 여타 공무원까지 총칭한다.

독립된 일반 위험방지법을 가지고 있는 **영국**도 경찰관의 개념은 불문법에서 드러난다. 보통법(common law)상 모든 경찰인력(police force)은 계급에 상관없이 경찰관청(Office of Constable)이 된다. 각 경찰관(Constable)은 범죄와 무질서 탐지·예방·수사 등 다양한 권한을 갖고, 의사결정의 재량권이 있으며 자신의 결정에 대해 책임을 진다.

독일에서도 법률에서 권한의 주체를 경찰행정청(Polizeibehörde)으로 하지 않고 경찰(Polizei)이라고만 규정하는 경우, 일정한 요건 하에 경찰관을 지칭하는 것으로 해석될 수 있다. 단독관청인 경찰관은 Polizeivollzugsdienst(직역: 경찰집행직)라고 하고, 단순히 경찰공무원을 지칭하는 Polizeibeamte와 구분된다. 경찰관의 지위를 갖는 개개인의 공무원은 Beamte des Polizeivollzugsdienst 혹은 Polizeivollzungsbeamte으로 표현될 수 있고, 경찰관으로 구성되는 집행경찰 조직 전체를 의미하는 경우는 Vollzugspolizei가 된다.

프랑스도 독일과 같은 구조로 경찰에는 경찰행정청이 있고 경찰관이 있다. 경찰행정청에는 경찰기능을 하는 일반행정기관인 총리, 도지사, 시장이 포함된다. 집행경찰 중 경찰행정청이 아닌 개개의 경찰공무원(officier de police)이 작용법에 근거하여 현장즉응적 의사결정을 내리는 경우 소위 단독관청인 경찰관에 해당된다. 경찰관은 조직법상 경찰인 집행경찰조직에 속한다.

2. 경찰의 임무조항

　[**권한조항과의 구분, 3개국**] **우리나라**와 **일본** 및 **독일** 경찰법제에서는 경찰의 임무와 권한의 법적 근거가 엄격히 구분된다. 이러한 구분 하에서는 임무조항이 권한행사의 근거가 될 수는 없으나, 임의적 활동의 정당성을 부여하는 근거가 된다.

　임무조항은 통상 치안유지 일반을 내용으로 하며, 우리나라의 경우 경찰관직무집행법에 의한 임무조항은 위험방지는 물론 범죄수사까지 포괄한다. 일본의 경우도 동일하다.

　연방국가인 독일의 경우는 16개 분방에서 각기 제정하는 경찰법의 내용에 통일성을 기하려는 통일경찰법 모범초안이 1977년 제안되면서, 범죄수사를 제외한 위험방지 일반을 내용으로 하는 임무조항이 포함되었고, 각 분방의 경찰법들이 이에 따랐다.

　[**권한조항과의 미구분, 3개국**] 일반 위험방지법을 두고 있지 않은 **미국**과 **프랑스**에는 특별히 임무조항이 자리할 위치가 마땅치 않게 된다. 미국의 경우 각 분방과 지방자치단체에서 연방헌법에 위배되지 않는 범위에서 경찰의 임무조항을 둘 수도 있지만, 권한조항과 구분되지 않으며 일관된 내용을 가지지도 않는다. 다만 행정경찰과 사법경찰의 개념을 구분하지 않는 영미법계 특성상 수사와 위험방지를 아울러 경찰의 임무로 규정하는 것이 보통이다. 프랑스의 경우도 임무조항이 권한조항과 구분되어 규정되지 않는다. 다만 대륙법계 법통에 따라 행정경찰과 사법경찰을 개념적으로 구분하여 행정경찰에는 개념상 위험방지 임무만 속한다. **영국**은 경찰작용의 기본법을 가지고 있음에도 불구하고 불문법 전통의 영향 하에서 경찰임무에 관한 규정을 별도로 두고 있지 않다. 다만 보통법에 기초하여 공공질서 유지가 경찰의 임무가 되고, 영미법계 법통에 따라 범죄수사와 위험방지를 별도로 구분하지도 않는다.

3. 일반적 수권조항

　임무조항과 권한조항이 구분되고 있는 법제에서는 권한조항이 엄격한 법률요건으로 구성되고, 권한과 책임(임무)이 불일치하게 되므로, 그 간극을 없애기 위해서는 일반적 수권조항이 필요로 된다.

　[**일반적 수권조항 불명확 내지 부재, 2개국**] **우리나라**의 경우 일반 위험방지법이 존재하고 임무조항과 권한조항도 구분되고 있지만, 현행 경찰관직무집행법에서 일반적 수권조항을 가지는 지에 대해서는, 긍정설, 입법필요설, 부정설로 분설된다. **일본** 경찰법의 경우 독일 경찰법의 영향을 크게 받았지만, 입법초기부터 아직까지 일반적 수권조항을 두고 있지

않다.

[**일반적 수권 인정, 4개국**] 우리나라, 일본과 같은 구조의 법체계를 가진 **독일**의 경우는 프로이센 경찰행정법부터 명문으로 일반적 수권조항을 두었고, 현재도 이러한 전통을 16개 분방이 따르고 있다.

임무조항과 권한조항이 구분되지 않는 **미국, 영국, 프랑스**에서는 포괄적인 임무조항 자체가 일반적 수권조항의 역할을 겸할 수 있다. 미국의 경우 기본적으로 불문법에 의하여 경찰의 위험방지를 위한 일반적 수권이 인정되지만, 뉴욕시와 같은 개별 지방자치단체에서 자치헌장에 위험방지 일반을 내용으로 하는 임무 및 권한조항을 두기도 한다. 영국의 경우 보통법에서 위험방지 일반을 내용으로 하는 경찰의 임무 및 권한이 인정된다. 프랑스의 경우 공공질서 유지를 임무로 하는 경찰권의 주체를 규정하는 조직법 조항 자체가 일반적 수권조항이 된다. 따라서 공공질서의 개념 자체가 어떻게 해석되어야 하는지가 주 논점이 된다.

4. 개별적 수권조항

(1) 신원확인

[**범죄관련성 요건 및 비강제적 권리제한, 2개국**] **우리나라**에서 신원확인이 주로 행하여지는 불심검문은 필요한 조치 일반이 아닌 정지·질문·동행요구·흉기조사 등으로 법률효과가 제한될뿐더러, 법률요건으로도 범죄와 관련되지 않은 위험방지를 위한 신원확인의 수단으로는 활용될 수 없는 한계를 가지고 있다. 특히 '정지시켜'의 의미 내지 한계에 관하여 여러 입장으로 분설되나, 답변강요나 구금에 이르지 않아야 하므로 강제라기보다는 의사에 반하여 통행권을 제한하는 권리제한조치라고 볼 수 있다. **일본**의 경우도 법문의 내용과 해석이 우리나라와 거의 동일하다.

[**범죄관련성 요건 및 강제적 권리제한, 2개국**] **미국**은 판례법으로 불심검문을 인정하고 있으며, 체포를 위한 상당한 근거가 없더라도 용의자를 정지시켜 신체를 수색할 수 있다. 이 경우 강제수색이 허용된다. 다만 각 분방법률에서 신체수색을 제외한 신원확인까지만 규정하는 입법례가 대두되고 있다. **영국**은 범죄와 관련된 검문시 물리력을 사용한 수색을 명문으로 규정하고 있으며, 신원확인을 위한 24시간 내의 강제유치도 가능하다. 일정 지역에 대한 24시간내의 일제검문과 7일 내의 일제차량검문도 허용한다. 범죄의 초기징후인 반사회적 행동을 예방하기 위한 예방검문도 허용한다.

[**범죄관련성 불요 및 강제적 권리제한, 2개국**] 독일 경찰법은 직무질문과 신원확인을 구분하여 규정한다. 전자는 모든 경찰임무 수행을 위한 정보수집을 의미하며 후자를 포괄하는 넓은 개념이나 정지조치만을 수단으로 한다. 후자는 위험방지와 범죄예방을 위한 신원확인 그 자체가 목적인 좁은 개념이나, 신원확인 거부시 24시간 내의 강제유치가 가능하며, 감식조치를 할 수 있다. 인적 관련성이 아닌 장소적 위험을 근거로 하는 신원확인은 일제검문의 형태를 취하게 된다. **프랑스**의 경우는 범죄수사를 위한 사법불심검문과 위험방지를 위한 행정불심검문을 모두를 인정하면서, 신원확인 거부시 4시간 내의 강제유치와 감식조치가 가능하며, 감식조치 거부시 형사처벌된다.

(2) 보호조치

[**요구조자를 위한 보호조치, 2개국**] **우리나라**의 경우는 요구조자에 대한 경찰의 보호조치를 규정할 뿐, 위험야기방지나 범죄제지차원의 보호유치는 규율하고 있지 않다. 보호자나 보호능력을 가진 보건 또는 복지기관에 인계할 때까지의 24시간 내의 일시적 응급조치의 성격을 갖는다. **일본**의 경우도 같다.

[**보호조치 외에 보호유치의 규율, 4개국**] **미국**의 경우 주취나 약물중독자의 구호를 위한 보호조치와 그들이 야기하는 위험을 방지하기 위한 보호유치가 함께 연방표본법에 의해 제안되고, 각 분방법률로 규정되고 있다. **프랑스**의 경우도 주취자에 대한 보호조치와 보호유치가 함께 규율되고 있다. **영국**의 경우 보호조치 외에 범죄의 제지를 위한 24시간 내의 보호유치가 규정된다. **독일**의 경우 요구조자 보호조치와 범죄제지를 위한 보호유치 외에 사권보호를 위한 보호유치가 최대 14일까지 규정되고 있다.

(3) 위험방지조치

[**위험방지조치권 규정, 2개국**] 일반적 수권조항이 없는 **우리나라**와 **일본**의 경우는 위험방지조치권 규정이 존재한다. 우리나라의 경우 이러한 규정이 곧 일반적 수권조항이라고 보는 견해도 있으나, 중요한 법익에 대한 위험의 방지만을 요건으로 하고 있어 그렇지 않다는 입장도 있다. 법률효과는 넓게 열려 있어 필요한 어떤 조치도 할 수 있다. 일본의 경우는 이설(異說)없이 동 규정을 포함하여 일반적 수권조항은 없다고 보고 있다.

[**위험방지조치권 불요, 4개국**] 위험방지에 대한 일반적 수권이 인정되는 4개국(미/영/독/불)의 경우 별도의 위험방지조치권이 규정될 필요가 없다.

다만 **영국**의 경우 사실행위인 위험방지조치 외에 법률행위인 다음의 하명들이 위험방지를 위하여 발령될 수 있다: 위반시 경찰의 체포권이 수반되는 법원의 금지명령, 최대 48

시간 이내의 경찰관 등에 의한 퇴거명령, 위반시 범칙금이 부과되는 경찰관 등에 의해 발령되는 기초질서 준수명령, 경찰관 등에 의해 발령되는 24시간 내의 임시건물폐쇄명령과 법원에 의해 발령되는 3개월 내의 건물폐쇄명령. 기초질서 준수명령 위반시는 범칙금이, 기타 명령들에 위반하는 경우 형사처벌이 수반된다.

(4) 범죄의 제지

[**범죄제지권 규정, 2개국**] 일반적 수권조항이 없는 **우리나라**와 **일본**의 경우는 위험방지권의 파생된 모습으로서 범죄제지권 규정이 존재한다. 중요한 법익에 대한 위험을 야기하는 범죄의 제지만을 요건으로 제한된다.

[**범죄제지권 불요, 4개국**] 위험방지에 대한 일반적 수권이 인정되는 4개국(미/영/독/불)의 경우 별도의 범죄제지권이 규정될 필요가 없다.

다만 **미국**의 경우 개별 분방이 개별법률에서 범죄의 예방과 제지를 위한 수권을 하는 입법례를 볼 수 있다.

(5) 위험방지를 위한 강제출입

일반적 수권조항이 없는 우리나라와 일본은 물론, 일반적 수권을 인정하는 4개국(미/영/독/불)의 경우도, 헌법상 강력한 보호의 대상인 주거권의 제한이 포함되는 강제출입에는 별도의 법적 근거를 두고 있다.

[**강제출입 법적 근거 마련, 6개국 공통**] **우리나라**와 **일본**은 모두 중요한 법익에 대한 위험방지나 피해자 구조를 위해 강제출입이 인정된다. **미국**의 경우 과거의 판례는 범죄와 관련된 상당한 근거가 있는 경우도 영장없는 경찰의 가택출입을 위법으로 보았으나, 현재는 판례법이 변화하여 즉각적인 조치가 필요한 상황에 대해 영장없는 경찰의 가택출입을 적법한 것으로 보고 있다. **영국**의 경우 중요한 법익에 대한 위험방지나 피해자 구조를 위한 강제출입을 명문으로 규정하고 있다. **프랑스**의 경우 위험방지를 위한 강제출입의 요건이 천재지변이나 주거자의 구호요청 등으로 엄격하게 국한된다. 그 외에는 수사상 영장에 의한 강제출입만이 허용된다(성매매와 마약은 영장없이 강제출입 허용). **독일**의 경우 경찰 강제출입의 요건을 가장 넓게 인정하고 있는바, 중요한 법익 보호뿐만 아니라 이웃에 불편을 끼치는 행위의 방지를 위해서도 강제출입이 가능하다.

(6) 정보수집

[**권한조항에 근거, 3개국**] 경찰의 정보수집은 경찰관의 인지에 의하는 경우 외에도, 카

메라, CCTV, 바디캠 등 기계적 수단에 의하여도 이루어진다. **우리나라**에서는 경찰의 정보수
집이 임무로서만 규정되어 왔으나, 2021년 개정을 통해 권한으로서 규정되었다. **독일**의 경
우 임무조항과 권한조항이 구분되지만 일반적 수권조항에 의하여 경찰의 위험방지를 위한
정보수집이 허용될 수 있다. 그러나 특별한 수단에 의하는 경우와 구체적이지 않은 위험단
계에서의 정보수집을 위해서 개별규정에 의한 법적 근거를 마련하기도 한다. 경찰바디캠이
나 CCTV에 의한 정보수집이 그 대상이 되고 있다. **영국**의 경우 임무조항에 의하여도 정보
수집이 가능할 것이나 구체적인 성문법을 마련하고 있다. 경찰정보수집의 허용기준을 장소
적으로는 공공장소, 사적 공간을 나누어, 수단상으로는 재산침해나 무선간섭, 경찰바디캠,
CCTV 등으로 구분하여 각각 별도의 상세한 규율을 두고 있다.

　　[**임무조항에 근거, 2개국**] **미국**의 경우 임무와 권한이 구분되지 않으므로 위험방지를 위
한 정보수집이 경찰의 임무로서 허용되나, 허용되는 기준이 범죄발생 직전의 집회 등 엄격
한 판례법으로 도출되고 있다. 또한 테러에 대한 정보수집의 경우는 각 분방법률에서 별도
의 명문의 규정을 두는 추세이다. **프랑스**의 경우도 임무조항과 권한조항이 구분되지 않아,
정보수집을 경찰의 임무로 하며 그 수집목적을 규정한 임무조항에 의하여 경찰의 정보수집
이 허용된다.

　　[**판례법에 근거, 1개국**] **일본**의 경찰법제에는 일반적 수권조항도 없고 경찰 정보수집에
관한 권한조항이 없어 과거 우리나라와 같이 임무로서 임의적인 정보수집만이 가능한 상태
이나, 집회현장 사진촬영의 경우 판례가 구체적 위험이 존재하고 비례원칙이 준수되면 적
법성을 인정한다.

5. 집행부수적 수권조항(무기사용)

　　[**가장 넓은 법적 요건, 1개국**] **우리나라**의 경우 정당방위나 긴급피난 외에도 중범인의 체
포·도주방지가 무기사용의 요건으로 포함된다. 여기서 중범인이란 장기 3년 이상의 자유형
이 법정형으로 규정된 범죄를 저지른 사람으로 그 범위가 상당히 넓다. 대신 판례에서 한계
원리로서 비례의 원칙을 엄격하게 적용하고 있다.

　　[**중간 단계 법적 요건, 2개국**] **일본**의 경우 우리나라와 거의 같은 요건으로 규정되어 있
지만, 도주방지의 대상인 중범인이 흉악한 범죄로 제한되고 있다. 즉 소위 폭력적 중죄의
의미로 해석되므로 우리나라의 경우보다 훨씬 제한적이 된다. **독일**에서는 생명방어와 중죄
와 경죄를 저지른 범인의 도주방지를 위하여 경찰의 총기사용이 허용된다. 독일에서의 중
죄란 단기 1년 이상의 자유형이 법정형으로 규정된 범죄이고, 경죄의 범인은 총기나 폭발물

을 소지하고 도주하는 경우에 한정된다.

[엄격한 생명방어 요건, 3개국] 미국은 판례법과 연방법률 및 각 분방법률로 경찰의 무기사용이 인정되며, 그 요건으로 생명의 방어나 중범인의 도주방지로 우리나라와 언뜻 유사하게 보이나, 중범인은 타인의 생명·신체에 위해를 가하였고 도주시 타인의 생명·신체에 위해를 가할 것이라고 보이는 대상자를 말하므로 결국 생명방어 요건의 파생된 형태라고 볼 수 있다. 영국은 보통법에 의해 시민이나 경찰 안전을 위한 명백한 필요성 요건이 충족되면 총기사용이 인정되어왔다. 현재는 성문법에 물리력 사용 요건이 규정되면서 함께 규율되고 있다. 프랑스의 경우는 경찰 총기사용도 형법상 정당방위와 긴급피난 규정을 적용하여 가능하다고 해석해왔다. 2016년 경찰관이 검문도중 사망하자 경찰관 총기사용 요건의 완화를 위하여 2017년 별도의 경찰 총기사용의 법적 근거를 마련하였다. 생명방어와 생명방어를 위한 범인의 도주방지를 그 내용으로 한다.

6. 경찰비용상환

경찰비용이란 경찰의 업무수행을 위해 소요된 비용을 의미한다. 경찰비용의 상환은 공평한 부담분배의 차원에서 이루어지며, 경찰상 위험을 야기한 자에 대한 책임자수수료, 적법한 위험원을 형성하여 경찰의 사전대비비용을 발생시킨 자에 대한 위험원수수료, 경찰 서비스를 신청한 자에 대한 행정이용수수료 등 3가지 형태로 분류할 수 있다.

[극히 제한적, 2개국] 우리나라와 일본의 경우는 도로교통법상 차량견인 대집행이 이루어진 경우의 책임자수수료만이 유일한 경찰비용상환으로 규정되고 있다.

[상당한 개별규정, 3개국] 미국은 보통법상 공역무무상을 원칙으로 하되, 개별규정에 의한 경찰비용상환을 인정한다. 제한적인 형태이나 책임자수수료, 위험원수수료, 행정이용수수료 등이 각 지방자치단체 조례로 규정되고 있다. 영국도 보통법상 국가적 의무수행에 관한 비용은 징수되지 않음을 원칙으로 하되, 특별한 법률적 수권으로 경찰비용상환이 인정된다. 책임자수수료는 차량견인 이외에 특별히 발견되지 않으나, 대규모 사적 행사에 부과되는 위험원수수료는 적극적으로 징수되고 있다. 위험방지와 관련없이 신청된 행정이용수수료도 징수된다. 프랑스는 영국과 거의 유사하다. 공역무무상의 원칙은 없으나 의무적인 공역무수행의 비용은 무상을 원칙으로 한다. 그럼에도 특별한 법률적 수권으로 경찰비용상환이 인정된다. 차량견인비용과 주취자 보호비용 등의 책임자수수료, 대규모 사적 행사에 대한 위험원수수료, 행정이용수수료 등이 부과된다.

[전폭적 상환규정, 1개국] 독일도 경찰비용상환의 일반법을 가지고 있지는 않다. 하지만

3가지 형태의 경찰비용을 개별규정으로 충분하게 징수하고 있다. 책임자수수료의 경우 직접시행, 대집행, 즉시집행 등 경찰작용의 형식별로 수수료 규정을 두고 있다. 위험원수수료의 경우 대규모 사적행사, 원자력발전소 등 중요시설, 위험물 수송 등에 대한 경비를 징수하는 개별법을 가진다. 행정이용수수료의 경우 신청된 경찰서비스가 공익에 부합하지 않는 경우, 예로 오경보 등에 대하여 징수한다.

2절 개별 위험방지법 I(행정법내 위험방지법)

1. 경찰소관 법령

(1) 집회 관련

1) 집회자유권의 행사

[집회·시위 모두 사전신고제, 2개국] 우리나라의 경우 헌법에서 집회의 자유를 보장하면서 허가제를 금지하고, 이에 따라 개별 법률에서 경찰에 대한 48시간 전 사전신고의무만을 부과한다. 허가제와 신고제의 단적인 차이는 신고기준만 충족하였다면 수리가 거부될 수 없으며, 그러한 집회가 신고없이 개최되었더라도 행정적 의무위반일 뿐 집회자체가 바로 불법이 되지 않는 점에 있다. 집회장소에 대한 도로법적 점용허가는 도로의 경우 도로관리상 충돌되는 문제가 없는 한 관례적으로 생략되고 있으나, 각 지방자치단체에서 조례로 관리하는 공공광장의 경우는 장소선점의 문제로 집회신고와 별도의 사용허가를 받도록 하고 있어, 사실상 집회허가제라는 지적도 있다.

독일의 경우 연방헌법으로 집회는 허가도 신고의 대상도 아니라고 하면서 옥외집회만은 법률적 사전제한이 가능하다고 규정한다. 그간 연방의 단일법률로 집회를 규율하여 왔다가, 관련 입법권을 각 분방에 귀속시켰다. 이후 7개 분방은 독자적인 집회법을 제정하였고, 아직까지 9개의 분방은 경과규정에 의하여 연방의 집회법을 그대로 적용하고 있다. 연방집회법과 각 분방의 집회법은 공지 48시간 전 경찰에 대한 집회신고의무를 두고 있다. 공지 48시간 전이란 개최 48시간 전과는 다른 개념으로, 집회의 주최자가 참가자들에게 집회를 알리는 것을 말하므로 개최보다 훨씬 이른 시간이 된다. 집회장소에 대한 점용허가는 해석 혹은 명문의 규정에 의하여 면제되나 장소선점을 가리는 허가가 필요한 경우는 허가절차를 이행하여야 한다.

[**집회는 자유, 시위만 사전신고제, 2개국**] **영국**의 경우 개별법률로 집회와 시위의 개념을 구분하여, 후자에 대하여만 개최 6일 전까지의 경찰에 대한 사전신고의무를 부과한다. 집회는 신고없이 자유롭게 개최된다.

프랑스의 경우 집회의 자유는 프랑스 인권선언에 의하여 뒷받침되어왔다. 집회의 개념에 대하여는 법적 정의없이 판례와 학설로 정의된다. 관련 법률규정에 의하여 시위만 개최 3일전 경찰행정청(시장, 관선도지사 포함)에 대한 사전신고의 대상이 되며, 집회는 신고대상에서 제외하였으나 3인 이상으로 구성된 집회연락소를 사전에 경찰행정청에 알려야 한다.

[**모두 사전허가제, 2개국**] **미국**의 경우 집회의 자유는 연방헌법상 보장되는 표현의 자유의 하나로 본다. 집회에 관한 연방차원의 법률은 없으며 각 분방법률에 의해 경찰 허가제(뉴욕주의 경우 개최 30일전까지 신청)로 규율된다. 판례는 사전허가제의 합헌성을 인정하는 한편, 공공의 안녕질서에 직접적 위험이 있는 경우만 사전제한이 허용된다는 엄격한 입장으로, 실무적으로도 일부 예외를 제외하면 거의 모든 집회가 신고제처럼 허가되고 있다. 그럼에도 허가제가 운용되는 이유는 집회가 이루어지는 장소가 통상 각 분방의 재산이라는 점에서, 이에 대한 사용은 허가의 대상이 된다는 점에 있다.

일본의 경우 헌법에서 집회에 대한 사전검열을 금지하고 집회자유를 보장하나, 각 지방자치단체의 조례나 도로교통법에 의해 집회를 72시간 전 허가제로 운용하고 있다. 집회에 관한 조례를 제정한 경우는 공안위원회에 허가를 신청하며, 조례가 제정되지 않은 경우 도로교통법에 의해 경찰서장에 대해 허가를 신청하여야 한다. 판례는 집회에 대한 허가가 합리적이고 명확한 기준에 의하며 사실상 신고제와 같이 운용되므로 합헌이라고 판시하였다. 일본에서 조례는 법률의 일종으로 대등한 효력이 인정된다.

2) 집회금지와 제한

[**안전확보, 장소보호, 시간보호 등 요건, 1개국**] **우리나라**의 경우 안전확보(공공의 안녕·질서에 직접적인 위험의 초래), 장소보호(보호되어야 할 장소), 시간보호(보호되어야 할 시간) 등을 이유로 경찰에 의해 집회·시위가 금지되거나 제한된다.

[**안전확보, 장소보호 요건, 3개국**] **미국**의 경우 판례에 의하여 공공의 안녕질서에 직접적인 위험이 있는 경우를 금지 또는 제한하고, 각 분방법률은 분방재산의 보호에 중점을 두고 경찰에 의해 집회·시위를 금지하거나 제한한다.

영국의 경우 공공질서에 심각한 위험이 있는 경우 시위를 금지하거나 제한할 수 있으며, 경찰의 요청에 의하여 지방정부가 내무부장관의 동의를 거쳐 금지명령을 발하게 된다.

집회의 경우 토지소유자의 허가없이 사유지에서 불법침입적 집회를 개최하려는 경우에만, 경찰의 요청에 의하여 지방정부가 금지명령을 발하게 된다. 이러한 개별적 금지와는 별도로 공공장소 보호명령에 의하여 특정지역에서의 집회에 대한 일반적 금지도 가능하다.

독일의 경우 공공안녕·질서에 직접적 위험이 있는 경우 집회·시위를 금지하거나 제한할 수 있고, 장소상 연방의 헌법기관이나 각 분방의 입법기관, 사유지 등의 보호를 위해 경찰에 의한 금지가 가능하다.

[**안전확보 요건, 2개국**] **일본**의 경우 공공안녕에 직접적인 위험이 명백한 경우 공안위원회 또는 경찰서장은 허가거부를 할 수 있다. **프랑스**의 경우 시위가 공공질서를 침해할 수 있다고 판단하는 경우 시장 또는 관선 도지사가 금지명령을 발한다.

3) 집회소음 규제

[**집회법 자체의 기준으로 규제, 1개국**] **우리나라**의 경우 집회법 자체에서 소음기준치를 두고 경찰이 사용중지 또는 확성기 보관 조치 등을 행한다.

[**집회법 외의 법령으로 규제, 5개국**] **미국**의 경우 분방재산의 관리차원에서 경찰이 소음발생원의 사용을 허가 또는 허가취소한다. **독일**의 경우 연방환경법률에 의한 소음규제를 적용하되, 이에 따른 금지명령은 집회법에 근거한다. **프랑스**의 경우 지방자치단체가 도정부령이나 시정부령으로 소음발생원에 대한 허가하거나 규제한다. 과도한 집회소음은 형법으로 처벌된다. **일본**의 경우 소음규제 조례에 의하여 집회소음까지 규제된다. 경찰은 동 조례에 근거하여 중지명령, 방지조치, 압수 등의 조치를 할 수 있다. 국회와 외국공관에 대하여는 별도의 법률로 경찰이 소음발생원 사용을 규제한다. **영국**의 경우 국회의사당 주변의 소음만 규제하며, 여기에 집회의 경우도 포함된다. 경찰관 등에 의한 소음금지명령이 가능하다.

4) 집회해산명령과 강제해산

[**집회법에 강제해산, 1개국**] **독일**의 경우 집회법으로 금지요건이 발생된 집회에 대한 해산명령과 강제해산을 규정한다. 위험발생없는 미신고만으로는 집회를 해산할 수 없다고 해석된다.

[**집회법 아닌 법률에 의한 강제해산, 3개국**] **우리나라**의 경우 공공안녕·질서에 직접적인 위험이 발생한 경우 등에서 집회법에서 경찰이 자진해산요청 후 해산명령을 할 수 있는 근거를 가진다. 하지만 강제해산 자체의 권한은 부여받지 못하고 있어서 일반 위험방지법에 의해 강제해산을 하게 된다. 위험발생없는 미신고만으로는 집회를 해산할 수 없다고 해석된다. **영국**의 경우 범죄와 무질서에 대한 경찰의 48시간 내 퇴거명령과 위반시 처벌규정을

통해 집회에 대한 강제해산을 할 수 있다. **프랑스**의 경우 집회나 시위가 공공질서를 위험하게 하는 불온다중으로 변질된 경우 형법에 의해 경찰이 해산명령을 하고 해산명령 불응시 형법이나 집회법에 의한 강제해산의 대상이 된다.

[**일반적 수권에 의한 강제해산, 1개국**] **미국**의 경우 경찰이 위험방지에 관한 일반적 수권을 가지므로, 특별한 명문의 규정없이 집회에 대한 해산명령을 발령할 수 있고, 또 경찰의 해산명령을 거부하는 행위는 위험야기행위로 간주되어 강제의 대상이 된다. 해산명령이나 강제는 경찰 자체의 가이드라인이나 지침으로 운용된다.

[**강제해산 규정 부존재, 1개국**] **일본**의 경우 공안조례에 집회의 해산명령이나 강제해산을 규정하고 있지 않다. 공안조례나 형법 기타 법률의 처벌규정에 의해 사법처리할 뿐이다.

(2) 도로교통 관련

1) 운전면허

[**경찰에 의한 면허, 1개국**] **우리나라**의 경우 운전면허는 경찰이 발급하며, 그 허가의 취소·정지도 경찰이 행한다.

[**질서행정청에 의한 면허, 2개국**] **프랑스**의 경우 운전면허 발급은 경찰행정청인 관선 도지사가 행하며, 그 취소·정지는 관선 도지사와 법원이 행한다. **일본**의 경우 운전면허의 발급와 취소·정지를 경찰행정청인 공안위원회가 행한다.

[**교통행정청에 의한 면허, 3개국**] **영국**은 운전면허의 발급과 취소를 교통부장관이 행한다. **미국**의 경우 상업운전면허는 연방에서, 일반운전면허는 각 분방에서 발급한다. 일반운전면허는 각 분방의 자동차관리국장이 발급하며, 그 취소·정지는 자동차관리국장, 판사, 분방경찰국장이 행한다. **독일**의 경우 운전면허는 도로교통청에서 발급하며, 그 취소와 정지는 도로교통청, 판사가 행한다.

2) 일반 교통관리

6개국 공통으로 교통표지보다 경찰의 수신호가 우선한다.

[**음주단속 일제검문의 허용, 3개국**] **우리나라**의 경우 위험방지를 위한 정차와 음주단속을 위한 경찰의 일제검문이 허용된다. **미국**의 경우 경찰관이 포함된 법집행관에 의한 음주단속 목적의 일제검문이 허용된다. **프랑스**의 경우 음주단속을 위한 경찰의 일제검문이 허용된다.

[**차량에 대한 일제검문의 허용, 1개국**] **영국**의 경우 제복경찰관에 의한 차량의 정차와 일제검문이 허용된다. 독일의 경우도 경찰관에 의한 차량의 정차와 일제검문이 허용된다.

[**음주의심이 있는 경우 한하는 검문허용, 1개국**] **일본**의 경우 음주운전 의심이 있는 차량

에 대한 경찰의 검문이 허용된다.

(3) 민간경비 관련

1) 경비업 허가

[**경찰에 의한 허가, 1개국**] **우리나라**의 경우 경비업은 경찰의 허가를 받아야 한다. 경찰은 경비업체의 사무소와 배치장소에 출입하며 지도·감독할 수 있다.

[**질서행정청에 의한 허가, 2개국**] **미국**의 경우 경비업은 분방 내무부의 허가를 받아야 한다. 2년마다 허가를 갱신하여야 한다. 민간경비업자는 필요시 치안유지관으로 임명될 법적 근거를 가지며, 한정된 시간과 장소에서 경찰로서의 권한과 지위를 갖기도 한다. **일본**의 경우 도도부현 공안위원회가 경비업을 허가한다. 허가 유효기간은 5년이다. 공안위원회는 경찰을 통하여 경비업체의 사무소에 출입하고 조사하여 시정명령 등 감독을 행한다.

[**일반행정청에 의한 허가, 1개국**] **독일**의 경우 경비업은 영업 관련 행정청의 허가를 받아야 한다.

[**수임기관에 의한 허가, 2개국**] **영국**의 경우 내무부 산하 민간경비산업위원회가 경비업을 허가한다. 이와는 별도로 동 위원회는 자발적으로 참여한 경비업체 중 품질을 보증하는 업체를 인증하여 공개한다. 동 위원회는 허가 또는 무허가 민간경비업체의 건물에 출입하며 정보요구 및 조사할 수 있다. **프랑스**의 경우 민간경비활동위원회가 수임을 받아 경비업을 허가하며, 경찰과 동 위원회가 민간경비원을 감독한다.

2) 민간경비업무의 유형

[**경비업 기준 업무유형의 상세화, 3개국**] **우리나라**의 경우 민간경비업무를 시설, 기계, 호송, 신변보호 및 특수경비로 나누고, 각각에 종사하는 경비원을 전 4종의 경우 일반경비원, 후 1종을 특수경비원으로 구분한다. **프랑스**의 경우 민간경비업의 유형은 시설경비 및 감시, 호송, 신변보호, 선박경호로 나뉜다. 경비원도 민간경비활동위원회의 면허를 발급받아야 한다. **일본**의 경우 민간경비업의 유형은 시설, 혼잡, 호송, 신변보호 등으로 구분된다. 일부 특수경비업무에는 자격을 검정받은 경비원만을 채용할 수 있다.

[**경비원 기준 업무유형의 상세화, 1개국**] **영국**의 경우 경비원 면허의 유형은 유인경비(일반경비, 신변경호, 호송경비, 공공감시, 군중통제 및 출입감시), 차량견인, 차량제한 및 견인, 민간조사, 재판전조사, 보안컨설턴트, 보안잠금 등으로 나뉜다. 경비요원 면허자는 동 위원회가 등재하고 공개한다. 경비원과 경비업체 운영자 등을 포함한 경비요원은 동 위원회의 면허를 요하며, 유효기간은 3년이다.

[**경비업무 세부유형 비구분, 2개국**] **미국**의 경우 민간경비업무를 세분화하지 않아 새로운 경비수요에 탄력적으로 대처한다. 다만 등록된 경비원만을 경비업자는 고용할 수 있다. 등록은 2년마다 갱신되어야 한다. **독일**의 경우도 민간경비업무의 유형을 법령으로 세분화하고 있지는 않다.

(4) 총포화약류 관련

[**일물일허가제**(一物一許可制), **3개국**] **우리나라**의 경우 총기 소지허가는 경찰로부터 발급받아야 하며, 3년마다 갱신되어야 한다. 경찰은 공공안전을 위하여 총기를 지정장소에 보관하도록 하는 보관명령을 발할 수 있다. **일본**의 경우 총기 소지허가는 공안위원회로부터 발급받아야 하며, 3년마다 갱신되어야 한다. **프랑스**의 경우 B급 총기는 소지허가를 받아야 하고 C급 총기는 소지신고를 하여야 한다. 관선 도지사는 공공질서나 안전상을 이유로 적법한 소지자로부터 최대 1년간 총기를 압수할 수 있다.

[**인적 면허제, 2개국**] **미국**의 경우 총기 소지면허는 경찰 또는 판사로부터 발급받아야 한다. **영국**의 경우 총기 소지면허는 경찰로부터 발급받아야 한다.

[**인적면허와 물적허가의 혼재, 1개국**] **독일**의 경우 총기 취득과 점유는 총기를 특정하지 않고 개인을 대상으로 발급되는 면허대상이며, 휴대와 사격은 총기를 특정하고 발급되는 허가대상이다. 총기 취득면허는 유효기간이 1년이며 총기 점유면허는 무기한이다. 휴대허가의 유효기간은 3년이다. 각 면허와 허가는 무기관련 일반행정청에서 발급한다.

(5) 유실물 관련

[**습득물의 경찰 제출의무, 4개국**] **우리나라**의 경우 하한가를 따지지 않고 모든 습득물을 경찰에 신고하여야 한다. 습득물 반환자는 민사상 반환받은 자에게 보상금을 청구할 권리가 있다. **미국**(뉴욕주)의 경우 20달러 이상의 물건이나 10달러 이상의 증서를 습득한 경우 10일 내에 소유자에게 반환하거나 경찰에 신고하여야 한다. **프랑스**의 경우 유실물 처리의 의무는 시장에게 있으며, 조례에 의해 규율한다. 파리의 경우 물건을 습득한 경우 24시간 내에 경찰에 제출하여야 한다. 보상금은 특별한 조례에 규정되지 않고 당사자간 민사문제로 처리된다. **일본**의 경우 습득물은 신속하게 경찰에 제출하여야 한다. 습득자는 반환시 유실물법에 의한 보상금 청구권을 갖는다.

[**지방자치단체 신고의무, 1개국**] **독일**의 경우 10유로 이상의 물건을 습득한 경우 지방자치단체에 신고하여야 한다. 습득자는 습득물을 보관할 의무가 있으나 원하는 경우나 관할 행정청의 요구가 있는 경우 제출하게 된다. 다만 10유로의 판단이 어려운 경우가 많아 유실

물관리소에 대부분 맡겨진다. 습득자는 민법에 의하여 보상금 청구권을 갖는다.

[**습득신고의무 부재, 1개국**] **영국**의 경우 특별한 법적 의무없이 내부지침으로 습득물을 경찰이 처리해오다가, 2019년부터 총기류, 범죄 관련 물품 또는 개인정보와 관련된 경우 등을 제외하고 유실물 관련업무를 경찰소관으로부터 폐지하였다. 따라서 습득자는 경찰에 습득물을 신고할 의무가 없으며, 점유이탈물횡령의 죄책을 면하기 위해 유실자에 대한 반환을 합리적으로 시도하는 것으로 족하다.

2. 타 부처 소관 법령

(1) 정신질환자 관련

[**경찰 주도 응급입원 도입, 4개국**] **우리나라**의 경우 외에 정신질환자 강제입원에는 보호자에 의한 보호입원, 행정기관에 의한 행정입원, 경찰관에 의한 응급입원으로 나뉜다. 응급입원의 경우 자타해 위험이 있고 긴급한 경우 경찰관과 의사가 동의하면 3일 이내의 강제입원이 이루어진다. **미국**(뉴욕)의 경우도 정신질환자 강제입원에는 보호입원, 행정입원, 응급입원이 있다. 경찰이 정신질환자를 직접 병원에 이송하는 응급입원 외에, 보호입원이나 행정입원시 의사의 요청이 있으면 경찰이 강제이송을 지원하여야 한다. 입원은 아니나 진료를 강제로 하게 하는 법원의 강제진료명령이 있는 경우도 경찰이 강제이송을 지원하여야 한다. **독일**의 경우 정신질환자의 강제입원은 모두 법원의 결정을 거치도록 하는 司法입원의 형태로, 후견인에 의한 민사입원, 유죄판결 선고자에 대한 형사입원, 행정기관 청구에 의한 행정입원이 있다. 행정입원이 법원의 적시적 결정을 기대하기 어려울 경우 응급입원이 이루어지는데, 행정기관이 경찰의 지원을 받아 우선 집행하고, 행정기관의 결정도 적시성이 없는 경우 경찰이 직접 응급입원을 행한다. **영국**의 경우 정신질환자에 대해 경찰이 24시간 내의 보호조치를 취할 수 있는데, 보호조치의 일 유형으로 병원 이송도 포함된다. 경찰관서 보호조치시는 전문의료인의 협의가 필요하다. 치안판사 영장발부에 의한 정신질환자의 보호조치도 경찰이 집행한다.

[**질서행정청 주도 강제입원, 1개국**] **프랑스**의 경우 정신질환자 강제입원은 후견인에 의한 입원과 행정기관에 의한 행정입원으로 나뉜다. 행정입원의 경우 경찰행정청인 시장이 요청하여 관선 도지사가 행정명령으로 형식으로 결정한다.

[**일반행정청 주도 강제입원, 1개국**] **일본**이 경우 정신질환자 강제입원은 보호입원, 행정입원, 응급입원이 있다. 응급입원은 행정입원이 긴급하여 절차를 밟기 어려운 경우에 행하

여지며, 이 경우도 경찰이 아닌 행정기관에 의하여 이루어진다. 경찰은 행정기관에 행정입원 대상자를 발견통보하며, 지침상 행정입원시 협력대상으로 규정된다.

(2) 감염병 관련

[**추가적 경찰권 규정, 4개국**] **우리나라**의 경우 감염병과 관련한 인적, 물적 강제를 위하여 행정기관의 요청이 있는 경우 경찰이 행정응원을 하되, 강제처분 자체의 근거는 일반 위험방지법에 의한다. 이와 별도로 감염병 관련자의 위치정보 수집을 경찰이 협력할 수 있도록 감염병 관련법에 경찰에 의한 위치정보수집의 근거를 마련하고 있다. **미국**의 경우 감염병 대응을 위해 경찰이 행정명령 수행, 검역과 격리, 여행제한, 시설안전, 군중통제, 백신보관 및 수송 보호 등의 위험예방 활동을 수행한다. 판례에 의하면 감염병과 관련한 경찰 강제력은 불문의 통치권에 근거한다. **영국**의 경우 감염병 관련법에 의하여 감염병 의심자에 대해 경찰이 이동명령과 강제이송, 격리조치 등의 강제처분을 할 수 있다. **독일**의 경우 감염병과 관련하여 보건행정의 인력부족시 경찰이 행정응원 및 집행원조를 하도록 하고 있고, 경찰은 일반 위험방지법에 의하여 권한을 행사하나, 조사명령권 등을 별도 수권한다.

[**경찰의 협력만을 규정, 2개국**] **프랑스**의 경우 자치경찰의 임무로 감염병 관련 대응조치를 포함하고 있다. **일본**의 경우 경찰이 감염병대책본부의 구성원으로 참여하면서 동 대책본부장이 경찰에 필요한 조치를 요청한다. 구체적 위험이 발생한 경우 일반 위험방지법에 의한 권한행사가 가능하다.

(3) 위치정보수집 관련

[**특별법 제정, 1개국**] **우리나라**의 경우 범죄수사를 위한 통신자료조회나 통신사실확인자료조회와는 별도로, 위치정보 관련법에 의하여 경찰은 위험방지를 위한 위치정보수집권을 갖는다.

[**개인정보보호법 근거, 2개국**] **영국**의 경우 개인정보보호법에 의하여 위치정보를 개인정보의 일종으로서 위험방지나 범죄수사 목적으로 경찰이 수집할 수 있고, 관계기관은 경찰의 요청시 이를 제공하도록 하고 있다. **일본**의 경우 개인정보보호법상 생명·신체 또는 재산의 보호가 필요한 경우로 본인의 동의를 얻는 것이 곤란할 때는 본인 동의없이 개인정보를 제3자에게 제공할 수 있도록 하는 규정에 근거하여 경찰이 위치정보를 수집한다.

[**경찰법 근거, 1개국**] **독일**의 경우 위험방지를 위해 통신 관련법에서 통신사업자의 위치정보 보관의무를 두고, 경찰법에서 경찰의 통신사업자에 대한 위치정보 제공요청권을 규정한다.

[**통신법 관련 근거, 1개국**] 미국의 경우 통신 관련법에서 경찰은 긴급구조활동을 위해 위치정보를 통신사업자로부터 수집할 수 있다.

[**형사소송법 근거, 1개국**] 프랑스의 경우 형사소송법에서 사람이나 재물에 대한 중대한 위험이 발생한 경우 사법경찰관에 의한 위치정보조회를 행할 수 있도록 한다.

(4) 청소년 보호조치 관련

[**대물적 강제 및 소극적 차단조치, 1개국**] **우리나라**의 경우 경찰이 청소년이 소지하는 유해매체물과 유해약물 등을 수거, 폐기 등의 처분을 할 수 있고, 일정 구역에서 청소년 통행을 금지·제한하거나 통행저지·퇴거조치를 할 수 있다.

[**대인적 강제, 3개국**] **미국**의 경우 청소년의 가출·결석이나 음주 등을 지위비행이라고 칭하고 분방별로 대응이 다르나 영장없는 구금까지 허용하기도 한다. 뉴욕주의 경우 경찰은 지위비행 청소년을 보호자 인계시까지 일시적으로 보호조치하거나 청소년시설에 인계하거나 가정법원에 송치할 수 있다. **영국**은 의무학령기의 청소년이 무단결석한 것으로 보이는 경우 경찰이 보호시설이나 학교로 이송할 수 있다. 또 청소년 고용제한에 위반한 것으로 보이는 장소를 출입조사할 수 있다. 특히 주류와 관련된 대응이 엄격하여, 아동을 동반한 주취행위는 처벌대상이며, 아동이 소지한 주류는 경찰에 의한 몰수 대상으로 이를 거부하는 아동은 체포대상이 된다. 지속적으로 아동에게 주류를 판매하는 장소는 경찰에 의하여 폐쇄통지된다. **독일**의 경우 비행이나 범죄로 자타해의 위험을 야기한 청소년은 청소년청에 의한 강제시설보호 대상이 된다. 이 경우 경찰은 협력을 통하여 개입한다. 직접 경찰에 의해 단기간의 보호조치가 취해질 수도 있다. 담당 행정청은 청소년에게 유해장소로부터의 퇴거명령을 발할 수 있고, 해당 행정청의 즉각적 조치가 어려운 경우 경찰이 긴급관할로서 개입하여 퇴거명령을 발하거나, 보호자 또는 청소년청에 인계한다.

[**청소년에 대한 강제근거 부재, 1개국**] **일본**의 경우 청소년 보호와 관련한 다양한 법률이 제정되어 있으나, 경찰의 개입과 관련한 직접적인 규정은 두고 있지 않다. 다만 각 지방자치단체의 청소년보호육성조례에서 청소년보호를 위해 청소년 아닌 자에 대한 경찰관의 출입조사와 경고 및 거부시의 형사처벌을 규정한다.

3절 개별 위험방지법 II(형사법내 위험방지법)

1. 가정폭력 관련

6개국 공통으로 가정폭력 피해자는 스스로 퇴거, 금지 등의 민사상 보호명령을 청구할 수 있으며, 이에 위반시 형사처벌된다.

[**재발방지를 위한 경찰유치, 3개국**] **미국**의 경우 가정폭력에 대해 재범억제를 위해 각 분방에서 의무적 체포제도(23개 분방)가 확산되고 있다. 나머지 분방 중에서도 6개 분방은 우선적 체포를 택하고 있다. 가정폭력 현장에서의 경찰의 강제출입은 급박한 위험상황을 기준으로 판례에 의하여 인정되고 있다. **영국**의 경우 가정폭력 현장에서 경찰은 합리적 근거에 기초하여 강제출입할 수 있고, 피해자 보호를 위한 긴급임시조치로서 퇴거, 접근금지 등을 취할 수 있다. 긴급임시조치에 위반시 보호유치된다. 피해자 보호를 위해 경찰은 처음부터 영장없는 체포를 행할 수도 있다. **독일**의 경우 경찰법에 의한 퇴거, 금지 등을 적용하고, 위반시는 처벌이 아닌 직접강제나 보호유치의 대상이 된다. 위험방지를 위해서는 처음부터 보호유치할 수도 있다. 또 주거의 출입과 수색도 규정되고 있다.

[**현장즉응적 경찰유치 불확실, 3개국**] **우리나라**의 경우 가정폭력에 대해 경찰은 초동조치(응급조치)로서 제지, 분리, 수사, 피해자 시설인도 및 권리고지 등의 조치를 행하고, 재발의 우려가 있는 경우 긴급임시조치로서 퇴거, 접근금지 등을 명령할 수 있다. 위반시 과태료 대상이 된다. 경찰은 피해자보호가 필요하다고 판단되는 경우 관련 장소에 강제출입하여 질문조사할 수 있다. **프랑스**의 경우 행정적 조치보다 형사적 처벌과 형사절차에 의하여 가정폭력에 대응한다. 형사법원은 직접 퇴거, 금지, 가해자 보호유치 등의 보호명령을 즉각적으로 발할 수 있다. **일본**의 경우 가정폭력에 대해 경찰은 초동조치로서 제지와 피해자보호 등의 조치를 취한다.

2. 아동학대 관련

[**경찰주도의 초동조치, 4개국**] **우리나라**의 경우 아동학대에 대해 경찰은 초동조치(응급조치)로서, 제지, 격리, 피해자 시설인도 등의 조치를 행하고, 재발의 우려가 있는 경우 긴급임시조치로서 퇴거, 접근금지 등을 명령할 수 있다. 위반시 과태료 대상이다. 경찰은 피해자보호가 필요하다고 판단되는 경우 관련 장소에 강제출입하여 질문조사할 수 있다. 피해자 측

은 스스로 격리, 접근제한, 친권제한 등의 민사상 보호명령을 청구할 수 있다.

미국의 경우 아동이 보호자와 있는 것이 긴박한 위험이 있고 가정법원의 명령을 받을 충분한 시간이 없는 때 경찰관은 보호자의 동의없이 보호자로부터 아동을 분리하여 긴급 보호조치할 수 있다. 경찰기관에는 아동학대 전담경찰이 있으며, 부모나 보호자의 학대가 범죄를 구성하는 경우 경찰은 아동보호를 위해 형사절차와 민사절차를 동시에 진행할 수 있다.

영국의 경우 경찰은 아동의 생명·신체에 심각한 위험이 있을 때, 당해 아동을 보호시설이나 병원 등 적절한 장소로 인도하여 보호조치할 수 있다. 지정된 경찰관은 아동에 대한 학대 위험이 계속되는 것으로 판단되는 경우 아동복지기관을 대신하여 아동에 대한 긴급보호명령도 직접 가정법원에 신청할 수 있다. 아동법은 물론 일반 위험방지법에 의하여 피해아동을 보호하기 위한 경찰의 강제출입이 허용된다.

독일의 경우 아동학대 대응의 핵심기관은 청소년청이다. 하지만 아동학대 사건에서 경찰은 경찰법에 의하여 퇴거, 금지 등을 적용하고, 위반시는 처벌이 아닌 직접강제나 보호유치의 대상이 된다. 위험방지를 위해서는 처음부터 보호유치할 수도 있다. 또 주거의 출입과 수색도 규정되고 있다. 청소년청의 긴급대응팀이 적시적 조치를 할 수 없는 경우 경찰이 직접 아동을 보호시설에 수용할 수도 있다. 청소년청은 동의에 의한 임시보호와 의사에 반하는 강제보호를 모두 할 수 있다. 학대자가 부모인 경우 민사보호의 신청은 청소년청이 되나, 경찰도 신청권이 있다. 피해아동 측은 민사상 금지명령과 주거양도 등을 청구할 수 있다.

[아동보호기관 중심의 아동학대의 대응, 2개국] 프랑스의 경우 아동학대에 대한 행정적 대응의 중심은 도 단위에 설치되는 피위험아동 관찰소이다. 동 관찰소는 위험에 처한 아동에 대한 정보를 수집하며 형사처벌이 필요한 경우 수사기관을 거치지 않고 직접 법원에 통지한다.

일본의 경우 아동학대에 대한 행정적 대응의 중심은 지방자치단체에 설치되는 아동상담소이다. 아동상담소는 피해아동을 일시보호할 수 있으며, 시설입소결정, 친권 정지 및 상실 청구 등의 민사절차를 진행할 수도 있다. 경찰은 아동상담소의 협조기관이며, 아동학대에 관하여 특별한 행정적 권한을 갖지 않는다.

3. 성폭력 관련

[신상등록 및 신상공개 도입, 4개국] 우리나라의 경우 성폭력범죄로 유죄판결을 받고 등록대상이 된 자는 신상정보와 사진을 경찰에 제출하여야 한다. 경찰이 이를 법무부에 송달

하면, 수사기관은 법무부의 정보통신망에서 이를 활용하고, 여성가족부는 법무부로부터 그 내용의 일부를 송부받아 범죄예방을 위해 일반 국민 또는 지역주민에게 알린다.

　　미국의 경우 연방법에 의하면, 성폭력범죄로 유죄판결을 받고 등록대상이 된 자는 현재의 이름과 거주지 주소, 사회보장번호 등을 그 지역 경찰에 등록하여야 한다. 등록된 자 중 일부가 일반에게 공개된다. 각 분방에서는 전면적이든 부분적이든 연방법과 같은 성범죄자 신상등록과 공개제도를 취하고 있다.

　　영국의 경우 일정한 성범죄를 저질러 형이 확정되면 등록제출서를 경찰서에 제출해야 한다. 신상공개는 아동을 대상으로 하는 성범죄에 국한하여 이루어진다.

　　프랑스의 경우 성폭력범죄로 유죄판결을 받고 등록대상이 된 자는 신원·주소 및 전후 주소, 그리고 필요한 경우 거주지의 정보를 국가사법정보에 등재한다. 관할 검사나 예심판사가 국가사법정보에 공개할 정보를 별도로 송부하면, 국가사법정보 관리자가 대상자의 인적사항을 확인한 후에 일반에 공개한다. 또 국가사법정보의 내용은 전자통신으로 사법기관과 사법경찰관 등에게 제공된다.

　　[신상등록 및 신상공개 미도입, 2개국] 독일의 경우 성범죄자에 대한 신상등록제도는 도입하지 않고 있다. 교정에 의한 성공적 사회복귀를 성범죄 예방의 최선책이라고 보는 입장이다.

　　일본은 성범죄자의 정보공개 및 통지제도가 없으며, 권리제약이나 사회복귀 등의 관점에서 반대하는 의견이 대다수이다. 대상자의 정보는 일반에 공개되거나 학교 등의 특정 기관과 공유되지도 않는다. 다만 경찰청은 성범죄자 출소하는 경우, 법무성으로부터 대상자의 신상정보를 제공받아 재범방지조치대상자로서 등록하여 귀가 예정지를 관할하는 경찰본부장에게 통지하고, 지역 내에서 불심사건 등이 있을 때 재범방지 및 수사에 활용할 수 있도록 하고 있다.

4. 스토킹 관련

　　[스토킹징후 단계에서 경찰의 개입, 2개국] 우리나라의 경우 스토킹방지를 위한 특별법을 제정하고, 스토킹징후행위(법상 스토킹행위)와 스토킹행위(법상 스토킹범죄)는 구분된다. 전자는 접근 추수 등 스토킹행위를 구성하는 행위들로서 처벌대상이 아닌 예방조치의 대상이 되며, 이를 지속 또는 반복하는 행위가 비로소 처벌의 대상인 스토킹행위가 된다. 스토킹징후행위에 대해 경찰은 초동조치(응급조치)로서 제지, 중단통보, 경고, 분리, 수사, 피해자 시설인도 및 권리고지 등의 조치를 행하고, 스토킹징후행위의 재발의 우려가 있는 경우 재발

방지조치로서 금지 등을 명령할 수 있다. 위반시 과태료 대상이 된다. 법원에 의한 금지 등의 명령(잠정조치)에 위반시 비로소 형사처벌된다.

　　일본의 경우 스토킹징후행위(법상 추수행위)와 스토킹행위를 구분한다. 추수행위는 경찰의 경고와 공안위원회의 금지명령 등 행정적 개입 대상이며, 금지명령을 기다릴 수 없는 긴급한 경우에는 경찰이 가명령을 발할 수 있다. 가명령이나 금지명령 위반시 형사처벌 대상이 된다. 스토커행위는 그 자체가 범죄로서 직접 형사처벌의 대상이 된다.

　　[법원의 보호명령으로 대응, 2개국] 미국(뉴욕주)의 경우 스토킹 피해자가 가해자와 혈연관계에 있거나 혼인관계이거나 혼인관계에 있는 경우 가정법원에, 가해자와 이러한 관계가 없는 피해자들은 형사법원에 보호명령을 청구할 수 있다. 보호명령의 내용은 접근금지, 추가폭력금지 등 각종 금지처분이다. 보호명령장은 경찰에 의해 보관되며, 명령 위반자는 체포되어 법원에 인치된다.

　　영국의 경우 경찰 스토킹이 의심될 경우 치안판사 법원에 보호명령을 신청할 수 있다. 경찰은 치안판사 법원이 보호명령을 결정을 하는 동안 긴급한 위험에 처한 피해자 보호를 위해 임시보호명령의 발령을 별도로 신청할 수 있다. 보호명령 혹은 임시보호명령에 따른 작위 또는 부작위 의무를 위반하면 형사처벌 대상이 된다.

　　[일반 위험방지법으로 대응, 1개국] 독일의 경우 경찰법에 의한 퇴거, 금지 등을 적용하고, 위반시는 처벌이 아닌 직접강제나 보호유치의 대상이 된다. 위험방지를 위해서는 처음부터 보호유치할 수도 있다. 또 주거의 출입과 수색도 규정되고 있다. 피해자가 직접 법원에 민사상 보호명령을 청구할 수 있다.

　　[형사처벌로 대응, 1개국] 프랑스의 경우 스토킹을 방지하기 위한 법제는 별도로 마련되고 있지 않으며, 행정적 조치보다 형사처벌에 의하여 스토킹에 대응한다. 형법상 정서학대에 관한 처벌규정 등을 준용하여 처벌한다.

5. 소년범 관련

　　[14세 미만자에 대한 강제처분의 제한, 2개국] 우리나라의 경우 소년법상 소년은 19세 미만의 자이다. 14세 이상은 형사성년자이므로, 범죄소년은 14세 이상 19세 미만자이다. 범죄소년은 형사처분이 원칙이나 검찰 단계에서 형사사건이 아닌 보호사건으로 처리할 수 있다. 10세 이상 14세 미만자의 범법행위자인 촉법소년에 대하여, 경찰서장은 보호처분을 위하여 직접 관할 소년부에 송치한다. 촉법소년에 대한 경찰의 인적·물적 강제처분권은 없다.

　　일본의 경우 소년법상 소년은 20세 미만의 자이다. 14세 이상은 형사성년자이므로, 범죄소년은 14세 이상 20세 미만자이다. 범죄소년은 가정법원에 송치되어 보호처분될 수 있다. 촉법소년은 하한연령없이 14세 미만자이며, 보호처분 대상이 된다. 촉법소년에 대한 경찰의 강제처분은 규정되고 있지 않다.

[10세 미만자 강제처분의 제한, 2개국] **영국**의 경우 소년법상 소년은 18세 미만의 자이다. 10세 이상은 형사성년자이므로, 범죄소년은 10세 이상 18세 미만자이다. 범죄소년은 소년법원에 송치되어 보호처분됨이 원칙이나, 성인과 공범이거나 특정 중범죄의 경우 형사법원에 기소된다. 경찰은 범죄소년에 대하여 사건중지, 지역사회내 해결, 소년법원 송치유예, 조건부 송치유예 등의 선도처분을 할 수 있다. 범죄소년은 체포되어 구금될 수 있다.

프랑스의 경우 형법상 소년은 19세 미만의 자이다. 13세 이상은 형사성년자이므로, 범죄소년은 13세 이상 19세 미만자이다. 범죄소년에 대하여는 형벌이나 보호처분이 부과될 수 있다. 10세 이상 13세 미만의 자는 촉법소년으로서 보호처분이 부과될 수 있다. 촉법소년은 예외적으로 5년 이상의 징역형으로 처할 범죄나 중죄를 저지른 경우 사법경찰관의 재량으로 12시간 내에서 유치될 수 있다.

[연령무관 범법자 강제처분, 2개국] **미국**의 경우 각 분방별로 차이가 있어 소년법상 소년은 16-18세이다. 범죄무능력의 연령은 0-12세이므로, 범죄소년은 최대폭 0-18세, 최소폭 12-16세이다. 범죄소년은 소년법원에 송치되어 보호처분됨이 원칙이나, 분방별 일정 연령 이상으로 특정 중죄를 저지른 소년은 형사절차로 전환된다. 범법행위를 저지른 소년은 연령에 상관없이 체포할 수 있다.

독일의 경우 소년법상 소년은 18세 미만의 자이다. 14세 이상은 형사성년자이므로, 범죄소년은 14세 이상 18세 미만자이다. 18세 이상 21세 미만자는 청년이며, 예외적으로만 소년에 준하여 처분된다. 기소법정주의 원칙상 소년사건은 모두 소년법원에 송치되며, 소년법원은 독점적이며 전문적으로 형사처분 및 보호처분을 적용한다. 소년법원은 범죄소년에 대하여 교육처분, 징계처분, 형사처분의 순으로 다양한 처분을 선택하여 부과할 수 있다. 14세 미만자에 대하여도 범법행위가 있는 경우 청소년청에 의한 강제시설보호가 가능하고, 경찰에 의한 24시간 내의 보호조치가 가능하다.

나가며

예방경찰작용법은 키워드는 위험에 대응하는 국가체계에 공백이 없도록 하는 것에 있다. 과도한 국민 권리의 제한은 경계되어야 하지만, 위험방지 자체가 도외시되어서는 안된다.

대륙법계 국가의 전통에 따라 우리나라는 일반 위험방지법을 두고 임무조항과 권한조항을 엄격히 구분하고 있지만, 일반적 수권조항을 두지 않아 위험방지체계에 우려를 표하는 의견이 많다. 일반적 수권조항이 도입되지 않는 한 개별적 수권조항을 지속적으로 정비하여야 하는 과제를 안고 있다.

국가적 위험방지체계의 출발은 신원확인이다. 다른 후속 조치를 연계시켜주기도 하지만, 신원이 확인된다면 경찰의 강제조치를 최대한 자제할 수 있기 때문이다. 그러나 우리나라의 경우 다른 주요국들과 달리 신원확인의 요건을 범죄관련으로만 제한하고 확인거부시 강제는 허용하지 않는다. 이러한 실효성의 담보가 없는 신원확인은 위험방지체계의 큰 부담으로 작용하고 있다.

우리나라의 경우 위험에 빠진 자를 상대로 하는 보호조치만을 규정할 뿐, 주요국들과 달리 위험을 야기하는 자를 상대로 하는 보호유치를 규정하지 않아 실무현장에서 위험방지를 위해 형사처벌 방안부터 모색하는 경향을 보이게 된다.

경찰 무기사용의 경우 우리나라의 법제는 법적 허용요건이 가장 넓지만, 판례에 의하여 허용한계가 가장 엄격하게 해석되어 실무상 법적 요건에 대한 불신이 야기되고 있다.

위험방지법을 평온한 일반시민의 입장에서 위험야기자에 대한 책임을 묻는 구조로 이해한다면, 위험방지비용의 위험야기자로부터의 징수는 위험방지법의 완결이라고 할 수 있다. 다른 주요국들에 비해 거의 경찰비용법이 도입되어 있지 않은 우리나라는 그만큼 경찰법 체계에 책임성이 결여되고 있다고 할 수 있다.

개별 위험방지법의 영역에서 경찰소관 법령으로는 집회, 도로교통, 민간경비, 총포화약류 등과 관련된 인허가 및 관리상 규율들 및 유실물 관련법령을 볼 수 있다.

민주주의의 성숙을 위해 아주 중요하게 취급되는 집회자유권의 행사와 관련하여서는,

사전허가제로 운영하는 나라에 비해 신고제를 채택한 우리나라가 더 자유권을 보장하는 것 같지만, 허가제로 운영하는 국가에서도 실질적으로는 신고제와 같이 운영된다는 평가이고, 시위만 사전신고 대상으로 하고 집회는 신고의무도 없이 자유로운 개최를 보장하는 국가도 있어 제도의 형식보다는 그 운용이 중요하다고 볼 수 있다. 집회 금지처분의 요건에 있어서는 우리나라가 다른 주요국들에 비해 넓은 편이다.

도로교통과 관련하여서는 제도적 개념의 경찰에 의하여 직접 도로교통 규제가 이루어지는 것은 우리나라뿐이고, 다른 주요국들은 교통행정청이나 질서행정청에서 담당한다. 경찰이 운전면허 발급까지 관장하며 인력을 투입하는 것이 바람직한지 검토가 필요하다.

민간경비와 관련한 규제도 마찬가지이다. 경찰에 의한 민간경비의 규제가 이루어지는 것은 우리나라뿐이고, 다른 주요국들은 일반행정청이나 질서행정청, 또는 그 수임기관에 의한 규제가 이루어진다. 민간경비의 세부유형은 경비업체의 업무유형을 기준으로 구분하기도 하고 경비원의 면허유형을 기준으로 나뉘기도 한다. 새로운 경비수요에 탄력적으로 대응하기 위해 세부유형을 나누지 않는 국가도 있다.

총기소지의 규제와 관련한 법제는 개개의 총기별로 소지허가를 하는 국가도 있고, 개인별로 총기면허를 발급하는 국가도 있다. 이는 국가별 치안상황에 따라 선택될 수 있다고 보인다.

유실물 처리와 관련하여서는 대부분의 국가가 경찰이 습득물을 제출받아 처리하는 형태를 취하나, 경찰이 아닌 지방자치단체에 신고하게 하는 국가도 있으며, 유실물처리는 기본적으로 개인간 민사상 문제일 뿐이라는 입장에서 경찰의 임무에서 제외한 국가도 있다. 경찰의 임무가 무엇이고 그것에 어떻게 효율적으로 인력을 집중할 것인가의 고민이 드러나고 있다.

개별 위험방지법의 영역에서 타 부처 소관 법령으로는 정신질환자, 감염병, 위치정보수집, 청소년보호 관련 규율들을 볼 수 있다.

정신질환자에 대한 행정적 강제입원의 유형으로 긴급한 경우 경찰이 주도할 수 있도록 하는 국가가 다수이나, 일반행정청이나 질서행정청이 주도하고 경찰이 협력만 하도록 하는 국가도 있다. 감염병 대응과 관련하여서도 경찰에게 추가적 경찰권을 규정하는 국가가 다수이나 경찰의 협력만을 규정한 국가도 있다.

위치정보수집은 필연적으로 개인정보보호와 관련이 된다. 범죄수사가 아닌 위험방지를 위한 형사절차법과 별도의 법적 근거를 요하는데, 우리나라는 특별법을 제정하고 있지만 일반 개인정보보호법에 근거하는 국가도 있고 경찰법에 관련 규정을 두는 국가도 있으며 통신법에서 이를 규율하는 법제도 있다. 프랑스의 경우 특이하게 형사소송법 자체에 위험방지를 위한 위치정보수집의 근거를 함께 두고 있다.

청소년보호와 관련하여서는 우리나라의 경우 대물적 강제나 소극적 차단조치권만을 경찰에 부여하나, 비위청소년에 대한 대인적 강제를 다수의 국가에서 규정하여 적극적인 조치가 가능하도록 하고 있다.

개별 위험방지법이 행정법이 아닌 형사법 영역에 담겨있는 경우도 있다. 이러한 영역은 범죄의 재발 내지 심각화 방지가 초점이 된다는 점에서 어디까지나 위험방지법의 지경이라 할 수 있다. 하지만 형사법에서도 행정법에서도 서로 소홀히 다루어질 우려가 커서 더욱 세심하게 정비해나가야 한다. 가정폭력, 아동학대, 성폭력, 스토킹, 소년범과 관련된 규율들을 볼 수 있다.

가정폭력과 관련하여서는, 경찰 개입 후의 냉각기가 중요한데 재발방지를 위한 경찰의 보호유치가 가능한 국가와 그렇지 못한 국가로 나뉜다. 우리나라는 후자에 속한다. 아동학대와 관련하여서는, 우리나라를 포함한 대부분의 국가가 경찰의 주도적 초기개입을 규정하는데 아동보호기관 중심의 초기개입을 규율하는 국가도 있다. 성폭력의 경우 우리나라를 포함한 대부분의 국가에서 유죄확정자에 대한 신상등록과 공개를 도입하고 있으나, 동 제도를 도입하지 않는 국가도 있다. 스토킹의 경우 스토킹징후 단계에서 재발방지를 위한 경찰의 개입을 도입하는 국가는 우리나라와 일본이며, 다른 국가의 경우 일반 위험방지법으로 대응하거나 법원의 보호명령을 통해 개입하도록 하기도 하며, 형사처벌을 위주로 대응하기도 한다.

소년범과 관련하여서는, 연령의 구분과 대응처분이 조사대상 국가별로 모두 모양이 다르다. 소년사건에 있어서 문제는 소년이 형사처분될 것인지 보호처분될 것인지 아무런 처분을 받지 않을 것인지와 무관하게, 재범방지나 피해구제를 위하여 사안의 실체를 조사하여 밝혀두는 것이다. 하지만 우리나라와 일본의 경우 14세 이하의 연령에 대하여는 강제처분의 수단이 마련되지 않아 경찰의 대응조치가 마땅하지 않다. 2개국은 10세 미만에 대하여 강제처분을 규정하지 않았고, 나머지 2개국은 소년의 연령이나 형사처벌, 보호처분 대상성과 무관하게 범법행위시 강제처분이 가능하다.

위와 같이 국가별로 다양한 위험방지영역에서 다양한 모습의 법제가 대응되고 있다. 대표적으로 독일과 같이 일반 위험방지법이 충분히 정비가 되어 있는 국가에서는 많은 개별 위험방지법이 신설될 필요가 없을 것이다. 하지만 각 위험영역에 적합하고 세심한 대응을 위하여 개별 위험방지법을 상세히 정비하는 것도 바람직할 수 있다. 조사대상국가의 법제를 비교하고 시사점을 찾음에 있어서 중요한 것은, 어떤 것이 더 우리나라의 치안상황에 부합하면서 위험방지에 부족함이 없는 수단이 될 것인가에 있다고 하겠다.

〈참고문헌〉

Ⅰ. 국내 문헌

강경래, 영국의 반사회적행동금지명령(ASBO)에 관한 고찰, 소년보호연구 24호, 한국소년정책학회, 2014.

강문수, 풍속영업의 규제에 관한 법률 정비방안 연구, 한국법제연구원, 2010.

강서영, 피의자 신상공개제도에 관한 헌법적 연구, 헌법재판연구원, 2021.3.

강성복, 미국 자치경찰제도의 민간경비 활용방법: 영리와 공익의 양면성에 기초한 민경협력, 한국민간경비학회보 제19권 2호, 한국민간경비학회, 2020.

강지은, 공생발전을 위한 경찰의 임무－프랑스의 행정경찰법제와 그 시사점－, 법학논고 제42집, 경북대학교 법학연구원, 2013.

강홍진, 프랑스 성매매 방지 관련법, 맞춤형 법제정보, 한국법제연구원, 2011.

강홍진, 프랑스 수감자의 정보공개 청구 거부권에 관해, 맞춤형 법제정보, 한국법제연구원, 2008.

경찰대학, 경찰관직무집행법, 2020.

경찰대학, 국가정보와 경찰활동, 2018.

경찰대학, 생활안전외근론, 2008.

경찰대학, 집회·시위와 경찰활동, 2018.

경찰대학, 풍속범죄론, 2018.

곽대경·이승철, 한국과 일본 경비업법의 개요 및 시사점에 관한 연구, 한국경찰학회보 제10권 3호, 한국경찰학회, 2008.

구민기, 아동학대 대응, 선진 시스템 도입 절실, 연구논단, 법률신문, 2014.7.

구형근, 경찰법상 집회·시위현장에서의 경찰채증에 대한 연구, 법학논총 제18권 3호, 조선대학교 법학연구원, 2011.

구형근, 위험방지를 위한 공공장소에서의 영상감시에 대한 법적 고찰, 인문사회 21 제8권 2호, 아시아문화학술원, 2017.4.

국회사무처, 유럽 각국의 총기 규제현황, 2009.1.28.

권두섭·한상희·박경신·구미영·유용민, 집회·결사의 자유 분야 인권정책기본계획을 위한 연구, 국가인권위원회 연구용역보고서, 2004.

권영성, 헌법학원론, 법문사, 2009.

권현식, 사복경찰관 집회·시위 현장 채증활동의 법적 정당성 연구, 한국경찰연구 제6권 2호, 한국경찰연구학회, 2007.

김경옥, 일본의 시쓰케(躾)를 명분으로 한 아동학대에 관한 연구, 일어일문학연구 제106권 2호, 한국
　　　일어일문학회, 2018.

김구열·김민후·이승훈·이종훈, "집회 현장에서의 경찰 채증활동에 대한 기본권적 문제제기: 기본권
　　　제한의 요건 및 한계에 대한 비교법적 검토와 한국 실태 보고", 공익과 인권 15호, 서울대학
　　　교 공익인권법센터, 2015.

김기식·박선나, 제대로 된 자치경찰제 시행을 위한 제언, 더미래연구소, 2018.

김기재, 경찰상 무기사용의 문제점 및 개선방향－독일과 일본의 제도를 중심으로－, 토지공법연구 39
　　　호, 한국토지공법학회, 2008.

김남근, 현대판 귀족의 사병 경비용역, 용역폭력 피해사례 보고대회 및 경비업법 개정 토론회 자료집,
　　　국회 행정안전위원회, 2012.8.

김남진·김연태, 행정법 Ⅰ, 제12판, 법문사, 2008.

김남철, 도로교통법상 범칙금 및 벌점부과의 법적 과제, 공법연구 제47권 4호, 한국공법학회, 2019.

김대식, 예방적 경찰조치와 구체적 위험, 법학연구 제25권 4호, 경상대학교 법학연구소, 2017.

김리사, 일본의 자녀 체벌 금지 관련 법률 개정 동향과 시사점, 외국입법 동향과 분석 51호, 국회입법
　　　조사처, 2020.

김면기, 미국 연방정부가 지역경찰에 미치는 영향력의 실제와 그 시사점: 최근 사례들을 중심으로, 경
　　　찰학연구 제17권 2호, 경찰대학, 2017.

김민이, 스토킹 관련 독일, 영국, 일본 입법례, 최신 외국입법정보 2020－4호, 국회도서관, 2020.

김민정, 경찰작용에서의 손실보상의 법적 문제에 관한 연구, 외국어대 박사논문, 2020.12.

김병화·박윤규, 경찰의 가정폭력 현장대응역량 제고방안 연구, 한국공안행정학회보 61호, 한국공안
　　　행정학회, 2015.

김봉철, 영국법체계의 이해－영국법의 역사와 구조, 이컴비즈넷, 2005.

김봉철, 영국의 EU탈퇴(Brexit) 관련 법적 과제 및 전망, 강원법학 50호, 강원대학교 비교법학연구소,
　　　2017.

김상식, 제2차 불법도박 실태조사, 사행산업통합감독위원회, 2012.

김상운, 외국경찰의 가정폭력 대응 비교연구, 한국치안행정논집 제11권 3호, 한국치안행정학회, 2014.

김성돈·강지명, 「형법」상 형사미성년자 연령 설정과 「소년법」상 소년보호처분제도와의 관계－외국
　　　의 입법례를 중심으로－, 한국의정연구회 연구보고서, 2012.

김성태·김연태·박병욱·서정범·손재영·이성용, 경찰관직무집행법 개정권고안, 박영사, 2020.

김성태, 경찰의 정보활동 임무－외국 경찰법제와 경찰관 직무집행법에서의 고찰, 경찰학연구 제20권
　　　3호, 경찰대학, 2020.

김성태, 미국의 경찰작용법, 홍익법학 제13권 1호, 홍익대학교 법학연구소, 2012.

김성태, 위험방지를 위한 출입, 홍익법학 제20권 4호, 홍익대학교 법학연구소, 2019.

김성태, 위험방지조치와 구체적 위험, 법학연구 5호, 홍익대학교 법학연구소, 2003.

김성태, 정보활동에 관한 경찰관 직무집행법 개선 방안, 경찰학연구 제20권 4호, 경찰대학, 2020.

김순양, 반사회적 행동(Anti－social Behaviour) 및 이에 대한 정책적 대응방안에 관한 연구, 한국행정 연구 제18권 3호, 한국행정연구원, 2009.

김아름, 아동학대 대응체계의 공공성 강화 방안, 이슈페이퍼 2018－8, 육아정책연구소, 2018.

김아름·박은영·김재선, 아동학대 대응체계 강화를 위한 유관기관의 역할과 법제 개선방안, 육아정책 연구소, 2017.

김연식, 집회·시위에 대한 사진채증 활동의 헌법적 근거와 그 한계에 대한 검토: 영국 법원의 법리에 대한 비교법적 분석을 중심으로, 강원법학 37호, 강원대학교 비교법학연구소, 2012.

김연식, 영국의 집회·시위현장에서의 채증활동과 관련한 법제, 최신 외국법제정보 7호, 한국법제연구 원, 2010.

김영기, 프랑스 검찰의 사법경찰 통제와 그 시사점, 형사소송 이론과 실무 제3권 2호, 한국형사소송 법학회, 2011.

김영식, 프랑스의 공중보건법상 비자의 정신치료 제도의 특징과 시사점, 법학연구 제20권 3호, 한국 법학회, 2020.

김영식·김현정, 한국과 프랑스의 유괴경보 제도 비교에 관한 연구, 한국경찰연구 제9권 4호, 한국경 찰연구학회, 2010.

김원경·나종갑, 미국의 가출 및 노숙 청소년보호제도 연구, 연세법학 20호, 연세법학회, 2012.

김원중, 한국과 미국의 운전면허 행정처분 비교 검토, 미국헌법연구 제24권 2호, 미국헌법학회, 2013.

김원중, 한미 경찰법 비교연구, 토지공법연구 44호, 한국토지공법학회, 2009,

김은주, 리스크 규제에 있어 사전예방의 원칙이 가지는 법적 의미, 행정법연구 20호, 행정법이론실무 학회, 2008.

김은진, 영국의 코로나바이러스감염증 관련 법령 및 시사점, 국회입법조사처, 2020.

김잔디, 배우자폭력·아동학대 피해자 보호방안－미국의 Greenbook 정책을 중심으로－, 일감법학 23 호, 건국대학교 법학연구소, 2012.

김재광, 민간경비 관련법제의 개선방안 연구, 한국법제연구원, 2004.

김재광·김연태·최환용·최철호·강문수·곽대훈, 경범죄처벌법 전문개정방안 연구, 한국법제연구원, 2006.8.

김정규, 경찰의 산업용 화약류 안전관리 증진 방안, 한국경찰학회보 제15권 2호, 한국경찰학회, 2013.

김종갑, 미국의 교통범죄처리제도 고찰－뉴욕주를 중심으로－, 법학연구 62호, 전북대학교 법학연구 소, 2020.

김종구, 음주측정불응죄와 미국의 묵시적동의법의 비교 고찰－위헌성 문제를 중심으로－, 미국헌법 연구 제30권 3호, 미국헌법학회, 2019.

김종천, 야간 옥외집회 및 시위에 관한 법규정의 공백에 따른 방향 설정을 위한 비교법적 고찰, 법학 논문집 제36권 1호, 중앙대학교 법학연구원, 2012.

김종철, 영국의 집회 및 시위의 자유 – 야간집회금지와의 관련성을 중심으로, 서강법학연구 제11권 1호, 서강대학교 법학연구소, 2009.

김지연·김희진·최수정·김혁·김청주·박원규·염윤호, 경찰의 가정 밖 청소년 보호조치 개선방안: 외국의 사례와 시사점을 중심으로, 한국청소년정책연구원, 2018.

김진현·박달재, 리스크의 개념에 대한 고찰, 한국안전학회지 제28권 6호, 한국안전학회, 2013.

김창윤, 경찰책임자에 대한 경찰비용상환의 법적 근거 마련에 관한 연구(경찰청 연구용역과제), 경남대 산학협력단 범죄안전연구센터, 2014.12.

김태명, 경찰단계에서의 형사사법처분 도입에 관한 연구, 경찰청, 2010.3.

김태열·김민정, 여성대상 폭력에 대한 경찰대응의 주요이슈 분석－가정폭력 및 디지털 성폭력을 중심으로, 감사연구원, 2020.

김태오, COVID－19에 따른 영업제한과 손실보상의무, 행정법이론실무학회 제261회 정기학술발표회 자료집, 2021.5.15.

김태호, 코로나 방역 대응과 법치주의의 시험대, 행정법이론실무학회 제261회 정기학술발표회 자료집, 2021.5.15.

김택수, 프랑스 불심검문제도의 정립과정과 특징에 대한 고찰, 경찰법연구 제9권 1호, 한국경찰법학회, 2011.

김택수, 형사절차상 성폭력 피해자의 보호와 지위강화: 프랑스와 한국간의 비교법적 고찰을 중심으로, 형사정책연구 79호, 한국형사정책연구원, 2009.

김택수·이성용, 외국의 집회·시위 관리시 물리력 사용에 관한 규정 및 실태에 관한 연구, 치안논총 제25집, 치안정책연구소, 2009.

김학경, 불법사행산업 근절을 위한 영국 사행행위규제위원회에 관한 연구, 경찰법연구 제11권 제2호, 한국경찰법학회, 2013.

김학경, 비권력적 사실행위로서의 "조망촬영" 인정 가능성에 대한 소고, 경찰학연구 제20권 4호, 경찰대학, 2020.

김학경, 영국경찰의 가정폭력범죄 대응권한에 관한 비교법적 고찰, 형사정책연구 제29권 1호, 한국형사정책연구원, 2018.

김학경·정제용, 영국의 집회시위 규제권한의 실효성 확보 움직임에 대한 고찰:「2021년 경찰, 범죄, 양형 및 법원에 관한 법률안」을 중심으로, 형사정책연구 제32권 2호, 한국형사정책연구원, 2021.

김학신·김영신, 실종아동의 실태와 효과적인 대응방안에 관한 연구, 경찰학논총 제6권 2호, 원광대학교 경찰학연구소, 2011.

김혁, 경찰단계에서의 촉법소년 사건에 대한 증거확보의 문제점과 개선방안에 관한 연구, 서울법학 제24권 2호, 서울시립대학, 2016.

김혁, 일본 경찰의 가정 밖 청소년에 대한 보호·개입 및 그 시사점, 치안정책연구 제33권 1호, 치안정책연구소, 2019.

김혁, 일본의 데이트폭력 대응법제에 관한 고찰, 경찰학연구 제16권 2호, 경찰대학, 2016.

김혁·김학경, 가정폭력·아동학대에 대한 경찰개입의 한계요인과 개선방안, 경찰학연구 제18권 1호, 경찰대학, 2018.

김현숙, 영국 PACE법 연구, 치안정책연구소, 2012.

김현아, 스토킹 범죄의 처벌 등에 관한 특례법안에 관한 연구, 이화젠더법학 제7권 1호, 이화여자대학교 젠더법학연구소, 2015.

김현준, 환경행정법에서의 위험과 리스크, 행정법연구 22호, 행정법이론실무학회, 2008.

김형훈, 제3자에 의한 통고처분의 쟁송취소 가능성, 행정법연구 36호, 행정법이론실무학회, 2013.

김형훈, 풍속사범의 개념에 관한 연구, 경찰학연구 제7권 1호, 경찰대학, 2007.

김형훈·김태형·염윤호·박재일·이현주·김세미, 외국 자치경찰제도 연구, 치안정책연구소, 2020.

김훈주, 유실물법 제10조에 대한 검토, 재산법연구 제36권 4호, 한국재산법학회, 2020.

류여해, 성매매 함정수사제도 도입에 관한 소고, 법제논단 6호, 법제처, 2013.6.

명묘희·송수연·최미선, 외국운전면허 비교분석 연구 Ⅱ-운전자 교육 및 운전자 관리 부문-, 도로교통공단 교통과학연구원, 2015.

명묘희·정미경, 도로이용자지향적 도로교통법제 구현을 위한 도로교통법 개정방안 연구, 도로교통공단 교통과학연구원, 2013.

문선주·김윤정·서용성, 소년 형사사법절차의 개선에 관한 연구, 사법정책연구원, 2019.

문준조, 유실물 소유권 취득 시한 조정에 관한 연구, 한국법제연구원, 2011.

민영성·박희영, 통신비밀보호법상 휴대전화 위치정보의 실시간 추적 허용과 입법방향, 형사정책연구 제28권 4호, 한국형사정책연구원, 2017.12.

민형동, 경찰의 효과적인 총포 안전관리 방안에 관한 연구, 한국경찰학회보 제22권 2호, 한국경찰학회, 2020.

박경규, 영국 반사회적 행동에 대한 대응제도의 시사점-형사절차·처벌 유예제도에 대한 새로운 접근법, 형사정책 제31권 3호, 한국형사정책학회, 2019.

박경래 외 3인, 집회·시위에 대한 경찰대응 기준과 개선방안, 한국형사정책연구원, 2009.

박경래, 주요국의 자치경찰제도와 한국의 자치경찰법안 연구, 한국형사정책연구원, 2005.

박경래·황정인·박노섭·안정민, 집회·시위에 대한 경찰대응 기준과 개선방안, 한국형사정책연구원, 2009.

박광주·장윤식·박노섭, 경찰 위치추적권 활용의 법적·기술적 문제와 개선방안, 시큐리티 연구 53호, 한국경호경비학회, 2017.

박귀천, 독일의 정신보건법제와 정신질환자 강제입원제도, 법학논집 제19권 2호, 이화여자대학교 법학연구소, 2014.12.

박규종, 민간경비제도 정립을 위한 경비업법 현장적용 개선방안, 용인대학교 체육과학대학원 석사논문, 2012.

박균성, 집회신고에 대한 행정법적 고찰, 공법학연구 제20권 4호, 한국비교공법학회, 2019.11.

박민영, 미국의 청소년범죄에 대한 사법체계에 관한 고찰, 비교법연구 제11권 2호, 동국대학교 비교법문화연구소, 2011.

박병욱, 가정폭력아동학대 경찰대응 법제 개선방안 — 긴급임시조치로서의 퇴거 등 격리, 접근금지조치의 실효성 확보방안을 중심으로 —, 경찰법연구 제16권 1호, 한국경찰법학회, 2018.

박병욱, 독일 나찌시대 제국안전중앙청의 긴 그림자, 경찰법연구 제11권 2호, 한국경찰법학회, 2013.

박상기·이건호, 경범죄처벌법에 관한 연구, 한국형사정책연구원, 1996.

박상진, 현행 검찰조직 및 검찰권의 문제점과 개선방안, 사회과학연구 제15집, 건국대학교 사회정책연구소, 2002.

박우경, 프랑스 공공안전 영역에서 민간역할의 한계, 법과정책연구 18권 2호, 한국법정책학회, 2018.

박우현·최응렬, 스토킹·데이트폭력 피해예방법의 제정방안, 치안정책연구 제31권 제1호, 치안정책연구소, 2017.

박원규, 감염병 영역에서의 경찰권 행사, 법학논총 제37집 4호, 한양대학교 법학연구소, 2020.12.

박원규, 감염병예방법상 이동제한조치에 대한 법적 검토, 경찰법연구 제18권 2호, 한국경찰법학회, 2020.

박원규, 경찰의 신체부착형 영상촬영기기 사용에 관한 법적 연구, 입법과 정책 제10권 2호, 국회입법조사처, 2018.

박원규, 독일의 가정 밖 청소년 보호조치 제도 및 시사점, 소년보호연구 제32권 1호, 한국소년정책학회, 2019.

박원규, 독일의 감염병예방법과 경찰의 대응, 치안정책리뷰 69호, 치안정책연구소, 2020.9.

박원규·서정범(역), 독일 집회법 모범초안, 세창출판사, 2020. (Enders, Christoph/Hoffmann—Riem, Wolfgang/Kniesel, Michael/Poscher, Ralf/Schulze—Fielitz, Helmut, 2011.)

박원규, 위험방지법으로서의 도로교통법, 법학논총 제36집 4호, 한양대학교 법학연구소, 2019.12.

박은희, 아동학대 피해자 보호에 관한 법적 연구, 동아대학교 대학원 박사논문, 2020.

박인환, 일본메이지민법(물권편·소유권취득·공동소유)의 입법이유, 민사법학 62호, 한국민사법학회, 2013.

박인환·한미경, 미국의 외래치료명령제도 및 위기대응과 국내시사점, 의료법학 제19권 1호, 대한의료법학회, 2018.

박재현, 유럽의 기본적 인권과 유럽인권법원, 법과 정책 제25권 2호, 제주대학교 법과정책연구원, 2019.

박재현, 프랑스의 행정경찰에 관한 연구, 법학연구 제27권 1호, 충북대학교 법학연구소, 2016.

박정훈, 협의 행정벌과 광의의 행정벌, 법학 제4권 4호, 서울대학교 법학연구소, 2001.

박종철·장일식, 경찰의 실종사건 대응 효과성 제고 방안, 한국경찰연구 제17권 3호, 한국경찰연구학회, 2018.

박주영, 일시보호와 친자분리에 관한 비교법적 고찰, 민사법의이론과실무 제12권 1호, 민사법의이론
　　과실무학회, 2008.

박준휘·안성훈·박준희·고가영·이형근·최성락·강용길·유주성·장일식, 한국형 자치경찰제 시행 및
　　정착에 관한 연구, 한국형사정책연구원, 2019.

박현정·박재윤, 경찰공무원의 불법행위책임 제한 및 사인에 대한 경찰비용 청구에 관한 연구, 경찰
　　청, 2021.2.17.

박형관, 성폭력, 가정폭력, 아동학대 사건 관련 각국의 법제 및 양형에 관한 비교법적 고찰－국내 양
　　형 등에 관한 개선 연구, 가천대학교 산학협력단, 2015.

박혜림, 위치정보추적수사 현황과 개선방안, NARS 현안분석 제146호, 국회입법조사처, 2020.

박희수, 가정폭력 피해자 보호를 위한 절차개선방안 – 가정폭력전담재판부 도입을 중심으로, 이화젠
　　더법학 제10권 3호, 이화여자대학교 젠더법학연구소, 2018.

박희영, 독일에 있어서 집회 및 시위현장에서의 채증활동 관련 법률 및 판례, 최신 외국법제정보
　　2010. 5호, 한국법제연구원, 2010.8.

방송통신위원회, 위치정보의 보호 및 이용 등에 관한 법률 해설서, 2010.

배순기, 통고처분: 행정강제로서 통고처분의 문제점을 중심으로, 법학연구 제29집, 전남대학교 법학
　　연구소, 2009.12.

법무부, 프랑스 형법전, 2008.

법제조정법제관실, 정신질환자 사법입원제 도입 관련 의원발의 법안, Legislation Newsletter, 2019.6.

봉유종, 프랑스 국가경찰과 자치경찰에 관한 연구, 경찰복지연구 제6권 2호, 한국경찰복지연구학회,
　　2018.

치안정책연구소, 비교수사절차론, 2018.

서울고법 재판실무개선위원회, 행정소송실무편람 제2판, 한국사법행정학회, 2003.

서정범(역), 독일경찰법론, 세창출판사, 2001.

서정범, 경찰행정법, 세창출판사, 2020.

서정범·박병욱, 경찰법상 위험개념의 변화에 관한 법적 고찰, 안암법학 36호, 안암법학회, 2011.

성중탁, 성범죄자 신상정보등록·공개제도의 문제점과 개선방안, 유럽헌법연구 제32호, 유럽헌법학회,
　　2020.

성홍재, 경찰관의 긴급출입권에 대한 법적 검토, 유라시아연구 제9권 3호, 아시아·유럽미래학회,
　　2012.

손병현, 프랑스 형법상 보안처분, 한양법학 제22권 4호, 한양법학회, 2011.

송수진, 아동학대 방지 및 피해아동 보호를 위한 법제도 개선 방안, 충북대 박사논문, 2016.6.

송시강, 미국법상 경찰권 행사의 근거와 한계－경찰관직무집행법의 원리적 해석을 위한 시론, 홍익법
　　학 제14권 제1호, 홍익대학교 법학연구소, 2013,

송유경, 영국의 통신감청기간 및 연장에 관한 법제현황 및 내용, 최신 외국법제정보 5호, 한국법제연구원, 2010.

송현건, 미국의 가정폭력범죄 의무체포제도에 대한 연구: 경찰 집행 매뉴얼과 제도 문제점을 중심으로, 치안정책연구 제34권 3호, 치안정책연구소, 2020.

신옥주, 가정폭력방지 및 피해자보호 등에 관한 법률에 대한 사후적 입법평가, 입법평가연구 14호, 한국법제연구원, 2018.

신재헌·김상운, 일본 탐정의 장기미제 실종자 조사, 한국콘텐츠학회논문지 제19권 7호, 한국콘텐츠학회, 2019.

신현기, 영국경찰제도의 구조와 특징에 관한 연구, 한국유럽행정학회보 제7권 1호, 한국유럽행정학회, 2010.

신현기·김학경·김형만·양문승·이영남·이종화·이진권·임준태·전돈수, 비교경찰제도론, 법문사, 2018.

신현기·홍의표, 독일 자치경찰제도에 관한 연구, 자치경찰연구 제6권 1호, 한국자치경찰학회, 2013.

신현기, 일본 광역단위 자치경찰제도에 관한 연구, 자치경찰연구제10권 1호, 한국자치경찰학회, 2017.

심명섭, 외국의 운전면허 취득제도 현황 및 시사점, 인문사회과학연구 제203권 제1호, 중원대학교 인문사회과학연구소, 2017.

심영주, 피해자 보호를 위한 스토킹 행위 규제 방안, 피해자학연구 제27권 3호, 한국피해자학회, 2019.

안동인, 영국법상 경찰권 행사의 근거와 한계-「경찰관직무집행법」의 비교법적 검토와 관련하여, 공법학연구 제14권 4호, 한국비교공법학회, 2016.

안문희, 프랑스 아동보호법에 관한 연구, 법학논문집 제37집 1호, 중앙대학교 법학연구원, 2013.

안문희, 프랑스와 아동보호에 관한 비교법 연구, 법학연구 제60권 1호, 부산대학교 법학연구소, 2019.

안성훈·정진경, 정신질환자 범죄의 예방 및 감소를 위한 지역사회 내 관리방안, 한국형사정책연구원, 2018.

안성훈, 주요 국가 자치경찰제 운영현황 비교분석, 한국형사정책연구원, 2018.

안영규, 독일집회법 연구, 법무연수원, 2017.6.

안영진, 자치경찰제도 도입논의의 재고, 공법학연구 제15권 1호, 한국비교공법학회, 2014.

안재경·최이문, 경찰의 정신질환 위기대처방안에 대한 연구-미국의 위기개입팀 프로그램을 중심으로-, 경찰학연구 제12권 2호, 경찰대학, 2019.

안준홍, 울펀든 보고서 이후 영국 성매매 법제의 변화, 서울법학 제28권 2호, 서울시립대학교 법학연구소, 2020.

안황권, 뉴욕주의 민간경비제도와 시사점, 융합보안논문지 제17권 4호, 한국융합보안학회, 2017.

알렉산더 로스나겔(Alexander Roßnagel), 독일의 개인정보보호법, 개인정보보호제도의 개선을 위한 한독국제심포지엄 자료, 2004.11.1.

양동철, 통고처분에 따른 범칙금 납부의 효력과 일사부재리에 관한 연구, 경희법학 제47권 1호, 경희 대학교 법학연구소, 2012.3.

양승엽, 정신질환자의 강제입원에 대한 사법적 심사-프랑스 법제를 중심으로-, 서울법학 제25권 2호, 서울시립대학교 법학연구소, 2017.

양신철, 성범죄자 등록제도에 관한 연구, 전북대 박사논문, 2017.2.

양혜원, 아동학대와 부모의 친권에 관한 문제-영·미 제도의 시사점, 가족법연구 제27권 1호, 한국가족법학회, 2013.

여개명, 영국 경찰의 거버넌스 구조의 변화과정에 대한 연구, 치안정책연구 제33권 2호, 치안정책연구소, 2018.

오사라, 총기규제를 위한 미국 지방정부와 법원의 역할, 토지공법연구 제73권 1호, 한국토지공법학회, 2016.

오승규, 프랑스 행정경찰 개념의 역사적 변천과 시사점, 경찰법연구 제14권 1호, 경찰대학, 2016.

오승규, 프랑스의 집회 및 시위 법제개관, 최신 외국법제정보 10호, 한국법제연구원, 2008.

오승은, 일본의 통합형 경찰제도에 관한 연구, 한국지방자치학회보 제29권 3호, 한국지방자치학회, 2017.

외교부, 독일개황, 2017.

외교부, 세계각국편람, 2019.

외교부, 프랑스 개황, 2018.

우대식, 국민안전 확보를 위한 위치정보법의 합리적 개선방안에 관한 연구-긴급구조를 위한 제3자 위치정보조회를 중심으로-, 경찰학연구 제18권 2호, 경찰대학, 2018.

우병창, 일본의 가정폭력에 대한 대처와 그 동향, 가족법연구 제20권 1호, 한국가족법학회, 2006.

원소연·홍의표·권영호·이성용, 광역자치경찰과 기초자치경찰제에 대한 입법평가, 한국법제연구원, 2011.

원혜욱/김찬, 교통범죄의 비범죄화와 그 방안으로서의 통고처분제도, 형사정책연구 제13권 1호, 한국형사정책연구원, 2002.

유주성, 프랑스, 미국, 일본의 자치경찰제와 비교법적 검토, 동아법학 80호, 동아대학교 법학연구소, 2018.

윤덕경·장다혜, 성매매알선 및 수요차단을 위한 법정책의 방향, 이화젠더법학 제9권 3호, 이화여자대학교 젠더법학연구소, 2017.

윤덕경·황정임·강지명·박찬걸, 청소년 성매매 비범죄화와 보호처분에 관한 주요국 비교 연구, 한국여성정책연구원, 2017.

윤상민, 데이트 폭력에 대응하는 입법적 대책에 대한 검토, 법학연구 제16권 4호, 한국법학회, 2016.

윤석진·이준서, 2006년 개정 독일기본법의 주요내용 연구, 한국법제연구원, 2008.9.

윤인숙, 주요 외국의 지방자치제도 연구-미국, 한국법제연구원, 2018.

윤정숙·이승현, 가정 내 폭력범죄 감소 및 예방을 위한 사회안전망 강화에 관한 연구, 한국형사정책
　　　연구원, 2017.

윤호연, 미국의 자치경찰제도에 관한 연구, 자치경찰연구 제6권 4호, 한국자치경찰학회, 2013.

이기우, 외국 지방자치단체의 자치입법권, 자치의정 9-10월호, 지방의회발전연구원, 1998.

이기춘, 독일경찰법상 손실보상에 관한 연구, 경찰법연구 제14권 2호, 경찰대학, 2016.

이기춘, 코로나-19 위기에서 경찰·질서법상 시민의 경찰책임에 관한 연구, 공법학연구 제22권 1호,
　　　한국비교공법학회, 2021.2.

이동준, 영국의 감염병 관련 법제 대응, 최신 외국법제정보 2호, 한국법제연구원, 2020.

이동희, 주취자 보호관련 국제적 기준 및 외국의 입법례와 운영사례, 주취자 인권보호 실태조사 결과
　　　보고 및 토론회(자료집), 국가인권위원회, 2010.12.

이민형, 각국의 민간경비관련 법제에 관한 비교법적 고찰, 한국균형발전연구 제2권 1호, 영남대학교
　　　한국균형발전연구소, 2011.

이민호·원소연·박정원·심우현·정성희, 불법사행산업 근절 종합대책방안 마련 연구, 한국행정연구
　　　원, 2017.

이병규, 미국헌법상 집회의 자유와 사전제한, 동아법학 51호, 동아대학교 법학연구소, 2011.

이봉한, 총기사용범죄에 대한 법적 규제의 방향, 입법과 정책 제7권 1호, 국회입법조사처, 2015.

이상경, 음주운전단속 및 처벌기준과 불복절차에 대한 비교법적 연구-미국의 입법체계를 중심으로-,
　　　법학연구 제21권 4호, 연세대학교 법학연구원, 2011.

이상수, 지방자치단체간 사무의 공동처리를 위한 협력방안 연구, 지방정부연구 제7권 1호, 한국지방
　　　정부학회, 2003.

이상희·하승수·이혜원, 한·일 아동학대 관련 법률에 대한 비교연구, 아동과 권리 제12권 3호, 한국
　　　아동권리학회, 2008.

이성기, 스토킹 행위에 관한 형사법적 연구, 법학논문집 제42집 1호, 중앙대학교 법학연구원, 2018.

이성용, 경찰책임자의 비용상환에 관한 연구, 경찰학연구 제8권 1호, 경찰대학, 2008.4.

이성용, 민간 총기의 규제법리와 제도적 개선방안, 경찰법연구 제10권 2호, 한국경찰법학회, 2012.

이성용, 스토킹 방지를 위한 선제적 행정경찰작용에 관한 연구, 치안정책연구소, 2012.

이성용·권선영·김영식·이기수·이훈·장응혁·최대현, 비교경찰론, 박영사, 2015.

이성용·심희섭, 스토킹에 대한 경찰법적 고찰, 경찰법연구 제13권 1호, 한국경찰법학회, 2015.

이세환, 민간경비 발전을 위한 경비업법 개정에 관한 연구-일본 경비업법을 중심으로-, 한국민간경
　　　비학회보 제11권 3호, 한국민간경비학회, 2012.

이승민, 프랑스의 경찰행정, 경인문화사, 2014.

이승준, 독일의 스토킹 처벌 규정의 개정과 그 시사점, 형사정책 제29권 2호, 한국형사정책학회,
　　　2017.

이승현·박성훈, 소년강력범죄에 대한 외국의 대응동향 및 정책 시사점 연구, 한국형사정책연구원,

2017.

이영돈, 경찰의 가정폭력피해자 보호에 관한 법제도 연구, 법학논총 44호, 숭실대학교 법학연구소, 2019.

이은애·김재광, 유럽 10개국 성매매 관련법제 비교연구, 한국법제연구원, 2006.8.

이재삼, 총기사고 방지 및 안전대책에 관한 연구, 법학연구 60호, 한국법학회, 2015.

이재일, 독일의 질서위반법, 맞춤형 법제정보 8호, 한국법제연구원, 2008,10.

이정원, 형법상 도박과 복표에 관한 죄에 대한 입법론적 고찰, 국회법제사법위원회, 2006.12.

이종필, 영국의 집회시위 실태 및 경찰 대응 고찰, 경찰복지연구, 제6권 2호, 한국경찰복지연구학회, 2018.

이종화 외, 비교경찰제도론, 법문사, 2018.

이주락, 영국의 정보주도형 경찰활동 분석, 영미연구 제42집, 외국어대학교 국제지역연구센터 영미연구소, 2018.

이준서, 감염병 예방 및 대응체계에 관한 법제개선방안 연구, 한국법제연구원, 2018.

이지민, 영국 입법과정에 관한 연구, 사법정책연구원, 2020.

이치영·박준석·권혁빈, 한·일 경비업의 비교를 통한 동향분석과 시사점, 한국국가안보국민안전학회지 9호, 한국국가안보국민안전학회, 2019.

이현수, 정보경찰작용에 대한 행정법적 쟁점과 과제에 대한 토론문, 한국행정법학회 학술대회, 2021.4.2.

이형석, 유럽인권협약상 권리보장을 위한 체약국의 의무 – 유럽인권재판소 결정례를 중심으로, 법학연구 47호, 전북대학교 법학연구소, 2016.

이회훈, 집회시 경찰의 사전차단조치에 대한 문제점 및 개선방안, 토지공법연구 제39집, 한국토지공법학회, 2008.2.

이효진, 주취자 보호와 관련된 의료인 – 경찰의 상호의무와 주취자의 비용책임, 한국의료법학회지 제21권 1호, 한국의료법학회, 2013.

이희훈, 집회의 소음규제에 대한 비교법적 연구, 일감법학 42호, 건국대학교 법학연구소, 2019.

임승빈·최헌선·손재영·이환범·원소연, 자치경찰제 도입 방안 연구, 한국지방자치학회, 2014.

임준태, 주취자보호조치과정상의 문제점 및 개선방안, 수사연구 7월호, 수사연구사, 2004.

임준태, 최근 독일 경찰교육과정의 내용과 시사점: 신규입직 기본교육과정을 중심으로, 한국경찰학회회보 제20권 3호, 한국경찰학회, 2018.

임채호 역, 영국의 지방정부, 박영사, 2008.

임희·박호정, 미국의 성범죄자 등록 및 공개법에 관한 연구, 디지털정책연구 제11권 6호, 한국디지털정책학회, 2013.

장광호·김문귀, 영국의 범죄정보 기반 경찰활동에 관한 연구, 한국경호경비학회지 54호, 한국경호경비학회, 2018.

장다혜·박학모·장응혁, 2012년 성폭력관련법 개정 이후 수사실무의 변화실태 및 개선방안-피해자 보호·지원제도의 활용을 중심으로, 한국형사정책연구원, 2015.

장명선, 아동·청소년 성매매 실태 및 정책개선방안, 이화젠더법학 제10권 3호, 이화여자대학교 젠더법학연구소, 2018.12.

장승수, 프랑스 경찰제도에 관한 연구, 자치경찰연구 제4권 2호, 한국자치경찰학회, 2011.

장승수, 한국과 주요 선진국의 집회시위 관리 및 법체계에 관한 연구, 자치경찰연구 제5권 1호, 한국자치경찰학회, 2012.

장은혜, 주요 외국의 지방자치제도 연구, 한국법제연구원, 2018.

장응혁, 스토킹범죄의 정의에 관한 연구-독일과 일본의 논의를 중심으로-, 법학연구 제27권 1호, 연세대학교 법학연구원, 2017.3.

장인호, 헌법상 민간부문총기관리감독의 의미와 미국의 민간부문총기관리감독현황 및 시사점, 미국헌법연구 제26권 1호, 미국헌법학회, 2015.

장철준, 집회 및 시위의 자유와 소음규제, 공법연구 제42권 1호, 한국공법학회, 2013.

전 훈, 주요 외국의 지방자치제도 연구-프랑스-, 한국법제연구원, 2018.

전경운, 독일 민법상 불법행위적 제조물책임에 관한 소고, 법과 정책연구제12집 3호, 한국법정책학회, 2012.9.

전응준, 위치정보법의 규제 및 개선방안에 관한 연구, 정보법학 제18권 1호, 한국정보법학회, 2014.

전현욱·정철우·김학경·유주성·박병욱·김혁, 피해자 보호를 위한 경찰개입의 한계요인과 법제도적 개선방안에 관한 연구, 한국형사정책연구원, 2017.

전현욱·한민경·장영민, 집회 및 시위의 권리 보장과 공공질서의 조화를 위한 형사정책 연구, 형사정책연구원, 2016.

정광정, 도로교통법상 통고처분제도 개선에 관한 연구, 법학연구 18호, 한국법학회, 2005.6

정세종, 가정폭력 대응법률에 관한 비교법적 연구, 한국민간경비학회보 제15권 2호, 한국민간경비학회, 2016.

정세종, 가정폭력범죄에 대한 형사사법기관의 대응에 관한 비판적 고찰, 한국공안행정학회보 제24권 3호, 한국공안행정학회, 2015.

정영철, 위험관리에 대한 행정법적 금지와 해제의 재검토, 공법연구 제43집 4호, 한국공법학회, 2015.

정원오·김선미·남기철·장기성·전홍규·정은일, 노숙인 인권상황 실태조사, 국가인권위원회, 2005.

정재화 외, 신경향 지방자치행정론, 2017.

정찬모, 개인정보보호와 적정 활용의 조화를 위한 제도도입 연구, 법제처, 2009.

정찬모·이원태·유지연·황지연·권헌영·이현수, 온라인 도박의 규제, 정보통신정책연구원, 2007.12.

조국, 영국 코먼 로 형사절차의 전면적 혁신과 그 함의, 형사정책 10호, 한국형사정책학회, 1998.

조근호·장미, 동아시아 4개국의 비자의 입원 관련 정신보건법 비교, 신경정신의학 제58권 4호, 대한신경정신의학회, 2019.

조길형, 영국경찰의 신원확인권한에 대한 이해, 법학논총 제26집, 숭실대학교 법학연구소, 2011.

조병인, 집회 및 시위의 보장과 규제에 관한 연구, 한국형사정책연구원, 2002.

조서연, 영국 Stalking Protection Act 2019 제정, 국회입법조사처, 2019.

조용혁, 긴급구조를 위한 개인위치정보의 이용에 관한 법제개선방안, 한국법제연구원, 2014.

조윤오, 미국 성범죄자 신상정보제도에 대한 이론적 소고, 교정담론 제9권 1호, 아시아교정포럼, 2015.

조윤오, 영국경찰의 성범죄자 신상정보제도 활용방향 시사점 고찰: 지역사회 강제명령(Civil Orders)을 중심으로, 한국경찰연구 제17권 1호, 한국경찰연구학회, 2018.

조의행, 영국의 데이트폭력 방지를 위한 가정폭력 정보공개제도, 최신 외국법제정보, 한국법제연구원, 2016.

주장환·윤성욱, 주요 선진국 지방자치제도 및 지방의회 운영제도 사례 수집: 영국, 전국 시도의회의 장협의회, 2014.

지방자치발전위원회, 외국 자치경찰제도 비교, 2016.

차종진·이진국·권건보, 실종자 수색제도에 관한 비교법적 연구, 경찰법연구 제18권 1호, 한국경찰법학회, 2020.

최경환, 선진 집회·시위문화 정착을 위한 사회적 공감대 형성 방안, 치안정책연구소, 2010.

최길수, 대전광역시 자치경찰제 도입 및 시행 방안에 관한 연구, 대전세종연구원, 2019.

최돈수, 일본의 자치경찰제도에 대한 연구, 경찰복지연구 제6권 2호, 한국경찰복지연구학회, 2018.

최민영, CCTV를 통한 범죄예방의 법치국가적 한계, 고려법학 73호, 고려대 법학연구원, 2014.

최병각, 소년심판대상의 연령기준, 형사정책연구소식 60호, 한국형사정책연구원, 2000.

최순자, 일본에서의 아동학대 대응체제와 현황, 한국일본교육학연구 제22권 3호, 한국일본교육학회, 2018.

최승원·조성규·김수진·성윤희, 연방제 국가 지방자치단체 감사제도 현황 및 운영실태 연구, 감사원 연구보고서, 한국지방자치법학회, 2018.

최철호, 일본 지방자치법상의 자치입법권의 해석 및 한계, 지방자치법연구 제7권 3호, 한국지방자치법학회, 2007.

코넬리아 필터(Filter, Cornelia), 독일의 성매매 합법화, 그 이후 나타난 문제점과 대안, 한국여성재단·프리드리히에버트재단 공동주최 국제회의 발표집, 2007.11.

표명환, 미국 연방헌법상의 재산권 보장에 관한 고찰 공용수용의 법리를 중심으로, 미국헌법연구 제23권 1호, 미국헌법학회, 2012.

표창원, 영국경찰의 위상과 운영체계에 관한 고찰, 한국경찰연구 제1권 1호, 한국경찰연구학회, 2002.

표창원, 주취자 인권보호 실태조사, 국가인권위원회 발간자료, 국가인권위원회, 2010.

하태헌, 미국법상 법원명령 위반에 따른 제재수단에 관한 연구, 민사집행법연구 9호, 한국민사집행법학회, 2013.2

한국보건사회연구원, 감염병 관리체계의 문제와 개선방안－메르스 감염 중심으로, 2015.

한인섭, 경찰관 무기사용의 법적 요건과 한계에 관한 연구(초안), 치안연구소, 1997.

홍인옥 외, 영국 공공임대주택 관리의 임차인 참여지원 제도에 관한 연구, 서울도시연구 제4권 제3호, 서울시정개발연구원, 2003.

홍정선, 신지방자치법 제4판, 박영사, 2018.

황규진, 집회소음 규제에 대한 미국 뉴욕경찰청(NYPD)의 제도와 연방대법원 판례 연구, 경찰학논총 제10권 1호, 원광대학교 경찰학연구소, 2015.

황일호, 즉결심판과 통고처분에 있어서의 일사부재리의 효력, 중앙법학 제12집 3호, 중앙법학회, 2010.9.

Ⅱ. 영어문헌

Arya, N., *Getting to zero: A 50-State study of strategies to remove youth from adult jails*, Los Angeles, CA: UCLA School of Law, 2018.

Bailey, S. J., Crawford, C., & Cross, C. A., *Cross on principles of local government law*, 3rd ed., Sweet & Maxwell, 2004.

Barnett, H., *Constitutional & Administrative Law*, 10th ed., 2013.

Barnett, H., *Constitutional & Administrative Law*, 13th ed., Routledge, 2020.

Black, H. C., *Black's Law Dictionary: Definitions of the Terms and Phrases of American*, 1990.

Bowling, B., Reiner, R., & Sheptycki, J., *The Politics of the Police*, Oxford University Press, 5th ed., 2019.

Bradley, A. W., Ewing, K. D., & Knight, C., *Constitutional and Administrative Law*, 17th ed., Pearson, 2018.

Bronson, J., & Berzofsky, M., *Indicators of mental health problems reported by prisoners and jail inmates, 2011-2012*, Washington, DC: U.S. Department of Justice, Bureau of Justice Statistics, 2017.

Bryant, R., & Bryant, S., *Blackstone's Handbook for Policing Students Oxford*, 2021.

Card. R., & English, J., *Police Law*, Oxford, 15th ed., 2017.

Carroll, A., *Constitutional and Administrative Law*, 9th ed., Pearson, 2017.

Congressional Research Service, *Scope of CDC Authority Under Section 361 of the Public Health Service Act*, 2021.

Cooper, S., & Orme, M., *Road Traffic Law*, Oxford Press University, 2nd ed., 2009.

Dammer, H. R., & Albanese, J. S., *Comparative Criminal Justice Systems*, 5th ed., Cengage Learning,

2013.

Dedel, K., *Juvenile Runaways. Problem-Oriented Guides for Police Problem-Specific Guides Series 37*, 2006.

Farrell, A., & Cronin, S., Policing prostitution in an era of human trafficking enforcement, *Crime Law & Social Change* 64(2), 2015.

Federal Communications Commission, *Before the Federal Communications Commission*, 2017.

Federal Research Division Library of Congress, *Juvenile delinquents and federal criminal law: The federal juvenile delinquency act and related matters*, 2020.

Federal Research Division Library of Congress, *Sex Offender Registration and Notification Policies: Summary and assessment of publications on implementation challenges for states*, 2020.

Grace, J., A balance of rights and protections in public order policing: A case study on Rotherham, *European Journal of Current Legal Issues*, 24(1), 2018.

Hall, J. C., FBI training on the new federal deadly force policy, *FBI Law Enforcement Bulletin*, 65(4), 1996.

Hess, K., Orthmann, C., & Cho, H., *Police Operations Theory and Pactice*, 2011.

Hutton, G., Gold, E., & Connor, P., *Blackstone's Police Manual 2021-Volume 4*(General Police Duties), Oxford University Press, 2020.

International Association of the Chiefs of Police, *Police Use of Force in America*, 2001.

James, A., *Understanding police intelligence work*, Policy Press, 2016.

Johnston, D., & Hutton, G., *Blackstone's Police Manual 2021-Volume 2*(Evidence and Procedure), Oxford University Press, 2020.

Kempe, C. H., Silverman, F. N., Steele, B. F., Droegemueller, W., & Silver, H. K., The battered-child syndrome, *Journal of the American Medical Association* 9, 1962.

Kurian, G. T., *World encyclopedia of police forces and correctional systems*, 2nd ed., Thomson Gale, 2006.

Leigh, L. H., *Police Powers in England and Wales*, 2nd ed., Butterworths, 1985.

Letourneau, E. J. & Caldwell, M. F., Expensive, harmful policies that don't work or how juvenile sex offending is addressed in the U.S., *International Journal of Behavioral Consultation and Therapy* 8(3-4), 2013.

New York City Police Department, *Patrol Guide*, 2021.

New York Police Department, *Domain Awareness System: Impact and use Policy*, 2021.

New York State Assembly, *A guide to new york's child protective service system*, 2014.

New York State Bar Association, *New York State public health legal manual - A guide for judges, attorneys, and public health professionals*, 2011.

New York State Interagency Task Force on Human Trafficking, *2019 Annual Report*, 2020.

New York State Interagency Task Force, *A report by the Interagency Task Force implementation of the 2007 law*, 2008.

New York State Office of Children and Family Services, *Child protective service manual*, 2020.

Peters, M. G., & Eure, P. K., *An Investigation of NYPD's Compliance with Rules Governing Investigations of Political Activity*, New York City Department of Investigation, 2016.

Police Executive Research Forum, *The Police Response to Homelessness*, 2018.

Ponomarenko, M., Rethinking police rulemaking, *Nw. UL. Rev.* 114(1), 2019.

State of New York & Office of the Attorney General, *Stalking: Reality and Responses*, n.d.

Sanders, T., Vajzovic, D., Brooks-Gordon, B., & Mulvihill, N., Policing vulnerability in sex work: the harm reduction compass model, *Policing and Society*, 2020.

Teplin, L. A., Criminalizing mental disorder: The comparative arrest rate of the mentally ill, *American Psychologist*, 39, 1984.

Terrill, R. J., *World Criminal Justice Systems: A Comparative Survey*, 2016.

Thomas, J., Aswad, J., Rankin, K., & Roberts, H., *Raising the floor: Increasing the minimum age of prosecution as an adult*, Campaign for Youth Justice, 2019.

U.S. Department of Justice, *The national guidelines for sex offender registration and notification: Final guidelines*, 2008.

Watson, J., *BLACKSTONE'S POLICE MANUAL 2021*, Volume 3 Road Policing, College of Policing, 2020.

White, W., The impact of the Private Security Industry Act 2001, *Security Journal* 28(4), 2015

Wilson, D., & Chris, G., *Local Government in the United Kingdom*, 4th ed., 2006.

Ⅲ. 독어문헌

Basten, Pascal, Privatrecht in der polizeilichen Praxis, 2014.

Becker, Rainer/Michelmann, Marco, Häusliche Gewalt, Stalking und Einsatz der Polizei, FPR 2011.

Beinder, Tobias, Zur Diskussion um die Herabsetzung der Strafmündigkeitsgrenze, JR 2019.

Bernhardt, Heinrich, Die Geltendmachung von Kosten für polizeiliche Einsätze bei kommerziellen Veranstaltungen am Beispiel der Spiele des Profifußballs, DP 2007

Brünig, Christoph, Gebührenpflicht für Polizeieinsätze bei Hochrisiko- Fußballspielen, NVwZ 2019.

Deusch, Florian, Polizeiliche Gefahrenabwehr bei Sportgroßveranstaltungen, 2005

Drechsler, Jannes, Rechtspolitische Aspekte der Polizeikostenbeteiligung bei Sportgroßveranstaltungen,

NVwZ 2020.

Ebert, Frank, Situation der Polizei in der Bundesrepublik Deutschland, LKV 2018.

Flick, Martin, Die Rechtmäßigkeit einer Gebühr für Polizeimehraufwand bei gewinnbringenden Großveranstaltungen, GWR 2019.

Frank, Christian Malte, Die Zukunft der Kostenpflicht für Polizeieinsätze im Umfeld von Fußball — spielen, VerwArch 2020.

Fuchs, Maximilian, Deliktsrecht, 7. Auflage, 2009.

Gärditz, Klaus F., GG Art. 20a,, in: *Landmann/Rohrner,* Umweltrecht, 93. EL August 2020.

Göttlicher, Doris, Polizeipräsidien, in: *Möstl/Bäuerle* (Hg.), Polizei- und Ordnungsrecht Hessen, 16. Auflage, 2020.

Gusy, Christoph/Worms, Christoph, PolG NRW § 1 Aufgaben der Polizei, in: *Möstl/Kugelmann,* Polizei- und Ordnungsrecht Nordrhein-Westfalen, 16. Aufl., 2020.

Gutmann, Andreas, SächsVersG § 32 Sachliche Zuständigkeit, in: *Ridder/Breitbach/Deiseroth* (Hg.), Versammlungsrecht, 2. Auflage, 2020.

Hauk, Julia, Polizeirechtliche Standardmaßnahmen – ein Überblick, JA 2017.

Keller, Christoph, POG NRW § 1 Träger der Polizei, in: *Möstl/Kugelmann* (Hg.), Polizei- und Ordnungsrecht Nordrhein-Westfalen, 17. Auflage, 2021.

Keller, Christoph, POG NRW § 2, in: *Möstl/Kugelmann* (Hg.), Polizei- und Ordnungsrecht Nordrhein-Westfalen, 12. Auflage., 2019.

Klein, Christian, Kostenerstattung für Polieieinsätze bei Großveranstaltungen, GSZ 2018

Knemeyer, Franz-Ludwig(서정범 역), 경찰법 사례연구, 고시연구원, 2001,

Knemeyer, Franz-Ludwig, Polizei- und Ordnungsrecht, 11. Auflage, 2007.

Kötz, Hein/Wagner, Gerhard, Deliktsrecht, 9. Auflage, 2001

Kugelmann, Dieter, Polizei- und Ordnungsrecht, 2. Auflage, 2011

Mampel, Dietmar, Verwaltungsgebühren für Bauordnungsverfügungen?, NWVBl. 1999.

Möllers, Martin, Wörterbuch der Polizei, 3. Auflage, 2018.

Möstl, Markus/Bäuerle, Michael, Entwicklung und Strukturen des Polizeiund Ordnungsrechts in Hessen, in: *Möstl/Bäuerle* (Hg.), Polizeiund Ordnungsrecht Hessen, 16. Auflage, 2020.

Müller, Katja, Aufgaben der Polizei bei Vernachlässigung, Misshandlung oder sexuellem Missbrauch von Kindern und Jugendlichen, FPR 2009.

Müller-Eiselt, Peter Gerrit, Polizeikosten bei Fußballspielen, SpuRt 2020.

Nachbaur, Andreas, Gemeindliche Vollzugsbedienstete, in: *Möstl/Trurnit* (Hg.), Polizeirecht Baden-Württemberg, 17. Auflage, 2020.

Pieroth, Bodo/Schlink, Bernhard/Kniesel, Michael, Polizei- und Ordnungsrecht, 6. Auflage, 2010.

Rieger, Annette, Die Abgrenzung doppelfunktionaler Maßnahmen der Polizei, 1994.

Roßnagel, Alexander, Zum Schutz kerntechnischer Anlagen gegen Angriffe von außen, ZRP 1983 Heft 3.

Ruder, Karl-Heinz, Die ordnungsrechtliche Unterbringung von Obdachlosen - Überblick über die wichtigsten Grundsätze des Obdachlosenpolizeirechts (Erster Teil), KommJur 2020.

Rüßmann, Helmut, Juris PraxisKommentar BGB - Schuldrecht, 4. Auflage, 2008.

Sailer, Wolfgang, Haftung für Polizeikosten, in: *Lisken/Denninger* (Hg.), Handbuch des Polizeirechts, 4. Auflage., 2007.

Schatz, Matthias, Allgemeine Polizebehörden, in: *Möstl/Trurnit* (Hg.), Polizeirecht Baden-Württemberg, 17. Auflage, 2020.

Schenke, Wolf-Rüdiger, Polizei- und Ordnungsrecht, 7. Auflage, 2011.

Schenke, Wolf-Rüdiger, 서정범 역, 독일경찰법론, 세창출판사, 2010.

Schiffbauer, Björn, Unhaltbar? Zum Bremer Vorstoß einer kostentragungspflicht für Polizeieinsätze im Profifußball, NVwZ 2014.

Schmidbauer, Wilhelm, POG Art. 10 Besondere Zuständigkeiten, Verordnungsermächtigung, in: *Schmidbauer/Steiner*, Polizeiaufgabengesetz, Polizeiorganisationsgesetz, 5. Auflage, 2020.

Schmidbauer, Wilhelm, Polizeiverwaltungsamt, in: *Schmidbauer/Steiner* (Hg.), Bayerisches Polizeiaufgabengesetz, 4. Auflage, 2014.

Schmidbauer, Wilhelm, Polizei zwischen Gefahrenabwehr und Strafverfolgung- Doppelfunktionale Maßnahmen der Polizei auf dem verfassungsrechtlichen Prüfstand, in: *Manssen/Jachmann/ Gröpl* (Hg.), Nach geltendem Verfassungsrecht, 2009.

Schmidt, Thomas/Müller, Henrik, Der Kostenerstattungspflicht bei Fehlalarum einer Brandmeldeanlage, NVwZ 2004.

Schmidt, Torsten Ingo, Liberalisierung, Privatisierung und Regulierung der Wasserversorgung, LKV 2008.

Schoch, Friedrich, Die staatliche Einbeziehung Privater in die Wahrnehmung von Sicherheitsaufgaben, Juridica International Vol. 16, 2009. .

Schoch, Friedrich, Polizei- und Ordnungsrecht, in: Schmidt-Aßmann (Hg.), Besonderes Verwaltungsrecht, 14. Auflage, 2008.

Selmer, Peter, Die sogenannte "materielle Polizeipflicht": Bemerkungen zu einer fragwürdigen Polizeirechtsfigur, in: *Hendler/Ibler/Soria* (Hg.), "Für Sicherheit, für Europa", 2005.

Sorge, Stefan, Kostentragung für den Schutz vor Anschlägen, 1991.

Ulrich, Norbert, NPOG § 2, in: *Möstl/Weiner*, Polizei- und Ordnungsrecht Niedersachsen, 18. Aufl., 2021.

van Gemmeren, Gerhard, Münchener Kommentar zum StGB, 4. Auflage, 2020.

Waechter, Kay, Das Gebührenmodell zur Finanzierung der inneren Sicherheit unter besonderer Berücksichtigung kommerzieller Aktivitäten, in: *Jachmann/Stober* (Hg.), Finanzierung der inneren Sicherheit unter Berücksichtigung des Sicherheitsgewerbes, 2003.

Wahlen, Swantje, Polizeikostenerstattung kommerzieller Großveranstalter: zugleich ein Beitrag zur „Beamtenüberlassung", 2008.

Wehr, Matthias, Bundespolizeibeamtengesetz, 3. Online-Auflage, 2018.

Wieland, Joachim, Polizeieinsatzkosten bei Großveranstaltungen reine Staatssache?, ZRP 2018.

Würtenberger, Thomas/Heckmann, Dirk/Tanneberger, Steffen, Polizeirecht in Baden- Württemberg, 7. Auflage, 2017.

Zaremba, Ulrike, Polizeiliche Befugnisse zum Einsatz der Bodycam – Eine Bestandsaufnahme mit Änderungsvorschlägen, LKV 2021.

Zeitner, Jürgen, Einsatzlehre: Grundlagen für Studium und Praxis, 2. Auflage, 2015

Ⅳ. 일어문헌

警察庁 生活安全企画課, 令和2年における警備業の概況, 2021.7.29.

古谷 洋一, 황순평 역, 주석 일본 경찰관직무집행법 제4판, 도서출판 그린, 2016.

金山 泰介, "新型コロナウイルス感染症対策と警察権限の行使", 危機管理学研究 第5号, 2021.

東京高判 判例時報 1278號, 判例時報社, 1988.

米田 雅宏, 脱警察化と行政機関に対する警察の役割(1): 「隙間なき危険防御」の法的位置づけ, 北大法学論集 第65권 5號, 2015.

白藤 博行, 監視社会と警察行政法理論の展開, 法律時報 75券 12号, 日本評論社, 2003.

山田 好孝, ストーカー規制法成立から２０年を振り返って, 警察學論集 第73巻 7號, 2021.7,

生田 勝義, 日本における治安法と警察, 立命館法学 292号, 2003.

粟田 知穂, 近時裁判例の傾向から見た職務質問の在り方について（上）, 警察学論集 第69巻 12号, 2017.12.

松原 英世, "松山における少年補導組織について", 愛媛法学会雑誌 第35巻, 2009.

須藤 陽子, 日本法における 「比例原則」の受容, 立命館法学 378号, 2018.

宇賀 克也, 國家補償法, 有斐閣, 1997.

人口減少時代における警備業務の在り方に関する有職者検討会, 人口減少時代における警備業務の在り方に関する報告書, 2018.4.

日本 捜査實務研究會, 警察官職務執行法 詳解, 東京法令, 1999.

田村 正博, 全訂 警察行政法解説 [第二版補訂版], 東京法令出版, 2019.

中村 健宏, 警備業法施行規則等の一部改正について, 警察學論集 第73巻 2號, 2021.2.

總崎 由希, 木村 愼作, ストーカー事案の現状と警察における取り組み´ 警察學論集 第73巻 7號, 2021.7.

太田 達也, "性犯罪被害者の支援および 性犯罪被害の予防", 이화젠더법학, 2013.

浦中千佳央´「日本自治警察制度の問題点と発展方策：国´地方´民間の役割り変化」´韓國公安行政學會報 第75號, 2019.

鶴代 隆造, "ぱちんこ営業の健全化を推進する取組状況について~平成16年7月1日以降の状況~", 警察学論集 第59巻 4號, 2006.

Ⅴ. 불어문헌

Emmanuel Dupic, *Droit de la sécurité intérieure*, Gualino, 2014.

François Lavedan, *Gardien de la paix*, Vuibert, 2018.

Hervé Vlamynck, *Droit de la Police*, Vuibert, 2017.

Jaques Buisson, *Police -pouvoirs et devoirs-*, DALLOZ, 2019.

Olivier Gohin, *Code de la sécurité intérieure*, LexisNexis, 2021.

Xavier Prétot, Clémence Zacharie, *La police administrative*, L.G.D.J., 2018.

우리말색인

외국어색인

집필진 (경찰대학 치안정책연구소 국제경찰지식센터)

센 터 장 김형훈 (우리나라, 독일)
경찰대학교 법학과 (학사)
日, 에히메대학교 법문학부 연구생 과정 수료
고려대학교 법무대학원 경찰법 (석사)
서울대학교 법과대학원 행정법 (박사수료)
獨, 프라이부르크대학교 법과대학원 공법 (LL.M.)
獨, 프라이부르크대학교 법과대학원 공법 (박사)

연 구 관 오경석 (미국 1절-3절)
경찰대학교 행정학과 (학사)
美, 플로리다주립대학교 범죄학 및 형사정책학 (석사)
美, 샘휴스턴주립대학교 형사정책학 (박사)

연 구 관 최은석 (미국 4절-5절)
연세대학교 영문학과 (학사)
美, 톨레도대학교 범죄학 (석사)
美, 워싱턴주립대학교 범죄학 및 형사행정학 (박사)

연 구 관 이현주 (영국)
공주대학교 영어영문학과 (학사)
한남대학교 사범대학 영어교육학과 (석사)
공주대학교 사범대학 영어교육학과 (박사수료)

연 구 관 김세미 (프랑스)
성신여자대학교 불어불문학과 (학사)
한국외국어대학교 통번역대학원 한불과 (석사)
한국방송통신대학교 법학과 (학사)
여수세계박람회 조직위원회 대외협력본부 통번역과 재직
르몽드디플로마티크 번역위원 재직

연 구 관 박재일 (일본)
경찰대학교 법학과 (학사)
순천향대학교 경찰행정학과 (석사과정)

정책연구부장 김영수 (비교분석)
고려대학교 법학과 (학사)
부산대학교 행정대학원 행정학과 (석사)
대전대학교 경찰학과 (박사)

비교예방경찰법

초판발행   2021년 12월 15일

지은이   치안정책연구소(김형훈 외 6인)
펴낸이   안종만·안상준

편 집   심성보
기획/마케팅   오치웅
표지디자인   이수빈
제 작   우인도·고철민·조영환

펴낸곳   (주) **박영사**
            서울특별시 금천구 가산디지털2로 53, 210호(가산동, 한라시그마밸리)
            등록 1959. 3. 11. 제300-1959-1호(倫)

전 화   02)733-6771
f a x   02)736-4818
e-mail   pys@pybook.co.kr
homepage   www.pybook.co.kr
ISBN   979-11-303-4063-0   93360

* 파본은 구입한 곳에서 교환해 드립니다. 본서의 무단복제행위를 금합니다.
* 저자와 협의하여 인지첩부를 생략합니다.

정 가   32,000원